银行管理

BANK MANAGEMENT 8E

金融学精选教材译丛

〔美〕蒂莫西·W. 科克（Timothy W. Koch）　著
〔美〕S. 斯科特·麦克唐纳（S. Scott MacDonald）
辛　星　曹光宇　张　驰　译

第 8 版

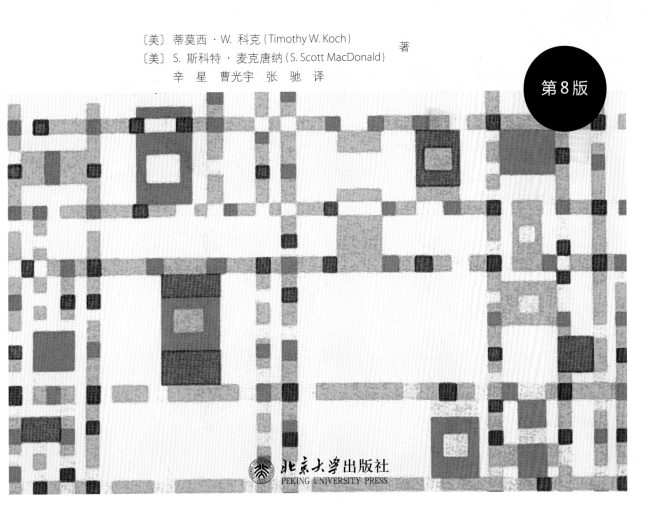

北京大学出版社
PEKING UNIVERSITY PRESS

著作权合同登记号　图字：01-2015-5141

图书在版编目（CIP）数据

银行管理：第 8 版/（美）蒂莫西·W.科克（Timothy W. Koch），（美）S.斯科特·麦克唐纳（S. Scott MacDonald）著；辛星，曹光宇，张驰译.—北京：北京大学出版社，2023.4

（金融学精选教材译丛）

ISBN 978-7-301-33559-8

Ⅰ.①银… Ⅱ.①蒂… ②S… ③辛… ④曹… ⑤张… Ⅲ.①银行管理—高等学校—教材 Ⅳ.①F830.22

中国版本图书馆 CIP 数据核字（2022）第 221431 号

Bank Management, Eighth Edition
Timothy W. Koch and S. Scott MacDonald；辛星，曹光宇，张驰　译
Copyright © 2015 by CENGAGE Learning.
Original edition published by Cengage Learning. All Rights Reserved.
本书原版由圣智学习出版公司出版。版权所有，盗印必究。
Peking University Press is authorized by Cengage Learning to publish and distribute exclusively this simplified Chinese edition. This edition is authorized for sale in the People's Republic of China only (excluding Hong Kong, Macao SARs and Taiwan). Unauthorized export of this edition is a violation of the Copyright Act. No part of this publication may be reproduced or distributed by any means, or stored in a database or retrieval system, without the prior written permission of the publisher.
本书中文简体字翻译版由圣智学习出版公司授权北京大学出版社独家出版发行。此版本仅限在中华人民共和国境内（不包括中国香港、澳门特别行政区及中国台湾地区）销售。未经授权的本书出口将被视为违反版权法的行为。未经出版者预先书面许可，不得以任何方式复制或发行本书的任何部分。
本书封面贴有 **Cengage Learning** 防伪标签，无标签者不得销售。

书　　　名	银行管理（第 8 版）
	YINHANG GUANLI(DI-BA BAN)
著作责任者	〔美〕蒂莫西·W.科克（Timothy W. Koch）
	〔美〕S.斯科特·麦克唐纳（S. Scott MacDonald）　著
	辛　星　曹光宇　张　驰　译
责 任 编 辑	黄炜婷
标 准 书 号	ISBN 978-7-301-33559-8
出 版 发 行	北京大学出版社
地　　　址	北京市海淀区成府路 205 号　100871
网　　　址	http://www.pup.cn
微信公众号	北京大学经管书苑（pupembook）
电 子 信 箱	em@pup.cn
电　　　话	邮购部 010-62752015　发行部 010-62750672　编辑部 010-62752926
印 刷 者	北京市科星印刷有限责任公司
经 销 者	新华书店
	787 毫米×1092 毫米　16 开本　29.5 印张　681 千字
	2023 年 4 月第 1 版　2023 年 4 月第 1 次印刷
定　　　价	89.00 元

未经许可，不得以任何方式复制或抄袭本书之部分或全部内容。

版权所有，侵权必究

举报电话：010-62752024　电子信箱：fd@pup.pku.edu.cn

图书如有印装质量问题，请与出版部联系，电话：010-62756370

出版者序

作为一家致力于出版和传承经典、与国际接轨的大学出版社,北京大学出版社历来重视国际经典教材,尤其是经管类经典教材的引进和出版。自2003年起,我们与圣智、培生、麦格劳-希尔、约翰-威利等国际著名教育出版机构合作,精选并引进了一大批经济管理类的国际优秀教材。其中,很多图书已经改版多次,得到了广大读者的认可和好评,成为国内市面上的经典。例如,我们引进的世界上广为流行的经济学教科书——曼昆的《经济学原理》,已经成为国内广泛使用、广受欢迎的经济学经典教材。

呈现在您面前的这套"引进版精选教材",是主要面向国内经济管理类各专业本科生、研究生的教材系列。经过多年的沉淀和累积、吐故和纳新,本丛书在各方面正逐步趋于完善:在学科范围上,扩展为"经济学精选教材""金融学精选教材""国际商务精选教材""管理学精选教材""会计学精选教材""营销学精选教材""人力资源管理精选教材"七个子系列;在课程类型上,基本涵盖了经管类各专业的主修课程,并延伸到不少国内缺乏教材的前沿和分支领域;即便针对同一门课程,也有多本教材入选,或难易程度不同,或理论和实践各有侧重,从而为师生提供了更多的选择。同时,我们在内容和出版形式上也进行了一些探索和创新。例如,为了实现经典教材的中国化,对于部分图书,我们邀请同领域专家在翻译版的基础上进行了适当改编,以更好地强化价值引领,立足中国实践;为了满足国内双语教学的需要,我们在影印版的基础上新增了双语注释版,由资深授课教师根据该课程的重点为图书添加重要术语和重要结论的中文注释。希望这些内容和形式上的改进,能够为教师授课和学生学习提供便利。

在本丛书的出版过程中,我们得到了国际教育出版机构同行们在版权方面的协助和教辅材料方面的支持。国内诸多著名高校的专家学者、一线教师,更是在繁重的教学和科研任务之余,为我们承担了图书的推荐、评审和翻译工作;正是每一位推荐者、评审者的国际化视野和专业眼光,帮助我们书海拾慧,汇集了各学科的前沿和经典;正是每一位译者和改编者的全心投入，保证了经典内容的准确传承以及焕发出新的生命力。此外，来自广大读者的反馈既是对我们莫大的肯定和鼓舞，也总能让我们找到提升的空间。本丛书凝聚了上述各方的心血和智慧，在此，谨对他们的热忱帮助和卓越贡献深表谢意！

"千淘万漉虽辛苦，吹尽狂沙始到金。"在图书市场竞争日趋激烈的今天，北京大学出版社始终秉承"教材优先，学术为本"的宗旨，把精品教材的建设作为一项长期的事业。尽管其中会有探索，有坚持，有舍弃，但我们深信，经典必将长远传承，并历久弥新。我们的事业也需要您的热情参与！在此，诚邀各位专家学者和一线教师为我们推荐优秀的经济管理图书（em@ pup.cn），并期待来自广大读者的批评和建议。您的需要始终是我们为之努力的目标方向，您的支持是激励我们不断前行的动力源泉！让我们共同引进经典，传播智慧，为提升中国经济管理教育的国际化水平做出贡献！

北京大学出版社
经济与管理图书事业部

前　言

2007年全球众多金融机构破产,此后它们依靠中央政府提供资金才得以摆脱困境。之后,世界的银行业便发生了巨大的变化。美国和全球其他经济体接连陷入衰退。数百万的美国人失业,家庭财产净值也随着住房和投资资产价值的下降而大幅下跌。对很多人来说,经济的恢复过程缓慢且痛苦。不出所料,许多银行乃至整个银行业的信誉都受到冲击。但是,如果运营得当的话,银行业本该成为经济的重要驱动力,也应该是一个高尚的行业。其业务包括支付、储蓄、借贷、文件及贵重物品保管、提供担保及履约保证、现金管理、经纪业务和保险服务,以及提供证券承销与做市服务。

那么,是什么导致了金融服务业的崩溃,进而导致了2007年的金融危机呢？针对美国金融和经济危机而成立的美国国家委员会于2011年发布的报告指出,由于大型金融机构的高层管理人员和关键的政府官员均忽视了预警信号且未能充分处理风险,因此危机是难以避免的。[1] 该报告将危机归结为:①次级抵押贷款中的风险贷款;②大型机构的交易活动;③无监管的衍生品市场;④回购协议中的贷款问题。相应地,美国国会于2010年6月通过了《华尔街改革和消费者保护法案》(通常称为《多德-弗兰克法案》),这项法案已经并将继续改变对金融企业的监管方式。全球性的经济危机同样给其他工业化国家的金融企业带来了监管的变革。

这场危机及新监管环境下的压力催生了许多变化,其中之一就是大型金融机构似乎比小型机构在金融活动中获益更多。例如,2000—2013年,美国最大的五家银行的资产占美国银行业总资产的比例从27.5%提高到了46.6%。[2] 此外,监管者为新银行发放执照的速度减缓,很多小银行的管理者和所有者经常抗议新消费者法案使借贷额减少,从而提高了小银行

---

[1] *The Financial Crisis Inquiry Report*, Final Report of the National Commission on the Causes of the Financial and Economic Crisis in the United States, Public Affairs, January 2011.

[2] Pierce, Hester and Robert Greene, "The Decline of U.S. Small Banks (2000-2013)", www.mercatus.org, February 24, 2014.

的净损失,使得它们更难与其他机构竞争。

我们是如何走到今天这一步的?美国的商业银行起初将重点放在支付的处理和财务文件及贵重物品的保管上,最终又将重点转向个人和企业借贷。这些业务大部分不受监管,直到在1921—1929年的经济大萧条中600多家银行破产。从1930年到1933年,有9 000多家银行暂停运营。消费者对金融系统信心不足,企图将银行存款转为现金,由此造成了"挤兑"现象。1933年的银行法(即《格拉斯-斯蒂格尔法案》)将商业活动和银行业务活动分离,成立了联邦存款保险公司(FDIC),负责给客户的银行存款提供保险。由此,商业银行专注于吸收存款、发放贷款和持有贷款组合,投资银行专注于做市、承销证券和促进合并及收购。随着大型机构的规模逐渐增大,它们也开始向其他金融业务发展。《1956年银行控股公司法》正式规定了商业银行控股公司通过注册审批后可从事的业务范围。接下来,国会授权商业银行发展投资银行、保险承销及其他曾被禁止的业务,并认为其风险是可接受的。很多大型投资银行有时也发行贷款并持有大量贷款和有价证券组合,这些资金多来自短期回购协议。然而,全球性的金融危机到来了。

2008年,美国人失去了250万个工作岗位。曾被认为是经济增长领导者的大型私有企业如今已归属于联邦政府,如联邦国民抵押协会(FNMA)和联邦住房贷款抵押公司(FHLMC)等准私有机构也被收归国有。雷曼兄弟破产,其他大型金融机构也发生破产并瓦解,或重组成为更优的幸存者。美国银行收购了美国国家金融服务公司和美林证券公司,摩根大通收购了贝尔斯登和华盛顿互惠银行,富国银行收购了美联银行。一度居于投资银行首位的高盛和摩根士丹利转型为金融(银行)控股公司以获得从美联储借贷的资格。其他非商业性银行(如美国运通、哈特福德公司、通用资本和大都会人寿保险)也转型为金融控股公司以便从美联储贷款。2014年,美国国会仍未决定如何处理当时主导抵押信贷市场的房利美和房地美。2008—2010年,政府向市场投入大量流动资金,并发现许多信贷市场早已不再有效运行。发起并证券化(OTD)模式失宠后,资产证券化业务也萎缩了。金融机构、商业机构和个人开始并持续还债以减少债务。随着经济增长情况终于好转,减债的速度跟过去相比也有所放缓。

考虑到金融机构的极端问题和整体市场的恐慌气氛,美国国会授权开展了问题资产救助计划—资本购买计划(TARP-CPP)。联邦政府优先在有资格的金融机构中购买股份。尽管这一举动稳定了大型金融机构的状况,但世界经济依然存在问题。2009年,奥巴马政府和国会通过了一项大规模经济刺激计划,其内容包括减税和增加政府支出,意在促进消费和增加企业开支。关键在于,该政策的目的是增加消费者和企业在近期事件中被削弱的支出及提升其信心。中国、英国和工业化国家和地区的政府都实施了类似的经济刺激方案。

如今,世界的银行业已发生了永久性变化。传统结构下的投资银行早已不再作为单独的组织而存在。《多德-弗兰克法案》带来的大量新规则仍在发展和执行中。鉴于过度使用财务杠杆带来的风险,工业化国家和地区的政府通过了《巴塞尔协议Ⅲ》,提高了银行的资本充足要求。就这样,银行承担风险的性质发生了变化。贷款决策更看重借款者的偿还能力和意愿,原有的OTD模式已经瓦解,最终金融业又再度得到巩固。

本书探寻了变化的竞争环境对商业银行、银行服务以及一定程度上对整个金融服务业的影响。阅读本书后,读者将理解银行的盈利方式以及银行资产负债表风险的管理。书中介绍了贷款发放和运作的相关事宜、证券的购买和出售、储蓄市场的竞争、如何获取已购负债及积累基础资本,还介绍了资产证券化的相关活动和金融衍生产品的使用。为解释金融危机中出现的问题,本书展示了不良贷款、过度使用财务杠杆和流动资产不充足的后果。本书的分析为制定有效的政策提供了框架,以保证在管理层的盈利目标和可接受风险之间实现平衡。

读者对象

本书可用于本科高年级学生或研究生的货币金融学课程,也可用于专业银行从业者的培训。作为准备,学生应熟悉基础会计学、基础利率和债券计价概念,以及基础宏观经济学。本书非常适用于各种银行培训项目的教学,因为它强调了应如何决策以及不同决策带来的结果。对于银行业的新手而言,本书介绍了银行业务的范围,示范了银行经理应怎样做出金融决策。对于银行从业者而言,本书展示了传统决策模式,并解释了一个领域的决策如何影响其他领域的运行及其带来了怎样的机会。因此,本书综合考虑了资产负债表的管理,并强调了风险和收益间的权衡。

关于本书

本书关注决策制定并提供了独特的思路来理解商业银行的管理。书中的重点章节均讨论了某事件或问题的特定方面,展示了财务模型或决策框架的应用,并给出了使用模型或框架的实例数据分析。读者不仅能看到特定的因素怎样影响信贷、投资、融资和定价决策,还能理解风险和收益间的权衡。章末思考题、练习题和实践活动给予读者机会来测试自己对重点问题和数据分析的理解。

阅读本书后,读者将能以坚实的基础去理解当前银行管理者面对的主要问题,熟悉制定决策的基础财务模型,并理解数据分析的优缺点。书中的正文和大量实例能帮助读者意识到做决策时所面临的权衡取舍,并培养得出合理结论所需的逻辑思维。

第8版的特点

本书第8版是基于先前版本的主题和特点出版的,并形成以下几个重要变化:

- 全面更新了监管方面的内容。本书关注了自金融危机中发展出的许多项目,如专注于给银行业系统提供流动资产的项目,以及《多德-弗兰克法案》《巴塞尔协议Ⅲ》的条款。本书讨论了问题资产救助计划——资本购买计划(TARP-CPP)、临时流动性担保计划(TLGP)和定期证券借贷便利(TSLF),还讨论了消费者金融保护局(CFPB)最近的决策及其影响,以及《多德-弗兰克法案》的其他条款。
- 探索了监管者在定期的综合资本分析及审查中进行的压力测试对银行资本决策的影响。
- 全面讨论了金融服务业的变化——包括投资银行、抵押贷款人和人寿保险公司的演变。
- 分析了次贷危机,探讨了其对金融机构和经济的影响,以及监管方面的回应。
- 讨论了 OTD 模式及其失宠的原因。
- 描述了信用违约互换(CDS)以及公司如何利用 CDS 进行对冲或投机,同时还讨论了 CDS 在增加金融机构和金融系统的财务杠杆和风险中扮演的角色。
- 总结了花旗集团的控股公司结构和财务数据。
- 详细分析并对比了多种传统及非传统银行业务模型,数据来自高盛集团、高盛银行、奥马哈互惠银行和北美贝瑞得银行。
- 更新并综合评估了商业银行绩效及其对分析师工作造成的影响;直接对比了 2013 年 PNC 银行的财务绩效和其他可比机构的绩效,同时分析了 PNC 银行和社区银行绩效之间的重要区别。
- 评估并对比了 PNC 银行在 2008—2009 年之前、之间和之后的财务绩效。
- 分析了《多德-弗兰克法案》不允许银行仅依赖信用评级做出证券投资决策的影响。
- 对国际银行业和美国银行机构在国外的角色与规模给出了新的数据及分析,同时分析了美国的外国银行机构的股权结构。
- 本书仍是唯一一本关注资金流动在贷款决策中的作用的教科书。它介绍了现金利润表的编制流程,解释了怎样理解其结果,并提供了预测潜在借款人未来绩效的方法。

本书结构

本书贯穿始终的主题是风险管理,其内容分为六个部分。每章的导语部分都会描述一个当下的现象或提供一个本章讨论的主题实例。这一介绍巩固了本书对风险的关注,强调了尽管管理者会做出好的或坏的决策,但是坚持应用金融理论和模型会使人更好地理解风险和收益间的权衡取舍。

第一部分,银行业概述。本部分提供了银行管理的背景信息、监管环境和当今的银行业趋势。本部分对影响 2008—2010 年金融危机的众多因素进行了评论,观察了小银行和大型的银行控股公司的组织结构,并描述了不同的银行商业模式,其中包括有关实业(非金融)贷款公司的讨论。本部分还描述了现行的监管环境,包括《多德-弗兰克法案》和《巴塞尔协议Ⅲ》的关键条款,解释了政府提供紧急流动性、对财务表现和波动性进行压力测试的影响。

第二部分,银行绩效评估。本部分介绍了银行的基本风险和收益特点以及分析师是怎样评估绩效的。第2章介绍了银行财务报表,以及使用《统一银行业绩效报告》(UBPR)中的财务比率来评估绩效的传统杜邦模型,用它们来分析一段时间内银行绩效的优势和劣势并和同业作对比。书中提供的基础知识和基本内容,可帮助读者理解银行如何实现盈利以及在管理信贷风险、流动性风险、市场风险、营运风险、信誉风险、法律风险和偿债风险过程中的权衡取舍。第3章介绍了近年来用于控制非利息收入和非利息费用以实现盈利目标的策略和趋势。

第三部分,管控利率风险。本部分论证了银行如何度量并管控利率风险。第4章介绍了缺口分析以及如何利用敏感度分析来预测利率和资产负债表变化对净利息收益的影响。第5章描述了久期缺口分析以及如何利用敏感度分析来预测利率变化和资产负债表变化对股权经济价值的影响,讨论的重点是内嵌期权的作用以及为何要利用敏感度分析预测内嵌期权对风险和收益的影响,还研究了提高利率可能给银行收益和风险带来的影响。

第四部分,管理资金成本、资本和流动性。本部分介绍了银行债务的特征、资本监管的要求和流动性分析。第6章展示了评估资本边际成本的过程,用于制定投资决策和进行资产定价。第7章解释了银行如何达到法定存款准备金比率要求以及管理现金资产的方法,并且介绍了一套用于评估流动性需求、估测临时现金缺口及评估长期流动资金需求的模型,重点介绍了银行应急资金规划的重要性及其本质。第8章介绍了基于风险的资本金需求,并概述了获取新的外部资金的策略;介绍了《巴塞尔协议Ⅲ》的特点,它们于2015年改变大型机构的资本需求量,并在日后改变小型机构的资本需求量;介绍了联邦政府如何运用压力测试来评估银行资本金是否充足。

第五部分,管理信贷风险。本部分描述了银行管理信贷风险的方法,首先讲述了基本的信用分析原则和不同类型贷款的特征,随后介绍了如何评估公司借贷者的经营现金流以及适用于个人借款人的信用评分模型,重点强调了对财务报表的理解和做出资金流动预测以判断偿债前景的重要性。由于2008年及后来的经济衰退的大环境,本部分的一些讨论关注了银行资产质量退化及其对贷款追索可能产生的影响。作为信贷风险管理实践的组成,这些讨论介绍了信用违约互换并解释了如何将其应用于信贷风险的对冲和投机。

本书的每章都以一系列的思考题和练习题作为结尾,这些问题要求学生运用相应章节介绍的决策模型加以回答。

教学资源

教师手册和题库

本书提供了综合性的教师手册和题库。教师手册包含了每章的教学目标和大纲,并给出了章后问题的解答。另外,题库还提供了多项选择题及答案。

PPT 等课件展示

多媒体课件为学生提供了无限制探索银行每天面对的不同的财务情景的机会。此外，它还使教师能直接把财务分析电子表格展示给学生。

Excel 电子表格模板

想要展示并拓展书中数据分析的教师可使用微软 Excel 电子表格模板。这些模板提供的通用决策模型可用来分析银行绩效及主要财务指标和非金融机构的运营资金流。模板同时还提供了书中主要问题及实例所需的决策模型，且均带有数据。学生可使用模板来分析以往的资产负债表和利润表数据，并做出假设分析。这些练习可帮助使用者快速检测众多结果而非仅仅给出简单、静态的解决方案。模板覆盖的主题包括银行绩效分析、久期分析、基于风险的资本金需求及规划、信用分析和客户盈利能力分析。

目 录
Contents

第1章 银行与金融服务产业 1
  2007—2009年全球金融危机 2
  银行何以区分彼此 7
  组织结构 17
  金融服务的商业模式 18
  "大而不倒"的银行 23
  提供银行服务的各种渠道 25

第2章 银行绩效分析 30
  商业银行财务报表 32
  资产负债表和利润表的关系 53
  股权回报率模型 54
  管理风险和收益 63
  财务报表操纵 93
  附录 100

第3章 管理非利息收入与非利息费用 121
  非利息收入 125
  非利息费用 130
  哪些业务条线和客户有利可图？ 135

第4章 利率风险管理：缺口和收益敏感度 149
  利用缺口度量利率风险 152
  收益敏感度分析 170
  利润表缺口 179
  管理缺口和收益敏感度风险 181

第5章 利率风险管理：股权经济价值 188
  用久期缺口度量利率风险 190
  股权经济价值敏感度分析 199
  收益敏感度分析和股权经济价值敏感度分析：哪个模型更优？ 204
  对收益敏感度和股权经济价值敏感度管理策略的批评 206
  收益率曲线策略 208

第6章 银行融资 214
  流动性要求、现金和资金来源之间的关系 215
  零售型存款的特征 219
  大额批发负债的特征 227
  电子货币 238
  度量资金成本 243
  资金的平均历史成本 243
  资金来源和银行风险 250

第7章 管理流动性 258
  满足流动性需求 259
  在联邦储备银行的准备金余额 263
  法定准备金和货币政策 263
  满足法定准备金余额要求 266
  流动性规划 272
  传统的流动性风险加总指标 277

《巴塞尔协议Ⅲ》和流动性覆盖率　280

长期流动性规划　281

应急资金计划　287

第8章　资本的有效利用　293

银行资本为何值得担忧？　294

风险资本金标准　295

银行资本的构成　302

有形普通股　305

银行资本的功能是什么？　307

多少资本金才是充足的？　310

资本金要求对银行运营政策的影响　310

外部资本来源的特征　314

条件可转换资本　315

资本规划　318

储蓄机构的资本金标准　320

《巴塞尔协议Ⅲ》下资本金标准的变化　322

第9章　信贷政策与贷款特征概览　328

贷款增长和贷款质量的近期趋势　329

度量总资产质量　338

信贷流程　339

不同类型贷款的特征　348

第10章　商业贷款申请评估与信贷风险管理　366

基本信贷问题　367

评估贷款申请：四步法　372

信用分析应用：韦德办公家具公司　393

管理贷款出售和信用衍生品的风险　408

附录Ⅰ　财务比率的计算　418

附录Ⅱ　财务分析的背景信息　420

附录Ⅲ　财务数据的背景信息　421

第11章　消费信贷评估　423

消费信贷的种类　425

消费信贷监管　435

信用分析　442

消费信贷的风险和收益特征　452

术语表

本书涉及的重要专业术语或相关概念的中英文对照及解释，可扫描二维码下载参阅。

第1章
银行与金融服务产业

距今近八十年之前,《格拉斯-斯蒂格尔法案》的问世催生出金融服务产业下的三个主营业务领域——商业银行业、投资银行业以及保险业。出台这项法案的主要目的在于将银行业的业务进行分割,以减少业务经理人之间的利益冲突,同时推动市场的稳定运行。彼时,商业银行主要是接受活期存款、发放商业贷款。投资银行则主要涉及证券承销,帮助政府和企业向公众出售新发行的股票和债券、促成企业并购以及帮助个人购买和出售债券。至于保险公司,则主要在收取保费的同时为个人和企业承保。《1927年麦克法登法案》规定,各州可制定规则,对商业银行在州内和州外开设分支机构进行规范。对于总部在本州而有分支机构在其他州的商业银行,各州可以制定本州的管理规则,《1956年银行控股公司法》则限制银行参与特定商业活动。

长期以来,商业银行业都是美国监管最为严格的行业之一。为了开办一家银行,投资者必须遴选出经验丰富的管理团队和董事会,制订商业计划来阐述自己的运营策略,同时说明为什么要建立这样一家新的银行。接下来,这个团队需要将商业计划交给银行业监管者,以争取他们的同意。一家新成立的商业银行获取营业执照有两个途径,一是得到其所在州的银行监管者的同意,二是通过联邦政府的货币监理署(Office of Comptroller of the Currency, OCC)[①]的审核。这种双重执照许可机制使得不同监管者在商业银行审批监管的严格程度层面存在竞争关系。当一个监管审批机构比另一个更加仁慈和宽容时,商业银行团队将被吸引到这些监管更加"松懈"的机构。监管的银行数量越多,监管机构越有存在的必要性。因此,执照审批的过程催生了一个许多小银行在有限的地域市场运营而少数大型机构能够在

---

① 在金融危机之前,储蓄监管局(OTS)负责审批储蓄和贷款业务,2010年,该机构经由《多德-弗兰克法案》被纳入OCC。

全美甚至全世界范围内运营的系统。

很多年以来,美国主导了全球的金融和经济活动。坐落于纽约(华尔街)的大型美国金融公司通过提供金融创新产品(比如金融衍生品,它们能够奇迹般地改善大公司的风险管理实践)以及新的支付方式,积极地向新业务领域拓展,许多公司在全球范围内扩大其在产品和服务领域的业务,其规模远远超出传统的贷款和存款业务。由于美元是全球交易和中央银行准备金的首选货币,因此美国的经济实力增长更为强劲。为了实现经济的持续增长,经济决策者、政治家和监管者遵循三个基本原则——追求自由贸易、放松金融服务管制以及追求宏观经济稳定,而美国公司也顺势发展壮大。

其他国家的跟随效仿也在意料之中。1986年10月,为了更好地与华尔街的公司竞争,英国放开了金融机构和金融市场。之后,伦敦集中了全球金融服务业务,成为一个欣欣向荣的金融中心。诸多世界上规模较大的机构,如汇丰银行(前身为 Hongkong and Shanghai Banking Corporation)和苏格兰皇家银行(RBS)等,都将总部设在伦敦,并开拓了广泛的全球业务。日本、中国、新加坡、俄罗斯等新兴市场成功地建立了本国的证券交易所。这些举措带来了长期的、持续的经济增长。然而,这一切随着2007年金融危机的出现而发生了改变。

2007—2009年全球金融危机

从2007年年中开始,受不良抵押贷款①和其他贷款问题的影响,在市场中发挥作用的金融机构出现了危机。受其影响,美国乃至全球经济形势开始呈现下滑趋势。为了让更多借款人有资格获得抵押贷款,并在此基础上寻求更高的手续费收入,许多贷款人设计了不要求借款人每月缴纳足额的本金和利息的家庭贷款。例如,在许多情况下,住房抵押贷款是专门为那些当前收入不足以支付最低还款额但最终能够还清贷款的个人而设计的。预期情况下,其收入将随着时间的推移而增加,或者其现有的资产价值将足以进行未来的支付。此外,许多贷款人发放了贷款,并在抵押手续完成之后迅速将债权出售[该过程被标记为发起贷款并证券后再分销(originate-to-distributive,OTD)方法],这使得贷款发起人不用承担任何信用风险。若发放的贷款出现了坏账,则抵押贷款的买方(而非抵押贷款的发起人)将承担损失。

随着房价开始下跌,许多参与住房融资的机构开始蒙受家庭抵押贷款违约造成的损失。起初是几家小型抵押银行倒下了。接下来,一些全国性贷款机构,如美国国家金融服务公司(Countrywide Financial)和华盛顿互惠银行(Washington Mutual)等,也开始出现大量借款人违约的情况。很多借款人实际上是高风险借款人,因为他们的收入无法偿还借款的本金和利息。这些借款人被称为"次级信用"借款人,给他们发放的问题贷款被称为"无本金贷款"

---

① 抵押贷款是由住房或商业房地产担保的相关贷款。为购买其他财产,大多数个人和企业会通过抵押贷款进行融资。

(interest-only, IO)、次优级贷款(Alt A)或选择性可变利率抵押贷款(option ARM)。① 其中一些抵押贷款项目给借款人提供了一个极低的具有诱惑性的初始利率,比如1.5%,或者也可以选择每月只支付按这个低利率计算的利息,因而借款人每月的支付款项远少于偿还按揭所需的"本金加利息"。这种情况造成的结果是,贷款机构每月的未偿付贷款余额增加(记为"负摊销")。随着住房价格的持续下跌,世界各地的金融机构很快出现了资产大量缩水的情况。此时它们不得不承认,其资产负债表上抵押品的价值远远低于报告的数额。这些账面价值的下降会耗尽贷款人的资本,迫使他们出售资产或获取外部资本(发行新股份和次级债务)以替代减记所损失的资本。为了应对这种情况,许多大型机构对企业和个人的信贷发放进行了限制。即便是发放了贷款,相关的条款也越来越严格,要求更高的首付,并取消诱人的低利率。

这种情况导致了世界各地的金融市场和金融机构的大规模重组,因为许多外国金融机构从美国购买了不良抵押贷款。2008年3月,贝尔斯登(Bear Stearns)倒闭并被JP摩根(JP Morgan Chase)收购。紧随其后的是雷曼兄弟(Lehman Brothers)破产,以及美国国家金融服务公司、华盛顿互惠银行(Washington Mutual)和美联银行(Wachovia)倒闭,最终它们分别被美国银行(Bank of America)、JP摩根和富国银行(Wells of Fargo)兼并。由于金融市场之间的联系密切,因此许多理性的金融市场参与者不论借款回报多高都不再愿意借钱给公司,因为他们不能准确地评估短期的损失风险。在这种情况下,流动性在很大程度上消失了。

为了解决此次危机,美国政府在2008年9月至12月采取了以下行动:

- 将两家政府支持企业(government-sponsored enterprises, GSEs)——房利美和房地美投资公司——置于监管之下,由美国政府负责全面运营。这两家公司支持着住房市场,同时也是抵押贷款的发行者。银行将自己拥有的这两家公司的优先股的投资价值减记为0。
- 向美国国际集团(American International Group, AIG)发放超过1 500亿美元的贷款,接管该保险公司的所有权。
- 保证货币市场共同基金免于违约。
- 授权美国银行(Bank of America)收购美林银行(Merrill Lynch)。
- 批准高盛(Goldman Sachs)、摩根士丹利(Morgan Stanley)、大都会人寿(MetLife)和美国运通(American Express)转型为银行控股公司(bank holding companies, BHC)。
- 授权美联储直接从如通用电气(General Electric, GE)等企业购买商业票据。
- 联邦存款保险公司(Federal Deposit Insurance Corporation, FDIC)将每份国内存款的承保上限提高到250 000美元,并为无息业务存款提供无限责任的保障。将存款承

---

① 次级抵押贷款是指发放给信用评分较低的借款人的贷款,其违约风险会高于普通贷款。这些抵押贷款被称为"外来"抵押贷款,稍后将详细讨论。顾名思义,"无本金贷款"只要求借款人支付利息,直到未来某个时间点为止。次优级贷款也被称为低审查或无审查贷款,因为贷款人在决定是否批准贷款时没有收集关于借款人收入或未偿还债务的信息。选择性可变利率抵押贷款允许借款人选择他们每月想要偿还的数额,备选的数额都比较低,可能只包括应还贷款的一部分利息。贷款人将这种类型的贷款称为"选择支付"贷款。上述三种贷款的风险通常比传统按揭贷款的风险更高。

保上限增加到250 000美元的政策原本是一个暂行规定,仅在2009年执行。但是,该暂行规定的实施期限被延长,到目前(指2013年)仍旧存在。
- 通过了问题资产救助计划(Troubled Asset Relief Program, TARP)和资本购买计划(Capital Purchase Program, CPP),允许金融机构将优先股出售给美国财政部。
- 根据TARP-CPP,政府从9家大型美国银行购买了1 250亿美元的优先股。
- 通过美联储贴现窗口和其他流动性政策工具向美国大型金融机构提供贷款,目的是给市场注入流动性资金,解冻金融市场。
- 授权大型金融机构以及非金融公司出售联邦存款保险公司承保的债券。
- 允许对冲基金从美联储借款。

在这段时间内,大型机构不愿意向其他机构提供无担保贷款,因为它们不知道哪些机构真正具备偿付能力。在这种情况下,银行间拆借利率(如伦敦银行同业拆借利率,LIBOR)大幅上涨,LIBOR与国库券利率之间的利差创下历史新高。① 许多机构停止发放新的商业贷款和消费贷款,削减了房地产信贷额度,并限制了续签条款。世界各国政府都降低了利率,然而这并没有解决资产和流动性问题。随后,政府继续将流动性注入金融系统——正如米尔顿·弗里德曼所说的"从直升机上向下撒钱"——试图以此刺激贷款和支出。然而,信贷市场仍旧没有恢复正常运行。由此,美国和其他国家都陷入了衰退。

显然,银行体系十分依赖于信心。在2007—2009年的金融危机中,人们的信心受到了挫伤——很明显,这种情况导致这样一个环境,即机构都不愿意承担信用风险。在这种情况下,政策制定者采取了两种措施来增强信心,以促使大型机构放款。其中之一是使用TARP资金来支持所有健康的或者出了问题的机构。政府购买银行股票的真实意图是帮助银行平衡资产负债表并开始发放贷款。不幸的是,许多银行暴露了更多的问题资产,从而冲销了新增资本,或者它们用资金购买了存在问题的机构。例如,PNC银行宣布在政府援助下,以40亿美元的价格买下了国民城市银行(National City Bank),同时接受来自财政部的近80亿美元的优先股融资。

从根本上说,美国政府正试图寻找住房价值的下限。图表1.1记录了美国的几个大都市地区住房的平均价格从2006年1月的高峰下降到2013年12月的低谷的过程。对于大多数社区而言,房价在2010—2011年达到的最低水平与2005—2006年达到的最高水平相比,下降了近20%,而拉斯韦加斯、迈阿密和菲尼克斯的房价则下跌了51%—62%。达拉斯和丹佛的表现最好,下跌百分比为个位数。在市场经历了房价急剧上涨和随后的急剧下跌之后,止赎(foreclosure)达到了历史最高水平。为了让人们有家可归,美国国会和联邦存款保险公司针对家庭困难的借款人对贷款条款进行了修改。实质上,由于没有按照当初的承诺支付本金和利息,借款人将面临止赎,从而失去自己的住房。而美国国会和联邦存款保险公司鼓

---

① 金融危机之后,英国、欧盟和美国的银行监管机构指控许多大型机构根据自身利益"调整"LIBOR。LIBOR指的是向其他机构借出无抵押资金的银行基准利率,它是基于英国银行家协会每天对利率的调查而形成的。监管机构指控许多受调查的机构故意提供对自己有利的报价,使它们的自营衍生品交易或其他与LIBOR定价挂钩的特定头寸获益。许多银行因为其在LIBOR定价中扮演的角色而支付了巨额罚款。

励贷款人不进行止赎。止赎权的减少能使得住房供应更接近需求,从而减缓住房价值的下降。

图表 1.1　部分大都市区现有房屋的平均价格自最高价以来的最大跌幅(截至 2013 年 12 月)

大都市区域	最高价格指数日期	最低价格指数日期	持续期(天)	与峰值相比的最大跌幅(%)	与峰值相比的年变化率(%)
内华达(拉斯韦加斯)	2006 年 8 月	2012 年 3 月	2 039	−61.7	−17.1
亚利桑那(菲尼克斯)	2006 年 6 月	2011 年 9 月	1 918	−55.9	−15.5
佛罗里达(迈阿密)	2006 年 12 月	2011 年 4 月	1 582	−51.2	−16.5
密歇根(底特律)	2005 年 12 月	2011 年 4 月	1 947	−49.3	−12.7
佛罗里达(坦帕市)	2006 年 7 月	2012 年 2 月	2 041	−48.0	−11.6
加利福尼亚(旧金山)	2006 年 7 月	2012 年 2 月	2 041	−48.0	−11.6
加利福尼亚(圣地亚哥)	2006 年 5 月	2009 年 3 月	1 035	−46.1	−21.6
加利福尼亚(洛杉矶)	2005 年 11 月	2009 年 4 月	1 247	−42.3	−16.0
佐治亚(亚特兰大)	2006 年 9 月	2009 年 5 月	973	−41.9	−20.2
伊利诺伊(芝加哥)	2007 年 7 月	2012 年 3 月	1 705	−39.5	−10.7
明尼阿波利斯(明尼苏达)	2006 年 9 月	2012 年 3 月	2 008	−39.1	−9.0
华盛顿特区	2006 年 9 月	2011 年 3 月	1 642	−38.2	−10.6
华盛顿(西雅图)	2006 年 5 月	2009 年 3 月	1 035	−33.9	−14.5
俄勒冈(波特兰)	2007 年 7 月	2012 年 2 月	1 676	−32.9	−8.7
纽约	2007 年 7 月	2012 年 3 月	1 705	−30.8	−7.9
俄亥俄(克利夫兰)	2006 年 6 月	2012 年 3 月	2 100	−27.1	−5.5
北卡罗来纳(夏洛特)	2006 年 7 月	2012 年 2 月	2 041	−23.7	−4.8
马萨诸塞(波士顿)	2007 年 8 月	2012 年 1 月	1 614	−20.2	−5.1
得克萨斯(达拉斯)	2005 年 9 月	2009 年 3 月	1 277	−20.1	−6.4
科罗拉多(丹佛)*	2007 年 6 月	2009 年 2 月	611	−7.1	−11.2
密歇根(底特律)	2006 年 8 月	2009 年 2 月	915	−6.2	−14.3

注:截至 2013 年 12 月,达拉斯的价格指数超过了其 2009 年 2 月的峰值价格。

资料来源:2006 年 1 月—2013 年 12 月期间的 S&P/Case-Shiller 20 城综合住宅价格指数,http://us.spindices.com/indices/realestnte/sp-case-shiller-20-city-composite-home-price-index。

对于银行和银行业环境的冲击

信贷危机最终影响了美国和全球经济,也深深地牵动着每一个人、每一家企业。然而,对于不同的机构和不同的地域市场,信贷危机的影响各不相同。一些城市在经济繁荣时期房价上涨十分迅速,一般来说,这些城市也恰恰是抵押贷款违约和房价下跌问题最严重的区域。这些市场大都呈现出快速的人口增长趋势。在人口增长较缓慢的地区,如美国中部和农村地区,由于没有经历住房市场的繁荣,因此也没有经历止赎的快速上扬。同样,许多在国内和国际市场上经营的大银行承受了由问题抵押资产带来的巨大损失,但是那些仅在本地市场经营的小银行基本上没有遭受类似损失。这些小银行通常针对小企业、个人和农业企业贷款,并将这些贷款保留在投资组合中。因此,它们在很大程度上避免了那些大型机构所面临的问题,即次级抵押贷款、私有品牌抵押支持证券(private-label mortgage backed securities)、利用杠杆收购的私募股权公司贷款、信用违约掉期和投机性房地产贷款。然而,许多小银行在商业房地产贷款方面遭受了重大损失,有些银行被迫减少了对房利美和房地美所发行优先股的投资。①

金融危机造成的结果之一是,美国银行的结构和运作方式发生了巨大变化。在 TARP 的实施临近尾声时,联邦政府持有了许多美国公司的股票。竞争性公司的性质也发生了实质性变化。2008 年年初,有五家大型全球投资银行(贝尔斯登、高盛、雷曼兄弟、美林和摩根士丹利)的总部位于美国。到 2008 年年底,只有高盛和摩根士丹利仍是独立经营的,且它们已经转型为银行控股公司(实际上是金融控股公司,这将在本章后面讨论)。同样,在 TARP 计划之下,独立商业银行的数量不断减少,因为该政策鼓励那些采用 TARP 优先股方案的银行进行合并。联邦政府救助美国国际集团进一步展示了如何向大型保险公司以及通用汽车、克莱斯勒、福特等汽车制造商和 GE 等公司提供联邦援助。不出意料,联邦政府受到了指责,因为在整个金融危机期间是由它来选择"赢家"和"输家"的。

许多在 21 世纪初没有投资住房的人强烈反对联邦政府用纳税人的钱去救助华尔街的投机者们。从 2007 年 8 月到 2010 年 4 月,美联储向各种金融机构提供了超过 1 万亿美元的直接贷款、担保和信贷额度。根据彭博社的估计,该举措为接受援助的金融机构提供了近 130 亿美元的收入。② 当联邦政府将房利美和房地美纳入监管时,它让纳税人负担了超过 5 万亿美元的债务。这些钱将从哪里来呢?显然,财政债务将由子孙后代负担,具体方式是以更高的利率向国库借贷,以及承担更高的税收用于偿债。

信贷危机对全球的影响也很大。当外国政府和决策者们审视美国的具体行动时,他们看到的是巨大的预算赤字、巨额贸易赤字、金融机构失灵,以及美元价值的不确定性。由于全球的财富不可避免地相互联系,在美国资产减值和贷款冲销的影响下,其他国家也出现了类似的问题。2008 年年末,英国、德国和冰岛政府购买了本国大型金融机构的股票,并频繁地为这些机构的债务做担保。不幸的是,这些担保迫使冰岛政府在 2008 年 10 月破产了,因为它无法偿还债务。问题贷款造成了重大损失以及银行资本的减少,这些情况在许多国家上演。

本章分析了银行是如何运作的,并将其与其他金融服务公司的运作机制进行比较。它描述了银行是如何根据地理与市场环境的不同,以及它们的重点客户和提供金融服务的交

---

① 房利美和房地美属于政府支持企业,为 Aaa 评级,因为人们认为联邦政府应当保证支付其优先股的股息和利息(而这种认知是不正确的)。如上所述,房利美和房地美目前处在联邦政府的监管下。

② 参见 Ivry, Bob, Bradley Keoun, and Phil Kuntz, "Secret Fed Loans Gave Banks $13 Billion Undisclosed to Congress", 2011 年 11 月 27 日, www.bloomberg.com/news/2011-11-28。

付渠道方面的不同而采取不一样的经营方式。银行业务模式反映的是所有权结构和市场策略,因此研究银行的运作机制有助于了解不同的银行业务。

银行何以区分彼此

多年来,美国拥有一个多层次的商业银行系统,包括全球性银行、跨区域银行和社区银行。诸如美国银行、花旗集团和 JP 摩根等大公司作为全球性机构,为政府、企业和个人客户提供广泛的产品和服务。它们有效地将商业银行和投资银行结合在一起,并经常提供广泛的保险业务和其他金融服务。跨区域银行的规模较小,市场渗透率较低,但在本国特定地区有广泛的业务。这些银行的国际业务通常十分有限,而且很少提供非传统的银行服务。虽然它们也可能做一些投资银行业务,不过它们瞄准的主要是利率市场。富国银行、PNC 银行和美国银行是该类别银行的主要成员。还有一些在有限地域市场经营的银行,它们构成了美国商业银行系统的底层。这些银行(诸如 BB&T 等)提供了许多不同类型的金融产品和服务,不断地在美国拓展业务,并期望成为全国性银行。另一些银行的规模则要小很多,并且通常只在有限的地域范围内(如同一州或县)竞争。这一类银行被称为社区银行,其规模通常小得多。一般而言,社区银行的业务重点是向小型商业企业、个人和农业企业提供贷款。它们以适度的速度扩张,其大部分资金来自上述企业和个人持有的存款。在社区银行的经营过程中,银行员工、客户和股东之间的关系十分重要。实际上,许多社区银行的所有者、管理者和员工之间有着密切的联系,因为这种银行本身是按照 S 型公司或者合伙人公司来运营的,并通过员工持股计划(employee stock ownership plans,ESOP)允许员工拥有所有权。[①] 最后,大多数社区银行强调自己是在本地放贷,因此客户在申请贷款时不必等待市场之外的其他人的贷款决策。

最近的信贷危机大大改变了银行业的前景。许多监管机构和分析师预计,由于受次级贷款和其他抵押贷款以及商业房地产相关贷款问题的影响,独立银行机构的数量急剧下降。在美国的大型机构中,将不会看到任何"纯粹"的(大型)投资银行的身影了。贝尔斯登和雷曼兄弟彻底破产,美林银行被美国银行收购,高盛和摩根士丹利都转型为银行控股公司。

美国银行结构变化的趋势

在过去二十多年中,美国各类银行的数量有所下降。由于管理者对规模经济的不懈追求,以及技术进步带来的客户范围和服务类型的拓展,银行业出现合并现象。图表1.2 和图表1.3 记录了联邦存款保险公司承保的银行组织及其控制下的资产数量的变化。联邦存款保险公司作为主要的银行监管机构之一,其主要职责是为商业银行存款进行担保。独立银行是接受存款和发放贷款的银行,其本身作为单一的独立组织进行运营,而不是作为控股公司的一部分。独立银行通常在有限的地域市场(例如城市或县)提供服务,因此与其他金

---

① Koch(2014)提供了社区银行及其运营的详细描述,并提出了它们为在未来蓬勃发展而应采取的策略。

融服务公司相比,其规模往往较小。截至2013年年底,美国有1 779家独立银行和储蓄机构在运营。储蓄机构指的是那些受货币监理署监管的公司,其最开始是向个人发放抵押贷款的组织。从图表1.2中可以看出,越来越多的公司成为银行控股公司,多银行控股公司控制了银行系统的大部分资产。

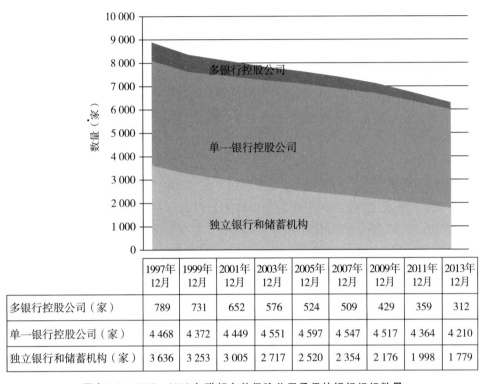

	1997年12月	1999年12月	2001年12月	2003年12月	2005年12月	2007年12月	2009年12月	2011年12月	2013年12月
多银行控股公司(家)	789	731	652	576	524	509	429	359	312
单一银行控股公司(家)	4 468	4 372	4 449	4 551	4 597	4 547	4 517	4 364	4 210
独立银行和储蓄机构(家)	3 636	3 253	3 005	2 717	2 520	2 354	2 176	1 998	1 779

图表1.2　1997—2013年联邦存款保险公司承保的银行组织数量

注:包括单一银行控股公司或者多银行控股公司所拥有的储蓄银行。

资料来源:FDIC季度银行业概览,2013年第四季度,www.fdic.gov。

银行控股公司

银行控股公司本质上是一个拥有和管理子公司的壳组织。任何一个拥有一家或多家商业银行控制权的组织都可称为银行控股公司(bank holding company,BHC)①。控制权被定义为所有权或间接控制权,即通过投票可以行使银行中超过25%的表决权。在州际支行的法规颁布之前,成立银行控股公司主要是为了规避设立分行和银行可提供的产品服务的限制。今天,其主要动机是使成本最小化和扩大银行可提供产品的范围。控股公司从股东和债权人那里获得融资,并利用所得款项购买其他公司的股票、发放贷款和购买证券。我们称控股公司为母公司,而称经营实体为子公司。如果母公司拥有的子公司股份超过80%,那么其需要提交合并纳税申报单。

---

① BHC不一定是联邦立法所定义的金融服务控股公司。请参阅随后对金融服务控股公司的描述。

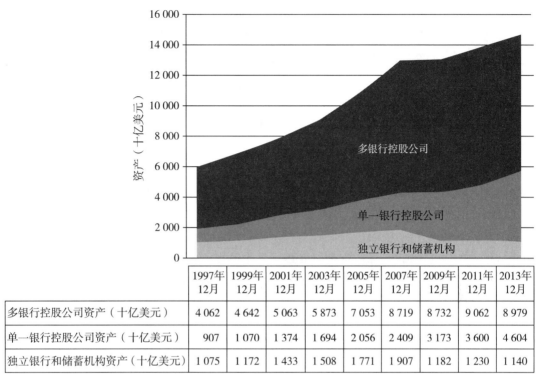

图表 1.3　1997—2013 年联邦存款保险公司承保的银行组织资产情况

注：包括单一银行控股公司或者多银行控股公司所拥有的储蓄银行。

资料来源：FDIC 季度银行业概览，2013 年第四季度，www.fdic.gov。

单一银行控股公司(one-bank holding companies, OBHC)只控制一家银行，通常情况下它是在现有的银行所有者以持有的银行股票换得其他公司股票的情形下而产生的。控股公司通过这种方式获取原始银行股票。多银行控股公司(multi-bank holding companies, MBHC)则控制至少两家商业银行。为了控制银行并提供传统的银行服务，大型组织通常会形成 OBHC，或者将一些独立的银行集中在 MBHC 中。更重要的是，许多组织希望将银行与其非银行子公司的金融活动结合起来，以便更好地在全国范围内竞争。

图表 1.2 和图表 1.3 显示，2013 年年底，在美国运营的 OBHC 超过 4 200 个，它们控制了超过 4.6 万亿美元的资产，平均下来每家控股公司约控制 11 亿美元的资产。MBHC 的结构则略有不同。它与前者实质上的区别在于，其母公司拥有多家商业银行子公司。在州际银行出现之前，这使得银行组织能够在不同的地域市场中进行竞争。即使在同一种结构下，MBHC 的运作风格也可能不同。有些 MBHC 与旗下银行的关系十分密切，每家附属银行的管理层每天都要向主要银行或母公司的领导者报告工作。在这种情况下，子公司实际上是分支机构。其重要决定必须经地方分支机构以外的当局批准，使得本地银行工作人员只拥有有限的自主权。例如，本地银行贷款人员在发放超过 10 万美元的贷款时，必须经由位于不同地区的区域控股公司信贷专员批准，该信贷专员负责监督所有贷款决策。这种模式的优点是能够保证贷款决策的一致性。但由于地方机构的权力有限，这种模式的缺点在于其

决策通常会被延迟,并且决策结果传递给客户的时间总是被拖延。毋庸置疑,运行良好的社区银行能够在地方自治和"特别"社区焦点之间寻找到最好的平衡点。

其他 MBHC 则允许附属银行的管理人员保留决策权,并且只要业绩好,其基本上是半独立运作的。由于无法推行单一的营销和广告计划,这些公司更难以实现规模经济。因此,一些由规模效应带来的好处被丢失了。然而,这种模式的优势在于,这些银行通常与社区保持密切联系,因而能够实现相关收益。图表 1.2 和图表 1.3 显示,截至 2013 年 12 月,美国的 MBHC 为 312 个,但这些组织却控制了近 9 万亿美元资产,占据了商业银行系统资产的 61% 左右。

图表 1.4 概述了 OBHC 和 MBHC 简单的组织结构。首先来看 OBHC,其顶部是拥有对子公司控制权的上级组织的董事会。该董事会的运作与独立银行的董事会非常相似,只是现在其职责扩展到整个组织所涉及的所有业务领域。在 OBHC 中,附属银行通常像独立银行一样运作。唯一的区别在于,其商业决策必须与非银行子公司的目标和决策相协调。银行管理者是董事会中的代表,非银行子公司的管理者也是董事会中的代表。一般来说,非银行公司的高级职员比银行少。

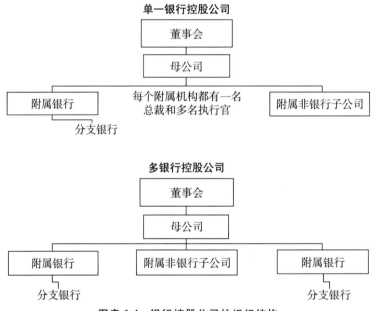

图表 1.4　银行控股公司的组织结构

《1956 年银行控股公司法》赋予了美联储监管这些公司的职责,同时将控股公司内的银行监管权交由传统监管机构监管。《格雷姆-里奇-比雷利法案》还规定,美联储对金融控股公司(FHC)负有监管责任。和商业银行一样,金融控股公司也受到州和联邦政府的严格监管。《1956 年银行控股公司法》规定,所有控股公司的成立和收购必须经由美联储理事会批准。通常情况下收购请求会得到批准,除非有证据表明此次收购将大大减小本地银行市场的竞争程度。在个案基础上,美联储一一审查那些银行控股公司对银行的所有权或控制权,看其是否小于 25%,以确定是否存在有效控制。

在当前监管下,银行控股公司可以收购能够提供与银行业密切相关的产品和服务的非银行子公司。这种做法很可能会限制投机行为,从而限制总体风险。许多保险公司、金融公司和一般零售公司已经组建了 OBHC 来操控银行,作为其提供的金融服务的一部分。

金融控股公司

《格拉斯-斯蒂格尔法案》有效地将商业银行与投资银行分离。然而,只要商业银行不"主要从事"投资银行业务,该法案就允许其行使第 20 条条款,即通过附属机构参与投资银行业务。1987 年,商业银行得到美联储的许可,可以承销和交易证券,五家银行迅速根据第 20 条条款的规定,建立了开展业务所必需的子公司。为了明确界定"主要从事",起初美联储允许银行从其附属证券公司获得收入不超过 5%,1989 年增加到 10%,1997 年则增加到 25%。根据《1933 年证券法》和《1934 年证券交易法》,这些所谓的依据第 20 条条款建立的子公司被要求向证券交易委员会注册,成为经纪交易商,并遵守适用于经纪交易商的所有规则。保险储蓄机构及其根据第 20 条条款建立的附属机构之间的交易受到《联邦储备法》的限制。

根据《格拉斯-斯蒂格尔法案》,银行和证券公司之间的附属关系受到限制,而 1999 年的《格雷姆-里奇-比雷利法案》则废除这些限制,并允许银行和保险承保人之间存在附属关系。将管理保险的权力保留在国家手中的同时,该法案明令禁止国家采取行动防止银行附属公司在与其他保险代理公司平等的基础上出售保险。同时,该法案创设新型金融控股公司,允许其从事承销与销售保险和证券,开展商业和投资银行业务,投资和开发房地产以及从事其他"补充活动"。

金融控股公司(financial holding companies,FHC)是与 BHC 不同的实体。公司可以组建 BHC、FHC 或同时组建两者。组建 FHC 的主要优点是,该实体可以广泛地从事一些银行或 BHC 所不允许从事的金融活动,包括保险和证券承销与代理活动、投资银行和保险公司证券投资活动,还包括对金融活动进行"补充"的相关活动。成立 FHC 或将 BHC 转型为 FHC 的主要缺点是,如果其任何一个被承保的储蓄机构子公司的资本不足或管理不善,或者在最近的《社区再投资法案》(Community Reinvestment Act,CRA)测试[①]中没有取得较高的评级,美联储可能不会批准成立 FHC。尤其是当被承保的储蓄机构子公司在最近的 CRA 测试中没有取得较高评级时,相应的联邦银行机构可能不会批准需要《社区再投资法案》授权的任何新活动或收购。

FHC 可以拥有银行、BHC、储蓄公司或储蓄控股公司。这些公司各自拥有子公司,而作为母公司的 FHC 也可以直接拥有其他子公司。它们之间的结构类似于 BHC 与其子公司的关系,但是多了一个管理和控制的层级。随着商业银行与国内外的其他金融机构合并,这种类型的组织预计将变得更加普遍。我们也可能会看到非金融公司与一些银行在这种框架之

---

① 美国国会于 1977 年颁布了《社区再投资法案》,以确保那些贷款人在同一社区或贸易区提供信贷,或者在这些地区开展其他业务,如吸收存款。

下形成的隶属关系。图表 1.5 展示了 FHC 的一般形式,其中 FHC 拥有 BHC 和储蓄机构控股公司。这些控股公司均拥有子公司,而母公司 FHC 也拥有子公司。

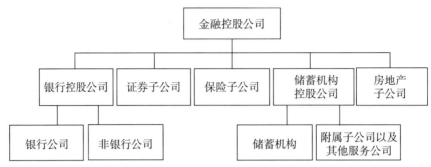

图表 1.5　金融控股公司组织结构

控股公司及其子公司之间的具体组织形式、可从事的活动以及现金流量将在以下各部分中说明。后续部分描述了一些关于银行产品、服务市场和定价的监管限制。

控股公司财务报表

MBHC 的不断扩张使得银行能够通过在不同区域市场和不同产品市场中竞争来实现业务多元化,通过稳定收益、多元化经营来降低破产风险。母公司通常协调整个组织的运营战略,并提供收费服务。它协助银行子公司进行资产和负债管理、贷款审查、数据处理和业务发展,并提供债务和股权融资。它还为非银行子公司提供战略规划、项目分析和融资等服务。

控股公司及其附属公司的合并财务报表反映了合并或整合业绩。图表 1.6 和图表 1.7 展示了花旗集团(Citigroup)及其银行和非银行子公司的合并资产负债表和利润表。母公司(花旗集团)是一家拥有许多银行和非银行子公司与控股公司的金融控股公司。合并资产负债表反映了各子公司资产的总体所有权,而利润表则根据花旗集团及其子公司的收入和支出来源进行编制。主要资产是指贷款和投资加交易账户资产。贷款针对企业、外国政府和个人,而投资则包括政府债券、企业债券、外国债券和市政债券。截至 2013 年年底,花旗集团还拥有大量的交易账户资产,这些资产通常是证券、商品和其他短期持有的投资性资产。公司的目标是以高于购买价销售资产(包括证券、货币等),以谋求获利。对它们而言,最主要的债务是存款和短期借款。股权资本是另一项主要资金来源。图表 1.7 记录了银行典型的收入流,包括扣除利息费用的利息收入和非利息(费用)收入。与人员和设施使用成本相关的运营费用占据了非利息费用的大部分。

实际上,母公司(花旗集团)作为结算公司,其资产负债表相对简单,包括由债务和股权融资的贷款与股权投资。除了管理整体运营,当信用额超过单个成员银行允许的最大合法贷款额度时,母公司还将从银行子公司(花旗银行)购买贷款(投资和预付款)。这些贷款可以分配给母公司控股的其他银行或由母公司留存。最后,母公司通过购买票据和应收账款或股权向子公司提供资金。股权投资反映了购买时子公司股权的价值。这些资产由短期债务、长期债务和 BHC 股东提供的资金构成。

图表 1.6 合并资产负债表：花旗集团和附属公司

(单位：百万美元)

	2012 年 12 月 31 日	2013 年 12 月 31 日
资产		
现金和银行应收账款(包括分散现金和其他存款)	36 453	29 885
银行存款	102 134	169 005
出售联储基金和回购协议	261 311	257 037
应收经纪账款	22 490	25 674
交易账户资产	320 929	285 928
总投资	312 326	308 980
贷款,净预收收益		
消费者	408 671	393 831
公司	246 793	271 641
贷款损失折价	(25 455)	(19 648)
总贷款净额	630 009	645 824
商誉和其他无形资产(除 MSR 外)	31 370	30 065
抵押服务权(MSR)	1 942	2 718
其他资产	145 696	125 266
总资产	**1 864 660**	**1 880 382**
负债		
美国办事处的无息存款	129 657	128 399
美国办事处的有息存款	247 716	284 164
美国总存款	377 373	412 563
美国境外办事处的无息存款	65 024	69 406
美国境外办事处的有息存款	488 163	486 304
国际存款总额	553 187	555 710
总存款	930 560	968 273
购入联储基金和回购协议	211 236	203 512
应付经纪账款	57 013	53 707
交易账户负债	115 549	108 762
短期借款	52 027	58 944
长期债务	239 463	221 116
其他负债	67 815	59 935
总负债	**1 673 663**	**1 674 249**

(单位:百万美元) (续表)

	2012 年 12 月 31 日	2013 年 12 月 31 日
权益		
股东权益		
优先股	2 562	6 738
普通股、实收资本和留存收益	204 230	218 392
库存股	(847)	(1 658)
累计其他综合收益(亏损)	(16 896)	(19 133)
普通股总额	**186 487**	**197 601**
总股东权益	**189 049**	**204 339**
非控制性权益	1 948	1 794
总权益	**190 997**	**206 133**
总负债和权益	**1 864 660**	**1 880 382**

资料来源:花旗集团2013年财务报告。

图表1.7 合并利润表:花旗集团和附属公司

(单位:百万美元)

	2012 年	2013 年
收入		
利息收入	67 298	62 970
利息费用	20 612	16 177
净利息收益	46 686	46 793
佣金和费用	12 732	13 113
核心交易	4 781	7 121
行政和其他信托费	4 012	4 089
已实现投资收益(损失)	3 251	748
投资和其他资产的非暂时性减值损失	(4 971)	(535)
保险费	2 395	2 280
其他收入	242	2 757
总非利息收入	22 442	29 573
扣除利息费用的总收入	**69 128**	**76 366**
信贷损失及收益权、求偿权计提准备金		
净信用损失	14 231	10 463
信用储备金构建(释放)	(3 773)	(2 859)

(单位:百万美元) （续表）

	2012年	2013年
贷款损失备抵	10 458	7 604
保单利益和索赔	887	830
无资金贷款承诺的拨备	(16)	80
信贷损失及收益权、求偿权计提准备金总计	11 329	8 514
营业费用		
薪酬和员工福利	25 119	23 967
厂房和设备	3 266	3 165
技术/通信费用	5 829	6 136
广告和营销费用	2 164	1 888
其他营业费用	13 596	13 199
总营业费用	49 974	48 355
税前的持续经营收益	**7 825**	**19 497**
所得税准备金(优惠)	7	5 867
持续经营收益	**7 818**	**13 630**
终止经营业务		
终止经营业务的收入(亏损)	(109)	(242)
出售收益(损失)	(1)	268
所得税准备金(优惠)	(52)	(244)
扣除税款的终止经营业务的收入(亏损)	**(58)**	**270**
扣除非控制性权益前的净收益	**7 760**	**13 900**
归属于非控制性权益的净收益	219	227
花旗集团的净收益	**7 541**	**13 673**

资料来源:花旗集团2013年财务报告。

　　虽然控股公司及其附属公司的综合财务报表反映了总体业绩,但实际上,查看母公司自身的报表也是有必要的。图表1.8展示了母公司自身的利润表。请注意,其净收益数据与图表1.7相同,只不过其信息是从母公司所有权的角度呈现的。母公司(花旗集团)的净收入来自股息、利息、银行和非银行子公司的股本管理费用减去营业费用、控股公司债务支付的利息和其他收入。母公司还报告了子公司未分配利润的股权。无论收入是否实际支付(分配)给母公司,根据会计要求,母公司都要公告合并子公司股权中未实现的收益,并将其作为收入。2013年,花旗集团的净收益只有约136亿美元,相对其规模而言,这一净收益相对较小,而且主要来自子公司的股息。

图表 1.8 花旗集团母公司 2013 年合并利润表（精简版）

（单位：百万美元）

项目	金额
运营收入	
银行附属公司和相关银行的收入，不包括未分配利润的股权	
股息	0
利息收入	93
管理和服务费用	0
其他	−3 199
合计	−3 106
非银行子公司和相关银行的收入，不包括未分配利润的股权	
股息	844
利息收入	2 914
管理和服务费用	0
其他	−176
合计	3 582
子公司控股公司及相关控股公司的收入，不包括未分配利润的股权	
股息	12 200
利息收入	214
管理和服务费用	0
其他	0
合计	12 414
证券收益（损失）	−17
其他营业收入	3 907
总营业收入	16 780
营业费用	
薪酬和员工福利	187
利息支出	5 623
贷款与租赁损失备抵	0
其他费用	963
总营业费用	6 773
税前收益（亏损）和未分配利润	10 007
适用所得税	−1 637
税后非经常性收入	0
子公司及联营公司未分配利润下的收益（亏损）	11 644

(单位:百万美元)　(续表)

项目	金额
子公司及相关公司未分配利润(亏损)下的股权	
银行	0
非银行	−15
控股子公司	2 044
净收益(损失)	13 673

资料来源:FFIEC,银行控股公司报告,http://www.ffiec.gov/nicpubweb/nicweb/Top50Form.aspx。

母公司通常只缴纳很少的所得税(花旗集团实际上获得了税收优惠),因为来自子公司的股息的80%是免税的。相对于收入和可扣除费用来说,剩余20%的股息和利息收入构成的应纳税所得额较少。根据国税局的规定,每个子公司按季度对应税收入缴纳税款。但是,如果合并报税,母公司就可以利用子公司的应纳税所得额抵消亏损。因此,母公司可以报告非现金税收优惠,使子公司免于超额纳税。

组织结构

银行的基本组织结构以及它们的业务线各不相同。与 BHC 相比,独立银行的灵活性较小。即便是 BHC,其控股公司下的银行数量以及非银行子公司所从事活动的数量和范围也不同。一些银行选择同时兼顾非传统银行业务和银行业务。以 BB&T 为例,它积极进军保险业,其保险业务规模在各类金融服务公司中名列前茅。奥马哈互助保险公司(Mutual of Omaha)和州立农业保险公司(State Farm)这两家传统保险公司也决定通过购买和经营中型银行进军商业银行领域,以扩张其商业银行业务。

S 型公司银行

对于不同银行而言,联邦所得税制度在具体的执行规则上有所不同。1997 年,美国国会通过立法,允许符合相应限制标准的商业银行作为 S 型公司银行运营。与 C 型公司银行相比,S 型公司银行享有优惠的税收待遇,因为其不必缴纳企业所得税。公司按比例(所有权百分比)为股东分配利润或收益,每个股东对所得收入按个人所得税税率纳税。要想获得 S 型公司资格,银行的股东不得超过 100 名。[①] 由于有机会避免在企业和个人层面被双重征税,许多银行选择了 S 型公司模式。图表1.9 记录了 2 211 家银行在 2013 年年底作为 S 型公司的报税情况。

Cyree,Hein & Koch(2014)认为商业银行选择成为 S 型公司或 C 型公司,会影响经营业绩和管理层的风险承受能力。如第 2 章所述,由于 S 型公司模式下的银行不支付联邦所得

---

① 当前的规定是宽松的,因为它允许家庭成员组成一个股东。

税,因此其整体盈利能力得到了提高。由于股东数量有限,S 型公司银行的所有权通常集中在一个家庭或一小部分投资者手中,如银行经理、董事和员工等。集中所有权反而可能减少代理问题,并随后改进风险管理的相关实践。由于股东数量受限,S 型公司银行在资产规模和市场价值方面通常比 C 型公司银行更小。[①] 管理者更有可能是所有者,可以更加密切地监控风险。同时,在其他条件不变的情况下,管理者可以更密切地寻找可能产生经营收益的机会。由于两者的基本情况存在巨大差异,我们无法比较 S 型公司银行与 C 型公司银行在总体财务指标方面的表现。

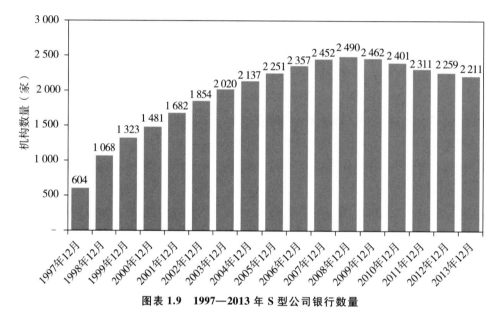

图表 1.9　1997—2013 年 S 型公司银行数量

资料来源:FDIC 季度银行业概览,2013 年第四季度,www.fdic.gov。

金融服务的商业模式

　　银行的构成因国家而异。出于监管目的,美国早期把商业银行定义为接受活期(无息)存款同时向企业放贷的实体。如果一家公司只从事其中一项业务或一项业务都没有做,那么它就不受银行监管条例的约束。储蓄机构(商业银行、储蓄银行或信用合作社)的主要优势是能够获得 FDIC 存款保险[信用合作社由国家信用合作社协会(NCUA)承保]。为了应对金融危机,国会将 FDIC 和 NCUA 的存款保险额上调到每个账户 25 万美元。如果一家银行加入 FDIC 的临时流动性担保计划,其就可以为无息交易账户购买无限存款保险。

　　FDIC 向银行收取保险费,这确保符合资质的存款持有者能够在被允许的最大限额内为

[①] Berle & Means(1932),Jensen & Meckling(1976)以及随后的研究人员注意到,集中所有权减轻了将企业所有权与控制权分离而造成的负面后果。

其每笔存款的本金提供担保。因此,一旦银行破产,政府就会补偿存款持有人的损失。① 自引入 FDIC 存款保险以来,尚未有存款人在受担保的存款上遭受损失。存款保险的存在使得储蓄机构对受保存款支付较低的利率,并确保这些存款在危机时期相对稳定。2008 年 10 月,当高盛、摩根士丹利和美国运通选择成为银行控股公司时,FDIC 存款保险的价值得到了体现。这些转型之后的公司能够立即向美联储的贴现窗口(紧急)借款,与此同时使得这些银行可以施行通过吸收受保存款来增加资金的长期战略。

将公司作为银行(或 BHC)来运营的主要缺点是公司将受到银行类机构的监管。要获得存款保险,公司要让联邦政府监督自己的银行业务,以确保管理层不会选择开展高风险业务。银行需要接受安全和稳健性测评以及合规性测试,以确定其能否有效地管理自己的风险,能否为客户提供合适的服务。在 2008 年之前,投资银行规避了自己作为银行应当受到的监管,这使得它们能够显著降低单位风险资产对应的资本金,并能够进入商业银行通常不能进入的业务领域。这带来了更高的财务杠杆以及许多高风险领域的业务,如自营交易业务。因此,在成为 BHC 之前,即便与最大的商业银行相比,美国投资银行的资产负债表和利润表都有很大的不同。

交易银行业务与关系银行业务的商业模式

银行存在的主要原因之一是,将存款人和借款人结合在一起需要付出较高成本。借款人和贷款人在进行贷款交易时,关于对方的风险信息都了解甚少,而银行作为中介在提供精确信息方面可以发挥重要作用。因此,银行通过降低成本和增加有用信息来促进交易。发挥上述功能的不同方式可以用来区分银行业务的基本模式。如果中介机构的主要职能是收集、分析和传播信息,那么能够实现规模经济的大型机构比较小的机构更有能力降低相关成本。由于大型机构有更广泛的市场渗透率,可以得到更宝贵的信息,因此它们可以更好地促进交易并降低交易的平均(和边际)成本。

如果大银行可以以更低的成本提供银行服务,那么为什么还存在很多表现良好或者至少曾经表现良好的社区银行?一个常见的解释是,大银行更看重交易银行业务,而小银行则侧重基于客户关系的银行业务。② 交易银行业务(transactions banking)主要提供交易服务,如支票账户、信用卡贷款和按揭贷款,这些业务高频发生并具有标准化特征。由于产品是高度标准化的,它们可以被机械地完成,且不需要很多的人力投入来管理。例如,做出信用卡贷款的决定通常基于个人的信用评分。这个评分反映了个人的财务状况(如收入、负债率、准时和逾期贷款支付记录等),并且可以方便地用于评估借款人的风险程度。如果信用评分模型足够精准,信用评分就能准确预测信用卡贷款的损失。通过对借款人进行标准化的评估,银行可以在全球业务范围内省去很多的人力投入。因此,交易银行业务的商业模式鼓励

---

① 在实践中,银行监管机构通常会找到一家健康的银行,由它承担破产银行的存款负债,使得受保存款被转移到接收银行。然后,FDIC 根据破产银行净资产的清算或销售价值向无保险存款人支付未保险余额的一部分。

② Sharpe(1990)、Diamond(1991)和 Rajan(1992)强调了这种区别。Hein, Koch & MacDonald(2005)描述了交易银行业务与关系银行业务的基础,并提供数据以支持社区银行在关系维度上的"唯一性"。

使用新技术,以足够低的价格提供标准化产品来阻碍小银行提供类似产品。强调交易服务的银行通常规模庞大,在广泛的区域和产品市场中竞争。重要的是,如果贷款发起人和评级机构能够成功地评估潜在的信用风险,具有标准化特征的资产就可以被证券化。证券化过程将在本章后面介绍。

关系银行业务(relationship banking),顾名思义,强调银行家和客户之间的个人关系。例如,推动贷款的是社会关系而不是交易本身,因为贷款人在贷款授予过程中为借款人增加了真正的价值。除了提供资金,贷款人还会提供会计、商业和税务筹划方面的专业知识。许多小公司的财务报表没有被标准化,管理层缺乏在金融市场上直接借款(发行债券)所需的财务专业知识。对这些公司的贷款进行信用评分更困难,因为它们不是标准化的。通常情况下,贷款人对于那些申请贷款的个人和(或)企业很熟悉,并且对于需要融资的财产、设备或者其融资背后隐藏的目的也都很熟悉。对于关系型贷款而言,贷款机构收取较高的利率,并且通常将此类贷款置于自身的投资组合中。它们还积极向这些客户推销非信用产品和服务,以锁定与客户之间的关系。

由于借款人和贷款人之间比较熟悉,不必通过信息搜索就能完成交易,因此在这种便利之下,银行和客户会一直保持长期的联系。① 基于此,借款人获得了以最低协商成本在需要融资时从银行获得资金的保证,并为此支付更高的费用。同时,借款人往往希望贷款机构的本地工作人员拥有作出贷款决策的授权。在银行业工作的人都知道,当客户喜欢的银行家因所在的银行兼并重组或工作变更而任职新银行时,客户通常会追随他,无论他是贷款人还是客服代表。这是因为客户对现有关系感到很舒适,并且不太想花费精力帮助新银行家了解自己公司或者个人的财务状况。

交易银行业务与关系银行业务之间并非完全替代的关系,两种业务模式本质上是不分优劣的。大银行自然强调在许多业务线上的交易。以花旗集团在图表1.6中的数据为例。2013年年底,花旗集团拥有近1.9万亿美元的资产。新增一笔400万美元贷款会对银行的净收益产生什么影响?如果能够对贷款进行信用评分,银行就可以更好地证明这种"小额"贷款的正当性,且不用在人力资本上投入太多资金。在这一情形下,与关系银行业务相比,增加的规模将使得银行拥有更多的交易银行业务。

然而,近期的事件反映出交易银行业务模式存在严重缺陷。交易银行业务模式一个吸引人的特点在于,公司可以将所产生的相关资产进行证券化。证券化(securitization)指的是汇集一组具有相似特征的资产(例如信用卡贷款或抵押贷款)并发行以资产为质押的证券的过程。投资银行或类似实体,如房利美或房地美,以质押资产的现金流发行证券,并以这些现金流偿还债务。购买证券的投资者获得上述现金流中扣除融资服务费、担保费和信托费的部分,由于知晓投资者对上述证券有需求,贷款机构经常重复这一过程,给市场带来了额外的流动性。

---

① 在他们对社区银行的分析中,DeYoung, Hunter & Udell(2004)强调银行家可以通过与借款人的个人联系获得"软信息"。文中对关系银行业务的描述强调,贷款人可能为借款人提供资金以外的真正价值。

近期的信贷危机表明,这种 OTD 模式使得贷款发起方不再拥有相关贷款的所有权。这种方式的缺点是,发放贷款的贷款人知道自己不会长期持有贷款,由此不太关心贷款的质量。贷款人的收益与贷款发放金额挂钩,即使借款人拖欠贷款,贷款人也不会受到惩罚。为了发展业务并不断发起贷款,贷款人越来越多地向不太合格的借款人放贷。诸如穆迪、标准普尔和惠誉等评级机构实际上是贷款发起人和证券承销商的合作伙伴,如果没有成功的证券化业务,评级机构将得不到任何收益。因此,它们使用了有缺陷的风险评估模型,并给出了被证明是过度乐观的评级,使得证券更容易被卖给不知情的投资者。当相关资产违约率高于预期时,证券投资者无法收到贷款人承诺的付款。最终的结果是,证券化市场在很大程度上失去了流动性。最终,那些投资组合中持有大量低质量资产的大型机构被迫冲销资产的账面价值,从而蒙受资本金损失;而那些专注于关系银行业务的机构则避免了这个问题。

关系银行业务所追求的并不一定是较低的成本。只要银行真正提供了客户所需资金以外的价值,客户就愿意为该服务付费。不论资产规模如何,那些提供关系银行服务的社区银行更有可能找到盈利机会,因为这些服务的市场竞争是有限的。分析人士普遍认为,随着银行规模的扩大,这类银行会越来越看重交易银行业务。

全能银行的商业模式

全能银行指的是提供广泛的金融产品和服务的金融公司。该类银行最初集中在西欧,将专注于贷款和吸收存款的传统商业银行与投资银行相结合。全能银行涉及的业务有:承销证券、提供并购建议、为客户管理投资资产、在公司中占有股本、以赚取投机性利润为目的买入和卖出资产、提供经纪服务,以及发放贷款和吸收存款。全能银行的潜在优势是拥有在客户之间提供交叉销售服务的能力。提供多种产品和服务可能会增加全能银行的信息优势,并允许其更有效地以更低的价格为客户提供服务。

全能银行是否为一种成功的商业模式?目前人们对此尚未达成共识。那些试图实现"一站式金融超市"目标的美国公司并没有超越更传统的竞争对手。除了自己的商业银行业务,花旗集团曾经拥有一家投资银行(所罗门美邦,Salomon Smith Barney)、一家大型保险公司(旅行者,Travelers)和一家大型金融公司(联盟者公司,Associates Corp)。然而,由于集团的总体业绩没有改善,最后花旗集团出售了这些非银行子公司。德意志银行长期经营类似的业务,但最多也只是维持了稳定的业绩。

一些大型美国银行机构似乎愿意追随全能银行模式。例如,美国银行和 JP 摩根一直在收购提供不同产品和服务的公司。在过去几年中,美国银行收购了美国信托公司(US. Trust)、拉萨尔银行(LaSalle)、美国国家金融服务公司(Countrywide)和美林证券(Merrill Lynch)(其中,美国国家金融服务公司是一家大型抵押贷款机构,美林证券是一家拥有最多零售经纪商的投资银行)。后面两个并购是发生于 2008 年的廉价急售,因为美国国家金融服务公司和美林证券都遭遇到抵押贷款违约、大额资产减记和相应的流动性问题。在金融危机期间,JP 摩根与其他组织一起收购了华盛顿互惠银行和贝尔斯登。

图表 1.10 显示了美国银行在四个地区(美国、欧洲、亚洲和拉丁美洲)以及五个业务部门的总收入:

- **消费者和企业银行业务(CBB)**。CBB 由存款、银行卡服务和企业银行业务组成。这一业务线为消费者和企业提供一系列信用、银行、投资产品与服务。CBB 的客户和客户网络遍布全美 32 个州和哥伦比亚特区,包括约 5 500 个银行中心、16 300 个 ATM、全美呼叫中心,以及在线和移动平台。
- **消费者房地产服务(CRES)**。CRES 业务包括住房贷款和遗留资产及相关服务。住房贷款涉及正在进行的贷款生产活动,未包含在遗留资产及相关服务中的 CRES 住房抵押贷款组合。遗留资产及服务涉及所有相关的抵押贷款服务活动,包括为他人提供的贷款和由银行持有的贷款。

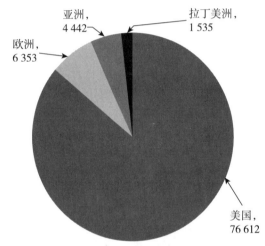

(a)不同地区业务部门的总收入(单位:百万美元)

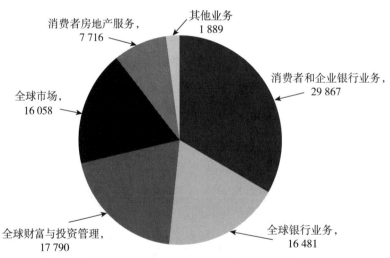

(b)不同业务线的收入(单位:百万美元)

图表 1.10 美国银行 2013 年业务收入

资料来源:美国银行 2013 年财务报告。

- **全球银行业务**。全球银行业务包括全球企业和全球商业银行业务及投资银行业务。该部门提供广泛的贷款相关产品和服务,包括商业贷款、租赁、基建设施、贸易融资、房地产贷款、基于资产的贷款和直接/间接消费贷款。
- **全球财富与投资管理(GWIM)**。GWIM 包括两项主要业务:美林全球财富管理(ML-GWM)和美国银行私人财富管理(美国信托)。MLGWM 的咨询业务是通过一个财务顾问网络提供高度定制化的客户体验,所服务的每个客户的总投资资产不少于 25 万美元。它通过一整套经纪、银行和退休金产品,向客户提供量身定制的解决方案以满足客户的需求。
- **其他业务**。其他业务包括资产负债管理活动、股权投资、清算业务等。资产负债管理活动包括全额住房抵押贷款组合、投资证券、利率和外汇风险管理活动,如包括剩余净利息收益分配、结构性负债的收益/损失的管理,以及管理某些分配方法和会计避险无效性带来的影响。

虽然美国银行的绝大多数收入是在美国境内产生的,但是其在欧洲、亚洲和拉丁美洲仍然产生了近 14% 的收入。其当前的目标之一是扩大其在美国以外的覆盖范围,美国银行的最大收入份额来自传统银行业务——消费者和企业银行业务(33%)以及消费者房地产服务(8.6%),排其后的是全球财富与投资管理业务收入。一直以来,传统商业银行认为自己在投资银行和财富管理领域面对的竞争是具有挑战性的。回顾历史,在 20 世纪 80 年代,法律不允许商业银行提供投资银行服务。这一时期共同基金快速增长、扩张,与此同时家庭对股票和债券的直接投资也在不断增长。到了 20 世纪 90 年代中期,商业银行依据《格拉斯-斯蒂格尔法案》第 20 条条款成立的子公司开始提供财富管理服务,但投资银行和投资公司已经扎根富裕家庭。竞争环境使得商业银行难以进入这些市场。因此,许多大银行开始收购投资公司,使得它们也可以在这些市场上参与竞争。

全能银行的商业模式能否成功仍然是一个悬而未决的问题。批评人士认为,管理层难以成功地运作这些广泛而不同的业务线,每条业务线都需要不同的文化和方法来激励与回报重要员工。因此,全能银行会因太复杂而难以取得成功。在美国乃至全球,尚未有全能银行机构表现出持续的强劲增长。全能银行的主要优势可能是,由于它们"太大了",即所谓的"大而不倒"(too big to fail),从而有效地保证了它们在危机时期能生存下去。这种认识自 2007—2009 年的金融危机以来一直存在,当时联邦政府基本上决定了哪些公司能存活,哪些公司将倒闭,以及哪些公司能被政府援助的其他机构(如贝尔斯登、雷曼兄弟、华盛顿互惠银行、国民城市银行、美林证券、美联银行)收购,哪些公司可以接受问题资产救助计划的资金,哪些公司允许发行联邦存款保险公司承保的债务,哪些公司能出售资产或从财政部获得担保。

"大而不倒"的银行

金融危机促使美联储和美国财政部采取特殊的措施来防止经济崩溃。如前所述,其中一项战略涉及向面临严重资金问题的机构提供紧急信贷,另一项战略涉及将资本金注入银行以优化其资产负债表。一般来说,那些全美最大的机构能够获得最多贷款、担保和股权投资。与此同时,当小银行发现自己陷入困境时,银行监管机构往往任其破产倒闭,而这意味着股东的投资"打了水漂",同时联邦存款保险公司的保险基金也遭受了损失。

对于那些得到最多、最直接的政府援助的大型公司,市场参与者和分析师称其为"大而不倒"公司或"TBTF"公司。监管机构和政府官员认为,这些公司与其他大型公司的关系太密切,如果它们垮掉将导致全球金融体系崩溃,最终导致严重的全球经济衰退。较小的组织在经济上可能不那么重要,由此没有得到同类资金的援助。TBTF 现在被许多分析师和个人视为负面标签,因为这意味着联邦政府将决定谁能够生存和谁将会倒闭;同时,TBTF 公司得到了不公平和不适当的援助。显然,TBTF 公司的股东、债券持有人和高级管理人员都从这种政府援助中受益。

2010 年,美国国会通过了《多德-弗兰克法案》,该法案处置与金融危机相关的各种各样的问题。其中一部分法案试图通过创建一个问题解决机制,以应对 TBTF 公司遇到的相关问题。通过该机制,未来遇到麻烦的 TBTF 公司将通过相关规定,按照强制性清算要求(实际上是解散)来解决问题。然而许多市场参与者认为,在任何类似的清算中,TBTF 公司永远不会被允许破产。

自金融危机爆发以来,大银行获得了更大的金融资产份额。Hester Peirce 和 Robert Greene 的研究表明,美国五大银行——JP 摩根、美国银行、花旗银行、美国联邦银行(U.S. Bank)和富国银行——在银行资产总额中所占份额从 2000 年的 27.5%增长到 2013 年的 46.6%(见图表 1.11);而与此同时,对于那些资产不到 100 亿美元的银行,其市场份额从 30.1%降低到 18.6%。① 虽然上述五大银行已经存在"大而不倒"问题,但它们仍然通过规模上的持续快速增长赢得长期竞争的胜利。

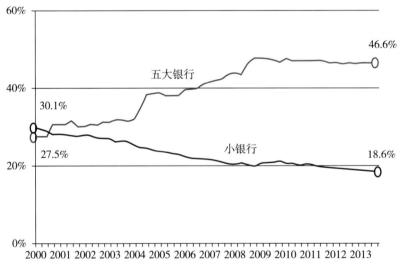

图表 1.11　2000—2013 年五大银行与小银行持有的资产占银行资产总额的比例

---

①　参见 Peirce,Hester and Robert Greene,The Decline of US Small Banks(2000-2013),2014-2-24,www.mercatus.org/publication/decline-us-small-banks-2000-2013。

许多研究还认为,由于 TBTF 公司拥有来自政府的隐性担保,因此其借款成本和运营成本较低。例如,2014 年纽约联邦储备银行的经济学家发表的一系列研究报告得出结论:到 2009 年为止,美国五大银行当年的资金成本相比于较小型金融组织大约低 0.31 个百分点,且运营成本也较低。① 为了解决这一问题,《多德-弗兰克法案》试图创设一个金融稳定监督委员会,以确定哪些大公司是具有系统重要性的金融机构(systemically important financial institutions,SIFI),并对它们施加新的要求。这些在网络上被公示的公司若陷入财务困境,则被视为对金融稳定性的威胁。当然,政府监管机构将定期监测 SIFI 的业绩,并在必要时对其实施制裁。

提供银行服务的各种渠道

假设你和同伴们想要从头开始创办一家新银行。你们将要做出的关键决定之一是银行将定位于哪些客户,以及你们将如何向客户提供银行产品和服务。首先你们需要决定的是,应当以传统方式提供服务,即通过客户和银行柜台人员、客户服务代表、贷款人在银行总部或分支机构进行面对面交流,还是通过自动存取款机(ATM)、互联网、呼叫中心和手机银行提供相同的服务。今天,许多公司提供了挑战传统银行支付体系的新系统。许多商店现在允许客户使用 iPhone 和其他智能设备在零售点直接进行交易。例如,星巴克提供 Square Wallet,它允许客户使用智能手机付款。星巴克 Square Wallet 直接链接到信用卡或借记卡,并提供数字化收据。仅仅是点击一下这么简单!

上述每种服务提供渠道都需要不同的投资成本来搭建系统,需要负担不同的经营成本来维持运营,以及通过不同的市场来进行渗透。每种服务提供渠道还需要挖掘不同的机会来接触新客户、降低交付成本、加快处理时间、提供新产品或服务。服务提供渠道和潜在市场的选择将反映不同的地理特征以及不同的人口统计特征。经常关注自己日常账户余额的沿海地区退休人员会愿意使用手机银行吗?大学生是否乐意与银行人员进行面对面的交流?

银行依据不同目的选择不同的服务提供渠道:主动吸引目标客户,或当主要客户无法方便地访问银行服务时,防止银行客户流失。下文对于不同服务提供渠道的比较展示出了一些关键问题。

银行分行

许多银行通过运营广泛的分支机构网络来扩张业务。分行(branch bank)是一个零售点,客户可以在此与银行代表(如柜员和客服代表)面对面交流,或通过 ATM 以电子的方式开展银行业务。两种最常见的分支机构类型是独立的实体分行和店内分支。独立的实体分行通常提供一整套银行服务,包括贷款、存款和资金管理/信托服务,它们通常有"一站式服

---

① Garbade(2014)发表了一系列文章,研究整个金融危机期间大型复杂银行的成本结构和风险状况。

务窗口"以应对较大的客流量。店内分支通常位于零售店内,只提供有限的服务。另一种流行的店内分支位于车流量较大的超市内。

自动存取款机(ATM)

大多数银行客户都使用过ATM。ATM是一个计算机化的电信系统,它能够在没有人参与的情况下提供部分银行服务。客户持有的银行卡通常具有标识符,该标识符允许个人将卡插入ATM以提现、存款、信用卡预付以及查看账户余额。实际上,美国所有的ATM都是联网的,这允许客户与银行进行业务往来,而不用操心自己的银行究竟位于何处。通常,拥有或托管ATM的银行将向用户收取访问费用。许多银行会放弃向客户收取跨行业务的费用,以允许它们的客户与主办银行的客户平等地使用相关功能。

网上(在线)银行

大多数银行允许客户通过互联网查询他们的账户信息并办理常规银行业务。典型的业务包括账户查询、账单支付、电汇汇款以及贷款和新账户申请。网上银行的主要吸引力在于它很便利,因为客户可以在任何时间和任何能上网的地方办理银行业务。然而网上银行的主要缺点是,一旦窃贼成功窃取个人的账户信息,他们就能够迅速取走账户余额。

呼叫中心

呼叫中心旨在使银行的零售客户受益。呼叫中心分布于专门为银行员工设置的集中区域以接听来电。银行主要通过呼叫中心处理客户查询、进行电话销售和催收债务。一些银行为客户提供24小时访问的人工服务,以解决其关于银行产品和服务的相关咨询。这种系统的优点是方便。然而,当客户要等待较长的时间或者不能获得期望的满意答复时,呼叫中心就不是那么有效了。

手机银行

使用手机和平板电脑办理银行业务将加快交易处理的速度,并为客户提供便利。想象一下,你可以使用手机查看你的存款账户明细、进行贷款支付、停止使用支票以及进行小额购买,与使用计算机或者ATM相比要便利很多。手机银行支付是银行服务业务中增长最快的。

不同的服务提供渠道吸引不同类型的客户。通常,较年轻的客户喜欢那些能够提供最大便利的渠道,使得他们从不必进入银行大楼办理业务。这种方式因降低劳动力成本而为银行带来收益,并且可以提供新的费用收入。然而,年纪较大的客户通常喜欢面对面地沟通交流。因此,银行必须提供两种类型的服务提供渠道。毋庸置疑,年长客户通常拥有更高金额的存款账户,因此即使将分行这种服务提供系统的高成本考虑在内,维持好与他们的关系也是有利可图的。

本章小结

2007—2009年的信贷危机大大改变了银行业的格局。大型投资银行专注于证券承销、经纪业务和自营交易(通常通过在企业和特定资产中持有股权),并且不再作为独立的组织存在。活跃于美国银行业的五家历史悠久的投资银行中,只有高盛和摩根士丹利仍然作为独立实体经营,而且它们已转型为银行控股公司。大多数美国国内和大型全球商业银行在抵押贷款、杠杆贷款和信贷违约互换方面遭遇了严重的资产质量问题,这迫使它们减记资产价值,最终耗尽资本金。出于保护资本的考虑,银行的放贷意愿不断下降。世界各国政府通过购买银行和保险公司的优先股以及问题资产,帮助那些濒临破产的公司摆脱困境。信贷危机是真正的全球性危机,它减缓了全球经济增长趋势。

本章以银行组织形式及其面对的税收政策为着眼点,概括了银行业发展环境的变化。同时,本章还讨论了银行经理的不同策略,包括确定银行将提供哪些产品和服务,以及银行将定位于什么类型的客户。本章特别指出了银行控股公司和独立银行的组织结构的不同,以及针对不同客户的交易决策是如何形成的,例如以低成本进行交易(交易银行业务)或基于客户与银行管理层的个人关系进行交易(关系银行业务)。最后,本章介绍了全能银行以及提供银行服务的不同渠道。

思考题

1. 描述2008—2009年以下传统投资银行发生的变化。
   a. 高盛　　　b. 贝尔斯登　　　c. 摩根士丹利　　　d. 雷曼兄弟
   e. 美林
2. 给出以下术语的定义,并解释为什么它们在2007—2009年住房和信用危机期间很重要。
   a. 证券化　　　b. 次级贷款　　　c. 资产减记
3. 解释OBHC与MBHC的区别。它们与金融控股公司有何不同?
4. S型公司银行的联邦所得税特别优惠是什么?股东如何纳税?
5. 给出交易银行业务和关系银行业务的定义。哪些类型的金融机构最积极地追求这些商业模式?给出原因。
6. 使用图表1.10中的信息来说明美国银行的收入来自不同业务线的数额和比例。哪些业务线可能产生可预测或稳定的收益?为什么?
7. 给出三个关于独立商业银行数量在未来几年可能大幅下降的原因。
8. 列出和描述银行提供服务的不同渠道。描述每种渠道所服务的活跃用户特征。

实践活动

1. 获取一份TARP-CPP条款的概述。确定联邦政府对不同银行的股权投资额。有多少银行最终向政府出售股票?参与银行必须具备什么条件?

2. 标普/凯斯-席勒指数总结了20个大都市区的房价变动情况。查询近期的数据，并确定在过去12个月内不同市场的住房价值变化程度。确定2001—2006年每年住房价值在同一市场的增长程度。描述2007年之前住房价值变化与2007年之后住房价值变化之间的关系。

3. 2007—2009年的信贷危机和后遗症确实是全球性的。请描述以下国家的政府在此期间对大型金融机构的资本不足和问题资产所采取的行动。

    a. 英国   b. 美国   c. 德国   d. 冰岛

    e. 选择两个新兴市场

参考文献

Alessi, Christopher and Mohammed Aly Sergie, "Understanding the LIBOR Scandal", Council on Foreign Relations, at www.cfr.org/united-kingdom/undersatnding-LIBOR-scandal.

Anderson, Richard and Charles Gascon, "The Commercial Paper Market, the Fed, and the 2007-2009 Financial Crisis", *Review*, Federal Reserve Bank of St. Louis, November/December 2009.

Bauerlien, Valerie, "For B of A's Lewis, Investment Banking Is a 4-Letter Word", *Deal Journal*, October 18, 2007.

Berle, Adolf and Gardiner Means, *The Modern Corporation and Private Property*. New York: Harcourt, Brace & World, 1932.

Bord, Vitaly and Joao A. C. Santos, "The Rise of the Originate-to-Distribute Model and the Role of Banks in Financial Intermediation", *Economic Policy Review*, Federal Reserve Bank of New York, July 2012.

Burger, Katherine, "Online Banking Growth Outpacing That of Call Centers, Branches, ATMs, Tower Group Report Says", *Bank Systems and Technology*, May 21, 2007.

Calomiris, Charles and Thanavut Pornrojnangkool, "Relationship Banking and the Pricing of Financial Services", Working Paper 12622, National Bureau of Economic Research (NBER), October 2006.

Cassidy, John, "The Morning After", *Conde Nast Portfolio*, November 2008.

Cocheo, Steve, "TARP and the Future: Will U.S. Be a Controlling Shareholder", *ABA Banking Journal*, December 2008.

Cyree, Ken, Scott Hein, and Timothy Koch, "S Corporation Banks: The Impact of Taxes and Ownership on Capital Structure and Performance", Working Paper, 2014.

DeYoung, Robert, "Safety, Soundness, and the Evolution of the U.S. Banking Industry", *Quarterly Review*, Federal Reserve Bank of Atlanta, Number 2, 2007.

DeYoung, Robert, "Banking in the United States", *Oxford Handbook of Banking*, edited by Allen N. Berger, Phillip Molyneux, and John Wilson. Canada, Don Mills, Ontario: Oxford University Press, 2009.

DeYoung, Robert, William Hunter, and Greg Udell, "The Past, Present, and Probable Future for Community Banks", *Journal of Financial Services Research*, Volume 25, Numbers 2-3, 2004.

Diamond, Douglas, "Monitoring and Reputation: The Choice Between Bank Loans and Directly Placed Debt", *Journal of Political Economy*, August 1991.

FDIC, *Community Banking Study*, December 2012.

FDIC Web site, www.fdic.gov, for banking data via the graph book.

Financial Crisis Inquiry Report, National Commission on the Causes of the Financial and Economic Crisis in the United States, Financial Crisis Inquiry Commission, 2011.

French, George, "A Year in Bank Supervision: 2008 and a Few of Its Lessons", *Supervisory Insights*, FDIC, Summer 2009.

Garbade, Kenneth, *Economic Policy Review*, Federal Reserve Bank of New York, Volume 20, No. 2, April 2014. Series of papers on large, complex banks.

Gerardi, Kristopher, Hale Shapiro, Adam Willen, and Paul Willen, "Subprime Outcomes: Risky Mortgages, Home ownership Experiences, and Foreclosures", Working Paper 07-15, Federal Reserve Bank of Boston, 2007.

Giesen, Lauri, "Improving the Call Center with Six Sigma", *Banking Strategies*, BAI, July/ August 2007.

Gilbert, Alton, Andrew Meyer and James Fuchs, "The Future of Community Banks: Lessons From Banks That Thrived During the Recent Financial Crisis", *Review*, Federal Reserve Bank of St. Louis, March/April 2013.

Grasing, Robert, "Call Centers Struggle to Cope with Sales Campaigns", *Banking Strategies*, BAI, January/February 2008.

Gunther, Jeffery and Kelly Klemme, "Community Banks Withstand the Storm", 2012 Annual Report, Federal Reserve Bank of Dallas.

Hein, Scott, Timothy Koch, and Scott MacDonald, "What Makes Community Banks Unique", *Economic Review*, Federal Reserve Bank of Atlanta, First Quarter 2005.

Ivry, Bob, Bradley Keoun, and Phil Kuntz, "Secret Fed Loans Gave Banks $13 Billion Undisclosed to Congress", November 27, 2011, www.bloomberg.com/news/2011-11-28.

Jensen, Michael and William Meckling, "Theory of the Firm: Managerial Behavior, Agency Costs, and Ownership Structure", *Journal of Financial Economics*, Volume 3, Number 4, 1976.

Johnson, Christian and George Kaufman, "A Bank by Any Other Name", *Economic Perspectives*, Federal Reserve Bank of Chicago, Fourth Quarter 2007.

Koch, Timothy, *Community Banking: From Crisis to Prosperity*, Makawk Books, Irmo, SC, 2014.

Office of the Comptroller of the Currency, "Today's Credit Markets, Relationship Banking, and Tying", International and Economic Affairs Department, September 2003.

Rajan, Raghuram, "Insiders and Outsiders: The Choice Between Informed and Arms Length Debt", *Journal of Finance*, Volume 47, Number 4, 1992.

Shin, Hong Song, "Reflections on Northern Rock: The Bank Run That Heralded the Global Financial Crisis", *Journal of Economic Perspectives*, Volume 23, Number 1, Winter 2009.

Wheelock, David, "The Federal Response to Home Mortgage Distress: Lessons from the Great Depression", *Review*, Federal Reserve Bank of St. Louis, May/June 2008.

第 2 章
银行绩效分析

在经历了近十五年相对稳定的经营状态之后，2008 年商业银行开始出现问题。在 2005 年和 2006 年期间，没有银行倒闭。接下来，倒闭的银行迅速增多，2008 年、2009 年和 2010 年每年倒闭的银行数量分别是 30 家、148 家和 157 家。FDIC 的净营业收入也出现了类似的情况，2006 年第二季度的盈利水平为创纪录的 375.5 亿美元，然而在 2008 年第四季度出现了 369.7 亿美元的亏损。很明显，金融危机的转折点是 2008 年，FDIC 的净营业收入在 2007 年大部分时间内保持接近创纪录的盈利水平；而到了 2007 年第四季度，其净营业收入降至仅 24.6 亿美元。

大银行的倒闭将波及中小型银行，美国和国际上许多大银行要么破产了，要么由于资产质量问题和资本不足而向政府寻求支持。JP 摩根收购了贝尔斯登和华盛顿互惠银行；美国银行收购了美国国家金融服务公司和美林证券；PNC 银行收购了国民城市银行；富国银行收购了美联银行；美国政府收购了美国国际集团近 80% 的股份。许多同类型的公司，包括收购者，削减了它们的股息，并根据美国财政部的问题资产救助计划（TARP）出售优先股。储蓄机构对此进行了总结分析：（1）资产质量恶化导致更高的贷款费用；（2）净利息收益减少；（3）非利息收入下降，在很大程度上反映了贸易损失和更高的不良贷款数额。所有的这些因素都导致了利润的降低。

如果将 20 世纪 80 年代的银行危机与 2008—2009 年的银行危机进行比较，就会发现一个有趣的现象。在 1982 年至 1992 年期间，每年有超过 100 家银行倒闭，其中在 1988 年和 1989 年分别有 470 家和 534 家银行倒闭（详见图表 2.12）。相比之下，2009 年和 2010 年两年间只有 100 多家银行倒闭，而 2011 年只有 92 家银行倒闭，2012 年只有 51 家银行倒闭，2013 年更是只有 24 家银行倒闭。直接比较这两个时期是不适当的，因为不同时期金融机构总数差别很大。在 20 世纪 80 年代的大部分时间里有超过 15 000 家金融机构，而在21世纪前十年的后半期，这个数字则刚刚超过7 500家。以百分比表示银行在这两个时期内的破产率，1989年银行破产率最高，为3.38%，而2010年是2008—2009年危机的顶峰，当年的银行破产率为2.05%。虽然20世纪80年代倒闭的银行数量更多，但2008—2009年的危机见证了更大、更彻底的倒闭风潮，其中许多银行因当地政府的积极救助措施而免于倒闭。

储蓄机构破产的原因是什么？观察者可以分析机构的财务信息，并准确评估其财务状况吗？当管理者发现银行陷入困境，他们可以采取什么策略来提高绩效和确保生存呢？这些问题在2008—2009年期间变得越来越重要，因为随着不良贷款和问题抵押贷款总额的增加，金融机构的收入不断下降。

无论是从绝对数量还是相对于股票分析师的期望来看，许多金融机构经历了短期内盈利的巨大变化。在许多情况下，由于意外的贷款损失，金融机构利润率较低。本章讨论的PNC银行是一个很好的例子。2002年，PNC银行报告的股权回报率(ROE)为19.48%，远远超过同业，但其ROE在2009年下降到5.39%，2012年又上升到7.6%，2013年上升到9.68%。显然，2009—2012年期间的利润率下降是经济环境不佳造成的，但这种利润率的下降也反映了PNC银行的商业模式的巨大变化。2002年PNC银行的高利润率不仅仅是经济表现良好的结果，同时也归功于PNC银行在这一时期采用了风险更高的商业模式。2002年以后，PNC银行出售了大部分高风险资产，这样一来，相对于同行业其他公司，PNC银行的盈利能力下降了。虽然PNC银行较低风险的商业模式产生的回报较低，但是PNC银行之所以能在大多数金融危机期间跑赢同业，是因为这种商业模式在很大程度上避免了次贷危机和相关的不良贷款。

本章将介绍银行财务报表，并介绍利用周期性资产负债表和利润表数据分析储蓄机构业绩的流程。它描述了资产负债表和利润表的内容，并提供了一个用于权衡风险和收益的框架，并将小型社区银行的业绩与大型超级区域银行组织的业绩进行比较，使用《统一银行业绩效报告》(UBPR)提供的数据来演示分析。

20世纪90年代末和21世纪第一个十年中期，ROE和资产回报率(ROA)[①]达到创纪录的水平。然而，受2007年经济疲软以及2008—2009年交易活动中次级贷款损失和亏损的影响，金融业的行业格局产生了变化(见图表2.1)。2002年至2006年间，该行业的ROA依然超过1.3%，到2006年，仍然有超过一半的机构的ROA大于1%；然而，到2008年年底行业的平均ROA下降到0.13%，到2009年年底已经变为-0.09%。虽然利润率下降是普遍现象，但大部分下降集中在少数规模较大的金融机构，以及那些在房地产贷款、证券投资和杠杆贷款方面存在巨大风险敞口的机构。

本章详细介绍了评估金融机构绩效的基本要素。我们从引入银行财务报表开始，使用

---

① 股权回报率等于净收益(即净利润)除以平均股东权益，而资产回报率等于净收益除以平均总资产。稍后进行详细讨论。

ROE 框架来描述盈利能力(收益)和风险之间的权衡,并提供区分高绩效和低绩效银行的方法。一家高绩效公司(high-performance firm)能够在可接受的风险水平之下向股东提供高额回报。这个定义清楚地表明,高绩效不仅意味着高回报,在产生高回报的同时,还要能够对机构潜在的风险进行仔细评估和判定。

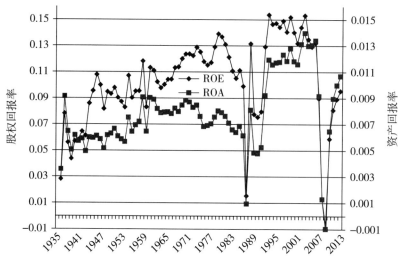

图表 2.1　1935—2013 年商业银行股权回报率和资产回报率的趋势

资料来源:FDIC 季度银行业概览,www.fdic.gov/,www2.fdic.gov/qbp。

这个分析框架适用于分析 PNC 银行①(PNC Bank,PNC 银行公司旗下的一家大型多银行公司)以及社区国民银行(Community National Bank,CNB,一家有代表性的专业社区银行)的数据。该分析使我们能够比较不同规模的银行。本章还介绍了联邦监管机构和州监管机构用于对银行进行评级的 CAMELS 系统。最后,由于银行可以掩饰其每年绩效的不利变化,我们还特别关注了财务报表操纵的根源。

商业银行财务报表

与其他金融中介机构一样,商业银行旨在促进资金从盈余单位(存款人)流向赤字单位(借款人)。它们的财务特征反映出政府不断增强的操作限制和特定市场的相关特征。其中几个特征尤其值得关注,它们将会给银行经理带来特殊的机会和风险:

(1)由于商业银行的功能主要是资金的融通,大多数储蓄机构仅拥有少量的固定资产,表现出较低的经营杠杆。

(2)许多银行债务(或者是短期存款)一旦有提取的请求就必须当即支付,因此存款人可以随着市场利率的变化重新协商存款利率。在此情况下,利息费用变化与市场利率的短

---

① PNC 金融服务集团是一个大型且复杂的银行组织。在本章中我们仅讨论 PNC 银行,并假设可以独立于 PNC 金融服务集团对 PNC 银行进行评估。

期变化同时发生,从而带来重大的资产配置和定价问题。

(3) 许多商业银行存款由联邦存款保险公司承保。即使银行破产,存款人的受保金额也能得到兑付保证。因此,投保后的存款利率低于市场利率。

(4) 银行的运营资本比非金融公司低,这增大了财务杠杆和收益的波动。

资产负债表

银行的资产负债表提供了关于银行拥有的资产、负债和所有者权益等财务信息,以及三者之间的关系:资产表明银行拥有什么,负债表明银行欠着什么,权益表明所有者权益:

$$资产 = 负债 + 所有者权益 \tag{2.1}$$

资产负债表数据是针对特定日期或时间点计算的股票价值。因此,资产负债表上的数值代表银行在特定时间拥有的现金、贷款、投资和固定资产的余额。监管机构要求银行每季度报告资产负债表和利润表数据,因此银行每年会公布截至 3 月、6 月、9 月和 12 月的数据。图表 2.2 显示了两个独立的银行组织的资产负债表。PNC 银行是金融控股公司——PNC 金融服务集团的主要子银行,而 PNC 金融服务集团总部位于宾夕法尼亚州匹兹堡(www.pncbank.com)。其集团的法律结构包括一家子银行——PNC 银行(在特拉华州威尔明顿获得特许经营)和 141 家非银行子公司(负责投资管理、风险管理和咨询服务的公司 Blackrock[①] 就是其中之一)。PNC 金融服务集团的经营范围包括零售银行、公司和机构银行、资产管理与住房抵押银行四大业务条线。PNC 银行在国内和国际上提供产品和服务。地理上看,PNC 银行覆盖的市场包括宾夕法尼亚州、俄亥俄州、新泽西州、密歇根州、伊利诺伊州、马里兰州、印第安纳州、北卡罗来纳州、佛罗里达州、肯塔基州、华盛顿特区、特拉华州、亚拉巴马州、弗吉尼亚州、佐治亚州、密苏里州、威斯康星州和南卡罗来纳州。

2013 年年底,PNC 银行的资产将近 3 100 亿美元,占控股公司合并资产的 100%。2013 年,PNC 银行的总资产增长 5.1%,增长额接近 150 亿美元。截至 2013 年年底,银行资产中的贷款占 63%,另有 25.4% 的投资和约 12% 的非盈利资产。

关于 PNC 银行如何为其运营提供资金,请参见图表 2.2 底部的负债和银行资本总额。举例而言,2013 年年底,PNC 银行资金中的 70.2% 来自核心存款资产、17.4% 来自借款、12.4% 来自银行资本。相比之下,CNB 资金中的核心存款资产占比为 79.6%,而借款和银行资本分别占 12.2% 和 8.2%。

CNB 是一家典型的小型独立社区银行。这家银行的主要办公地点位于一个小镇,并且在镇上有五个分行。它还在大都市区设有贷款办公室[②]。2013 年年底,CNB 的资产达 1.4 亿美元,比 2012 年增长 6.1%。与 PNC 银行相比,CNB 拥有近 85% 的贷款资产、6.3% 的投资和 9.1% 的非盈利资产。

---

① 2008 年 11 月,PNC 银行在 TARP-CPP 下出售优先股,并用所得款项收购国民城市银行。2012 年 3 月,PNC 银行收购了加拿大皇家银行美国零售银行子公司 RBC 银行(美国)。

② 贷款办公室是指发放贷款但不吸收存款的银行部门。

图表 2.2　2012—2013 年 PNC 银行和社区国民银行(CNB)的资产负债表

资产负债表	PNC 银行, National Association					
	2012 年 12 月			2013 年 12 月		
	增长率(%)	金额(千美元)	占比(%)	增长率(%)	金额(千美元)	占比(%)
资产						
贷款：						
房地产贷款	11.2	84 702 621	28.7	1.0	85 507 520	27.6
商业贷款	25.4	63 489 326	21.5	8.1	68 636 927	22.1
个人贷款	10.9	24 969 293	8.5	5.2	26 257 534	8.5
农业贷款	33.1	109 067	0.0	8.2	117 967	0.0
其他国内贷款与租赁	35.3	14 861 017	5.0	1.4	15 071 565	4.9
外国贷款与租赁	-7.3	1 606 524	0.5	66.3	2 671 988	0.9
可供出售贷款	26.1	3 702 343	1.3	-38.9	2 263 778	0.7
非出售贷款	16.9	186 034 160	63.1	5.4	195 998 417	63.2
备注：贷款总额	17.0	189 736 503	64.3	4.5	198 262 195	64.0
贷款与租赁损失准备金	-7.2	4 035 708	1.4	-10.6	3 608 665	1.2
净贷款与租赁	17.7	185 700 795	62.9	4.8	194 653 530	62.8
投资：						
美国国债与机构证券	-3.4	35 499 632	12.0	-4.9	33 746 638	10.9
市政证券	20.3	2 947 442	1.0	24.5	3 669 924	1.2
外债证券	22.2	1 113 763	0.4	3.6	1 153 930	0.4
所有其他证券	7.0	21 752 329	7.4	-0.6	21 612 153	7.0
计息银行存款	256.7	3 951 114	1.3	206.2	12 099 025	3.9
出售和返售联储基金	-21.0	1 741 009	0.6	28.8	2 242 907	0.7
交易账户资产	-3.8	3 000 248	1.0	39.1	4 174 830	1.3
总投资	4.7	70 005 537	23.7	12.4	78 699 407	25.4
总盈利资产	13.8	255 706 332	86.7	6.9	273 352 937	88.2
应收现金和同业存款	27.1	5 213 060	1.8	-22.6	4 034 133	1.3
房地产、固定资产和资本租赁	5.2	4 521 665	1.5	2.5	4 633 026	1.5
其他固定资产	5.5	887 467	0.3	-31.9	604 503	0.2
相关的直接和间接投资	0.0	0	0.0	0.0	0	0.0
未合并子公司的投资	0.0	0	0.0	0.0	0	0.0
票据和其他资产	-2.4	28 697 866	9.7	-4.6	27 375 080	8.8
总资产	12.0	295 026 390	100.0	5.1	309 999 679	100.0
季度平均资产	10.7	290 037 593	98.3	4.5	303 072 731	97.8

（续表）

资产负债表	CNB					
	2012 年 12 月			2013 年 12 月		
	增长率（%）	金额（千美元）	占比（%）	增长率（%）	金额（千美元）	占比（%）
资产						
贷款：						
房地产贷款	39.7	62 214	47.1	2.9	64 034	45.7
商业贷款	-3.8	12 685	9.6	9.5	13 887	9.9
个人贷款	-18.0	3 813	2.9	-12.7	3 329	2.4
农业贷款	-9.0	37 085	28.1	2.7	38 070	27.2
其他国内贷款与租赁	0.0	0	0.0	0.0	0	0.0
外国贷款与租赁	0.0	0	0.0	0.0	0	0.0
可供出售贷款	0.0	0	0.0	0.0	0	0.0
非出售贷款	12.3	115 797	87.7	3.0	119 320	85.1
备注：贷款总额	12.3	115 797	87.7	3.0	119 320	85.1
贷款与租赁损失准备金	23.1	782	0.6	-9.0	712	0.5
净贷款与租赁	12.2	115 015	87.1	3.1	118 608	84.6
投资：						
美国国债与机构证券	-48.5	2 487	1.9	-85.4	364	0.3
市政证券	209.9	1 593	1.2	130.2	3 667	2.6
外债证券	0.0	0	0.0	0.0	0	0.0
所有其他证券	0.0	0	0.0	0.0	0	0.0
计息银行存款	-66.0	16	0.0	29506	4 737	3.4
出售和返售联储基金	0.0	0	0.0	0.0	0	0.0
交易账户资产	0.0	0	0.0	0.0	0	0.0
总投资	-24.0	4 096	3.1	114.1	8 768	6.3
总盈利资产	10.4	119 111	90.2	6.9	127 376	90.9
应收现金和同业存款	26.3	5 023	3.8	-0.3	5 010	3.6
房地产、固定资产和资本租赁	10.1	2 642	2.0	0.3	2 650	1.9
其他固定资产	-11.9	303	0.2	-79.5	62	0.0
相关的直接和间接投资	0.0	0	0.0	0.0	0	0.0
未合并子公司的投资	0.0	0	0.0	0.0	0	0.0
票据和其他资产	-10.7	4 975	3.8	1.6	5 054	3.6
总资产	9.9	132 054	100.0	6.1	140 152	100.0
季度平均资产	9.2	129 754	98.3	6.0	137 545	98.1

（续表）

资产负债表	PNC 银行, National Association					
	2012 年 12 月			2013 年 12 月		
	增长率（%）	金额（千美元）	占比（%）	增长率（%）	金额（千美元）	占比（%）
负债						
活期存款账户	26.5	37 117 705	12.6	5.8	39 280 715	12.7
所有 NOW 和 ATS 账户	23.3	3 501 310	1.2	5.3	3 688 494	1.2
货币市场存款账户	17.7	136 768 146	46.4	5.5	144 240 092	46.5
其他储蓄存款	19.8	11 290 198	3.8	6.6	12 035 164	3.9
低于保险限额的定期存款	−21.2	21 382 958	7.2	−14.4	18 312 116	5.9
减：完全担保的经纪存款	−35.9	200 987	0.1	−100.0	99	0.0
核心存款	13.7	209 859 330	71.1	3.7	217 556 482	70.2
完全担保的经纪存款	−35.9	200 987	0.1	−100.0	99	0.0
超过保险限额的定期存款	−10.1	1 785 623	0.6	−3.9	1 716 366	0.6
在外国办事处的存款	−52.9	4 897 325	1.7	32.0	6 465 924	2.1
总存款	9.8	216 743 265	73.5	4.2	225 738 871	72.8
购入和转售联储基金	11.4	3 351 286	1.1	29.8	4 349 832	1.4
小于 1 年期的 FHLB 借款	161.7	7 960 051	2.7	−23.5	6 092 549	2.0
小于 1 年期的其他借款	82.9	8 906 811	3.0	−37.7	5 546 515	1.8
备忘：易变负债	15.4	26 901 096	9.1	−10.1	24 171 186	7.8
大于 1 年期的 FHLB 借款	−62.4	1 476 526	0.5	361.9	6 819 579	2.2
大于 1 年期的其他借款	61.8	6 089 605	2.1	82.9	11 138 049	3.6
票据和其他负债	−13.4	6 098 816	2.1	−20.2	4 867 216	1.6
扣除次级债券前的总债务	12.4	250 626 360	85.0	5.6	264 552 611	85.3
次级债券和信用债券	20.7	5 990 020	2.0	19.2	7 142 150	2.3
总负债	12.6	256 616 380	87.0	5.9	271 694 761	87.6
银行总资本	14.6	36 267 544	12.3	0.6	36 502 602	11.8
少数股东权益	−42.4	2 142 466	0.7	−15.9	1 802 315	0.6
银行总资本与少数股东权益	8.6	38 410 010	13.0	−0.3	38 304 917	12.4
负债和资本总额	12.0	295 026 390	100.0	5.1	309 999 678	100.0
备忘：						
经理人、股东贷款（数量）	0.0	3	0.0	33.3	4	0.0
经理人、股东贷款（金额）	6.7	4 729	0.0	3.8	4 907	0.0
持有至到期日的证券	−14.2	10 353 818	3.5	12.9	11 686 509	3.8
可供出售证券	5.3	50 959 348	17.3	−4.8	48 496 135	15.6
总证券量	1.4	61 313 166	20.8	−1.8	60 182 644	19.4
所有经纪存款	−35.9	200 987	0.1	−100.0	99	0.0

（续表）

资产负债表	CNB					
	2012 年 12 月			2013 年 12 月		
	增长率(%)	金额(千美元)	占比(%)	增长率(%)	金额(千美元)	占比(%)
负债						
活期存款账户	6.1	21 901	16.6	9.9	24 069	17.2
所有 NOW 和 ATS 账户	21.3	14 610	11.1	-7.6	13 501	9.6
货币市场存款账户	37.9	18 441	14.0	14.3	21 071	15.0
其他储蓄存款	7.7	8 480	6.4	6.1	9 001	6.4
低于保险限额的定期存款	4.1	50 645	38.4	3.5	52 421	37.4
减：完全担保的经纪存款	-6.2	5 166	3.9	63.7	8 455	6.0
核心存款	12.2	108 911	82.5	2.5	111 608	79.6
完全担保的经纪存款	-6.2	5 166	3.9	63.7	8 455	6.0
超过保险限额的定期存款	55.5	6 159	4.7	17.4	7 231	5.2
在外国办事处的存款	0.0	0	0.0	0.0	0	0.0
总存款	12.8	120 236	91.1	5.9	127 294	90.8
购入和转售联储基金	0.0	0	0.0	0.0	0	0.0
小于 1 年期的 FHLB 借款	0.0	0	0.0	0.0	0	0.0
小于 1 年期的其他借款	0.0	0	0.0	0.0	0	0.0
备忘：易变负债	55.5	6 159	4.7	17.4	7 231	5.2
大于 1 年期的 FHLB 借款	-100.0	0	0.0	#N/A	1 000	0.7
大于 1 年期的其他借款	#N/A	1 000	0.8	-100.0	0	0.0
票据和其他负债	-7.8	367	0.3	-5.2	348	0.2
扣除次级债券前的总债务	10.1	121 603	92.1	5.8	128 642	91.8
次级债券和信用债券	0.0	0	0.0	0.0	0	0.0
总负债	10.1	121 603	92.1	5.8	128 642	91.8
银行总资本	7.8	10 451	7.9	10.1	11 510	8.2
少数股东权益	0.0	0	0.0	0.0	0	0.0
银行资本总额与少数股东权益	7.8	10 451	7.9	10.1	11 510	8.2
负债和资本总额	9.9	132 054	100.0	6.1	140 152	100.0
备忘：						
经理人，股东贷款（数量）	100.0	2	0.0	0.0	2	0.0
经理人，股东贷款（金额）	170.2	2 915	2.2	-6.8	2 718	1.9
持有至到期日的证券	0.0	0	0.0	0.0	0	0.0
可供出售证券	-23.6	4 080	3.1	-1.2	4 031	2.9
总证券量	-23.6	4 080	3.1	-1.2	4 031	2.9
所有经纪存款	45.3	8 003	6.1	47.4	11 794	8.4

资料来源：Timothy Koch 和 S. Scott Mac Donald；来自 FFIEC，《统一银行业绩效报告》，https://cdr.ffiec.gov/public/Manage Facsimiles.aspx。

一般来说,在小型社区银行的资产组合中,贷款比例较高、投资比例较低,并且有更多的与同业相关的不计息存款作为总资产的一部分。较小的社区银行更多地依赖贷款为收入来源,而较大的银行则拥有大量交易资产和更广泛的收费服务。

银行资产

银行资产分为四大类:贷款、投资证券、无息现金和同业存款以及其他资产。

(1) 贷款(loans)是大多数商业银行投资组合中的主要资产,能够产生最高的税费前收入。同时,它们的违约风险也最高,其中有些相对而言是缺乏流动性的。贷款可提供给个人、企业、非营利性组织和其他借款人,并且可能是非标准化的。

(2) 投资证券(investment securities)可以赚取利息,可以满足流动性需求,可以针对利率变化进行投资,可以满足质押要求,可以实现银行以经销商职能为目的而开展的投资活动。大多数证券实际上是标准化工具,便于在二级市场上交易。

(3) 无息现金和同业存款(noninterest cash and due from banks)包括库存现金、存放于美联储的存款、存放于其他金融机构的存款,以及收款过程中的现金项目。通过持有这些资产,客户提款需求和法定准备金要求得到满足,同时银行也可以用这些资产协助支票清算和电汇,并购买和销售国债。

(4) 其他资产是银行中相对小额的剩余资产,如银行承兑、房地产与设备、其他不动产(OREO)以及其他相对小额的资产。OREO 是与银行正常运营不直接相关的不动产。由于金融危机期间存在大量贷款问题,许多银行的 OREO 大幅增加——因为银行从违约贷款中取得了当初用于抵押的不动产。这些资产是不产生收入的非业务资产。

贷款(loans)。银行与每个借款人协商贷款条款,这些条款随着款项的用途、偿还来源和抵押品类型的不同而不同。到期期限短至按银行要求即时偿还,长至 30 年期的住房抵押贷款。在贷款期限内利率既可以固定,也可以随市场利率的变化而变化。同样,贷款本金可以按分期或者一次性支付的方式偿还。图表 2.2 根据款项的用途将贷款分为六类:房地产贷款、商业贷款、个人贷款、农业贷款、其他国内贷款与租赁、外国贷款与租赁。

(1) 房地产贷款(real estate loans)是以房地产为担保的贷款,通常包括由第一抵押贷款或工程贷款为担保的房地产贷款。

(2) 商业贷款(commercial loans)包括商业和工业贷款、金融机构贷款,以及对国家和政治分支机构的贷款(证券除外)。商业贷款以多种形式出现,它通常为企业的营运资本需求、设备购买和工厂扩建提供资金。此类贷款还包括向其他金融机构、证券经纪商和经销商提供的信贷。

(3) 个人贷款(individual loans)包括与个人签订、用于家庭和其他个人支出的贷款,以及通过购买零售票据间接获得的贷款。信用卡购物和耐用品贷款是这种消费信贷中最主要的部分。

(4) 农业贷款(agricultural loans)以许多形式出现,但通常用于农业生产,包括向农民提供的其他贷款。

(5) 其他国内贷款与租赁(other loans and leases in domestic offices)包括国内所有其他贷款和所有租赁融资的应收款。未偿还租金的数额包括在总贷款中,因为租赁融资是直接贷款的一种替代方式。

(6) 外国贷款与租赁(loans and leases in foreign offices)主要是向外国企业提供的商业贷款和租赁融资应收款,或由外国政府担保的贷款。国际贷款的风险超出正常的违约风险。

为了得到贷款净额,需要针对贷款和租赁总额进行两次调整。第一次调整,将未入账收入从收到的总利息中扣除。未入账收入(unearned income)是已收到但尚未实际入账的收入。第二次调整,将以美元计算的银行的贷款与租赁损失(贷款损失准备金)从总贷款中扣除。贷款与租赁损失准备金(allowance for loan and lease losses,ALLL)是一种冲抵资产(负资产)储备账户,因为某些贷款可能不会被偿还。最大准备金规模由会计准则和银行监管指导决定,它们随着不良贷款的增加而增加,随着净贷款的减少而减少。储蓄机构可以承担损失准备金的净增加额,表现在利润表中就是其中的贷款损失准备金①。

投资(investments)。储蓄机构的投资包括短期和长期投资证券、计息银行存款(存放同业款项)、出售联储基金、根据协议购买的证券(回购协议)和其他交易账户资产。② 因为它们的利息、管理和交易成本极低(相对于贷款),所以投资证券十分吸引人。而当银行将其购买集中在更高质量的工具上时,违约现象也很少出现,机构通常也可以在需要现金时以可预测价格出售这些证券。

投资证券的市场价值与利率反向变化。当利率上升(下降)时,投资证券的市场价值将下降(上升)。因为大多数投资证券都带有固定的票面利率,当利率下降时,银行通过持有证券可以获得相对其借款成本而言非常有吸引力的收益,或者可以在获得收益的价格水平下出售证券。当利率上升从而投资证券收益率低于市场利率时,证券的价值将下降。

短期证券(short-term securities),如美国国债与机构证券、市政证券、外债证券与其他证券等,其期限为一年或更短,并且可以很容易地以接近最初支付的价格出售,从而获得现金。购买它们主要是为了满足银行的流动性需求,其回报随货币市场状况的变化而快速变化。由于它们风险较低且在一年或更短时间内到期,因此其利率远远低于长期证券的利率。短期证券包括国库券、市政税收和债券预付票据,以及其他货币市场工具。

长期投资证券(long-term investment securities)包括期限超过一年并产生应税或免税利息的票据和债券。从历史上看,美国国债与机构证券③是应税投资的重要部分,同时银行也购买按揭证券和少量外国债券与公司债券,其中大部分债券的利率是固定的,到期期限长达20年。一些大银行(如PNC银行)已经大幅增加了它们持有的涉及住房抵押贷款池的证

---

① 所报告的贷款损失准备金通常低于美国国家税务局允许并由银行索赔的实际税务扣除额。
② 《统一银行业绩效报告》中区分了"投资"和"投资证券"。"投资"包括"投资证券"以及投资诸如出售联储基金和计息银行存款等非证券。
③ 列入《统一银行业绩效报告》的资产类别"美国国债与机构证券"的提法有些误导性。这一类别被定义为美国国债与机构证券及公司负债的总和。有关的更多信息,请参阅 FFIEC 上的 UBPR 用户指南,网址为 www.ffiec.gov。

券,这类投资被归类为"所有其他证券"①。银行拥有一些市政证券(municipal securities or municipals),其利息支付免征联邦所得税。市政证券被划分为一般责任债券或收入债券(general obligation or revenue bonds)。对银行而言,税务规定的变化使许多市政证券变得没有吸引力。② 银行通常被禁止投资个人公司股票,但在两种情况下银行可以拥有个人公司股票。第一种情况,当它作为贷款抵押品时;第二种情况,为了使银行有资格成为联邦储备系统或联邦住房贷款银行系统的成员(取得成员资格要求银行必须拥有美联储银行的股票或联邦住房贷款银行的股票)。

投资证券的会计核算(accounting for investment securities)。在购买投资证券时,银行必须指定购买它们的目标是持有至到期、交易还是供出售。管理层如何对证券进行分类决定了对应的会计准则。具体情况遵循 FASB 115:

- 持有至到期(held-to-maturity,HTM)证券以摊余成本计入资产负债表。这种处理反映了持有证券直到到期的目的,其预期收入是利息收入加上到期时的本金回报。
- 银行主动购入和出售交易账户证券(trading account securities)主要是为了投机于利率波动。这些证券通常被短期持有(如持有几天),而银行按照市场价格将证券的价值计入资产负债表,在利润表中确认未实现的收益和损失。
- 由于管理层可能选择在到期前出售证券,因而所有其他的投资证券都可以被认为是可供出售证券(available-for-sale,AFS)。因此,它们在资产负债表上按市场价值计量,并将股东权益相应变更为持有证券的未实现损益(累计其他综合收益,AOCI)。这些证券的损益没有体现在利润表上。然而,根据《巴塞尔协议Ⅲ》,凡是拥有超过 2 500 亿美元资产的银行,必须将 AFS 市场价值变化带来的未实现收益和损失作为监管资本的一部分。

许多大银行也是证券交易商,它们存有大量的证券以供返售,并承销市政票据。组建金融控股公司的储蓄机构可以承销和交易债券与股权证券。③ 在资产负债表上列为交易账户资产的证券主要包括国债和抵押担保债券。银行在获得证券利息的同时也利用证券的购买价格和销售价格之间的差额赚取利润。随之而来的是承担其库存证券的市场价值下降的风险。此外,大银行还可以通过承销证券获得手续费收入。

无息现金和同业存款(noninterest cash and due from banks)。此类资产包括库存现金、联邦储备银行存款、存放于其他金融机构的存款,以及收款过程中的现金项目:

(1) 库存现金(vault cash),是指银行持有以满足客户提款需求的硬币和纸币。

(2) 存放于美联储的存款(deposits held at the Federal Reserve),是指用于满足法定准备

---

① "所有其他证券"包括所有其他国内证券,如参与住房抵押贷款池的证明。

② 《1986 年税收改革法案》取消了银行在核算应税收入时可扣除与购买大多数市政证券相关的借款成本的规定。银行也在其投资组合中购入应税市政证券。

③ 其他金融公司也可以形成金融控股公司,但直到 2008 年都很少有人选择这样做。然而,2008—2009 年的金融危机使许多金融公司成为金融控股公司,如摩根士丹利、高盛和美国运通。

金要求、协助支票清算和电汇,或影响国库券的购买和销售的货币余额。所需存款准备金的数额由法规规定,并将作为银行存款的一部分,目前为交易存款的 10%。银行也会持有其他金融机构(称为往来银行)的存款(balances at other financial institutions),主要用于购买服务,存款金额由服务的数量和成本决定。自 2006 年以来,美联储开始对银行的准备金余额支付利息,以满足法定准备金以及超额准备金的要求。

(3)收款过程中的现金项目(cash items in the process of collection, CIPC)通常是现金的最大组成部分,指的是对其他金融机构开具但银行尚未对委托人兑现的支票。为了确保实际的余额能够满足支票的兑现,银行会将延迟兑现,直到支票已经清算。净递延信用额的额度通常被称为浮账。2003 年通过的联邦法规《21 世纪支票清算法》通过加速支票清算来减少浮账。

其他资产。这一类别包括银行房地产与设备的折旧价值、OREO、对未合并子公司的投资、客户对承兑银行的负债以及其他相对小额的剩余资产。如前所述,OREO 对问题银行而言可能非常重要,因为它通常作为尚未偿还的抵押贷款的抵押品。商业银行拥有相对较少的固定资产。相对于非金融公司而言,商业银行运营的固定成本较低,并且表现出低运营杠杆。银行承兑汇票(bankers acceptance)是一种可靠的工具,因为它保证向货物的所有者支付款项,以确保供应商得到付款。

银行负债和股东权益(bank liabilities and stockholders equity)

根据债务工具和股权组成,可对储蓄机构的资金来源进行分类。各种债务工具在开立支票能力、支付的利息、到期日、是否由 FDIC 承保以及是否可以在次级市场交易方面都不同。股权组成(普通股和优先股)也有不同的特征,并且表现在不同的事项中,例如股票发行、未作为股息派发的净收益或净利润,以及库存股或相关交易。

从历史上看,对于不同类型的存款而言,储蓄机构可支付的利率是受限制的。从 1986 年至 2010 年,除了禁止对公司活期存款支付利息,所有利率方面的限制都被取消。随着《2010 年多德-弗兰克法案》[①]的通过,这一限制也被取消。现在,通过对所有债务提供几乎不受限制的利率,储蓄机构可以在存款业务上进行竞争。较大的银行也可以发行次级票据和债券,这些都是长期无保险债务。一般来说,银行负债包括交易账户、储蓄和定期存款以及其他借款:

交易账户(transactions accounts)。这包括活期存款账户、NOW 和 ATS 账户,以及货币市场存款账户。交易账户是一个重要的资金来源,因为大多数持有人可以通过支票或借记卡轻松转移资金。

(1)活期存款(demand deposits)由个人、合伙企业、公司和政府持有,其关键特征是不支

---

① 大约从 1933 年以来,《Q 条例》一直以各种形式出现,但在 2010 年被《多德-弗兰克法案》完全取代。在 1983 年之前,对于大部分数额低于 10 万美元的存款,《Q 条例》禁止银行对其支付高于市场水平的利率,并限制银行支付活期存款利息。从 1983 年开始,这些限制逐渐被消除,到了 1986 年,只有活期存款利率受到限制。《2010 年多德-弗兰克法案》废除了《Q 条例》,允许商业银行和储蓄机构按市场利率支付活期存款利息。

付利息。一直以来,银行不被允许对商业支票账户支付利息,直到《2010年多德-弗兰克法案》废除了《Q条例》的限制。因此,在这之前的很长时间中,企业拥有的大部分活期存款是不产生利息的。

(2) 在可转让提款命令(negotiable order of withdrawl, NOW)和自动储蓄转账(automatic transfers from savings, ATS)账户中,每个银行可以自己设置是否支付利息,没有联邦法规对其进行限制。这些账户通常被称为计息支票账户。银行通常会要求存款人保留最低的存款余额,如果余额低于最低值,银行可能会向存款人收取服务费。

(3) 在商业支票账户(business checking accounts)中,商业客户可以得到利息支付。一些大银行在提供此类账户时会限制最低存款余额。

(4) 货币市场存款账户(money market deposit accounts, MMDA)根据市场利率水平支付利息,但客户转账次数受限,每月签发支票和自动转账的次数只有六次。这项限制使得储蓄机构不必始终持有对MMDA的储备金,因为从技术层面讲,它们是储蓄存款账户,而不是交易账户。由于不持有储备金,和NOW比起来,储蓄机构可以以相同的成本支付更高的MMDA利率。

储蓄和定期存款(savings and time deposits)。这部分存款所占比重很大,对社区银行而言尤其如此。存折存款是没有到期时间且不能开具支票的小额账户。目前根据存款保险限额可将定期存款分为以下两类:

(1) 低于保险限额的定期存款(time deposits below insurance limit)通常被称为小额存单(certificates of deposit, CD)。《2010年多德-弗兰克法案》通过后,FDIC的存款保险额度被永久性地提高到25万美元,而之前的保险额度为10万美元。尽管大多数储蓄机构市场上有标准化工具,但是小额存单不像大额存单那样标准化。银行和客户需要协商每笔存款的到期时间、利率和以美元计价的金额。唯一针对短期存款的规定是,提前提取存款需要支付罚金。

(2) 超过保险限额的定期存款(time deposits above insurance limit)被称为大额存单,可以在成熟的二级市场上流通(即可买卖)。只要发卡银行没有遇到问题,任何购买大额存单的人都可以随时将其在二级市场上出售。存款期限一般为1个月至5年,规模通常为100万美元。大多数大额存单被出售给非金融公司、地方政府和其他金融机构。

其他借款。金融危机后,储蓄机构中的其他借款规模不断缩小。在低利率的情况下,核心存款(支票存款和储蓄存款)随着存款人对资金安全的追求而迅速增长。贷款需求的下降要求银行更少地依赖借款。图表2.3显示了自2008年开始的这种趋势。FDIC保险的银行存款占资金总额的比重从65%跃升至75%。在金融危机中,房地产市场贷款的快速增长与银行对"借款"来源的更多依赖相一致,例如购入联储基金、回购协议、经纪存款、外国存款和联邦住房贷款银行预付款。由于许多快速增长的银行在2008年至2010年期间倒闭,许多观察者错误地将问题归因于资金,而实际上,许多银行倒闭的主要原因是信用分析不足导致的资产质量下降。

(1) 回购协议下购入的联储基金和出售的证券(federal funds purchased and securities

sold under agreement to purchase, repo)是从即刻可用的资金或者可迅速清算结余的交易中产生的负债。这些通常是储蓄机构和其他大型金融机构之间的借款,而不是和联邦储备银行之间的借款。① 购入联储基金一般有1—7天的期限,这种证券实质上是银行与联邦储备银行或对应银行的清算余额交换。联储基金不需要抵押,而回购则需要以借款机构拥有的证券作抵押。

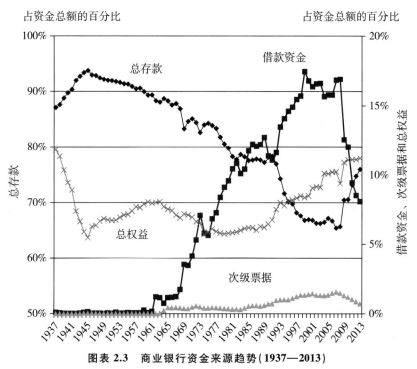

图表 2.3　商业银行资金来源趋势(1937—2013)

资料来源:FDIC 银行业历史数据统计,www2.fdic.gov/hsob/index.asp。

(2)经纪存款(brokered deposits)通常指的是储蓄机构通过向客户销售第三方经纪人或经纪人公司提供的存款凭证而获得的大额存单。之所以将其单独进行分类,是因为储蓄机构几乎没有客户与这些存单的持有人联系。这些资金的波动很大,当竞争对手提供较高的利率时,这些资金将迅速撤离。储蓄机构可以直接从经纪人处或通过利率公告牌获得这些存单。然而奇怪的是,在金融危机期间即使发行银行当初是以非常高的利率购买了存单,监管机构也可以根据支付给客户的利率将其他存款指定为经纪存款。具体来说,当所有其他竞争对手在同一贸易区域支付 2% 的利率时,如果一个机构支付高于市场的利率(如 5%),监管机构就可以认定这些 NOW 账户为经纪存款。这是因为此时该银行的行为被视为"购买资金"。通过在互联网上营销定期存款为业务融资的机构也面临同样的问题,因为它们支付的利率通常大大高于当地(地理上)竞争者所支付的利率。

---

① 联邦基金是储蓄机构和其他大型金融机构或其他参与者之间的贷款,不是联邦储备银行的直接贷款。直接来自联邦储备银行的借款称为贴现窗口借款。

(3) 在外国办事处持有的存款(deposits held in foreign offices)与上述以美元计价的活期存款和定期存款基本相同,只是它包含的存款余额是由银行(由银行控股公司拥有)的海外子公司所拥有的存款余额。平均而言,国外存款余额一般相当高,其中大部分存款来自从事国际贸易的非金融公司和政府单位。

(4) 联邦住房贷款银行借款[Federal Home Loan Bank(FHLB) borrowings]是 FHLB 向银行的预付款(直接贷款)。FHLB 是政府资助的企业,可以直接在货币市场和资本市场上借款。从 FHLB 借的款项,需要用银行持有的贷款或证券作抵押,期限从 1 周到超过 20 年不等。自《1999 年格雷姆-里奇-比雷利法案》通过以来,FHLB 预付款出现了快速的增长,因为该法案扩大了 FHLB 系统中机构成员的范围。最近银行对 FHLB 借款的使用已经随着金融危机和随之而来的经济衰退而下降,但随着美国经济的增长,银行对 FHLB 借款的使用可能会反弹。

(5) 次级票据和债券(subordinated notes and debentures)由期限超过一年的票据和债券组成。它们大多满足监管机构的要求,可作为储蓄机构的资本储备。与存款不同的是,债券不受 FDIC 承保,存款人的债权优先于债券持有人的债权。因此,当 FDIC 承保的储蓄机构倒闭时,存款人将先于次级债券持有人得到清偿。其他负债包括未偿还债务、应付税款和股息、贸易信贷和其他索赔项。

储蓄机构区分核心存款(core deposits)和波动存款(或者叫非核心存款)。核心存款包括活期存款、NOW 和 ATS 账户、商业支票账户、MMDA 以及小于 FDIC 保险限额的其他储蓄和定期存款、保险金不足的经纪存款。它们是稳定的储蓄,通常不会在短时间内撤出。这些存款人对利率的价格敏感性较低,因而在面对高利率时不会迅速将余额转移到另一个机构。相比于大额存款、波动(非核心)存款,核心存款的资金基础更长期。它们也同样具有吸引力,因为与非核心存款相比,核心存款的利息成本相对较低。一言以蔽之,核心存款是储蓄机构最宝贵和稳定的资金来源。

一般来说,大型储蓄机构更多地依赖高度敏感的借款。但由于它们是"资产质量敏感"的,高度敏感的借款并不是稳定的资金来源。因此,当银行陷入困境(资产质量恶化)时,很难找到这类资金,甚至资金所有者会带着现有余额脱离银行。这类负债在之后将被称为波动或非核心负债(volatile or noncore liabilities)、买入性负债或热钱,包括大额存单、外国存款、购入联储基金、回购协议(repurchase agreements, RP 或 repo)、联邦住房贷款银行借款和期限不足一年的其他借款。① 它们通常以高于联邦保险金额的面额发行,因此客户将面临一定的违约风险。如果银行出现问题或竞争对手提供更高的利率,那么客户很愿意转移其存

---

① 通常情况下,从 2011 年 3 月 31 日起的短期非核心资金,相当于到期期限小于等于一年的超过 250 000 美元的定期存款总额+(以面值计价的到期期限为一年或以下的小于等于 250 000 美元的经纪存款)+(其他到期期限为一年或以下的借款)+外国办事处到期期限为一年或以下的定期存款+根据回购协议和联储基金购买协议出售的证券。在 2011 年 3 月 31 日之前,该定义使用的是 100 000 美元或以上的存款。由于缺乏详细数据,计算的波动负债不包括图表 2.9 和图表 2.10 中内含的经纪存款。波动负债的计算值也不包括 FHLB 借款(与 UBPR 一致)。

款。购入和回购联储基金是最受欢迎的借款来源。大型储蓄机构也通过其控股公司发行商业票据。商业票据(commercial papers)代表的是短期、未兑现的公司期票。

银行总股权资本(total bank equity capital)。资本代表了股东权益或者企业的所有者权益。普通股和优先股是以面值总额计入资产,而公积金账户则代表股票发行时公司收到的超过股本面值的权益金额。留存收益代表公司开始运营后的累积净收益减去支付给股东的所有现金股利。其他权益的占比很小,通常反映在资本储备或 AOCI 中。账面价值是其他综合收益的累积结果。权益账面价值等于资产账面价值与总负债账面价值的差额。合并子公司的少数股东权益(minority interest in consolidated subsidiaries)是银行中少数权益股东的非控制性权益。

利润表

储蓄机构的利润表反映了银行的财务特点,其中贷款和投资的利息占其收入的大部分(见图表 2.4)。利润表从利息收入(interest income, II)开始,然后减去利息费用(interest expense, IE),算出净利息收益(net interest income, NII)。收入的另一个主要来源是非利息收入(noninterest income, OI)。在增加非利息收入的同时,银行也将扣除非利息费用(noninterest expense, OE)或间接费用。虽然储蓄机构不断尝试增加非利息收入,减少非利息费用,但总体而言,非利息费用通常超过非利息收入,二者的差额被记为银行的负担(burden)。下一步是减去贷款与租赁损失备抵(provisions for loans and lease losses, PLL),这样一来所得的数字基本上代表了证券交易和税前营业收入。接下来,加上销售证券所产生的已实现证券损益(realized securities gains or losses, SG),就得出了税前净营业收益。在扣除相关的所得税、应税等价(taxable equivalent, te)数额调整项和非经常性项目产生的净收益(net income, NI)之后,利润表的组成部分如下:

(1) 利息收入(interest income, II)是所有资产(包括贷款、在其他机构持有的存款、市政证券和应税证券以及交易账户证券)所赚取的利息和费用的总和。它还包括租赁融资的租金收入。除州和市政证券的利息以及一些贷款和租赁收入免征联邦所得税之外,其余所有收入都是应纳税的。

贷款、租赁融资以及免税证券收入的税收优惠估计值(estimated tax benefit)是指以上项目在不纳税情况下的税收获益。为了进行比较,将免税利息除以 1 与银行边际税率之差,就可以将免税利息收入转换为应税等价数额。市政证券的税收优惠估计值可以近似为:[①]

$$市政证券利息收入(应税等价数额) = \frac{市政证券利息收入}{1 - 银行边际税率}$$

税收优惠估计值 = 市政证券利息收入(应税等价数额) − 市政证券利息收入

[①] 实际上,税收优惠估计值是根据 UBPR,使用应税等价调整工作表计算的。你可以在 FFIEC 的网页 www.ffiec.gov 找到这个工作表。

图表 2.4 2012—2013 年 PNC 银行和社区国民银行（CNB）的利润表

利润表	PNC 银行 National Association					
	2012 年 12 月			2013 年 12 月		
	增长率（%）	金额（千美元）	占比（%）	增长率（%）	金额（千美元）	占比（%）
利息收入						
贷款利息和费用	8.8	8 171 129	52.7	-5.1	7 756 257	49.7
租赁融资收入	0.2	277 359	1.8	-4.2	265 588	1.7
备注：全部应税收入	7.7	8 243 295	53.2	-5.4	7 795 380	49.9
免税	47.3	205 193	1.3	10.4	226 465	1.5
税收优惠估计值	47.6	110 243	0.7	10.4	121 663	0.8
贷款与租赁收入（TE）	8.8	8 558 731	55.2	-4.9	8 143 508	52.2
美国国债与机构证券	-44.6	62 971	0.4	-28.0	45 340	0.3
住房抵押贷款证券	-4.4	1 668 960	10.8	-15.9	1 403 494	9.0
税收优惠估计值	18.9	36 314	0.2	19.8	43 497	0.3
所有其他证券收入	1.2	299 712	1.9	-0.7	297 508	1.9
免税证券收入	18.7	67 591	0.4	19.8	80 966	0.5
投资利息收入（TE）	-5.4	2 067 957	13.3	-13.4	1 789 839	11.5
同业存放利息	-32.8	4 481	0.0	173.0	12 234	0.1
出售和返售联储基金利息	-30.0	22 628	0.1	-63.7	8 223	0.1
交易账户收入	-14.8	49 418	0.3	-60.7	19 445	0.1
其他利息收入	6.9	66 473	0.4	-5.6	62 729	0.4
总利息收入（TE）	5.5	10 769 688	69.5	-6.8	10 035 978	64.3
利息费用						
外国办事处存款利息	-32.4	15 427	0.1	-36.8	9 753	0.1
1 亿美元以上存款凭证利息	-39.2	80 817	0.5	-30.9	55 857	0.4
所有其他存款利息	-43.3	300 540	1.9	-5.1	285 080	1.8
存款总利息费用	-42.2	396 784	2.6	-11.6	350 690	2.2
购入和转售联储基金利息	31.7	9 549	0.1	-40.0	5 727	0.0
传统债务和其他借款利息	-0.4	163 946	1.1	-19.7	131 644	0.8
次级债券和信用债券收益	0.9	227 450	1.5	0.1	227 733	1.5
总利息费用	-26.4	797 729	5.1	-10.3	715 794	4.6
净利息收益（TE）	9.3	9 971 959	64.3	-6.5	9 320 184	59.7

（续表）

利润表	CNB					
	2012年12月			2013年12月		
	增长率(%)	金额(千美元)	占比(%)	增长率(%)	金额(千美元)	占比(%)
利息收入						
贷款利息和费用	5.3	6 926	87.0	14.1	7 905	90.5
租赁融资收入	0.0	0	0.0	0.0	0	0.0
备注：全部应税收入	5.4	6 914	86.8	14.2	7 896	90.4
免税	−14.3	12	0.2	−25.0	9	0.1
税收优惠估计值	−20.0	4	0.1	−25.0	3	0.0
贷款与租赁收入（TE）	5.3	6 930	87.0	14.1	7 908	90.6
美国国债与机构证券	#N/A	2	0.0	−100.0	0	0.0
住房抵押贷款证券	−75.4	14	0.2	−28.6	10	0.1
税收优惠估计值	−100.0	0	0.0	#N/A	1	0.0
所有其他证券收入	82.4	31	0.4	116.1	67	0.8
免税证券收入	−66.7	1	0.0	200.0	3	0.0
投资利息收入（TE）	−37.3	47	0.6	66.0	78	0.9
同业存放利息	−60.0	2	0.0	200.0	6	0.1
出售和返售联储基金利息	−100.0	0	0.0	0.0	0	0.0
交易账户收入	0.0	0	0.0	0.0	0	0.0
其他利息收入	166.7	48	0.6	−58.3	20	0.2
总利息收入（TE）	5.1	7 027	88.2	14.0	8 012	91.8
利息费用						
外国办事处存款利息	0.0	0	0.0	0.0	0	0.0
1亿美元以上存款凭证利息	−7.6	352	4.4	−2.6	343	3.9
所有其他存款利息	−23.4	647	8.1	−18.7	526	6.0
存款总利息费用	−18.5	999	12.5	−13.0	869	10.0
购入和转售联储基金利息	300.0	4	0.1	−100.0	0	0.0
传统债务和其他借款利息	−71.9	41	0.5	−48.8	21	0.2
次级债券和信用债券收益	0.0	0	0.0	0.0	0	0.0
总利息费用	−24.0	1 044	13.1	−14.8	890	10.2
净利息收益（TE）	12.7	5 983	75.1	19.0	7 122	81.6

（续表）

利润表	PNC 银行, National Association					
	2012 年 12 月			2013 年 12 月		
	增长率（%）	金额（千美元）	占比（%）	增长率（%）	金额（千美元）	占比（%）
非利息收入						
信托业务	3.8	652 109	4.2	11.7	728 276	4.7
存款服务费	4.3	988 316	6.4	4.4	1 031 935	6.6
交易收入、风险投资收入、证券化收益	22.2	196 902	1.3	19.2	234 665	1.5
投资银行业务、咨询业务	12.5	354 885	2.3	-1.3	350 209	2.2
保险佣金费用	-8.1	31 037	0.2	-16.6	25 879	0.2
净服务费	19.8	493 174	3.2	4.0	512 966	3.3
借贷和租赁的净收益（损失）	-1391	(472 990)	-3.1	-138.7	182 818	1.2
其他净收益（损失）	-2177	223 641	1.4	-4.8	212 875	1.4
其他非利息收入	4.5	2 168 778	14.0	2.0	2 212 584	14.2
非利息收入总额	0.8	4 635 852	29.9	18.5	5 492 207	35.2
调整后营业收入（TE）	6.4	14 607 811	94.3	1.4	14 812 391	94.9
非利息费用						
人员费用	18.1	4 167 663	26.9	1.0	4 208 874	27.0
固定资产使用费	8.3	1 249 657	8.1	-1.6	1 230 005	7.9
商誉减值	#N/A	44 840	0.3	-100.0	0	0.0
其他无形摊销	2.4	166 897	1.1	-12.1	146 716	0.9
其他运营费用（包括无形资产）	10.4	4 257 711	27.5	-15.9	3 579 299	22.9
非利息费用总额	13.6	9 886 768	63.8	-7.3	9 164 894	58.7
贷款与租赁损失备抵	-11.1	977 178	6.3	-33.4	651 026	4.2
预付营业收入（TE）	-4.6	3 743 865	24.2	33.5	4 996 471	32.0
已实现持有至到期证券收益（损失）	0.0	0	0.0	0.0	0	0.0
已实现可供出售证券收益（损失）	-4.4	92 568	0.6	-10.7	82 680	0.5
税前净营业收益（TE）	-4.6	3 836 433	24.8	32.4	5 079 151	32.5
应付所得税	-8.0	997 790	6.4	28.0	1 276 998	8.2
当期应税等价调整	39.3	146 557	0.9	12.7	165 161	1.1
其他应税等价调整	0.0	0	0.0	0.0	0	0.0
应付所得税（TE）	-3.9	1 144 347	7.4	26.0	1 442 159	9.2
净营业收益	-4.9	2 692 086	17.4	35.1	3 636 992	23.3
非经常性项目净值	0.0	0	0.0	0.0	0	0.0
非控制少数股东权益净值	-33.9	25 119	0.2	424.1	131 638	0.8
净收益	-4.5	2 666 967	17.2	31.4	3 505 354	22.5
公布的现金股利	3.2	2 405 750	15.5	18.7	2 855 750	18.3
留存收益	-43.5	261 217	1.7	148.7	649 604	4.2
备注：净国际收入	0.0	0	0.0	0.0	0	0.0
备注：总收入	4.0	15 498 108	100.0	0.7	15 610 865	100.0
备注：扣除利息费用的总收入	6.4	14 700 379	94.9	1.3	14 895 071	95.4

（续表）

利润表	CNB					
	2012年12月			2013年12月		
	增长率（%）	金额（千美元）	占比（%）	增长率（%）	金额（千美元）	占比（%）
非利息收入						
信托业务	0.0	0	0.0	0.0	0	0.0
存款服务费	-13.5	660	8.3	-19.1	534	6.1
交易收入、风险投资收入、证券化收益	0.0	0	0.0	0.0	0	0.0
投资银行业务、咨询业务	0.0	0	0.0	0.0	0	0.0
保险佣金费用	#N/A	3	0.0	-66.7	1	0.0
净服务费	0.0	6	0.1	-16.7	5	0.1
借贷和租赁的净收益（损失）	0.0	0	0.0	0.0	0	0.0
其他净收益（损失）	-53.1	(46)	-0.6	132.6	(107)	-1.2
其他非利息收入	-3.0	318	4.0	-10.7	284	3.3
非利息收入总额	-5.8	941	11.8	-23.8	717	8.2
调整后营业收入（TE）	9.7	6 924	86.9	13.2	7 839	89.8
非利息费用						
人员费用	18.8	2 901	36.4	11.9	3 245	37.2
固定资产使用费	1.4	567	7.1	29.1	732	8.4
商誉减值	0.0	0	0.0	0.0	0	0.0
其他无形摊销	0.0	0	0.0	0.0	0	0.0
其他运营费用（包括无形资产）	5.5	1 763	22.1	-3.3	1 704	19.5
非利息费用总额	12.0	5 231	65.7	8.6	5 681	65.1
贷款与租赁损失备抵	-49.2	254	3.2	-58.7	105	1.2
预付营业收入（TE）	26.6	1 439	18.1	42.7	2 053	23.5
已实现持有至到期证券收益（损失）	0.0	0	0.0	0.0	0	0.0
已实现可供出售证券收益（损失）	-105.8	(3)	0.0	-133.3	1	0.0
税前净营业收益（TE）	20.8	1 436	18.0	43.0	2 054	23.5
应付所得税	0.0	0	0.0	0.0	0	0.0
当期应税等价调整	-16.7	5	0.1	-20.0	4	0.0
其他应税等价调整	0.0	0	0.0	0.0	0	0.0
应付所得税（TE）	-16.7	5	0.1	-20.0	4	0.0
净营业收益	21.0	1 431	18.0	43.3	2 050	23.5
非经常性项目净值	0.0	0	0.0	0.0	0	0.0
非控制少数股东权益净值	0.0	0	0.0	0.0	0	0.0
净收益	21.0	1 431	18.0	43.3	2 050	23.5
公布的现金股利	72.6	787	9.9	29.2	1 017	11.6
留存收益	-11.4	644	8.1	60.4	1 033	11.8
备注：净国际收入	0.0	0	0.0	0.0	0	0.0
备注：总收入	3.0	7 965	100.0	9.6	8 730	100.0
备注：扣除利息费用的总收入	9.7	6 921	86.9	13.3	7 840	89.8

资料来源：Timothy Koch 和 S. Scott MacDonald；来自 FFIEC，《统一银行业绩效报告》，https://cdr.ffiec.gov/public/Manage Facsimiles.aspx。

(2)利息费用(interest expense, IE)是对所有有息负债(包括交易账户、定期存款、储蓄存款、波动负债和其他借款以及长期债务)支付的利息总和。我们将利息收入减去利息费用记为净利息收益。这个数字很重要,因为它能够展现如何随时间的变化来控制利率风险。

(3)在获得净利息收益的压力逐渐增大的情况下,非利息收入(noninterest income, OI)就变得越来越重要。图表2.5记录了银行的净利息收益和非利息收入的长期变化趋势。从1980年到2008年,净利息收益占银行总(净)营业收入的比例从80%下降到66%以下。而危机之后,这一比例上升到70%。经济危机之前,非信贷服务的收费以及利率的变化趋势反映了大银行对交易收入的依赖不断增大。由于利率下降,银行对所有债务支付的利息大幅降低。随着贷款和证券的陆续到期,银行用低成本的资产取代了它们。由于许多资产的利率已经接近零,因此银行不可能相应地降低负债率。这样一来,由于大银行的交易收入大幅下降——这是经济增长放缓和遵循《多德-弗兰克法案》要求之后交易活动受限的结果,净利息收益的贡献更多。法规还限制了一些银行收取手续费,如客户账户透支等。幸运的是,许多客户要求银行提供额外的产品和服务,如经纪账户和保险等,这都将产生费用收入。图表2.5显示,非利息收入仅占营业收入的一小部分,自金融危机爆发以来,其比例下降到2013年的30%。

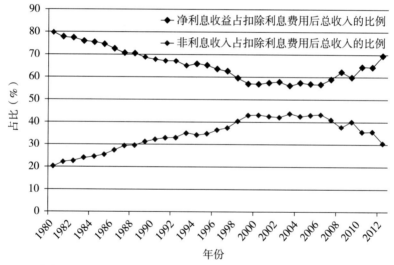

图表2.5 非利息收入占扣除利息费用后总收入比例的变化趋势

资料来源:FDIC季度银行业概览和作者的估计,www.fdic.gov/www2.fdic.gov/qbp。

对于较小的金融机构而言,通常情况下它们更加依赖净利息收益作为主要收入来源,而较大的金融机构通常更多地依赖非利息收入作为收入来源。金融现代化扩大了储蓄机构的非利息收入来源,这些来源包括:

- 信托业务(fiduciary activities),其反映机构信托部门的收入。
- 存款服务费(deposit service charges),如支票账户费,一般占据非利息收入的大部分。
- 交易收入(trading revenue)、风险投资收入(venture capital revenue)和证券化收益(se-

curitization income),它们反映了交易证券(构成证券市场)和表外衍生工具的收益(损失)、风险投资活动收益(损失)、证券化交易的净证券化收益和费用、出售贷款和租赁的未实现损失(损失回收)。这些类型的收入仅出现在大银行。

- 投资银行业务、咨询、经纪和承销费用及佣金(investment banking, advisory, brokerage, and underwriting fees and commission),包括承销证券、私募证券、投资咨询和管理服务以及并购服务的费用和佣金。这些收入仅对大银行有重要影响。
- 保险佣金费用和收入(insurance commission fees and income),包括承保保险和销售保险或再保险的收入,此类别包括费用、佣金和服务费。
- 净服务费(net servicing fees),它来自为其他人持有的房地产抵押贷款、信用卡和其他金融资产。
- 贷款销售净收益(损失)[net gains(losses) on sales of loans],它是指销售或进行贷款和租赁带来的净收益(损失)。
- 其他净收益(损失)[other net gains(losses)],包括销售或处置所拥有的其他房地产和其他资产(不包括证券)带来的净收益(损失),例如房地产和固定资产以及从之前的债务关系中获得的个人财产(如汽车、船、设备和器具)。

(4) 非利息费用(noninterest expense, OE)主要包括人员费用、占用费和其他运营费用(包括技术支出、水电费和存款保险费)。剩余的非利息费用项目包括其他无形摊销(intangible amortization)和商誉减值(goodwill impairment),即商誉和其他无形资产的摊销费用和减值损失。非利息费用远远超过大多数银行的非利息收入,因此其负担等于非利息费用减去非利息收入。

(5) 贷款与租赁损失备抵(provisions for loan and lease losses, PLL)指的是管理层对可能增加的不良贷款损失的估计,是银行定期分配给贷款与租赁损失准备金(ALLL)的一部分收入。由于贷款违约的存在,一些报告的利息收入夸大了实际收到的利息,因而这是一个非现金支出,直接从净利润中扣除。虽然管理者决定了准备金的规模和向股东报告的内容,但是国税局(IRS)规则、公认会计准则(GAAP)和监管指引规定了最大允许数额和相应的扣税额。正如后面将要讨论的,PLL不同于贷款核销,这表明银行正式认定其为不可收回的贷款与租赁,并针对ALLL收取费用。

(6) 当储蓄机构在到期日之前将证券以初始或摊销成本以上(或以下)的价格从其投资组合中出售时,就产生了已实现证券收益或损失(realized securities gains or losses, SG)。所有这些利润都作为普通收入进行报告和纳税。证券收益通常被认为是不可预测的,因为难以预测利率以及银行是否可以出售证券以赚取利润或蒙受损失。银行也会报告未实现收益或损失的数额。一般来说,随着利率的变化,证券的价值也会发生变化,但如果收益或损失是未实现的,就意味着银行没有出售证券来追随价值的变化。

(7) 税前净营业收益(pretax net operating income)等于应税等价净利息收益加上非利息收入,再减去非利息费用和贷款与租赁损失备抵,最后加上已实现证券收益(或损失)。它代表了银行考虑非经常性项目之前的税前营业收益。

(8) 应付所得税(applicable income taxes, T)等于当前预估的税金,而不是实际缴纳的税金。除应付所得税外,还有两个附加税项将从税前净营业收益中扣除。当期应税等价调整只是增加了贷款和租赁融资利息收入中包括的当前税收的部分,以及市政证券的税收优惠估计值。其他应税等价调整则涵盖了贷款、租赁融资和市政证券利息收入中的剩余部分,是对税收损失抵减带来的税收优惠的估计。

(9) 净收益(net income, NI)是指营业利润减去所有联邦、州和地方的所得税,再加上或减去任何会计调整和非经常性项目收益[①]。会计调整是指由于某些交易的会计处理变化而产生对收益(或利润)的调整。

最后,总收入(total revenue, TR)等于总利息收入加上非利息收入以及已实现证券收益(损失),它与非金融公司的净销售额相当。总费用(total expense, EXP)等于利息费用、非利息费用和贷款与租赁损失备抵的总和,它与非金融公司的已售商品成本加上经营费用是类似的。银行的净利息收益(NII)等于利息收入(II)减去利息费用(IE),银行的负担等于非利息费用(OE)减去非利息收入(OI)。因此,储蓄机构的净收益(NI)可由以下五个因素计算而来:净利息收益(NII)、负担(Burden)、贷款与租赁损失备抵(PLL)、已实现证券收益或损失(SG)以及税金(T):

$$NI = NII - Burden - PLL + SG - T \quad (2.2)$$

两个银行组织的利润表如图表2.4所示。显然,它们的净收益的组成大不相同,这反映了银行不同商业战略下的不同投资组合。PNC银行的净收益在2013年达到35.05亿美元,较2012年增长31.4%,这是因为非利息收入急剧增加,而PLL和非利息费用减少。CNB的净收益在2013年为205万美元,较2012年增长43.3%,这主要是由于净利息收益的增加。五个组成部分中的每一部分对PNC银行和CNB的盈利能力的贡献总结如图表2.6所示。

图表2.6 2013年PNC银行和CNB的净收益组成

	PNC银行(千美元)	CNB(千美元)
净利息收益(NII)(TE)	9 320 184	7 122
-负担	(3 672 687)	(4 964)
-贷款与租赁损失备抵(PLL)	(651 026)	(105)
+证券收益(损失)(SG)	82 680	1
-税金(T)	(1 442 159)	(4)
净营业收益	3 636 992	2 050
非经常性项目净值	0	0
非控制少数股东权益净值	(131 638)	0
=净收益(NI)	3 505 354	2 050

---

① 非经常性项目包括销售实物资产、出售子公司以及其他一次性交易等项目。分析师必须区分这些一次性损益和正常营业收入与支出。一次性交易是临时性的,仅在其出现的期间影响利润表。因此,报告的收入可能夸大了真实的营业收入。

资产负债表和利润表的关系

资产负债表和利润表是相互关联的。资产和负债的组成以及不同利率之间的关系决定了净利息收益。消费者和商业客户之间的存款情况会影响银行所提供的服务,从而影响非利息收入和非利息费用的规模。非银行子公司的所有权增加银行的手续费收入,但往往也会增加非利息费用的支出。后文分析强调了以下要素之间的关系:

A_i = 第 i 项资产的美元价格

L_j = 第 j 项负债的美元价格

NW = 所有者权益的美元价格

y_i = 第 i 项资产的税前平均产出

c_j = 第 j 项负债的平均利息成本

其中,n 等于资产额,m 等于负债额。等式(2.1)的资产负债关系可以重新表述为:

$$\sum_{i=1}^{n} A_i = \sum_{j=1}^{m} L_j + \text{NW} \tag{2.3}$$

每项资产的利息等于平均收益率 y_i 和第 i 项资产的价格的乘积。从而:

$$\text{利息收入} = \sum_{i=1}^{n} y_i A_i \tag{2.4}$$

类似地,对每项负债支付的利息等于平均利息成本 c_j 和第 j 项负债的价格乘积,使得:

$$\text{利息费用} = \sum_{i=1}^{m} c_j L_j \tag{2.5}$$

净利息收益(NII)等于两者的差额:

$$\text{NII} = \sum_{i=1}^{n} y_i A_i - \sum_{j=1}^{m} c_j L_j \tag{2.6}$$

上述这种对 NII 的重新表述,说明了什么因素可能导致净利息收益在不同的时间、不同的机构之间有所差异。首先,当资产和负债的组合发生变化时,净利息收益也会发生变化。根据式(2.6),当投资组合发生变化时,资产 A_i 和负债 L_j 的值会变大或者变小。每项 A_i 或 L_j 乘以了不同的利率,例如贷款利率与国债利率,由此会改变净利息收益。其次,即使投资组合不变,由于利率变化和基础工具到期日的延长或缩短,资产的**平均利率**(资产收益率)和负债**支付的利率**(利息成本)也有可能上升或下降。最后,盈利资产或有息负债的规模会发生变化。即使所有其他方面都相同,当有息负债的数额减少或生息资产的数额增加时,也将增加利息收入。

分析师通常基于目标客户的不同将商业银行业务条线分为零售银行和批发银行。银行的零售业务通常关注个人与银行之间的关系,其中绝大部分的银行业务围绕着个人需求、储蓄和定期存款展开,而与关键个人相关的消费者和小企业贷款在其中所占的比例较高。同样,与个人和小企业客户产品相关的非利息收入和非利息费用往往也高得多。批发业务(wholesale)主要针对大型商业客户,其特点是消费者存款少、购买(非核心)负债多、对大企业的商业贷款成比例增加。如第1章所述,许多大型金融机构专注于零售和批发客户。投资组合的这种差异反过来会导致资产收益率 y_i 和负债成本 c_j 的不同。大额贷款通常是交易驱动的,其利润率较低;零售贷款则是关系驱动的,其利润率通常较高。

非利息收入、非利息费用和贷款损失备抵间接反映了相同的资产负债表组成。银行的贷款组合规模越大,运营费用和贷款损失备抵就越多。同样,那些重视消费贷款的机构会支出更多的非利息费用(间接费用),以保持业务的正常运行。通常情况下,它们会在分支系统和设备上投入更多的资金,以吸引消费者存款和处理小额、多重支付的消费贷款。此外,拥有非银行子公司的银行控股公司将得到更多的手续费收入。

因而,净收益随资产和负债的规模以及相关的现金流量而变化:

$$\mathrm{NI} = \sum_{i=1}^{n} y_i A_i - \sum_{j=1}^{m} c_j L_j - \mathrm{Burden} - \mathrm{PLL} + \mathrm{SG} - \mathrm{T} \tag{2.7}$$

超过股东分红的净收益增加了留存收益,从而增加了股东权益总额。

股权回报率模型

1972年,David Cole引入了一个通过比率分析评估银行绩效的模型。[①] 如图表2.7所示,这一模型使分析师能够评估在特定风险之下银行利润的来源和规模。本部分采用股权回报率模型(return on equity model)分析银行的盈利能力,并确定信用风险、流动性风险、利率风险、运营风险和资本风险的具体指标。这些比率用于评估前面介绍的两家银行机构的绩效。

《统一银行业绩效报告》(UBPR)是为联邦金融机构审查委员会(FFIEC)的各银行监管和审查机构撰写季度报告和收入报告而创建的一个综合分析工具。[②] UBPR中包含的与盈利能力以及与风险相关的信息十分丰富,并将这些信息以一致和统一的格式呈现出来。虽然35页的数据和比率信息看起来可能令人生畏,但UBPR报告优于"典型"财务报表的一点是,其在数据表示方面的一致性。PNC银行的大多数UBPR包含在本章的附录中,而CNB的所有数据也是从UBPR获得的。

[①] 以下讨论基于Cole(1972)的杜邦财务分析和适应系统。股权回报率更有意义的定义是净收益或净利润减去优先股股利再除以普通股股东权益,因为它表明了对普通股股东的潜在回报。

[②] 完整的UBPR报告(包括同业组数据)可在FFIEC的网站(http://www.ffiec.gov/ubpr.htm)上找到。UBPR自1986年以来开始涵盖银行,自1990年以来开始涵盖FDIC保险储蓄机构。自Thrift监管办公室取消以来,储蓄机构的数据正在从以前的统一储蓄机构业绩报告(UTPR)格式转换为UBPR格式。

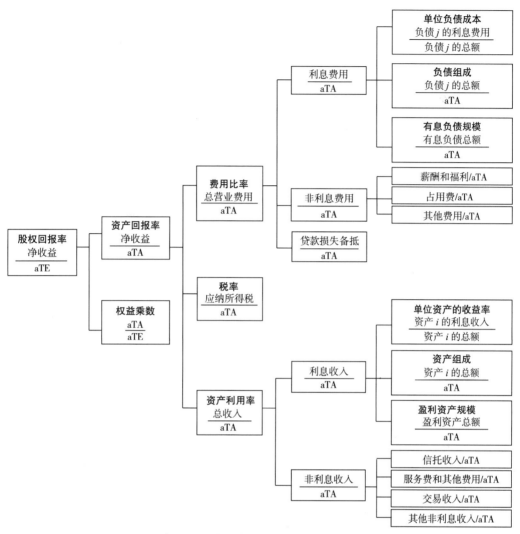

图表 2.7 股权回报率分解：银行盈利的性质

注：aTA 表示平均总资产，aTE 表示平均总股东权益。

UBPR 提供了跨越五个时期的信息，既包括年度，也包括季度。报告内容几乎每年更新。UBPR 的真正优势是跨机构的一致性，其数据包括三种基本类型：银行的比率和美元值，同业组平均值，银行百分位数的分布。银行的美元值主要由详细的利润表和资产负债表数据组成，比率则提供了与特定银行的盈利能力和风险相关的几乎所有方面的数据。根据银行的规模、大体地点分布和分支数量，数据库将同业组平均值（PG#）分为 15 个不同的组。通过百分位数（PCT）可以进行更全面的分析，并在同业组内以升序从 0 到 99 对每家银行的比率进行排名。每个百分位数表示的是相关比率高于百分之多少的同业。

盈利能力分析

如果你让一批银行总裁总结过去一年的绩效，他们中的大多数将报告其银行的股权回报率(return on equity，ROE)或资产回报率(return on assets，ROA)。如果这些数值比同业高,他们就会使用"高绩效银行"这种说法。当然,一家报告了更高回报的公司必须有效地承担更高的风险、拥有更多的资产和负债,或与同业相比具有成本优势。以下分析将从总收益或总利润指标开始,然后将 ROA 按照其组成比率进行分解,以此研究为什么它们的绩效与同业有所不同。

银行的整体盈利能力是用 ROE 和 ROA 来衡量与比较的。ROE 模型简单地将 ROE 和 ROA 与财务杠杆联系在一起,然后将 ROA 按照贡献因素的不同进行分解。按定义,我们有:

$$\text{ROE} = 净收益 / 平均总股东权益 ①$$

ROE 等于净收益除以平均总股东权益,它衡量单位美元股东权益的回报率[②],是支付现金股利之前对股东的总回报。ROA 等于净收益除以平均总资产,表示在特定时期内所拥有的单位美元平均资产的净收益。ROE 通过权益乘数(equity multiplier，EM)与 ROA 建立起关系,等于平均总资产除以平均总股东权益,计算如下:

$$\text{ROE} = \frac{净收益}{平均总资产} \times \frac{平均总资产}{平均总股东权益} = \text{ROA} \times \text{EM} \tag{2.8}$$

较大的 EM 意味着相比于股东权益,债务融资金额较大。因此,EM 衡量财务杠杆,反映的是风险和收益的权衡。下面我们考虑两家竞争银行,每家银行拥有构造相同的 1 亿美元资产,资产质量是一样的。一家银行的负债为 9 000 万美元,总权益为 1 000 万美元;另一家银行的债务为 9 500 万美元,总权益只有 500 万美元。在该示例中,第一家银行的 EM 为 10,第二家银行的 EM 为 20。

$$\text{EM} = 10 = \frac{100}{10}(对于拥有 1 000 万美元权益的银行)$$

$$\text{EM} = 20 = \frac{100}{5}(对于拥有 500 万美元权益的银行)$$

EM 影响银行的利润或净收益,因为它对 ROA 有乘数影响,并由此决定了银行的 ROE。在上面的例子中,如果两家银行的资产回报率(ROA)均为 1%,第一家银行将报告 10% 的 ROE,而第二家银行将报告 20% 的 ROE:

$$拥有 10 倍的 EM 且 \text{ROA} = 1\%:\text{ROE} = 0.01 \times 10 = 10\%$$

$$拥有 5 倍的 EM 且 \text{ROA} = 1\%:\text{ROE} = 0.01 \times 20 = 20\%$$

---

① 在计算盈利能力比率时,资产负债表数据应始终与利润表数据一起使用。这可以减少临近报告日期时异常交易所造成的失真。图表2.2中列出的所有资产负债表价值均为期末值(EOP)。平均总资产和平均总贷款与租赁的数据包括在图表 2.8 中,并且在需要时被用于计算图表 2.9 和图表 2.10 中的比率。所有其他需要用到"平均"资产负债表数据的比率,在图表 2.9 和图表 2.10 中都有计算,计算时使用的是年度数据的平均值。参阅当代热点专栏"解释财务比率和使用资产负债表数据的平均值"。

② 2013 年 PNC 银行的 ROE 计算如下:ROE = 3 505 354/((38 304 917+38 410 010)/ 2) = 9.14%,UBPR 报告的数值为 9.68%。因为 UBPR 使用季度资产负债表数据的平均值,并且这里使用的是上述期间开始和结束的平均值,我们知道股权的小幅下降在一年中并不会连续发生。注意,这里使用以银行资本和少数股东权益作为股东权益。

当盈利为正时,财务杠杆能够扩大银行的优势,因为第二家银行向股东提供的回报率是其竞争对手的两倍。然而,它也扩大了亏损的负面影响。如果每家银行报告的 ROA 均为−1%,那么第二家银行的 ROE 将为−20%,是第一家银行损失的两倍。公式(2.8)表明,可以通过提高 ROA 或增加财务杠杆来实现更高的 ROE。

EM 衡量了风险水平,因为它实际上反映的是在银行破产前,究竟有多少资产存在违约可能。下面考虑总股东权益与总资产的比率(或 1/EM)。该比率对于上面的第一组例子为 10%,对于第二组则为 5%。虽然两家银行拥有相同的资产,但第一家银行的风险较低,因为与第二家银行相比,第一家银行可以违约的资产是第二家银行的两倍(在资产负债表上价值降至 0)。因此,当净收益为正时,高权益乘数能够提高 ROE,但同时也表明资本风险或偿付风险较高。

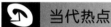
当代热点

解释财务比率和使用资产负债表数据的平均值

历史财务数据的解释通常从比率分析开始。为了使得分析有意义,我们必须用同样的方法计算比率并与基准数字进行比较。比率是通过将资产负债表或利润表中的一个项目除以另一个对应项目来构建的。任何比率值都取决于分子和分母的大小,并且分子或分母发生变化时,比率也将出现变化。在构造比率时,有以下几个规则:

规则 1:在将利润表数据与资产负债表数据进行比较时,应使用资产负债表数据的平均值。 资产负债表项目是存量数值,是在一个时间点的测量值,而利润表项目是流量数值,测量一段时间(例如一年)内的值。在构造资产负债表和利润表数据的比率时,应使用资产负债表数据的平均值。例如,假设只有 2012 年和 2013 年的资产负债表年末数据以及 2013 年的利润表数据,则 2013 年的 ROE 为 2013 年净收益与 2012 年和 2013 年年末平均股东权益的比值。我们最好使用季度资产负债表数据的平均值,当然最好能够使用日平均值。实际上,UBPR 计算了三种不同类型的平均资产和平均负债数据,便于在特定的报告中使用。

UBPR 中使用的第一种平均值是财务报告中报告的资产和负债的累积平均值或年初至今的季度平均值。计算所得的年初至今的平均值被用作 UBPR 第 1 页和第 3 页上收益率和利率的分母。例如,9 月 30 日 UBPR 中用于第 1 页收入分析的平均资产反映的是当年 3 月、6 月和 9 月报告的季度平均资产的平均值。UBPR 中使用的第二种平均值是期末资产负债表中年初至今的平均值。为了提供准确的数值,该计算还包括上一年度的资产或负债余额。以这种方式计算的平均值被用于确定第 6 页上的资产和负债的百分比构成。例如,9 月 30 日公布的年初至今平均总贷款由上一年 12 月财务报告中的总贷款余额加上本年 3 月、6 月和 9 月的总贷款余额除以 4 构成。UBPR 中使用的第三种平均值是用季度平均数据计算出的移动平均值。这些平均值在第 12 页的最后四季度收入分析中用作分母。通过四个季度的时间窗口,将四个季度的收入/支出与选定的资产或负债的平均值在相同的时间段内进行比较。因此,9 月 30 日 UBPR 在第 12 页的净收益分析中使用的平均资产包括上年 12 月和本年 3 月、6 月和 9 月的季度平均资产。这个平均值创造了一个从上年 10 月 1 日到本年 9 月 30 日的时间区间。

图表 2.2 中列出的所有资产负债表数值均为期末值(EOP)。相比之下,图表 2.7 中的平均总资产和平均总贷款与租赁数据是 UBPR 中季度数值的平均值。当需要使用平均资产和平均贷款与租赁数据计算图表 2.9 和图表 2.10 中的比率时,我们仍然可以用图表 2.8 中的数据。图表 2.9 和图表 2.10 中其他的所有比率(需要使用"平均"资产负债表数据)使用的是年度数据的平均值,但需要特别关注 UBPR 第 6 页上的资产和负债数据的组成。UBPR 使用的是分子和分母的平均值。回想一下,UBPR 使用的是季度数据的平均值,而不是期末数据的平均值。为了与 UBPR 第 6 页的数据保持一致,分子和分母中使用的也应该是期末数据的平均值。

规则 2:随时间的变化比较各个比率。第二个规则是,单个比率本身通常是无意义的,只有通过不同时间间隔下的比率才能辨别显著的变化。为了确定是什么因素影响了分子、分母而导致的这种变化,我们通常需要比较两个相关比率的趋势。此外,我们还会在相同时间点比较控制组或同业组的比率。同业组表示可比公司的平均绩效。当然,寻找正确的控制组是非常重要的。同业组应该具有大致相同的规模、相同的产品市场地理分布,以及相同的策略。UBPR 通过规模、状态、位于城区或非城区,以及分支机构数量来标识控制组。这些指标通常太宽泛,有时候缺乏对比的意义。因此,为了进行绩效对比,大多数银行往往会自己创建控制组。

规则 3:会计数据可能没有反映会计的真实过程,存在被操纵的可能。会计审计可能会省略重要数据,例如银行未偿还贷款的承诺额以及其他表外活动。这可能会造成传统比率的偏差。UBPR 现在提供了一个关于"资产负债表表外项目"的模块。财务报表的脚注通常提供了许多关于计算的来源和解释。有关资产负债表、利润表和比率计算的其他说明,可从 FFIEC 或网站 www.FFIEC.gov 上提供的 UBPR 用户手册中获取。

费用比率和资产利用率

杜邦分析法已经被使用了很多年,我们可以对其稍作修改,将其用于金融机构。杜邦分析法实现了对 ROA 的直接分解。与此同时,UBPR 还提供了大量数据来协助分析金融机构的绩效。[①] 资产回报率(ROA)由两个主要部分组成:收入增长和费用控制(包括税收)。回想一下净收益(NI)的计算公式:

$$NI = 总收入(TR) - 总营业费用(EXP) - 税收(T) \tag{2.9}$$

总收入相当于非金融公司的净销售额加上其他收入,等于利息收入、非利息收入和证券

[①] 从农场信用管理局(www.fca.gov)的农场信用银行和国家信贷联盟管理局(www.ncua.gov)的信用合作社也可获得类似的信息。

收益(损失)的总和。① 总营业费用(EXP)等于利息费用、非利息费用以及贷款与租赁损失备抵的总和。将等式两边除以平均总资产(average total assets, aTA),可以将 ROA 分解为:②

$$ROA = \frac{NI}{aTA} = \frac{TR}{aTA} - \frac{EXP}{aTA} - \frac{T}{aTA} \tag{2.10}$$

$$ROA = AU - ER - TAX \tag{2.11}$$

其中:

AU=总收入/aTA,ER=总营业费用/aTA,TAX=应纳所得税/aTA。

因此,银行的 ROA 由资产利用率(AU)、费用比率(ER)和税率(TAX)组成。AU 越大,ER 和 TAX 越低,ROA 越高。

费用:费用比率要素

首先考虑费用比率(expense ratio, ER),费用比率有着非常直观的含义。例如,5%的 ER 表示银行的总营业费用等于总资产的 5%。因此,ER 越低(越高),银行在控制费用方面的效率越高(越低)。图表 2.7 的右上部分是对 ER 的分解。我们通过三个比率将特定类型的营业费用的影响进行了分离:

利息费用比率=利息费用(IE)/aTA
非利息费用比率=非利息费用(OE)/aTA
贷款损失备抵比率=贷款损失备抵(PLL)/aTA

这些比率的总和等于费用比率:③

$$ER = \frac{EXP}{aTA} = \frac{IE}{aTA} + \frac{OE}{aTA} + \frac{PLL}{aTA} \tag{2.12}$$

在所有其他因素相同的情况下,每项比率越小,银行的利润率或收益率越高。将每项比率与同业的类似比率相比,可反映出特定类型的费用是否造成了绩效的显著差异。当比率不同时,分析人员应检查其他比率以分析造成这种差异的根本原因。仔细审慎的分析要求从源头上对利息费用和非利息费用进行审查。

利息费用(interest expense)。储蓄机构之间的利息费用可能有所不同,影响因素有以

---

① 非常规收入(也称非经常性收入)和费用包括在总收入和总费用的定义中。它们是一次性的,在评估运营绩效和比较关键比率随时间变化而发生的变化及对同业的影响时,应将其排除。这里假设非常规收入和费用相对较少。如果它们具有实质性的影响,则应将其排除在分析之外。在这样的情况下,净收益将等于不包括非常规项目的净收益。

② 标准杜邦分析法将 ROA 分解为利润率(PM)和资产利用率(AU)的乘积:ROA=AU×PM,其中 PM=NI/TR,AU=TR/aTA。这些比率不能直接用于 UBPR[AU 可以从 UBPR 的第 1 页计算出:AU=(利息收入/平均总资产)+(非利息收入/平均总资产)+(证券收益/平均总资产)]。PM 可以通过将 ROA 除以 AU 间接获得(PM=ROA/AU)。

③ 这种关系非常有用,但 ER 不直接在 UBPR 上报告,可以通过 UBPR 以两种方式获得。其一,它可以通过总营业费用除以平均总资产算出。使用 2013 年 PNC 银行的平均总资产数据可计算出:PNC 银行的 ER = 3.58% = [(715 794 + 9 164 894 + 651 026)/293 964 224]。其二,ER 可以使用公式(2.12)和 UBPR 第 1 页的比率数据计算出来:PNC 银行的 ER = 3.58% = 0.24% + 3.12% + 0.22%。

下三个：利率效应、存款构成以及数量效应。利率效应（rate effects）表明，每笔负债的利息成本c_j可能因银行而异［见公式(2.5)］。例如，如果在存单上支付的保险限额以上的费率高于其他银行（所有其他银行）支付的利率，银行的利息成本会更高。每笔负债的利息成本都是通过将特定负债的利息费用除以资产负债表中的平均总负债计算得出的。[①] 例如，购入联储基金的成本等于购入联储基金支付的利息除以购买期间所持有的联储基金的平均总额[②]。

$$负债 j 的成本 = c_j = 负债 j 的利息费用/负债 j 的平均余额$$

利息费用差异的出现有很多原因，其中包括风险溢价的差异、借款的时间安排和借款的初始到期日。银行根据市场对资产质量和整体风险的评估而支付不同的风险溢价（risk premiums）。预期的风险越高，负债成本越高。银行也根据不同的利率周期确定其借入款项的时间。如果银行在利率低时发放贷款，那么它们的利息成本将低于在利率高时发放贷款的银行。此外，银行根据发行时的收益率曲线，确定存款和借款的不同期限和利率。一般来说，长期存款支付的利率高于短期存款。出于这些原因，银行负债 j 的成本有所不同。

构成或混合效应（composition or mix effects）表明负债的构成可能不同。拥有大量活期存款的银行需支付的利息较少，因为这些存款是无息的。相对于拥有大量低成本活期存款和少量定期存款的银行，那些依赖存单和购入联储基金的银行将支付更高的平均利率，因为非核心负债的风险比核心存款的风险更高，将被要求支付更高的利率。这个例子表明相比于非核心负债或易变负债，核心存款具有关键优势。构成效应是以每笔负债除以平均总资产来衡量的：[③]

$$负债 j 资金支持的资产占比 = 负债 j 的总额 / 平均总资产$$

数量效应（volume effects）认为，金融机构之所以或多或少地支付利息费用，只是因为与活期存款和股权相比，其计息或有息负债数额不同，应支付不同数额的负债的利息。UBPR中报告的比率（平均计息或有息负债除以平均资产）揭示了需要支付利息的债务融资占总资产的百分比。计息或有息负债（interest-bearing debts）包括明确支付利息的所有负债（即少量活期存款、承兑票据及其他负债）。与银行总股本相关的总负债情况将进一步通过权益乘数（EM）反映出来。当 EM 较高时，利息费用可能很高，这反映出了债务融资金额占比较大。当 EM 较低时，利息费用通常较低。即使银行支付相同的实际利率并具有相同的负债构成，这种情况也是真实存在的。

非利息费用（noninterest expense）。非利息费用或间接费用也可以分解为不同的组成

[①] 并非所有计算成本和收益所需的数据都可从 UBPR 中获得，见图表 2.9 和图表 2.10 中的 #N/A。此外，使用年末资产负债表数据计算的成本和收益可能与 UBPR 第 3 页报告的数字不同，因为 UBPR 使用季度资产负债表数字的平均值作为各项资产的数值。

[②] 购入和转售联储基金的成本为 0.15% = 5 727/(4 349 832 + 3 351 286/2)。

[③] 为了保持一致，图表 2.9 中所示的由负债融资的总资产的百分比使用分子和分母的年终数据的平均值。因此，2013 年 PNC 银行定期存款超过保险限额的部分占平均资产的百分比 为 0.58% = (1 785 623 + 1 716 366)/(295 026 390 + 309 999 678)（UBPR 报告中为 0.59%）。

部分。人员费用(包括工资和福利支付)、占用费和其他运营费用占间接费用的百分比表明了银行在哪些方面实现成本控制,或者银行在哪些方面还存在缺陷。通常构建类似的比率之后需要将这些费用与平均资产进行比较,以便在不同规模的银行之间进行跨行比较。非利息费用也可能因银行而异,具体取决于负债的构成。例如,拥有大量交易存款的银行具有相对更高的间接成本。

收入:资产利用要素

在图表 2.7 的底部,我们对资产利用率进行了分解。资产利用率(asset utilization,AU)衡量金融机构产生总收入的能力。资产利用率越高,银行从其拥有的资产中创造收入的能力就越强。例如,若银行的资产利用率等于 7%,则其平均总资产的总回报率(扣除费用和税收前)为 7%。当其他条件保持不变时,AU 值越大表示利润率越高。若一家银行的 ER 为 5%,则该银行税前的净投资回报率或收益率为 2%。总收入(TR)可以分解为三个部分:

$$TR = 利息收入(II) + 非利息收入(OI) + 已实现证券损益(SG)$$

公式两边同时除以平均总资产:①

$$AU = \frac{TR}{aTA} = \frac{II}{aTA} + \frac{OI}{aTA} + \frac{SG}{aTA} \tag{2.13}$$

公式(2.13)表明银行有多少资产总收益是由利息收入、非利息收入和已实现证券收益(损失)产生的。利息收入可能因银行不同而有所不同,原因与利息费用的不同是一样的,即受到利率效应、构成效应和数量效应的影响。对于利率效应,公式(2.4)检验了每项资产的税前收益率 y_j,允许银行将实际收益率与同业银行的实际收益率进行比较,其差异可能反映了不同的到期日、相对于利率周期的不同买入时间点、每种资产类别内持有的不同组成(反映资产的风险)。例如,一家对建设贷款进行大量投资的银行应该首先获得比向世界 500 强公司大量贷款的银行更高的贷款收益率——因为建设贷款的风险较大。证券投资收益率的差异反映了期限的差异,长期证券的收益率普遍较高。资产收益率或回报率的计算类似于负债成本,将特定资产的利息收入除以资产负债表中资产的平均余额:②

$$资产\ i\ 收益率 = y_j = 资产\ i\ 的利息收入/资产\ i\ 的平均余额$$

即使两家银行在所有资产上赚取相同的收益率,投资更多高收益贷款的银行的利息收入也会高于另一家银行。因此,构成(混合)效应表明资产构成也影响着资产利用率。资产构成可以通过计算每种资产类型占总资产的百分比来获得。一般来说,将贷款和资产比较、

---

① AU 和 ER 一样,不能直接在 UBPR 中找到,但可以通过使用资产负债表和利润表数据或在公式(2.13)中加入因素计算,这些数据在 UBPR 的第 1 页提供。PNC 银行及其所属集团使用 2013 年数据计算得到的 AU 是:AU(PNC) = 5.31% = 3.41%+1.87%+0.03%;AU(同业) = 4.68% = 3.61%+1.05%+0.02%。

② 这是从另外一个领域审视的关于收益率的差别。其数据来自 UBPR 的平均资产数据和 UBPR 提供的收益率。2013 年贷款利率或收益率可计算为:贷款与租赁的利息收入(TE)/贷款与租赁的平均余额。因此,贷款利率 4.22% = 8 143 508/192 826 560(来自图表 2.8 补充数据的平均贷款)。

证券和资产比较,可以反映出构成效应的影响。贷款资产占比较大能够增加利息收入,因为贷款的平均收益率高于证券。

在所有其他条件相同的情况下,更多的盈利资产将产生更高的利息收入和资产利用率。盈利资产(earning assets)包括直接产生利息收入和租赁收入的所有资产,等于总资产减去所有非盈利资产,例如无息现金和同业存款、承兑票据、房地产和其他资产。对银行盈利基础(earning base, EB)的审查是将平均盈利资产与平均总资产进行比较,以表明一家银行是否拥有比同业更多或更少的资产可获取利息。①

$$盈利基础(EB) = 平均盈利资产/aTA$$

非利息收入(noninterest income)。非利息收入也可以按照其贡献来源进行分解。观察非利息收入的各个组成部分——收费、信托收入、服务费、交易收入和其他非利息收入占平均总资产或非利息收入的比例,可以看出哪个组成部分对资产利用率的贡献最大,同时可以看出为什么同业间会存在非利息收入上的差异。② 通过非利息收入还能够审视其他收入是否被非经常性项目扭曲。当金融机构报告自己的非常规收入时,分析师在计算绩效比率之前,应将这些非常规收入从净收益中扣除,以便更好地反映经营绩效。

影响 ROA 的最后一个因素是税收。一般来说,税收指标是用应纳所得税除以平均总资产来表示的。虽然税收对银行利润表的最后一栏(即净收益或净利润)很重要,但它常常受到与长期业务无关的问题的影响。市政证券的税务处理以及银行的贷款损失备抵可能对银行的纳税水平产生重大影响。③

总体盈利能力指标(aggregate profitability measures)。在评估金融机构的绩效时,通常会用到净利差、利差、负担率和效率比率等指标。净利差或净利息收益率(net interest margin, NIM)是对盈利资产的净利息收益的总体度量:

$$NIM = 净利息收益 / 平均盈利资产$$

利差(spread, SPRD)等于盈利资产的平均收益减去有息负债的平均成本,这是资产负债表中用于衡量利息收入、利息费用的利率差异或者资产融资差异的标准:④

$$SPRD = \frac{利息收入}{平均盈利资产} - \frac{利息费用}{平均有息负债}$$

NIM 和 SPRD 对评估银行管理利率风险的能力而言极为重要。随着利率的变化,银行的利息收入和利息费用也会随之变化。例如,当利率上升时,利息收入和利息费用都会增

---

① 2013 年 PNC 银行的盈利基础(EB)为 87.45% = (255 706 332 + 273 352 937)/(295 026 390 + 309 999 679)。
② 非利息费用的组成部分可以在 UBPR 第 3 页找到。
③ 银行的税率(TAX)不能直接在 UBPR 中找到,但可以使用资产负债表和利润表数据计算出或从 UBPR 第 1 页得出:TAX = 0.54% = AU-ER-ROA = 5.31%-3.58%-1.19%。
④ SPRD 不能直接从 UBPR 中得到,但可以直接使用资产负债表和利润表数据计算出或根据 UBPR 第 1 页和第 3 页的比率计算。对 2013 年的 PNC 银行来说:SPRD=所有盈利资产的平均 Int 及 Inc 和 TE(第 1 页)-所有有息资金的平均利息(第 3 页) = 3.84%-0.31% = 3.53%。

加,因为一些资产和负债将以更高的利率重新定价。NIM 和 SPRD 的变化表明一家银行当前的资产和负债水平能否使银行从利率的变化中获益,即当利率上升或下降时,公司是盈利还是亏损。此外,NIM 和 SPRD 必须足够大,银行才能支付债务负担、贷款损失备抵、证券损失和银行面临的税收,进而增加自身收益。

负担率(burden ratio)衡量非利息费用减去非利息收入(银行收费、服务费、证券收益和其他收入)后占平均总资产的比例:

$$负担率 = \frac{非利息费用 - 非利息收入}{平均总资产}$$

负担率越大,说明在银行资产负债表中非利息费用超过非利息收入的部分越多。因此,在其他条件不变的情况下,低负担率对银行而言是一种好的状态。

效率比率(efficiency ratio, EFF)衡量的是银行在一定的净营业收益(扣除利息费用后的总收入,或 NII 加上非利息收入后)水平下,控制非利息费用的能力:

$$EFF = \frac{非利息费用}{NII + 非利息收入}$$

从概念上讲,它表示银行为了赚取一美元的净营业收益,需要支付多少非利息费用。银行分析师预计,大银行能够将这一比率保持在 55% 以下,即赚取一美元净营业收益需支付 55 美元的非利息费用。通过效率比率,银行可以观察到近期在控制非利息费用方面所做的努力以及增加收费带来的盈利增加。在其他条件相同的情况下,效率比率越小,银行的利润率越高。PNC 银行和 CNB 的盈利能力指标将在本章后面"评估银行绩效:一个应用"一节中讲到。

管理风险和收益

银行管理的基本目标是使股东财富最大化。这个目标同样可以被解释为最大化公司普通股的市场价值。财富最大化反过来要求管理者评估不确定性下现金流的现值,在风险调整的基础上评估时,额度较大、时间较近的现金流会更加受重视。在公式(2.8)中,利润最大化表明,金融机构管理者只投资那些收益最高、成本较低的资产。但利润最大化与财富最大化不同。为了获得更高的收益,银行必须承担更高的风险或降低运营成本。更高的风险表现在净收益和股东权益的市场价值的波动更大。更重要的是,当企业承担风险时,实际结果往往是报告利润的增加,因为大多数公司使用的是应计会计方法,那些高风险资产在投资周期的早期有着较高的应计利润。往往只有在投资周期的最后阶段,不良承销的结果才会转化为实际损失。在 21 世纪前十年后期发生的次贷危机就是典型的例子。在大多数次级贷款的早期,银行从放贷款获得了巨额利润。当贷款结束时,则会发生重大的核销,并蚕食早期积累的利润。而在财富最大化的要求之下,管理者会对高收益机会、无法实现高收益的概率、银行需要核销大额贷款损失的概率甚至银行倒闭的概率进行评估,并做出权衡。

银行的盈利能力通常随着投资组合风险和短期运营的变化而变化。虽然某些风险是可以被发现或规避的,但有些风险是当前经济环境和特定市场所固有的。例如,农业或能源相关领域的银行会给那些周期性强的企业发放贷款。尽管管理者可以控制信用评估程序,但是对银行而言,其收益或回报会随着客户的回报而产生波动,而客户的回报则在很大程度上取决于当地的经济状况。

风险管理(risk management)是管理者识别、评估、监控和控制与金融机构活动相关风险的过程。金融产品的复杂性和宽泛性使得风险管理更加难以操作与评估。在大型金融机构中,风险管理用于识别与特定业务活动相关的所有风险,并将相关信息进行汇总,以便在共同的基础上评估风险敞口。一套正式的程序能够让金融机构根据全球战略环境中的风险敞口来管理交易与投资组合的风险。联邦储备委员会已经定义了六种类型的风险[1],即信用风险、流动性风险、市场风险、运营风险、法律风险和声誉风险。

虽然资本或偿付能力风险未被联邦储备委员会或 OCC 列为单独的风险类别,但它是上述所有风险的汇总。对于当前事件或潜在事件而言,每种风险对机构的盈利能力和资产、负债、股东权益的市场价值可能产生的负面影响都是至关重要的。不利风险事件带来的影响可以通过充足的银行资本来消减,使金融机构依旧保持偿付能力。因此,我们将单独讨论资本或偿付能力风险,并对上述六种风险进行汇总。

通过使用历史会计数据,大部分风险可以通过 ROE 模型对其来源进行排查,而运营风险、声誉风险和法律风险的来源则不能通过 ROE 模型进行排查。虽然这些类型的风险可能被一些财务指标反映出来,但是它们是难以量化的。[2] 在使用历史数据来度量企业风险状况时必须谨慎,因为这样做存在许多潜在问题。首先,历史数据只告诉分析师什么事情已经发生,而不是什么事情将要发生。但是,风险是关于未来的,而不是过去的。我们使用历史数据作为公司商业政策和实践的衡量标准时,如果发生大事件(如经济衰退)或管理层改变业务模式(转向次级贷款),那么历史数据也许不能反映公司的风险状况。

信用风险

信用风险与个别资产的质量及其违约的可能性有关。受公开信息的限制,银行评估个别资产质量时往往会遇到很多困难。实际上,许多银行对自己收购的银行的资产质量之差感到惊讶,尽管它们在购买之前已经对拟收购的银行进行了尽职调查。

每当银行获得盈利资产时,它就同时承担着借款人违约的风险,即不及时偿还本金和利息的风险。所谓信用风险(credit risk),指的是这种不支付或延迟支付所导致的净收益和市

---

[1] 美国货币监理署(OCC)使用一个由九部分组成的风险矩阵。OCC 定义的风险包括与联邦储备委员会定义相同的一般风险类型,但它的市场风险分为价格风险、利率风险和外汇风险。OCC 定义的风险还包括战略风险,而战略风险被内含在基于联邦储备委员会设定的所有其他风险类别中。

[2] 传统上,风险是通过标准差或收益率或利率变异系数来衡量的。以下讨论聚焦于收益率潜在变化的来源。收益率风险来源通过反映投资组合分配的收入流或与行业平均值不同的收入流的简单比率来衡量。当然,一些变化是有益的。如果收益率系统地大幅高于预期水平,银行将会获利更多。

场价值的潜在变化。不同类型的资产和表外活动有着不同的违约概率。通常情况下，贷款的信用风险最高。一般而言，经济状况和公司经营环境的变化会改变可用于还本付息的现金流，且这些变化难以预测。同样，个人偿还债务的能力随个人就业情况和个人净值的变化而变化。因此，金融机构需要对每项贷款申请进行信用分析，以评估借款人的还款能力。然而，往往在会计审计还没有发现问题的时候，贷款就已经恶化了。此外，许多银行有表外活动，例如贷款承诺、担保要约和衍生工具合同。这些活动的风险可能很高，但我们很难基于公开数据加以衡量。

通常情况下，银行投资证券的信用（违约）风险较低，因为向银行借款的主要是联邦、州和地方政府机构。银行通常着重于购买投资级证券——评级为 Baa（BBB）或更高的证券——因为它们的违约风险可能较低。当然，金融危机表明，评级机构系统性地低估了许多抵押贷款和相关抵押担保证券、抵押贷款债务等的风险。例如，在危机期间，许多最高评级证券（穆迪的 Aaa 级证券和标准普尔的 AAA 级证券）在发行后不久，就给信赖这些评级的投资者带来了巨大的损失。作为回应，《多德-弗兰克法案》规定，银行在做出投资决策时，不能仅仅依赖评级。

有些情况下，甚至市政债券也会违约。例如，2012 年，加州斯托克顿市成为美国最大的申请破产的城市，市议会发现它的银行账户只剩下 15 万美元！而这座城市人口数量约为 30 万，它已经成为 21 世纪前十年房地产过度繁荣的标志，是 21 世纪前十年后期房地产泡沫破裂的重大牺牲品。到 2009 年，斯托克顿市的债务为近 100 亿美元，其中包括改善公民生活质量的支出和退休人员的养老金与医疗保健福利。而底特律市在 2013 年 7 月申请破产，它的债务预计为 200 亿美元，比斯托克顿市的两倍还多。

不幸的是，一些银行已经购买了大量的问题证券。例如，许多银行持有房利美和房地美发行的优先股。当美国财政部接管这两家公司并将其股利削减至 0 时，这些银行就不得不注销其拥有的本金。一些大型储蓄机构还在 2006—2007 年显著增加了债务抵押证券（CDO）和其他类型的抵押支持证券的持有量。如前所述，评级机构通常评定这些证券为 Aaa 和 AAA 级别。即使是用次级证券借款人的借款作抵押的银行也会给予其高评级。评级机构大概是按照贷款人现金流偿还债务的次序对证券进行评级的。具体来说，高优先级证券的投资者将首先从借款人那里得到本金和利息，从而降低自己承担的信用风险。不幸的是，在许多情况下，借款人的还款额甚至不足以进行首次偿债。评级机构在评估过程中所犯的错误是造成 2008 年次贷危机的主要原因之一，很明显，不论债务是如何结构化的，坏账就是坏账。这给我们留下的一个重要教训是，即使评级机构为债务给出高质量的评级，评级中所谓的安全也并不意味着百分之百的安全。

在评估信用风险时，储蓄机构往往会提出三个问题，这些问题主要用于衡量信用风险程度：

（1）贷款和投资的历史损失率是多少？
（2）预期未来损失率是多少？
（3）机构准备如何应对损失？

历史损失率

管理者经常将注意力集中在机构的历史贷款损失情况上,这是因为贷款的违约率最高。同时,历史损失率(占总贷款和租赁的百分比)与总损失、回收款和净损失有着极其重要的关系。UBPR 第 7 页上部提供了总损失、回收款、净损失、贷款损失准备金和贷款损失准备金水平的摘要。第 7 页中间部分提供了各种贷款的损失率数据。第 7 页底部则总结了每个期间内的 ALLL 的初始平衡和调整。PNC 银行和 CNB 的贷款质量数据汇总显示在图表 2.8 中贷款损失账户和非流动性贷款与租赁总额的下方。

净损失(净核销)[net losses(net charge-offs)]等于总贷款损失与回收款之间的差额。总贷款损失(核销)[net loan losses(charge-offs)]等于在一段时间内注销而无法收回的数额(用美元表示)。回收款(recoveries)是指先前被核销但之后又收回的贷款(用美元表示)。净损失的存在将直接减少银行为潜在损失预留的贷款损失准备金(ALLL)。更重要的是,我们注意到净损失不直接在利润表上报告,银行报告的是贷款损失准备金,这代表通过资金转移(递延所得税,该项是在确定纳税额之前从收益中扣除的)所建立的 ALLL 水平。图表 2.2 显示,资产负债表将总贷款下的 ALLL 列为对冲资产账户。这种贷款损失准备金只是一种会计记录,并不代表银行真的将这些现金储存在某处。ALLL 越大,代表机构的贷款损失越大,但并不代表银行注销了越多的不良贷款。

预期未来损失率

预期未来损失率是基于逾期贷款、非应计贷款、非流动贷款、重组贷款和分类贷款占总贷款的百分比计算而得的。这些数据可以在 UBPR 第 8 页和第 8A 页找到。逾期贷款(past-due loans)是指尚未支付合同约定利息和本金但仍然产生利息的贷款。逾期贷款通常分为逾期 30—89 天和逾期 90 天的贷款。不良贷款(nonperforming loans)的正式定义是拖欠本金或利息超过 90 天的贷款。① 非应计贷款(nonaccrual loans)是指那些当前没有产生利息的贷款。不良贷款和非应计贷款的总和等于非流动贷款(noncurrent loans)。非应计贷款是指那些在目前或很早之前已经过期,或由于其他的问题而处于不计息状态的贷款。

重组贷款(restructured loans)是指贷款人修改了所需支付的本金或利息的贷款。贷款人可能会延长到期日或重新设定利率。在金融危机期间,监管机构和银行投资者密切关注陷入困境的债务重组(TDR)(在此情况下,银行修改或放松贷款条件,希望减少未来的贷款损失)。大多数银行都有自己的内部评级系统,用于识别其贷款组合中的违约风险。分类贷款(classified loans)是指一般类别的贷款,其中为能明确识别的损失预留了准备金或备抵。根据监管机构通常情况下的审核标准,那些负面分类贷款是不合格的、可疑的且会造成损失的(substandard, doubtful and loss)。之所以这样,是因为相比于其他贷款,诸如投机性建设贷

---

① 分析师惯常使用的比率也被称为"得克萨斯比率",类似于不良贷款比率。所谓的得克萨斯比率被定义为:总不良贷款加上其他不动产资产除以有形权益资本与贷款损失准备金之和。

款等具有更高的风险,分析师应该检查银行贷款组合的构成,并对逾期贷款、非应计贷款、非流动贷款、重组贷款和负面分类贷款相对于总贷款数额进行恰当的风险评估。

图表 2.8 2012—2013 年 PNC 银行和 CNB 的补充业务与贷款数据

补充数据	PG #	PNC 银行					
		2012 年 12 月			2013 年 12 月		
		增长率(%)	金额(千美元)	占总数的百分比(%)	增长率(%)	金额(千美元)	占总数的百分比(%)
平均资产	1	11.06	284 903 864		3.18	293 964 224	
国内银行网点	3	14.52	2 903		-5.75	2 736	
外国分支	3	0.00	1		0.00	1	
等价员工人数	3	8.39	53 544		-5.24	50 736	
风险资本概要							
一级资本净额	11A	11.03	28 351 799	11.3	1.34	28 730 869	11.0
合格二级资本净额	11A	9.11	7 404 389	2.9	19.45	8 844 595	3.4
总风险资本	11A	10.63	35 756 188	14.2	5.09	37 575 464	14.3
总风险加权资产	11A	12.31	251 467 949	100.0	4.29	262 244 996	100.0
贷款损失账户概况							
期初余额	7	-11.05	4 346 873	2.4	-7.16	4 035 708	2.1
总贷款损失	7	-17.35	1 870 555	1.0	-15.35	1 583 428	0.8
备注:HFS 贷款减记	7	-3.98	52 165	0.0	-58.46	21 667	0.0
回收款	7	-6.92	581 803	0.3	-12.98	506 277	0.3
净贷款损失	7	-21.33	1 288 752	0.7	-16.42	1 077 151	0.6
贷款损失准备金	7	-11.09	977 178	0.5	-33.38	651 026	0.3
其他调整	7	-150.00	409	0.0	-324.45	(918)	0.0
期末余额	7	-7.16	4 035 708	2.2	-10.58	3 608 665	1.9
平均贷款与租赁	7	16.03	179 591 931	100.0	7.37	192 826 560	100.0
非流动贷款与租赁							
逾期 90 天及以上	8	-8.49	3 931 988	2.2	-36.17	2 509 844	1.3
非应计贷款与租赁总额	8	-9.40	3 375 508	1.9	5.58	3 563 833	1.8
非流动贷款与租赁总额	8	-8.92	7 307 496	4.1	-16.88	6 073 677	3.1
逾期 30—89 天的贷款与租赁	8	-6.91	1 802 366	1.0	-28.66	1 285 872	0.7
逾期 90 天以上的重组贷款与租赁	8	-57.89	9 411	0.0	-8.54	8 607	0.0
非应计贷款、重组贷款与租赁	8	196.12	1 592 215	0.9	-5.09	1 511 223	0.8
所有其他不动产	8	5.51	887 467	0.5	-31.88	604 503	0.3

（续表）

补充数据	PG #	CNB					
		2012 年 12 月			2013 年 12 月		
		增长率（%）	金额（千美元）	占总数的百分比（%）	增长率（%）	金额（千美元）	占总数的百分比（%）
平均资产	1	5.51	123 839		10.07	136 305	
国内银行网点	3	0.00	5		0.00	5	
外国分支	3	0.00	0		0.00	0	
等价员工人数	3	6.57	50		0.07	50	
风险资本概要							
一级资本净额	11A	6.79	10 385	9.6	9.95	11 418	10.4
合格二级资本净额	11A	23.15	782	0.7	-8.95	712	0.6
总风险资本	11A	7.79	11 167	10.3	8.62	12 130	11.0
总风险加权资产	11A	14.37	107 903	100.0	1.93	109 985	100.0
贷款损失账户概况							
期初余额	7	-11.19	635	0.6	23.15	782	0.7
总贷款损失	7	-78.59	131	0.1	48.85	195	0.2
备注:HFS 贷款减记	7	0.00	0	0.0	0.00	0	0.0
回收款	7	-25.00	24	0.0	-16.67	20	0.0
净贷款损失	7	-81.55	107	0.1	63.55	175	0.1
贷款损失准备金	7	-49.20	254	0.2	-58.66	105	0.1
其他调整	7	0.00	0	0.0	0.00	0	0.0
期末余额	7	23.15	782	0.7	-8.95	712	0.6
非流动贷款与租赁							
逾期 90 天及以上	8	408.24	1 789	1.7	5.20	1 882	1.6
非应计贷款与租赁总额	8	5586.49	2 104	2.0	-97.20	59	0.0
非流动贷款与租赁总额	8	900.77	3 893	3.6	-50.14	1 941	1.6
逾期 30—89 天的贷款与租赁	8	64.41	1 677	1.6	-44.13	937	0.8
逾期 90 天以上的重组贷款与租赁	8	0.0	0	0.0	0.0	0	0.0
非应计贷款、重组贷款与租赁	8	0.0	0	0.0	0.0	0	0.0
所有其他不动产	8	-11.9	303	0.3	-79.5	62	0.1

资料来源：Timothy Koch & S. Scott MacDonald；FFIEC，《统一银行业绩效报告》，http://www.ffiec.gov/ubpr.htm。

损失准备金

理想情况下,管理层应将 ALLL 的规模与代表潜在核销程度的实际和预期的非流动贷款联系起来。如果损失准备金等于所有非流动贷款(100%覆盖),那么银行得到了很好的保护,因为它不可能核销所有的坏账和非应计账款。GAAP(Generally Accepted Accounting Principles,公认会计准则)和报告指南要求银行的贷款损失准备金要足以涵盖贷款组合中已知和固有的风险。但是,出于税务目的,IRS(Internal Revenue Service,美国国税局)规则设定了损失扣除额的最大值和准备金的规模。因此,过于审慎的管理可能导致与 IRS 和 GAAP 的冲突。近年来,IRS 要求储蓄机构使用五年来历史平均核销方法或直接(实际)核销方法计算贷款损失准备金。目前,储蓄机构应有详尽的模型用于刻画非流动贷款的信息以及影响预期损失的宏观经济因素。当监管机构认为现有贷款组合风险更大时,监管机构和 GAAP 会要求更高的准备金或更高的贷款损失准备金。[①] 当储蓄机构出现损失时,它们会提供贷款损失准备金。在这种情况之下,储蓄机构的收入将更加不稳定,因为实际贷款的核销时间出现了波动。

为了检验银行处理当前和预期未来损失的能力,UBPR 在第 1 页和第 7 页提供了一系列的比率。这些比率包括银行的贷款损失与平均总资产之比;贷款和租赁损失准备金(贷款损失准备金)占总贷款的百分比;净收益与净损失之比;贷款和租赁损失准备金与净损失之比。当管理层希望冲销大量贷款时,将会增加贷款损失准备金。因此,贷款损失准备金的余量可以显示其业绩的好坏。如果资产质量差,银行就会冲销许多贷款,由此需要大量补贴,大量的冲销最终会耗尽补贴。在这种情况下,高损失准备金实际上意味着不良的业绩表现。而对于高质量的资产,银行的冲销减少,补贴也成比例地减少。这样的银行具有大额的 ALLL 并且很少出现过期现象,在面对非应计贷款或不良贷款时,这些银行不需要用所有的准备金冲销贷款,相应的比率都较低。由于这样的银行已经报告的贷款损失准备金高于其真正需要的数额,致使其前期净收益过低。然而,一旦关于准备金的规定标准降低,未来的获利措施一定能够带来收益。

还有其他三种信用风险的来源。第一,在狭小的地理区域内进行借贷,或者将贷款集中投入某一行业的公司,这一点在银行的资产负债表和历史核销数据中很难显现。这种集中风险(concentration risk)是缺乏多元化的直接结果,一旦经济因素对该地理区域或行业产生负面影响,将对银行的大部分投资组合产生重大影响。这种类型的银行可能面临其他银行不会遇到的风险。第二,高贷款增长(high loan growth)的储蓄机构往往承担更大的风险,因为信贷分析和审查程序变得不那么严格,而且贷款工作人员在每笔贷款上所花的时间并不多。更重要的是,那些贷款增长率很高的机构可能通过一些过去无法发放的贷款来实现这一增长。如果储蓄机构发放了这些贷款且承担了一些新的额外风险,那么它们的历史数据

---

① 银行、银行监管机构和会计师在确定 ALLL 的方法方面存在相当大的分歧。该论点认为银行在可能的情况下(基于当前信息)确认的"发生损失"与银行通过合理和有依据的预测在贷款的整个周期内确认的"预期损失"之间会存在差异。即使几乎不可能准确预测未来损失,监管者也建议将预期损失作为决定因素。一些分析师和监管机构估计,使用预期损失的方法会使 ALLL 增加 50%。

可能无法反映当前的投资组合风险。在许多情况下,贷款会在一段时间内表现良好,但最终会造成损失的增加。因此,高贷款增长率,特别是当贷款通过收购或进入新的商业领域在外部产生时,很有可能导致未来的冲销。第三,在外国投放贷款的银行将承担主权风险。

主权风险(country risk)是指根据贷款协议,由于一个国家的借款人拒绝及时付款而造成的国际贷款的利息和本金的潜在损失。现实中,外国政府和企业借款人可能在政府对企业和个人行为的控制、影响正常偿付的内部政治事件、整个市场崩溃、政府减少或消除用作还款的资金等因素的影响下,拖欠其应还的借款。

在理想情况下,通过检查银行的信用档案(实际贷款文件)以评估特定贷款的质量是很有效的方法,即便这些信息只提供给监管机构,并不向公众开放。监管机构为每家银行进行资产质量评级("A"表示资产质量),以此作为 CAMELS 评级系统的一部分(已经有人对公开这些评级进行了讨论),这项政策满足了分析师们的期待,却让银行家们胆战心惊。

流动性风险

流动性风险(liquidity risk)是由于银行无法及时有效地履行支付或清算义务,而导致股东当前和潜在的风险与收益以及股东权益的市场价值遭受损失的风险。当银行无法预期新的贷款需求或提取存款需求且无法获得新的现金来源时,流动性问题是最大的。这种风险可能是资金问题或市场流动性问题所导致的。资金流动性风险(funding liquidity risk)是指是无法清算资产,或者无法从新借款中获得足够的资金。市场流动性风险(market liquidity risk)是指该机构由于无法顺利消除或抵消特定风险敞口,以及因市场流动性深度不足或市场动荡而造成重大损失。当利用高风险证券对低风险国库券进行高溢价交易时,这种风险最大,因为市场参与者此时正在规避高风险的借款人。这种类型的风险在 2008 年次贷危机中最为普遍。具体来说,2008 年贝尔斯登的失败,就是由于公司缺乏易出售的资产以及从金融市场上的借款不足。

总而言之,公司可以通过以下两种方式满足流动性需求:
(1)持有流动资产;
(2)确保自己能够以合理的成本借入资金(发行新债券)的能力。

因此,当储蓄机构需要现金时,它们可以出售自己的流动资产,也可以从可得资金来源中增加借款。流动性风险针对的主要是那些接近到期或可供出售的流动资产,主要衡量其数量和质量如何、价格是否合理,以及企业能否以较低的成本轻松地借款以满足现金流出的能力。

持有流动资产

流动性是指在因贬值带来的损失最小化的情况下,将资产转换为现金的能力。大多数储蓄机构持有一些资产,它们可以很容易地将其出售以满足流动性需求。这些流动资产提供了即时可得的现金,但是由于它们的利率非常低,因而持有它们的成本很高。例如,持有现金资产(cash assets)可以满足客户提款需求和法定准备金要求,或者从其他金融机构购买服务,但这些现金无法产生利息。由于持有现金将承担巨大的成本,储蓄机构总是试图持有最少量的现金,因此现金资产不是储蓄机构的长期流动性的来源。然而,以清算为目的而持有的现金余额可以暂时下降,但必须得到一定补充,使其满足所需准备金或支付相应的服务的要求。收款过程中的现金项目(CIPC)因处理的支票数量不同而有所不同,银行无法对其进行操纵。因此,现金资产作为一个资产组合而言是不流动的,因为银行不能在任何时间内减少现金持有量。流动资产由未抵押的、可供出售的短期证券构成,包括可供出售证券、可供出售联储基金和根据协议可转售的证券。同时联邦保险贷款也可以很容易地售出,因此我们认为其也具有流动性。

储蓄机构主要通过购买短期投资证券来满足流动性需求和获利需求。流动性最强的资产包括:可供出售联储基金、根据协议可转售的证券,以及未抵押的可供出售证券。短期证券通常比长期证券更具流动性,因为它们的价格波动较小,即使持有证券直至到期,银行也能提早收回本金。持有至到期证券不如可供出售证券的流动性强,因为如果在到期之前出售,它们可能产生监管和会计问题。然而,银行通常更愿意出售任何目前以高于账面价值的价格交易的证券,因为即使在最不利的情况之下,它们也可以获得证券收益。关于质押品,储蓄机构应持有国债或市政证券作为对存款负债的担保,例如国债存款、市政存款和联邦储备银行的借款。这些质押证券(pledged securities)通常由第三方受托人持有,不能在没有发行的情况下出售。质押证券的比例越大,可供出售证券的比例越小。因此,分析师可以审查可供出售证券、短期投资和质押证券中持有的资产的比例和类型,并以此作为持有流动资产的流动性度量。

通过借款提高流动性的能力

如果两家公司持有类似的资产,那么拥有较高总权益或较低财务杠杆的公司可以承担更多的债务,从而减少破产的机会。对于那些对大型波动性借款(如大额存单、联储基金、回购协议、欧洲美元和商业票据)依赖度较低的储蓄机构而言,它们可以发行更多的新债务以获得现金。这两类公司的借款成本都低于拥有相反的资产配置组合的同业。股权资产比率和波动性(净非核心)负债资产比率代表着银行的股本基数和在货币市场上的借款能力。①高波动性资产或者已经购买的流动资产对银行的资产质量(asset quality)十分敏感,银行的股票头寸越低,或其高风险资产相对于股本的比重越大,银行的借款能力越低,同时借款成本也越高。最具流动性的银行拥有未抵押的资产,可以用作新借款的抵押品。

拥有大量核心存款的银行相比于没有大量核心存款的银行,具有更好的流动性。如前所述,核心存款对所支付的利率不太敏感,但对银行收取的费用、提供的服务和银行坐落的地点更敏感。因此,即使竞争对手支付的利率相对于银行自身的利率更高,银行仍将保留大部分存款。所以,核心存款需求的利率弹性较低。核心存款在融资组合中所占比重越大,异常存取款和潜在的新资金需求就越低,在此情况下,银行的流动性更强。

2008年,一些非银行金融公司转型为银行控股公司,从而证明了核心存款的价值。在

---

① 从2011年3月31日起,短期非核心资金往往等于超过25万美元的到期期限为一年或以下的定期存款总额+以25万美元或以下面值发行的到期期限为一年或以下的经纪存款+到期期限为一年或以下的其他借款金额+在外国办事处的到期期限为一年或以下的定期存款+根据回购协议出售的证券和购入的联储基金。更准确的流动性资金计算应包括不到一年的FHLB借款。

2008年年末的信贷和流动性危机期间,高盛、摩根士丹利和美国运通选择成为银行控股公司(实际上是金融控股公司),并由此受到美联储的监管。这是因为它们的资金来源存在不确定因素,转型为控股公司使它们可以直接从美联储借款——最终能够获得核心存款资金,从而不会被迫以低价格出售资产。在这之后,四家大型保险公司收购了小型储蓄机构,从美联储的贴现窗口取得核心存款资金。[①]

虽然很难根据一般的资产负债表信息来评估贷款的流动性,但贷款可以通过两种方式提供流动性。其一,来自定期利息和本金支付的现金流入可用于支付现金流出。其二,一些贷款具有高市场价值,可以出售给其他机构。例如,联邦政府为大部分小企业贷款提供担保。由于SBA贷款的违约风险很低,因此其担保部分具有很高的市场价值。

市场风险

市场风险(market risk)是指市场利率或价格的不利变动导致的当前和潜在的盈利、股东权益的风险。市场风险有三种形式:利率风险、股票和证券价格风险、外汇风险。

- 利率风险(interest rate risk)是指由于市场利率发生变化,金融机构的净利息收益和市场(经济)价值存在潜在的变动性。
- 股票和证券价格风险(equity and security price risk)是指与银行交易账户组合相关的潜在损失风险。
- 外汇风险(foreign exchange risk)是指外汇汇率的不利变动给金融机构带来的风险。

利率风险

传统上,利率风险分析是将利息收入对资产收益率变化的敏感性与利息费用对负债利息成本变化的敏感性进行比较。这是通过缺口(GAP)分析和收益敏感性分析(earnings sensitivity analysis)完成的,其目的是确定净利息收益和净收益随市场利率的变动而变化的幅度。更全面的投资组合分析方法是,通过久期缺口(duration GAP)和股权经济价值的敏感性分析(economic value of equity sensitivity analysis)来评估利率的变化对净利息收益和股权市场价格的影响,以此比较资产的久期和负债的久期。久期是表示不同证券的相对价格敏感性的弹性度量指标。

缺口和久期侧重于刻画资产和负债到期日与久期的不匹配情况以及利率的潜在变化。如果管理层预期在一定时间内重新对资产或负债定价(以新的利率投资或借款),那么资产或负债具有利率敏感性(rate sensitive)。银行可以对利率敏感性缺口或资产与负债之间的资本缺口进行估算,其方法是比较一段时间范围内重新定价的资产和负债的数额。30 天、31—90 天甚至更长时间内利率敏感性资产和利率敏感性负债之间的差额表明在给定时间范围内是否有更多的资产或者负债重新定价。当这一缺口为正且短期利率下降时,银行的净利息收益将会减少,因为资产收益的减少快于负债,银行的净利息收益将随着短期利率的上

[①] 2008 年 11 月,林肯国民银行、Aegon(泛美)和哈特福德金融服务公司收购了一些储蓄机构,以获得 TARP-CPP 基金,并最终获得核心存款资金。Genworth Financial 还试图转型为一家储蓄和贷款控股公司,但在美国储蓄机构管理局对其进行彻底的审查和批准之前,这种转型的许可已经终止。

升而增加。如果这一缺口为负,则意味着重新定价的负债比资产更多,银行的净利息收益可能会随着利率的下降而增加,随着利率的上升而下降。敏感性的绝对值越大,风险越大。实际上,大多数银行通过衡量股本敏感性、收益敏感性和经济价值敏感性来检验净利息收益和股东权益的波动性,从而最好地确定利率风险敞口。然而,UBPR 中包含的数据不足以评估银行的利率风险头寸。

股票和证券价格风险

市场价格、利率和汇率的变化会影响股票、固定收益证券、外汇持有量以及相关衍生工具和其他表外合约的市场价值。大银行通常会进行风险价值分析,以评估其交易资产的利率损失风险,并持有特定数量的资本以抵御这种市场风险。小银行通过进行敏感性分析来识别这种风险。

外汇风险

外汇汇率的变化会影响银行以非本币计量的资产、负债和表外活动的价值。当以某种货币计量的资产和负债金额不等时,汇率的任何变化都会产生收益或损失,从而影响银行股东权益的市场价值。这种风险也发生在表外贷款承诺和以外币计量的担保中,因此也被称为外币折算风险。不以非本币从事业务活动的银行不会直接承担外汇风险。大多数银行通过计算每种货币的净敞口来衡量外汇风险。银行的净敞口等于资产的金额减去以同一货币计量的负债的金额。银行同时基于同一货币对资产和负债都进行了记录,而每种货币都有净敞口。敞口带来的潜在收益或损失,会通过将每项净收益与计量货币兑换本国货币的汇率的潜在变化的关系来表示。

运营风险

运营风险(operational risk)是指由于营业费用与预期不同而导致净收益和公司价值下降的可能性。美联储表示,运营风险源于"信息系统不足、运营问题、内部控制违规、欺诈或意外损失、灾难"。巴塞尔委员会将运营风险定义为:由于内部流程、人员和系统的不完善或失效,以及外部事件而导致的损失风险。[①] 在当今的数字时代,运营风险与信息技术和网络安全威胁密切相关。

从 2006 年《巴塞尔协议 II》开始,银行在资本配置中必须考虑运营风险。这些资本要求的重点是,在金融机构的技术和业务流程操作中最优化地使用资本。2001 年 9 月 11 日的事件表明,银行需要保护自己免受其系统和人员的运营风险的影响。从资本充足率的角度来看,这包括技术风险、管理人员风险以及法律风险。

在一个机构的经营政策中,造成收入波动的原因有很多。一些银行在控制直接成本和员工失误方面效率相对较低。银行还必须承担由于员工和客户盗窃与欺诈造成的损

---

① 请参阅 "What is Operational Risk" by José Lopez. Economic Letter, Federal Reserve Bank of San Francisco, January 25, 2002 年和 2011 年巴塞尔委员会关于运营风险的报告。

失。近年来,对网络安全的攻击威胁着银行业务。例如,2013年,黑客从零售商Target处窃取了4 000万客户的账户信息。那些使用信用卡在Target购买商品的客户,其相关信息已经被公开披露。银行卡发卡机构同样也遭受到与客户交易相关的损失。

银行的运营风险与经营政策和流程及其是否具有充分的风险控制体系密切相关。来自外部事件的损失,例如电力损失等虽易于识别但难以预测,因为它们不依赖于银行内的特定任务或产品而产生。运营风险很难直接测量,但如果一家公司有更多的部门或子公司,更多的员工和对内部人员的贷款,那么其面对的运营风险可能更大。

从历史上看,衡量运营风险仅限于衡量运营效率、费用控制或生产率,包括单位员工资产和更多的人均人员费用等的比率。最近,银行和其他公司已经意识到运营风险远不止于此。运营风险还可能源于由以下事件触发的更难测量的意外损失或风险:

(1) 资产、设施、系统或人员的损失或损坏造成的交易中断(business interruptions)。
(2) 经历了失败、延迟或结算错误的交易过程(transaction processing)。
(3) 信息系统不完备(inadequate information systems)导致数据或系统的安全性方面受到损害。
(4) 违反内部控制(breaches in internal controls)而导致欺诈、盗窃或未经授权的活动。
(5) 因客户责任(client liability)而导致的赔偿或声誉损失。

不幸的是,没有具体的方法根据已公布的数据估计这些意外事件发生的可能性。关键是要有强有力的内部审计程序,以便采取后续行动以减少风险敞口,并使管理层能够根据事件类型和事件对业务的影响程度来仔细地识别与量化潜在损失。

法律和声誉风险

从定义上看,法律和声誉风险很难衡量。法律风险(legal risk)是指不可执行的合同、诉讼或不利判决可能会对机构的运营产生破坏,或者对机构的运营能力、盈利能力、发展环境或偿付能力产生负面影响的风险。法律风险不仅涉及一般债务问题,还涉及合规风险。银行业是一个受到严格监管的行业,并且有广泛的监管合规要求。例如,贷款给消费者需要明确告知非常具体和详细的利率、到期日和还款时间表。继《多德-弗兰克法案》之后,消费者金融保护局(Consumer Financial Protection Bureau,CFPB)正在与其他监管机构密切监控银行,以确保银行能够遵守现行法律规定。银行必须以非常详细和具体的方式,每季度报告其相关财务数据和经营活动,而这只是合规要求中的一小部分。那些不遵守强制性运营要求、不报告相关财务指标的行为,很可能会给机构带来灾难性后果。

声誉风险(reputation risk)是指负面宣传的风险,无论这种宣传真实与否,都可能对银行的客户群产生不利影响,并可能引致高昂的诉讼费,从而对收益造成负面影响。由于这些风险基本上是不可预见的,因此它们几乎是不可能测量的。从另一个角度讲,虽然这些风险难以量化,但通过让员工接受有效和统一的培训,使其充分了解如何与外部客户沟通、如何正确处理和传达客户信息,可以减少声誉风险。高级管理层还应确保对内部控制体系进行定期和连续性的评估,以确保其完全有效且仍然适用。最后,银行还应当根据需要来审查和完善交易文件,并且建立充分和有效的客户投诉处理系统。

资本或偿付风险

资本风险不被视为单独的风险,因为前面提到的所有风险都将以某种形式影响银行的资本,从而影响银行的偿付能力。然而,它确实代表银行可能无法偿付并且破产的风险。当公司具有负的净值或股东权益时,它们是无力偿债的。企业的经济净值是其资产和负债的市场价值之间的差额。因此,资本风险(capital risk)是指资产的市场价值低于负债的市场价值的部分,它表明经济净值为0或负数。一旦这样的银行要清算资产,它就不能支付所有债权人的债务,并将因此而破产。股本相当于资产10%的银行,其能承受的资产价值下降的百分比会高于股本只相当于资产6%的银行。衡量资本风险的一个方法是将股东权益与银行资产进行比较。股东权益与资产的比率越大,银行破产之前就有更多的违约余地。

从理论上讲,当净值为负时,公司就无力偿债了。在实践中,承担过高风险的银行可能会破产。从根本上说,如果银行从运营收入、偿债收入、新借款和资产销售中获得的现金流不能满足运营费用、存款取款和到期债务支付的强制性现金流出,银行就会破产。现金流不足是源于市场估值,比如银行股票的市场价值迅速下降。当债权人和股东认为银行存在高风险时,他们会要求银行提高债券溢价、降低投标定价,或者拒绝贷款给银行。其中任何一种情况发生,都会产生流动性问题。资本风险与财务杠杆、资产质量和银行的整体风险状况密切相关:银行所采取行动的风险越大,所需资本的数额就越大。高风险银行预计比低风险银行拥有更高水平的资本。为此,监管机构规定了储蓄机构运营的最低资本金限额,资本金低于相关要求的银行将受到制裁。在2008—2009年的金融危机期间,大银行纷纷争取资本,最终参与TARP-CPP协议,并通过该协议将优先股出售给美国财政部。因此,美国政府现在对许多美国商业银行和其他金融服务公司拥有所有权。

表外风险

许多银行从事资产负债表之外的活动。这意味着它们签订的协议不会反映到资产负债表上,除非实际发生了交易。一个例子是对潜在借款人的长期贷款承诺。在客户实际借入资金之前,银行资产负债表上没有对其借贷进行记录。表外风险(off-balance sheet risk)是指由这些表外负债造成的意外损失而导致的银行权益的净收益和市场价值的波动。

银行在参与表外协议时将会收取一定的费用。由于银行必须履行所签订的合同,因此这些协议又会带来额外风险。例如,美国国家金融服务公司(Countrywide Financial)在次贷危机开始时就拥有一笔额度为115亿美元的贷款承诺(信用额度)。2007年8月,它提取了全部款项,而贷款人不能阻止这笔借款。这个信用额度是由全球40家银行组成的辛迪加提供的,其中高达70%的信用额度用于美国国家金融服务公司4年及以上期限的贷款。可以假定,如果合同上没有说明需要按照信用额度进行贷款的义务,那么参与(全球40家银行)辛迪加的银行可能对美国国家金融服务公司的请求有不同的回应。

为了解决表外活动的潜在风险,资本风险要求银行将表外活动转换为对应的"表内"活动,并针对这些活动持有对应的资本。适当的资本风险应对措施包括前面讨论的所有风险应对措施,同时还应包括对以下重要比率的监控:一级资本和总风险资本与风险加权资产的比率、有形股本资产与总资产的比率、股息支付比率,以及一级资本增长率。一级(或核心)资本[tier one or core)capital]或一级杠杆资本(tier one leverage capital)等于总普通股投资本加上非累积优先股,加上未合并子公司的少数股东权益,再减去不合格的无形资产。风险加权资产(risk-weighted assets)是风险调整资产的总和,风险权重基于四个资产风险类别进行分配。重要的是,通过影响留存收益,银行的股利政策也将影响其资本风险。

评估银行绩效:一个应用

除了少数例外,针对金融公司的分析与任何其他行业都是类似的。分析师首先收集有关公司运营的背景信息,包括业务的具体特征和竞争强度、组织和业务结构、管理特征和质量以及财务报告数据的质量等内容。银行是控股公司还是有子公司和分支机构的金融控股公司?是否单一实体?它是作为 C 型公司还是 S 型公司运营?[①] 公司是私人持有还是公开上市?公司什么时候开始运营?现在在哪些地域市场竞争?评估还应确定银行所提供的产品或服务以及银行在市场中的竞争地位,如市场份额、产品差异程度、成本结构中存在的规模经济或范围,以及银行客户的谈判能力。关于 PNC 银行的大部分讨论已在本章前面介绍,因此下面的讨论集中于图表 2.2、图表 2.4 和图表 2.8 中的 PNC 银行的财务数据,审视 PNC 银行 2013 年相对于同业银行的数据,并总结其 2009 年至 2013 年的趋势。利用 PNC 银行 UBPR 中的数据,本章运用 ROE 模型评估其盈利能力。通过前面"管理风险和收益"部分中讨论的风险类别,下面的评估与公司的风险状况形成了对比。

2013 年 PNC 银行的盈利能力分析

图表 2.9 展示的是盈利能力比率,包括 2012 年和 2013 年的数据。2012 年和 2013 年的第一列数据标记为"CALC",包含使用图表 2.2、图表 2.4 和图表 2.8 中列出的数据计算出的比率。第二列数据"银行"提供了直接从 PNC 银行的 UBPR 中获得的盈利能力比率。标记为"PG 1"的第三列数据表示从其他拥有超过 30 亿美元资产的美国银行的 UBPR 中获得的同业组比较数据。[②] 本章提供的公式适用于标记为"CALC"列的数据。因为 UBPR 使用几种不同的资产负债表数据平均值的计算方法,其计算的比率并不总是等于 UBPR 比率。除了平均总资产和平均总贷款,季度资产负债表数据平均值不在 UBPR 中公布。当需要其他资产负债表数据平均值来计算比率时,需要通过年终数据来获得平均值,计算值作为本章前面介绍的公式的参考。因为使用季度资产负债表数据平均值通常能够得到更准确的比率,下面的分析将使用直接从 UBPR 中获得的比率,并将这些比率与列出的同业组数据进行对比。[③]

---

① 知道银行是否作为 S 型公司运营很重要。S 型公司银行不在银行层面支付联邦所得税,而是将这些纳税义务转移给股东。这意味着其净收益相对于 C 型公司银行是"夸大的",因为它不考虑必须由股东代表银行支付的税金。分析师应调整 S 型公司银行的所有税后数据,以便与 C 型公司银行进行比较。

② 实际上有 15 个在资产规模上有所不同的银行同业组。"PG 1"的数据来自资产超过 30 亿美元的银行。

③ 虽然下面的分析将直接比较 PNC 银行的比率和同业组银行的比率,但重要的是要认识到,同业组并不一定是适当的比较对象。例如说某家银行"做得比同业好",意味着它做得好于平均水平,但并不总是表示银行"做得很好"。

图表 2.9 2012—2013 年 PNC 银行和 CNB 的盈利能力指标

盈利能力比率	页码 PG #	PNC 银行					
		2012 年 12 月			2013 年 12 月		
		CALC	银行	PG 1	CALC	银行	PG 1
ROE	11	**7.23%**	**7.60%**	**9.11%**	**9.14%**	**9.68%**	**8.97%**
ROA	1	0.94%	0.94%	1.03%	1.19%	1.19%	1.01%
EM = ROE/ROA	CALC	7.69x	8.09x	8.84x	7.68x	8.13x	8.88x
AU（资产利用率）	sum	**5.44%**	**5.44%**	**4.99%**	**5.31%**	**5.31%**	**4.68%**
利息收入/平均总资产	1	3.78%	3.78%	3.82%	3.41%	3.41%	3.61%
平均贷款/平均总资产	6	63.02%	62.90%	61.83%	64.13%	65.00%	63.43%
贷款收益率	3	4.77%	4.77%	5.09%	4.22%	4.22%	4.74%
证券投资额/平均总资产	6	21.81%	21.71%	20.08%	20.08%	19.85%	19.36%
证券投资收益率（TE）	3	3.40%	3.38%	2.62%	2.95%	3.11%	2.36%
非利息收入/平均总资产	1	1.63%	1.63%	1.13%	1.87%	1.87%	1.05%
证券损益/平均总资产	1	0.03%	0.03%	0.04%	0.03%	0.03%	0.02%
盈利资产/平均总资产	6	86.04%	85.74%	90.05%	87.44%	87.19%	90.35%
盈利资产收益率	1	4.48%	4.33%	4.16%	3.79%	3.84%	3.93%
净利息收益率	1	**4.15%**	**4.01%**	**3.63%**	**3.52%**	**3.56%**	**3.50%**
ER（费用比率）	sum	**4.09%**	**4.09%**	**3.53%**	**3.58%**	**3.58%**	**3.22%**
利息费用/平均总资产	1	0.28%	0.28%	0.46%	0.24%	0.24%	0.36%
活期存款/平均总资产	6	11.90%	11.55%	6.60%	12.63%	12.39%	7.00%
核心存款/平均总资产	6	70.66%	69.95%	67.16%	70.64%	71.05%	68.92%
交易账户成本	3	#N/A	0.32%	0.25%	#N/A	0.15%	0.22%
低于保险限额的大额定期存单/平均总资产	6	8.69%	8.48%	13.81%	6.56%	6.65%	12.72%
其他定期存款成本	3	#N/A	0.85%	1.12%	#N/A	0.86%	0.89%
短期非核心负债/平均总资产	6	7.02%	9.88%	11.85%	6.12%	8.10%	11.08%
保险额度之外的定期存款/平均总资产	6	0.68%	0.69%	3.36%	0.58%	0.59%	3.14%
超过 1 亿美元的定期存款成本	3	#N/A	0.84%	1.05%	#N/A	0.86%	0.85%
非利息费用/平均总资产	1	3.47%	3.47%	2.75%	3.12%	3.12%	2.72%
贷款损失准备金/平均总资产	1	0.34%	0.34%	0.32%	0.22%	0.22%	0.14%
平均有息负债/平均总资产	1	71.07%	77.08%	77.80%	75.00%	77.64%	77.39%
有息资金成本	3	0.38%	0.36%	0.60%	0.32%	0.31%	0.47%
效率比率	3	**67.68%**	**67.68%**	**61.53%**	**61.87%**	**61.87%**	**62.82%**

注：公式（2.8）通过求解可以得到权益乘数（EM）；平均总资产是来自图表 2.8 的数据。然而，为了与 UBPR 内容保持一致，对于所有的"混合"或组合值，我们统一使用本期和上期的平均值。例如，"平均总存款/平均总资产"的分子和分母均使用期末年平均数据计算。

自 2011 年 3 月 31 日起，短期非核心资金≤超过 25 万美元的到期期限为一年或以下的定期存款总额+以 25 万美元或以下面值发行的到期期限为一年或以下的经纪存款+到期期限为一年或以下的其他借款金额+外国办事处到期期限为一年或以下的定期存款+根据回购协议销售的证券和购入的联储基金。在 2011 年 3 月 31 日之前，短期非核心资金是指 10 万美元或以上的存款。由于缺乏详细数据，计算的波动性负债不包括经纪存款。

（续表）

盈利能力比率	页码 PG #	CNB 2012年12月 CALC	CNB 2012年12月 银行	CNB 2012年12月 PG 5	CNB 2013年12月 CALC	CNB 2013年12月 银行	CNB 2013年12月 PG 5
ROE	11	**14.21%**	**14.39%**	**8.70%**	**18.67%**	**18.61%**	**9.58%**
ROA	1	1.16%	1.16%	0.90%	1.50%	1.50%	1.01%
EM = ROE/ROA	CALC	12.25x	12.41 x	9.67x	12.45x	12.41 x	9.49x
AU（资产利用率）	sum	**6.43%**	**6.44%**	**5.37%**	**6.40%**	**6.41%**	**5.06%**
利息收入/平均总资产	1	5.67%	5.68%	4.69%	5.88%	5.88%	4.34%
平均贷款/平均总资产	6	86.80%	87.21%	62.97%	86.37%	86.75%	60.51%
贷款收益率	3	6.46%	6.46%	6.23%	6.68%	6.68%	6.01%
证券投资额/平均总资产	6	3.73%	3.49%	21.02%	2.98%	2.73%	22.62%
证券投资收益率（TE）	3	1.00%	1.11%	3.27%	1.92%	2.07%	2.75%
非利息收入/平均总资产	1	0.76%	0.76%	0.65%	0.53%	0.53%	0.67%
证券损益/平均总资产	1	0.00%	0.00%	0.03%	0.00%	0.00%	0.05%
盈利资产/平均总资产	6	90.00%	90.34%	91.32%	90.55%	90.66%	91.36%
盈利资产收益率	1	6.19%	6.21%	5.10%	6.50%	6.38%	4.72%
净利息收益率	1	**5.27%**	**5.29%**	**4.12%**	**5.78%**	**5.67%**	**4.00%**
ER（费用比率）	sum	**5.27%**	**5.27%**	**4.20%**	**4.90%**	**4.90%**	**3.79%**
利息费用/平均总资产	1	0.84%	0.84%	0.88%	0.65%	0.65%	0.65%
活期存款/平均总资产	6	16.87%	16.61%	12.93%	16.89%	16.91%	14.51%
核心存款/平均总资产	6	81.68%	81.86%	79.48%	81.01%	80.35%	80.25%
交易账户成本	3	#N/A	0.36%	0.37%	#N/A	0.30%	0.26%
低于保险限额的大额定期存单/平均总资产	6	39.37%	39.10%	32.27%	37.86%	38.58%	29.42%
其他定期存款成本	3	#N/A	1.46%	1.63%	#N/A	1.12%	1.27%
短期非核心负债/平均总资产	6	4.01%	9.08%	7.17%	4.92%	7.99%	4.97%
保险额度之外的定期存款/平均总资产	6	4.01%	3.99%	4.45%	4.92%	5.04%	4.14%
超过1亿美元的定期存款	3	#N/A	1.40%	1.62%	#N/A	1.07%	1.28%
非利息费用/平均总资产	1	4.22%	4.22%	3.00%	4.17%	4.17%	2.93%
贷款损失准备金/平均总资产	1	0.21%	0.21%	0.32%	0.08%	0.08%	0.21%
平均有息负债/平均总资产	1	76.21%	73.70%	75.39%	74.67%	74.92%	73.93%
有息资金成本	3	1.10%	1.14%	1.17%	0.87%	0.87%	0.87%
效率比率	3	**75.55%**	**75.54%**	**67.23%**	**72.47%**	**72.47%**	**66.90%**

资料来源：Timothy Koch & S. Scott MacDonald；FFIEC 的《统一银行业绩效报告》，www.fdic.gov/ubpr/UbprReport/SearchEngine/Default.asp。

PNC银行的盈利能力比率[以股权回报率(ROE)衡量]在2013年上升了208个基点,达到了9.68%,高于当年同业组71个基点。这个ROE水平相对于2009年的低水平而言有重大改善。[①] ROE水平由1.19%的资产回报率(ROA)和8.31的权益乘数(EM)计算而来。从ROA来看,银行的盈利能力比同业组高18个基点,而其财务杠杆水平(以EM衡量)为8.13倍,低于同业水平(8.88倍)。因此,PNC银行较小的财务杠杆下较高的ROE是由更高的ROA推动的。PNC银行的EM较低,意味着其权益占资产的比例较大。PNC银行的ROE较高且杠杆水平较低,这意味着其风险处于较低的水平。

评估绩效的最大挑战之一在于,一个承担较高风险的公司在前期通常也会报告更高的利润,而且只有当这些更高风险的活动产生问题时,银行才会报告更大额的坏账和额外的贷款损失准备金。PNC银行的ROA较高,是因为它的资产利用率(AU)很高,虽然与此同时它的运营费用和贷款损失准备金也较高。具体来说,PNC银行的AU为5.31%,超过同业组的4.68%,这表明它的资产所创造的收入占资产的百分比更高。相比于同业组3.22%的费用比率(ER)而言,PNC银行的ER较高,为3.58%,这表明PNC银行在控制管理费用方面的效率低于同业组。对于PNC银行而言,其具有净效应为27个基点的优势(0.63%的AU优势相对于0.36%的ER劣势)。通过将资产利用分解为利息收入和非利息收入,将费用比率分解为利息费用、非利息费用和贷款损失准备金,我们可以更好地确定PNC银行盈利能力的运营优势和弱势。

PNC银行的总体费用较高是由于非利息费用率较高,其非利息费用率为3.12%,高于同业组40个基点。由于2013年的利率非常低,PNC银行以及同业组的利息费用都很低,而PNC银行的利息费用平均而言要比同业组低12个基点。此外,从贷款损失准备金占平均总资产的百分比看,PNC银行略高于同业组。

实际上,从利息费用占总资产的百分比来看,PNC银行比同业组低12个基点,这表明PNC银行至少在支付利率、负债构成和有息负债中的某一方面与同行业的其他机构存在不同之处。从利率效应方面看,PNC银行的有息资金平均成本(0.31%)比同业组低16个基点(同业组为0.47%)。同样,PNC银行的负债组合成本也很低,因为它有更多的不支付利息的活期存款和更多的核心存款。一般来说,核心存款利率是低于其他来源的借款资金的。最后,PNC银行的有息负债与资产的比率(77.64%)高于同业组25个基点(同业组为77.39%),表明这种规模效应抵消了利率效应和构成效应带来的一些好处。更高的核心存款说明PNC银行对其他借款(成本通常更高)如购入联储基金、联邦住房贷款银行借款和次级债务的依赖程度相对较低。

之所以PNC银行的非利息费用占资产的比例较高(3.12%,同业组为2.72%),是因为人员、房地产和其他费用占资产的比例和同业组比起来较高。这些比例在本章附录UBPR中有展示。PNC银行通过广泛的分支网络(包括一些外国分支机构)提供银行服务,并专注于为银行提供核心存款。银行需要在大量核心存款(特别是活期存款)的较低利息成本和额外

---

① 2009年的数据可以在本章附录中找到。以下分析将使用UBPR报告的比率,而不是计算的比率。

的分支机构以及支持机构运营的人员带来的较高非利息成本之间进行权衡。PNC银行受益于较低的利息费用,但同时其非利息费用的增加抵消了较低的利息费用带来的收益。然而,PNC银行较多的分支机构和服务构成的零售网络通过提供更多的银行产品和服务产生了更多的非利息收入,使得PNC银行的非利息收入远远高于同业组。PNC银行的利息费用比同业组低12个基点,非利息费用比同业组高40个基点,非利息收入比同业组高82个基点,由此其净收益比同业组高54个基点。

接下来,考虑盈利资产的组成部分。PNC银行的AU比同业组高出63个基点,这是因为其非利息收入(1.87%,同业组为1.05%)较高,而不是得益于其利息收入(3.41%,同业组为3.61%)。而PNC银行和同业组的证券收益大致相等。一般来说,较低的利息收入可能是由资产的收益率下降、贷款减少、盈利资产减少或这些因素的综合作用造成的。通过研究盈利资产的收益率,我们发现PNC银行的利润率(3.84%)比同业组低了9个基点(同业组为3.93%)。它的盈利资产占平均总资产的比例比同业组低3.16个百分点,因此它拥有更多的无息性贷款和证券。① 就利率效应而言,PNC银行的贷款收益率(4.22%)比同业组低52个基点(同业组为4.74%),而其证券投资收益率(3.11%)比同业组高75个基点(同业组为2.36%)。综合效应显示对PNC银行有负面影响,因为PNC银行拥有比同业组更多的贷款,而这些贷款的收益率相对较低。由于盈利资产比同业组低3%以上,规模效应对PNC银行造成了不利的影响。因此PNC银行较高的AU得益于比同业组高很多的非利息收入。

贷款的低收益率可能意味着贷款违约风险低,或者违约风险的定价偏低。它也可以简单地反映出与短期利率(如联邦基金利率或LIBOR)相关的浮动利率贷款组合和长期固定利率贷款的不同组合。近年来,短期利率远远低于长期利率,PNC银行在金融危机之前报告了历史贷款问题,我们将在本章的后面审视PNC银行的信用风险。

利息收入和利息费用之间的关系可以用净利息收益率(NIM)表示。PNC银行较高的净利息收益率(3.56%,高于同业组的3.50%)说明,PNC银行较低的利息费用弥补了较低的利息收入劣势。效率比率从整体上衡量了利息收入与非利息收入和相关费用之间的综合结果,具体的数值等于非利息费用除以净营业收益。PNC银行的效率比率为61.87%,比同业组的62.82%低95个基点。因此,相比较而言,PNC银行在净营业收益中每产生1美元所花费的中间成本相对较少。

然而,图表2.9中显示的同业组数据掩盖了PNC银行与同业组绩效之间的一些重要差异。图表2.9中的同业组数据来自总资产超过30亿美元的银行,其中许多银行比PNC银行的规模小得多,并且其复杂度也可能较低。较大的银行通常会产生较高的非利息收入。图表2.11提供了非利息收入的更多细节,并将PNC银行与资产超过100亿美元的银行进行比较。正如其提供了更多的产品和服务一样,PNC银行的非利息收入有多个来源:投资银行、咨询、经纪,以及承销费和佣金、信托业务、服务费、贷款销售净收益等。与这些规模较大

---

① UBPR第1页报告了"平均盈利资产/平均资产",第6页报告了"总盈利资产"。第1页报告的第一项应对措施包括总贷款(而不是净贷款)和五年平均无息证券以及股权类证券。因此,我们使用第6页上的指标进行分析。

的同业银行相比,PNC 银行报告的非利息收入与资产的比率只高 1 个基点。其存款账户服务费、投资银行费和净服务费与资产的比率较高,而其交易账户费用和其他非利息收入较少。因此从整体上看,PNC 银行的绩效与规模相当的同业银行基本持平。

总之,2013 年 PNC 银行的总体盈利能力高于同业银行。由于 PNC 银行持有的股权比例更大,因而其财务杠杆较低,其较高的 ROA 源于较高的非利息收入。由于贷款利率较低和盈利资产较少,PNC 银行产生的利息收入较少,但同时利息费用较低,因此净利息收益较高。较低比例的有息存款(更多的活期存款)、更多的核心存款、较低的核心存款利率是 PNC 银行利息费用较低的主要驱动因素。

2013 年 PNC 银行风险分析

相比于具有相同风险的竞争对手而言,高绩效银行能够产生更高的回报。我们针对一些主要的财务比率进行讨论,以审视相比于同业,PNC 银行是否具有较低的风险。评估财务报表时一个固有的问题是,历史数据可能无法准确反映公司当前或未来的财务状况。在 2008 年年初的时候,许多拥有大量问题贷款的金融公司都出现了这种情况。按照以市场价值计价的会计准则,它们最终要面对账面价值的大规模缩水以至于耗尽其会计资本的情况。银行投资组合的真正风险,体现在投资组合最终产生的现金流上,以及本金和利息支付未能如期取得而产生的损失。具体情况请参阅当代热点专栏"安然事件后的特殊目的实体"。

 当代热点

安然事件后的特殊目的实体

大多数金融分析师认为,"特殊"和"媒介"两词在安然事件后将不复存在。毕竟,恰恰是安然公司的"特殊目的实体",使得那些令市场惊讶的损失根本无法从财务报表中看出来。2007—2009 年的一些次级债务产生于"结构化投资工具"(SIV)——它们与特殊目的实体在许多方面具有相同的功能。现在我们考虑 SIV 的一个简化示例。花旗集团发行了 3 亿美元的次级抵押贷款,利率为 6.5%,通过融资和证券化(发行以次级贷款为抵押的证券)手段,它将这些证券"卖出"给第三方。为了筹集这笔贷款所需资金,花旗集团通过旗下的 SIV 向市场融资,公司只有 500 万美元的股权,为此发行 2.95 亿美元资产担保商业票据,同时支付 3% 的票据利息。商业票据每 28 天到期,届时 SIV 预计将发行其他商业票据(持有人展期现有商业票据)再融资。SIV 预期将从利差(次级抵押贷款利率为 6.5%,商业票据利率为 3%)获利。如果 SIV 无法通过新的商业票据获得借款,那么花旗集团会同意向 SIV 贷款。花旗集团能否有效地将所有风险转移给 SIV 呢?如果次级抵押贷款违约或商业票据持有人拒绝展期票据而没有其他人购买票据,那么会发生什么情况呢?实际上,后一种情况发生的频率很高,在 2008 年,花旗集团和其他 SIV 创始人不得不将次级抵押贷款转回资产负债表。

美国国会通过了《萨班斯-奥克斯利法案》,意图阻止这种令人担忧的表外损失。《萨班斯-奥克斯利法案》试图增加表外活动的财务报表透明度。安然事件之后通过的 FIN 46 规则中规定,如果公司能够断定特殊目的实体的风险和回报大部分属于其他方,公司就可以将它们从账簿中移除。这种解释的缺陷在于,它假设公司把特殊目的实体从账簿中移除的做法是基于对大部分风险存在于何处的适当判断。然而,根据 FIN 46 规则的规定,表外活动的风险在发生之前是根本无法从报告中看出的!

显然,一些拥有较大规模次级抵押贷款和债务抵押债券(CDO)的公司并没有完全了解风险,或者它们假定高评级 CDO 能提供足够的现金流来防范损失。而这些 CDO 的许多债务是有"预付"费率的次级债务,当利率上升时,几乎所有借款人都无力偿还债务。因此,任何评级的 CDO 都没有办法提供充足的现金流。不幸的是,再有创造性的数学工具也无法消除坏账!

通常情况下,分析师必须更深入地了解实际的信用文件、资产负债表的脚注、任何表外活动,以发现未报告的财务风险。"财务报表操纵"部分将探讨财务报表分析,它会告诉你,报表分析依托于准确的报表数据。

PNC 银行和社区国民银行(CNB)的部分风险比率如图表 2.10 所示。用于计算一些风险比率的附加数据,包括贷款抵押、逾期贷款和非现金贷款等来自图表 2.8 的补充数据和本章附录中 PNC 银行的 UBPR。图表 2.10 列出了根据不同风险类别划分的风险比率指标,图表 2.11 列出了 PNC 银行的非利息收入占比与同业组的比较。

图表 2.10 2012—2013 年 PNC 银行和 CNB 的风险比率指标

风险比率	页码 PG #	PNC 银行					
		2012 年 12 月			2013 年 12 月		
		CALC	银行	PG 1	CALC	银行	PG 1
信用风险比率							
坏账(净损失)/总贷款	1	0.72%	0.72%	0.61%	0.56%	0.56%	0.30%
非流动贷款与租赁/总贷款	1	3.85%	3.85%	2.22%	3.06%	3.06%	1.46%
非流动现金贷款与租赁/总资本	8A	20.15%	20.15%	11.69%	16.64%	16.64%	8.01%
贷款损失准备金/总贷款	1	2.13%	2.13%	1.68%	1.82%	1.82%	1.43%
建设与土地开发贷款与租赁/总贷款	7B	# N/A	17.81%	24.74%	# N/A	20.74%	26.63%
非 OCC 商业房地产贷款/总贷款	7B	# N/A	78.52%	137.59%	# N/A	80.49%	150.08%
流动性风险比率							
核心存款/平均总资产	10	71.13%	71.13%	68.38%	70.18%	70.18%	69.41%
短期非核心资金/平均总资产	10	# N/A	8.95%	11.26%	# N/A	7.58%	10.94%
备注:波动性债务/平均总资产	N/A	7.02%	# N/A	# N/A	6.12%	# N/A	# N/A

（续表）

风险比率	页码 PG #	PNC 银行					
		2012 年 12 月			2013 年 12 月		
		CALC	银行	PG 1	CALC	银行	PG 1
短期投资/平均总资产	10A	# N/A	2.08%	7.19%	# N/A	4.81%	5.56%
净贷款/总存款	10	85.68%	85.68%	77.40%	86.23%	86.23%	80.33%
市场风险比率							
1 年净头寸（GAP）/总资产	9	# N/A	34.48%	44.69%	# N/A	32.18%	47.69%
3 年净头寸（GAP）/总资产	9	# N/A	30.91%	35.01%	# N/A	30.94%	39.87%
运营风险比率							
人均资产（百万美元）	3	5.51	5.51	9.44	6.11	6.11	9.07
人均贷款（百万美元）	1&3	3.47	3.39	5.73	3.84	3.89	5.67
（ = 贷款/资产 × 单位员工资产）							
单位员工的净收益（千美元）	1&3	49.81	51.79	97.23	69.09	72.71	91.61
（ =ROA×单位员工资产）							
资本风险比率							
银行资本与少数股东权益总额/总资产	11	12.29%	13.02%	11.81%	11.78%	12.36%	11.79%
权益增长率	11	14.64%	14.64%	8.24%	0.65%	0.65%	5.18%
总风险资本比率	11A	14.22%	14.22%	15.43%	14.33%	14.33%	14.73%

风险比率	页码 PG #	CNB					
		2012 年 12 月			2013 年 12 月		
		CALC	银行	PG 4	CALC	银行	PG 4
信用风险比率							
坏账（净损失）/总贷款	1	0.10%	0.10%	0.48%	0.15%	0.15%	0.33%
非流动贷款与租赁/总贷款	1	3.36%	3.36%	1.86%	1.63%	1.63%	1.64%
非流动现金贷款与租赁/总资本	8A	37.25%	37.25%	11.40%	16.86%	16.86%	9.34%
贷款与租赁准备金/总贷款	1	0.68%	0.68%	1.66%	0.60%	0.60%	1.62%
建设与土地开发贷款与租赁/总贷款	7B	# N/A	49.92%	28.87%	# N/A	33.10%	25.58%
非 OCC 商业房地产贷款/总贷款	7B	# N/A	218.5%	100.9%	# N/A	151.0%	94.2%
流动性风险比率							
核心存款/平均总资产	10	82.47%	82.47%	79.87%	79.63%	79.63%	80.66%
短期非核心资金/平均总资产	10A	#N/A	6.15%	5.27%	#N/A	8.48%	4.72%
备注:波动性债务/平均总资产	N/A	4.01%	#N/A	#N/A	4.92%	#N/A	#N/A
短期投资/平均总资产	10	#N/A	1.53%	7.81%	#N/A	4.39%	8.87%
净贷款/总存款	10	95.66%	95.66%	71.33%	93.18%	93.18%	68.83%

(续表)

风险比率	页码 PG #	CNB 2012 年 12 月			CNB 2013 年 12 月		
		CALC	银行	PG 4	CALC	银行	PG 4
市场风险比率							
1 年净头寸(GAP)/总资产	9	#N/A	20.17%	47.07%	#N/A	17.56%	47.87%
3 年净头寸(GAP)/总资产	9	#N/A	16.11%	34.30%	#N/A	16.97%	37.03%
运营风险比率							
单位员工资产(百万美元)	3	2.64	2.64	3.69	2.80	2.80	3.85
单位员工贷款(百万美元) (=贷款/资产×单位员工资产)	1&3	2.30	2.29	2.29	2.37	2.41	2.29
单位员工的净收益(千美元) (=ROA×单位员工资产)	1&3	28.61	30.62	33.21	40.96	42.00	38.89
资本风险比率							
银行资本与少数股东权益总额/总资产	11	7.91%	7.91%	10.33%	8.21%	8.21%	10.37%
权益增长率	11	7.79%	7.79%	8.82%	10.13%	10.13%	5.73%
总风险资本比率	11A	10.35%	10.35%	15.96%	11.03%	11.03%	16.37%

注：OCC 全称为 Office of the Comptrouer of the Currency，即美国货币监理署。

资料来源：Timothy Koch & S. Scott MacDonald；FFIEC 的《统一银行业绩效报告》，www2.fdic.gov/ubpr/UbprReport/SearchEngine/Default.asp。

图表 2.11　2013 年非利息收入占总资产百分比的组成

	PNC 银行 (2013 年 12 月)	资产超过 100 亿美元的银行
报告机构数量	1	90
非利息收入	1.85%	1.84%
信托业务	0.24%	0.24%
存款账户服务费	0.35%	0.24%
交易账户收入和费用	0.08%	0.20%
额外非利息收入	1.17%	1.17%
投资银行、咨询、经纪、承销费和佣金	0.12%	0.08%
风险资本收益	0.00%	0.00%
净服务费	0.17%	0.14%
净证券化收入	0.00%	0.01%
保险佣金费收入	0.01%	0.02%
保险承保收入	0.00%	0.00%

(续表)

	PNC 银行 (2013 年 12 月)	资产超过 100 亿美元的 银行
其他保险佣金和费用	0.00%	0.02%
贷款销售净收益(损失)	0.06%	0.05%
其他房地产销售净收益(损失)	−0.01%	0.00%
其他资产(不含证券)销售净收益(损失)	0.08%	0.02%
其他非利息收入	0.74%	0.84%

注：资产超过 100 亿美元的银行的同业组数据来自 FDIC 的储蓄机构统计(SDI)系统，而不是 UBPR。UBPR 数据"修正"了最高 5% 和最低 5% 的极端值；在同业组数据中，UBPR 中的 PG 1 是针对资产超过 30 亿美元的银行，而不是上面报告的 100 亿美元。表中数据包括了特定资产区间的所有银行。

资料来源：FDIC，储蓄机构统计，www2.fdic.gov/sdi/main.asp。

在 2013 年，从信用风险的角度看，PNC 银行的净贷款损失和非流动贷款(过期和非应计贷款)均高于同业组。净损失与总贷款的比率为 0.56%，而同业组只有 0.30%。PNC 银行的非流动贷款与租赁超过同业组两倍——占平均贷款总额的 3.06%，而同业组为 1.46%。虽然 PNC 银行的净贷款损失和非流动贷款与租赁均低于 2012 年的水平，但仍远高于同业组。关于潜在损失，如果非流动贷款与租赁是未来损失的准确预测，更高水平的非流动贷款与租赁就是"低质量"贷款组合的重要指标，其表现出更高的潜在违约风险，并且可能导致更高的未来贷款损失和更低的未来盈利能力。与此评估一致，PNC 银行的贷款损失准备金为总贷款的 1.82%，而同业组为 1.43%。PNC 银行的管理层承认其贷款组合存在更大的潜在风险。

一般来说，股票分析师和监管机构希望确保管理层充分认识到投资组合的现有风险。如果股票分析师或监管机构认为银行管理层对于潜在风险缺乏认识，或者不积极应对风险，那么该银行对投资者的吸引力将减弱。因此，如果较高的贷款损失准备金足以应付未来潜在的损失，银行较高的贷款损失准备金(费用)规模就是合适的；然而，如果损失继续高于同业组，银行需要的贷款损失准备金就可能被"低估"。在这种情况下，PNC 银行的净收益相对于其贷款组合的风险而言被夸大了。显然，PNC 银行的贷款组合在未来的表现将是最终的决定因素。

商业房地产是 PNC 银行重点关注的领域之一。2006 年，联邦银行监管机构宣布了一项机构间指导意见——商业房地产贷款的集中度以及良好的风险管理实践准则。这一准则专门用于解决资产负债表未能充分反映的集中风险问题。监管机构将"集中"定义为：占总资本的 25% 或以上的任何贷款类别。其中构建的两个关键指标是：

- 确定集中度标准：机构的建设与土地开发(CLD)贷款集中度水平占总风险资本的 100% 及以上。
- 总 CRE(commercial real estate，商业房地产)集中度标准：指导意见中定义的机构非自用CRE贷款(包括CLD贷款)占总风险资本的300%或更多,并且它的非自用CRE贷款在过去36个月增加50%以上。①

OCC预计,当银行机构的对应指标超过准则所规定的集中度时,其将会实行加强风险管理的措施。虽然UBPR中没有确切的比率,但是它们可以近似为建设与土地开发贷款和租赁占总资本的百分比与非自用OCC商业房地产占总资产的百分比(见UBPR第7B页)。PNC银行的建设与土地开发贷款占总资本的百分比为20.74%(同业组为26.63%),而非自用商业房地产贷款占总资本的百分比为80.49%(同业组为150.08%)。PNC银行的集中度没有超过监管实践准则的标准,同时也低于同业组。

根据所提供的指标,PNC银行的流动性风险夹杂着很多的因素:PNC银行更高的核心存款水平(基于UBPR第10页的期末数据而非第6页的平均数据)、对短期非核心资金更低的依赖性以及更高的权益水平为其提供了更加坚实的借款能力。与之相对,在借贷组合中更高的贷款比例、更大的净贷款损失和非流动贷款表明资产质量下降,从而意味着借款能力的降低。②

相比于同业组短期投资占平均总资产的比例为5.56%,PNC银行的短期投资占比较小,仅为4.81%,这可能意味着银行拥有较少的流动资产。由于PNC银行的短期投资水平较低,该银行的流动性将更多地依赖于其获得大额或波动性借款的能力。这对那些依赖借款提供流动性的大型机构而言是非常普遍的做法。

虽然在2013年,PNC银行似乎具有良好的借款能力,但其非核心借款可能是"资产质量敏感"的。次贷危机之后,这一点给了许多金融公司重要的教训。2008年3月,当许多关注公司次级投资组合的市场参与者都拒绝向其发放贷款并且要求其偿付款项时,贝尔斯登的流动性枯竭了。JP摩根在美联储提供的贷款担保下,向贝尔斯登借出其所需的资金。贝尔斯登在2007年的交易价格高达每股159美元,而最后以每股10美元的价格卖给JP摩根。而JP摩根的原始报价只有每股2美元!贝尔斯登的危机表明,如果依赖借款提供的流动性,那么当公司最需要资金的时候,有可能借不到钱。几个月后,同样类型的危机袭击了雷曼兄弟和美联银行。雷曼兄弟倒闭,而美联银行被富国银行收购。

相比于同业银行,高风险银行应有更高的营运资本。PNC银行的银行资本总额占总资产的比例很高,达12.36%,而同业组为11.79%。为了满足"资本充足"的最低监管要求,PNC银行的银行资本总额必须至少为总资产的5%,而其总风险资本必须至少为风险加权资产的10%。然而,正如监管机构所表明的,满足最低资本金要求只是达到一种最低限度的状态,而不是"资本充足"的状态。尽管总风险资本比率低于同业组,但PNC银行的两项资本

---

① 美国货币监理署、联邦储备委员会理事会、联邦存款保险公司发布的"商业房地产贷款的集中度以及良好的风险管理实践准则",2006年12月12日,http://www.federalreserve.gov/boarddocs/srletters/2007/SR0701a2.pdf。
② 通常来说,分析时利用期末数据衡量风险,因为分析师认为过去的平均数据和当前的风险头寸无关。一个老飞行员说过:"在你上空的海拔是与你无关的。"我们通常会利用平均头寸衡量利润,因为利润是随时间增加的。

比率都远远超过监管阈值。

　　PNC 银行的利率风险头寸(在市场风险下)由可重新定价的资产和负债的差额(即缺口,GAP)除以总资产来表示。然而,UBPR 的利率风险数据非常有限。如果 PNC 银行的净利率风险敞口在 1 年以上和 3 年以上是正的,就表明在 1 年和 3 年期间,PNC 银行的可重新定价资产多于负债。利率上升意味着银行增加的利息收入应该比利息费用多,从而增加净利息收益。然而,这些指标并不能完整地说明情况。如果没有更详细的利率敏感数据和持续时间指标,就无法完全评估总利率风险。

　　运营风险也很难评估,因为只有有限的信息可用。从纯运营效率的角度来看,PNC 银行的总资产和单位员工发放的贷款额较少,这同样造成单位员工的净收益较少。因此,相比于银行自己的资产规模,其雇用更多的人员,会带来更高的效率比率,也意味着更高的非利息费用和更低的利润率。从单位员工成本与等价员工人数可以看出 PNC 银行拥有较大的分支网络,而分支网络越大,银行越会以更低的工资雇用更多的员工。

　　总之,2013 年的数据表明,相比于同业组,PNC 银行以更高的资本水平运营,承担更高的信用风险,处于更高的流动性风险水平,并具有更高的运营风险。尽管 PNC 银行持有规模较大的贷款组合且净贷款损失较高,但它在 2008 年避免了与次级抵押贷款和其他问题贷款相关的更严重的资产质量问题。PNC 银行的盈利能力和风险指标目前还没有恢复到金融危机前的水平,但似乎正在不断地改善。[①]

PNC 银行的盈利能力与风险:2006—2013 年

　　观察 2006 年以来 PNC 银行盈利能力比率的变化趋势,我们可以更好地理解 PNC 银行 2013 年的绩效。2008 年和 2009 年的金融危机是一个特殊期间,因此本章附录中 PNC 银行的 UBPR 数据跳过了这一时期。年末数据分别取自 2006 年、2007 年、2009 年、2012 年和 2013 年的 12 月。之所以 2009 年被选中,是因为这是 PNC 银行以及大多数金融机构表现最糟糕的一年。2009 年同时是银行业盈利状况最差的一年,但净贷款损失最惨重的一年则是 2008 年。本章附录中 UBPR 的第 1 页介绍了 2006—2013 年 PNC 银行的关键盈利能力比率和风险比率。在此期间,PNC 银行的平均资产从 2006 年的 862 亿美元大幅增加到 2013 年的 2 400 亿美元,资产增长的一条主要途径是收购,被收购方包括 RBC 银行的美国分公司和国家城市公司(National City Corporation),另一条途径是银行自身的经济增长。净收益在这段时间表现出一定的波动性,除了 2009 年,PNC 银行的 ROA 都低于同业组。尽管 2009 年是整个行业的糟糕年份,但是 PNC 银行的表现相对较好。这一期间 PNC 银行的盈利能力受到几个因素的负面影响,包括 2008 年和 2009 年的金融危机、利息收入和非利息收入的下降、贷款损失准备金的大幅增加,以及非利息支出相对于资产的增加。PNC 银行的净利息收益率一直在下降,直到 2009 年开始大幅上升,而这主要是源于 2008 年以来出现的低利率。

---

① 2009 年,PNC 银行收购了国家城市银行,增加了其问题资产组合。

2008年年底美联储联邦公开市场委员会(Federal Open Market Committee，FOMC)将联邦基金利率下调0—25个基点，从而降低了大型机构的资金成本。

 **当代热点**

大衰退期间银行盈利能力的下降

2006—2008年，银行的盈利能力大幅下降。2006年，银行的平均ROE超过13%，ROA超过1.3%。ROE和ROA在2006年至2009年期间大幅下降，2009年触底，分别为0.85%和0.09%。平均资本水平从2006年的10.2%下降到2008年的9.45%，如果没有第四季度TARP向银行业投资2 340亿美元的话，这个比率可能会更低。① 7 000亿美元TARP资金的剩余部分中，大多在2009年得到了利用和部署，从而提升了行业资本水平。2008年银行的ROA和资本水平低得多，同时其ROE也较低，为2.11%。ROA在2009年继续下降，但同时资本水平上升，这主要是由TARP资金造成的，它也造成平均ROE触底，2009年金融危机时期银行的ROE仅为0.85%。

随着盈利能力的慢慢恢复，到2013年年底，银行的ROA回升至1.07%。然而，许多专家质疑银行业能否回到金融危机前的更高盈利水平。这是由以下几个外部因素造成的：明显更高的监管和合规成本、新的监管减少了有利可图的收入来源，以及更高的资本金要求。首先，新的法规，如《多德-弗兰克法案》和其他复杂的合规要求，以及新的消费者金融保护局，都大大改变了银行的经营环境，并大大增加了银行的经营成本。其次，《多德-弗兰克法案》还对一些收入来源产生了重大影响，例如借记卡和信用卡手续费以及自营交易业务的利润。最后，更高的资本水平也使得股东的回报率下降，其背后的原因是财务杠杆下降。由于行业的众多变化，许多银行不得不重新评估其业务模式，以弥补业务成本的增加以及部分收入来源的减少。

2008年和2009年银行ROA较低的主要原因在于贷款损失准备金较高（即贷款损失较高）。此外，非利息收入的下降也导致较低的回报率，而较高的准备金是盈利能力大幅下降的主要原因。

观察风险比率，我们发现资产质量发生明显恶化，诸如净核销增加、非流动贷款增加和OREO（所有的其他房地产）占资本的比例增加等。"非流动资产加上OREO"占资本的比例是指业内人士所指的"得克萨斯比率"，这个名称源自得克萨斯银行在20世纪80年代出现的问题。得克萨斯比率是不良贷款与股本资本的比值，即非流动贷款加上OREO除以股本资本。显然，若这个数字是100%或更大，则意味着银行的不良贷款超过银行资本。注意，整个行业的得克萨斯比率从2006年的0.51%上升到2009年的39%以上。

---

① 注意，2008年银行的资本水平为9.45%，是全年的平均值。因此，TARP资金虽然只影响了一个季度的资本价值，但也影响了2009年全年银行的资本水平。

	所有商业银行				
	2006年	2008年	2009年	2010年	2013年
报告机构数量	7 402	7 085	6 839	6 529	5 876
未盈利机构占比(%)	7.30	21.80	29.40	20.60	6.90
盈利机构占比(%)	59.60	36.80	39.00	67.00	55.30
盈利能力比率(%)					
ROE	13.06	2.11	0.85	5.99	9.60
ROA	1.33	0.21	0.09	0.66	1.07
股权资本比率	10.21	9.45	11.07	11.10	11.12
净利息收益率	3.39	3.23	3.50	3.81	3.25
盈利资产/总资产	86.48	84.28	85.43	86.26	88.39
效率比率	56.29	58.30	55.35	57.12	60.53
负担率	0.87	1.30	1.07	1.37	1.29
非利息收入/盈利资产	2.59	1.96	2.36	2.11	1.95
非利息费用/盈利资产	3.46	3.26	3.43	3.48	3.24
贷款与租赁准备金/资产	0.26	1.30	1.90	1.22	0.21
资产质量(%)					
净核销/贷款与租赁	0.40	1.31	2.57	2.67	0.69
(非流动资产+OREO)/资本	0.51	1.82	39.30	35.70	17.44
损失备抵/非流动贷款与租赁	147.00	78.60	59.20	66.40	66.09
贷款与租赁准备金/净核销	109.40	172.00	133.10	83.00	56.99
净贷款与租赁/存款	87.83	82.71	75.45	74.91	68.53
资本比率(%)					
核心资本(杠杆)比率	7.87	7.42	8.55	8.74	9.29
一级风险资本比率	9.79	9.75	11.38	12.33	12.84
总风险资本比率	12.37	12.75	14.15	15.02	14.68

2008—2009年,银行所有风险比率都呈现出恶化的趋势。特别是,PNC银行的净损失与平均总贷款的比率从2006年的不足30个基点增加到2009年的168个基点。同一比率的同业组数据在同期同样从17个基点增加到186个基点。2013年PNC银行的净损失已经恢复到较合理的水平,但仍然高于金融危机前的水平。

金融危机之前到2013年的这段时间,从PNC银行和同业组的数据中至少可以看出两个显著趋势。第一个显著趋势:由于2008—2009年出现了流动性危机,大多数银行主动选择或迫于市场压力,减少了对非核心资金的依赖。PNC银行的非核心资金占比从2007年的37.86%的高位下降到2013年年底的仅9.53%。同业组的其他机构对非核心资金的依赖度也下降了,尽管可能没有那么明显。① 第二个显著趋势是资本比率的增加。PNC 银行的一级资本比率从 2006 年的 7.18% 上升到 2013 年年底的 9.78%,这主要是由于其在 2009 年的第一天收到了 TARP 的 75.8 亿美元资金。

CAMELS 评级

CAMELS 是监管机构用来评估银行的盈利能力和风险管理的质量的评级系统。联邦和州监管机构定期评估每家银行的财务状况,并对其进行现场检查,定期报告其面临的具体风险。联邦监管机构根据统一的金融机构评级制度对银行进行评级,包括 CAMELS 六大类性能(每个字母代表一个特定类别):

C=资本充足率
A=资产质量
M=管理质量
E=盈利能力
L=流动性
S=对市场风险的敏感度

资本充足率(C)表明机构保有资本的能力与各种类型风险的性质和程度相称,与管理层识别、测量、监控和控制这些风险的能力相称。资产质量(A)反映了与贷款和投资组合相关的现有信用风险以及表外活动。管理质量(M)反映了董事会和高级管理体系及程序在风险的识别、测量、监控和控制方面的充分性。监管机构注重使用政策和流程来管理目标风险。盈利能力(E)不仅反映了收入的数量和变化趋势,而且反映了可能影响收入可持续性或质量的因素。流动性(L)反映了该机构当前和未来的流动性来源与资金管理方式的完备性。最后一类是对市场风险的敏感度(S),它反映了利率、汇率、商品价格和股票价格的变化对收入或经济资本产生不利影响的程度。

监管机构就上述六个类别对每家银行进行评级,范围从最好或最高等级(1 级)到最差或最低等级(5 级)。监管机构还为银行的整体运营进行综合评级。综合评级为 1 级或 2 级表示银行运行良好。综合评级为 3 级表示银行出现一些应予以纠正的潜在问题。综合评级为 4 级或 5 级则表示银行出现问题,并且面临近期可能破产的潜在风险。

图表 2.12 显示了 1984—1987 年期间 FDIC"问题清单"中的商业银行和储蓄机构数量急剧增加(4 级和 5 级),其中有超过 2 000 家机构上了"问题清单"。1992—1999 年,得到最低评级的银行只有 79 家。20 世纪 80 年代中后期被认为是银行业"最糟糕的时代",而 90 年代中后期被认为是"最好的时代"。由于 21 世纪初经济条件恶化,问题机构的数量再次增加,但仍然远低于 20 世纪 80 年代的水平。

---

① 可以注意到 UBPR 第 1 页的净新增非核心资金 2.5 亿美元和 UBPR 第 10 页的短期非核心资金数额之间的差异,这个指标在图 2.10 中也有应用。UBPR 中的这两个比率中包括的项目稍有不同。有关其确切的定义,请参阅 FFIEC 网站 www.ffiec.gov 上的 UBPR 用户手册。

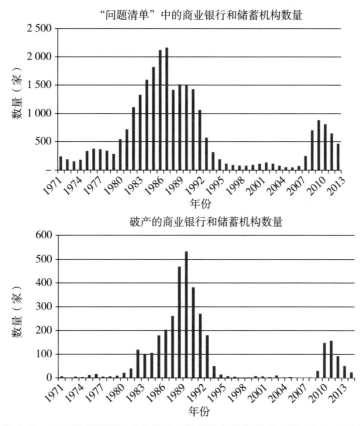

图表 2.12　FDIC"问题清单"中的商业银行和储蓄机构数量和 1971—2013 年破产的商业银行和储蓄机构数量

资料来源：FDIC 季度银行业概览,www.fdic.gov/,www2.fdic.gov/qbp。

2007 年以后,由于次贷危机、商业房地产和建筑不良贷款等的出现,问题机构的数量再次增加,到 2008 年达到峰值的 884 家。"问题清单"中的机构数量从未达到 20 世纪 80 年代的水平,但是仅仅在金融危机初期,问题机构的数量就达到 80 年代的一半。2008—2009 年的金融危机期间,机构破产率大大上升,2010 年的破产机构总数最高达到 157 家,2012 年下降到 50 多家,2013 年下降到 24 家。

不同规模银行的绩效特征

不同规模的商业银行表现出明显不同的运营特征。一些差异与政府监管有关,其他差异则与银行所服务的市场有关。20 世纪 80 年代中期之前,小银行有更高的 ROA,并且通常被认为风险较小。随着竞争的加剧、新产品线和地域市场的扩张,以及近期的经济事件,这种情况发生了微妙的变化。本节将探讨不同规模商业银行的风险和收益表现的差异。

截至 2013 年,所有美国商业银行的盈利能力和风险程度摘要参见图表 2.13。商业银行按总资产可以分为四组,从资产不到 1 亿美元的小型商业银行到资产超过 100 亿美元的大型商业银行。最后一列提供了所有商业银行的平均盈利能力比率。

图表 2.13 不同规模商业银行的盈利能力和风险指标摘要,2013 年 12 月 31 日

资产规模	<1 亿美元	1 亿—10 亿美元	10 亿—100 亿美元	>100 亿美元	变化趋势	所有商业银行
报告机构数量	1 814	3 522	450	90	↓	5 876
盈利能力比率(%)						
ROE	6.63	8.76	10.42	9.61	↑~↓	9.60
税前 ROE	7.62	10.89	13.29	14.30	↑	13.94
ROA	0.76	0.93	1.23	1.07	↑~↓	1.07
税前 ROA	0.86	1.14	1.55	1.59	↑	1.55
股权资本比率	11.28	10.47	11.66	11.12	~	11.12
净利息收益率	3.66	3.72	3.98	3.12	~↓	3.25
盈利资产收益率	4.19	4.27	4.46	3.49	~↓	3.64
盈利资产融资成本	0.53	0.55	0.48	0.37	~↓	0.39
盈利资产/总资产	91.29	92.03	90.84	87.77	~↓	88.39
负担率	2.59	2.31	2.09	1.08	↓	1.29
非利息收入/生息资产	1.09	1.08	1.41	2.11	↑	1.95
非利息费用/生息资产	3.68	3.39	3.50	3.19	↓~	3.24
效率比率	77.32	70.36	63.89	59.13	↓	60.53
净核销/贷款与租赁	0.34	0.37	0.39	0.77	↑	0.69
贷款与租赁损失准备金/总资产	0.14	0.18	0.18	0.21	↑~	0.21
资产质量(%)						
净核销/贷款与租赁	0.34	0.37	0.39	0.77	↑	0.69
损失准备金/非流动贷款与租赁	97.07	93.47	83.28	62.35	↓	66.09
贷款与租赁准备金/净核销	76.53	78.89	72.69	54.67	~↓	56.99
损失备抵/贷款与租赁	1.70	1.67	1.62	1.77	↑	1.75
净贷款与租赁/存款	64.38	73.62	80.98	66.66	↑~↓	68.53
(非流动资产+OREO)/资本	15.43	17.73	16.84	17.44	~	17.44
资本比率(%)						
核心资本(杠杆)比率	11.15	10.32	10.33	9.06	↓	9.29
一级风险资本比率	18.04	15.02	14.21	12.45	↓	12.84
总风险资本比率	19.14	16.19	15.41	14.43	↓	14.68
结构变化						
新加盟银行	1	0	0	0		1
收购与兼并银行	74	112	16	2	↓	204
破产银行	12	10	1	0	↓	23

资料来源:FDIC 季度银行业概览,www.fdic.gov/,www2.fdic.gov/qbp。

如图表 2.13 所示,从 ROE 和 ROA 指标来看,盈利表现最好的是资产规模超过 10 亿美元的商业银行。资产规模超过 100 亿美元的银行平均税前 ROE 和税前 ROA 最高,但税后的表现则较差。如"变化趋势"一列所示,许多比率与银行规模呈现一致的关系。2013 年,ROE 和 ROA 通常随着机构规模增大而提高,然而规模最大的银行是例外,它们的 ROE 和 ROA 比那些规模为 10 亿—100 亿美元的银行要低。

近年来,大多数机构按资产的固定比例增加权益资本,但从 2013 年的规模看,这似乎没有形成趋势。规模最大机构的净利息收益率是最小的,如盈利资产收益率、盈利资产融资成本、盈利资产/总资产。因此,那些资产小于 100 亿美元的银行的低收益率实际上反映了非利息收入显著减少,而非利息费用与资产的比率则有所增大。随着银行负担的加重,高盈利资产收益和低平均融资成本带来的高利差收益被抵消了。较大型商业银行广泛分布的分支机构网络和技术的应用增加了成本,但能够产生更多的非利息收入。

关于风险的普遍观点是,小型商业银行由于难以实现多元化而表现出更高的信用风险。然而,这种看法在最近的金融危机期间没有得到证实。相比于些较小的机构,大型机构的贷款损失要大得多。这一观点在 2013 年的总体风险数据中也没有看到,比如小银行的存贷比下降、核销率下降、非流动资产减少。通常情况下,它们会报告相对于非流动贷款更高的贷款损失准备金和备抵贷款。

之所以会有小银行风险较高的假设,通常是因为其地理和产品的集中度并未反映在资产负债表数据中。小银行更多地依赖于当地经济环境以及特定类型的借贷,例如农业或住房建设贷款。小银行在做出贷款决策时倾向于依赖"软"信息,而大银行更多的是使用"硬"数据。① 这往往导致最大银行经常面临大幅波动的核销,而那些关系驱动型社区银行则面临相对较小的核销。然而,如果当地经济或产业受到负面影响,高度集中的贷款就可能会产生巨大损失。

相对于存款而言,大银行的贷款资产占比更大,但由于投资组合规模较小,其持有的盈利资产占比也较小。形成这种资产组合的原因有两个:第一,与大银行相比,小银行日常运营的特征是核心存款更多、波动性负债更少,这种负债组合反映了这样一个事实,即大银行能够在货币和资本市场上获得更多的资金;第二,大银行的低盈利基础表明它们对贷款的重视程度下降,对产品、服务和创收性收费的重视程度上升。

财务报表操纵

银行财务报表的有效性取决于数据的质量和一致性。理想情况下,金融机构在每个时期遵循相同的会计规则,并排除非重复事件的影响。这使得不同时期之间以及不同银行之间的比较变得简单。然而,金融机构在报告特定项目方面存在诸多分歧,并且可能使用特殊交易来隐瞒不利的事件或趋势。分析师应剔除任何异常变更的影响,以进行有效的比较。

---

① "软"信息一般不对外公布,例如贷款审核员对客户及业务的个人认知。

银行使用许多技巧来管理收益,或者像有些人说的那样,操纵财务报表。主要的技巧涉及非常规交易的应用、对报告要求的自由裁量、报告商誉、报告贷款核销的择时、表外特殊目的实体以及掩盖真实运营业绩的会计变更。净效应可能扭曲期末资产负债表数字、净利润和相关比率,从而使得不同时期之间和同业间的比较难以进行。大多数情况下,银行不会违反联邦法规或公认会计准则。通常情况下,财务报告的技术准则是法定的。

资产负债表外活动

安然的破产和2008—2009年次贷危机让人们开始关注与特殊目的实体和表外活动有关的问题和模糊的会计要求,以及监管当局关于哪些指南可以接受和哪些指南不能接受的要求。一般来说,母公司作为独立公司创建了一个"结构化投资工具"(SIV)。SIV从贷款人和投资者那里获得资金。然后,母公司将资产(例如贷款或股票)出售给SIV,以回报股东和投资者。然而,这不是将资金记为母公司的账面债务,而是将其视为SIV的债务,因而可能低估母公司的风险。此外,收入是由母公司进行报告的,因此其收入可能被夸大。在这种框架之下,母公司和SIV运行良好,除非SIV破产,或者母公司需要从SIV的贷款中"赚钱"。问题的关键在于,母公司在多大程度上披露了SIV的债务。如果大部分风险和回报属于其他方,会计准则通常允许这些表外活动不体现在资产负债表中。但是对于SIV的活动何时、如何合并到母公司财务报表中,相关指南的要求仍然模糊不清。与2007—2009年次贷危机时一样,只有在SIV资产价值出现重大损失后,公司才会报告减值情况!

报表粉饰(window dressing)

许多银行出于规模(增加期末资产或存款)的考虑而长期使用报表粉饰方法,SIV只是其中之一。一些银行希望成为市场中规模最大或增长最快的银行,因为客户总是喜欢与"庞大"搭上关系。一种用于增加总资产的会计技巧是鼓励大商业客户临时从银行借款,而不是发行商业票据;同时,银行为联储基金市场的贷款提供融资。另一种技巧是,银行诱导其提供代理服务的机构增加银行存款余额。一些大银行同样会向海外实体筹集短期存款。这些交易都不会实质性地改变收益,但会制造出关于银行真实规模的误导性假象。

在某些情况下,银行从事的交易活动大大提高了经营业绩。一些银行取消向联邦储备银行借款,并在报告日期之前偿还美联储借款。当银行试图弥补报告净利润或净收益的下降,或者提高信用质量指标时,一些重大的报告问题会显现。一些银行为了平衡收益,对于低利润率资产所上报的贷款损失准备金较少,对于高利润率资产所上报的贷款损失准备金较多。这种做法减小了收益的波动,并帮助管理层达到董事会或股票分析师设定的利润目标。银行也可能出售非常规资产,以获得一次性收益或减轻问题贷款对报表的影响。在许多情况下,银行会在报告日期之前临时出售贷款参与权,以减小贷款风险。由于涉及优先股、不良贷款、证券交易和非常规资产销售,相关的交易和报告要求会使得评估过程复杂化。

优先股（preferred stock）

优先股可以帮助银行满足监管机构提出的权益资本要求，不需要支付一般意义上的利息，但需要支付除普通股东可获利润之外的股息。与不使用优先股的银行相比，使用优先股的银行通常会夸大 NIM、NI、ROE 和 ROA，以及其他与实际固定支出相关的盈利能力指标。优先股不受 FDIC 保险，理论上银行不必支付优先股股息。因此，优先股的性质其实更接近于债务，在计算盈利能力指标时最好从利润中扣除优先股股息。

不良贷款（nonperforming loans）

当贷款被置于非应计状态或重组条款有重大改变时，贷款被认定为不良贷款。非应计意味着银行虽然扣除了所有已记录贷款的利息，但未实际收取利息。根据以往的标准，当债务支付逾期超过 90 天时，银行停止计算利息。当然，关于贷款逾期认定的解释有很大差异。如果贷款在报告日期结束之后 90 天之内到期的话，许多银行不会将贷款置于非应计状态。这实际上是允许借款人延迟偿付，即使尚未收到利息，银行也会报告所有累计利息。有时，银行甚至会借给借款人用于支付滞纳金的资金。

这种做法对财务报表有双重影响。其一，由于不良贷款在资产负债表中被低估，因此实际信用风险高于账面；其二，由于应计利息并未实际收取，因此这种计量方法增加了净利息收益，从而夸大了 NIM、ROA 和 ROE。为了应对 1983 年和 1984 年发生的大银行外国贷款问题，联邦监管机构正式加强了针对不良贷款的会计准则要求。1984 年 7 月 1 日起，任何贷款一旦逾期超过 90 天就会被置于非应计状态；在银行实际收到利息或贷款变现之前，利息是不能被记录的。

贷款损失准备金（allowance for loan losses）

歪曲财务报表的另一个相关因素是银行的贷款损失准备金和贷款备抵。出于税务目的，准备金的最大规模和备抵减免的最大额度由 IRS 规定。然而，管理层将决定在财务报表中应当报告多少贷款损失准备金。在某些时期，银行会最小化准备金、低估所报告的损失准备金和高估盈利。20 世纪 80 年代初期的严重贷款问题迫使许多银行报告大量的损失准备金以弥补以前的低估。

证券收益与损失（securities gains and losses）

FASB 115 要求金融公司在购买投资证券时应当明确目标，是希望持有至到期、交易还是用于出售。持有至到期投资以摊余成本计入资产负债表。交易账户证券是指机构主动购入和出售的证券，主要是利用价格变动进行利率投机以赚取收益或利润。这些证券必须在资产负债表上按市价（当前市场价值）计量，并在利润表上报告为未实现收益（亏损）。所有其他投资证券均被分类为可供出售，因此，资产负债表上按市场价值记录的股东权益的相应变化将作为证券持有的未实现收益（损失）。

这些证券没有在利润表上报告损益。会计准则旨在使财务报表更符合机构购买证券的预期目标。如果该机构在到期前出售某类型的证券,监管机构通常要求银行将该类型的所有证券(例如国库券)报告为"可出售"。因此,大多数储蓄机构将所有投资证券都报告为"可出售",因为若证券被归类为"持有至到期",则会受到在到期前出售证券的相关限制。

非经常性(非常规)资产销售(nonrecurring sales of assets)

公司通常可以通过一次性销售资产来增加收入,包括贷款、房地产、子公司、租赁资产或银行通过债务重组和止赎获得的隐性资产。通常情况下,许多被抵押的资产在银行账簿上列示的价值很低,但是一旦客户绩效得到改善,就可能产生巨大的收益。

非经常性资产销售的基本问题在于,一旦公司抛售资产,就不可能再次卖出这项资产。因此,非经常性资产销售带来的收益或损失对总收益的影响是一次性的。在进行不同银行之间以及不同时期之间的对比分析时,不应该将非经常性收益或损失考虑进来,否则会出现趋势性偏差。

本章小结

本章介绍了商业银行的财务报表,并演示了使用历史数据分析金融机构的盈利能力和风险的流程。该流程将盈利能力比率分解为各个组成部分,以帮助确定影响绩效的关键因素,其中的重点是风险管理。然后,它将信用风险、流动性风险、市场风险、运营风险、声誉风险、法律风险、资本或偿付能力风险的财务比率联系起来,以证明风险和收益之间的权衡,并提供 PNC 银行和社区国民银行(CNB)的实际数据。这里介绍的 ROE 模型适用于 PNC 银行的实际数据,用于对比 2013 年 PNC 银行与同业组的绩效,并分析 2006—2013 年的银行绩效表现。然后,本章还使用了相同的盈利能力比率比较了两种不同规模银行的盈利能力和风险状况,考察了不同规模和资产集中度的机构的盈利能力,讨论了 CAMELS 评级,并描述了储蓄机构如何操纵财务数据以调整盈利能力和风险指标。

本章的重点是风险管理。金融机构必须承担各种各样的风险——信用风险、流动性风险、市场风险等,以获得最佳回报。高绩效机构相比于其他机构能更有效地管理和控制风险。因此,风险管理实际上是风险和收益之间的权衡问题。显然,一个面临更高风险、更有效地承担或管理风险的机构,相比风险较低的机构能创造更大的利润。然而,承担更高风险的机构的收益经常只能达到行业平均水平,甚至低于行业平均水平。低风险并不总是意味着低绩效,同样,高风险也并不总是带来高绩效。高绩效机构是那些能够在当前所承担的风险状况下取得更高收益或回报的机构。

思考题

1. 储蓄机构资产的主要类别有哪些?它们占总资产的比例是多少?银行负债的主要类别有哪些?它们之间的根本区别是什么?

2. 储蓄机构通常会区分利息收入和非利息收入与费用。每项的主要组成部分是什么?请定义净利息收益(NIM)和负担。银行的效率比率衡量什么?

3. PNC 银行(见图表 2.2)作为典型的大规模储蓄机构,资产负债表中的哪些部分会受到以下交易的影响?请至少指出每笔交易对两个账户的影响。

  a. Arturo Rojas 开立了一个 5 000 美元的货币存款账户;资金在隔夜市场上借出,为期一周。

  b. 就在一家房地产开发商偿付了一项购物商场的贷款时,一位新入驻的验光师将一间房屋进行了抵押

  c. 银行聘请一家投资银行向公众出售股票,计划使用融入资金支持额外的商业贷款

4. 将以下项目编入利润表。请标记每个项目并放在适当的类别中,并确定银行的净利润。

  a. 对 100 000 美元以下的定期存款支付利息 78 002 美元

  b. 对大额存单支付利息 101 000 美元

  c. 收到国债和机构证券的利息 44 500 美元

  d. 收到抵押贷款收费 23 000 美元

  e. 向股东支付股息,一共 5 000 股,每股 0.50 美元

  f. 计提贷款损失准备金 18 000 美元

  g. 支付贷款利息和费用 189 700 美元

  h. 支票账户利息支出 33 500 美元

  i. 收到市政债券利息收入 60 000 美元

  j. 支付员工薪酬和福利 145 000 美元

  k. 购买新的计算机系统,支出 50 000 美元

  l. 收到客户账户的服务费收入 41 000 美元

  m. 支付银行大楼入驻费用 22 000 美元

  n. 支付 34% 的应纳所得税

  o. 信托部门收入 15 000 美元

5. 银行管理者面临的主要风险来源是什么?描述每个风险类别如何潜在地影响银行绩效。提供一个财务比率以衡量每类风险,并解释比率值的高低分别代表着什么。

6. L 银行的权益资产比率为 6%,而 S 银行的权益资产比率为 10%。假设两家银行的 ROA 均为 1.5% 或 1.2%,请计算每家银行的权益乘数和相应的股权回报率。这对财务杠杆意味着什么?

7. 定义 ROE 模型的以下组成部分,并讨论它们的相互关系。

  a. ROE b. ROA c. EM d. ER e. AU

8. 小银行与大型货币中心银行的利润率为什么通常不同?

9. 监管机构使用 CAMELS 系统分析银行风险。CAMELS 是什么?可以分别用哪些财务比率来最好地刻画其中的每个要素?

10. 请按流动性风险从低到高地排列以下资产:

  a. 三个月期国库券与一年期建设贷款 b. 每月偿付的四年期汽车贷款

c. 五年期国债与五年期市政债券　　d. 一年期个人贷款,用于股票投机

e. 作为抵押品的三个月期国库券

11. 在下面的每对资产中,哪种资产的信用风险更大,并给出原因。

a. 给《财富》500 强公司提供商业贷款或给街边杂货店提供贷款

b. 同行业两家企业的商业贷款,其中一家以应收账款作为抵押,另一家以存货作为抵押

c. 五年期 Baa 级市政债券和联邦住房贷款银行的五年期代理债券

d. 一年期大学生贷款或一年期汽车贷款

12. 财务报表中的哪些比率能够反映小银行与大型、多银行控股公司的区别?至少列出 5 个。

13. 在某些情形下,当储蓄机构借款人不能偿还贷款本金和利息时,银行将为客户发放另一笔贷款以支持其偿付。

a. 第一笔贷款是否被归类为不良贷款?

b. 发放新贷款的理由是什么?

c. 这种类型的贷款有什么风险?

14. 假设你的银行在过去一年发生重大损失。你正在与银行董事开会,讨论银行是否应该向普通股股东支付多年来(25 年)一直发放的股息。提供几个银行应支付股息的理由,然后提供几个银行不支付股息的理由。应该如何解决这一问题?

15. 解释下列各项如何影响银行的流动性风险:

a. 银行持有的大多数(95%)证券被归类为持有至到期证券

b. 银行的核心存款占总资产的一小部分(35%)

c. 银行持有的所有证券将在八年后到期

d. 银行持有的 1 000 万美元证券中没有用于质押的证券

练习题

1. 使用图表 2.2、2.4、2.8、2.9 和 2.10 中的数据,评估 CNB 相对于同业银行的表现。2013 年该银行的绩效是高于还是低于平均水平?它的风险相对更高还是更低?

a. 分解并分析 2013 年的 ROE,并将 CNB 的绩效与同业银行进行比较。

b. 将 CNB 的风险指标与同业银行进行比较,其中存在的重大差异意味着什么?

c. 对于调整 CNB 的风险和收益以提高绩效,你有什么好的建议?

2. 富国银行的简要 UBPR 如本章附录所示。富国银行截至 2013 年 12 月 31 日的平均总资产相当高。使用 2013 年 12 月 31 日的数据,将富国银行的同期表现与同业银行相比。具体讨论财务杠杆、费用控制、利息收入和非利息收入对银行整体盈利能力的贡献,列出要提高银行绩效,管理层应关注的三个领域。使用所提供的信息,评估富国银行的信用风险、流动性风险和资本风险。

参考文献

Akhigbe, A. and J. E. McNulty, "Bank Monitoring, Profit Efficiency and the Commercial Lending Business Model", *Journal of Economics and Business*, September-October 2011, 63(6), 531.

Avery, Robert, Neil Bhutta, Kenneth P. Brevoort, and Glenn B. Canner, "The Mortgage Mar-ket in 2011: Highlights from the Data Reported under the Home Mortgage Disclosure Act", *Federal Reserve Bulletin*, Volume 98, Number 6, December 2012.

Basel Committee on Banking Supervision, "Principles for the Sound Management of Operational Risk", Bank for International Settlements, June 2011.

Lee, Seung Jung and Jonathan D. Rose, "Profits and Balance Sheet Developments at U.S. Commercial Banks in 2009", *Federal Reserve Bulletin*, May 2010.

Cole, David W., "A Return-on-Equity Model for Banks", *The Bankers Magazine*, Summer 1972.

Davidson, Steve, "Analysis Tools Help Improve Bank Performance and Value", *Community Banker*, February 2003.

Emmons, William, Alton Gilbert, and Timothy Yeager, "Reducing the Risk at Small Community Banks: Is It Size or Geographic Diversification That Matters", *Journal of Financial Services Research*, Volume 25, 2004.

Fathi, S., F. Zarei, and Esfahani, S. S., "Studying the Role of Financial Risk Management on Return on Equity", *International Journal of Business and Management*, May 2012, 7(9), 215-221.

Gilbert, Alton and David Wheelock, "Measuring Commercial Bank Profitability: Proceed with Caution", *Review*, Federal Reserve Bank of St. Louis, November/December 2007.

Heggestad, Arnold, "Market Structure, Competition, and Performance in Financial Industries: A Survey of Banking Studies", in *Issues in Financial Regulation*, edited by Franklin Edwards. New York: McGraw-Hill, 1979.

Hein, Scott, Timothy Koch, and S. Scott MacDonald, "On the Uniqueness of Community Banks", *Economic Review*, Federal Reserve Bank of Atlanta, Volume 90, Number 1, First Quarter 2005.

Lopez, José, "What is Operational Risk", *Economic Letter*, Federal Reserve Bank of San Francisco, January 25, 2002.

Milligan, Jack, "Prioritizing Operational Risk", *Banking Strategies*, September/October 2004.

Wall, Larry, "FASB Proposes (TOO?) Early Loan Loss Recognition", *Notes from the Vault*, Federal Reserve Bank of Atlanta, August 2013.

Whalen, Gary, "A Hazard Model of CAMELS Downgrades of Low-Risk Community Banks", Comptroller of the Currency, Economics Working Paper 2005-1, May 2005.

Williams, B., and L. Prather, "Bank Risk and Return: The Impact of Bank Non-Interest income", *International Journal of Managerial Finance*, 2010, 6(3), 220-244.

附录

富国银行 2009—2013 UBPR 的比率汇总

FDIC 证书#3531 OCC 证可证#1 公开报告	县:明尼哈哈			富国银行;南达科他州苏福尔斯市 比率汇总-第1页									比率汇总		
	12/31/2013			12/31/2012			12/31/2011			12/31/2010			12/31/2009		
收益和盈利能力	银行	PG 1	PCT	银行	PG 1	PCT	银行	PG 1	PCT	银行	PG 1	PCT	银行	PG 1	PCT
平均资产的百分比:															
利息收入(TE)	3.41	3.61	36	3.78	3.82	46	3.98	4.02	43	4.34	4.14	55	4.47	4.36	51
-利息费用	0.24	0.36	31	0.28	0.46	28	0.42	0.62	26	0.57	0.85	30	0.94	1.29	30
净利息收益(TE)	3.17	3.22	46	3.50	3.33	59	3.56	3.36	63	3.77	3.25	75	3.53	3.02	74
+非利息收入	1.87	1.05	84	1.63	1.13	75	1.79	1.10	81	1.82	1.24	75	1.97	1.38	78
-非利息费用	3.12	2.72	72	3.47	2.75	83	3.39	2.78	81	3.27	2.80	75	3.20	2.83	70
-备抵:贷款与租赁损失	0.22	0.14	72	0.34	0.32	63	0.43	0.47	53	1.02	1.03	58	1.46	1.72	50
税前营业利润(TE)	1.70	1.43	69	1.31	1.42	42	1.53	1.22	62	1.31	0.75	63	0.83	−0.09	57
+证券投资实现的收益/损失	0.03	0.02	75	0.03	0.04	61	0.04	0.05	57	0.04	0.04	64	−0.01	0.02	23
税前净营业利润(TE)	1.73	1.45	67	1.35	1.47	42	1.57	1.26	63	1.34	0.80	64	0.82	−0.13	59
净营业利润	1.24	1.02	75	0.94	1.03	46	1.10	0.87	64	0.94	0.50	67	0.56	−0.21	59
调整后的净营业利润	1.09	0.97	65	0.84	0.96	42	0.89	0.71	58	0.82	0.43	57	1.03	0.21	70
净利润/少数股东权益	0.04	0.00	97	0.01	0.00	92	0.01	0.00	92	0.01	0.00	88	0.00	0.00	2
经子公司调整的净利润	1.19	1.00	69	0.94	1.02	46	1.09	0.85	65	0.94	0.49	67	0.57	−0.24	60
净利润	1.19	1.01	69	0.94	1.03	46	1.09	0.87	64	0.94	0.49	67	0.57	−0.24	60
收益率分析:															
平均盈利资产/平均总资产	88.94	92.04	25	87.21	91.88	12	87.39	91.51	18	88.00	91.53	21	87.53	92.28	12
平均内部有息资金/平均总资产	77.64	77.39	41	77.08	77.80	36	76.88	78.59	36	78.37	80.27	35	79.40	81.24	35
利息收入(TE)/平均盈利资产	3.84	3.93	40	4.33	4.16	56	4.55	4.40	53	4.93	4.54	64	5.10	4.75	64
利息费用/平均盈利资产	0.27	0.39	34	0.32	0.50	30	0.48	0.68	30	0.65	0.94	32	1.07	1.40	32
净利息收益/平均盈利资产	3.56	3.50	53	4.01	3.63	73	4.07	3.67	69	4.28	3.57	81	4.03	3.29	82
贷款与租赁分析:															
净损失/平均贷款与租赁总额	0.56	0.30	84	0.72	0.61	67	1.06	0.93	59	1.87	1.66	64	1.68	1.86	56
净损失的盈余保障倍数	5.09	16.75	27	3.55	10.28	38	3.00	5.58	49	2.01	3.26	48	2.28	3.30	58
贷款与租赁准备金/贷款与租赁 (扣除 HFS 部分)	1.84	1.44	77	2.17	1.73	74	2.73	1.99	78	3.24	2.36	78	3.21	2.53	73

(续表)

FDIC 证书#3531 OCC 证可证#1 公开报告	县：明尼哈哈			富国银行；南达科他州苏福尔斯市 比率汇总-第1页						比率汇总		
	12/31/2013			12/31/2012			12/31/2011			12/31/2010	12/31/2009	
贷款与租赁准备金/净损失额（X）	3.35	8.83	33	3.13	5.00	46	2.65	2.91	61	1.66 1.87 57	1.87 1.86	65
贷款与租赁准备金/总贷款与租赁	1.82	1.43	77	2.13	1.68	74	2.68	1.91	78	3.17 2.30 78	3.16 2.46	75
总贷款与租赁（逾期90天以上）	1.27	0.29	87	2.07	0.47	87	2.65	0.62	88	2.90 0.54 89	3.52 0.35	96
非应计费用	1.80	1.05	82	1.78	1.54	65	2.30	2.21	66	3.05 2.99 61	3.35 3.77	54
合计	3.06	1.46	88	3.85	2.22	83	4.95	3.16	78	5.95 3.85 79	6.87 4.33	80
流动性												
净新增非核心资金存款2 500万美元	9.53	12.89	40	10.60	11.89	49	11.60	15.09	48	12.96 17.28 47	19.02 30.36	27
净贷款与租赁/资产	62.79	63.36	41	62.94	60.79	47	59.92	60.33	41	58.17 60.59 36	59.61 62.96	34
资本化												
一级杠杆资本	9.78	9.86	52	10.08	9.76	59	10.05	9.59	62	10.04 9.17 72	9.31 8.68	71
现金股息/净利润	81.47	42.97	79	90.21	45.69	78	83.44	29.78	86	68.04 20.54 85	67.12 20.54	82
留存收益/平均总权益	1.79	4.25	27	0.74	3.71	25	1.46	3.85	24	2.52 1.36 40	1.77 -5.37	60
（非应计股本+重组贷款）/ （权益资本+贷款与租赁损失准备金）	13.45	11.48	65	13.73	14.81	52	15.65	19.77	45	16.97 23.46 41	22.35 27.04	50
增长率												
总资产	5.08	5.90	62	12.05	7.79	73	2.60	7.93	42	-1.41 2.91 38	84.91 4.26	96
一级资本	1.34	7.83	16	11.03	7.43	74	3.29	11.07	25	0.94 9.83 21	193.74 9.56	98
净贷款与租赁	4.82	9.47	44	17.70	9.19	79	5.69	8.55	58	-3.79 0.94 43	107.96 -1.28	98
短期投资	142.96	4.88	91	63.85	23.33	77	-32.80	24.16	27	-18.52 63.67 34	-16.80 236.29	29
短期非核心资金	-11.00	10.67	25	14.96	-2.27	72	-6.49	-23.66	71	-8.43 -13.32 62	6.42 -14.02	77
平均总资产（美元）		293 964 224			284 903 864			256 540 904		256 207 798	271 327 621	
总权益资本（美元）		36 502 602			36 267 544			31 636 420		30 575 352	28 508 620	
净利润（美元）		3 505 355			2 666 967			2 793 185		2 396 696	1 535 763	
同业组银行数目（家）		199			188			179		173	180	

资料来源：富国银行，《统一银行业绩效报告》，https：//cdr.ffiec.gov/public/ManageFacsimiles.aspx？ReportType=283。

FDIC 证书#6384 OCC 许可证#1316 公开报告	联邦直辖区/ID_RSSD 3/ 817824 县：纽卡斯尔	PNC 银行，全美协会；特拉华州威尔明顿市 2013 年 12 月 31 日《统一银行业绩效报告》	目录 5/8/2014 5：48：15 PM
信息		目录	
介绍		部分	
《统一银行业绩效报告》涵盖银行和同类银行的业务。它作为银行管理工具，由联邦金融机构审查委员会提供。有关本报告内容的详细信息，请参阅网站 www.ffiec.gov 在线提供的"统一银行业绩效报告用户指南"。本报告是为了便于金融单位的联邦监管机构履行监督职责而编制的，包含的所有信息来源均被视为可靠，但不保证数据的准确性。不应将本报告所包含的信息用于金融机构的评级或其他评估。季度报告是本报告的主要信息来源。请参阅该文件以了解更多的财务信息以及作为此处列示数据的会计准则解释。有关报告内容的问题，请联系： 1-888-237-3111 或电子邮件：cdr.help@ ffiec.gov 金融机构地址： PNC BANK, NATIONAL ASSOCIATION 222 DELAWARE AVENUE WILMINGTON DE19899 联邦监管机构为： 　货币监理署 银行成立时间：1/1/1864 银行的当前同业组为：1 资产超过 30 亿美元的保险商业银行 脚注： 《统一银行业绩效报告》中的财务数据可能由于脚注所显示的信息而进行调整。有关详情请参阅在线的"统一银行业绩效报告用户指南"。 ##在上述一个或多个季度发生一次或多次兼并、合并或购买。因此，合并日之前的资产可能会被排除在盈余分析之外。		比率汇总-第 1 页 利润表-第 2 页 非利息收入、支出和收益-第 3 页 资产负债表-第 4 页 资产负债表外项目-第 5 页 衍生品工具-第 5A 页 衍生品分析-第 5B 页 资产负债表百分比构成-第 6 页 信贷准备金和贷款组合分析-第 7 页 信贷准备金和贷款组合分析-第 7A 页 信贷集中度分析-第 7B 页 逾期、非应计和重组分析-第 8 页 逾期、非应计和重组分析-第 8A 页 利率风险（资产占比）分析-第 9 页 流动性与融资-第 10 页 流动性与投资组合-第 10A 页 资本分析-第 11 页 资本分析-第 11A 页 第一季度的年度收入分析-第 12 页 证券化与资产销售活动-第 13 页 证券化与资产销售活动-第 13A 页 证券化与资产销售活动-第 13B 页 信托及相关服务-第 14 页 信托及相关服务-第 14A 页 州平均汇总 银行控股公司资料： FRB District/ID_RSSD 3/1069778 PNC FINANCIAL SERVICES GROUP, INC., THE PITTSBURGH, PA	

FDIC 证书#6384 OCC 许可证#1316	联邦直辖区/ID_RSSD 3/817824 县:纽卡斯尔			PNC 银行,全美协会;特拉华州威尔明顿市 比率汇总-第1页											比率汇总 5/8/2014 5:48:15 PM	
	12/31/2013			12/31/2012			12/31/2009			12/31/2007			12/31/2006				
收益和盈利能力	银行	PG 1	PCT	银行	PG 1	PCT	银行	PG 1	PCT	银行	PG 1	PCT	银行	PG 1	PCT		
平均资产的百分比:																	
利息收入(TE)	3.41	3.61	36	3.78	3.82	46	4.47	4.36	51	4.92	6.17	6	5.08	5.95	13		
-利息费用	0.24	0.36	31	0.28	0.46	28	0.94	1.29	30	2.45	2.96	21	2.54	2.70	40		
净利息收益(TE)	3.17	3.22	46	3.50	3.33	59	3.53	3.02	74	2.47	3.19	18	2.54	3.24	21		
+非利息收入	1.87	1.05	84	1.63	1.13	75	1.97	1.38	78	1.85	1.25	77	2.32	1.29	84		
-非利息费用	3.12	2.72	72	3.47	2.75	83	3.20	2.83	70	2.72	2.66	54	3.00	2.56	69		
备抵:贷款与租赁损失	0.22	0.14	72	0.34	0.32	63	1.46	1.72	50	0.21	0.30	47	0.14	0.13	55		
税前营业利润(TE)	1.70	1.43	69	1.31	1.42	42	0.83	-0.09	57	1.39	1.54	37	1.73	1.92	38		
+证券投资实现的收益/损失	0.03	0.02	75	0.03	0.04	61	-0.01	0.02	23	0.00	-0.02	28	-0.24	-0.01	3		
税前净营业利润(TE)	1.73	1.45	67	1.35	1.47	42	0.82	-0.13	59	1.38	1.51	38	1.49	1.91	25		
净营业利润	1.24	1.02	75	0.94	1.03	46	0.56	-0.21	59	0.93	0.98	42	1.02	1.24	27		
调整后的净营业利润	1.09	0.97	65	0.84	0.96	42	1.03	0.21	70	0.98	1.09	36	1.00	1.25	25		
净利润/少数股东权益	0.04	0.00	97	0.01	0.00	92	0.00	0.00	2	N/A	0.00	N/A	N/A	0.00	N/A		
经子公司调整的净利润	1.19	1.00	69	0.94	1.02	46	0.57	-0.24	60	0.93	0.97	43	1.02	1.24	26		
净利润	1.19	1.01	69	0.94	1.03	46	0.57	-0.24	60	0.93	0.97	43	1.02	1.24	26		
收益率分析:																	
平均盈利资产/平均总资产	88.94	92.04	25	87.21	91.88	12	87.53	92.28	12	86.74	91.54	14	86.95	91.79	14		
平均内部生息资金/平均总资产	77.64	77.39	41	77.08	77.80	36	79.40	81.24	35	76.50	81.54	19	77.35	81.55	22		
利息收入(TE)/平均盈利资产	3.84	3.93	40	4.33	4.16	56	5.10	4.75	64	5.67	6.75	9	5.85	6.50	19		
利息费用/平均盈利资产	0.27	0.39	34	0.32	0.50	30	1.07	1.40	32	2.82	3.25	24	2.92	2.96	47		
净利息收益/平均盈利资产	3.56	3.50	53	4.01	3.63	73	4.03	3.29	82	2.84	3.51	21	2.92	3.55	22		
贷款与租赁分析:																	
净损失/平均贷款与租赁总额	0.56	0.30	84	0.72	0.61	67	1.68	1.86	56	0.29	0.29	57	0.28	0.17	75		
净损失的盈余保障倍数	5.09	16.75	27	3.55	10.28	38	2.28	3.30	58	9.77	16.15	45	11.51	30.60	34		
贷款与租赁准备金/贷款与租赁 (扣除 HFS 部分)	1.84	1.44	77	2.17	1.73	74	3.21	2.53	73	1.14	1.25	37	1.12	1.15	48		
贷款与租赁准备金/净损失额	3.35	8.83	33	3.13	5.00	46	1.87	1.86	65	3.78	6.97	34	3.86	10.85	24		
贷款与租赁准备金/总贷款与租赁	1.82	1.43	77	2.13	1.68	74	3.16	2.46	75	1.08	1.22	32	1.06	1.11	42		
总贷款与租赁(逾期90天以上)	1.27	0.29	87	2.07	0.47	87	3.52	0.35	96	0.16	0.13	66	0.11	0.09	66		
非应计费用	1.80	1.05	82	1.78	1.54	65	3.35	3.77	54	0.62	0.77	47	0.29	0.38	40		
合计	3.06	1.46	88	3.85	2.22	83	6.87	4.33	80	0.78	0.96	47	0.40	0.51	42		
流动性																	
净新增非核心资金存款2 500 万美元	9.53	12.89	40	10.60	11.89	49	19.02	30.36	27	36.87	35.94	52	25.99	36.30	33		
净贷款与租赁/资产	62.79	63.36	41	62.94	60.79	47	59.61	62.96	34	54.10	65.48	21	55.09	63.95	25		
资本化																	
一级杠杆资本	9.78	9.86	52	10.08	9.76	59	9.31	8.68	71	6.84	8.05	22	7.18	8.18	29		
现金股息/净利润	81.47	42.97	79	90.21	45.69	78	67.12	20.54	82	82.97	62.59	61	68.37	47.82	63		
留存收益/平均总权益	1.79	4.25	27	0.74	3.71	25	1.77	-5.37	60	1.50	2.01	44	4.25	5.63	44		
(非应计股本+重组贷款)/(权益资本+贷款与租赁损失准备金)	13.45	11.48	65	13.73	14.81	52	22.35	27.04	50	3.39	5.69	37	2.17	2.76	44		
增长率																	
总资产	5.08	5.90	62	12.05	7.79	73	84.91	4.26	96	38.43	12.30	88	8.77	12.61	48		
一级资本	1.34	7.83	16	11.03	7.43	74	193.74	9.56	98	27.48	9.15	88	8.17	14.05	38		
净贷款与租赁	4.82	9.47	44	17.70	9.19	79	107.96	-1.28	98	35.93	14.14	87	1.86	13.61	15		
短期投资	142.96	4.88	91	63.85	23.33	77	-16.80	236.29	29	57.80	40.18	68	104.99	160.11	70		
短期非核心资金	-11.00	10.67	25	14.96	-2.27	72	6.42	-14.02	77	93.51	23.57	92	2.66	22.96	28		
平均总资产(美元)		293 964 224			284 903 864			271 327 621			119 274 584			86 167 980			
总权益资本(美元)		36 502 602			36 267 544			28 508 620			12 625 124			6 760 198			
净利润(美元)		3 505 355			2 666 967			1 535 763			1 109 757			878 639			
同业组银行数目(家)		199			188			180			187			182			

FDIC 证书#6384 OCC 许可证#1316	联邦直辖区/ID_RSSD 3/817824 县:纽卡斯尔	PNC 银行,全美协会;特拉华州威尔明顿市 利润表-第2页				利润表(美元)
	12/31/2013	12/31/2012	12/31/2009	12/31/2007	12/31/2006	年变动率(%)
贷款利息和费用	7 756 257	8 171 129	8 973 613	4 156 769	3 113 941	-5.08
融资租赁收入	265 588	277 359	273 257	51 839	101 739	-4.24
免税估计	226 465	205 193	45 337	35 155	33 738	10.37
税收优惠估计	121 663	110 243	21 829	12 582	11 339	10.36
贷款与租赁收入(TE)	8 143 508	8 558 731	9 268 699	4 221 190	3 227 019	-4.85
美国国债与机构证券	45 340	62 971	134 719	12 446	100 427	-28.00
住房抵押贷款证券	1 403 494	1 668 960	2 195 973	1 234 296	825 419	-15.91
税收优惠估计	43 497	36 314	22 474	2 089	1 304	19.78
其他证券	297 508	299 712	340 998	141 639	80 973	-0.74
免税证券收入	80 966	67 591	46 677	5 839	3 881	19.79
投资利息收入(TE)	1 789 839	2 067 957	2 694 164	1 390 470	1 008 123	-13.45
同业存款利息	12 234	4 481	9 069	1 735	281	173.02
出售和返售联储基金利息	8 223	22 628	42 479	122 415	66 907	-63.66
交易账户收入	19 445	49 418	49 152	80 263	43 564	-60.65
其他利息收入	62 729	66 473	51 462	47 591	34 785	-5.63
总利息收入(TE)	10 035 979	10 769 688	12 115 025	5 863 665	4 380 679	-6.81
国外营业点存款利息	9 753	15 427	19 949	295 121	239 966	-36.78
超过1亿美元的定期存款利息	55 857	80 817	578 167	231 125	261 020	-30.88
其他存款利息	285 080	300 540	1 153 619	1 524 995	1 097 384	-5.14
联储基金购入和回购利息	5 727	9 549	16 795	362 214	253 518	-40.03
交易债券和其他借款利息	131 644	163 946	428 714	400 800	217 259	-19.70
次级票据和信用票据利息	227 733	227 450	350 067	108 229	122 189	0.12
总利息费用	715 794	797 729	2 547 311	2 922 484	2 191 336	-10.27
净利息收益(TE)	9 320 185	9 971 959	9 567 714	2 941 181	2 189 343	-6.54
非利息收入	5 492 207	4 635 852	5 338 210	2 210 563	2 000 159	18.47
调整后营业收入(TE)	14 812 392	14 607 811	14 905 924	5 151 744	4 189 502	1.40
非利息费用	9 164 894	9 886 768	8 693 076	3 239 506	2 581 915	-7.30
备抵:贷款与租赁损失	651 026	977 178	3 969 456	256 273	120 423	-33.38
税前营业利润(TE)	4 996 472	3 743 865	2 243 392	1 655 965	1 487 164	33.46
持有至到期证券	0	0	0	0	0	N/A
可出售证券	82 680	92 568	-30 548	-4 755	-204 502	-10.68
税前净营业利润(TE)	5 079 152	3 836 433	2 212 844	1 651 210	1 282 662	32.39
应付所得税	1 276 998	997 790	637 682	526 781	391 380	27.98
当期应税等价调整	165 161	146 557	44 303	14 672	12 643	12.69
其他应税等价调整	0	0	0	0	0	N/A
应付所得税(TE)	1 442 159	1 144 347	681 985	541 453	404 023	26.02
净营业利润	3 636 993	2 692 086	1 530 859	1 109 757	878 639	35.10
非经常性项目净值	0	0	0	0	0	N/A
非控制少数股东净收益	131 638	25 119	-4 904	N/A	N/A	424.06
净利润	3 505 355	2 666 967	1 535 763	1 109 757	878 639	31.44
公告现金股利	2 855 750	2 405 750	1 030 750	920 750	600 750	18.71
留存收益	649 605	261 217	505 013	189 007	277 889	148.68
备注:净国际收入	0	0	0	0	0	N/A

FDIC 证书#6384 OCC 许可证#1316	联邦直辖区/ID_RSSD 3/817824 县：纽卡斯尔			PNC 银行,全美协会；特拉华州威尔明顿市 非利息收入、支出和收益—第 3 页									非利息收入、 支出和收益		
	12/31/2013			12/31/2012			12/31/2009			12/31/2007			12/31/2006		
平均资产的百分比(%)	银行	PG 1	PCT	银行	PG 1	PCT	银行	PG 1	PCT	银行	PG 1	PCT	银行	PG 1	PCT
人员费用	1.43	1.32	57	1.46	1.32	59	1.37	1.17	69	1.14	1.27	37	1.28	1.28	50
占用费	0.42	0.33	74	0.44	0.33	77	0.41	0.33	71	0.36	0.35	57	0.40	0.34	69
其他运营费用(包括无形资产)	1.27	1.02	77	1.57	1.07	85	1.43	1.25	70	1.21	1.00	73	1.32	0.91	84
总管理费用	3.12	2.72	72	3.47	2.75	83	3.20	2.83	70	2.72	2.66	54	3.00	2.56	69
管理费用(扣除非利息支出)	1.25	1.61	29	1.84	1.58	65	1.24	1.34	39	0.86	1.35	19	0.68	1.20	20
其他收入和费用比率(%):															
效率比	61.87	62.82	45	67.68	61.53	67	58.32	64.95	38	62.88	58.36	67	61.63	55.90	71
平均人员费用(千美元)	82.91	89.19	48	77.82	86.69	47	76.32	76.01	59	70.02	72.17	56	69.36	72.04	58
人均资产(百万美元)	6.11	9.07	49	5.51	9.44	42	5.35	12.49	41	6.43	7.54	65	5.67	7.90	55
收益或成本(%):															
总贷款与租赁(TE)	4.22	4.74	26	4.77	5.09	37	5.75	5.26	72	6.30	7.34	9	6.42	7.17	17
国内营业点的贷款	4.17	4.71	26	4.72	5.06	36	5.79	5.23	75	6.36	7.33	10	6.52	7.17	19
房地产	4.60	4.72	53	4.95	5.04	45	5.86	5.21	84	6.10	7.23	9	6.02	7.07	11
担保(1—4家庭)	4.78	4.48	71	5.08	4.72	76	5.93	5.33	77	N/A	0.00	N/A	0.00	N/A	
其他房地产贷款	4.29	4.93	26	4.73	5.26	28	5.73	5.10	72	N/A	0.00	N/A	0.00	N/A	
商业与产业	4.25	4.55	41	5.09	4.91	57	6.78	4.96	89	7.22	7.66	30	7.66	7.61	52
个人	3.03	6.08	13	3.24	6.38	12	4.48	6.82	13	5.37	8.11	4	5.90	7.75	10
信用卡	11.52	8.85	71	11.61	9.01	65	6.26	9.54	20	4.79	10.40	14	5.03	11.33	14
农业	3.81	4.54	32	4.06	5.01	27	4.24	5.04	27	4.02	7.87	4	10.47	7.77	98
外国营业点贷款	5.03	3.75	70	5.33	5.05	68	2.40	4.96	21	N/A	6.43	N/A	0.00	5.88	3
总投资证券(TE)	3.11	2.36	83	3.38	2.62	82	4.80	4.10	81	5.00	5.11	38	4.84	4.82	55
总投资证券(账面)	3.04	2.18	90	3.32	2.44	90	4.76	3.99	85	4.99	4.92	57	4.84	4.65	65
美国国债与机构证券(不包括MBS)	1.76	1.42	67	2.26	1.63	75	2.10	2.85	28	6.17	4.74	96	4.42	4.40	51
住房抵押贷款证券	3.37	2.20	93	3.82	2.53	93	5.34	4.54	88	5.03	4.99	56	4.87	4.76	61
其他证券	2.24	2.87	26	2.04	3.26	16	4.00	3.83	53	4.60	4.89	43	5.03	4.74	61
计息账户余额	0.25	0.26	45	0.24	0.26	27	0.14	0.38	11	6.46	4.58	93	5.22	4.21	81
联储基金出售和返售	0.64	0.35	78	1.27	0.40	87	0.54	0.35	78	3.01	5.20	1	5.03	5.01	62
总计息存款	0.18	0.36	18	0.21	0.46	12	0.96	1.47	22	2.88	3.40	23	2.86	3.02	41
交易账户	0.15	0.22	50	0.32	0.25	71	0.60	0.60	60	2.65	1.83	75	2.50	1.71	73
其他储蓄存款	0.09	0.20	23	0.10	0.23	17	0.51	0.65	39	1.95	2.32	33	2.00	2.03	52
超过1亿美元的定期存款	0.86	0.85	49	0.84	1.05	34	3.36	2.41	89	4.26	4.77	16	4.97	4.36	88
其他定期存款	0.86	0.89	50	0.85	1.12	30	1.57	2.65	9	4.73	4.58	63	3.85	3.97	37
外国营业点存款	0.21	0.26	50	0.21	0.30	38	0.22	0.55	15	4.34	4.35	37	4.99	4.21	85
联邦基金购入和回购	0.15	0.50	36	0.21	0.60	46	0.16	1.03	14	4.41	4.58	34	4.88	4.47	75
其他借款	0.66	1.88	19	0.83	2.40	17	2.75	2.58	50	4.09	4.89	14	6.02	4.74	88
次级票据和债券	3.47	3.79	51	4.40	4.32	56	5.20	4.34	66	5.67	5.99	32	6.39	5.74	66
所有计息资金	0.31	0.47	31	0.36	0.60	25	1.18	1.60	29	3.20	3.65	24	3.29	3.34	46
非利息收入和费用(美元)															
信托业务		728 276			652 109			598 804			418 807			328 572	
存款服务收费		1 031 935			988 316			1 339 595			534 863			490 440	
交易、风险投资、证券公司		234 665			196 902			147 191			65 079			107 930	
投资银行、咨询公司		350 209			354 885			326 970			291 334			239 621	
保险佣金和收费		25 879			31 037			81 721			13 380			6 577	
净服务费		512 966			493 174			734 337			147 292			108 538	
贷款与租赁净收益(损失)		182 818			-472 990			185 471			55 912			119 582	
其他净收益(亏损)		212 875			223 641			-55 432			15 083			16 124	
其他非利息收入		2 212 584			2 168 778			1 979 553			668 813			582 775	
非利息收入		5 492 207			4 635 852			5 338 210			2 210 563			2 000 159	
人员费用		4 208 874			4 167 663			3 711 322			1 358 974			1 102 189	
占用费		1 230 005			1 249 657			1 114 611			432 030			345 437	
商誉减值		0			44 840			0			0			0	
其他无形摊销		146 716			166 897			219 140			70 209			31 926	
其他运营费用(包括无形资产)		3 579 299			4 257 711			3 648 003			1 378 293			1 102 363	
非利息费用		9 164 894			9 886 768			8 693 076			3 239 506			2 581 915	
国内银行营业点(家)		2 736			2 903			2 526			1 035			824	
外国分行(家)		1			1			1			0			11	
单位国内营业点的资产		112 165			100 659			102 316			119 028			107 229	

FDIC 证书#6384	联邦直辖区/ID_RSSD 3/817824		PNC 银行,全美协会;特拉华州威尔明顿市			资产负债表	
OCC 许可证#1316	县:纽卡斯尔		资产负债表-第4页			(美元)	
						变动率(%)	
	12/31/2013	12/31/2012	12/31/2009	12/31/2007	12/31/2006	1季度	1年
资产:							
房地产贷款	85 507 520	84 702 621	90 306 525	36 595 704	25 246 489	0.42	0.95
商业贷款	68 636 927	63 489 326	42 918 502	21 769 395	17 202 849	2.95	8.11
个人贷款	26 257 534	24 969 293	17 195 962	5 020 045	3 792 397	1.99	5.16
农业贷款	117 967	109 067	143 784	7 669	918	12.77	8.16
其他国内贷款与租赁	15 071 565	14 861 017	8 328 201	3 809 361	2 679 511	-1.33	1.42
外国营业点贷款与租赁	2 671 988	1 606 524	1 414 805	1 076 819	1 312 218	1.99	66.32
可出售贷款	2 263 778	3 702 343	2 538 787	3 909 243	2 366 109	-5.98	-38.86
可出售非持有贷款	195 998 417	186 034 160	157 691 014	64 332 647	47 832 092	1.47	5.36
贷款与租赁准备金	3 608 665	4 035 708	5 063 667	734 140	534 585	-2.22	-10.58
净贷款与租赁	194 653 530	185 700 795	155 166 134	67 507 750	49 663 616	1.45	4.82
美国国债和机构证券	33 746 638	35 499 632	31 868 480	9 139 072	4 460 576	9.15	-4.94
市政证券	3 669 924	2 947 442	1 326 393	188 979	104 791	14.44	24.51
外债证券	1 153 930	1 113 763	1 386 765	0	0	-0.62	3.61
其他证券	21 612 153	21 752 329	21 251 138	19 977 265	17 609 119	-1.28	-0.64
计息账户余额	12 099 025	3 951 114	4 178 522	3 145	2 736	51.32	206.22
联储基金出售和返售	2 242 907	1 741 009	2 390 129	3 096 149	1 846 267	105.02	28.83
交易账户资产	4 174 830	3 000 248	2 390 933	4 887 891	2 906 020	52.87	39.15
总投资	78 699 407	70 005 537	64 792 360	37 292 501	26 929 509	14.06	12.42
总盈利资产	273 352 937	255 706 332	219 958 494	104 800 251	76 593 125	4.78	6.90
无息现金和同业存款	4 034 133	5 213 060	4 282 748	3 557 298	3 590 886	-17.69	-22.61
经营场所、固定资产和资本租赁	4 633 026	4 521 665	3 755 291	1 579 837	1 314 564	1.60	2.46
其他房地产	604 503	887 467	596 262	27 361	12 542	-9.38	-31.88
相关的直接和间接风险投资	0	0	0	0	0	N/A	N/A
未合并子公司投资	0	0	206	1 428	0	N/A	N/A
票据和其他资产	27 375 080	28 697 866	31 716 848	14 816 114	8 631 332	-0.39	-4.61
总资产	309 999 678	295 026 390	260 309 849	124 782 289	90 142 449	3.86	5.08
季度平均资产	303 072 731	290 037 593	271 327 621	121 316 826	88 239 171	3.52	4.49
负债:							
活期存款	39 280 715	37 117 705	15 917 849	10 631 314	8 275 895	4.55	5.83
所有NOW和ATS账户	3 688 494	3 501 310	3 573 286	1 945 139	1 701 657	23.90	5.35
货币市场存款账户	144 240 092	136 768 146	106 285 148	38 809 937	34 133 988	1.47	5.46
其他储蓄存款	12 035 164	11 290 198	8 101 859	2 501 499	1 828 925	1.05	6.60
保险限额以内的定期存款	18 312 116	21 382 958	34 532 565	12 075 517	9 747 432	-3.35	-14.36
减:完全保险经纪存款	99	200 987	3 840 528	4 305 781	3 463 717	-99.49	-99.95
核心存款	217 556 482	209 859 330	164 570 179	61 657 625	52 224 180	1.88	3.67
完全保险经纪存款	99	200 987	3 840 528	4 305 781	3 463 717	-99.49	-99.95
超过保险限额的定期存款	1 716 366	1 785 623	14 670 377	5 286 977	5 590 228	-0.25	-3.88
外国营业点存款	6 465 924	4 897 325	9 962 057	8 116 663	4 001 781	21.88	32.03
总存款	225 738 871	216 743 265	193 043 141	79 367 046	65 279 906	2.34	4.15
联邦基金购入与返售	4 349 832	3 351 286	4 009 623	8 671 288	4 443 808	34.40	29.80
联邦住房贷款(期限小于1年)	6 092 549	7 960 051	4 230 290	3 634 834	595 584	-14.12	-23.46
联邦住房贷款(期限大于1年)	6 819 579	1 476 526	6 531 035	4 751 499	1 561	392.44	361.87
其他借款(期限小于1年)	5 546 515	8 906 811	2 388 397	3 105 607	745 782	-26.26	-37.73
其他借款(期限大于1年)	11 138 049	6 089 605	2 965 428	4 250 024	4 606 664	27.66	82.90
票据和其他负债	4 867 216	6 098 816	8 584 128	3 960 847	4 514 904	-9.30	-20.19
总负债(含抵押贷款)	264 552 611	250 626 360	221 752 042	107 741 145	80 188 209	4.19	5.56
次级票据和债券	7 142 150	5 990 020	6 729 890	2 104 911	1 599 832	6.39	19.23
银行资本总额	38 304 917	38 410 010	31 827 917	14 936 233	8 354 408	1.16	-0.27
总负债和资本	309 999 678	295 026 390	260 309 849	124 782 289	90 142 449	3.86	5.08
备注:							
经理人、股东贷款(数量)	4	3	1	3	2		
经理人、股东贷款(金额)	4 907	4 729	12 166	21 404	20 795	-0.69	3.76
持有至到期证券	11 686 509	10 353 818	5 228 638	0	0	1.64	12.87
可出售证券	48 496 135	50 959 348	50 604 138	29 305 316	22 174 486	6.17	-4.83
所有经纪存款	99	200 987	3 840 528	4 605 781	3 463 717	-99.49	-99.95

FDIC 证书#6384 OCC 许可证#1316	联邦直辖区/ID_RSSD 3/817824 县:纽卡斯尔						PNC 银行,全美协会;特拉华州威尔明顿市 资产负债表外项目-第5页								资产负债 表外项目	
	12/31/2013			12/31/2012			12/31/2009			12/31/2007			12/31/2006			变动率(%)	
																1季度	1年
未偿付占总额的百分比(%)	银行	PG 1	PCT	银行	PG 1	PCT	银行	PG 1	PCT	银行	PG 1	PCT	银行	PG 1	PCT		
住房产权(1—4家庭)	6.05	2.47	85	6.72	2.45	91	7.82	2.70	90	6.66	3.33	80	8.27	3.54	83		
信用卡	5.40	1.07	89	5.89	1.12	91	6.74	1.04	90	0.00	1.10	47	0.00	1.12	48		
由房产担保的商业地产	2.01	2.36	45	1.55	1.70	48	0.96	1.50	37	2.61	4.19	34	3.23	4.25	44		
1—4家庭住房	0.04	0.39	27	0.06	0.26	34	0.17	0.29	44	1.08	1.13	58	N/A	0.00	N/A		
其他地产	1.98	1.88	56	1.49	1.40	56	0.80	1.16	39	1.53	3.07	30	N/A	0.00	N/A		
无房产担保的商业地产	2.41	0.09	99	1.94	0.09	99	1.15	0.11	95	2.35	0.17	96	3.71	0.18	97		
其他项目	26.71	11.47	92	25.89	10.79	92	22.50	10.43	88	30.24	12.38	91	33.74	12.49	91		
总贷款与租赁承诺	42.58	19.60	92	41.99	18.15	93	39.18	18.07	92	41.87	24.53	87	48.95	25.43	92		
证券承销	0.00	0.00	97	0.00	0.00	96	0.00	0.00	97	0.00	0.00	96	0.00	0.03	96		
备用信用证	4.47	1.02	94	4.98	1.09	94	4.99	1.66	87	5.23	2.16	85	7.04	2.30	90		
转让额度	1.03	0.06	96	1.05	0.06	95	1.10	0.10	92	1.34	0.06	90	2.14	0.16	96		
商业信用证	0.07	0.04	81	0.09	0.04	81	0.13	0.04	83	0.12	0.07	76	0.12	0.09	74		
可追索的证券化或出售资产	4.91	0.64	91	5.95	0.82	91	13.95	0.93	95	10.75	0.86	94	2.57	0.86	84		
追索金额暴露	1.25	0.10	91	1.46	0.12	92	2.51	0.16	93	2.81	0.17	97	0.06	0.11	73		
银行作为担保人的信用衍生品	0.89	0.03	95	0.70	0.04	92	0.87	0.03	95	1.68	0.04	95	1.19	0.02	95		
银行作为受益人的信用衍生品	0.68	0.03	94	0.54	0.03	93	0.73	0.02	94	3.17	0.10	94	3.02	0.07	94		
其他表外项目	0.00	0.37	74	0.00	0.33	73	2.46	0.34	88	6.72	0.56	92	10.53	0.70	92		
资产负债表外项目	53.60	25.31	89	54.24	24.80	88	62.33	26.27	87	69.54	36.83	87	73.41	37.63	86		
未偿付(千美元)																	
住房产权(1—4家庭)		18 754 319			19 814 595			20 366 446			8 315 218			7 450 945		-0.83	-5.35
信用卡		16 746 350			17 381 235			17 556 396			0			0		-1.33	-3.65
由房产担保的商业地产		6 243 490			4 569 605			2 504 825			3 262 803			2 914 501		-3.59	36.63
1—4家庭住房		119 746			181 504			432 426			1 349 586			N/A		-17.55	-34.03
商业地产、其他建筑和土地		6 123 744			4 388 101			2 072 399			1 913 217			N/A		-3.27	39.55
无房产担保的商业地产		7 464 287			5 736 485			2 983 390			2 933 583			3 341 919		10.62	30.12
其他项目		82 785 366			76 374 462			58 565 523			37 728 852			30 413 748		4.03	8.39
证券承销		0			0			0			0			0		N/A	N/A
备注:未使用		69 150 636			58 239 930			39 817 212			26 584 687			21 420 966		5.75	18.73
备用信用证		13 844 991			14 679 225			12 999 322			6 527 235			6 347 071		1.56	-5.68
转让额度		3 183 626			3 099 424			2 860 137			1 670 021			1 926 347		6.86	2.72
商业信用证		206 102			263 436			347 595			152 805			104 870		-12.10	-21.76
可追索的证券化或出售资产		15 234 816			17 554 670			36 322 082			13 411 729			2 316 933		-4.90	-13.22
追索金额暴露		3 868 275			4 320 009			6 530 694			3 503 070			51 528		-4.52	-10.46
银行作为担保人的信用衍生品		2 769 798			2 052 697			2 270 471			2 099 500			1 071 000		1.87	34.93
银行作为受益人的信用衍生品		2 102 319			1 587 791			1 911 913			3 956 000			2 720 050		7.71	32.41
其他表外项目		341			491			6 410 045			8 390 853			9 494 028		-55.77	-30.55
资产负债表外项目		166 152 179			160 014 692			162 238 008			86 778 578			66 175 065		1.78	3.84

FDIC 证书#6384 OCC 许可证#1316	联邦直辖区/ID_RSSD 3/817824 县:纽卡斯尔		PNC 银行,全美协会;特拉华州威尔明顿市 衍生品工具-第5A 页		衍生工具
	12/31/2013	12/31/2012	12/31/2009	12/31/2007	12/31/2006
名义金额(千美元)					
衍生品合约	382 422 133	351 135 433	289 242 201	279 498 299	227 704 992
利率合约	366 489 814	339 449 500	281 787 936	258 860 226	218 762 206
外汇合约	14 688 051	10 951 731	7 110 309	18 778 229	7 006 939
股权、商品及其他合约	1 244 268	734 202	343 956	1 859 844	1 935 847
衍生品头寸					
远期与期货	73 570 257	79 705 725	54 090 103	53 266 172	20 126 483
卖出期权	48 983 966	27 925 271	27 620 912	46 642 516	66 009 383
交易所交易	40 750 000	19 100 000	5 640 000	24 792 050	38 750 000
柜台交易	8 233 966	8 825 271	21 980 912	21 850 466	27 259 383
买入期权	38 443 431	34 182 874	37 108 973	43 008 914	54 573 992
交易所交易	28 950 000	16 150 000	12 940 000	14 340 000	24 209 000
柜台交易	9 493 431	18 032 874	24 168 973	28 668 914	30 364 992
互换	221 424 479	209 321 563	170 422 213	136 580 697	86 995 134
交易型证券	180 686 501	158 840 511	132 304 446	261 205 377	213 332 079
利率合约	166 944 566	147 739 476	124 850 181	240 567 304	204 389 293
外汇合约	13 741 935	10 934 529	7 110 309	18 778 229	7 006 939
股权、商品及其他合约	0	166 506	343 956	1 859 844	1 935 847
非交易型证券	201 735 632	192 294 922	156 937 755	18 292 922	14 372 913
利率合约	199 545 248	191 710 024	156 937 755	18 292 922	14 372 913
外汇合约	946 116	17 202	0	0	0
股权、商品及其他合约	1 244 268	567 696	0	0	0
备注:按市值计价	201 735 632	192 294 922	156 937 755	18 292 922	14 372 913
衍生品合约(基于风险资本)	210 943 017	217 157 669	197 018 218	167 228 630	133 977 428
1 年以内	77 920 210	72 732 782	48 996 720	46 071 606	38 563 314
1—5 年	73 556 419	89 727 825	95 570 823	73 154 678	56 598 305
5 年以上	59 466 388	54 697 062	52 450 675	48 002 346	38 815 809
负公允价值总额	4 137 197	6 490 121	3 656 481	2 272 112	1 104 679
正公允价值总额	4 867 087	7 782 846	3 840 890	2 751 259	1 239 643
交易型	3 440 682	4 233 991	2 673 245	2 274 623	1 143 962
非交易型	1 426 405	3 548 855	1 167 645	476 636	95 681
备注:按市值计价	1 426 405	3 548 855	1 167 645	476 636	95 681
当期信用风险金额(衍生品合约)	2 524 325	3 049 579	2 264 896	2 751 259	1 232 240
衍生品信用损失	1 144	1 165	23 917	110	28
逾期衍生品工具:					
资产的公允价值	9	0	17	130	0
非交易型衍生品合约的影响					
利息收入增加(减少)	N/A	N/A	N/A	N/A	N/A
利息费用增加(减少)	N/A	N/A	N/A	N/A	N/A
非利息费用增加(减少)	N/A	N/A	N/A	N/A	N/A
净收益增加(减少)	N/A	N/A	N/A	N/A	N/A

FDIC 证书#6384 OCC 许可证#1316	联邦直辖区/ID_RSSD 3/817824 县:纽卡斯尔			PNC 银行,全美协会;特拉华州威尔明顿市 衍生品分析-第5B页						衍生品分析		
	12/31/2013			12/31/2012			12/31/2009			12/31/2007			12/31/2006		
名义金额的百分比(%)	银行	PG 1	PCT	银行	PG 1	PCT	银行	PG 1	PCT	银行	PG 1	PCT	银行	PG 1	PCT
利率合约	95.83	84.26	31	96.67	84.72	34	97.42	87.46	35	92.62	70.89	31	96.07	69.43	35
外汇合约	3.84	4.50	75	3.12	5.02	73	2.46	3.31	73	6.72	5.93	76	3.08	7.18	72
股权、商品及其他合约	0.33	0.75	79	0.21	1.03	75	0.12	0.99	76	0.67	1.48	75	0.85	1.23	79
衍生品头寸															
远期与期货	19.24	16.29	69	22.70	21.45	60	18.70	15.09	67	19.06	17.65	66	8.84	18.61	51
卖出期权	12.81	9.23	71	7.95	12.02	52	9.55	9.96	67	16.69	7.59	82	28.99	6.71	90
交易所交易	10.66	0.02	99	5.44	0.02	98	1.95	0.05	95	8.87	0.04	98	17.02	0.07	98
柜台交易	2.15	8.98	39	2.51	11.82	31	7.60	9.63	64	7.82	7.18	67	11.97	5.94	81
买入期权	10.05	3.28	83	9.74	2.90	85	12.83	3.43	86	15.39	5.72	83	23.97	4.69	92
交易所交易	7.57	0.02	99	4.60	0.02	98	4.47	0.05	98	5.13	0.06	98	10.63	0.09	98
柜台交易	2.48	3.12	62	5.14	2.74	75	8.36	3.12	81	10.26	5.07	79	13.34	4.13	84
互换	57.90	56.85	36	59.61	49.33	47	58.92	54.55	34	48.87	50.37	35	38.21	48.36	32
交易型	47.25	37.43	53	45.24	32.78	55	45.74	36.60	51	93.46	33.56	80	93.69	28.80	83
利率合约	43.65	32.60	58	42.07	28.99	60	43.16	32.27	53	86.07	25.45	87	89.76	21.48	91
外汇合约	3.59	2.12	81	3.11	2.45	79	2.46	1.65	78	6.72	2.84	82	3.08	3.40	78
股权、商品及其他合约	0.00	0.16	85	0.05	0.23	84	0.12	0.35	82	0.67	0.39	84	0.85	0.30	85
非交易型	52.75	23.42	46	54.76	25.93	44	54.26	25.80	48	6.54	32.57	19	6.31	35.34	16
利率合约	52.18	26.44	50	54.60	33.48	45	54.26	32.21	52	6.54	35.03	24	6.31	38.64	21
外汇合约	0.25	0.38	85	0.00	0.42	76	0.00	0.18	77	0.00	0.31	69	0.00	0.43	74
股权、商品及其他合约	0.33	0.13	89	0.16	0.26	87	0.00	0.10	86	0.00	0.11	85	0.00	0.09	87
备注:按市值计价	52.75	23.42	46	54.76	25.93	44	54.26	25.80	48	6.54	32.57	19	6.31	35.34	16
衍生品合约(基于风险资本)	55.16	80.47	15	61.84	76.84	24	68.12	77.74	25	59.83	80.01	14	58.84	79.59	14
1年以内	20.38	21.17	61	20.71	27.80	46	16.94	25.11	46	16.48	24.26	44	16.94	22.72	45
1—5年	19.23	25.09	41	25.55	22.43	53	33.04	30.69	48	26.17	31.13	42	24.86	29.11	43
5年以上	15.55	24.57	41	15.58	17.01	52	18.13	13.89	61	17.17	16.71	55	17.05	18.53	55
负公允价值总额	1.08	1.17	46	1.85	1.79	50	1.26	1.64	40	0.81	1.04	43	0.49	0.64	47
正公允价值总额	1.27	1.29	54	2.22	1.55	67	1.33	1.53	41	0.98	1.17	45	0.54	0.75	41
一级资本:															
负公允价值总额(倍)	0.14	0.02	94	0.23	0.03	93	0.15	0.03	90	0.29	0.03	93	0.18	0.02	93
正公允价值总额(倍)	0.17	0.02	93	0.27	0.03	93	0.16	0.04	89	0.35	0.04	93	0.20	0.02	92
交易型	6.29	0.75	93	5.60	0.97	91	5.40	1.09	90	33.27	1.31	94	34.64	1.30	94
非交易型	7.02	0.41	98	6.78	0.52	97	6.41	0.55	97	2.33	0.79	84	2.33	1.08	80
备注:按市值计价	7.02	0.41	98	6.78	0.52	97	6.41	0.55	97	2.33	0.79	84	2.33	1.08	80
当期信用暴露	0.09	0.01	92	0.11	0.02	89	0.09	0.03	86	0.35	0.03	93	0.20	0.02	92
衍生品信用损失	0.00	0.00	92	0.00	0.00	88	0.10	0.00	93	0.00	0.00	96	0.00	0.00	97
逾期衍生品工具:															
资产公允价值	0.00	0.00	96	0.00	0.00	94	0.00	0.00	93	0.00	0.00	97	0.00	0.00	98
其他比率:															
当前信用风险暴露/准备金	0.96	0.18	91	1.21	0.30	88	1.01	0.38	86	2.65	0.28	93	1.61	0.19	92
衍生品信用风险暴露/准备金	0.03	0.02	92	0.03	0.01	87	0.47	0.02	94	0.02	0.01	95	0.01	0.01	97
非交易型衍生品合约的影响:															
利息收入增加(减少)	N/A	0.00	N/A	N/A	0.00	N/A	N/A	0.00	N/A	N/A	0.00	N/A	N/A	0.00	N/A
利息费用增加(减少)	N/A	0.00	N/A	N/A	0.00	N/A	N/A	0.00	N/A	N/A	0.00	N/A	N/A	0.00	N/A
非利息费用增加(减少)	N/A	0.00	N/A	N/A	0.00	N/A	N/A	0.00	N/A	N/A	0.00	N/A	N/A	0.00	N/A
净收益增加(减少)	N/A	0.00	N/A	N/A	0.00	N/A	N/A	0.00	N/A	N/A	0.00	N/A	N/A	0.00	N/A

FDIC 证书#6384 OCC 许可证#1316	联邦直辖区/ID_RSSD 3/817824 县:纽卡斯尔			PNC 银行,全美协会;特拉华州威尔明顿市 资产负债表百分比构成-第6页								资产负债表 (%)		
	12/31/2013			12/31/2012			12/31/2009			12/31/2007			12/31/2006		
平均资产的百分比(%)	银行	PG 1	PCT	银行	PG 1	PCT	银行	PG 1	PCT	银行	PG 1	PCT	银行	PG 1	PCT
可出售贷款	1.04	0.46	81	1.06	0.59	79	0.98	0.53	77	2.83	0.85	86	3.15	0.89	86
非出售贷款	63.96	62.36	48	61.84	60.54	46	60.58	65.15	29	52.23	64.18	21	55.07	62.16	26
减:贷款与租赁准备金	1.27	0.96	76	1.45	1.12	70	1.95	1.39	77	0.58	0.76	22	0.65	0.73	34
净贷款与租赁	63.73	62.47	45	61.45	60.71	45	59.61	64.94	28	54.48	65.46	21	57.56	63.50	26
计息账户余额	1.97	4.25	38	0.93	4.95	17	1.61	3.68	42	0.00	0.50	15	0.00	0.48	16
联储基金出售和转售	0.58	0.32	80	0.67	0.38	82	0.92	0.77	70	2.34	2.06	66	1.70	1.79	60
交易账户资产	1.07	0.17	91	0.98	0.26	87	0.92	0.40	82	3.53	0.52	89	2.70	0.29	92
持有至到期证券	3.56	2.42	70	3.84	2.08	74	2.01	0.97	80	0.00	1.19	35	0.00	1.57	36
可出售证券	16.29	16.94	54	17.87	18.00	57	19.44	14.99	72	23.36	15.57	79	23.55	17.26	76
总盈利资产	87.19	90.35	21	85.74	90.05	12	84.50	89.69	8	83.72	89.51	11	85.53	89.75	18
无息现金和同业存款	1.49	1.53	45	1.53	1.55	48	1.65	1.86	43	2.84	2.34	75	3.79	2.49	84
经营场所、固定资产和资本租赁	1.52	1.16	68	1.62	1.16	71	1.44	1.09	68	1.29	1.12	63	1.44	1.06	69
其他房地产	0.25	0.28	59	0.32	0.38	56	0.23	0.26	50	0.02	0.05	39	0.01	0.03	40
相关的直接和间接风险投资	0.00	0.02	73	0.00	0.02	75	0.00	0.01	76	0.00	0.01	76	0.00	0.01	75
未合并子公司的投资	0.00	0.02	66	0.00	0.03	65	0.00	0.01	67	0.00	0.01	73	0.01	0.01	80
票据和其他资产	9.55	6.20	81	10.78	6.40	90	12.18	6.53	92	12.13	6.56	88	9.22	6.18	79
总非盈利资产	12.81	9.59	79	14.26	9.95	87	15.50	10.31	91	16.28	10.49	88	14.47	10.25	81
总资产	100.00	100.00	99	100.00	100.00	99	100.00	100.00	99	100.00	100.00	99	100.00	100.00	99
备用信用证	4.76	1.11	94	5.05	1.15	94	4.99	1.80	87	5.35	2.21	87	7.30	2.29	90
负债															
活期存款	12.39	7.00	86	11.55	6.60	85	6.12	4.99	66	8.35	4.97	84	9.51	5.52	86
所有 NOW 和 ATS 账户	1.10	2.17	39	1.05	2.11	39	1.37	1.82	47	1.47	1.73	52	1.94	1.73	62
货币市场存款账户	46.97	33.60	74	45.22	32.33	75	40.83	23.60	87	31.98	24.76	69	37.05	24.07	79
其他储蓄存款	3.99	12.78	27	3.74	11.70	29	3.11	7.22	38	2.09	7.20	26	2.38	8.24	26
保险限额内的定期存款	6.65	12.72	25	8.48	13.81	31	13.27	15.04	47	10.18	12.97	39	10.83	10.51	53
减:完全保险经纪存款	0.03	3.09	23	0.09	2.99	26	1.48	4.92	44	3.57	2.80	69	4.27	2.65	72
核心存款	71.05	68.92	45	69.95	67.16	44	63.22	50.56	74	50.49	51.74	38	57.45	51.02	61
完全保险经纪存款	0.03	3.09	23	0.09	2.99	26	1.48	4.92	44	3.57	2.80	69	4.27	2.65	72
超过保险限额的定期存款	0.59	3.14	10	0.69	3.36	12	5.64	10.75	19	4.26	11.83	10	6.15	12.79	19
外国营业点存款	1.80	0.44	87	2.41	0.63	88	3.83	1.53	81	5.96	1.77	81	4.18	1.74	79
总存款	73.48	79.05	19	73.15	78.11	19	74.16	73.48	50	64.27	72.44	20	72.05	71.92	48
联储基金购入和返售	1.21	2.31	42	1.24	2.65	41	1.54	4.50	29	6.14	6.37	57	5.23	6.11	47
联邦住房贷款	3.10	2.88	62	3.31	2.86	65	4.13	4.83	50	6.11	4.18	68	2.18	4.16	44
其他借款	5.27	0.56	93	4.65	0.79	91	2.06	1.99	67	6.10	1.62	85	5.33	1.72	84
备注:短期非核心资金	8.10	11.08	40	9.88	11.85	51	10.31	23.93	5	21.00	23.85	42	17.06	24.06	27
票据和其他负债	1.95	1.22	81	2.40	1.41	84	3.30	1.49	90	3.59	1.58	89	4.06	1.63	90
总负债(含抵押贷款)	85.00	87.79	18	84.74	87.79	17	85.19	88.67	14	86.21	88.64	20	88.84	89.03	38
次级票据和债券	2.20	0.18	97	1.81	0.24	96	2.59	0.50	92	1.56	0.61	77	2.22	0.58	87
银行资本总额	12.79	11.84	65	13.45	11.83	72	12.23	10.63	71	12.23	10.57	76	8.94	10.18	42
总负债和资本	100.00	100.00	99	100.00	100.00	99	100.00	100.00	99	100.00	100.00	99	100.00	100.00	99
备注:所有经纪存款	0.03	3.51	21	0.09	3.46	23	1.48	5.89	39	3.69	3.55	65	4.27	3.62	65
受保经纪存款	0.03	3.09	23	0.09	2.99	26	1.48	4.92	44	3.57	2.80	69	4.27	2.65	72
HFS 贷款占总贷款比例	1.60	0.71	80	1.69	0.93	78	1.58	0.82	79	5.14	1.37	87	5.40	1.44	86

FDIC 证书#6384 OCC 许可证#1316	联邦直辖区/ID_RSSD 3/817824 县:纽卡斯尔		PNC 银行,全美协会;特拉华州威尔明顿市 信贷准备金和贷款组合分析-第 7 页								准备金和贷款组合 a		
	12/31/2013			12/31/2012			12/31/2009			12/31/2007			12/31/2006		
分析比率	BANK	PG 1	PCT	银行	PG 1	PCT	银行	PG 1	PCT	银行	PG 1	PCT	银行	PG 1	PCT
平均资产损失准备金	0.22	0.14	72	0.34	0.32	63	1.46	1.72	50	0.21	0.30	47	0.14	0.13	55
回收款/前期信用损失	27.07	23.98	63	25.71	17.68	77	75.86	14.18	97	24.58	41.56	33	30.09	37.61	44
净损失/平均总贷款与租赁	0.56	0.30	84	0.72	0.61	67	1.68	1.86	56	0.29	0.29	57	0.28	0.17	75
总损失/平均总贷款与租赁	0.82	0.44	84	1.04	0.77	73	1.96	1.99	60	0.35	0.37	56	0.35	0.24	73
回收款/平均总贷款与租赁	0.26	0.14	84	0.32	0.15	86	0.28	0.10	89	0.06	0.07	53	0.08	0.08	54
借贷和租赁备抵/借贷与租赁中非 HFS 的部分	1.84	1.44	77	2.17	1.73	74	3.21	2.53	73	1.14	1.25	37	1.12	1.15	48
贷款与租赁准备金/总贷款与租赁	1.82	1.43	77	2.13	1.68	74	3.16	2.46	75	1.08	1.22	32	1.06	1.11	42
贷款与租赁准备金/净损失额(倍)	3.35	8.83	33	3.13	5.00	46	1.87	1.86	65	3.78	6.97	34	3.86	10.85	24
贷款与租赁准备金/非应计贷款与租赁(倍)	1.01	1.68	27	1.20	1.45	45	0.94	0.90	66	1.72	2.60	54	3.67	4.22	60
净损失的盈余保障(倍)	5.09	16.75	27	3.55	10.28	38	2.28	3.30	58	9.77	16.15	45	11.51	30.60	34
各类型贷款与租赁的净损失															
房地产贷款	0.79	0.26	88	1.05	0.64	74	1.41	1.83	54	0.16	0.14	64	0.08	0.05	70
用于商业房地产融资的贷款	0.01	0.02	80	0.22	0.41	80	0.66	1.17	74	0.97	0.07	92	0.07	0.00	93
建设与土地开发	0.99	0.33	78	1.41	1.40	63	3.51	5.10	46	0.44	0.23	77	0.10	0.03	85
1—4 家庭建设	0.00	0.09	64	2.39	1.00	80	9.57	6.74	66	0.22	0.28	63	N/A	0.00	N/A
其他建设和土地	1.10	0.27	81	1.25	1.46	61	1.31	4.37	35	0.80	0.15	90	N/A	0.00	N/A
用农地担保	-2.58	0.06	1	0.53	0.22	79	0.89	0.28	86	-0.07	0.01	6	0.86	0.02	95
单家庭和多家庭住房抵押贷款	0.93	0.29	90	1.15	0.57	79	0.96	1.11	56	0.14	0.12	67	0.08	0.05	67
住房产权贷款	1.32	0.40	91	1.38	0.77	80	1.01	1.06	57	0.25	0.16	73	0.09	0.08	62
1—4 家庭贷款	0.72	0.31	84	0.98	0.60	75	0.80	1.03	54	0.10	0.10	61	0.07	0.05	71
多家庭贷款	-0.01	0.12	17	0.91	0.34	80	2.37	0.85	84	-0.05	0.05	4	0.14	0.02	88
非农场非住房抵押贷款	0.39	0.20	79	0.72	0.41	75	1.66	0.66	85	0.05	0.05	75	0.06	0.03	74
业主自有的非农场非住房	0.58	0.19	87	0.94	0.36	85	1.70	0.45	92	0.02	0.04	62	N/A	0.00	N/A
其他非农场非住房	0.27	0.19	72	0.58	0.46	65	1.64	0.79	79	0.12	0.05	81	N/A	0.00	N/A
外国营业点商业房地产贷款	N/A	0.56	N/A	0.00	0.59	70	0.00	0.13	72	N/A	0.00	N/A	N/A	0.00	N/A
农业贷款	0.84	0.09	3	-0.06	0.13	8	5.62	0.25	99	0.00	0.06	67	-9.22	0.03	0
商业和产业贷款	0.25	0.33	51	0.22	0.52	36	2.27	1.98	65	0.51	0.37	70	0.41	0.30	70
租赁融资	-0.10	0.02	14	-0.22	0.18	8	2.07	0.99	81	0.00	0.24	19	0.38	-0.02	81
个人贷款	1.02	0.97	65	1.26	1.10	64	2.29	2.32	61	0.32	0.86	30	0.27	0.65	30
信用卡计划	3.73	2.51	71	4.11	2.37	80	6.73	5.86	55	0.07	2.44	22	-0.06	1.96	10
其他贷款与租赁	0.11	0.22	67	0.14	0.26	64	0.38	1.06	55	0.54	0.36	75	1.37	0.28	88
外国政府贷款	0.00	0.00	90	0.00	0.00	94	0.00	-0.07	94	0.00	-0.16	94	0.00	0.00	87
变动:信贷准备金(千美元)															
期初余额		4 035 708			4 346 873			1 293 773			534 585			572 482	
总信用损失		1 583 428			1 870 555			3 155 109			237 608			176 729	
备注:贷款 HFS 减记		21 667			52 165			20 113			16 131			4 946	
回收款		506 277			581 803			443 605			43 444			38 113	
净信用损失		1 077 151			1 288 752			2 711 504			194 164			138 616	
备抵:贷款与租赁损失		651 026			977 178			3 969 456			256 273			120 423	
其他调整		-918			409			2 511 942			137 446			-19 704	
贷款与租赁准备金		3 608 665			4 035 708			5 063 807			734 140			534 585	
平均总贷款与租赁		192 826 560			179 591 931			161 223 757			67 047 976			50 231 115	

	FDIC 证书#6384	联邦直辖区/ID_RSSD 3/817824			PNC 银行,全美协会;特拉华州威尔明顿市					准备金和贷款		
	OCC 许可证#1316	县:纽卡斯尔			信贷准备金和贷款组合分析-第 7A 页					组合 b		
		12/31/2013			12/31/2012			12/31/2009		12/31/2007	12/31/2006	
贷款组合占平均总贷款与租赁的百分比(%)	BANK	PG 1	PCT	银行	PG 1	PCT	银行	PG 1	PCT	银行 PG 1 PCT	银行 PG 1 PCT	
建设与开发	3.63	4.28	51	3.58	4.73	46	5.95	9.38	36	6.54 12.58 32	3.34 9.83 25	
1—4 家庭建设	0.35	0.78	43	0.52	0.81	47	1.58	2.14	48	4.09 3.56 62	N/A 0.00 N/A	
其他建设和土地开发	3.28	3.19	58	3.06	3.55	52	4.37	6.94	38	2.45 8.57 23	N/A 0.00 N/A	
1—4 家庭住房	27.60	24.19	58	29.25	25.60	61	35.21	23.00	80	34.22 23.18 74	39.61 24.79 79	
住房产权贷款	11.68	4.49	93	13.24	4.92	95	15.11	4.75	95	9.59 4.28 81	11.85 4.74 89	
其他房地产贷款	12.60	30.78	15	13.33	29.57	18	15.17	26.13	25	13.24 23.84 22	7.88 23.19 15	
农地	0.09	0.69	39	0.10	0.72	38	0.20	0.58	45	0.15 0.52 44	0.02 0.44 33	
多家庭	1.37	3.12	26	1.60	2.77	33	1.74	2.11	49	0.97 1.93 32	0.92 2.01 31	
非农场非住房	11.14	25.08	18	11.63	24.72	19	13.23	22.61	25	12.13 20.16 23	6.94 19.34 16	
业主自有的非农场非住房	4.22	9.69	23	4.49	9.60	26	4.70	8.70	30	2.79 7.74 22	N/A 0.00 N/A	
其他非农场非住房	6.92	14.34	20	7.14	13.32	22	8.53	12.12	32	9.33 11.73 40	N/A 0.00 N/A	
总房地产	43.84	62.75	18	46.16	63.57	20	56.33	63.56	28	54.00 63.99 26	50.83 62.95 25	
金融机构贷款	0.07	0.05	81	0.09	0.07	80	0.19	0.16	78	0.14 0.17 75	0.10 0.19 76	
农业贷款	0.05	0.41	47	0.05	0.44	47	0.09	0.36	51	0.01 0.35 40	0.00 0.31 33	
商业和产业贷款	28.77	20.14	77	28.45	19.39	79	25.62	19.05	77	30.07 19.63 83	31.50 18.97 84	
个人贷款	13.03	5.54	80	13.23	6.11	78	10.73	6.58	72	7.42 6.90 60	7.67 7.47 59	
信用卡贷款	1.93	0.35	90	2.03	0.41	89	1.34	0.40	75	0.00 0.40 48	0.00 0.41 53	
市政贷款	5.35	1.08	92	3.83	0.99	90	0.96	0.64	71	1.39 0.50 84	1.51 0.45 86	
外国营业点贷款与租赁	1.11	0.24	88	0.95	0.26	87	0.88	0.30	87	1.60 0.45 87	2.58 0.44 88	
其他贷款	4.27	2.19	82	3.78	1.92	84	2.14	1.63	74	3.64 1.53 84	3.56 1.62 83	
融资租赁应收款	3.51	0.78	88	3.45	0.80	85	3.05	0.90	85	1.71 1.19 70	2.25 1.26 74	
补充:												
外国政府贷款	0.00	0.00	91	0.00	0.00	92	0.01	0.00	92	0.00 0.00 92	0.00 0.00 89	
用于商业房地产融资的贷款	2.91	0.43	94	2.54	0.43	92	1.41	0.56	82	3.19 0.51 94	4.25 0.39 97	
备注(占平均总贷款的百分比):												
贷款与租赁承诺	69.61	33.04	89	69.10	32.27	89	65.59	30.07	88	80.81 41.36 88	92.56 44.21 89	
经理人、股东贷款	0.00	0.50	17	0.00	0.53	16	0.01	0.57	18	0.03 0.65 26	0.04 0.65 30	
经理人、股东贷款/资产	0.00	0.31	17	0.00	0.32	17	0.00	0.37	20	0.02 0.43 25	0.02 0.41 29	
其他自有房产/资产(%)												
建设与土地开发	0.05	0.11	53	0.09	0.16	54	0.07	0.12	53	0.00 0.01 46	0.00 0.00 66	
农地	0.00	0.00	81	0.00	0.00	75	0.00	0.00	79	0.00 0.00 98	0.00 0.00 87	
1—4 家庭	0.05	0.05	67	0.06	0.07	62	0.06	0.06	59	0.00 0.02 52	0.01 0.01 55	
多家庭	0.01	0.00	74	0.01	0.01	65	0.04	0.01	91	0.00 0.00 75	0.00 0.00 80	
非农场非住房	0.03	0.08	45	0.05	0.09	47	0.02	0.04	38	0.00 0.01 43	0.00 0.02 53	
取消 GNMA 赎回权	0.11	0.00	96	0.11	0.00	96	0.04	0.00	95	0.00 0.00 91	0.00 0.00 91	
外国营业点	0.00	0.00	89	0.00	0.00	88	0.00	0.00	90	0.00 0.00 91	0.00 0.00 90	
小计	0.25	0.28	59	0.32	0.38	56	0.23	0.26	50	0.02 0.05 39	0.01 0.03 40	
直接和间接风险投资	0.00	0.02	73	0.00	0.02	75	0.00	0.01	76	0.00 0.01 76	0.00 0.01 75	
合计	0.25	0.33	52	0.32	0.43	50	0.23	0.29	46	0.02 0.08 31	0.01 0.05 34	
资产服务/资产(%)												
可追索的抵押贷款服务	1.05	0.04	94	1.51	0.06	95	3.63	0.05	97	0.00 0.04 73	0.00 0.09 69	
无追索的抵押贷款服务	36.37	7.70	88	39.86	8.13	88	56.90	7.71	93	1.79 6.73 56	1.64 6.58 56	
其他金融资产	107.55	1.06	99	103.73	1.03	98	119.67	1.39	98	213.33 1.29 99	231.61 1.03 99	
总计	144.97	10.04	97	145.10	10.57	97	180.20	11.52	97	215.12 10.09 97	233.25 9.62 97	

FDIC 证书#6384 OCC 许可证#1316	联邦直辖区/ID_RSSD 3/817824 县:纽卡斯尔			PNC 银行,全美协会;特拉华州威尔明顿市 信贷集中度分析-第 7B 页								信贷集中度 (%)		
	12/31/2013			12/31/2012			12/31/2009			12/31/2007			12/31/2006		
贷款与租赁占总资本的百分比(%)	BANK	PG 1	PCT	银行	PG 1	PCT	银行	PG 1	PCT	银行	PG 1	PCT	银行	PG 1	PCT
建设与开发	20.74	26.63	49	17.81	24.74	42	29.36	61.76	30	41.27	95.63	29	22.20	76.16	24
1—4 家庭建设	1.02	4.96	29	2.53	4.62	45	7.80	12.35	43	25.30	25.97	56	N/A	0.00	N/A
其他建设和土地开发	19.72	19.72	55	15.28	19.63	46	21.56	47.14	31	15.97	63.30	20	N/A	0.00	N/A
1—4 家庭住房	140.79	145.98	50	149.52	155.66	49	173.78	163.01	53	215.82	165.41	67	223.96	170.96	67
住房产权贷款	57.75	27.50	83	65.95	28.70	85	74.59	34.95	82	61.26	31.90	79	68.88	32.14	79
其他房地产贷款	66.04	191.49	14	69.56	177.04	17	74.89	193.69	19	87.63	178.77	22	49.44	164.84	16
农地	0.43	4.20	36	0.50	4.23	36	1.00	4.44	43	0.92	3.92	42	0.08	3.15	32
多家庭	7.09	20.12	25	8.59	17.26	33	8.61	16.42	37	6.76	14.31	34	4.92	13.88	29
非农场非住房	58.51	154.53	15	60.47	146.67	17	65.28	158.09	19	79.95	152.66	22	44.44	131.90	17
业主自有非农场非住房	22.38	59.56	21	23.01	56.71	23	23.20	63.52	24	17.47	59.25	21	N/A	0.00	N/A
其他非农场非住房	36.13	88.97	21	37.47	79.30	23	42.08	92.36	25	62.48	88.38	36	N/A	0.00	N/A
总房地产	227.56	381.98	18	236.89	373.20	20	278.03	443.51	23	344.72	471.06	25	295.61	449.20	21
金融机构贷款	0.32	0.29	81	0.47	0.29	84	0.92	0.59	79	1.22	1.14	78	0.72	1.03	76
农业贷款	0.31	2.64	47	0.31	2.64	47	0.44	2.79	50	0.07	2.54	38	0.01	2.25	33
商业和产业贷款	151.75	121.92	71	151.26	117.52	71	126.46	118.31	60	195.12	138.03	79	192.86	125.82	80
个人贷款	69.88	34.41	77	69.83	36.44	76	52.94	43.94	64	47.29	48.15	62	44.40	50.37	56
信用卡贷款	10.44	2.11	89	10.69	2.44	87	6.59	2.56	82	0.01	2.87	52	0.01	2.78	54
市政贷款	30.59	7.49	89	25.83	6.69	89	4.75	4.82	60	8.73	3.87	78	7.85	3.22	80
外国营业点贷款与租赁	7.11	1.05	89	4.49	1.05	88	4.36	1.43	88	10.14	2.81	87	15.36	2.35	88
其他贷款	22.23	12.56	77	21.53	10.23	82	10.58	8.72	64	25.17	10.40	82	17.86	8.88	79
租赁融资应收款	17.88	4.55	88	20.03	4.60	88	15.06	5.04	81	10.71	8.05	69	13.52	7.61	74
补充:															
外国政府贷款	0.00	0.01	91	0.01	0.00	92	0.03	0.00	93	0.02	0.00	92	0.03	0.00	91
用于商业房地产融资的贷款	16.53	2.52	93	14.66	2.48	93	6.97	3.41	76	20.39	3.73	93	22.77	2.73	96
商业房地产贷款/总资本(%):															
非自有 OCC 商业房地产	80.49	150.08	25	78.52	137.59	26	87.02	191.75	22	130.89	219.20	25	N/A	0.00	N/A
总商业房地产	102.87	218.95	19	101.53	202.91	21	110.22	261.76	21	148.37	283.80	22	94.34	253.26	18
商业房地产贷款/总贷款与租赁(%):															
建设与开发	3.93	4.27	55	3.36	4.11	47	5.95	8.53	36	6.42	12.60	31	3.78	10.51	27
非自有 OCC 商业房地产	15.25	24.33	28	14.80	23.00	28	17.64	27.21	29	20.36	29.16	31	N/A	0.00	N/A
总商业房地产	19.50	35.31	22	19.13	33.71	22	22.34	37.84	25	23.08	37.88	26	16.05	35.27	21

FDIC 证书#6384 OCC 许可证#1316	联邦直辖区/ID_RSSD 3/817824 县：纽卡斯尔 12/31/2013			PNC 银行,全美协会;特拉华州威尔明顿市 逾期、非应计和重组分析-第 8 页									逾期、非应计和 重组贷款 a		
				12/31/2012			12/31/2009			12/31/2007			12/31/2006		
按贷款类型划分的非流动贷款与租赁占比(%)	BANK	PG 1	PCT	银行	PG 1	PCT	银行	PG 1	PCT	银行	PG 1	PCT	银行	PG 1	PCT
逾期 90 天以上的房地产贷款	2.41	0.41	91	4.09	0.66	90	5.62	0.45	97	0.18	0.13	68	0.13	0.09	73
-非应计	3.84	1.46	92	3.61	2.16	82	4.24	4.79	53	0.76	0.89	48	0.24	0.41	36
-小计	6.25	2.04	92	7.70	3.12	87	9.85	5.61	83	0.94	1.09	51	0.37	0.55	41
-逾期 30—89 天	0.95	0.65	76	1.49	0.88	82	2.71	1.32	86	0.63	1.00	33	0.37	0.68	29
逾期 90 天以上的商业地产融资	0.01	0.00	91	0.00	0.00	90	0.00	0.07	81	0.09	0.00	93	0.01	0.00	90
-非应计	0.09	0.23	75	0.19	0.23	74	2.38	1.52	73	0.73	0.13	88	0.01	0.03	78
-小计	0.10	0.24	73	0.19	0.28	72	2.38	1.71	73	0.82	0.16	87	0.03	0.06	76
-逾期 30—89 天	0.02	0.04	81	0.03	0.08	75	0.94	0.45	81	0.66	0.27	78	0.01	0.17	65
逾期 90 天以上的建设和土地开发贷款	3.49	0.47	92	9.04	1.08	92	14.24	0.43	98	0.36	0.11	86	0.02	0.03	67
-非应计	2.32	2.37	58	5.05	5.29	57	19.69	15.12	72	4.00	1.83	82	0.39	0.36	63
-小计	5.80	3.45	77	14.08	7.56	80	33.92	16.07	82	4.35	2.02	79	0.41	0.44	60
-逾期 30—89 天	0.77	0.35	80	1.41	0.93	75	6.78	1.69	94	1.47	1.45	56	0.01	0.72	19
逾期 90 天以上的 1—4 家庭建设和土地开发贷款	9.31	0.50	93	10.91	0.99	92	27.08	0.54	99	0.37	0.15	80	N/A	0.00	N/A
-非应计	8.39	2.19	86	8.71	4.40	78	29.10	18.69	71	5.47	2.56	83	N/A	0.00	N/A
-小计	17.70	3.56	90	19.62	6.84	84	56.18	20.08	90	5.84	2.86	81	N/A	0.00	N/A
-逾期 30—89 天	0.00	0.32	51	0.27	0.72	54	5.02	2.07	81	2.34	1.76	64	N/A	0.00	N/A
逾期 90 天以上的其他建设和土地开发贷款	3.19	0.45	91	8.73	1.09	92	9.60	0.39	97	0.34	0.08	86	N/A	0.00	N/A
-非应计	2.00	2.35	55	4.44	5.29	52	16.28	12.95	71	1.66	1.28	68	N/A	0.00	N/A
-小计	5.19	3.42	71	13.16	7.70	78	25.88	13.82	80	1.99	1.42	70	N/A	0.00	N/A
-逾期 30—89 天	0.81	0.34	82	1.60	0.88	77	7.41	1.57	96	0.09	1.19	28	N/A	0.00	N/A
逾期 90 天以上的单家庭和多家庭抵押贷款	2.88	0.46	91	4.66	0.67	91	5.74	0.80	95	0.21	0.16	68	0.14	0.13	68
-非应计	4.61	1.43	93	3.53	1.83	82	1.68	2.80	39	0.18	0.63	24	0.19	0.36	39
-小计	7.49	2.09	92	8.19	2.74	91	7.42	3.60	83	0.39	0.91	28	0.33	0.54	38
-逾期 30—89 天	1.25	0.87	73	1.78	1.00	81	2.36	1.49	77	0.50	0.95	27	0.34	0.74	30
逾期 90 天以上的非农场非住房抵押贷款	0.83	0.19	86	1.15	0.27	88	1.43	0.11	94	0.02	0.04	64	0.12	0.02	90
-非应计	2.40	1.17	85	3.33	1.65	85	4.39	3.05	70	0.71	0.50	70	0.40	0.43	50
-小计	3.23	1.47	86	4.48	2.27	86	5.82	3.28	78	0.73	0.57	68	0.52	0.47	58
-逾期 30—89 天	0.29	0.35	48	0.78	0.48	75	1.89	0.83	85	0.57	0.50	66	0.66	0.40	75
逾期 90 天以上的自有 OCC 非农场非住房抵押贷款	0.91	0.19	86	1.45	0.31	88	0.57	0.07	93	0.01	0.04	60	N/A	0.00	N/A
-非应计	2.23	1.26	79	2.85	1.79	75	3.79	2.34	75	0.91	0.53	72	N/A	0.00	N/A
-小计	3.14	1.59	81	4.30	2.46	83	4.35	2.45	77	0.92	0.59	69	N/A	0.00	N/A
-逾期 30—89 天	0.41	0.42	57	0.66	0.54	67	1.42	0.74	79	0.36	0.43	48	N/A	0.00	N/A
其他逾期 90 天以上的非农场非住房抵押贷款	0.79	0.19	86	0.96	0.33	85	1.90	0.13	94	0.03	0.03	72	N/A	0.00	N/A
-非应计	2.51	1.11	84	3.63	1.63	85	4.72	3.39	67	0.65	0.47	71	N/A	0.00	N/A
-小计	3.30	1.46	85	4.59	2.19	83	6.62	3.70	77	0.68	0.55	68	N/A	0.00	N/A
-逾期 30—89 天	0.22	0.30	52	0.86	0.48	78	2.15	0.87	85	0.63	0.53	68	N/A	0.00	N/A
非流动贷款与租赁(千美元)															
逾期 90 天及以上	2 509 844			3 931 988			5 635 665			108 023			57 584		
总非应计贷款与租赁	3 563 833			3 375 508			5 375 446			425 898			145 591		
非现金贷款与租赁总额	6 073 677			7 307 496			11 011 111			533 921			203 175		
逾期 30—89 天的贷款与租赁	1 285 872			1 802 366			3 440 995			395 152			173 243		
逾期 90 天以上的 Gtyd 贷款与租赁	328 121			328 740			77 996			7 647			8 911		
非应计 Gtyd 贷款与租赁	5 046			10 803			18 746			421			312		
逾期 30—89 天以上的 Gtyd 贷款与租赁	243 053			296 483			118 808			8 384			16 527		
逾期 90 天以上的贷款与租赁重组	8 607			9 411			150 163			0			0		
非应计租赁与贷款重组	1 511 223			1 592 215			31 959			0			0		
逾期 30—89 天的贷款与租赁重组	43 691			0			193 580			0			0		
当期 1—4 家庭贷款与租赁重组	782 667			781 913			1 185 659			N/A			N/A		
当期其他贷款与租赁重组	393 541			480 854			1 569			0			0		
有赎回权的 1—4 家庭住房贷款	1 678 240			2 289 804			2 447 302			N/A			N/A		
其他自有房产	604 503			887 467			596 262			27 361			12 542		

FDIC 证书#6384 OCC 许可证#1316	联邦直辖区/ID_RSSD 3/817824 县:纽卡斯尔			PNC 银行,全美协会;特拉华州威尔明顿市 逾期、非应计和重组分析 - 第 8A 页									逾期、非应计和 重组贷款 b		
	12/31/2013			12/31/2012			12/31/2009			12/31/2007			12/31/2006		
按贷款类型划分的非流动贷款与租赁占比(%)	BANK	PG 1	PCT	银行	PG 1	PCT	银行	PG 1	PCT	银行	PG 1	PCT	银行	PG 1	PCT
逾期 90 天以上的商业和产业贷款	0.08	0.05	73	0.13	0.10	73	0.81	0.12	94	0.11	0.05	77	0.05	0.05	66
-非应计	0.36	0.64	39	0.47	0.89	34	3.01	2.49	67	0.67	0.51	67	0.51	0.48	56
-小计	0.43	0.74	38	0.60	1.13	37	3.82	2.68	75	0.78	0.60	69	0.56	0.56	55
-逾期 30—89 天的商业和产业贷款	0.09	0.27	28	0.18	0.37	34	1.15	0.82	71	0.54	0.62	51	0.26	0.49	35
逾期 90 天以上的个人贷款	1.58	0.14	94	1.68	0.16	95	0.99	0.21	89	0.26	0.11	81	0.30	0.09	88
-非应计	0.27	0.25	67	0.20	0.29	54	0.20	0.49	46	0.01	0.16	33	0.01	0.11	33
-小计	1.85	0.48	90	1.88	0.56	89	1.19	0.84	70	0.27	0.33	56	0.31	0.23	69
-逾期 30—89 天的个人贷款	1.47	0.99	72	1.66	1.09	74	1.69	1.63	52	0.87	1.26	35	0.82	1.15	33
逾期 90 天以上的信用卡计划	0.87	0.45	73	0.95	0.50	72	2.38	0.91	80	0.99	0.59	66	1.81	0.76	84
-非应计	0.00	0.10	74	0.00	0.17	73	0.00	0.40	71	0.00	0.24	70	0.00	0.15	72
-小计	0.87	0.68	61	0.95	0.79	61	2.38	1.55	70	0.99	0.97	50	1.81	1.06	78
-逾期 0—89 天的信用卡计划	1.10	0.98	56	1.35	1.09	64	3.19	1.87	80	8.27	1.51	96	7.56	1.50	95
逾期 90 天以上的融资租赁	0.00	0.01	79	0.03	0.01	87	0.11	0.04	81	0.04	0.03	76	0.00	0.02	70
-非应计	0.06	0.22	62	0.18	0.50	61	2.18	1.56	76	0.10	0.23	61	0.01	0.21	51
-小计	0.06	0.25	58	0.20	0.52	61	2.29	1.64	75	0.14	0.30	59	0.01	0.27	44
-逾期 30—89 天的融资租赁	0.43	0.35	74	0.25	0.29	66	2.23	0.95	83	0.13	0.69	48	0.07	0.47	45
逾期 90 天以上的农业贷款	0.00	0.02	82	0.29	0.01	93	0.06	0.01	89	0.00	0.02	79	0.00	0.01	84
-非应计	0.52	0.28	82	0.08	0.36	55	15.81	0.90	99	0.00	0.31	54	0.00	0.28	54
-小计	0.52	0.58	75	0.36	0.48	69	15.87	0.93	98	0.00	0.36	50	0.00	0.31	53
-逾期 30—89 天的农业贷款	0.83	0.16	88	0.06	0.21	61	4.38	0.49	96	0.42	0.23	76	0.00	0.27	52
逾期 90 天以上的其他贷款与租赁	0.09	0.02	89	0.01	0.01	81	0.31	0.02	94	0.10	0.02	87	0.23	0.02	92
-非应计	0.03	0.17	61	0.02	0.17	50	2.25	0.58	87	0.17	0.10	78	0.02	0.07	63
-小计	0.12	0.23	62	0.03	0.25	45	2.56	0.67	86	0.28	0.16	79	0.25	0.13	80
-逾期 30—89 天的其他贷款与租赁	0.06	0.15	58	0.08	0.18	60	0.95	0.54	81	0.15	0.29	57	0.20	0.29	60
逾期 90 天以上的贷款与租赁总额	1.27	0.29	87	2.07	0.47	87	3.52	0.35	96	0.16	0.13	66	0.11	0.09	66
-非应计	1.80	1.05	82	1.78	1.54	65	3.35	3.77	54	0.62	0.77	47	0.29	0.38	40
-小计	3.06	1.46	88	3.85	2.22	83	6.87	4.33	80	0.78	0.96	47	0.40	0.51	42
-逾期 30—89 天的贷款与租赁总额	0.65	0.59	62	0.95	0.77	68	2.15	1.32	80	0.58	0.96	27	0.34	0.73	26
其他相关比率:															
非流动贷款租赁/贷款与租赁准备金	168.31	107.51	78	181.07	133.06	73	217.45	167.33	76	72.73	80.55	51	38.01	45.81	44
-权益资产	16.64	8.01	88	20.15	11.69	82	38.62	28.10	76	4.23	6.56	39	3.01	3.41	50
逾期和非应计贷款/贷款与租赁总额(%)	3.71	2.08	87	4.80	3.00	80	9.02	5.72	79	1.36	1.96	35	0.75	1.32	28
非流动性贷款+所有其他实物资产/贷款+所有其他实物资产	3.36	1.88	82	4.30	2.79	78	7.22	4.90	78	0.82	1.08	42	0.43	0.57	39
非流动性债务重组/贷款与租赁总额	0.77	0.34	82	0.84	0.51	77	0.11	0.28	48	0.00	0.01	70	0.00	0.00	77
流动性债务重组/贷款与租赁总额	1.36	1.06	70	1.51	1.32	65	0.85	0.71	65	0.00	0.02	54	0.00	0.01	61
当期贷款与租赁重组	0.59	0.64	59	0.67	0.78	56	0.74	0.39	72	0.00	0.01	70	0.00	0.01	68
有赎回权的 1—4 家庭住房贷款															
有赎回权的 1—4 家庭住房贷款总额	3.17	0.79	89	4.28	1.07	88	4.34	1.21	90	N/A	0.00	N/A	N/A	0.00	N/A
逾期 90 天以上的贷款与租赁/逾期 90 天以上贷款与租赁总额	13.07	15.39	69	8.36	14.99	67	1.38	5.96	68	7.08	2.15	86	15.47	2.60	90
非应计的贷款与租赁/非应计的贷款与租赁总额	0.14	3.95	39	0.32	3.19	46	0.35	1.73	55	0.10	1.46	41	0.21	2.45	41
逾期 30—89 天的贷款与租赁/逾期 30—89 天的贷款与租赁总额	18.90	5.84	85	16.45	6.89	79	3.45	3.27	78	2.12	0.92	81	9.54	1.17	93

FDIC 证书#6384 OCC 许可证#1316	联邦直辖区/ID_RSSD 3/817824 县:纽卡斯尔			PNC 银行,全美协会;特拉华州威尔明顿市 利率风险(资产占比)分析-第 9 页									利率风险 分析		
	12/31/2013			12/31/2012			12/31/2009			12/31/2007			12/31/2006		
可追索长期资产利息/期权	银行	PG 1	PCT	银行	PG 1	PCT	银行	PG 1	PCT	银行	PG 1	PCT	银行	PG 1	PCT
抵押贷款和可转让证券	15.58	17.15	49	16.32	17.55	49	13.84	15.72	44	23.89	14.55	82	26.79	15.82	81
15 年以上的抵押贷款和证券	7.25	4.62	77	7.94	4.92	76	7.82	4.24	78	5.76	3.53	75	4.85	3.78	72
5—15 年的抵押贷款和证券	3.68	5.56	40	3.51	5.32	39	2.33	3.86	40	4.67	3.70	68	3.50	4.13	50
其他抵押贷款和证券	60.43	60.30	47	60.77	57.46	58	57.02	58.50	42	47.19	62.72	17	47.63	61.83	17
15 年以上的抵押贷款和证券	2.52	2.00	64	2.10	1.92	59	2.32	1.67	67	4.09	1.72	82	4.77	1.78	85
5—15 年的抵押贷款和证券	9.68	10.29	53	9.02	8.73	56	9.55	6.43	76	7.62	7.18	59	8.01	7.15	62
15 年以上的抵押贷款和证券总额	9.77	7.06	72	10.04	7.30	69	10.13	6.25	75	9.85	5.53	78	9.62	5.86	77
担保抵押证券合计	6.08	4.94	63	6.74	5.29	62	9.97	3.61	86	6.34	3.57	73	5.51	4.11	66
3 年期以上证券	4.35	3.49	62	4.50	2.30	77	6.37	1.55	92	4.85	2.19	82	4.55	2.46	78
结构化票据	0.00	0.10	71	0.00	0.11	73	0.00	0.07	70	0.00	0.06	74	0.00	0.06	74
抵押贷款服务(FV)	0.53	0.08	92	0.37	0.07	89	0.98	0.08	95	0.62	0.09	93	0.61	0.08	93
合计	0.53	0.24	79	0.37	0.22	75	0.98	0.21	88	0.62	0.21	83	0.61	0.20	84
风险指标															
可供出售	15.64	15.96	57	17.27	17.50	57	19.44	15.61	70	23.49	14.93	81	24.60	16.55	78
持有至到期	3.77	2.82	68	3.51	2.11	71	2.01	0.97	77	0.00	1.07	40	0.00	1.41	38
资产负债表外	53.60	25.31	89	54.24	24.80	88	62.33	26.27	87	69.54	36.83	87	73.41	37.63	86
未实现的升值(贬值)	0.03	-0.04	91	0.17	0.07	83	0.12	0.01	92	0.00	0.00	67	0.00	-0.01	74
未实现的升值(贬值)/一级资本(%)	0.27	-0.51	92	1.79	0.80	81	1.23	0.13	91	0.00	0.01	65	0.00	-0.13	73
合同期限、重新定价数据															
3 年期以上贷款和证券	32.92	42.24	22	32.62	37.54	33	35.06	30.79	61	31.62	30.91	54	30.45	32.79	49
3 年期以上负债	1.98	2.05	60	1.71	2.21	50	1.62	2.53	46	1.77	2.17	57	2.77	2.29	65
3 年净头寸	30.94	39.87	22	30.91	35.01	36	33.44	28.17	65	29.85	28.39	56	27.69	29.90	49
1 年期以上的贷款和证券	37.89	54.70	14	38.09	51.59	17	44.12	45.00	44	37.14	44.37	28	34.72	46.79	17
1 年期以上负债	5.71	6.45	48	3.61	6.50	37	7.45	8.57	49	6.73	6.51	57	3.94	6.58	38
1 年以上净头寸	32.18	47.69	13	34.48	44.69	22	36.67	36.01	46	30.42	37.26	29	30.78	39.31	26
未到期存款	64.27	60.86	53	63.95	58.97	56	51.43	44.28	67	43.19	40.10	60	50.96	42.39	71
未到期资产/长期资产(%)	195.22	153.76	78	196.05	170.86	70	146.71	161.65	52	136.57	146.24	50	167.35	146.53	66
3 年以上净头寸	-31.35	-18.23	25	-31.33	-21.00	31	-16.37	-13.04	43	-11.56	-9.07	44	-20.51	-9.64	31
占一级资本的比例(%)															
结构化票据	0.00	1.04	71	0.00	1.24	73	0.00	0.88	70	0.00	0.76	74	0.00	0.76	74
抵押贷款服务(公允价值)	5.71	0.89	92	3.80	0.72	89	10.38	1.06	93	9.89	1.25	93	8.96	1.14	94
合计	5.71	2.57	79	3.80	2.46	75	10.38	2.58	86	9.89	2.95	84	8.96	2.69	86

FDIC 证书#6384 OCC 许可证#1316	联邦直辖区/ID_RSSD 3/817824 县:纽卡斯尔			PNC 银行,全美协会;特拉华州威尔明顿市 流动性和融资-第10页									流动性和融资		
	12/31/2013			12/31/2012			12/31/2009			12/31/2007			12/31/2006		
占总存款的百分比(%)	银行	PG 1	PCT	银行	PG 1	PCT	银行	PG 1	PCT	银行	PG 1	PCT	银行	PG 1	PCT
个人、合伙企业和公司	94.62	91.77	68	93.68	92.16	60	95.43	92.54	67	96.41	92.96	68	96.02	92.95	67
美国政府、州和其他政治单位	5.17	5.98	43	5.97	5.73	49	3.93	5.12	41	3.28	5.06	40	3.59	4.59	44
美国商业银行和其他储蓄机构	0.20	0.56	56	0.34	0.56	60	0.63	0.60	66	0.30	0.41	64	0.37	0.58	66
国外的银行	0.01	0.05	83	0.01	0.05	84	0.01	0.22	77	0.01	0.16	80	0.02	0.20	78
外国政府和官方机构	0.00	0.01	87	0.00	0.01	89	0.00	0.01	85	0.00	0.01	88	0.00	0.02	87
总存款	100.00	100.00	99	100.00	100.00	99	100.00	100.00	99	100.00	100.00	99	100.00	100.00	99
国内活期存款	17.40	9.16	87	17.13	9.33	88	8.25	7.34	61	13.40	6.86	89	12.68	7.42	86
国内其他交易账户	1.63	2.66	43	1.62	2.69	43	1.85	2.74	46	2.45	2.50	56	2.61	2.35	54
国内非交易账户	78.10	85.64	19	79.00	85.43	22	84.74	86.10	33	73.93	86.10	14	78.59	85.65	20
国内存款总额	97.14	96.64	12	97.74	96.68	13	94.84	93.33	18	89.77	89.74	15	93.87	90.30	21
外国营业点存款	2.86	0.55	87	2.26	0.63	86	5.16	1.95	81	10.23	2.82	84	6.13	2.75	78
总存款	100.00	100.00	99	100.00	100.00	99	100.00	100.00	99	100.00	100.00	99	100.00	100.00	99
流动性/融资比率															
净非核心资金2.5亿美元	9.53	12.89	40	10.60	11.89	49	19.02	30.36	27	36.87	35.94	52	25.99	36.30	33
净非核心资金1亿美元	11.29	16.46	34	12.65	16.10	39	17.23	29.16	23	32.42	33.98	47	21.15	33.08	27
核心存款	70.18	69.41	44	71.13	68.38	44	63.22	53.78	67	49.41	50.70	39	57.94	50.70	63
短期非核心融资	7.58	10.94	37	8.95	11.26	47	10.31	21.26	12	22.50	25.18	41	16.09	24.04	32
短期非核心资金	63.41	81.69	64	23.23	97.90	29	25.49	39.63	50	11.40	24.69	48	13.98	24.72	49
短期资产/短期负债	105.98	152.34	52	82.38	167.38	33	73.84	96.62	45	44.37	78.00	21	45.19	78.87	25
短期净负债/资产	-0.68	-2.30	48	2.40	-3.82	64	4.91	3.87	49	16.53	9.38	67	13.76	8.45	63
净贷款与租赁/存款	86.23	80.33	57	85.68	77.40	61	80.38	84.28	39	85.06	93.33	29	76.08	89.94	22
净贷款与租赁/核心存款	89.47	92.75	44	88.49	90.49	50	94.29	122.61	23	109.49	140.82	31	95.10	134.19	18
1年期以内经纪存款/经纪存款	0.00	70.02	3	62.83	71.70	29	1.24	72.87	1	6.51	61.77	9	92.00	59.53	60
经纪存款/总存款	0.00	4.52	18	0.09	4.62	25	1.99	7.53	44	5.80	5.00	66	5.31	5.42	63
上市服务部门存款/总存款	0.00	0.20	71	0.00	0.13	75	N/A	0.00	N/A	N/A	0.00	N/A	N/A	0.00	N/A
上市服务和经纪部门存款/总存款	0.00	4.99	17	0.09	4.97	23	N/A	0.00	N/A	N/A	0.00	N/A	N/A	0.00	N/A
受保借款+受保FFP/总借款+总FFP	0.82	5.57	66	0.17	5.92	63	1.07	6.64	61	1.66	3.00	68	7.06	2.81	80
票据经纪存款/总经纪存款	0.00	14.36	44	0.00	12.91	48	0.00	11.27	54	N/A	0.00	N/A	N/A	0.00	N/A
总存款															
个人、合伙企业和公司		213 604 365			203 050 399			184 218 123			76 515 064			62 683 779	
美国政府、州和其他政治单位		11 660 896			12 930 246			7 589 902			2 604 668			2 341 503	
美国商业银行和其他储蓄机构		451 721			735 855			1 224 375			235 537			243 624	
国外的银行		20 868			25 871			9 944			11 413			11 000	
外国政府和官方机构		1 021			894			797			364			0	
总存款		225 738 871			216 743 265			193 043 141			79 367 046			65 279 906	
国内活期存款		39 280 715			37 117 705			15 917 849			10 631 314			8 275 895	
国内其他交易账户		3 688 494			3 501 310			3 573 286			1 945 139			1 701 657	
国内非交易账户		176 303 738			171 226 925			163 589 949			58 673 930			51 300 573	
国内存款总额		219 272 947			211 845 940			183 081 084			71 250 383			61 278 125	
外国营业点存款		6 465 924			4 897 325			9 962 057			8 116 663			4 001 781	
总存款		225 738 871			216 743 265			193 043 141			79 367 046			65 279 906	
其他流动性/融资数据															
非核心负债2.5亿美元		39 190 793			32 368 864			47 026 103			38 867 000			20 653 746	
非核心负债1亿美元		43 685 952			37 434 680			43 250 104			34 561 219			17 190 029	
短期非核心资金		23 504 548			26 409 305			26 827 424			28 074 303			14 507 878	
核心存款		217 556 482			209 859 330			164 570 179			61 657 625			52 224 180	
低于2.5亿美元且期限<1年的定期存款		11 720 434			13 868 356			N/A			N/A			N/A	
低于2.5亿美元且期限>1年的定期存款		6 591 682			7 514 602			N/A			N/A			N/A	
超过2.5亿美元且期限<1年的定期存款		1 156 779			1 293 621			N/A			N/A			N/A	
超过2.5亿美元且期限>1年的定期存款		559 587			492 002			N/A			N/A			N/A	
联邦住房贷款(期限<1年)		6 092 549			7 960 051			4 230 290			3 634 834			595 584	
联邦住房贷款(期限>1年)		6 819 579			1 476 526			6 531 035			4 751 499			1 561	
其他期限<1年的借款		5 546 515			8 906 811			2 388 397			3 105 607			745 782	
其他期限>1年的借款		11 138 049			6 089 605			2 965 428			4 250 024			4 606 664	
其他有担保的借款		218 934			38 037			157 741			301 940			389 281	
购入联储基金		105 000			107 993			156 887			5 752 252			2 357 194	
有担保购入联储基金		0			0			0			0			0	
上市服务存款		0			0			N/A			N/A			N/A	
经纪存款		99			200 987			3 840 528			4 605 781			3 463 717	
互换经纪存款		N/A			N/A			N/A			N/A			N/A	

FDIC 证书#6384 OCC 许可证#1316	联邦直辖区/ID_RSSD 3/817824 县：纽卡斯尔			PNC 银行，全美协会；特拉华州威尔明顿市 流动性和投资组合-第 10A 页									流动性和 投资组合		
	12/31/2013			12/31/2012			12/31/2009			12/31/2007			12/31/2006		
占总资产的百分比(%)	银行	PG 1	PCT	银行	PG 1	PCT	银行	PG 1	PCT	银行	PG 1	PCT	银行	PG 1	PCT
短期投资	4.81	5.56	59	2.08	7.19	28	2.63	7.45	36	2.57	5.47	46	2.25	5.26	37
适销股权证券(MES)	0.13	0.04	85	0.12	0.04	84	0.14	0.06	82	0.45	0.12	88	0.23	0.09	82
净贷款与租赁/资产	67.26	64.63	47	67.92	62.17	58	64.60	65.02	43	59.33	68.34	23	62.14	67.01	30
抵押资产	25.97	34.94	32	29.10	33.38	42	16.06	31.68	19	N/A	0.00	N/A	N/A	0.00	N/A
证券组合/总证券(%)															
国债和政府代理	7.23	13.73	51	5.44	14.89	44	13.43	17.40	50	0.47	18.34	13	1.37	22.49	13
市政证券	6.10	11.17	41	4.81	10.28	39	2.38	8.64	35	0.64	9.12	21	0.47	8.12	23
可抵押证券	37.14	29.44	67	39.64	28.32	69	23.13	32.57	42	60.37	29.25	87	67.58	29.11	91
CMO 和 REMIC 可抵押证券	21.50	21.79	53	22.77	22.45	51	35.36	19.47	76	26.98	21.15	62	22.41	21.37	52
商业可抵押证券	12.66	2.96	87	12.65	1.99	91	12.83	0.39	98	N/A	0.00	N/A	N/A	0.00	N/A
资产支持证券	7.24	1.17	87	8.09	1.38	87	7.90	1.08	89	9.41	1.44	90	7.18	1.04	88
结构化金融产品	4.04	0.51	90	2.54	0.28	91	0.52	0.35	79	0.00	0.00	N/A	0.00	0.00	N/A
其他国内债务证券	1.52	2.41	60	1.65	2.08	62	1.33	1.89	66	0.21	2.20	47	0.03	2.12	44
外国债务证券	1.92	0.49	87	1.82	0.47	87	2.48	0.51	89	0.00	0.20	57	0.00	0.14	56
投资基金和其他适销证券	0.65	0.27	81	0.59	0.26	80	0.64	0.43	74	1.93	0.97	80	0.95	0.78	72
合计	100.00	100.00	99	100.00	100.00	99	100.00	100.00	99	100.00	100.00	99	100.00	100.00	99
流动性/证券化比率：															
高风险和结构化增量(减量)/一级资本	0.00	-0.03	92	0.00	0.00	80	0.00	0.00	85	0.00	0.00	86	0.00	-0.03	96
AFS 证券增量(减量)/AFS 证券	1.29	-0.80	90	3.25	2.19	77	-4.30	0.69	5	-0.87	-0.33	28	-0.59	-0.96	63
HTM 证券增量(减量)/HTM 证券	0.66	-0.69	75	4.66	2.80	73	5.44	0.64	94	N/A	0.46	N/A	N/A	0.00	N/A
HTM 证券增量(减量)/股权证券	0.21	-0.41	92	1.40	0.61	80	1.06	0.12	91	0.00	0.01	65	0.00	-0.11	73
抵押证券/总证券	27.71	50.33	22	41.30	50.86	37	41.22	61.80	20	79.65	64.91	62	47.70	61.30	28
抵押贷款/总贷款	32.19	35.06	43	31.90	33.22	45	11.73	28.66	27	N/A	0.00	N/A	N/A	0.00	N/A
持有可出售贷款/总贷款	1.14	0.42	85	1.95	1.01	80	1.58	0.77	79	5.73	1.12	89	4.71	1.33	85
短期投资	14 903 713			6 134 224			6 837 636			3 201 220			2 028 640		
短期资产	37 331 948			33 077 761			36 060 677			16 450 729			10 225 863		
逾期 90 天以上的债务证券	9			0			17			130			0		
总非流动性债务证券	9			0			17			130			0		
公允价值结构化票据	0			0			0			0			0		
抵押证券	16 674 636			25 319 448			23 016 479			23 340 665			10 576 794		
抵押贷款与租赁	63 828 903			60 530 477			18 800 829			N/A			N/A		
持有可出售贷款	2 263 778			3 702 343			2 538 787			3 909 243			2 366 109		

FDIC 证书#6384 OCC 许可证#1316	联邦直辖区/ID_RSSD 3/817824 县:纽卡斯尔			PNC 银行,全美协会;特拉华州威尔明顿市 资本分析-第11页								资本分析a		
	12/31/2013			12/31/2012			12/31/2009			12/31/2007			12/31/2006		
资本比率	银行	PG 1	PCT	银行	PG 1	PCT	银行	PG 1	PCT	银行	PG 1	PCT	银行	PG 1	PCT
银行权益的百分比															
净贷款与租赁(x)	5.33	5.49	47	5.12	5.28	45	5.44	6.17	39	5.35	6.56	28	7.35	6.50	64
次级票据&债券	19.57	1.40	96	16.52	2.03	94	23.61	4.94	90	16.67	6.53	77	23.67	6.35	85
长期债务	19.57	1.40	96	16.52	2.03	94	23.61	4.94	90	16.67	6.53	77	23.67	6.35	85
商业票据及其他	100.25	173.58	26	94.07	164.68	24	117.86	227.55	26	119.29	235.00	25	113.15	216.10	27
平均银行权益的百分比:															
净利润或净收益	9.68	8.97	60	7.60	9.11	42	5.39	-2.38	61	8.80	9.64	45	13.43	12.97	55
股息	7.89	4.06	76	6.85	4.37	66	3.62	2.04	72	7.30	6.75	54	9.19	6.44	68
留存收益	1.79	4.25	27	0.74	3.71	25	1.77	-5.37	60	1.50	2.01	44	4.25	5.63	44
其他资本比率:															
股息/净营业利润	78.52	44.30	76	89.36	47.10	77	67.33	41.96	70	82.97	66.65	57	68.37	48.47	63
(银行权益资本+少数股东权益)/总资产	12.36	11.79	57	13.02	11.81	68	12.23	10.84	69	11.97	10.62	73	9.27	10.34	44
增长率:															
总权益资本	0.65	5.18	34	14.64	8.24	75	178.26	9.37	97	86.76	17.69	90	7.42	17.26	40
权益增长-资产增长	-4.43	-0.46	30	2.59	0.15	62	93.35	4.55	97	48.33	3.76	92	-1.35	4.15	28
无形资产占银行权益的比例(%)															
抵押贷款服务权	4.48	0.64	93	2.95	0.54	89	7.92	0.83	93	5.53	0.84	90	7.05	0.79	94
商誉	24.86	13.31	74	25.01	13.10	75	28.89	13.61	79	53.10	19.05	90	33.89	16.40	78
信用卡关系	0.00	0.02	80	0.00	0.02	82	0.01	0.01	83	0.00	0.01	83	0.00	0.01	83
其他无形资产	1.59	0.90	72	2.00	1.02	77	3.84	1.54	83	2.60	1.65	69	1.79	1.44	61
无形资产总额	30.93	15.83	76	29.97	15.49	77	40.65	17.48	83	61.22	23.03	90	42.74	19.97	82
风险资本															
一级风险资本/风险加权资产	10.96	13.43	13	11.27	13.96	16	10.88	11.99	45	7.57	9.95	8	8.03	10.47	8
总风险资本/风险加权资产	14.33	14.73	52	14.22	15.43	42	14.43	13.90	66	10.24	11.73	8	11.13	12.11	32
一级杠杆资本	9.78	9.86	52	10.08	9.76	55	9.31	8.68	71	6.84	8.05	22	7.18	8.18	29
其他资本比率:															
递延税资产/税额上限T1	0.00	3.86	19	3.42	2.77	58	13.89	3.35	96	0.00	2.53	32	0.00	2.51	28
高级方法:仅供机构使用															
公司权益中一级资本比率(A列)	N/A	0.00	N/A	N/A	N/A	N/A	N/A	N/A	N/A	N/A	N/A	N/A	N/A	N/A	N/A
公司权益中一级资本比率(B列)	N/A	0.00	N/A	N/A	N/A	N/A	N/A	N/A	N/A	N/A	N/A	N/A	N/A	N/A	N/A
一级资本比率(A列)	N/A	0.00	N/A	N/A	N/A	N/A	N/A	N/A	N/A	N/A	N/A	N/A	N/A	N/A	N/A
一级资本比率(B列)	N/A	0.00	N/A	N/A	N/A	N/A	N/A	N/A	N/A	N/A	N/A	N/A	N/A	N/A	N/A
总资本比率(A列)	N/A	0.00	N/A	N/A	N/A	N/A	N/A	N/A	N/A	N/A	N/A	N/A	N/A	N/A	N/A
总资本比率(B列)	N/A	0.00	N/A	N/A	N/A	N/A	N/A	N/A	N/A	N/A	N/A	N/A	N/A	N/A	N/A
一级杠杆资本	N/A	0.00	N/A	N/A	N/A	N/A	N/A	N/A	N/A	N/A	N/A	N/A	N/A	N/A	N/A
期末资本(千美元)															
永久性优先股		500 000			500 000			500 000			500 000			500 000	
+普通股		240 060			240 060			240 060			240 060			240 060	
+资本公积		27 804 668			27 780 678			24 255 689			7 167 033			1 424 829	
+未分配利润		7 497 815			6 854 883			5 459 973			4 907 622			4 866 753	
+其他累计收益		460 059			891 923			-1 947 102			-189 591			-271 444	
+其他权益资本		0			0			0			0			0	
银行股权资本总额		36 502 602			36 267 544			28 508 620			12 625 124			6 760 198	
少数股东权益		1 802 315			2 142 466			3 319 297			2 311 109			1 594 210	
银行资本总额和少数股东权益		38 304 917			38 410 010			31 827 917			14 936 233			8 354 408	
次级票据和债券		7 142 150			5 990 020			6 729 890			2 104 911			1 599 832	
银行股东权益变动(千美元)															
期初余额		36 267 544			31 636 420			10 245 444			6 760 198			6 293 197	
+净利润		3 505 355			2 666 967			1 535 763			1 109 757			878 639	
+资本出售或购买		17 317			0			0			0			0	
+兼并与吸收		0			3 398 260			15 616 291			5 727 622			0	
+因会计错误或者规则改变而重述		0			0			110 064			-148 138			0	
+与母公司交易		0			11 796			161 047			14 582			204 012	
-股息		2 855 750			2 405 750			1 030 750			920 750			600 750	
+其他综合收益		-431 864			959 851			1 870 761			81 853			-14 900	
期末余额		36 502 602			36 267 544			28 508 620			12 625 124			6 760 198	
无形资产															
抵押服务权		1 636 498			1 070 607			2 257 058			697 855			476 868	
+买入信用卡关系		0			0			1 415			0			0	
+其他无形资产		579 976			726 693			1 093 841			328 458			120 887	
+商誉		9 074 422			9 071 743			8 236 044			6 703 358			2 291 349	
无形资产总额		11 290 896			10 869 043			11 588 358			7 729 671			2 889 104	

| FDIC 证书#6384 | 联邦直辖区/ID_RSSD 3/817824 | | PNC 银行，全美协会；特拉华州威尔明顿市 | | 资本分析 b |
| OCC 许可证#1316 | 县：纽卡斯尔 | | 资本分析-第 11A 页 | | |
	12/31/2013	12/31/2012	12/31/2009	12/31/2007	12/31/2006
风险资本（千美元）					
一级资本					
调整后的股权资本总额	38 209 626	37 894 911	33 296 475	14 777 557	8 571 270
-不合格的递延税资产	0	0	0	0	0
-不合格的无形资产	9 478 757	9 543 112	8 805 802	6 926 184	2 412 236
-金融债务终值的累计变化	0	0	0	0	N/A
一级资本净额	28 730 869	28 351 799	24 490 673	7 851 373	6 159 034
二级资本					
+符合条件的债券和可赎回优先股	5 559 469	4 246 942	5 145 661	1 760 000	1 178 000
+累积优先股	0	0	0	0	0
+贷款与租赁备抵	3 285 126	3 157 447	2 844 721	866 712	653 875
+适销股权证券未实现收益(45%)	0	0	0	763	0
+其他二级资本	0	0	0	137 165	549 604
二级资本净额	8 844 595	7 404 389	7 990 382	2 764 640	2 381 479
抵减前的风险资本总额					
一级和二级资本	37 575 464	35 756 188	32 481 055	10 616 013	8 540 513
三级资本和金融子公司调整	N/A	0	0	0	0
-风险资本总额扣除	0	0	0	0	0
风险资本总额	37 575 464	35 756 188	32 481 055	10 616 013	8 540 513
风险加权资产（资产负债表）					
类别二(20%)	9 820 764	10 466 854	11 535 190	7 590 533	5 774 306
类别三(50%)	16 030 064	13 360 861	9 834 404	6 588 063	5 262 022
类别四(100%)	188 131 978	182 883 441	163 346 842	61 537 790	44 766 871
资产负债表总额	213 982 806	206 711 156	184 716 436	75 716 386	55 803 199
备注：类别一(0)	33 479 315	24 081 814	15 209 275	1 512 641	1 266 620
资产负债表外					
类别二(20%)	1 089 903	1 186 488	1 095 801	1 125 467	634 631
类别三(50%)	2 265 774	2 289 230	2 728 995	1 851 223	583 168
类别四(100%)	44 916 333	40 441 258	35 383 633	22 315 811	18 011 210
资产负债表外总额	48 272 010	43 916 976	39 208 429	25 292 501	19 229 009
备注：类别一(0)	0	0	6 409 161	8 222 958	7 937 251
调整后风险加权资产					
风险加权资产	262 254 817	250 628 132	223 924 865	101 008 887	75 032 208
-超出贷款与租赁备抵部分	565 060	1 127 958	2 514 554	0	0
-转移风险准备金	0	0	0	0	0
+适销风险资产和金融子公司调整	555 238	1 967 775	3 652 850	2 705 775	1 706 513
风险加权资产总额	262 244 996	251 467 949	225 063 162	103 714 663	76 738 722

第3章
管理非利息收入与非利息费用

从收费和其他非利息来源得到的收入上看,金融服务公司之间差异很大。投资银行走向了一个极端,它们对几乎所有产品和服务收取费用,仅持有少量的可以赚取利息的贷款和投资。小型商业银行则走向另一个极端,它们虽然收取与交易账户相关的费用,但几乎所有其他收入都来自利息。大多数管理者和分析师认为,随着时间的推移,金融公司将更少地依赖利息收入,更多地依赖非利息收入来提高盈利能力。实际上,历史已经表明,那些收入最高的机构都有一个重要的特点,即在它们的营业收入中,非利息来源所占的份额都在持续增加。然而,《2010年多德-弗兰克法案》的一些条款可能会显著影响金融机构未来创造费用收入的能力。因此,管理者的根本问题是如何确定适当的客户组合和业务组合,以高费率提高盈利(保持对费用收入的高度关注),同时持有资产负债表内的生息资产①。

非利息收入的来源不尽相同。一些收费是稳定和可预测的,通常称为重复性收入,而另一些收费是高度波动的,因为它们源于周期性活动。例如,随着证券承销市场在2008年和2009年崩溃,投资银行的并购和其他收费服务活动逐渐减少,投资银行由此失去了大量由并购和其他收费服务产生的收入。随着客户从股票和投资管理公司撤回资金,托管的总资产下降,从而降低了基于托管资产而收取的费用。所谓的"沃尔克规则",旨在限制公司的自营交易,预计将大大减少这些活动的收费和其他收入。

《多德-弗兰克法案》的Durbin修正案授权美联储研究并发布限制收款信贷交易费用的规则。2011年6月29日,尽管银行被允许收取采购金额的0.05%以应对潜在的欺诈损失,但美联储实施每笔交易21美分的费用上限(针对资产超过100亿美元的银行)。彭博研究

---

① 生息资产和盈利资产的英文均为"earning asset",指可带来收入的资产,本章主要阐述利息类收入,由此更确切的惯用表达为生息资产。——译者注

估计,这个费用上限可能会降低商家的大型采购成本,但预计实际上会使商家增加不高于20美元的交易成本。① 这是因为美联储依据交易额大小确定收费,对于小规模交易,按这个百分比计算出的费用更低(低于21美分)。然而,大多数借记卡公司宣布它们将对所有规模的交易收取最高21美分的费用。因此,DVD租赁公司Redbox宣布,截至2011年10月31日,其日租金上涨20%,从1美元上涨到1.20美元,并将小额交易的借记费增加作为涨价的原因。限制公司可收取的费用看上去会对人们有所帮助,但其实会伤害很多其原本想要帮助的人。

接受存款、发放贷款和产生净利息收益的传统业务被大多数社区银行视为银行业的核心业务。由于持有资产负债表上的贷款,银行会谨慎地尝试评估每笔贷款的信用风险和流动性风险。如果借款人不按承诺付款,银行就要承担损失。相比于证券化业务,发起贷款的公司与投资银行合作将类似的贷款打包,并利用贷款作为抵押品发行证券,从而将贷款转移到资产负债表外。证券化产生费用收入,允许贷款发起人不占用自有资金,由此不会对信用风险敏感,证券投资者就能吸收未及时偿还的贷款。

21世纪前十年的末期,由于将贷款证券化的机会日益枯竭,次级贷款、抵押债务(collateralized debt obligations, CDO)和相关资产的问题使银行的这种OTD模式变得不再可行。2008年金融危机之前,许多证券化过程使用结构化投资工具(structured investment vehicles, SIV)将资产转移到资产负债表外。一旦确定大部分风险和收益属于交易的另一方,会计规则就允许金融机构将这些资产转移到资产负债表外。随着金融机构通过发行新债给资产池提供资金的能力枯竭,资产价值暴跌,次贷危机迫使许多机构将SIV资产移入资产负债表。

金融危机之前,超过50%的抵押担保证券是由私人第三方发起并证券化,而由政府第三方,如房利美(Fannie Mae)、房地美(Freddie Mac)、联邦住房管理局(Federal Housing Administration, FHA)和退役军人管理局(Veterans Administration, VA)发起的证券不到50%。由非政府第三方发放的抵押贷款在2008年和2009年全部消失,在所有发放额中的占比不到5%。2013—2014年,超过90%的抵押贷款是由房利美和房地美发放的。

与发起贷款并证券化的模式相反,传统贷款要求发放银行按1:1的比例随资产扩张增加资本,这是由于贷款人承担着重大的损失风险。回想一下,利息收入等于收取的利率乘以生息资产的美元数量。因此,增加利息收入需要提高利率,这在竞争环境中难以做到。另一种方式是增加贷款数额,但更多的贷款反过来又增大了违约风险。对于大多数商业银行而言,非利息收入通常等于所提供产品的价格乘以所销售产品或服务的数量。增加这种类型的收入并不总是需要增加资产或提高风险。规模是提高产品销售和服务效率的关键,尤其是对于那些基于技术的产品和服务而言。虽然所有银行都希望从其他来源获得更多费用收入和非利息收入,但这样做的机会取决于所服务客户的特征以及所提供产品和服务的类型。

本章介绍了与商业银行非利息收入和非利息费用相关的三个基本问题:首先,描述了常

---

① North, Cady and Getter, Lisa, "Business Impact of the Dodd-Frank Debit Fee Cap," Bloomberg Government Study, November 18, 2011.

用的控制费用和非利息收入增长的财务比率的优点和缺点;其次,讨论了为什么银行在评估绩效时应该关注客户的盈利能力和以收费为基础的业务组合;最后,解释了银行如何利用不同的非利息费用管理策略以提高绩效。

人们已经普遍认识到,那个破纪录的净利息收益率(NIM)时代已经过去了!例如,图表3.1记录了1937年以来商业银行NIM的长期趋势。注意,NIM从1945年开始急剧增长,到1992年达到当代的峰值4.53%;增长趋势在1992年后明显逆转,到2008年,NIM的平均水平已经下降到3.25%。NIM在金融危机开始后大幅上升,一直持续到2010年,这主要是由美联储极低的利率政策造成的。在最近的金融危机期间,美联储将联邦基金利率下降至0—25个基点,这一利率范围一直维持到2014年。银行成功地降低了存款成本,这一存款成本与低水平的联邦基金利率一致,使得NIM在初期呈现了增长趋势。随着贷款和证券的到期以及银行代之以较低收益的资产,NIM开始下降,到2013年,NIM的平均水平只有3.49%。

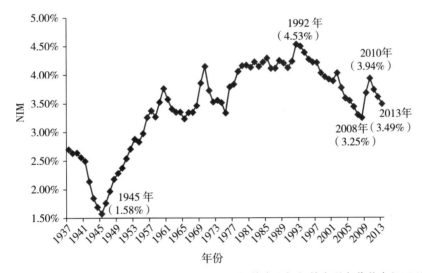

图表3.1　由美国联邦存款保险公司(FDIC)承保的商业银行的净利息收益率(NIM)

资料来源:FDIC储蓄机构的统计数据(www2.fdic.gov/sdi/main.asp)和银行的历史统计数据(www2.fdic.gov/hsob/index.asp)。

以下问题自然产生:是什么因素导致这种长期趋势? NIM会继续下降吗?答案显然很复杂,但可以查阅最近的历史予以回答。从1934年开始,《格拉斯-斯蒂格尔法案》有效地禁止储蓄机构、证券公司和保险公司冒险进入彼此的业务领域。显然,限制贷款和存款竞争的政策促成了一个盈利更高的环境。除了传统的商业贷款,银行也开始转向其他贷款业务,比如消费贷款和次级贷款,两者都承诺更高的收益率。在这一时期的早期,股市仍然遭受1929年崩溃的不良影响,大多数银行客户没有多少投资选择——只能将资金存入银行机构或投资股票市场。《Q条例》(Regulation Q)限制了银行可以支付的存款利率,有效地限制了其他银行的竞争。这使得银行业保持了长期相对的稳定,同时还提高了银行业的 NIM。20 世纪 60 年代初和 70 年代初,NIM 急剧的、暂时的下降伴随着经济衰退。

为什么 NIM 从 1992 年以来一直在稳步下降呢?答案很可能在于,那些导致 NIM 迅速增长的因素出现了逆转。首先,在有利润的领域,竞争也会存在。《格拉斯-斯蒂格尔法案》和《Q 条例》旨在限制竞争并促进形成更安全的银行系统,这些限制在很长一段时间内是有效的,但商业银行和其他机构(如投资银行和保险公司)发现了绕过《格拉斯-斯蒂格尔法案》的创新方法——金融服务业缓慢而有条不紊地侵蚀了商业银行的受保护的市场。例如,20 世纪 70 年代中期,金融创新使现金管理账户和货币市场共同基金得以建立。这发生在储蓄机构受《Q 条例》的影响、竞争性产品受到限制的时期。此外,20 世纪后半期,美国经历了共同基金和股票的普及率上升。许多客户将资金从 FDIC 承保的存款中转移出来(脱媒),从而大大降低了储蓄机构的市场份额。商业银行可以提供的产品类型(特别是证券产品、共同基金和保险产品)进一步受到限制,而证券公司和保险公司则拥有更大的权力。

20 世纪 90 年代是非政府机构进入银行业的管制放松、形式创新的时期。商业银行贷款与投资银行产品和服务的增加,给储蓄机构的贷款利率和存款成本带来了压力。非银行机构的额外权力与监管限制的减少显著增加了储蓄机构在核心存款和贷款业务领域的竞争压力,这再次侵蚀了 NIM。1999 年,几乎所有的储蓄机构都获准向联邦住房贷款银行直接借款。这种准入制为机构提供了一种新形式的资金,使它们不再依赖核心存款账户,并允许许多机构以更快的速度扩张。储蓄机构在 2000 年之后的快速增长以及由新的资金来源推动的资产增长是竞争的来源,给 NIM 带来了额外的压力。最后,商业银行和储蓄机构的客户经常行使他们的隐性"期权",为其贷款再融资。当利率下降时,贷款客户以更低的利率再融资,从而降低银行收取的利率。

储蓄机构在 20 世纪后半期开始进入一个受保护的市场,但这种保护也同样阻止它们与证券公司和保险公司有效地竞争,从而导致银行业的资金长期脱媒。然而,到了 20 世纪 90 年代末,在法院判决、监管裁决和市场惯例的影响之下,《格拉斯-斯蒂格尔法案》的许多限制性规定被削弱,这些做法使得金融业不同部门之间的区别变得越来越模糊。例如,《格拉斯-斯蒂格尔法案》第 20 条禁止商业银行主要从事发行、募资、承销、公开销售、批发分销、零售分销或通过辛迪加参与股票、债券、票据或其他证券的分销。1988 年,美国最高法院维持联邦储备委员会对所谓的"主要从事"的定义是指不超过联营公司总收入的 5%。这一限制在 1989 年增加到 10%,在 1996 年增加到 25%。最后,1999 年,国会通过了《格雷姆-里奇-比雷利法案》,废除了《格拉斯-斯蒂格尔法案》的许多内容,允许商业银行和储蓄机构进入此前被禁止进入的领域。

上述趋势和证据支持这样的事实,即 NIM 在 1992 年之前普遍上升是由于竞争受限,随着金融机构之间的差异变得模糊、竞争者数量不断增加、金融部门开始融合和监管条例不断变化。然而,这些数据可能掩盖了金融机构之间的一些差异。较大的商业银行和金融机构一般不依赖贷款,而是通过证券化贷款产生收费并提供种类繁多的产品和服务,以此产生费用收入。今天,非利息收入主要来自信托活动、存款服务费、交易收入、风险资本收入、证券化收入、投资银行、咨询、经纪、承销费和佣金、保险佣金,以及服务于房地产抵押贷款、信用卡和其他金融资产而产生的费用收入。相比之下,较小的银行继续更多地依赖贷款及其NIM。图表 3.2 显示了 1992—2013 年不同规模的 FDIC 承保商业银行的 NIM。对于资产超过 100 亿美元的大型商业银行来说,NIM 显然是最低的,而且下降得最多。

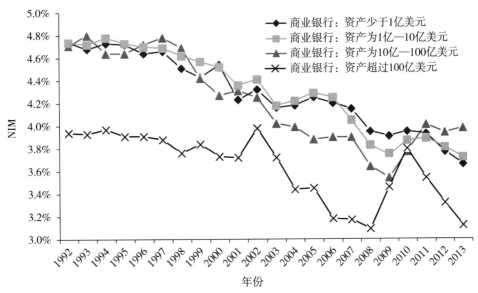

图表 3.2　商业银行的 NIM(按资产规模)

资料来源:FDIC 储蓄机构的统计数据,www2.fdic.gov/sdi/main.asp。

非利息收入

多年来,储蓄机构试图增加非利息收入。图表 3.3 记录了商业银行的净利息收益和非利息收入两种收入来源比例的巨大变化。1980 年,对 FDIC 承保的所有商业银行而言,非利息收入占净利息收益和非利息收入总额的比例仅为 20.3%,但在 2006 年再次下降之前,该比例急剧增至近 44%。非利息收入占比在 2007 年以后下降,非利息收入占净利息收益和非利息收入总额的百分比从 40% 以上降至 2013 年年底的不到 40%。这是由几个因素造成的:第一,证券承销市场在 2008 年和 2009 年崩溃,投资银行因证券交易业务的枯竭而失去了大量的来自并购和其他收费服务的费用收入;第二,客户从股票和投资管理公司中收回资金,管理的总资产减少,从而降低了基于资产管理的费用;第三,所谓的沃尔克规则,旨在限制公司自有财产的交易,也将显著减少这些活动产生的费用和其他收入;第四,《多德-弗兰克法案》的 Durbin 修正案授权联邦储备委员会研究并颁布限制收取信贷交易费用的规则,2011 年设置了每笔交易 21 美分的费用上限(针对资产超过 100 亿美元的银行)。

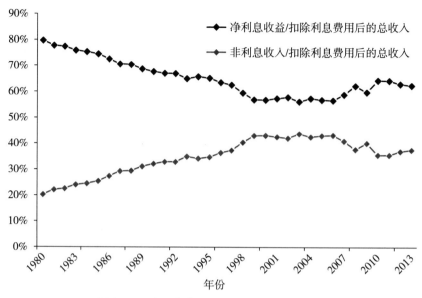

图表3.3 净利息收益占比和非利息收入占比

资料来源：FDIC的历史统计数据，www2.fdic.gov/hsob/index.asp。

（1）存款服务费，例如支票账户收费，通常代表大部分非利息收入。

（2）信托业务收入，反映机构信托部门的收入。

（3）交易收入、风险投资收入和证券化收入，反映一定时期内确认的交易证券和表外衍生工具合约的收益（亏损）；风险投资活动；证券化交易收费，以及待售贷款与租赁的未实现损失（收回损失）。

（4）投资银行、咨询、经纪和承销费及佣金，包括承销证券、私募证券、投资咨询和管理服务及并购服务的费用及佣金。

（5）保险佣金和收入，从承保保险、销售保险或再保险中取得的报告收入；此类别包括费用、佣金和服务费。

（6）净服务费，来自为他人持有的房地产抵押贷款、信用卡和其他金融资产提供服务。

（7）贷款销售净收益（损失），是指贷款与租赁销售或其他开支的净收益（损失）。

（8）其他净收益（损失），包括自有的其他房地产的销售或其他处置的净收益（损失），以及其他资产（不包括证券）销售的净收益（损失），如办公场所、固定资产以及为以前签约的债务而购置的个人财产（如汽车、船舶、设备和电器）。

（9）其他非利息收入，包括保险箱收入；销售银行汇票、汇票、支票等；执行已承兑票据和信用证；通知；咨询服务；租金和其他房地产收入；信用卡费用；贷款承诺费；外币兑换费；人寿保险收入；提早提款的罚金；数据处理费用；大量的其他杂项收入。

然而，图表3.3的数据掩盖了非利息收入的一些显著差异。这些收入差异是源于银行规模和收入类型或商业模式的不同。图表3.4记录了2013年所有FDIC承保商业银行的非利息收入占总资产的百分比构成。我们可以从几个方面观察这些数据。其一，不论主体的规模大小,非利息收入的最大贡献者是其他非利息收入和存款服务费用。其二,其他非利息收入和存款服务收费都是储蓄机构的稳定收入来源,但由于它们显而易见,因而不受机构客户的欢迎,难以随时间而大幅增加。

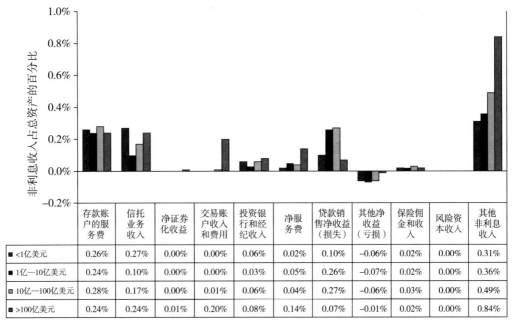

图表 3.4　2013 年商业银行和储蓄机构的非利息收入占总资产的百分比构成(按资产规模)

资料来源:FDIC 储蓄机构的统计数据,www2.fdic.gov/sdi/main.asp。

虽然所有储蓄机构都专注于增加非利息收入,但大型储蓄机构对于这种收入来源的依赖性更大,小型储蓄机构则不然,它们仍然更多地依赖净利息收益。大型机构不仅拥有更多的非利息收入,还依赖于更广泛的非利息收入来源。

历史上,对于大型商业银行而言,来自投资银行业务、咨询、经纪、承销费和佣金以及自营交易的收入贡献了非利息收入的更大部分,这些收入来源在过去几年中增加最多。然而,如前所述,2008 年开始的信用危机使得大型商业银行(和老牌投资银行)——如美国银行、花旗银行、JP 摩根、高盛和摩根士丹利——目睹了这些收入来源随着经营活动的放缓和管理资产的急剧下降而萎缩。这种下降表明非存款收费和交易收入本质上是高度周期性的,因为它们取决于资本市场活动和相关资产的价值。当兼并、收购、交易和经纪活动蓬勃发展时,随着交易量的增加,掌握投资银行业务的大公司可以获得巨额的费用收入;当这些活动减少时,费用收入相应减少。2007 年第四季度和 2008 年,当商业银行和储蓄机构报告了创纪录的贷款损失备抵、创纪录的交易活动损失、创纪录的商誉减值时,这种费用收入减少的状况表现得最为显著。这些损失与大型机构的承销、证券化和与次级抵押贷款市场相关的交易活动直接关联。实际上,2007 年第四季度,资产超过 100 亿美元的机构有 25% 是亏损的,7 家大型机构占行业贷款损失备抵总额的 1/2 以上,10 家机构包揽全部交易收益的下降额,5家机构占商誉和无形费用增量的3/4,16个机构占净收入减量的75%。注意,所有银行的其他非利息收入水平很高,尤其是那些资产超过100亿美元的银行。

存款服务费

有很多原因使得金融机构的费用收入随着时间的推移而变化。例如,管制放松政策鼓励产品"分拆"和收取个人服务费,而不是提供许多"免费"服务。此外,2000年以来的激烈竞争意味着银行开始捆绑服务,提供"免费活期存款"、免费借记卡和信用卡。

然而,《多德-弗兰克法案》给银行在收费方面带来的规则负担再次扭转了这种趋势。在该法案颁布之前,银行已经再次开始针对非计息支票账户收取费用,这可能产生额外的手续费收入。然而,这一点最近被《多德-弗兰克法案》限制,该趋势如图表3.5中(a)图(支票账户的平均月服务费)所示。

免费账户一直是吸引新业务的流行方式,因为银行经理知道,客户在某些服务费和费用方面对价格不敏感,这意味着银行可以在规则范围内定期提高这些费用收入。在金融危机到来之前,激烈的市场竞争已经使得支票账户(至少对于无息账户)的基本月费降低了很多,但储蓄账户余额不足产生的透支费以及ATM收费却增加了(见图表3.5)。自《多德-弗兰克法案》通过以来,银行对借记卡和信用卡交易的收费行为受到限制,银行不得不再次解除其服务并向以前免费的支票账户收取费用。

管理的关键决策是确定适当的收费业务组合。许多机构提供抵押银行服务,借此在贷款发放和抵押贷款服务之间进行对冲。当利率低或下降时,银行可以通过新贷款和抵押贷款再融资获得大量的发起费。当利率高或上升时,贷款发放费下降,但抵押贷款服务收入增加,因为现有抵押贷款预付较慢,还款期限会延长。[①] 抵押贷款发放也可能对银行的净息差业务产生反作用。例如,2000年5月,美联储设置了6.5%的联邦基金利率。两年半后的2002年11月,美联储提出的联邦基金利率为1.25%。[②] 在这期间,对住房进行重新融资的家庭数量是前所未有之多。到2004年年初,在所有1—4家庭抵押贷款中,大约75%在三年前就已经有贷款记录。到2008年年底,美联储再次将联邦基金利率降至0—25个基点的历史低点,抵押贷款利率降至历史最低水平。到2013年,几乎每个合格的借款人都通过重新融资得到住房,其中有些人已经多次再融资。然而,当利率上升时,新抵押贷款数量急剧下降。在某些情况下,抵押贷款发放业务初始就会产生亏损;然而,在新发放抵押贷款数量减少的同时,抵押贷款服务收入通常出现增加。

---

① 抵押贷款服务机构收取借款人的实际付款,从中扣除服务费,再将资金转给贷款的最终持有人。抵押贷款服务收入与所服务的贷款额直接相关。抵押贷款预付的速度越快,未偿还按揭结余越少,服务费收入也就越少。

② 美联储随后在2003年6月将目标联邦基金利率降至1%,然后于2006年6月缓慢提升至5.25%,直到2008年10月再次降至1%。

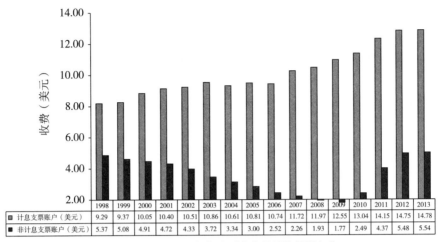

(a) 支票账户的平均月服务费

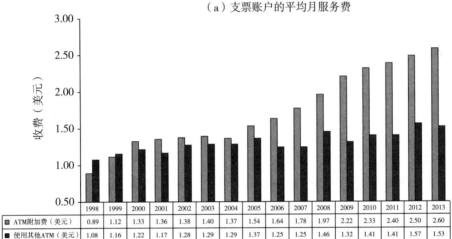

(b) 平均ATM收费

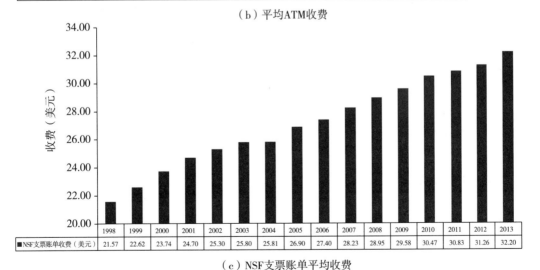

(c) NSF支票账单平均收费

图表 3.5 1988—2013 年托管机构费用结构（每年秋季）

资料来源：www.bankrate.com。

抵押银行业务的收益受规模的影响,因为大型投资组合具有相当大的规模经济。[①] 在极端的竞争条件下,许多公司很难获得所需的服务业务量。因此,许多抵押贷款发起人不是为贷款服务,而是出卖服务权。对于没有抵押业务的服务方而言,抵押贷款的费用收入来自高度周期性的利率。因此,许多大银行非常看好非抵押业务的巨额潜在费用收入,例如租赁、次级贷款(针对高违约风险客户)、保理和相关活动。这些业务的费用收入也非常不稳定,因为当经济条件改变时,相关业务的规模和质量也会发生变化。

非利息费用

盈利增长的一个直接来源是成本削减。这是近年来大多数商业银行实施合并的主要动机。实际上,分析师和银行股票投资者一直在努力寻找可能的合并机会与合作伙伴,从而节约大量成本。随着市场合并,两家公司有了更大的银行办公场所和更广的服务业务,任何合并都会导致分支机构的减少和人事的精简。消除这种重复性成本并不影响机构继续为客户提供服务。一些研究表明,合并的成本节约来自税收减少、运营协同增效、资本支出减少,以及通过排挤竞争对手而增大潜在的市场占有率。

关于间接费用或运营费用,UBPR 报告了银行非利息费用的五项组成部分:
(1) 人员费用,包括工资、薪金和福利;
(2) 占用费,包括建筑物和设备的租金与折旧;
(3) 商誉减值,包括永久减损商誉的任何摊销;
(4) 其他无形摊销,包括摊销费用和其他无形资产的减值损失;
(5) 其他营业费用,包括所有其他非利息费用。

这五项费用的总和称为一般管理费用(overhead expense)。对于大多数银行而言,人员费用是间接费用的最大组成部分,反映了银行对人员(相对于资本资产)的高度依赖。

关键比率

银行管理者通常会跟踪各种财务比率,以便衡量和监控银行控制成本和产生非利息收入的能力。三个最常见的比率是银行负担率(净管理费用)、效率比率和生产率比率。不同机构的上述比率可以反映其代表的业务组合。一些业务条线需要大量的资本投资,而其他业务则需要更多的劳动力或者更多的表外因素。

负担率(净管理费用)

银行负担率或净管理费用等于以美元计算的非利息费用和非利息收入之间的差额占平均总资产的百分比:

$$负担率 = \frac{非利息费用 - 非利息收入}{平均总资产} \tag{3.1}$$

[①] 规模经济是指公司的平均单位成本随产出增加而减少的情况。

由于大部分储蓄机构的非利息费用高于非利息收入,因此这个指标一般是正的,它表明银行产生的非利息收入中用来支付非利息费用的部分。非利息费用较高,通常是因为创造利息收入和低成本存款产生了相当大的非利息费用。例如,在场所和分支机构方面的占用费、计算机系统开支、发放贷款的员工工资等有关支出会对银行吸收存款有所帮助。因此,负担率越小或净管理费用越低,银行相对于同业的表现越好;反之亦然。当与其他同业的表现有差异时,管理者会审查非利息费用的各个组成部分,以确定人员费用、占用费或其他费用是否过高。他们还将存款服务费和其他费用收入作为非利息收入与资产进行比较,以评估其与资产利用相关的绩效。重要的是,在进行这些比较时,销售证券的收益或损失和其他非现金收入(支出)将被扣除或忽略。

效率比率(efficiency ratio)

效率比率是用于评价绩效的较为流行的比率。储蓄机构经常报告这一指标以及 ROE、ROA 和 NIM,将它们作为盈利能力和潜在盈利增长指标。许多机构在每年年初公布目标效率比率,一些机构将员工奖金与银行是否达到目标挂钩。正式而言,效率比率等于非利息费用除以净利息收益和非利息收入之和,衡量为赚取 1 美元的总收入而扣除的利息费用金额。0.60 的效率比率表明,银行总收入中的每 1 美元需要支付 60 美分的非利息费用。因此,效率比率较低的机构可能更有效率。

$$效率比率 = \frac{非利息费用}{净利息收益 + 非利息收入} \quad (3.2)$$

图表 3.6 提供了 2013 年不同规模商业银行的效率比率的组成部分。注意,资产超过 100 亿美元的银行的平均效率比率最低,只有不到 60%。还要注意,在最大的机构中,净利息收益占平均总资产的百分比是最小的,而占平均总资产一定百分比的非利息收入随资产规模的增大而增加。资产超过 100 亿美元的银行的平均效率比率低于其他银行,因为其非利息收入占资产的百分比较大,非利息支出占资产的百分比较小。

图表 3.6 2013 年商业银行的效率比率的组成部分(按资产规模)

比率	<1 亿美元	1 亿—10 亿美元	10 亿—100 亿美元	>100 亿美元
效率比率	77.33%	70.41%	63.50%	59.13%
分子:				
非利息费用*	3.36%	3.12%	3.17%	2.79%
分母:				
净利息收益*	3.34%	3.42%	3.61%	2.73%
非利息收入*	0.99%	1.00%	1.28%	1.84%

注:*表示占资产的百分比。

资料来源:FDIC 储蓄机构的统计数据,www2.fdic.gov/sdi/main.asp。

图表 3.7 报告了 1992—2013 年美国商业银行的平均效率比率,规模分为总资产不到 1 亿美元、1 亿—10 亿美元、10 亿—100 亿美元、超过 100 亿美元。其中,规模最大的商业银行的数据来自大约 90 个地区性、全国性或全球性的机构。图表 3.7 显示了大银行和小银行业务模式之间的主要差异。首先,银行规模、效率比率的差异显著。大型商业银行(总资产超过 10 亿美元的商业银行)显然具有较低的平均效率比率,这通常反映了大型机构进入投资银行、交易和资产管理等业务产生非利息收入的相对优势。2013 年,资产不到 1 亿美元的商业银行,每 1 美元总收入需要支付 77.33 美分作为产生利息收入的费用,资产在 1 亿—10 亿美元的银行需要支付 70.41 美分,资产在 10 亿—100 亿美元的银行需要支付 63.5 美分,而拥有超过 100 亿美元资产的大银行只需要支付 59.13 美分。

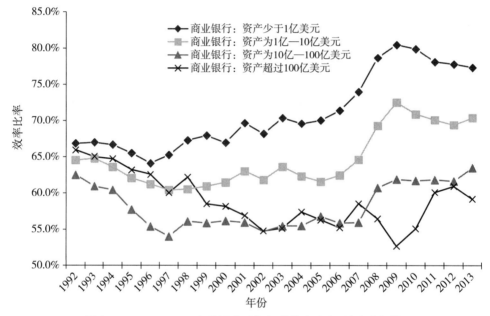

图表 3.7　1992—2013 年美国商业银行的效率比率(按资产规模)

资料来源:FDIC 储蓄机构的统计数据,www2.fdic.gov/sdi/main.asp。

这些结果清楚地反映了间接费用、净利息收益和非利息收入之间的权衡。对于最小的银行而言,净利息收益(占总资产的百分比)对效率比率的促进作用最大。丰厚的净利息收益和相对较低的管理费用(占总资产的百分比)有助于银行在"1 亿—10 亿美元"资产范围内保持较低的效率比率。然而,相比于规模较小的银行,"10 亿—100 亿美元"资产范围内的银行将创造更多的非利息收入(占总资产的百分比),从而形成较低的效率比率。最大的银行有着低得多的净利息收益(占总资产的百分比),但有着更好的费用控制效率和更多的非利息收入(占总资产的百分比),由此具有最低的效率比率,这清楚地表明大银行对收费业务的更大依赖。

需要注意的是,效率比率的分母由净利息收益和非利息收入两部分组成。如图表 3.1 和 3.2 所示,NIM 自 1992 年以来一直呈现下降趋势,1997 年以后,下降幅度显著提高。较小的商业银行更依赖于 NIM,其 NIM 的下降幅度大于大银行。此外,相对于小银行,大银行成功地增加了非利息收入。最终的结果是,最大的银行有能力创造大量的费用收入,并通过这种方式提高效率比率,而小银行则不行。

一个关键的问题在于,较低的效率比率是否意味着较高的盈利率?通常而言,当金融机构投资于新产品、服务或分支机构时,其非利息费用将会增加,效率比率将会提高,直到新业务收入可以"赶上"这些费用。Osborne(1995)和 Holliday(2000)认为,较低的效率比率并不总是匹配较高的盈利率,而专注于降低效率比率的银行可能会做出次优决策。Osborne 利用1989—1993 年美国 50 家最大银行的数据,展示了 ROE 最高的银行所报告的很多领域的效率比率。这项研究针对效率比率提出了两个基本批评:其一,效率比率不考虑银行的业务组合。如果企业的边际收入超过边际支出,对于银行而言,其投资企业承担更高的非利息费用是完全符合逻辑的。因此,虽然效率比率可能会增大或者比同业高,但这种投资能够增加股东的价值。其二,效率比率并不直接关系到银行给股东带来的目标回报。Holliday 同样认为,银行应该注重以尽可能低的成本增加收入。如果成功,那么银行将留住客户并提高盈利能力。从根本上说,只要银行赚取的收入超过边际成本,投资就会带来价值增值。这意味着评估非利息费用和收入的管理者必须仔细衡量边际成本和边际收入,并将银行的业绩与类似的竞争对手进行比较。

运营风险比率

一些分析师关注银行的运营风险比率,以便更好地了解绩效的产生究竟是成本控制得力还是费用收入提升。运营风险比率越低,银行的经营业绩越好,因为它的非利息收入更高,这些收入或费用越稳定就越有价值。运营风险比率等于非利息费用与非利息收入(费用)之差除以利息收入与非利息收入之和。

$$运营风险比率 = \frac{非利息费用 - 非利息收入(费用)}{净利息收益} \tag{3.3}$$

我们来分析图表 3.8 中 Bay 银行和 River 银行的数据。两家银行都报告了相同的 ROA、管理费用(非利息费用)与资产的比率、营业收入与资产的比率和效率比率,但是 Bay 银行报告的运营风险比率较低。仔细分析两家银行的运营风险比率的组成可以看出,Bay 银行营业收入与总资产的比率较高,因此它报告的运营风险比率较低。

图表 3.8　用运营风险比率展示费用收入

比率	Bay 银行	River 银行
资产收益率或回报率(ROA)	1.40%	1.40%
净利息收益率(NIM)	4.00%	4.62%
与平均总资产的比率		
净利息收益	3.20%	3.70%

（续表）

比率	Bay 银行	River 银行
非利息收入（费用）	1.40%	0.90%
营业收入	4.60%	4.60%
非利息费用（管理费用）	3.00%	3.00%
生息资产	80.00%	80.00%
税收	0.20%	0.20%
效率比率	65.22% = 0.03/(0.032 + 0.014)	65.22% = 0.03/(0.037 + 0.009)
运营风险比率	40.00% = (0.03 − 0.014)/0.04	45.45% = (0.03 − 0.009)/0.0462

生产率比率

许多管理人员跟踪各种生产率，以评估他们是否最大限度地利用了员工和资本。UBPR包含的重要生产率比率是单位员工资产和平均人员费用。单位员工资产指标较高，意味着用较少的员工处理大量的与资产相关的业务。在某种意义上，这是一个资产效率比。当然，该比率忽略了银行进行的表外活动规模。平均人员费用则衡量在确认工资和福利时的单个员工平均成本。

$$单位员工资产 = \frac{平均总资产}{全职员工数量} \quad (3.4)$$

$$平均人员费用 = \frac{人员费用}{全职员工数量} \quad (3.5)$$

关于这些比率没有一个被广泛认可的最佳值。事实上，许多高绩效银行的全职员工较少，但是相比同业银行的普通员工支付了更高的工资。此外，人员费用比率可能因为少数员工拿了高额工资而使得这个指标有偏差。例如，拥有高薪CEO的社区银行通常会报告更高的比率，这些关于员工的平均薪酬与同业相比的信息其实没有什么意义。

对于社区银行而言，两个相关比率可以提供有关生产率的信息。因为贷款代表了资产持有，所以计算单位员工的放贷比率，并以此作为贷款生产率的指标是有意义的。同样，单位员工的净收益比率通常表示银行劳动力的生产率和盈利能力。

$$单位员工放贷额 = \frac{平均贷款额}{全职员工数量} \quad (3.6)$$

$$单位员工净收益 = \frac{净收益}{全职员工数量} \quad (3.7)$$

商业银行的生产率（按资产规模）如图表3.9所示。图表3.9中的数据表明，按照公式(3.4)—(3.7)的比率衡量，生产率随着银行规模的增加而提高。大银行运营过程中单位员工资产是小银行的两倍，但同时大银行的员工工资比小银行要高出50%；大银行的单位员工放贷额是小银行的近两倍，同时单位员工净收入也是小银行的两倍多。

随着 NIM 的下降，管理者必须确定适当的产品和业务条线的组合，因为未来的收入增长可能来自费用收入。传统上，储蓄机构依靠的是存款服务费和信托部门的信托费，并不是所有的费用都是均等的或者所有的客户都是有利可图的。公司必须认识到不同来源费用收入的风险，并能够衡量相对于特定的客户，在考虑到服务其账户所需的成本之后，能否带来更多的收入。

图表 3.9　2013 年不同规模银行的生产率　　　　　　　　　　　　　（单位：千美元）

银行规模	<1 亿美元	1 亿—10 亿美元	10 亿—100 亿美元	>100 亿美元	所有商业银行
单位员工资产	3 639.6	4 156.0	5 031.4	8 044.6	7 099.9
平均人员费用	62.7	69.1	74.6	98.5	91.2
单位员工放贷额	2 007.1	2 582.0	3 215.6	4 013.0	3 697.7
单位员工净收入	27.4	37.8	59.8	84.8	74.7

资料来源：FDIC 储蓄机构的统计数据，http://www2.fdic.gov/sdi/main.asp。

哪些业务条线和客户有利可图？

确定盈利增长的第一步，便是确定哪些业务条线有利可图，以及银行的哪些客户有利可图。一旦确定了这些业务条线和客户的回报，银行就应该为相关业务和预期回报最高的客户分配资源。

业务条线盈利能力分析

为了准确分析各业务条线的盈利能力和风险，每一项业务都必须编制各自的资产负债表和利润表。这些报表之所以难以编制，是因为许多非传统活动（如信托和抵押贷款服务）没有明确要求任何直接的股权支持；一些传统业务（如商业贷款和消费者银行业务等）也使问题变得复杂，因为这些业务对应的资产负债规模各不相同，难以标准化。此外，想要确定单位资本对应多少收益，从实际操作上看并不容易。替代的资本配置方法包括：使用基于监管风险的资本金标准；根据资产规模分配；与"纯粹的"独立的、公众持有的同业公司相比较；分别度量各业务条线的风险。今天，许多大银行通过 RAROC 或 RORAC 系统评估业务条线的盈利能力和风险。RAROC 是指资本的风险调整收益率或回报率，而 RORAC 是指风险调整资本的收益率或回报率。这些术语通常可互换使用，但形式上定义如下：

$$\text{RAROC} = \frac{\text{风险调整收入}}{\text{资本}} \tag{3.8}$$

$$\text{RORAC} = \frac{\text{收入}}{\text{风险调整资本}} \tag{3.9}$$

构成风险调整收入和分配风险资本的要素在不同机构之间可能会有所不同,但其概念都是:明确某个业务条线的收益率或回报率,并将该收益率或回报率与对应的资本进行比较。收入或回报可以根据风险调整(RAROC),通常情况下,预期收入将会扣除损失和其他费用;或者,资本量可以根据风险调整(RORAC),这通常意味着它代表基于未来收益或回报概率的最大潜在损失,或者用于弥补与收益波动相关的损失所需的金额。此外,一些银行会从收益或回报中减去资本费用以估计"经济回报"。

客户盈利能力分析

客户盈利能力分析用于评估账户的净收入是否符合银行的利润目标。通行的客户盈利能力规则是:20%的公司客户贡献总利润的80%。[①] 因此,客户盈利能力分析的基本目标是确定个人客户的盈利能力。更激进的公司还使用客户盈利能力分析来区分高价值客户和那些有潜在价值的客户,并刺激一般客户向高价值客户转换。

图表 3.10 显示,对于最有潜在价值的 20% 的企业客户或高价值客户,企业的目标是确定他们是谁、他们的需求是什么,以维护和促进这个重要的收入来源。接下来是价值客户和价值处于平均水平的客户,他们对利润贡献较少,但代表了公司的第二大战略机遇。这里的基本目标是通过销售额外产品或鼓励他们将更多业务转移到银行,从而将这些客户转化为高价值客户。最后两类客户代表低价值和损失型或高维护型客户。这些客户通常是处于盈亏平衡状态或者会带来负价值,这里的主要目标是确定一种提高他们的盈利能力或鼓励他们从其他公司获得服务的方法。管理层必须对这些客户非常小心,因为他们往往是在觉得银行服务不够周到时最容易发声的群体,有时会给银行带来损失。具体可以参阅当代热点专栏"增加非利息收入的策略"。

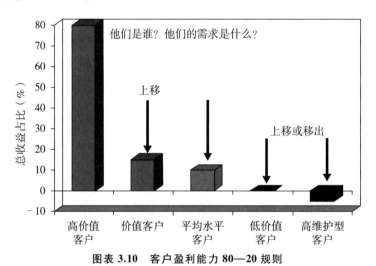

图表 3.10　客户盈利能力 80—20 规则

[①] 虽然这可能是一个普遍接受的说法,但许多银行家认为"5%的客户会产生约90%的利润"。

客户盈利能力分析通常使用每月或每季度历史数据,适时修改定价。分析流程将对比各个机构的服务收入和相关成本。虽然该分析特别适用于贷款客户,但也可以对这一方法进行简单方便的修改以评估非信贷活动。对比方法为:

$$账户收入 = (或 > 或 <)账户费用 + 目标利润 \qquad (3.10)$$

如果收入超过费用总额和目标利润,账户产生的收益或回报就会超过银行要求的最低回报。收入等于费用加上目标利润,该账户只符合最低回报要求。还有两个可能的结果:收入低于费用,账户显然是没有利润的;收入大于费用但小于费用和目标利润的总和,账户有潜在价值,但不会实现银行可接受的最低回报。

评估客户盈利能力的第一步是确定能够给客户提供的服务清单。该清单通常包括交易账户活动、信用扩展、安全保管及相关项目,例如电汇、保险箱和信用证。下一步是评估提供每项服务的成本。单位成本可以从成本会计系统确定,或者通过私人渠道进行估计。不同类型金融机构的具体数值差异很大,因为它们分配的固定成本和管理费用不同。没有最优的分配固定成本的方法,因此估计的单位成本至多只是一个近似值。没有客户盈利能力模型的机构通常会因系统限制而无法分配成本。

  当代热点

增加非利息收入的策略

增加非利息收入是当今许多金融机构的目标。问题的核心是如何实现目标。确定增加非利息收入的最佳方法不但对机构的盈利能力至关重要,而且对达成机构的规划和目标至关重要。对于主要面向退休年龄客户群的社区银行来说,提供最新的高科技工具通常是没有意义的。当然,仍有许多老年人使用大量的高科技产品,银行必须提供满足他们需要的技术产品。大多数专家认为,在拓展新客户之前,提高现有客户的盈利能力通常更有意义。

前花旗集团联席主席约翰·里德说,银行业未能充分了解和挖掘消费者在银行业务方面的潜力。"我们有一个倾向,就是所谓的骚扰定价——在 ATM 上收取 50 美分费用,因为你需要这笔收入。"里德解释说,"但是,大多数人想要免费取出他们的钱。"ATM 附加费和 NSF(透支)费用是通行的增加非利息收入的方法,虽然两者都受到消费者金融保护局的种种审查。至少在短期内,即使这些收费项目确实增加了收入,但它们创造得更多的是对服务的不满,而不是长期利润,可能不会为机构创造价值。因此,增加非利息收入的第一步是了解你的客户。这是一个显而易见的道理,但许多企业并不总是能够妥善处理两个问题:最好的客户是谁?银行能够给他们提供什么?当公司不知道自己最好的客户的需求时,便会经常发现那些客户会寻求其他竞争对手的解决方案。然后这些客户会问自己:"为什么我们一定要在这家机构办理业务呢?"

为了提高非利息收入,金融公司应该分析自己最好的五个或六个客户,并询问他们为什么与公司开展业务。管理者应该确定这些客户与银行进行什么类型的金融业务。在这个信息的基础上,可以确定如何满足客户的需求以提高这些最佳客户的盈利能力。以下给出增加非利息收入的成功策略(按优先顺序进行排列):

(1) 确定所有现有产品和服务的定价是否合适。如果不合适,调整定价。

(2) 检查现有定价政策的例外情况,以确定是否需要调整政策。

(3) 对当前的产品和服务进行有效销售或交叉销售。通常,这需要对员工进行额外的培训。

(4) 检查和评估银行所处市场以确定银行是否在正确的市场,并为该市场及其客户提供合适的产品。如果没有,那么考虑扩大银行的地理市场以及产品和服务线。

通过开发新产品和服务为现有产品拓展新市场,具体而言有以下两个方面:

——利用和保留现有客户

——吸引新客户

以上策略的中心主题是,提供最新的、最流行的产品并不总是最佳的商业策略,最重要的是首先确定现有产品的适当性。产品的价格是否正确?银行是否在适当的时间收取适当的费用?员工是否知道并了解现有产品线?银行是否有效地交叉销售现有产品?专家认为,前三个策略往往能够在短期内带来最好的结果。扩大产品线、扩张销售市场的做法成本很高且风险较大。这通常是一个良好的增长战略,但前期需要进行广泛的市场调查。

费用组成

客户费用包括各种各样的项目,但通常分为三个领域:非信贷服务、信贷服务和业务风险费用。非信贷服务(noncredit services)的总成本估算是将每项服务的单位成本乘以相应的业务频率而获得的。例如,如果电汇的成本费用为 7 美元,并且客户授权进行 8 次这样的转账,那么对该账户的管理机构而言,总的周期性电汇转账费用为 56 美元。一般来说,支票处理费用是机构主要的非信贷成本项目。如果单独定价,那么服务费收入应至少等于此项的总成本。

信贷服务(credit services)的成本通常很高,这与贷款的规模和类型有关。这些成本包括贷款融资的利息成本以及贷款管理费用。资金成本估计(cost of funds estimate)是银行在合并贷款时的加权边际成本或加权资本边际成本。贷款管理费用(loan administration expense)是指贷款信用分析和执行的成本,包括人员费用和管理费用,以及发送利息票据、处理付款和维护抵押品的直接成本。可以基于每个项目征收费用,由贷款的单位处理成本乘以未偿还票据的规模确定,或者换算为贷款数额的固定百分比。

最终费用——业务风险费用(business risk expense)难以直接测量,它代表实际现金支出(损失)以及非现金支出或潜在损失的分配。对于非信贷服务而言,最大的单一风险是交易风险(transaction risk)。交易风险包括来自欺诈交易、盗窃、错误、计算机系统不完善、内部控制缺失,以及处理、清算和结算付款交易的延迟或中断带来的当前或预期风险,这些可能导致信贷和流动性问题并影响收益和资本。每当客户通过自己的账户存取款、开支票或刷信用卡购物时，银行都会面临风险。大多数人都知道，消费者在信用卡丢失、被盗或其他未经授权的支出出现时，信用卡对此有明确的责任划分。对银行而言，风险可能是巨大的，这可以由内部控制系统的质量决定。针对客户丢失信用卡或支票簿、ATM 的个人识别密码（PIN）被盗、计算机黑客侵入银行系统等潜在可能，银行必须为客户分配预留资金。大多数交易风险在于银行。更重要的是，互联网和其他电子数据源的大量使用，使得银行有可能遭遇未经授权的数据系统访问、非法转移资金、欺诈和粉饰。这些费用难以在个人层面预测，但可能金额巨大。通过有效的监控，交易风险可以得到相对准确的估计，但银行有时会面临严重的控制失效，进而产生流动性风险甚至偿付问题，即使这种概率可能仅为百万分之一。

对于信贷服务而言，违约风险（default risk）是最大的单一风险。风险费用的常规分配是处理潜在贷款损失影响的一种方法。许多银行根据发行时的风险特征对贷款进行分类。低风险贷款通常期限较短，借款方往往有良好的财务报表表现、充足的现金流和抵押品、良好的管理制度。高风险贷款（通常期限较长）的借款方往往财务报表的表现较差、现金流有限，同时抵押品存在潜在的价值波动。管理者首先根据这些特征和历史违约情况对贷款进行排序，将每笔贷款划归为特定的风险类别。风险评级系统允许针对不同潜在损失以及不同的损失幅度进行差异化收费，实际风险费用指标等于该风险类别中贷款的历史违约率乘以未偿还贷款余额。

收入组成

客户账户能够为储蓄机构带来三项收入：存款余额的投资收益、服务费收入、贷款利息和费用收入。账户盈利能力分析提供了一个定价框架，可以将这些收入总额与费用和目标利润进行比较。

客户持有的每笔存款都会产生银行存款余额的投资收益（investment income from deposit balances）。银行必须按存款的百分比计提法定准备金，但对于超过账户日常浮动额度之外的余额，银行可以将其用于投资。许多客户是净存款户，其账户余额超过银行提供给他们的贷款。其他客户是净借款户，因为他们的未偿还贷款大于总存款。因此，客户不会借用自己的存款，借款来自银行的债务和股本。含蓄地讲，客户存款被视为银行总可用资金的一部分。因此，贷款融资成本等于债务加权成本乘以贷款总额加上股权成本——股东的目标回报。投资收益是使用信贷收益率估计的银行对客户的可投资余额赚取的利息。

金融公司越来越依赖非利息收入（即费用收入，fee income）以扩充收入。储蓄机构、信用社、经纪公司、保险公司和其他商业银行之间的竞争增加了借款成本。这种对 NIM 的压力、由资本限制带来的增长限制，使得新产品和服务收入成为最有希望的盈利增长来源。反过来，许多企业客户刻意压降存款余额，使得相比于利息收入，费用收入是更好的收入来源。在分析客户的账户关系时，所有服务的费用收入都包括在总收入中。费用通常按项目（如美联储电汇）收取，或者作为捆绑服务进行定期收费。由可交易债券支持的抵押贷款、信用证、财务担保、数据处理和现金管理等服务的费用收入最近在银行业务中呈现上升趋势，这与近期银行的积极推广有关。

贷款利息(loan interest)是绝大多数金融机构的主要收入来源,因为贷款是其投资组合中的主要资产。实际赚取的利息取决于合同贷款利率和未偿还本金。虽然金融机构会向客户报出许多不同的贷款利率,但其中的一些特征是值得关注的。大多数金融机构按照商业贷款的基准利率定价,以此作为其资金成本的指标。共同基准利率替代方案包括联邦基金利率、存单利率、商业票据利率、伦敦银行同业拆借利率(LIBOR)、LIBOR 互换收益率曲线、华尔街优先股股息和银行自身的加权资金成本。合同贷款利率的设定通常比基准利率高,因此利息收入随着借款成本水平的变化而变化。这种浮动利率贷款在金融公司中比较流行,因为它们提高了贷款的利率敏感性,这与负债的利率敏感性的提高是一致的。此外,合同贷款利率的提高反映了借款人本身的违约风险和流动性风险。随着合同贷款利率的提高,高风险类别贷款增加。与此同时,大部分商业贷款都有固定利率。在任何情况下,合同利率应反映银行资金的估计成本、潜在的违约风险以及协议期限内的流动性和利率风险溢价。

根据客户盈利能力分析获取总体获利能力结果

观察不同储蓄机构的客户盈利能力分析结果,可以发现几个有趣之处。第一,如上所述,小部分客户贡献了银行利润的大部分。第二,许多客户盈利能力模型表明,生息账户和无息账户之间存在显著差异,有利可图的客户与金融机构保持多重关系,例如大额贷款和投资业务。而那些盈利潜力有限的客户往往会去寻找最合适的价格或不会使用多个产品。这种状况鼓励银行根据其与客户之间的关系亲疏提供产品捆绑。例如,富国银行提供多种类型的支票账户,这些账户与免费或压降费用捆绑在一起,为各种高价值客户(总存款和贷款余额)提供丰富的服务。第三,希望增加收入的银行应该确定客户对服务的情感价值,并相应地对服务定价。1995 年,芝加哥第一银行的分行率先向每个需要使用现金的客户收取 3 美元的费用。毫无疑问,媒体的推波助澜使得这种收费成为一场舆论噩梦。芝加哥的其他银行积极销售免费的柜台服务,试图从芝加哥第一银行拉走业务。尽管如此,芝加哥第一银行的客户仅减少了不到 1%,但分支机构的员工减少了 30%,并且 ATM 的使用率和存款额在头 3 个月增长了 100%。这种做法在美国的银行身上没有得到很好的实践。由于美联储将贷记交易的费用限制在 21 美分,作为回应,美国的银行于 2011 年计划收取 5 美元的借记卡年费。公众反对的声音十分强烈,认为收取的费用实在太高了。在一片反对声中,美国的银行在宣布这项决定之后不久就予以废除。由此可见,公众和市场反对的代价是如此之大!

虽然这些类型的账户可能是公共关系噩梦,但它们具有巨大的商业意义。现金柜台交易是银行的成本最高的交易类型。大多数银行免费提供这些服务,然后在低成本的 ATM 和电子化交易服务上向客户收费。尽管这种做法从商业角度上讲不是很明智,但它是因客户反对向传统的免费交易收取费用而产生的。今天,几乎没有年轻人实际到银行办理业务;如果有人认真观察还会发现,他们几乎不写字,也不怎么使用 ATM 取现,其主要付款方式是使用借记卡。储蓄机构根据年轻人对低成本、低余额的需要量身定制账户。从未来的趋势看,成功的银行将提供符合客户需求的产品,并根据成本对所有服务定价。

重要的一点是需要认识到,仅仅了解客户是多么有利可图并不能说明如何利用相关的信息。为了增加非利息收入,金融公司应该试图向客户提供更多服务或满足客户需求的成套服务,使自己能够从无利可图的客户那里获利。这通常涉及提供价格激励,以便通过 ATM 或其他低成本渠道提供服务。例如,许多机构为学生提供无最低余额、免费支票账户等服务。许多机构支持客户使用其他银行的 ATM 付款;还有一些机构为了保持与客户的关系或鼓励他们使用最适合的银行服务,会向高价值客户提供收费服务和诱人的利率。

什么是适当的业务组合?

一些费用收入来自相对稳定的服务和业务条线,它们通常被称为重复性收入;而其他费用收入波动较大,反映了不断变化的规模和定价。在当今的环境中,大多数银行试图在组合情境下管理费用收入。存款服务的手续费收入相当稳定,并且可能会稳步增长。尽管如此,银行也必须意识到,来自经纪公司的风险是巨大的,它们将继续蚕食商业银行的业务份额,对互联网经纪公司来说尤其如此。

存款服务费应与其他业务条线或有较高增长潜力产品的费用相平衡。图表 3.11 显示了非利息收入的各个组成部分占非利息收入总额的比例。投资银行业务通常指证券承销、投资或兼并和收购建议等服务组合,其交易收入来自为客户经营一个可以随时买卖证券的交易柜台(银行为此要维持一定的证券库存),以及为自有账户进行证券和衍生品的自营交易。收费性经营业务包括特定消费金融业务、特定租赁、制造业、保险产品、共同基金销售和投资管理等活动。

图表 3.11　2013 年银行非利息收入各个组成部分

占非利息收入总额的百分比	银行资产规模			
	<1 亿美元	1 亿—10 亿美元	10 亿—100 亿美元	>100 亿美元
存款账户服务费	26.5%	24.2%	21.7%	13.1%
受托活动	27.6%	10.1%	13.2%	13.1%
净证券化收入	0.0%	0.0%	0.0%	0.5%
交易账户收入和费用	0.0%	0.0%	0.8%	10.9%
投资银行、咨询、经纪、承销费和佣金	6.1%	3.0%	4.7%	4.4%
净服务费	2.0%	5.1%	3.1%	7.7%
贷款和资产销售	10.2%	26.3%	20.9%	3.8%
保险佣金费和收入	2.0%	2.0%	2.3%	1.1%
风险资本收入	0.0%	0.0%	0.0%	0.0%
其他非利息收入	31.6%	36.4%	38.0%	45.9%

资料来源:FDIC 储蓄机构的统计数据,www2.fdic.gov/sdi/main.asp。

这些类型业务的收费潜力是推动银行与保险公司合并的动机。金融公司一直寻求商业银行、保险公司和经纪公司之间的潜在协同效应,通过子公司和专业机构,有可能产生信用卡、抵押贷款、小企业贷款、消费贷款、租赁、保险、经纪服务、证券承销等广泛的产品。然而,这个概念在理论上通常比在实践中更好,因为鲜有金融机构能够将三种活动结合起来并取得成功。实际上,20世纪80年代,西尔斯公司收购了好事达储蓄信贷(Allstate Savings and Credit)、好事达保险(Allstate Insurance)、迪恩威特(Dean Witter)和科威银行(Coldwell Banker),甚至在将产品卖给花旗集团之前创制了发现卡(Discover Card)。西尔斯公司试图在每家零售商店设置金融服务代表,但很快发现典型的消费者并没有在购物的同时寻求财务建议的习惯!西尔斯公司最终被迫削减金融部门。花旗集团于1997年重新关注这一概念并收购了旅行者保险公司(Travelers Insurance)。然而,与西尔斯公司类似,花旗集团发现难以产生所需的协同效应和交叉销售机会,并在21世纪出售旅行者分部。

虽然社区银行没有相同的机会进入投资银行和专业中介领域,但其确实有其他的潜在途径。许多社区银行与同一地理区域的银行家银行合作,提供它们无法独立提供的服务。这些银行家银行(bankers banks)是所有成员机构的代理银行,因此银行家银行由该区域的社区银行所有。银行家银行通常向成员提供贷款、交易联储基金,并提供投资、信托和数据处理服务。银行家银行找到了一个相对新的业务,用于为非成员机构的客户提供信托服务。

许多储蓄机构提供家庭股权信用额度、住房抵押贷款、二级抵押贷款和可调利率抵押贷款。今天,相当多的商业银行提供一些相对较新的产品,如远程存款、健康储蓄账户和手机银行。远程存款允许企业使用扫描仪从办公室存入纸质支票,而不必去银行。手机银行允许消费者使用智能手机支付账单、转账和存款支票。虽然远程存款和手机银行存在风险,但成本效益显著。随着经济条件的改变,一些业务的费用将上升,而另一些业务的费用将下降。同样的理由也适用于抵押贷款银行,其中贷款发放费与抵押贷款服务费收入的变化是完全相反的。

一些管理者认为这些不稳定的费用是永久的收入来源。但实际上,它们不是。2004—2005年利率上升时期,抵押贷款相关费用的减少证明了这一点。绝大多数住房抵押贷款是在21世纪初期形成的,随着利率的上升,再融资的速度显著放缓。在2008年金融危机之后,经历了几年的低迷,利率开始上升,抵押贷款费用急剧下降。21世纪初的股市崩溃大大减少了零售股票交易以及与交易相关的费用(正如2008—2009年股市崩溃时所发生的情况),甚至整个公司也必须适应大幅波动的收入流。2008年金融危机之前,几个金融机构(包括Countrywide Financial)创建了一种商业模式,基于次级贷款和Alt-A(风险低于次级贷款但高于最优贷款)抵押贷款。2008年的危机使得资产证券化所需的流动性资源枯竭,这些公司的现有收入和未来收入大幅减少。

一个与之相关的问题是,一些银行在交易的基础上会关注收费业务。因此,银行降低贷款利率,甚至降低贷款标准,以便可以锁定额外的费用收入,并且打算将贷款卖给投资者——他们不太关心贷款的真正风险。这显然是 2006 年和 2007 年次级抵押贷款发起的背景。这种背景之下产生了这样一种看法,即只有自身是最低价格的放贷者甚至是最低标准的放贷者才可以获利。实际上,金融机构也应该与客户建立类似的关系,尽可能地探索和聚焦客户的需求,而不是把目光盯在单笔业务及其定价上。

管理非利息费用的策略

考虑到金融机构的竞争环境,银行的基本业务一直是吸收存款和发放贷款。在当今世界,相对于由经纪公司管理的货币市场基金以及公司的商业票据和债券市场而言,储蓄机构的经营成本很高。相比之下,它的非利息费用太高、收益太低。对于许多储蓄机构的管理者来说,控制费用预算的要求是严苛的。

自 1985 年以来,商业银行非利息费用的年增长速度不断下滑。这反映了储蓄机构在减少成本和提高盈利能力方面的努力主要是由被收购和丧失竞争力的恐惧所驱动。很简单,被收购银行的高级管理者通常会发现,在被收购后不久,他们就需要重新寻找新的职位——这是他们想极力避免的命运。然而,一些明显的问题有:美国是否有太多的银行、信用合作社和其他金融机构?我们在每个市中心的街角都需要三个不同的竞争机构吗?银行合并可以减少工资和占用费,精简董事会,并更有效地使用计算机技术。实际上,潜在的成本节约推动了银行并购活动。

在考虑非利息费用时,最初许多管理者侧重于降低成本。然而,更全面的策略是根据战略目标来管理成本。例如,如果机构打算降低长期运营成本,即使投资在短期内增加了非利息费用,投资新技术就真的不明智吗?基本问题是确定投资收益或回报是否超过资本加权边际成本。如果是,投资就能够为股东增加价值。

成本管理策略

成本管理是什么呢? 一般来说,这是一种将资源分配给最能赢利的业务条线以实现更高绩效的理念。有四种基本的成本管理策略:削减成本、提高运营效率、增加收入和提高贡献率。

削减成本

许多金融公司通过削减成本或费用来开展成本管理工作。由于非利息费用主要包括人员工资、占用费和数据处理成本,这些领域在削减成本的过程中首当其冲。常有关于金融公司宣布大幅裁员计划的报道,甚至在没有任何合并或收购的情况下,也会经常出现金融公司宣布大幅裁员的情况。例如,花旗集团由于次级抵押证券化的重大核销,2008 年年初宣布裁员 13 000 人,2008 年 4 月宣布投资银行部门裁员 6 500 人。

鉴于员工福利成本很高,许多公司试图雇用不需要医疗保险和其他福利的临时工。其他常见的成本削减领域包括分支机构的数量和员工的医疗福利。许多中小型储蓄机构已完全取消了数据处理部门,并承诺从非银行供应商(如 FiServ、IBM 或 Jack Henry)购买数据处理服务——这被称为外包(outsourcing)。

提高运营效率

另一个策略是提高产品和服务的运营效率,可以通过以下三种方式实现:

(1)降低成本,但保持当前的产品和服务水平。

(2)提高产出水平,但保持当前的费用水平。

(3)改进工作流程。

所有这些方式都是为了提高生产率,因为它们都是以较低的单位成本提供产品。第一种方式通常涉及裁员和提高工作要求以维持产出,即更少的人做等量或更多的工作。第二种方式涉及银行业的规模经济和范围经济。当平均成本随产出增加而下降时,存在规模经济(economies of scale)。当平均成本随产出增加而增加时,存在规模不经济。范围经济(economies of scope)侧重于在新产品增加或现有产品产量增加时所提供若干产品的综合成本将如何变化,其中主要观点是综合成本的增长将小于独立生产产品或提供服务的成本的增长。例如,如果银行增加了新的产品线,并且可以使得生产新产品和现有产品的成本更低,就存在范围经济。第三种方式是改进工作流程,包括通过加快执行任务或履行职能的速度来提高生产率,目的是消除冗余的讨论或流程,从而缩短完成任务的时间。

Sanford Rose(1989)总结的研究结果确定了银行管理者对非利息费用的看法的三个误区。第一个误区是,银行以高固定成本运营。固定成本之所以很高,是因为管理者不能减少(即控制)它们。如果银行取消了一些产品或服务,那么现有的固定成本必须分摊到剩余的产品或服务上。然而研究表明,只有10%的成本能够在产品之间共享,即这部分成本才是真正固定的。这意味着银行可以剔除无利可图或利润微不足道的产品,剩余产品的平均成本将基本不变。第二个误区是,银行在最低单位成本点生产许多产品。在这项研究中,15家大银行中只有3家实现了规模经济,其余12家银行在与其他银行合并或者将部分业务外包之后,其业绩表现会有所提高。第三个误区是,大部分成本的削减是永久性的,对总体盈利能力有重大影响。

增加收入

在改变特定产品和服务的定价的同时,保持足够大的业务量,以便使总收入增加。收入增长与价格弹性的概念密切相关。在这里,管理者需要了解不同产品和服务的需求价格弹性。价格的上涨将降低相关产品的需求量,但需求的下降幅度小于价格的上升幅度,收入由此而增加。或者说,管理者可以尝试扩大业务量,同时保持价格不变,这通常可以通过在目标市场营销来扩大消费者的基数。提高产品质量也是一个重要的方式。如果客户认为产品的质量提高了,那么他们将消费更多的产品并愿意支付更高的价格。

提高贡献率

管理者可以通过资源配置,最大限度地提高长期盈利能力。费用的增加是可接受和可预期的,但必须与相关收入的预期增加相吻合。例如投资新的计算机系统和技术,一旦规模足够大,就能够降低单位成本并为客户提供更好的服务。本质上,成本在长期中呈下降趋势,但这种情况在短期内可能不会发生。

显然,不同的组织遵循不同的成本管理策略。这归因于个体组织的运营环境(由业务组合、企业战略目标、服务的地域市场以及过去的成本管理所决定)差异。如果管理者追求的是长期目标,那么每种策略都可能取得成功。与提供相同的业务组合的同业相比,管理者不应使用传统的费用控制措施来监控业绩,而应该审视与业务收入相关的非利息费用。管理者应时刻铭记:成本管理并不一定意味着费用绝对值的下降。

成本管理的最终结果是:金融机构将在更有竞争力的情境下展开运营。这将提高和巩固银行业的长期盈利能力和生存前景。负面影响则包括:人们将面临被机器替代的痛苦,因而需要更加努力地工作,这可能增大员工的压力并在许多情况下减少对社区活动的支持。

本章小结

本章探讨了涉及银行非利息收入、非利息费用管理相关的三个问题。第一,介绍了常用财务比率的优点和缺点,这些因素可以衡量金融机构控制非利息费用、增加非利息收入方面的能力;第二,讨论了为什么金融公司应该关注客户盈利能力和收费业务的组合以提高经营业绩;第三,介绍了不同的提高绩效的成本管理策略。

目前最常见的比率是效率比率,它等于非利息费用除以净利息收益和非利息收入之和。效率比率越低,银行的绩效表现越好,因为它表示银行必须从非利息费用中支付多少才能产生1美元的营业收入。许多储蓄机构在描述公司的整体绩效时,引用了效率比率以及股权回报率、资产回报率和净利息收益率。反过来,股票分析师在推荐银行股时也会引用效率比率。其他关键比率描述了银行的资产、费用和净收益在全职员工范围内的均值。

管理非利息收入和非利息费用的一个关键方面是了解不同客户的盈利能力。此项信息使管理者能够定位产品和服务并修改定价策略,以确保客户获得他们想要的服务或产品,并且这些产品或服务是有利可图的。最后,只要其目标是提高股东价值,银行就可以采取不同的成本管理策略。

思考题

1. 面对非利息费用的减少,管理者第一个想到的是削减成本。这种方法的优点和缺点是什么?还有什么其他可行方法?

2. 小型社区银行以及拥有众多子公司、开展全球业务的大银行的非利息收入的主要来源是什么？

3. 非利息费用的组成部分有哪些？

4. 为什么效率比率是有价值的成本控制指标？为什么效率比率不能准确衡量成本控制水平？效率比率的三个组成部分是什么？这三个组成部分之间是否存在某种权衡？请进一步说明。

5. 以下哪些银行具有更高的生产率？备注：两家银行都拥有 7 亿美元的资产，并拥有相同数量和类型的表外业务。

（单位：美元）

	三城银行	太平洋铁路银行
单位员工资产	1 530 000	1 880 000
平均人员费用	33 750	42 600

6. 西南银行报告说，只有20%的客户账户是有价值的。假设这适用于个人账户，请提出三条建议以提高这些账户的盈利能力。

7. 假设你的银行收取以下服务费。说明银行的理由，并描述你作为客户如何做出反应。

    a. 使用其他银行的 ATM，每次需要支付 1.5 美元

    b. 通过柜台出纳员而非 ATM 或电话办理业务，每次需要支付 4 美元

    c. 对于透支（客户在支票上填写的金额大于账户余额）的收费从每笔 25 美元增加到每笔 30 美元

    d. 对抵押贷款再融资收取 1%的融资费用

8. 列出商业客户账户的三个主要收入来源。在当前的经济环境下，指出每个来源的收入是在上升还是在下降，并解释。

9. 对于以下每个账户，评估客户与银行的账户关系的盈利能力。利润是否达到预期？其中费用包括债务成本，但不包括股权成本。

（单位：百万美元）

	费用	收入	目标利润
Class Action 公司	11.45	12.98	1.50
Zisk Drive 公司	131.81	130.27	4.66
Gonzo 有限公司	88.35	93.77	6.58

10. 互联网经纪公司对传统商业银行有什么影响？为什么？

11. 描述削减成本、增加收入和提高贡献率策略的优点和缺点。

12. 你的银行刚刚计算了两个小企业客户的盈利能力。在以下两种情况下，银行从 Detail Labs 和 Right Stuff 处每月获得 375 美元的利润。Detail Labs 在银行有大额贷款和小额账户余额，其负责人没有从银行购买其他服务。Right Stuff 只有一笔小额贷款且在银行进行工资发放和公

司的支票账户交易，其负责人也有银行的支票账户和存单账户。

　　a. 你会建议银行向这些客户提供哪些额外的服务或产品
　　b. 你提供的不同产品和服务方案的盈利来源是什么

实践活动

　　假设你经营一家大型商业银行，有大量的股票分析师紧紧地盯着这家银行的绩效。你刚刚收到五个不同分析师对银行绩效的评估摘要。每份报告的主要观点是：银行必须将效率比率从目前的59%降至52%以下，分析师才会对股票提出强烈的买入建议；否则，银行将被视为收购目标。

　　a. 描述你可能针对这些报告采取的几种策略。

　　b. 讨论每种策略的优点和缺点。一般情况下，股票分析师对银行管理者有合理的影响吗？他们的影响力是否过大？

　　c. 讨论管理者是否应该关注运营风险比率，是否应当努力减弱运营风险比率可能产生的影响。

参考文献

Callaway, S. K., "Internet Banking and Performance", *American Journal of Business*, 2011, Volume 26, Number 1, pp. 12-25.

Copland, James, "Richard Epstein: The Improbable Fate of the Durbin Amendment", PointofLaw.com, March 28, 2014.

Devos, Erik, Palani-Rajan Kadapakkam, and Srinivasan Krishnamurthy, "How Do Mergers Create Value? A Comparison of Taxes, Market Power, and Efficiency Improvements as Explanations for Synergies", *The Review of Financial Studies*, October 2009, Volume 22, Number 3.

FDIC Study of Bank Overdraft Programs, November 2008, www.fdic.gov.

Fine, Aaron, David Goldberg, and Tony Harp, "Sweeping Away Free Checking", *BAI Banking Strategies*, January/February 2009.

Gregor, William and Robert Hedges, "Alternative Strategies for Successful Cost Management", *The Bankers Magazine*, May/June 1990.

Mambrino, V. and N. Robin, "Top Performing Community Banks", *ABA Banking Journal*, June 2012.

Nguyen, J., "The Relationship Between Net Interest Margin and Noninterest Income Using a System Estimation Approach", *Journal of Banking & Finance*, September 2012.

North, Cady and Lisa Getter, "Business Impact of the Dodd-Frank Debit Fee Cap", Bloomberg Government Study, November 18, 2011.

Nolan, Paul M., "Critical Success Factors for Implementing an Enterprise-Wide ABC Solution", *Journal of Performance Management*, Volume 17, Number 3, 2004.

Osborne, J., "A Case of Mistaken Identity: The Use of Expense/Revenue Ratio to Measure Bank Efficiency", *Journal of Applied Corporate Finance*, Volume 8, 1995, pp. 55-59.

Persson, A., "Profitable Customer Management: Reducing Costs by Influencing Customer Behaviour", *European Journal of Marketing*, May 2013, 47(5), pp. 857-876.

Rose, Sanford, "Rethinking Cost Control", *American Banker*, November 21, 1989.

Stefan Jacewitz and Paul C. Kupiec, "Community Bank Efficiency and Economies of Scale", FDIC Community Banking Study, December 2012.

Stiroh, Kevin J., "Diversification in Banking: Is Noninterest Income the Answer", Staff Report, Federal Reserve Bank of New York, September 2002, Number 154.

Torna, Gokhan and Robert DeYoung, "Nontraditional Banking Activities and Bank Failures during the Financial Crisis", *Journal of Financial Intermediation*, July 2013, Volume 22, Number 3, pp. 397-421.

Wilson, Duncan, "Operational Risk", Chapter 13 in *The Professional's Handbook of Financial Risk Management*, 2001.

第4章
利率风险管理：缺口和收益敏感度

如今的利率与过去几年的利率相比如何？图表4.1记录了2003年4月至2014年4月期间美国10年期和2年期国债利率及其差值（或者叫利差）的变动趋势。2003—2007年的大部分时间里（危机前），10年期国债利率相对稳定且平均值在4.5%左右。与之相比，2年期国债利率曾低至1%，也曾系统性上升至超过5%。因此，二者之间的利差开始为2.5%左右，随后急剧降至0。在金融危机发生后，两种利率急剧下跌，其中2年期国债利率仅略高于0，而10年期国债利率截至2014年依然低于3%。这些利率反映了疲软的美国经济和全球经济以及美联储保持低利率的公开承诺。

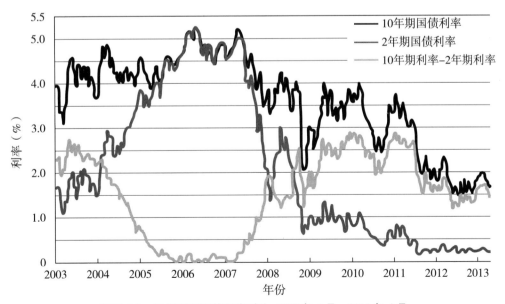

图表4.1　不同期限国债利率对比：2003年4月—2014年4月

这种环境给银行带来了怎样的机遇与挑战？就积极的一面而言，希望玩杠杆游戏的银行、对冲基金和私募基金可以短期借款并买入长期证券以赚取正利差（利差交易）。由于面临的美联储加息的风险有限，它们承担利率风险实现盈利。就消极的一面而言，银行必须将未来自随时间推移而到期的贷款和证券的资金投资于低收益工具，因此它们的利息收入将持续下降。大部分银行大幅降低存款利率，但它们不能（也不会）将其降至零以下。想一想此刻你从生息支票账户中赚取了多少。因此，净利息收益率降低，银行面临巨大的压力，而且需要识别出能够产生合理的风险调整收益的生息资产。

大部分市场参与者意识到利率接下来的主要变动方向是上升。银行监管者因此为银行提供了实质性的"指导"，建议它们谨慎延展债券期限并提醒它们一旦利率上升会对资产造成潜在冲击。

本章考察当银行聚焦于盈利时应如何度量和管理利率风险，包括导致净利息收益率随时间变化的潜在因素，如何度量银行承担的利率风险，以及跨期改变银行利率风险状况的策略。作为该分析的一部分，本章将研究度量与银行资产和负债的诸多内嵌期权相关风险方面的困难，也将描述管理人员如何尝试对冲或降低利率风险。阅读本章材料后，你将能够基于收益预期评估一家金融机构的总体利率风险状况。

对市场风险的敏感度（sensitivity）是银行"骆驼"评级体系（CAMELS）的一个基础组成部分。对大部分金融机构而言，利率风险是市场风险的首要来源，因为它们不会在交易账户中积极买入、卖出证券、商品和其他资产。就其本身而言，它们持有贷款和证券主要是为了赚取利息收入和满足流动性要求，而非对价格变动进行投机。利率风险是指当利率变动时，银行的收益和股权的经济价值发生变动的潜在可能。鉴于最近的利率下调以及利率接下来的主要变动有可能是上升，银行管理者和监管者相当关注度量、监控利率如何变动，特别是利率上升会如何影响银行表现。

银行管理者始终问两个问题：

（1）银行"赌"利率是多少？

（2）银行承担多大风险，即赌注有多大？

第一个问题实际在强调当利率变动时银行会处于盈利还是亏损状态：就收入而言，如果利率上升，银行的净利息收益会上升还是下降？如果利率降低，银行的净利息收益会上升还是下降？第二个问题强调银行可能经历多大的变化。对估计结果的解释与董事会制定的银行的利率风险政策紧密相关。例如，银行董事会决定了利率变动带来的可接受的收益变化的政策限额。因此，当利率上升时净利息收益预期会降低，而下降数额如果超过政策限额，就会被认为降幅过大；如果在政策限额之内，该降幅就被认为是可接受的；如果利率变动时收益变动很少，该降幅就被认为较小。

那么，一般而言利率风险到底是什么？考虑一家传统的社区银行，其主要业务是吸收存款和发放贷款。利率风险主要来自负债和资产的重新定价不一致。就其本身而言，与利息成本和负债的市场价值相比，利息收入和贷款的市场价值随时间的变化可以非常不同。结果就是净利息收益和股东权益的经济价值的变化。对运营过程更复杂的大型机构而言，与贷款、证券和存款相关的净利息收益的波动性只代表了总体市场风险的一部分。这种机构买入、卖出资产和业务以获得利润并维持交易账户,该账户中标的资产逐日结算。当持有资产的市场价值上升(下降)时,银行必须在季度利润表中报告获利(损失)。在2007—2009年金融危机早期,持有的次级贷款、杠杆贷款、债务抵押债券和相关工具的价值下降给许多大银行、投资银行和保险公司造成了巨大的损失。这种价值变动可以急剧改变大银行短期内的盈利能力,正如当代热点专栏描述的JP摩根2002年经历的"伦敦鲸鱼"交易损失一样。

当代热点

JP摩根"伦敦鲸鱼"交易损失

2012年年初,有谣言称一名JP摩根交易员(最终据披露是布鲁诺·埃克斯尔)在信用衍生工具上大举建仓。这笔交易如此巨大以至于该交易员被称为"伦敦鲸鱼"。对冲基金和其他市场参与者普遍看空这笔"鲸鱼交易"。在2012年4月与股票分析师的电话会议中,JP摩根的首席执行官杰米·戴蒙将市场谣言视为小题大做。然而下一个月JP摩根就宣布将就对冲仓位遭受12亿美元的损失。

分析师迅速就两方面展开广泛的批评。第一,位于伦敦的JP摩根首席投资办公室可以进行保守投资以平衡公司在其他方面承担的风险。对冲仓位的损失为何如此巨大?第二,为什么管理人员没有限制交易仓位以控制潜在损失?最终,"鲸鱼交易"被视为投机而且总体损失超过60亿美元。此外,"鲸鱼"从未披露损失的真正规模,并在最初的大规模损失发生后将赌注加倍,也没有适当的仓位限制以检测和防止其投机交易。

一个随后成立的内部工作小组总结如下:[①]

- 交易策略考虑不周。布鲁诺·埃克斯尔和他手下的交易员没有完全理解或监控他们的交易,仓位最终过高以至于公司无法低成本平仓;部分交易员没有揭露他们投资组合中的全部损失。

- 管理首席投资办公室的伊娜·德鲁没有充分监控团队的交易,未注意到交易的复杂性和潜在风险;她未能获得"稳健、详细的报告",而且她对JP摩根高管的汇报有误导性。风险控制不足("未充分颗粒化")且风险限额"过于模糊和宽泛"。

- 在2012年1月,首席投资办公室的投资风险超过了董事会限定的限额。风险限额被临时提升,公司随后调整了其用来度量风险的在险价值模型(VaR)。VaR模型存在简单的数学错误,该错误使得模型预测的风险偏低。

- 由于交易活动的高复杂性,JP摩根全公司的风险监管和控制不足。

据杰米·戴蒙说,"这是一个令人尴尬的巨大失误……"戴蒙被罚薪且声誉受损。在事件发生之前,JP摩根被视为全球范围内管理最优的大型金融机构。该公司的失败使得致力于终结机构"大而不倒"的努力重启。

---

① 参见JP摩根管理工作小组2013年发布的关于2012年首席投资办公室损失的报告。

银行用两种基本模型评估利率风险(见图表4.2)。第一是缺口和收益敏感度分析,强调利润表效应,关注利率和银行资产负债表变化如何影响净利息收益和净收益。第二是久期缺口和股权经济价值分析,强调股东权益的市场价值,关注相同变动如何影响资产和负债的市场价值。本章考察第一种模型,第5章进一步拓展此分析,将利率风险与银行股东权益的经济(市场)价值的波动性、银行资产负债的平均久期差值相关的风险度量联系起来。

图表4.2 风险度量与测量工具

风险度量	测量工具
Ⅰ.缺口和收益敏感度分析	
净利息收益变动百分比	缺口分析
	利率冲击分析
Ⅱ.股权经济价值分析	
股权经济价值变动百分比	久期分析
	利率冲击分析

本章的分析首先介绍与静态缺口模型相关的利率风险的传统度量。这些模型关注的是度量静态风险的缺口和银行表现的净利息收益。敏感度分析将缺口分析扩展到在不同利率环境下银行收益的变动。这种净利息收益的模拟,或者叫"如果"(what if)预测法,使人们得以了解当利率以各种幅度上升和下降时,净利息收益会改变多少。该方法考虑了资产和负债组合的变动、资产相较于负债而言在利率变动方面的滞后性,以及银行资产、负债和表外业务中的内嵌期权。相比于简单静态模型,它让人们更好地理解收益的潜在变动。因此,它被称为收益敏感度分析(earnings sensitivity analysis)。在本章,我们使用大量的例子来说明利率和其他因素的变动是如何影响潜在收益的。

利率风险管理非常重要,因为没有人能够始终准确地预测利率。一家银行的资产负债管理委员会或者风险管理委员会负责测量和监控利率风险。它们也会评估定价、投资、融资和市场战略,在风险和期望收益间进行必要的权衡。

与利率风险相比,银行管理者通常更善于管理信用风险。这反映了如下认知:收益问题和潜在的银行破产主要源于坏账,而非资产和负债的定价错配。管理者常依赖债务经纪人关于买卖特定投资证券的建议,并将利率风险分析外包给咨询公司。而现行的法规不再允许此种行为。如今,银行高管和董事会必须了解银行承担的利率风险,以及投资组合和定价决策是否反向影响总体风险敞口。银行面临的基本问题是"管理者是否理解银行利率赌局的本质"以及"管理者是否明白赌局有多大"。

利用缺口度量利率风险

一家银行的净利息收益为什么每期都会变化?通常三个要素可能导致一家银行净利息收益的上升或下降。它们是:

- 预期之外利息的变化;
- 资产和/或负债构成(混合)的变化;
- 生息资产和有息债务数量的变化。

这些要素分别被称为利率(rate)、构成(composition)或混合(mix)和数量(即规模)效应(volume effect)。

缺口和收益敏感度分析代表着风险度量。基本绩效指标则是净利息收益(或净收益)。两种指标都表示当利率上升或下降时,银行会盈利还是亏损,以及收益的变动会有多大。尤为重要的是利率变化既有可能提升也有可能降低净利息收益,这具体取决于银行资产和负债的特征以及有无内嵌期权。

考虑一家银行发放总额为1 000万美元的3年期、固定利率商业贷款,按季度还本付息;资金来源是1 000万美元小额定期存款,每月重新定价。管理者为何会选择这一投资组合呢?银行每三个月(每季度)收取贷款的本金和利息,每个月支付存款利息。根据向上倾斜的收益率曲线,固定的贷款利率会超过定期存款利率。例如,若贷款利率为5%而存款利率为1%,则初始利差为4%。这一初始利差足以覆盖经营业务的成本(一般管理费用的一部分)、违约成本和投资期限内利率的预期变动导致的潜在损失,还包括一部分合理利润。

资产	负债
3年期商业贷款,利率5%	1个月期定期存款
10 000 000美元	10 000 000美元

下一年利率发生变动会怎样?因为商业贷款原定到期期限为3年,利率固定为5%,年内只有存款利率会发生变动。举例来说,假定1个月期存款利率上升至1.4%,因为贷款利率固定为5%,利差将下降至3.6%。与之相反,如果1个月期存款利率下降至0.75%,则利差将上升至4.25%。给定银行的投资组合,若存款利率上升,则利差将降至4%以下;同理,若存款利率下降,则利差将升至4%以上。银行通过短期存款融资,投资于长期、固定利率的资产,实际上是一个特定的利率赌局。利率上升则净利息收益下降,利率下降则净利息收益上升。

当然,事情从来不会这么简单。之前的例子介绍了利率效应(rate effect),但忽略了其他效应。举例来说,资产负债表是动态的,随时间不断变化。利率变动只是收益的影响因素之一,因为银行将调整所拥有的资产组合以及为资产融资的负债组合。通过增加资产和负债来扩张规模,银行相当于在初始利差之上又有多层其他利差。与前文类似,向上倾斜的收益率曲线表明短期利率将长期上升。如前文所述的一家银行,管理者实际上在赌利率的上升不会超出预期。最后,如果利率改变,那么贷款中的内嵌期权有可能改变现金流和最终的利息收付。例如,当利率下降时,银行的商业借款人将重新贷款,银行会损失利息收入,因为它必须以更低的利率将收益再投资。

在管理利率风险方面的努力促使银行的资产负债管理委员会设置特定的净利息收益目

标，度量总体风险敞口，并制定策略以实现目标。特定的目标和策略有可能影响管理者关于行动的观点，即何种行动将最大化银行价值。

本章接下来将介绍传统的静态缺口模型并解释其不足之处，然后描述收益敏感度分析如何有效地拓展该模型。图表4.3总结了重要的利率风险术语。

图表4.3　重要的利率风险术语

ALCO：资产负债管理委员会（asset and liability management committee）的缩写。

ALM：资产负债管理（asset and liability management）的缩写。

基准利率（base rate）：用于为存贷款定价的利率指数。利率报价通常表示为基准利率上的加成，如0.25%或1%，因此利率报价将随基准利率的变动而改变。举例而言，基准利率有《华尔街日报》最优惠利率、伦敦银行间拆借利率和银行自身的最优惠利率。

资金成本（cost of funds）：利息费用除以有息负债总额。

久期（duration）：度量资产或投资组合相对于利率变化的价格敏感度。

收益变动比率（earnings change ratio，ECR）：当某一利率指数变动时，每种资产或负债价格变动的百分比。收益变动比率为1意味着标的资产或负债的收益或成本与利率指数按1∶1变动。

生息资产比率（earning asset ratio）：银行生息资产的货币数量除以总资产的货币数量。

收益敏感度分析（earnings-sensitivity analysis）：调整影响银行利息收入和费用的因素，进行"what if"分析，从而判断关键因素的变化如何影响银行的净利息收益和净利息收益率。分析结果表示为不同利率情境下净利息收益变动的金额和百分比。

有效缺口（effective GAP）：缺口的真实度量，考虑了具体利率预测的影响，以及内嵌期权将于何时被执行或者如何影响资产和负债的重新定价。

内嵌期权（embedded options）：银行资产、负债或表外合约的某种特征，在利率变化时会潜在地改变这些项目的现金流。例如，对贷款本金的提前偿付、发行人提前召回未偿债券、存款人在到期前取款。

浮动利率（floating rate）：资产或负债的利率与银行最优惠利率或其他基准利率绑定，导致金融工具随基准利率变化而重新定价（有效利率上升或下降）。

缺口（GAP）：利率敏感资产总额减去利率敏感负债总额。

缺口比率（GAP ratio）：利率敏感资产总额除以利率敏感负债总额。

平缓利率冲击（gradual rate shock）：随时间推移的利率变化；年利率上升1%可以转化为连续12个月每月上升8.3个基点。

对冲（hedge）：针对现有头寸建仓或执行交易以降低总体风险。

瞬时利率冲击（instantaneous rate shock）：当所有利率瞬时上升或下降同样的幅度时，收益率曲线的平行移动。

净利息收益率（net interest margin，NIM）：应税等价净利息收益与生息资产的比率。

净管理费用（负担）[net overhead（burden）]：非利息费用减去非利息收入。

无息缺口比率（nonrate GAP ratio）：（无息负债+股权-非生息资产）/生息资产。

利率敏感资产（rate sensitive assets，RSA）：在某一期限（比如90天内）到期或可以重新定价的资产的总金额。

利率敏感负债（rate sensitive liabilities，RSL）：在某一期限（比如90天内）到期或可以重新定价的负债的总金额。

风险管理委员会（risk management committee）：负责企业风险的管理、度量、监控和制定政策的高级委员会。委员会成员针对组织面临的市场风险制定对策。

模拟（simulation）：净利息收益率可能结果的一种分析方法。对影响资产、负债和表外项目重新定价的关键因素选择假设值，预测这些因素的变化对净利息收益率的影响。

投机(speculation):建仓或执行交易会提升风险,同时希望获得高于平均水平的收益率。进行投机的一方被称为投机者。

利差(spread):生息资产利息收入减去有息资金的利息成本。

可变利率(variable rate):资产或负债有规律地自动重新定价,导致有效利率在特定时间间隔内发生变化。

传统的静态缺口分析

传统的静态缺口模型通过比较资产和负债的利率敏感度,试图度量在给定时点上银行所承担的利率风险。静态缺口分析关注短期内的净利息收益管理,目的通常是度量预期净利息收益,进而明确稳定或提升净利息收益的策略。度量利率风险需要在某个固定时点,基于总体资产负债表数据计算不同时间间隔下的缺口,因此被称为静态缺口(static GAP)。假设资产负债表不变,那么只有利率变动会影响收益。进而考察缺口值,推测利率变动下净利息收益的变动幅度。

静态缺口分析包含以下几个基本步骤:

(1) 设定利率预测值。
(2) 选择一系列连续的时间间隔,进而决定在每一时间间隔内,有多少资产和负债是利率敏感的。
(3) 根据第一次重新定价的时间,将资产和负债按时间间隔分组。管理者预期将在特定时间间隔内重新定价的资产或负债的本金部分被认定为利率敏感的。诸如利率互换和利率期货等表外投资,也应视其是否表现出利率敏感资产(RSA)或利率敏感负债(RSL)的特征,以决定是否纳入资产负债表头寸。
(4) 计算缺口。银行的静态缺口等于每一时间间隔内的利率敏感资产金额减去利率敏感负债金额。
(5) 给定利率变动环境和标的工具的重新定价特征,预测净利息收益。

缺口度量的是资产负债表的价值,表示为资产和负债的相对本金数量,管理者预期这些资产和负债会在相关时间间隔内重新定价。利息收入和利息费用的预期现金流在缺口指标中都被忽略了。表外项目的名义金额在适当的时间也会被当作利率敏感资产或利率敏感负债而纳入,具体表示为:

$$GAP = RSA - RSL$$

其中,利率敏感资产和利率敏感负债是在每个时间间隔内确定的。因此,每一时段都存在期间缺口和累积缺口。期间缺口比较的是每一时段内的利率敏感资产和利率敏感负债。累积缺口比较的是从现在到后续时段最后一天的所有时段内的利率敏感资产和利率敏感负债。例如,90 天(0—90 天)累积缺口等于两个时段(即 0—30 天和 31—90 天)的期间缺口的总和。

管理者利用缺口信息来识别银行的利率风险并制定风险管理策略。考虑之前提到的利用小额定期存款为3年期固定利率贷款融资的例子。依照缺口分析的步骤,假设下一年利率上升并将时间范围限定于1年。在这种情况下,贷款是非利率敏感的;与之相对,小额定期存款是利率敏感的。因此,银行的1年期缺口等于-1 000万美元。缺口的符号显示银行会从利率的上升或下降中获利还是亏损。在这个例子中,负号表明银行的利率敏感负债多于利率敏感资产。缺口的量级提供有关利率变动下净利息收益变化量的信息。本例中,通过比较-1 000万美元和银行的资产基础可知银行所承担的风险。假定其他因素相同,同样面对-1 000万美元的1年期缺口,拥有5 000万美元资产的银行比拥有5亿美元资产的银行承担了更大的风险。

管理者可以对冲净利息收益、调整利率或者投机性地增加净利息收益,从而改变缺口规模。对冲能够降低净利息收益的波动性,可以直接调整利率敏感资产和利率敏感负债的总金额或者构建表外头寸(例如远期、期货、期权合约及利率互换),从而改变有效缺口。利用利率变动来改变缺口规模以提升期望收益是投机性的,因为这一操作假设管理者对利率的预测比市场更为准确。

什么因素决定利率敏感度?

缺口分析的前三步要求识别特定时段内的利率敏感资产和利率敏感负债的本金部分并对其进行分类。其他资产负债表项目要么采用固定利率,要么不赚取或不支付利息。因为缺口是一个资产负债表项目(加上表外业务)风险的度量,所以利息支付没有被直接纳入。管理者通常会选择多个能够提供有用信息的时段进行分析。首要问题是确认哪些因素决定某一资产或负债是否利率敏感。

预期重新定价与实际重新定价

虽然资产和负债实际合同重新定价的时间表非常重要,但采用预期重新定价通常可以更准确地估计机构的利率风险。考虑0—90天的时间间隔。关键是要确认在给定某一利率预测的前提下,银行资产负债表上哪些资产和负债会重新定价。缺口分析步骤要求:如果分析人员认为某部分本金是利率敏感的,就要预测该部分本金重新定价的时间。于是问题产生了:重新定价的合同日期或预期日期是否正确?答案取决于分析的目的。如果目的仅仅是让读者了解项目合同重新定价的日期,那么使用合同数据便已足够。例如,知道多少贷款是依据银行最优惠利率(比如现行最优惠利率加1%)定价就是一条优质信息。当评估风险时,资产和负债实际重新定价对盈利的不同影响通常更有价值。因此,贷款依据最优惠利率定价的影响后果就会因最优惠利率是在3个月还是9个月后变化而有所不同。只有在最优惠利率贷款依据预期变动时间进行分类的情形下,缺口分析才能评估不同的影响程度。在实践中,分析师利用相关利率情境下的预期重新定价日期来评估风险。

一般而言,一项资产或负债在某个时间间隔内要想被归类为利率敏感资产或利率敏感负债,就必须满足以下条件之一:

- 资产或负债到期;
- 期中或部分本金偿付;
- 未偿本金余额的利率根据合同约定在时间间隔内会发生变化;
- 未偿本金余额的利率会随某一基准利率或指数的变化而变化,而管理者预期该时间间隔内基准利率/指数确实会变化。

到期

如果某项资产或负债在某时间间隔内到期,那么本金将被重新定价。如果是资产到期,那么银行会将收益再投资。如果是负债到期,那么银行必须代之以新的资金。无论利率变动与否,以上两种情况始终成立。问题在于有多少本金将被重新定价。缺口分析的第二步是确定收益再投资或负债再融资的时间结构。① 例如在 0—90 天的时间间隔内,任何 90 天内到期的投资性证券、贷款、存款或买入型负债都是利率敏感的。

期中或部分本金偿付

更一般地,如果管理者预期将在某个时间间隔内收到部分贷款本金,那么本金偿付就是利率敏感的。这既包括期中的本金偿付也包括期终的本金偿付。考虑一家银行发放 1 年期的 100 000 美元贷款,每 3 个月(90 天)收回 25 000 美元本金。在评估初始利率敏感度时,25 000 美元被视为 90 天的利率敏感资产,因为银行将在该时间间隔的最后一天收到这笔本金并进行再投资。第二笔 25 000 美元本金被视为 91—180 天的利率敏感资产,等等。因此,汽车贷款和住房抵押贷款通常每月偿还固定金额的本金和利息,银行会将每月还款中的本金部分视为利率敏感资产。这一规则也适用于银行负债的部分本金支付。注意:计算缺口时不考虑收到或支付的利息。

合同约定利率的变动

一些资产和存款负债赚取或支付的利率按合同约定会随着某指数而变动。当指数变动时,这些工具会被重新定价。如果管理者知道指数会在 90 天内依据合同变动,那么标的资产或负债就是 90 天内利率敏感的。

考虑一笔本金 250 000 美元、利率可调整的 15 年期抵押贷款。利率等于当前 10 年期国债利率加 1%,并在每年的贷款发放日根据当时的 10 年期国债利率进行调整。贷款入账后,前 90 天的月本金偿付在 0—90 天窗口内是利率敏感的,因为银行在收到本金后可以进行再投资。如果 10 年期国债利率不发生变化,剩余本金就不会重新定价,因而不是利率敏感的。9 个月后,管理者了解到所有未偿付本金将在 3 个月后重新定价,利率将调整至年末的新 10 年期国债利率加 1%。例如,如果最初的 10 年期国债利率为 2.7%,那么第一年的合同约定

---

① 此处,即使利率不变,金融工具也要重新定价,因为要确定新的合同条款。稍后会讨论到,由于不是所有利率都在同一时间变动同一幅度,这一点就格外重要。

的抵押贷款利率为3.7%。如果一年后国债利率升至3.4%,那么合同约定的抵押贷款利率将升至4.4%。因此,一旦已知的重新定价(10年期国债利率的重设)将在90天内发生,全部的未偿本金都是利率敏感的。

基准利率或指数的变动

有些存贷款利率与指数绑定,然而银行无法控制或准确知晓指数将于何时变动。例如,一份商业贷款的浮动利率等于《华尔街日报》最优惠利率加1%,但利率变动频率却无从知晓。这种最优惠利率贷款通常声明,银行每天都可以依合同约定调整基准利率。这类贷款的利率可以随时调整,从这重意义上说,它是利率敏感的。然而,贷款的有效利率敏感度取决于最优惠利率的实际变动频率。为了使缺口数值更有意义,管理层要预测《华尔街日报》最优惠利率将于何时变动,将全部本金分配于各个时间间隔,与该时间间隔内的指数或基准利率的预期变动匹配,缺口和对净利息收益的影响也将随之改变。这就是第一步利率预测如此重要的原因。关于多少本金是利率敏感的分类,会随着不同的经济环境而有差异。

许多储蓄机构采用的资产负债管理(asset and liability management, ALM)模型将基于最优惠利率的贷款和其他浮动利率工具视为可即刻重新定价的工具。假设指数和基准利率可以随时依合同约定变动,由此得到的缺口数值意义不大,因为这些利率不会变动得如此频繁。举例来说,虽然《华尔街日报》最优惠利率在1980年改变了50多次,在有的年份却保持不变。2003年,《华尔街日报》最优惠利率一次性地从4.25%下降25个基点到4%,又在2004年年末上升到5.25%。2005年,《华尔街日报》最优惠利率连续八次上调,每次上涨25个基点直至7.25%。与之形成鲜明对照的是,2007年9月至2008年12月,《华尔街日报》最优惠利率从8.25%降至3.25%,并一直保持到2014年。银行如何对这些与最优惠利率或其他基准利率——例如可转让提款命令账户(NOW)和货币市场活期账户(MMDA)——绑定的贷款、存款账户进行分类,将严重影响缺口度量指标。

净利息收益的影响因素

虽然缺口可以提供关于银行利率风险敞口的信息,但还有许多因素影响净利息收益。除了利率水平的变动,资产和负债构成(混合)的变动、未偿资产和待偿负债金额的变动,以及生息资产收益率和有息债务支付利率间的关系都会改变净利息收益,使之偏离预期。有些因素至少局部可控,其他因素则根本无法控制。资产负债管理模型考察所有因素对净利息收益的影响。下面的分析将对比某一假想的银行在受影响前后,净利息收益上升和下降的情况。

利率、构成(混合)和数量效应

考虑一家银行,其总体资产负债账户情况如图表4.4所示。为简便起见,利率敏感的资产和负债是指将在一年内被重新定价的本金部分,而假定利率保持现有水平。因此,利率敏感的资产和负债要么将在一年内到期,表明下一年会有部分本金支付,是一年内自动重新定价的可变利率合约;要么管理者预测浮动利率会在年内变动。利率敏感资产包括短期证券、出售联储基金、预期贷款本金偿付、所有重新定价的可变利率和浮动利率贷款的未偿本金。利率敏感负债包括小额定期存款、一年内到期的大额存单、购入联储基金、部分有息交易账户和货币市场存款账户。

利率敏感合约最重要的特征是现金流会随利率的变动而变化。固定利率的资产和负债在一年的时间间隔内保持利息恒定。除非发生违约、提前支取或提前还款,否则现金流不会发生变化。非生息资产不产生显性收入,无息负债也不支付利息。在静态分析中,它们都被视作固定利率(利率为零)。注意:所有内嵌期权都忽略不计。

生息资产的预期年平均收益率和年利息成本列示在每个账户旁边,表示期望价值。如果这些资产负债表和利率数值反映了该年度的平均业绩,那么银行的净利息收益应税等价为每 850 美元生息资产产生 40.70 美元收益,净利息收益率为 4.79%。这些数值代表估算的基准点。这一年内,利率水平、资产负债构成及数量将偏离初始设定值。该银行的 1 年期累积缺口等于 −100 美元。缺口的符号和量值可能提供了关于利率风险的信息。

图表 4.4 某银行资产负债表的构成和平均利率:预期净利息收益和净利息收益率等于多少?

	资产(美元)	收益率(%)	负债(美元)	利息成本(%)
利率敏感	500	6	600	2
固定利率	350	9	220	4
非生息资产或无息负债	150	0	100	0
合计			920	
所有者权益(美元)			80	
总计	1 000		1 000	

净利息收益 $= 0.06 \times (500) + 0.09 \times (350) - 0.02 \times (600) - 0.04 \times (220)$
$\qquad\qquad = 61.50 - 20.80$
$\qquad\qquad = 40.70(美元)$

净利息收益率 $= 40.70/850 = 4.79\%$

缺口 $= RSA - RSL = 500 - 600 = -100(美元)$

注:RSA 为利率敏感资产,RSL 为利率敏感负债。区分利率敏感资产和利率敏感负债的设定时间框架为 1 年。基于应税等价计算收益率,所有利率将保持现有水平。

利率水平的变动

缺口的符号(或正或负)表明了银行利率赌局的本质。缺口指标比较的是同一时间间隔内银行重新定价的资产和负债的金额。如图表 4.4 所示,负缺口表明银行的利率敏感负债多于利率敏感资产。如果利率在该时间间隔内上升,银行所有可重新定价的负债将支付更高的利率,所有可重新定价的资产也将获得更多的收入。若所有利率在同一时间等量变动,则利息收益和利息费用同时上升,但因为重新定价的负债更多,所以利息费用上升得更多,银行的净利息收益和净利息收益率随之下降。如果利率在该时间间隔内下降,按低利率水平重新定价的负债多于资产,则利息费用比利息收入下降得更多。在这种情况下,净利息收益和净利息收益率都会上升。

银行缺口的符号表明,当利率变动时,是利息收入还是利息费用将变动更多?缺口为负的银行被称为负债敏感(liability sensitive)的,因为重新定价的负债多于重新定价的资产,利息费用也比利息收入变动得更多。缺口为正表明在某一时间间隔内,银行的利率敏感资产多于利率敏感负债。当利率上升时,利息收入的上升多于利息费用的上升,因为更多的资产被重新定价,从而使得净利息收益随之上涨。利率下降则产生相反的效果。因为利息收入比利息费用下降得多,净利息收益随之下降。这种银行被称为资产敏感(asset sensitive)的,因为重新定价的资产多于重新定价的负债,利息收入的变动多于利息费用的变动。

如果一家银行的缺口为零,那么利率敏感资产等于利率敏感负债,等量利率变动不改变净利息收益,因为利息收入和利息费用的变动相等。给定资产负债表的复杂程度和规模,银行的缺口几乎不可能为零。图表4.5总结了这些关系。

图表 4.5 缺口关系的总结

缺口	利率变动	利息收入变动	利息费用变动	净利息收益变动
正	上升	上升	>上升	上升
正	下降	下降	>下降	下降
负	上升	上升	<上升	下降
负	下降	下降	<下降	上升
零	上升	上升	=上升	无变化
零	下降	下降	=下降	无变化

图表4.6的A部分展现了对图表4.4中假想的银行而言,利率水平上升和负缺口之间的关系。假定所有市场利率在该年度上升1%,银行的投资组合和资产负债的构成和数量或规模保持不变。[①] 此处假设所有利率同幅度、同方向、同时间变动,可被称为收益率曲线平行移动1%。在这些假设之下,唯一改变的是利率敏感资产的收益率和利率敏感负债的利息成本。利息收入增加5美元并升至66.50美元,但利息费用也增加6美元并升至26.80美元,如此一来净利息收益比图表4.4中的初始值减少1美元。

---

① 收益敏感度分析可以识别利率变动下利率敏感资产和利率敏感负债数量或规模的变动,利率变动的幅度和时间各不相同。此处的分析忽略了这种可能性,这也是静态缺口分析并不是一个很有价值的风险度量方式的原因。

图表4.6 利率水平(A)、利差(B)、资产规模/数量(C)和资产负债表构成/混合(D)的变化对预期净利息收益的影响

A. 所有短期利率上升1%

	资产(美元)	收益率(%)	负债(美元)	利息成本(%)
利率敏感	500	7	600	3
固定利率	350	9	220	4
非生息资产或无息负债	150		100	
所有者权益(美元)			80	
合计	1 000		1 000	

净利息收益 = 0.07 × (500) + 0.09 × (350) − 0.03 × (600) − 0.04 × (220)
= 66.50 − 26.80
= 39.70(美元)

净利息收益率 = 39.70/850 = 4.67%

缺口 = 500 − 600 = −100(美元)

B. 资产收益率和利息成本的利差降低1%

	资产(美元)	收益率(%)	负债(美元)	利息成本(%)
利率敏感	500	6.5	600	3.5
固定利率	350	9	220	4
非生息资产或无息负债	150		100	
所有者权益(美元)			80	
合计	1 000		1 000	

净利息收益 = 0.065 × (500) + 0.09 × (350) − 0.035 × (600) − 0.04 × (220)
= 64.00 − 29.80
= 34.20(美元)

净利息收益率 = 34.20/850 = 4.02%

缺口 = 500 − 600 = −100(美元)

C. 资产负债数量或规模同比例加倍

	资产(美元)	收益率(%)	负债(美元)	利息成本(%)
利率敏感	1 000	6	1 200	2
固定利率	700	9	440	4
非生息资产或无息负债	300		200	
所有者权益(美元)			160	
合计	2 000		2 000	

净利息收益 = 0.06 × (1 000) + 0.091 × (700) − 0.02 × (1 200) − 0.04 × (440)
= 81.40(美元)

净利息收益率 = 81.40/1 700 = 4.79%

缺口 = 1 000 − 1 200 = −200(美元)

(续表)

D. 利率敏感资产增加，利率敏感负债减少

	资产(美元)	收益率(%)	负债(美元)	利息成本(%)
利率敏感	540	6	560	2
固定利率	310	9	260	4
非生息资产或无息负债	150		100	
所有者权益(美元)			80	
总计	1 000		1 000	

净利息收益 = 0.06 × (540) + 0.09 × (310) − 0.02 × (560) − 0.04 × (260)
　　　　　= 60.30 − 21.60
　　　　　= 38.70(美元)
净利息收益率 = 38.70/850 = 4.55%
　　　缺口 = 540 − 560 = −20(美元)

利用此前的数据可得：

$$\Delta 利息收入 = +0.01 \times [500] = +5(美元)$$
$$\Delta 利息费用 = +0.01 \times [600] = +6(美元)$$
$$\Delta 净利息收益 = -1(美元)$$

净利息收益率随之下降 12 个基点至 4.67%。

换一种情况，假设利率相较于基准情态下降 1%。利率敏感资产的平均收益率降至 5%，利率敏感负债的利息成本降至 1%。根据假设，固定利率不变。利息收益下降 5 美元，利息成本下降 6 美元，因此净利息收益上升 1 美元。其原因在于，虽然银行为负债支付的利率和从资产获取的收益率都有所下降，但负债的降幅更大：

$$\Delta 利息收入 = -0.01 \times [500] = -5(美元)$$
$$\Delta 利息费用 = -0.01 \times [600] = -6(美元)$$
$$\Delta 净利息收益 = +1(美元)$$

由此，净利息收益随之扩大。

净利息收益变动的原因是利率敏感资产和利率敏感负债的规模不同，同时又假设所有市场利率同方向、同幅度变动。因此，缺口越大，利率变动的影响就越大。如果利率敏感资产和利率敏感负债的规模相同，那么无论利率升降与否，利息收入和利息费用的变动都是对应的，因此净利息收益将保持不变。在这一分析框架下，净利息收益率上升还是下降，取决于缺口是正还是负以及利率变动幅度。下面的关系式总结了这一框架：

$$\Delta \text{NII}_{\text{exp}} = \text{GAP} \times \Delta i_{\text{exp}} \tag{4.1}$$

其中，$\Delta \text{NII}_{\text{exp}}$ = 某时期内净利息收益的预期变动，GAP = 直至期末的累积缺口，Δi_{exp} = 利率水平的预期永久变动。

再次强调，以上关系式仅适用于收益率曲线平行移动的情况，而这种情况很少发生。特别地，如果 1 年期缺口是任意正值，那么净利息收益在利率上升时增加、利率下降时减少。举例来说，假设上述银行最初拥有 650 美元利率敏感资产和 200 美元固定利率资产，其他要素相同。1 年期缺口等于 50 美元。按照图表列出的利率水平，利息收入将变为 58 美元而利息费用依然为 20.80 美元，可获得 37.20 美元的净利息收益。若利率上升 1%，则利息收入上升 6.5 美元而利息费用仅上升 6 美元。因为缺口为正，净利息收益现在增加 0.5 美元。当利率下降时，净利息收益也减少。①

此处缺口的符号和规模提供了有关银行利率风险头寸的信息。符号表征了银行的利率赌局。如果缺口为正，利率上升时银行获利（净利息收益上升）而利率下降时银行亏损。如果缺口为负，利率下降时银行获利而利率上升时银行亏损。缺口规模反映了银行设定的利率风险大小。特别地，零缺口表示最低风险。缺口距离零（最低风险）越远，净利息收益的潜在变动越大，银行设定的风险也就越大。

资产收益率变动和负债成本变动的关系

如果生息资产的收益率和有息负债的利息成本的利差发生变化，净利息收益就会同样偏离预期。我们没有理由认为，所有利率会同时间、同幅度变动。资产收益率相对于利息成本可能发生变动，原因之一为收益率曲线的意外移动（不同期限的相似证券的利率变动不同幅度，被称为收益率曲线非平行移动）、风险溢价的上升或下降、浮动利率资产或负债指数的非同步变动。举例来说，如果负债是短期的而资产是长期的，当收益率曲线倒挂时利差会收窄，当收益率曲线变陡峭时利差会扩大。与之类似，资产收益率也有可能与每月变动的基准利率绑定，而负债成本则每周随货币市场利率变动。

图表 4.6 的 B 部分考察了利率敏感资产和负债的利差年内降低 1%（从 4% 降到 3%）带来的影响。在资产组合构成不变的情形下，净利息收益降至 34.20 美元。当然，当利差上升时，净利息收益也会上升。与不同利率间差异（比如最优惠利率减去 3 个月期 LIBOR）相关的净利息收益变动就是一种基差风险。

数量变动

无论利率处于何种水平，净利息收益都会随着生息资产和有息负债的变化而变动。考虑图表 4.6 的 C 部分，银行规模变为原来的两倍，资产组合构成和利率不变。基于两倍规模的生息资产，银行以相同利差获得双倍的净利息收益，而净利息收益率保持不变，缺口加倍至 -200 美元但占总资产的比例不变。与之相对，规模收缩银行的净利息收益下降，盈利能力指标或缺口对资产的相对规模则保持不变。

---

① 读者可自行证明，当缺口等于零时，这个例子中的利息收入和利息费用的变动额相同。

资产组合构成的变动

资产组合构成的任何变化都会潜在地改变净利息收益。管理者想要降低图表 4.6 中银行的风险,可以尝试发放更多的浮动利率贷款或缩短投资证券到期期限,从而提高资产的利率敏感度。与之相对,管理者想要降低负债的利率敏感度,可以将购买的隔夜联储基金替换为长期存单。这些交易会同时改变缺口和银行的利率风险头寸,也会改变最初预期的净利息收益。图表 4.6 的 D 部分总结了将 40 美元固定利率资产转换为利率敏感资产和将 40 美元利率敏感负债转换为固定利率负债的影响。在这种情况下,利率水平保持不变,净利息收益从最初估计的 40.70 美元减少 2 美元至 38.70 美元。生息资产平均收益的下降使得利息收入减少 1.2 美元,负债平均利息成本的上升使得利息费用增加 0.80 美元,因此净利息收益减少 2 美元。除了改变预期的净利息收益,构成的变化还将缺口变为 -20 美元,从而降低了银行的利率风险水平。

资产组合构成变动和净利息收益变动不存在固定的关系,相关影响取决于利率敏感工具和固定利率工具的利率间关系,以及资金变动幅度。举例而言,如果上述例子中组合构成的变动反转,那么净利息收益将会上升。如果只有组合构成中的 40 美元负债变动,那么净利息收益将会下降。在许多情形下,银行改变资产组合是为了抵消净利息收益率的预期不利变动。通常而言,将证券转换为贷款可以提升近期的净利息收益,因为在不考虑风险和税收的情况下,贷款收益率高于大部分证券收益率。类似地,将核心存款转换为非核心负债会降低净利息收益,因为非核心负债通常需要支付更高的利率。

非生息资产和无息负债的变动也会影响净利息收益和净利息收益率。如果一家银行可以削减非生息资产,净利息收益就会自动上升,具体上升幅度取决于该笔资金如何投资。举例来说,将 50 美元转为利率敏感资产,净利息收益将上升 3 美元($0.06×50-0$)。将 50 美元转为固定利率资产,净利息收益将上升 4.50 美元($0.09×50-0$)。两种情况下的净利息收益率都会上升,因为银行的资金成本不变而利息收入增加。

利率、构成和数量分析

许多金融机构会在年度报告中总结净利息收益随时间变化的情况,区分源于资产和负债构成与数量变动的净利息收益和源于利率变动的净利息收益。图表 4.7 是总部位于佐治亚州哥伦布市的西诺沃斯(Synovus)公司 2013 年与 2012 年、2012 年与 2011 年的比较报告。

图表 4.7 西诺沃斯公司利率/数量分析 (单位:千美元)

	2013 年与 2012 年相比 变动来源[a]			2012 年与 2011 年相比 变动来源[a]		
	数量	收益率/利率	变动净额	数量	收益率/利率	变动净额
利息收入						
应税贷款净额	(7 067)	(50 045)	(57 112)	(45 283)	(48 916)	(94 199)
免税贷款净额[b]	(1 754)	(258)	(2 012)	(392)	(142)	(534)
应税投资证券	(6 781)	(7 517)	(14 298)	3 506	(43 100)	(39 594)

(单位:千美元)(续表)

	2013 年与 2012 年相比 变动来源[a]			2012 年与 2011 年相比 变动来源[a]		
	数量	收益率/利率	变动净额	数量	收益率/利率	变动净额
免税投资证券[b]	(621)	(12)	(633)	(789)	(59)	(848)
交易账户资产	(194)	(221)	(415)	(265)	303	38
银行生息存款	3	(57)	(54)	(14)	(24)	(38)
联邦储备银行同业存放	(290)	61	(229)	(3 163)	(46)	(3 209)
出售联储基金和回购协议下购入的证券	(31)	(24)	(55)	(21)	43	22
联邦住房贷款银行和联邦储备银行股本	46	474	520	(303)	569	266
待售抵押贷款	(1 567)	(193)	(1 760)	1 311	(1 305)	6
利息收入合计	(18 256)	(57 792)	(76 048)	(45 413)	(92 677)	(138 090)
利息费用或支出						
有息活期存款	846	(540)	306	374	(3 203)	(2 829)
货币市场账户	(1 950)	(4 027)	(5 977)	(346)	(20 349)	(20 695)
储蓄存款	54	(20)	34	50	(131)	(81)
定期存款	(5 794)	(19 926)	(25 720)	(35 675)	(18 855)	(54 530)
购入联储基金和回购协议下售出的证券	(213)	(77)	(290)	(187)	(263)	(450)
其他借入资金	12 855	(12 409)	446	(6 745)	17 751	11 006
利息费用合计	5 798	(36 999)	(31 201)	(42 529)	(25 050)	(67 579)
净利息收益	**(24 054)**	**(20 793)**	**(44 847)**	**(2 884)**	**(67 627)**	**(70 511)**

注:[a]利率和数量同时变动导致的利息变动归入收益率/利率部分。[b]按法定联邦所得税税率35%将免税贷款和投资证券的利息调整至应税等价基础,反映应税等价调整幅度。

资料来源:西诺沃斯公司 2013 年财务报告。

对比 2013 年和 2012 年的数据。"数量"栏的数值表示生息资产和有息负债的变动带来的利息收入、利息费用或净利息收益的变动;"收益率/利率"栏的数值表示生息资产收益率或负债支付利率的变动带来的净利息收益变动;"变动净额"是上述两栏的加总。因此,西诺沃斯公司的净利息收益在 2013 年下降 44 847 000 美元。

上述比较的目的是评估该时段内哪些因素影响了净利息收益的变动。"数量"栏数据表明,如果利率保持为上年的水平,唯一的影响是资产负债表中生息资产和有息负债金额的变动,此时利息收入和利息费用将变动多少。利用 2013 年的数据并假设利率不变,生息资产数量下降使利息收入降低 1 800 万美元,而有息负债数量上升则使利息费用提高近 600 万美元。总效应是使得净利息收益下降 2 400 万美元。"收益率/利率"栏数据主要表明,如果资产和负债的数量保持在 2012 年水平不变,利息收入和利息费用将会如何变动。在这一框架中,利息收入在 2013 年因利率下降而降低 5 780 万美元,然而利息费用仅降低 3 700 万美元。由于利息收入的下降幅度大于利息费用的下降幅度,净利息收益下降 2 070 万美元。数量效应和利率效应带来的总体影响是,西诺沃斯公司 2012—2013 年的净利息收益下降 4 480 万美元。2011—2013 年,西诺沃斯公司将生息资产削减 26 亿美元,从 265 亿美元降至 239 亿美元,意在减少不良贷款并提高法定资本比率。因为资产负债表规模收缩,利息收入和利息费用均系统性下降。与之类似,因为利率保持在较低水平,除了降低所有负债的支付利率,西诺沃斯公司将到期资产替换为收益率更低的生息资产,并吸收更多的低成本核心存款。在这两年,利息收入都比利息费用下降得多,从而导致净利息收益减少。就 2013 年而言,无论是利息收入还是利息费用,西诺沃斯公司面临的收益率/利率效应都超过数量效应。因此,利率变动对银行的盈利能力有很大的负面影响。

上述关于缺口和净利息收益的观点较为简化。显然,资产收益率和利息成本不会刚好同时变动或变动相同的幅度。即便在特定的时间间隔内,资产和负债也会按不同的时间间隔重新定价,产生的现金流与缺口分析所假定的大相径庭。例如,假定图表 4.4 中的所有利率敏感资产 1 个月后到期而所有利率敏感负债 6 个月后到期,预计的现金流就要反映相隔 5 个月的利率和资产组合变动,因而净利息收益的预期变动可能产生严重错误。

为了得到更有意义的比较结果,管理者应当在相对较短的期间计算缺口,并设定更大的利率和重新定价区间。下一部分将介绍利率敏感度报告,该框架应用广泛,是评估银行利率风险头寸的起点,本质上是计算不同时段的缺口。一家规模为 1 亿美元的证券银行的数据如图表 4.8 所示,我们将用它来演示这一框架。

利率敏感度报告

许多管理者运用类似图表 4.8 中的框架来监控银行的风险头寸和净利息收益的潜在变动。利率敏感度报告选择一年中的不同时段,识别证券银行的资产和负债是否利率敏感。每份报告都建立在假设的利率环境之上。最后一列给出所有资产负债表项目的年末总计数。证券银行的报告显示,共有 8 830 万美元生息资产、1 170 万美元非生息资产、7 850 万美元有息负债、2 150 万美元无息负债和股东权益。每列数据都反映某一特定且连续期间内可重新定价的项目的金额。例如,1 250 万美元国债和机构证券中的 70 万美元将在 8—30 天内重新定价,360 万美元将在 31—90 天内重新定价,以此类推。所有绑定基准利率的浮动利率商业贷款都被视作在 8—30 天内利率敏感,这一分类表明证券银行过去一年平均每月经历一次基准利率变动。"非利率敏感"一栏显示非生息资产或无息负债的金额。

图表 4.8 证券银行的利率敏感度分析
2013 年 12 月 31 日
(单位:百万美元)

	利率敏感度的时间框架						
	1—7 天	8—30 天	31—90 天	91—180 天	181—365 天	1 年以上	非利率敏感	总计
资产								
美国国债和机构证券		0.7	3.6	1.2	3.3	3.7		12.5
货币市场投资			1.2	1.8				3.0

(单位:百万美元)(续表)

	利率敏感度的时间框架							
	1—7天	8—30天	31—90天	91—180天	181—365天	1年以上	非利率敏感	总计
市政证券			0.7	1.0	2.2	6.6		10.5
出售联储基金和回购协议下购入证券	5.0							5.0
商业贷款*	1.0	14.8	2.9	4.7	4.6	15.5		43.5
分期偿付贷款	0.3	0.5	1.6	1.3	1.9	8.2		13.8
生息资产								88.3
现金和同业存款							7.0	7.0
其他资产							4.7	4.7
非生息资产								11.7
总资产	6.3	16.0	10.0	10.0	12.0	34.0	11.7	100.0
负债和权益								
货币市场存款账户		5.0	9.3					14.3
10万美元以下定期存款	0.9	5.0	13.1	6.9	1.8	5.9		33.6
10万美元以上存单	1.1	1.0	7.9	2.9	1.2			14.1
购入联储基金和回购协议下出售证券								
可转让提款命令账户				14.6				14.6
储蓄存款						1.9		1.9
市场利率负债								78.5
活期存款							13.5	13.5
其他负债							1.0	1.0
权益							7.0	7.0
无息负债和权益							21.5	21.5
总负债和权益	2.0	11.0	30.3	24.4	3.0	7.8	21.5	100.0
期间缺口	4.3	5.0	−20.3	−14.4	9.0	26.2		
累积缺口	4.3	9.3	−11.0	−25.4	−16.4	9.8		

注:*合计1 200万美元的浮动利率贷款被归入8—30天内可重新定价一类。假定基准利率会在此期间变动,但这种变动并不一定发生。

利率敏感负债数值也类似地表明项目预期重新定价的时间。由此可知,可转让提款命令账户预计在91—180天内重新定价,而部分货币市场存款账户将于8—30天内重新定价,大部分的重新定价时段则为31—90天。注意,即使利率可以频繁变动,这里仍假设储蓄账户至少一年内不会重新定价。这一分类区分了资产或负债可以被重新定价的时间,以及管理者认为它们会被重新定价的时间。如果最优惠利率可以每天变动,那么基于最优惠利率的贷款也可以每天重新定价。通常情况下,最优惠利率不会变动得如此频繁。银行可以每天变更货币市场存款账户的利率,不这么做,这些存款的利率敏感特征将以实际重新定价的时间表为准。针对可能立即变动的利率敏感资产和利率敏感负债的比较可以揭示合约性重新定价的差异,但这可能没有意义;除非利率波动性非常大,使得这些项目按合同约定的那样频繁重新定价。

期间缺口与累积缺口

报告底部汇报了两种缺口指标。期间缺口(periodic gap)比较每个不同时段内的利率敏感资产和利率敏感负债,度量不同时点的相对错配。对证券银行而言,在30天以内和181—365天的时间间隔内,利率敏感资产多于利率敏感负债;在31—90天和91—180天的时间间隔内,利率敏感负债则多于利率敏感资产。与期间缺口不同,累积缺口(cumulative gap)将每一时间间隔最后一天的期间缺口加总,度量从现在至最后一天的总体利率风险敞口。因此,31—90天的累积缺口(-1 100万美元)等于1—7天、8—30天和31—90天的期间缺口(分别为430万美元、500万美元和-2 030万美元)加总,度量0—90天的总体利率风险。

每个期间缺口的数值仅表示在给定时间间隔内,预期将重新定价的资产和负债哪个更多。因为未考虑资产和负债在其他期间能否重新定价,期间缺口指标并不是非常有意义。累积缺口的数值更加重要,因为它们对比整个期间重新定价的资产和负债的数量,直接度量银行在全时段最后一天的净利率敏感度。因此,-1 100万美元的累积缺口表明在接下来的90天,证券银行重新定价的利率敏感负债比利率敏感资产多1 100万美元。1年期累积缺口则表明在更长的期间,预期会重新定价的负债比资产多1 640万美元。需要注意的是,1年以上的时间间隔对应的缺口数值不能针对银行的利率风险头寸给出任何新信息,因为该时间间隔没有明确的终点。2 620万美元的期间缺口仅仅反映这样一个事实,那就是银行有3 400万美元的生息资产会在超过1年的时间内重新定价,而与之类似的长期负债需付出780万美元利息。下一个的980万美元累积缺口也只是简单地度量8 830万美元生息资产和7 850万美元有息负债的差额。

注意,前两个期间的累积缺口为正,之后一年内则为负。根据之前的讨论,如果接下来一年利率下降,证券银行就会从中获利。特别地,如果利率在年内均匀下降,由于银行的利率敏感负债多于利率敏感资产,那么利息收入的下降幅度会小于利息费用的下降幅度;如果这种变动没有被资产组合或银行规模的变化抵消,那么银行的净利息收益将会上升;如果利率上升,那么净利息收益将会下降。此外,缺口规模表明银行绩效可能大幅波动,因为一年内累积缺口超过总资产的16%。许多社区银行在政策声明中规定某些特定缺口占生息资产的比例不能超出±15%,借此限制利率风险。

利率敏感度报告描述了银行在某一时点的利率风险情况,反映了基于基本的静态缺口概念而得出的风险的点估计(point estimate)。大部分银行采用收益敏感度分析来弥补静态缺口概念的弱点,还采用基于久期的相对资产负债价格敏感度来评估利率风险。

静态缺口分析的优点和缺点

静态缺口分析的最大优点是容易理解。期间缺口描述了不同期限内利率风险的大小和时点,明确给出了改变风险所需的资产组合变动幅度。期间缺口还揭示了特定资产负债表项目对风险的影响。一旦确定每种金融工具的现金流特征,就可以很容易地计算缺口指标。

然而,静态缺口分析也存在很多缺点。第一,存在严重的后验测量误差。举例来说,考虑利率与基准利率或指数绑定的贷款。因为不知道市场利率将于何时变动,管理者无法准确预测基准利率或指数的变动频率。1980 年,《华尔街日报》最优惠利率变动了 52 次。与之相对,这一最优惠利率在 2008 年 12 月被设定为 3.25%,此后再无变动。如果基准利率的变动频率存在不确定性,贷款分类与实际利率变动就会产生差异,从而导致缺口指标存在误差。为了解决这一问题,银行应该计算所有基准利率对特定市场指数的利率敏感度的统计值,这一统计量通常与利率变动的历史频率相联系。依托缺口分析,管理者无法知晓这些贷款的真实利率敏感度。

第二,缺口分析忽略了资金的时间价值。到期时段的构建没有区分产生于期初或期末的现金流。如果一家银行通过联邦基金市场隔夜拆借买入 1 个月期国债,那么 1 个月的缺口就是 0。当联邦基金利率上升时,这笔交易使银行面临损失,但缺口分析表明没有利率风险。银行能否从上升或下降的利率中获利,取决于每个时间间隔内重新定价的确切时点。与上述分析类似,缺口也忽略了利息流。基于久期的利率风险指标考虑所有现金流量的现值,这正是其优势之一。

第三,缺口分析程序实际上忽略了利率变动对银行风险头寸的累积影响。缺口指标本应围绕整个重新定价范围计算,但实际上只关注近期的净利息收益变动。同样,许多银行仅评估下年的缺口指标和净利息收益的变动。然而,利率变动也会影响固定利率资产和负债的价值以及一年以上的总体风险,而缺口分析忽略了这些变动。

第四,在利率敏感度比较中,无息负债通常会被忽略,因为许多银行将活期存款记为非利率敏感负债。这样一来,即使在利率上升时银行会损失存款,缺口分析也无法识别任何与活期存款有关的利率风险。这一情况之所以会发生,是因为对存款人而言活期存款的机会成本上升了,如同更好的现金管理会提升利息收入。反过来,许多补偿性存款协议允许活期存款的所有者在利率上升时减少补偿账户余额,因为银行可以利用这些资金投资以获取更高的收益。这种因果处理方式(causal treatment)在低利率环境中格外冒险。比如在 2014 年的情况下,即便利率很低,许多存款人依然将资金存在银行,这是由于机会成本很小而且他们计划在利率上升时迅速将余额提走。要使结果真正有效,缺口分析必须基于真正的利率敏感度,将活期存款中的利率敏感部分归入合适的时段。当预期利率会上升时,更多的活期存款会变得利率敏感。然而,要知道这些存款真正的利率敏感度是非常困难的。

第五,静态缺口没有考虑与贷款、证券和存款的内嵌期权相关的风险。例如,当利率下降时,抵押贷款的借款人经常执行提前还款期权;当利率上升时,存款人经常执行提前提款期权。这些期权的价值不同;当利率处于不同水平或利率波动性变化时,这些期权被行权的概率也不同。当利率上升(或利率处于高水平)、下降(或利率处于低水平)时,这些期权会改变不同时间间隔缺口的有效规模。收益敏感度分析解决了这些问题。

缺口比率

有些资产负债管理计划在评估利率风险时会关注缺口比率。缺口比率等于同一时间间隔的利率敏感资产除以利率敏感负债,通常主要关注 1 年期累积缺口比率。

$$缺口比率 = 利率敏感资产 / 利率敏感负债 = RSA/RSL$$

当缺口为正时,缺口比率大于 1;当缺口为负时,缺口比率小于 1。

无论是缺口还是缺口比率,都无法直接描述利率变动下收益的潜在变化。缺口比率忽略了规模,因而更加不完善。考虑两家银行,总资产均为 5 亿美元。第一家银行拥有 300 万美元利率敏感资产和 200 万美元利率敏感负债,其缺口等于 100 万美元,缺口比率等于 1.5。第二家银行拥有 3 亿美元利率敏感资产和 2 亿美元利率敏感负债,它同样可以汇报其缺口比率为 1.5。显然,第二家银行承担更大的利率风险,因为当利率变动时,其净利息收益变动更大。

缺口/生息资产作为风险度量指标

一个更好的风险度量指标将银行缺口的绝对值与生息资产联系起来。该比率越大,利率风险就越大。① 许多银行会在资产负债管理委员会的声明中确定一个缺口与生息资产的比率作为目标。假设一家银行设定的策略目标为:1 年期累积缺口不能低于生息资产的 -15%,也不能高于生息资产的 +15%。这个目标允许管理者决定银行是处于资产敏感还是处于负债敏感的头寸,这取决于其对利率前景的展望。但是,这项政策限制了缺口规模,更准确地说,其限制了管理者可以承担多大的风险。

假设证券银行的管理者确定了一个政策目标,即 1 年期累积缺口不能超过生息资产的 15%,也不能低于生息资产的 -15%。使用图表 4.8 中的数据,证券银行的 1 年期累积缺口为 -1 640 万美元,或者说为生息资产的 -18.6%。此时银行的风险超出其利率风险政策允许的范围,管理者应当注意到超出政策之外的异常情况。管理者需要决定,是承受更大的风险还是采取策略降低利率风险。

$$-15\% < \frac{1\text{ 年期累积缺口}}{\text{生息资产}} < 15\%$$

收益敏感度分析

大多数银行管理者采用一种收益敏感度框架来度量并监控利率风险。这一框架将静态的缺口分析拓展为动态分析,在诸多潜在的利率环境中对影响净利息收益的所有因素进行模型模拟或"what if"分析。这种分析方法本质上是先假设不同的利率环境,进而重复进行

---

① 切记,此处上下文所指的风险与净利息收益的变动相关。采用绝对值则表明缺口的符号不影响净利息收益的变动性,只是描绘当利率沿某一方向变动时,净利息收益是上升还是下降。

静态的缺口分析,比较不同利率环境下的预期净利息收益。收益敏感度分析包括以下六个步骤:

(1) 预测利率。

(2) 给定假设的利率环境,预测资产负债表的规模和构成。预测时应考虑贷款、证券、核心存款和非核心负债的预期变动,以及资产规模的可能变动。

(3) 预测资产和负债中的内嵌期权何时是实值(in the money)期权从而被执行,进而导致提前偿付情况改变、证券被提前赎回或购入、存款被提前支取,或者假设的利率超过利率上限和利率下限。

(4) 在不同的时间区间和假设的利率环境中,识别出哪些资产和负债将以多大的幅度重新定价,还要识别出在假设的利率环境中会对现金流量产生影响的表外项目。

(5) 计算在假设的利率环境中的(估计的)净利息收益和净收益或净利润。

(6) 再选择一个新的利率环境,对比不同利率环境和基准情态下的净利息收益和净收益或净利润。

这一框架的基本价值在于,管理者可以借此评估在广泛的利率变动区间内,净利息收益将会发生多大变动。收益敏感度分析一般会从基准情态出发,比较七种不同的利率情境。选择基准情态非常重要,因为对于收益变动的所有估计都要与基准情态下的估计进行对比。对一家普通银行而言,通常在基准情态中假设利率不发生变化。此时,估计值表示与利率永远保持现有水平相比,收益会变动多少。有些银行基于收益率曲线或依据管理者对利率的特定预测推测远期利率,并将其视为最可能的情态。其他每种情态则会假设存在不同的利率冲击,利率系统性上升1%、2%和3%或系统性下降1%、2%和3%。在这些预测环境中有一点很重要,那就是不同的消费者或银行拥有的期权可能会成为实值期权,进而在不同的时间被执行。此外,管理者可以为不同的工具设定不同的利率变动,从而得出资产收益率和负债成本变动导致的利差变化。举例来说,如果假设一家银行的最优惠利率上升1%,零售的定期存款利率可能仅上升0.5%,此处利率变动的差异会提升银行的净利息收益。

在每种情境下,管理者都必须确定利率敏感的资产、负债和表外头寸的规模,明确计算出每种情态下的有效缺口。下一步是计算与基准情态相比,净利息收益或净利息收益率的变动。战略或风险限额通常与可接受的净利息收益和净利息收益率的变动相关,而这些变动则是从与基准情态对比中得出的。在更为广泛的框架中,还会包括管理者对非利息收入和非利息费用的预测,最终可以得出与基准情态相比净收益或净利润的变化。最后,假设的利率变动既可以是瞬时利率冲击也可以是跨期的平缓利率变动。

考虑图表4.9中城市银行和硅谷银行的数据。两家都是小型社区银行,在同一贸易区内经营并且有相同的总体经营战略。利率预测的基准情态是所有利率保持现有水平。数据展示了利率上升或下降1%、2%和3%对每家银行净利息收益的估计影响。中间一列的数据展示了当利率上升或下降1%、2%和3%时,城市银行预计会赚取的净利息收益。忽略括号中的数字,第三列表示城市银行的净利息收益相较于基准情态的变动百分比。显然,当利率下降时,城市银行的收益上升;当利率上升时,城市银行的收益下降。该银行的"赌局"则是

利率环境	估计净利息收益（美元）	净利息收益变动百分比	
		城市银行	硅谷银行
+3%	910 000	−9%	[+13.2%]
+2%	960 000	−4%	[+7.8%]
+1%	985 000	−1.5%	[+2.9%]
基准情态	1 000 000	……	
−1%	1 024 000	+2.4%	[−2.1%]
−2%	1 050 000	+5%	[−4.4%]
−3%	1 055 000	+5.5%	[−6.9%]

两家银行在赌什么？哪家银行的收益率更大？

这些银行是资产敏感的还是负债敏感的？

图表 4.9　利率冲击下的收益敏感度结果示例

它能在利率走低的环境中盈利、在利率升高的环境中亏损。具有这种风险状况的任何一家银行是负债敏感的银行，因为这种情态与 1 年期负缺口是一致的。注意，变动百分比是非对称的，即利率上升 1% 和下降 1% 对净利息收益的影响不同。稍后我们会提到，这种结果之所以会出现，是因为存在内嵌期权，以及生息资产收益率的变动滞后于有息负债利率的变动。尤为重要的是，净利息收益变动的百分比幅度刻画了赌局的规模，即银行承担了多大的风险。

硅谷银行的净利息收益变动百分比则表明了一种不同的风险敞口。对硅谷银行而言，当利率上升时，净利息收益上升；但当利率下降时，净利息收益也随之下降。具有这种特征的银行是资产敏感的。这一变动百分比也是非对称的，因为硅谷银行具有不同的内嵌期权，而且其资产收益率和负债利率变动的滞后期也不同。

城市银行和硅谷银行的风险哪个更大？这个问题有些复杂。用统计术语来说，硅谷银行净利息收益的估计变动区间（−6.9% 至 +13.2%）比城市银行（−9% 至 +5.5%）更大，表明硅谷银行可能承担了更大的风险。当然，硅谷银行潜在的上限高出许多，这是一种较好的状况。换个角度来看，城市银行的最高潜在损失为 −9%，如果不同的利率冲击以同等概率发生，那么城市银行承担的风险更大。为了应对这一问题，许多银行会设定利率风险政策，确认可接受的损失上限。举例来说，假定两家银行都申明以下政策："对 +2% 或 −2% 的利率波动，净利息收益的下降不得超过 5%。"此时，两家银行都满足政策要求。当利率上升 2% 时，城市银行预计将损失 4% 的净利息收益；当利率下降 2% 时，硅谷银行将损失 4.4% 的净利息收益。虽然所赌的利率不同，但两家银行的损失都在 5% 以内。

总而言之，进行收益敏感度分析的主要好处在于，管理者得以估计利率变动对盈利的影响，同时还包括以下可能性：

- 利率可以沿任何路径变化；
- 不同利率在不同时间产生不同幅度的变动；

- 资产负债表的构成和规模预期会改变;
- 内嵌期权在不同时点和不同利率情境下被执行;
- 当利率变动时,有效缺口也随之变动。

由此可得,每家银行不再仅有单一的静态缺口,而是在利率变动时,利率敏感资产和利率敏感负债的规模随之变动。

执行资产和负债的内嵌期权

为了充分理解银行运营中的固有风险,我们有必要了解银行客户拥有的不同类型的期权,其中最明显的是客户重新贷款期权。该期权在贷款合约中通常并不明确,任何借款人都可以提前偿还贷款。另一种期权则是银行可能出售给发行人的联邦机构债券看涨期权。举个例子,联邦住房贷款银行(FHLB)可能发行了一款3年期债券,30天之后即可随时按面值赎回。这意味着联邦住房贷款银行可以依据此期权,在30天之后随时偿还银行的本金。因此,银行可能预期持有债券长达3年,但最终只持有30天,或者在到期之前持有一段时间。嵌入银行负债的期权包括存款人在到期之前取款的期权。这种提前支取出乎银行的意料,迫使银行在到期之前偿付储户。

银行最常见的内嵌期权包括以下几种:

- 重新贷款;
- 提前偿还贷款本金(即便只是部分本金);
- 债券被赎回;
- 在到期之前提前支取;
- 贷款利率或存款利率有上限;
- 贷款利率或存款利率有下限;
- 联邦住房贷款银行发起的看涨期权或看跌期权;
- 借款人履行贷款承诺。

为了准确评估利率风险,管理者必须确认这些期权是否存在,理解它们在何时可能被执行,模拟执行期权对收益的影响。

一旦期权被嵌入银行的资产和负债,管理者应当关注三件事。其一,银行是期权的买家还是卖家?这相当于询问:"银行还是客户有权决定期权何时被执行?"买家是控制期权何时被执行的一方,而卖家通常会因卖出(或沽出)期权而收到部分补偿。在上述有关例子中,银行是期权的卖家,而客户是期权的买家。借款人决定何时进行重新贷款,联邦住房贷款银行决定何时偿付债券,存款人决定何时取款。银行在以下情形中买入期权:它们为存款利率设定上限、为贷款利率设定下限;当它们从联邦住房贷款银行借款时,同时拥有在利率上升时退出债务的期权。其二,银行卖出期权收到何种形式、多少金额的补偿,或者银行为买入期权需要支付多少钱?当银行卖出期权时,一定有对提前偿还贷款或支取存款的明确惩罚,这种惩罚代表相应的费用(如果这些期权未被放弃的话);与其他方面均相似的不可赎回债券相比，银行能从可赎回债券上获得更高的承诺收益。其三，银行应当预测期权会在何时被执行。这包括预测特定时间间隔的利率将变动多少，贷款将于何时被提前偿还，机构债券将于何时被赎回，存款将于何时被提前支取。这些预测反过来又取决于假设的利率环境。当利率下降时，重新贷款（提前还款）会大幅上升，债券也会被赎回。当利率上升得足够高时，未到期存款会被提前提取。抵押贷款再融资还取决于借款人的人口统计学特征，比如结婚率、离婚率和劳动力流动性。

市场参与者通常不能准确预测长期利率。然而，关注内嵌期权依然重要，因为这迫使管理者正视投资组合的固有风险。即使利率不变化，这些风险也依然存在，因为利率必然存在发生变动的可能性。这也让管理者得以确定最差的情态，以便更好地了解最大的潜在损失。

在进行收益敏感度分析时，务必记住：银行经常会缔结与期货、远期利率协议、互换、期权相关的表外合约，它们也会影响总体利息流。每种合约在不同的利率环境中都会对现金流产生不同的影响，可能改变银行的利息收入和/或利息费用。在预测净利息收益和净收益或净利润波动性时必须将这些影响考虑在内。

不同利率在不同时间的变动幅度不同

许多资产负债表账户存在替代性定价策略，收益敏感度分析使管理者得以考虑不同的竞争性市场对这些账户的影响。这也让管理者能够预测利率变动幅度不同的情况下，资产收益率和负债利息成本之间的不同利差。举例来说，以下做法被广泛认可：当利率普遍上升时，银行迅速提升基准贷款利率，如最优惠利率；但当利率下降时，银行会缓慢降低基准贷款利率。其含义是浮动利率贷款在利率上升的环境中比在利率下降的环境中的利率敏感程度更高。在利率上升的环境中，银行提升贷款利率的幅度通常大于提升存款利率的幅度，导致利差扩大；在利率下降的环境中，银行通常采取相反的举措，即存款利率的降幅小于其他货币市场利率和特定的贷款利率，导致利差缩小。这意味着虽然不同工具的名义利率敏感度可能相同，但因为利率变动的时间和幅度不同，其影响可能不同。

可赎回债券作为银行投资组合的一部分，受上述效应的影响更为明显。考虑前文所述的 30 天后可赎回的 3 年期联邦住房贷款银行债券。当利率下降得足够大时，全部债券都有可能被赎回，因为联邦住房贷款银行可以按更低的利率重新借贷从而节省利息费用。在利率下降的环境中，这种债券的利率敏感性非常强，可能被归类为在 31—90 天时间间隔内利率敏感。在利率上升的环境中，银行可能持有债券 3 年，因为联邦住房贷款银行不会赎回；该债券不是利率敏感的，因为 3 年内不会被重新定价。显然，在利率上升或下降的环境中，银行的有效（实际）缺口有所不同，而债券只在利率上升时是利率敏感的。

净效应是在进行"what if"分析时，管理者可以考察这些非平行利率变动以及不同程度的利率敏感度带来的影响。意料之中的是，利率变动带来的影响并不像公式（4.1）或简单缺口显示的那么简单。

收益敏感度分析：示例

考虑如图表4.10所示的2013年年末第一储蓄银行（First Savings Bank，FSB）的利率敏感度报告。该报告是基于图表4.11中图A和图B所总结的最有可能的利率情境。

第一储蓄银行是一家规模为10亿美元的银行，其分析基于对联储基金利率（见图表4.11图A）的预测，并将其他贷款、投资和存款利率与隔夜利率相联系。因此，联储基金利率是第一储蓄银行的基准利率。图A还列出了联储基金期货合约市场（市场隐含利率）所隐含的远期利率，这也提供了一种对预期利率的一致预测。第一储蓄银行在七种不同的利率情境（利率波动）中预测联储基金利率的收益敏感度，其中三种情境为上升1%、2%、3%，另三种情境为下降1%、2%、3%，如图B所示。假定在每种情境下利率都平缓变化。如果利率变动200基点（2%），计算方法是从最可能的情境出发，在一年中每个月增加或降低大约17个基点，并在第二年的预测中保持该利率水平。

图表4.10　第一储蓄银行在可能性最大的利率风险情境（基准情态）下的利率敏感度报告

2013年12月31日　　　　　　　　　　　　　　　　　　　　　　　　　　　（单位：美元）

	合计	3个月及以内	3—6个月以上	6—12个月以上	1—3年以上	3—5年以上	5—10年以上	10—20年以上	20年以上
贷款									
基于最优惠利率贷款	100 000	100 000							
股权信贷额度	25 000	25 000							
1年以上固定利率贷款	170 000		18 000	18 000	36 000	96 000	2 000		
1年可变利率抵押贷款	55 000	13 750	13 750	27 500					
30年固定利率抵押贷款	250 000	5 127	5 129	9 329	32 792	28 916	116 789	51 918	
消费信贷	100 000	6 000	6 000	12 000	48 000	28 000			
信用卡贷款	25 000	3 000	3 000	6 000	13 000				
投资									
欧洲美元	80 000	80 000							
固定利率抵押担保债券	35 000	2 871	2 872	5 224	13 790	5 284	4 959		
美国国债及机构证券	75 000		5 000	5 000	25 000	40 000			
出售联储基金	25 000	25 000							
现金和同业存款	15 000								15 000
贷款损失准备金	(15 000)								(15 000)
非生息资产	60 000								60 000
总资产	1 000 000	278 748	53 751	101 053	228 582	104 200	121 748	51 918	60 000
存款									
货币市场存款账户	240 000	240 000							
零售存单	400 000	60 000	60 000	90 000	160 000	30 000			
储蓄账户	35 000								35 000
可转让提款命令	40 000								40 000

(单位:美元) (续表)

	合计	3个月及以内	3—6个月以上	6—12个月以上	1—3年以上	3—5年以上	5—10年以上	10—20年以上	20年以上
个人活期存款账户	55 000								55 000
商业活期存款账户	60 000	24 000							36 000
借款									
国债及公债	25 000	25 000							
固定利率长期票据	50 000						50 000		
购入联储基金									
无息负债	30 000								30 000
股权资本	65 000								65 000
总负债和股权	1 000 000	349 000	60 000	90 000	160 000	30 000	50 000		261 000
互换:支付固定利率/收取浮动利率		50 000			(25 000)	(25 000)			
期间缺口		(20 252)	(6 249)	11 053	43 582	49 200	71 748	51 918	(201 000)
累积缺口		(20 252)	(26 501)	(15 448)	28 134	77 334	149 082	201 000	0

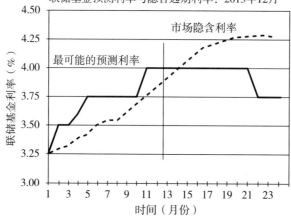

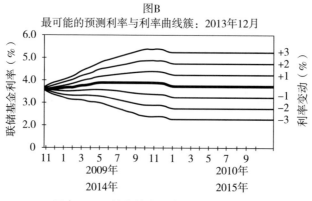

图表 4.11 基准情态利率和利率曲线簇

有一点非常重要:第一储蓄银行采用市场隐含的预测利率作为基准情态下的利率。考察图表4.11中的图A,注意虚线代表联储基金期货利率。因为期货利率从现在开始持续上升,市场预期联储基金利率会上升。第一储蓄银行将实线所代表的数据作为基准情态下的利率情境。由此可知,如果利率沿市场预期轨道移动,这是最可能出现的情境。12个月之后,预计联储基金利率在第二年的大部分时间将保持为4%。尤为重要的是,这一框架与采用恒定利率(利率保持现有水平)作为基准情态的框架非常不同。

现在不考虑利率互换数据(见图表4.10倒数第三行),仅将其视作3个月及以下期限的利率敏感资产。① 图表4.10包括8个时段的数据,从3个月及以下直到20年以上。资产主要为30年固定利率抵押贷款、1年以上固定利率贷款、基于最优惠利率贷款和消费信贷。实际上,资产的平均合约期限很长,其中约25%是30年抵押贷款。存款主要为零售存单和货币市场存款账户,合计占总资金的64%。根据这一静态的缺口报告,第一储蓄银行的1年期累积缺口为-15 448 000美元,在9 400万美元生息资产中的占比为-1.64%。在静态的缺口分析中,银行承担的风险很小,但如果利率在一年内不断上升,银行就会有少量损失。当然,此处忽略了银行抵押贷款中明显存在的内嵌期权及其他因素。

图表4.12呈现了收益敏感度分析结果。上图为1年后(2014年)的结果,下图为2年后(2015年)的结果。七种不同的利率情境列示于横轴,基准情态(最有可能的联储基金利率上升情境)位于正中间。

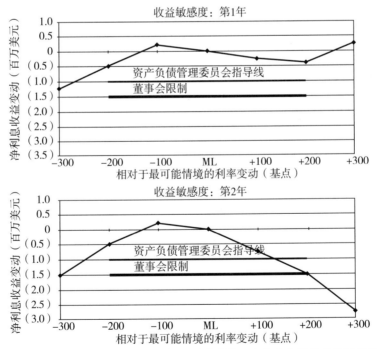

图表4.12 相较于基准情态(最可能)利率情境的1年和2年的收益敏感度分析

---

① 注意,表中汇报的3个月以下时段的利率互换有效地增大了期间缺口,将期间缺口从没有互换时的-70 252美元提升至-20 252美元。

图中的+100、+200和+300分别表示联储基金利率与基准情态（最可能情境）相比上升1%、2%和3%。三个利率较低的情境则列在最可能情境的左边。纵轴表示与最可能情境相比，每种利率情境下的净利息收益变动。注意，基准情态下净利息收益为0，因为这是与其他利率环境下的预测值进行对比的参照点。对净利息收益的每个预测值都要考虑规模和资产负债构成的变动、资产收益率和负债利息成本变动不一致所导致的利差变化，以及内嵌期权的不同执行情况。

如图表4.12所示，第1年利率相比于最可能情境升高1%—2%，净利息收益只会略有下降。但当利率升高3%时，净利息收益将会上升，这与负缺口的含义相悖。当利率相比于最可能情境降低1%时，净利息收益会略有上升；当利率降低2%或3%时，净利息收益会降低，这又与图表4.10的负缺口相矛盾。原因可能在于，图表4.10中的缺口数据仅适用于最可能情境。在其他利率情境下，根据内嵌期权的执行情况，数量不同的资产和负债将会变得利率敏感。与之类似，当利率变动时，假设每个资产负债表项目的利率会按不同幅度变动。

收益敏感度分析结果

之前的例子说明了内嵌期权的行权与资产和负债定价之间的滞后性非常重要。这一分析框架将联储基金利率作为基准利率，利率冲击表示联储基金利率变动幅度。由此，+100意味着第1年年末联储基金利率为5%（而不是最可能情境下的4%），其他利率则根据它们与联储基金利率的关系相应变动不同幅度。通常来说，与第一储蓄银行的存款利率相比，贷款利率的变动与联储基金利率的变动更加同步，存款利率随联储基金利率的变动存在一定的滞后性。第一储蓄银行面临较大的提前偿还风险，因为其诸多资产的期限较长且收取固定利率，当利率上升时，客户通常会较为激进地执行期权。

第一储蓄银行的收益敏感度分析结果反映出利率变动对这样一家银行的影响。在估计的收益变动的背后，有两个基础原因或驱动力。第一，相比于联储基金利率，其他的市场利率在不同时间变动不同的幅度；第二，内嵌期权在成为实值期权后会潜在地改变现金流。二者形成的复合影响为：第一储蓄银行的有效缺口在每种利率冲击情境下均不同，而银行的利差也是如此。

在分析过程中，若利率上升，则通常假定资产收益率比负债成本上升得更多、更快，从而扩大了利差；若利率下降，情况则与之相反。这种差异很普遍，因为对于与基准利率和核心存款绑定的贷款而言，银行具有一定的定价权。当美联储提高联储基金利率时，银行通常会立即将最优惠利率的报价提升相同的幅度。与之相对，银行在提升存款利率时总会滞后，利差由此开始增大。

考虑内嵌期权方面，拥有大量的固定利率抵押贷款的第一储蓄银行面临提前偿付风险。随着利率下降，借款人将会对这些抵押贷款进行重新融资，将其从第一储蓄银行赎回。一般而言，固定利率贷款会被再融资而可赎回债券会被赎回，以至于更多的资产变为利率敏感。当利率上升时，这些贷款和证券几乎为利率不敏感，抵押贷款的提前偿付和其他贷款的再融资都急剧减少，利率敏感资产变得更少。存款在利率上升时更加利率敏感（利率敏感负债增加),因为提前支取变多了。这种变化至少可以抵消一部分由利差增大带来的影响。同样的存款在利率下降时不那么利率敏感(利率敏感负债减少),但生息资产收益率和有息负债成本之间的利差减小。

基于这种结构,每种利率情境之下的有效缺口都不同。当利率急降2%或3%时,因为有效缺口为正,含内嵌期权的资产必须被重新定价,净利息收益将下降。当利率急剧上升时,贷款的提前偿付期权不会被执行,但提前支取期权会被执行。对第一储蓄银行而言,假设利率降低1%实际上等同于利率不变,联储基金利率从最初的3.25%降至3%,即比1年的预测值低1%。因此,预计净利息收益将保持基本不变。但是当利率下降2%或3%时,因为长期抵押贷款被提前偿付、资金以更低的利率再投资,第一储蓄银行的净利息收益将下降。在利率上升1%和2%的情境下,因为贷款的再融资急剧下降,重新定价的负债多于重新定价的资产,净利息收益将下降。当利率上升3%时,因为利差增大且抵消了缺口变小的影响,净利息收益将上升。这些因素解释了为何净利息收益在利率下降时可能下降,而在利率上升时不会有显著变化。

图表4.12的下半部分呈现了2014年和2015年(即报告日期2013年12月之后的第1年和第2年)每种情境下的相对预测状况。在该时段内,利率急剧上升或下降都会导致银行产生损失。第一储蓄银行不再从利率上涨3%中获益,因为银行不可能永远延后存款利率的上升,负债利息成本的增加超过资产收益率的上升。利差也不再像2013年那么大。这再次表明,第一储蓄银行的有效缺口在利率上升情境中负向增大,在利率下降情境中正向增大。关键在于,这项分析清晰地揭示出利率急剧变动下净利息收益的潜在波动性。第一储蓄银行也依据图表4.9所示的可接受收益敏感度设定资产负债管理委员会指导线和风险政策限制。银行董事会限定,两年内无论利率升高或者降低2%,净利息收益的减损额不得超过150万美元。根据第2年中利率上升3%情境下的预测,银行的风险超出了风险指导水平,管理者必须采取措施削减银行的风险敞口以满足这些限制。一般而言,在不同利率情境下净利息收益预测值的变动越大,利率风险越大。

有些银行和分析师将银行收益敏感度分析结果称为在险收益(earnings-at-risk)或净利息收益模拟(net interest income simulation)。大多数银行利用这一框架度量利率风险,因为它易于理解且着眼于收益或盈利,而收益或盈利又是银行短期绩效的驱动因素。

利润表缺口

许多社区银行的管理者采用比综合收益敏感度分析更为简化的框架分析银行的利率风险。简化的框架很适用,因为短期内资产和负债的复杂性与规模不会急剧变化;同样,简化的框架也不会显著影响银行净利息收益的表外交易带来的风险敞口。然而,该模型依然可以识别内嵌期权的存在,以及利率变动时个别资产和负债重新定价的速度与规模。

将这些因素考虑在内的一种常见做法是计算利润表缺口(income statement GAP)或贝塔缺口(Beta GAP)。图表4.13是一家总资产规模低于3 000万美元的银行的利率敏感度报告。该报告将最优惠利率作为基准利率并包括对净利息收益变动的两种预测:一种假定最优惠利率在下一年降低 100 个基点,另一种假定最优惠利率在下一年升高 100 个基点。

图表 4.13 利润表缺口和收益变动

2013 年 12 月 31 日 （金额单位:千美元）

	最优惠利率下降 100 个基点			最优惠利率上升 100 个基点		
	资产负债表缺口[a]	收益变动比率(ECR)[b]	利润表缺口	资产负债表缺口[a]	收益变动比率(ECR)[b]	利润表缺口
利率敏感资产	A	B	A×B	C	D	C×D
贷款						
固定利率	5 661	100%	5 661	5 661	100%	5 661
浮动利率	3 678	100%	3 678	3 678	100%	3 678
证券						
本金现金流						
机构证券	200	71%	142	200	71%	142
机构可赎回证券	2 940	71%	2 087	300	60%	′180
固定利率抵押担保证券(CMO)	315	58%	183	41	51%	21
出售联储基金	2 700	96%	2 592	2 700	96%	2 592
浮动利率						
利率敏感资产合计	15 494		14 343	12 580		12 274
利率敏感负债						
储蓄	1 925	75%	1 444	1 925	5%	96
货币市场存款账户	11 001	60%	6 600	11 001	40%	4 400
可转让提款命令(NOW)	2 196	80%	1 757	2 196	20%	439
购入/回购联储基金	0	96%	0	0	96%	0
1 亿美元以上存单(CD)	3 468	85%	2 948	3 468	85%	2 948
1 亿美元以下存单(CD)	4 370	84%	3 671	4 370	84%	3 671
利率敏感负债合计	22 960		16 420	22 960		11 554
利率敏感度缺口(资产-负债)	(7 466)		(2 077)	(10 380)		719
总资产	29 909		29 909	29 909		29 909
缺口占总资产比例	-24.96%		-6.94%	-34.71%		2.41%
净利息收益变动			20.8			7.2
净利息收益率变动			0.07%			0.02%
净利息收益率			5.20%			5.20%
净利息收益率变动比例			1.34%			0.46%

注:[a] 1 年期资产负债表缺口包括所有利率可能在下一年发生变化的项目。[b] 收益变动比率(ECR)是基准利率变动 100 个基点时利率敏感的金融工具收益率变动的估计值。

(1) 最优惠利率下降 100 个基点的情况。资产负债表缺口(balance sheet GAP)是 1 年期累积缺口,反映合约重新定价的情况,表明银行处于负债敏感状态,缺口为 -7 466 000 美元,约占资产的 25%。"收益变动比率"栏数据描述了每种资产或负债的收益变动比率(earnings change ratio,ECR),如图表注释所示,该列数据表示每种资产的收益率或每种负债的利率相较于最优惠利率变动 1% 所发生的变动。当最优惠利率下降 1% 时,联邦机构证券的有效收益率会下降 71 个基点,出售联储基金的有效收益率会下降 96 个基点。意料之中的是,存款利率会滞后,最优惠利率下降 1% 时存款利率的变动会更小。注意,货币市场存款账户利率下降了 60 个基点。"利润表缺口"栏数据表示利率降低 1% 时需要重新定价的资产负债表项目金额,等于 ECR 与资产负债表项目的乘积。这些数字表示当最优惠利率下降 1% 时,将有多少资产负债表项目被重新定价,其目的是得出利润表缺口。利润表缺口表示利率每降低 1% 将被重新定价的资产或负债净额。

银行利润表缺口为 -2 077 000 美元。这表明当利率下降 1% 时,重新定价的有效利率敏感资产为 14 343 000 美元,重新定价的有效利率敏感负债为 16 420 000 美元,利润表缺口为两者的差值——这是有效缺口的估计值。基于此,我们可以运用公式(4.1)解读该缺口对净利息收益的影响。这里,最优惠利率降低 1% 会导致净利息收益上升 20 770 美元,与之对应的是净利息收益率上升 7 个基点。

$$\Delta 净利息收益 = -2\,0770\,000 \times (-0.01) = 20\,770(美元)$$

(2) 最优惠利率上升 100 个基点的情况。注意,在利率上升的情境中,因为可能被赎回的证券更少,利率敏感的机构可赎回证券数量更少。部分资产和核心存款负债的收益变动比率也有所不同,表明随着最优惠利率上升,因为提前偿付减少,机构可赎回证券和抵押担保证券的有效再投资利率不会上升那么快;银行不会同步提升存款利率,或者提升幅度不会像在低利率情境中那么大。其净效应是银行的有效利润表缺口为 719 000 美元,即最优惠利率每变动 1% 预计会使净利息收益增加 7 190 美元。重要的是,在改变银行资产和负债的有效利率敏感度的因素相同的条件下,最优惠利率的不同变动将导致不同的净利息收益变动。

管理缺口和收益敏感度风险

有效缺口指标和净利息收益的潜在变动反映了一家银行面临的总体利率风险。公式(4.1)适用于利润表缺口分析框架,不适用于一般性的收益敏感度分析框架。这表明,如果预计利率在缺口期间会上升,正累积缺口就会导致净利息收益增加。如果预计利率下降,负缺口就会导致净利息收益增加。只有当利率变动的方向和大小都与预计的一致,而且能准确预测利率敏感资产和利率敏感负债时,净利息收益的实际变动才会与预期一致。重要的是,有效缺口规模或者净利息收益的变动区间表明银行承担了多大的风险。给定利率的变动,缺口的绝对值越大,净利息收益的变动也就越大;净利息收益相较于基准情态的潜在变动越大,风险也就越大。

缺口模型表明一家不打算对未来利率进行投机的银行,可以通过保持有效缺口为零或者保证净利息收益不变来降低利率风险。因为利率风险是可忽略的,银行的风险可以被完全对冲。当然,这种零风险头寸很难实现,也很少为银行所推崇。另一种情况是,银行可能对未来利率进行投机并积极管理缺口。公式(4.1)表明,如果可以准确预测利率并相应调整有效缺口,银行就可以系统性地提升净利息收益。如果管理层预期利率会上升,银行就会更加资产敏感;如果管理层预期利率会下降,银行就会更加负债敏感。

在有效缺口管理的情境中,银行降低风险的步骤如下:

(1) 用较短的时间间隔计算期间缺口。
(2) 将可重新定价资产和可重新定价负债相匹配,从而使得期间缺口趋近于零。
(3) 将长期资产的占用资金与无息负债相匹配。
(4) 利用表外交易(如利率互换和金融期货)进行对冲。

管理者还可以选择改变资产和负债的利率敏感度来承担更多的风险。图表4.14列示了调整银行表内资产和负债的有效利率敏感度的多种方法。

图表 4.14　调整银行表内资产和负债的有效利率敏感度的方法

目标	方法
降低资产敏感度	购入长期证券
	延长贷款期限
	将浮动利率贷款变为定期贷款
	为贷款利率设定下限
提升资产敏感度	购入短期证券
	缩短贷款期限
	发放更多的浮动利率贷款
降低负债敏感度	支付溢价以吸引更长期的存款工具
	发行长期次级贷款
	为存款利率设定上限
提升负债敏感度	支付溢价以吸引短期存款工具
	通过购入非核心负债获得更多借款

本章小结

利率风险是银行对市场风险的敏感度(S)的重要组成,而敏感度又是银行CAMELS评级的组成部分。银行的资产负债管理委员会负责监控和管理银行的利率风险。本章首先介绍了度量利率风险的传统静态缺口模型。该模型虽然简单,但提供了一种简便的方法帮助读者理解风险的基本来源以及度量和管理风险的基本方法。本章接下来关注收益敏感度分析,该方法实质上是对不同假定利率情境下净利息收益的模拟。收益敏感度分析让管理者得以评估净利息收益对以下变动的敏感度:资产负债表规模和构成变化,资产收益率和有息负债成本之间关系的变化,利率水平的变化。

收益敏感度分析框架有助于度量银行贷款、证券和存款中的内嵌期权被执行时收益或利润受到的影响。如今许多银行在资产负债表的资产端和负债端都出售期权,因而这一分析框架格外重要。借款人持有对贷款进行再融资的期权,存款人持有在到期之前支取资金的期权。当利率变动时,利息收入和利息费用可能比预期变动更大。管理者还可以利用收益敏感度分析,评估利率变动下资产收益率和负债成本的不同变化带来的影响。利差调整会对经济条件变化做出响应,因而是银行绩效的重要驱动力。

这一总体框架提供了一种方法论,用以分析利率变动、资产负债表构成的变化和内嵌期权被执行所带来的潜在效应范围。最终结果是要理解,接下来一两年中与利率相关的净利息收益变动和机构假设的风险水平之间的关系。收益敏感度分析描述了管理者希望承担额外风险时该如何进行调整以从中获利,或者管理者希望降低总体风险时该如何对冲。如今资产负债管理委员会成员面对更加艰难的环境,这些问题也更加重要。当利率较低时,大部分市场参与者相信后续的利率变动趋势主要是上行。管理者是否应该使银行更加资产敏感呢?如果确实如此,那么他们将买入短期资产,发放浮动利率贷款,延长债务期限。每项操作都会降低近期的净利息收益。

思考题

1. 列出静态缺口分析的基本步骤。每个步骤的目标是什么?
2. 以下资产在6个月期限内是不是利率敏感资产?请解释。

   a. 3个月期国库券

   b. 出售联储基金(每日重新定价)

   c. 每半年付息的2年期国债

   d. 4年期充分摊销的汽车贷款,每月还本付息350美元(最初6个月偿还本金合计448美元)

   e. 在银行最优惠利率基础上加息2%的商业贷款

3. 考虑如下的银行资产负债表和对应的平均利率。利率敏感度的时间区间为1年。

资产	金额(千美元)	利率(%)	负债和股权	金额(千美元)	利率(%)
利率敏感资产	103 300	3.3	利率敏感负债	91 600	0.8
固定利率资产	161 400	4.5	固定利率负债	181 850	2.1
非生息资产	27 500		无息负债和股权	18 750	
合计	292 200		合计	292 200	

a. 如果接下来一年中利率和投资组合的构成保持不变,计算银行的缺口、预期净利息收益和净利息收益率。当利率向哪个方向变动时,这家银行处于盈利状态?

b. 如果接下来一年中收益率曲线总体上移 2%,计算预期净利息收益和净利息收益率的变动。结果是否与银行的静态缺口相吻合?

c. 与问题 b 中收益率曲线的平移不同,现在假设利率非对称地增加,资产收益率上升 0.5% 而负债利率上升 0.75%。计算净利息收益和净利息收益率的变动。利率更可能非对称变动还是平行移动?

d. 假设接下来一年中银行将 20 000 美元的利率敏感负债转换为固定利率负债,而利率保持不变。与最初的预测值相比,此时的净利息收益为多少? 请解释为何会有差异。

4. 假设你的银行买入 6 个月期、利率 4% 的国库券,资金来源为 3 个月期、付息 3% 的定期存款。国库券的买入价格和通过存款账户获得的资金额均为 300 万美元。

a. 计算与这笔交易相关的 6 个月期缺口。该缺口指标是否表明了这笔交易的利率风险?

b. 计算与这笔交易相关的 3 个月期缺口。该缺口指标是否更好地度量了银行风险?说明原因。

5. 就度量风险而言,缺口比率和缺口相比的基本缺点是什么?

6. 假设某贷款是基于银行基准利率的,但基准利率并不与某一具有系统性变动特征的市场利率相关联。请讨论此贷款的利率风险度量问题。

7. 考虑以下资产负债结构:

县银行
资产:1 年期、固定利率商业贷款 1 000 万美元
负债:3 个月期存单 1 000 万美元

城市银行
资产:3 年期、固定利率商业贷款 1 000 万美元
负债:6 个月期存单 1 000 万美元

a. 计算每家银行的 3 个月、6 个月和 1 年的累积缺口。

b. 根据每个缺口指标,哪家银行的利率风险敞口更大? 考虑不同时间间隔风险状况。

8. 考虑图表 4.10 的利率敏感度报告。

a. 假设接下来 90 天中利率上升,第一储蓄银行会获利还是亏损? 讨论过程中请对最可能利率情境进行分析。

b. 银行误报了货币市场存款账户的利率敏感度,因为银行没有改变 6 个月期负债的利率,并且不打算在近期调整利率。假设接下来 90 天中利率上升,银行是否会从中获利?

9. 假设由你管理银行的利率风险。你的银行目前在一年内所有时间间隔的累积缺口都为正值。你预计这一年利率会急剧下降,希望减少银行承担的风险。当前的收益率曲线发生倒挂,长期利率低于短期利率。

a. 为了降低风险,你是否会建议吸收 3 个月期定期存款并将收益投资于 1 年期国库券? 假如年内利率下降,你是否会获利?

b. 为了降低风险,你是否会建议吸收 3 个月期定期存款并按最优惠利率加 1% 的利率发放 2 年期商业贷款? 为什么?

10. 你的银行有 50% 的贷款依据当前的最优惠利率定价,平均利率为最优惠利率加 1%。银行负债主要为有息核心存款(可转让提款命令、货币市场存款账户和小额定期存款)。

　　a. 假设最优惠利率从 6% 立即上升至 6.5%。管理者是否可能将存款利率立即提升 0.5%?说明原因。这会如何影响银行利差?

　　b. 假设最优惠利率从 6% 立即下降至 5.5%。管理者是否可能将存款利率立即降低 0.5%?说明原因。这会如何影响银行利差?

11. 与以下每种金融工具相关的内嵌期权都有可能改变标的工具的利率敏感度。请指出期权通常于何时被执行,会如何影响利率敏感度。当前的最优惠利率为 3.25%。

　　a. 利率 5.5%、30 年期的固定利率抵押贷款。

　　b. 固定利率 4%、5 年期的定期存款。

　　c. 浮动利率为最优惠利率加 2.5%、2 年期的商业贷款。存在 6% 的利率上限,即银行能对贷款收取的最高利率。

12. 哪些信息可以从收益敏感度分析中获得但无法从静态缺口分析得到?

13. 图表 4.12 表明,如果利率相比最可能情境大幅上升或下降,那么第一储蓄银行可能在第 2 年遭受损失。从内嵌期权将于何时被执行和利差会如何变动的角度给出解释。

14. 解释下列在险收益数据。这些数据表明银行风险敞口存在哪些问题?

利率变动(%)	在险收益	
	1 年	2 年
+1% 冲击	+2.4	+4.9
−1% 冲击	−1.7	−5.5
−1% 收益率曲线倒挂	+1.1	−2.6

15. 给定大马银行(AmBank)的下列信息,计算利润表(有效)缺口。如果最优惠利率上升 1%,净利息收益的变动有多大?收益变动比率反映每个账户利率与最优惠利率的关系。

利率上升时的利润表		
利率敏感资产	1 年期资产负债表缺口(美元)	收益变动比率(%)
贷款	55 120 000	82
证券	28 615 000	67
利率敏感负债		
货币市场存款账户	41 640 000	34
可转让提款命令	37 260 000	90
10 000 美元以上的存单	20 975 000	85

实践活动

以下数据摘自西沃诺斯公司 2013 年财务报告,2013 年未计入损失准备金的净利息收益为 8.12 亿美元,平均资产额为 263 亿美元。浏览信息并回答下列问题:

1. 2012年和2013年的生息资产收益率有何变化？同期负债利息成本有何变化？
2. 2013年银行的利差和净利息收益率分别为多少？为什么这两个数字不同？
3. 与2012年相比，2013年生息资产和有息负债分别变动多少金额？不同的变动可能对净利息收益产生什么影响？请解释。

	2013年			2012年			2011年		
	平均余额（千美元）	利息（千美元）	收益率/利率(%)	平均余额（千美元）	利息（千美元）	收益率/利率(%)	平均余额（千美元）	利息（千美元）	收益率/利率(%)
资产									
生息资产：									
应税贷款净额[1][2]	19 494 216	862 833	4.43	19 645 210	919 945	4.68	20 563 724	1 014 144	4.93
免税贷款净额[1][2][3]	112 030	5 564	4.97	145 767	7 576	5.20	153 181	8 110	5.29
减：贷款损失准备金	341 658	—	—	469 714	—	—	649 024	—	—
贷款净额	19 264 588	868 397	4.51	19 321 263	927 521	4.80	20 067 881	1 022 254	5.09
可出售投资证券									
应税投资证券	3 070 019	52 118	1.70	3 419 556	66 416	1.94	3 309 981	106 010	3.20
免税投资证券[3]	10 827	686	6.34	20 451	1 319	6.45	32 177	2 167	6.73
投资证券合计	3 080 846	52 804	1.71	3 440 007	67 735	1.97	3 342 158	108 177	3.24
交易账户资产	10 090	548	5.43	12 632	963	7.62	17 706	925	5.22
银行生息存款	21 598	22	0.10	20 700	76	0.37	23 712	114	0.48
联邦储备银行同业存放	1 258 473	3 222	0.26	1 374 634	3 451	0.25	2 639 885	6 660	0.25
出售联储基金和回购协议下买入的证券	95 838	85	0.09	123 732	140	0.11	149 893	118	0.08
联邦住房贷款银行和联邦储备银行股本	67 998	1 679	2.47	65 379	1 159	1.77	99 028	893	0.90
待售抵押贷款	109 761	4 441	4.05	146 892	6 201	4.22	121 244	6 195	5.11
生息资产合计	23 909 192	931 198	3.89	24 505 239	1 007 246	4.11	26 461 507	1 145 336	4.33
现金和同业存款	431 003			450 965			437 648		
厂房设施与设备净额	477 688			479 878			502 390		
其他房地产	142 570			198 295			261 369		
其他资产[4]	1 368 791			734 944			849 279		
总资产	**26 329 244**			**26 369 321**			**28 512 193**		
负债和股权									
有息负债：									
有息活期存款	3 943 616	7 773	0.20%	3 540 734	7 467	0.21%	3 416 021	10 296	0.30%
货币市场存款账户	6 334 248	20 817	0.33	6 834 271	26 794	0.39	6 884 462	47 489	0.69
储蓄存款	601 036	632	0.11	551 803	598	0.11	513 123	679	0.13
定期存款	4 579 979	35 170	0.77	5 062 826	60 890	1.20	7 320 737	115 420	1.58
购入联储基金和回购协议下售出的证券	208 267	324	0.16	320 338	614	0.19	389 582	1 064	0.27
长期债务	1 806 351	54 106	3.00	1 457 020	53 660	3.68	1 731 218	42 654	2.46

(续表)

	2013 年			2012 年			2011 年		
	平均余额 (千美元)	利息 (千美元)	收益率/ 利率(%)	平均余额 (千美元)	利息 (千美元)	收益率/ 利率(%)	平均余额 (千美元)	利息 (千美元)	收益率/ 利率(%)
有息负债合计	17 473 497	118 822	0.68	17 766 992	1 50 023	0.84	20 255 143	217 602	1.07
无息活期存款	5 353 819			5 507 895			5 082 164		
其他负债	206 431			235 307			263 184		
股权	3 295 497			2 859 127			2 911 702		
负债和股权合计	26 329 244			26 369 321			28 512 193		
净利息收益/收益率		812 376	3.40		857 223	3.50		927 734	3.51
减:应税等价调整		2 184			3 106			3 580	
实际净利息收益		810 192			854 117			924 154	

注:(1) 平均贷款已扣减递延的费用和成本,不良贷款未包括在内。(2) 利息收入包括以下贷款费用:2013 年 2 560 万美元,2012 年 1 980 万美元,2011 年 1 730 万美元。(3) 用法定联邦所得税率 35% 将免税贷款和投资证券利息调整至应税等价基础,以反映应税等价的调整幅度。(4) 包括可出售投资证券带来的未实现平均净收益,截至 2013 年、2012 年和 2011 年的 12 月 31 日分别为 1 200 万美元、6 630 万美元和 9 860 万美元。

参考文献

Advisory on Interest Rate Risk Management, FDIC, January 6, 2010.

Brunsden, Jim, "Banks May Face Extra Basel Capital Rules for Interest Rate Risks", www.bloomberg.com/news/2013-03-12, March 12, 2013.

Federal Housing Finance Agency, Office of Inspector General, "The Housing Government Sponsored Enterprises' Challenges in Managing Interest Rate Risks", White Paper: WPR-2013-01, March 11, 2013.

Frame, W. Scott and Lawrence White, "Fussing and Fuming over Fannie and Freddie: How Much Smoke, How Much Fire", *Journal of Economic Perspectives*, Volume 19, Number 2, Spring 2005.

Gray, Doug, "Effective Asset/Liability Management: A View from the Top", Community Banking Connections, Federal Reserve System, First Quarter 2013.

Griffeth, Timothy, "Managing Interest Rate Risk in a Rising Rate Environment", *RMA Journal*, Risk Management Association (RMA), November 2004.

Hambrick, Michael, Timothy Koch, and Karl Nelson, "Leverage Strategies: Is Now the Right Time", *ABA Banking Journal*, April 2009.

Jaffee, Dwight, "Controlling the Interest Rate Risk of Fannie Mae and Freddie Mac", NBER, No. 2006-PB-04, April 2006.

Managing Sensitivity to Market Risk in a Challenging Interest Rate Environment, Financial Institution Letters (FIL-46-2013), FDIC, October 8, 2013.

Schmid, Frank, "Stock Return and Interest Rate Risk at Fannie Mae and Freddie Mac", *Review*, Federal Reserve Bank of St. Louis, Volume 87, Number 1, January/February 2005.

第 5 章
利率风险管理：股权经济价值

缺口和收益敏感度分析主要强调银行短期内的风险状况，很大程度上忽视了 1 年或 2 年以上的现金流。然而，一家机构的资产和负债可能在 2 年以上的期限内存在严重错配，从而导致未被察觉的巨大风险。久期缺口（DGAP）和股权经济价值敏感度分析是探究利率风险的另一种方法，强调资产和负债对利率变动的价格敏感度以及对股东权益的相应影响。正如其名称所指，久期缺口考虑了资产和负债的久期估值，而久期能够反映到期日之前承诺现金流的价值，缺口则表示平均资产和负债久期的差值。久期缺口数值全面度量了整张资产负债表的利率风险。多数情况下，久期缺口分析与资金缺口和收益敏感度分析关于银行何时会盈利或亏损的判断是一致的，但估算出的损益大小可能大相径庭。

下表总结了这两种分析框架在度量和管理利率风险方面的差异。

风险框架	绩效度量指标	风险度量
缺口和收益敏感度	净利息收益/净利息收益率/净收益	缺口/生息资产
		缺口比率（利率敏感资产/利率敏感负债）
		净利息收益相较于基准情态的变动
		净利息收益相较于基准情态的最大可接受损失
久期缺口和股权经济价值敏感度	股权经济价值（EVE）	久期缺口
		股权经济价值变动
		股权经济价值相较于基准情态的最大可接受损失

虽然上述两种模型的关注点不同，但它们都强调类似的问题并通常得出相近的结论。利率上升会让银行得益还是受损？利率下降会有什么影响？管理者承担了多大风险？在阅读本章之后，你将可以根据久期缺口和股权经济价值敏感度来评估一家银行的总体风险，并解释为何这一框架有助于评估利率风险。

本章依据久期缺口和股东权益市场价值对利率变动的敏感度来考察银行的利率风险。在这一框架内,利率风险指的是利率水平变动、资产负债表表内表外项目组合及规模变动导致的股权经济(市场)价值的波动性。当利率出人意料地变动时,高风险银行的股权经济价值会大幅上升或下降。

股权经济价值敏感度分析与时下的一场论战相关,即市场价值记账法是否适用于金融机构。在 2007 年开始的金融危机期间,许多商业银行和投资银行报告称问题贷款、抵押贷款相关资产、债务抵押债券和其他证券发生了大幅减值,消耗了银行的资本金。减值使得银行尽可能收紧贷款标准、补充外部资本,以使资产负债表更加稳健。一些银行还依据资本购买计划(Capital Purchase Program, CPP)将优先股出售给财政部,这是问题资产救助计划(Troubled Asset Relief Program, TARP)的一部分。部分管理者认为减值远远超出资产经济价值的下降,并且由于银行并不需要出售这些资产,不应该强迫银行确认这些"纸面"上的损失。

久期缺口分析将久期的概念应用于银行的整张资产负债表。这种方法与静态缺口和收益敏感度分析在某种意义上是并行的,因为久期缺口和股权经济价值的潜在变动也是风险的度量指标,只不过有经验的人更关注后者。部分银行设定风险目标的方式就是规定当利率变动 2% 或 3% 时股权经济价值最大可以变动多少。这一分析方法还会考虑存贷款增长过程中利率升降的影响,并判断客户行使内嵌期权对银行真实风险敞口的影响,而后者取决于利率的变动。从这种意义上来说,这是一种动态分析,并且该分析过程与收益敏感度分析过程较为类似。这一分析方法还被称为股权经济价值(economic value of equity, EVE)分析、股权市场价值(market value of equity, MVE)分析或投资组合净值(net portfolio value, NPV)分析。

股权经济价值分析实质上是一种清算分析(liquidation analysis)。它采用市场价值记账法,按照估算的市场价值记录资产和负债。股权经济价值是一个余量,等于资产市场价值和负债市场价值的差值。

考虑一家社区银行,其资产市场价值为 1 亿美元,支付现行利率的负债市场价值为 9 000 万美元,因此股权经济价值为 1 亿美元减 9 000 万美元,即 1 000 万美元。

资产市场价值	负债市场价值 + 股权经济价值
总资产 = 1 亿美元	总负债 = 9 000 万美元 股权经济价值 = 1 000 万美元

假设接下来所有利率都上升。在这种情境下,所有资产负债表项目的市场价值实际上都会下降。注意,负债的市场价值表明银行可以用何种价格回购债务。当利率上升时,这些负债的价格或价值降低,意味着银行可以支付更少的利息(银行从中获利),因为它已将银行存款和其他借款以低于市场利率的价格锁定。当利率下降时,这些负债的价值提高,意味着银行需要支付更多的利息(银行承受损失),因为它已将存款以高于市场水

平的利率锁定。

在接下来的例子中,随着利率上升,资产的市场价值降至 9 600 万美元而负债的市场价值降至 8 800 万美元。注意,资产价值的下降数额比负债价值的下降数额要大,因此银行的股权经济价值从 1 000 万美元降至 800 万美元。

资产市场价值	负债市场价值 + 股权经济价值
总资产 = 9 600 万美元	总负债 = 8 800 万美元 股权经济价值 = 800 万美元

股权经济价值为何会降低?一种分析方式是对比银行资产和负债的平均久期。在这个例子中,资产市场价值下降 4%(4/100),负债市场价值下降 2.2%(2/90)。如果资产收益率和负债利率的变动幅度相同,那么平均而言资产的久期长于负债的久期。言下之意就是,对这些久期估计值进行简单比较,就可知利率变动时资产和负债之中何者的市场价值变动比率更大。这种不同的变动刻画了久期缺口,并最终反映其对股权经济价值的影响。

用久期缺口度量利率风险

股权经济价值分析与收益敏感度分析不同,其关注点在于股东权益而不是净利息收益,强调所有的现金流而不只是距离分析时点一两年内的现金流。股权经济价值分析从更长期的视角考察风险,而不是关注一年内的收益变动,还将每类资产和负债的久期估计值考虑在内。

回顾之前提到的知识:久期越长,价格敏感度越大。当利率变动相近时,久期为 5 年的债券价格变动比久期为 1 年的债券价格变动更大。久期缺口分析(duration gap analysis)将银行总资产的价格敏感度与总负债的价格敏感度进行对比,从而评估利率变动下是资产还是负债的市场价值变动更大,任何的差异性影响都会反映出银行股权经济价值会如何变化。在介绍久期缺口模型之前,我们先回顾一下久期的概念。

久期、修正久期和有效久期

市场参与者通常采用三种不同的久期度量指标——麦考雷久期、修正久期和有效久期——它们看似相同。实际上,虽然这些度量指标的解释类似,但计算和应用方法各有不同。[①]

麦考雷久期(Macaulay's duration,D)等于取得现金流的时间的加权平均值。权重则等于每一笔现金流的现值占证券现价的比重,时间则指未来支付或取得现金流的时间长度。麦考雷久期是用时间度量和表述的。从概念上说,久期度量了一种金融工具的平均期限。从风险免疫(immunization)的角度看,投资者知道将久期和优先持有期匹配后,由于价格风

---

① 此处忽略基于不同的折现率和现金流假设的其他久期定义,可以参见 Bierwag(1987)和 Fabozzi(2007)的讨论。

险与再投资风险相平衡,利率风险将降到最低。举例来说,一种麦考雷久期为3.5年的4年期债券意味着持有期为3.5年的投资者可以购入久期为3.5年的金融工具来锁定收益率或回报率。如果利率上升,债券市场价值的降低就刚好被来自定期息票利息的较高再投资收益抵消,3.5年之后承诺收益得以兑现。如果利率下降,债券价格的升高就会被再投资收益的损失抵消。因此,价值和总收益保持不变。①

以下为麦考雷久期的计算公式,某证券有 n 期现金流,以市场利率 i 折现,初始价格为 P^*,t 等于从现在到支付现金所需等待的时间。

$$D = \sum_{t}^{n} \frac{[\text{现金流}_t/(1+i)^t] \times t}{P^*} \tag{5.1}$$

我们将用价格敏感度度量指标近似描述价格弹性关系,其中 P 为标的证券的价格:

$$\frac{\Delta P}{P} \cong -\frac{D}{(1+i)} \times \Delta i \tag{5.2}$$

$$\text{修正久期} = D/(1+i) \tag{5.3}$$

修正久期(modified duration)等于麦考雷久期除以 $(1+i)$,它能够反映给定利率变动的情况下,证券价格变动的百分比。一只5年期零息债券的麦考雷久期为10个半年或者说5年,假设其现价为7 441美元且市场利率为6%(每半年复利3%)。该债券的修正久期等于9.71个半年期(10/1.03)或者说4.85年。如果市场利率升至7%($\Delta i = 0.005$),债券的价格会下降4.85%或者说361美元(0.005 × 9.71 × 7 441)。可以依据修正久期将证券简单排序,从而决定哪些证券的价格波动性最大。

上述两个指标在计算久期时均假设承诺现金流会按预定时间兑现。尽管该假设对不含期权的证券成立,但对含期权的证券并不成立。当贷款被提前偿还或债券被赎回时,标的期权的执行改变了金融工具的现金流,进而改变了久期。举例来说,一只3年期债券可以在1年内被赎回。当市场利率下降且债券被赎回时,其久期相较于利率更高、债券不被赎回时的久期发生了变化。有效久期(effective duration)的概念用于估算含期权证券的价格敏感度,它等于证券在利率下降情境中的估价减去在利率上升情境中的估价除以初始价格和假定利率变化的乘积。有效缺口(Eff Dur)的计算公式为:

$$\text{Eff Dur} = \frac{P_{i-} - P_{i+}}{P_0[(i+)-(i-)]} \tag{5.4}$$

其中,P_{i-} 为利率下降时的证券价格,P_{i+} 为利率上升时的证券价格,P_0 为证券初始(现行)价格,$i+$ 为初始市场利率加上利率上升幅度,$i-$ 为初始市场利率减去利率下降幅度。

考虑一只3年期、息票率9.4%的债券,现价等于面值10 000美元,到期收益率为9.4%。债券可以按面值赎回;若利率下降50个基点或更多,则债券很可能被赎回。经计算,当市场

---

① 此处忽略久期会随时间改变的事实,免疫策略需要重新平衡证券或投资组合久期。为了使免疫策略真正有效,使用者必须在事前确定合适的重新平衡的方案。

半年利率为4.7%时,同样是半年付息、按复利计算的不含期权债券的麦考雷久期为5.36个半年期或2.68年,修正久期为5.12个半年期或2.56年。如果债券立即按面值赎回,那么其价格永远不会超过10 000美元。当赎回期权为实值期权时——市场利率下降0.5%(半年25个基点)及以上、债券可能被赎回——债券价格将等于10 000美元的赎回价格。当利率上升时,债券不会被赎回,其价格会像没有内嵌期权的债券一样下降。当利率上升30个基点到每半年5%时,债券价格会降至9 847.72美元。根据上述数据,可赎回债券对利率半年内30个基点(0.3%)波动的有效久期为2.54年,不管利率是上升还是下降。

$$\text{Eff Dur} = \frac{10\,000 - 9\,847.72}{10\,000 \times (0.05 - 0.044)} = 2.54(\text{年})$$

正如预期的那样,与所有现金流都按预定时间表实现的情况相比,债券被赎回的可能性使得久期变短。

有效久期允许标的金融工具的现金流随利率变动而变化。分析师必须考虑不同的利率预测值,并建立模型来解释证券在不同利率情境下的定价,从而计算有效久期。有效久期只是一个近似值,但它考虑了内嵌期权的执行,以及由此导致的预期现金流和证券价值的改变。有效久期还可以解释为何有些证券会呈现负久期(negative duration)。负久期实际上是指计算得到的有效久期为负值。要出现这种情况,利率下降时的证券价格应低于利率上升时的证券价格,这样公式(5.4)中的分子才能为负。当某些抵押贷款支持证券提前偿付过快以致承诺现金流骤降时,就会发生这种情况。[1]

久期缺口模型

久期缺口模型聚焦于管理净利息收益或股权经济价值,识别银行资产负债表中每种金融工具的现金流的时点。[2] 以下分析过程强调久期作为一种弹性指标的作用。与聚焦于利率敏感度或重新定价频率的静态缺口分析不同,久期缺口分析关注价格敏感度。当代热点专栏"利率敏感度和价格敏感度"阐明了这种差异。缺口这一指标的吸引人之处在于:投资组合中不同证券的久期是可相加的,因此投资组合的久期等于每项组成部分的久期之和。久期缺口模型对比资产和负债的加权平均久期,从而度量银行整体投资组合的利率风险。与缺口分析相似,久期缺口的符号和大小表明了利率变动时银行是获利还是受损,还说明了利率赌局的大小。管理者可以修正久期缺口以对冲风险,或投机于未来的利率变动从而承担利率风险。

以下是久期缺口分析的四个步骤:

---

[1] 一个标准案例是高息票、利息型(interest-only, IO)抵押贷款支持证券,这类证券被提前偿还的速度很快。这种利息型证券的持有人只会收到抵押贷款池未偿本金的利息部分。如果利率下降,资产池就会以更快的速度提前偿还,使得预期利息支付下降——可能降至0,随着利息支付减少,价格也下降。如果利率上升,资产池提前偿还的速度就会更慢,预期利息支付上升,持续时间也更长,因此利息型证券的价格可能上升。这类证券的久期为负。

[2] 接下来的讨论援引Kaufman(1984)的论述,将股权经济价值作为绩效考核目标。Toevs(1983)强调将净利息收益作为绩效度量指标,还可参见Payant(2007)在投资组合管理方面的计算和应用实例。

第一步,预测利率。

第二步,估算银行所有资产和负债的市场价值,股权市场价值等于资产市场价值减去负债市场价值。

第三步,估算资产的加权平均久期和负债的加权平均久期。表内项目、表外项目和内嵌期权的影响都被考虑在内,并用这些估算值计算久期缺口。

第四步,管理者将利率的不同变动和内嵌期权的执行考虑在内,预测股权经济价值在不同利率情境下的变化。

 当代热点

利率敏感度和价格敏感度

缺口和久期缺口代表着看待利率风险的两种方法。为了更好地领会二者的差异,你应当理解利率敏感度和价格敏感度的不同之处。**利率敏感度(rate sensitivity)** 指的是当利率变动时资产或负债的本金部分重新定价的能力。**价格敏感度(price sensitivity)** 指的是当利率变动时资产或负债的价格如何变化。如果某种金融工具是高利率敏感的,它通常不是高价格敏感的;反之亦然。

缺口和收益敏感度分析关注的是管理者对资产或负债本金部分重新定价的频繁程度。举例来说,如果一家银行的出售联储基金每日都会到期,这种资产就是极度利率敏感的,因为银行每个 24 小时内都可以将本金部分按现行利率进行再投资(重新定价)。然而,同一笔联储基金贷款却不是价格敏感的,因为在本金到期时利率依然每天变动,债权人会收到待付本金加一天的利息。贷款的价值每天都会稳定在面值上,赚取的利息只会反映利率的变动。与之相反,一只 10 年期的零息债券不是高利率敏感的,因为持有人如果不卖出债券,那么他 10 年内都无法将本金进行再投资。但该债券是高价格敏感的,因为随着利率的升降,其价值会急剧升降。因此,利率敏感度和价格敏感度是两种不同却又一致的诠释证券特征的指标。

银行资产加权平均久期(DA)的计算公式为:

$$\mathrm{DA} = \sum_{i}^{n} w_i \, \mathrm{Da}_i \tag{5.5}$$

其中,A_i 为资产 i 的市场价值($i = 1,2,\cdots,n$),w_i 等于 A_i 除以银行所有资产的市场价值 MVA($\mathrm{MVA} = A_1 + A_2 + \cdots + A_n$),$\mathrm{Da}_i$ 为资产 i 的麦考雷久期,n 为银行不同资产的数目。

银行负债加权平均久期(DL)的计算公式与之类似:

$$\mathrm{DL} = \sum_{j}^{m} z_j \, \mathrm{Dl}_j \tag{5.6}$$

其中，L_j 为负债 j 的市场价值（$j = 1,2,\cdots,m$），z_j 为 L_j 除以银行所有负债的市场价值 MVL（MVL = $L_1 + L_2 + \cdots + L_m$），Dl_j 为负债 j 的麦考雷久期，m 为银行不同负债的数目。

我们关注股权经济价值（EVE）和利率总体水平（以 y 表示）：

$$\Delta EVE = \Delta MVA - \Delta MVL \tag{5.7}$$

根据公式（5.2），我们可得 $\Delta A_i = -Da_i[\Delta y/(1+y)]A_i$ 和 $\Delta L_j = -Dl_j[\Delta y/(1+y)]L_j$，由此可得：

$$\Delta EVE = -[DA - (MVL/MVA)DL][\Delta y/(1+y)]MVA \tag{5.8}$$

我们将银行久期缺口（DGAP）定义为：

$$DGAP = DA - (MVL/MVA)DL$$

进而可得：

$$\Delta EVE = -DGAP[\Delta y/(1+y)]MVA \tag{5.9}$$

注意，DA 和 DL 都将所有承诺或预期现金流的现值考虑在内，此处不需要按时段将资产和负债分为不同类别。久期缺口表示资产加权平均久期与杠杆调整后的负债加权平均久期的差值。因此，这是股权经济价值对利率总体水平变动敏感度的近似估算。杠杆调整将股权的存在作为融资工具之一考虑在内。利率因素（y）通常是对所有生息资产收益率的加权平均。

作为度量风险指标的久期缺口

久期缺口的符号和大小描述了银行的利率赌局，即利率上升或下降对银行是有利还是有害，以及银行会承担多大的风险（利率赌局的规模）。根据公式（5.9）的结果，如果久期缺口为正，那么利率上升会降低股权经济价值，利率下降则会提升股权经济价值。如果久期缺口为负，那么利率上升会提升股权经济价值，利率下降则会降低股权经济价值。久期缺口越接近 0，利率变动导致的股权经济价值变动越小。

这些关系标志着银行相对于未来利率变动的定位。在总体风险方面，给定利率变动，久期缺口越大则股权经济价值的潜在变动也就越大。因此，久期缺口提供了以下信息：银行何时获利或受损以及预设的风险规模。

将久期应用于银行

大部分银行管理者都关注银行所有资产和负债的总体风险敞口。当来自资产的现金流入先于债务支付时，银行要承担的风险是对收益进行再投资的利率可能会更低。当债务偿还先于收到现金流入时，银行要承担的风险是借贷成本可能会上升。资产和负债总体现金流发生时点的任何差异都会反映在平均久期中。

久期缺口分析要求银行明确一个绩效目标，比如股权经济价值，然后采取策略来管理总资产平均久期和总负债平均久期的差值。我们参考图表5.1中森林银行（Forest Bank，FB）的资产负债表。银行刚开始营业，所有项目都是市场价值。森林银行拥有价值1 000美元的三类资产：现金，偿还期为3年、利率12%的商业贷款，6年期、利率8%的国债。银行支付1年期定期存款（time deposits，TD）的利率为5%，3年期存单（CD）的利率为7%。股权经济价值表示资产和负债的价值差（余额），等于80美元，或者说占资产的8%。分析过程中假设无违约、提前还款或提前支取存款，所有证券支付相等的年复利，所有项目的麦考雷久期都列在现行市场利率右侧。现金的久期为0，因为利率改变时现金的价值不变。商业贷款和3年期存单的久期以及总资产和总负债的加权平均久期都列示于图表中。最初资产的平均久期等于2.88年，比1.59年的负债平均久期多出1年以上。假设利率不变，每1 000美元资产的净利息收益为48美元。[①]

图表5.1 股权经济价值分析：森林银行资产负债表

资产	市场价值（美元）	利率（%）	久期（年）	负债和股权	市场价值（美元）	利率（%）	久期（年）
现金	100			1年期定期存款	620	5	1.00
3年期商业贷款	700	12	2.69	3年期存单	300	7	2.81
6年期国债	200	8	4.99	总负债	920		1.59
				股权（EVE）	80		
总计	1 000		2.88	总计	1 000		

资产加权平均久期（DA） = (100/700) × 0 + (700/1 000) × 2.69 + (200/1 000) × 4.99 = 2.88（年）

负债加权平均久期（DL） = (620/920) × 1.0 + (300/920) × 2.81 = 1.59（年）

预期净利息收益 = 0.12 × 700 + 0/08 × 200 − 0.05 × 620 − 0.07 × 300 = 48.00（美元）

久期缺口 = 2.88 − (920/1 000) × 1.59 = 1.42（年）

用公式（5.1）计算样本的久期：

$$商业贷款 = \frac{\frac{84}{1.12^1} + \frac{84 \times 2}{1.12^2} + \frac{784 \times 3}{1.12^3}}{700} = 0.107 \times 1 + 0.096 \times 2 + 0.797 \times 3 = 2.69（年）$$

$$存单 = \frac{\frac{21}{1.07^1} + \frac{21 \times 2}{1.07^2} + \frac{321 \times 3}{1.07^3}}{300} = 0.065 \times 1 + 0.061 \times 2 + 0.874 \times 3 = 2.81（年）$$

久期缺口>0 的影响

久期缺口为1.42年，这意味着银行资产和负债的久期存在巨大错配。当利率变动时，资产和负债的市场价值将变动不同的数额，未来利息收入相比于未来利息费用将发生变动。由于资产平均久期大于负债平均久期，使得久期缺口为正。这一事实意味着如果利率变动

---

① 此处分析用到了经济收入而非会计收入。经济（利息）收入为每种资产或负债市场价值与市场利率的乘积。虽然经济收入和会计收入的关系不是线性的，但在这些例子中经济收入直接随会计收入而变动。注意，使用麦考雷久期忽略了内嵌期权的影响。

幅度相近,资产市场价值的变动率将高于负债市场价值的变动率。举例来说,假设森林银行确认所有资产和负债之后,所有利率立即上升1%。按市场价值调整后的资产负债表如图表5.2所示。从中可知,随着利率上升,资产市场价值下降26美元,负债市场价值下降14美元,股权经济价值下降12美元至68美元。

图表5.2 股权经济价值分析:所有利率立即上升1%后的森林银行资产负债表

资产	市场价值（美元）	利率（%）	久期（年）	负债和股权	市场价值（美元）	利率（%）	久期（年）
现金	100			1年期定期存款	614	6	1.00
3年期商业贷款	683	13	2.68	3年期存单	292	8	2.80
6年期国债	191	9	4.97	总负债	906		1.58
				股权（EVE）	68		
总计	974		2.86	总计	974		

资产久期 = 0.702 × 2.68 + 0.196 × 4.97 = 2.86(年)

负债久期 = 0.68 × 1 + 0.32 × 2.80 = 1.58(年)

预期净利息收益 = 45.81(美元)

久期缺口 = 2.86 − (906/974) × 1.58 = 1.39(年)

市场价值变化:资产 = −26(美元)

负债 = −14(美元)

股权 = −12(美元)

用公式(5.2)计算样本的市场价值变动:

商业贷款 = ΔP = (0.01/1.12) × (−2.69) × 700 = −16.8(美元)

存单 = ΔP = (0.01/1.07) × (−2.81) × 300 = −7.9(美元)

以上结果反映了正的久期缺口。每种金融工具的新价值可以用公式(5.2)进行估算。资产价值比负债价值下降得更多,因为资产加权久期(2.86年)比负债加权久期(1.58年)长许多。股权经济价值与资产市场价值的比率从8%下降到7.1%。预期净利息收益也类似地降低,因为银行为负债多支付的利息超过在证券组合存续期内对资金流入进行再投资所得的更高收益。显然,银行经营状况随利率上升而恶化。

利率下降则会产生相反的结果。因为久期错配,资产市场价值的上升比负债市场价值的上升更大,从而股权经济价值将增加。净利息收益也会上升,银行更加富有。银行久期缺口的符号和利率变动对股权经济价值的影响关系总结如下:

久期缺口总结

久期缺口	利率变化	经济（市场）价值变动				
		资产		负债		股权
正	上升	下降	>	下降	→	下降
正	下降	上升	>	上升	→	上升

（续表）

久期缺口	利率变化	经济(市场)价值变动				
		资产		负债		股权
负	上升	下降	<	下降	→	上升
负	下降	上升	<	上升	→	下降
零	上升	下降	=	下降	→	无变化
零	下降	上升	=	上升	→	无变化

久期缺口总结表明，当久期缺口>0时，银行在利率下降时获利（股权经济价值上升），在利率上升时受损（股权经济价值下降）。这种情况与缺口为负的银行类似，即便绩效目标不同。久期更长的资产的重新定价通常不像久期更短的负债的重新定价那样频繁。利率上升标志着利息费用相对于利息收入有所上升，因此股权经济价值的下降幅度度量了预期净利息收益下降的现值。当久期缺口<0时，银行在利率上升时获利（股权经济价值上升），在利率下降时受损（股权经济价值下降）。这种情况与缺口为正的银行类似。在这种情况下，久期更短的资产的重新定价比久期更长的负债的重新定价更快、更频繁，使得利息收入相对于利息费用有所上升，升高的利率提升了绩效。

作为风险度量指标的久期缺口

银行管理者可以利用久期指标度量利率风险。然而，这是一个静态指标，久期缺口的绝对值越大，利率风险越大。风险完全对冲的银行的久期缺口为0，又由于杠杆调整，平均资产久期略低于平均负债久期，因此负债市场价值/资产市场价值在0和1之间。

久期缺口指标可以用于估算在给定利率变动下股权经济价值的变动，特别是公式(5.9)可以用于估算股权经济价值的变动。

将其应用于图表5.1的森林银行，利率上升1%会使股权经济价值下降12.70美元，占资产的1.27%。[①]

$$\Delta EVE = - DGAP \times \Delta y/(1 + y) \times MVA$$
$$\Delta EVE = - 1.42 \times 0.01/1.10 \times 1\,000$$
$$= - 0.0127 \times 1\,000$$
$$= - 12.70(美元)$$

股权经济价值的实际下降幅度为12美元。注意，缺口为-1.42年的银行从利率上升中获利的金额（+12.70美元）与此例相同。久期缺口距离0越远，利率变动对股权经济价值的潜在影响越大，风险也就越大。

---

① 作为一种近似，可以将总资产的平均收益率作为市场利率 y。在图表5.1的森林银行中，$y=10\%$ [(700/1 000) × 0.12 + (200/1 000) × 0.08]。

免疫投资组合

假设银行管理者想从久期缺口的角度最小化利率风险。为了让股权经济价值对利率变动绝缘或免疫,森林银行要么将资产久期降低 1.42 年,要么将负债久期提升 1.54 年(0.92×1.54=1.42),或者采用上述调整的某种组合。举例来说,免疫意味着久期缺口等于 0,可以通过将定期存款降至 340 美元来实现,也可以通过新增 280 美元的 6 年期零息存单来实现(见图表 5.3)。在这种情况下,久期缺口约等于 0,任何利率变动都不会改变股权经济价值。图表 5.3 下半部分呈现了这一点,此时假设所有利率上升 1%。所有价格敏感账户的市场价值都下降了。股权经济价值保持在 80 美元不变,因为资产市场价值下降 26 美元等于负债市场价值下降 26 美元。当然,还有许多其他替代方案可以将久期缺口调整至 0,每种方法最终都能做到原本希望实现的对冲。

图表 5.3 免疫投资组合

银行资产负债表:久期缺口 = 0							
资产	市场价值(美元)	利率(%)	久期(年)	负债和股权	市场价值(美元)	利率(%)	久期(年)
现金	100			1 年期定期存款	340	5	1.00
3 年期商业贷款	700	12	2.69	3 年期存单	300	7	2.81
6 年期国债	200	8	4.99	6 年期零息存单*	280	8	6.00
				总负债	920		3.11
				股权	80		
总计	1 000		2.88	总计	1 000		
久期缺口 = 2.88 − 0.92 × 3.11 ≅ 0							
所有利率上升 1%							
现金	100			1 年期定期存款	337	6	1.00
3 年期商业贷款	683	13	2.68	3 年期存单	292	8	2.80
6 年期国债	191	9	4.97	6 年期零息存单*	265	9	6.00
				总负债	894		3.07
				股权	80		
总计	974		2.86	总计	974		

* 票面(到期)价值 = 444.33(美元)

上述分析的含义在于,采用表内工具管理利率风险的策略应当体现下列总体目标:

目标:久期缺口 > 0 时降低利率风险
- 通过以下方式缩短资产久期:
  ——买入短期证券,卖出长期证券;
  ——发放浮动利率贷款,出售固定利率贷款。
- 通过以下方式延长负债久期:
  ——发行长期存单;

——利用长期联邦住房贷款银行预付款进行借贷;
——获取更多来源稳定的核心交易账户。

目标:久期缺口 < 0 时降低利率风险

- 通过以下方式延长资产久期:
  ——买入长期证券,卖出短期证券;
  ——买入不含看涨期权的证券;
  ——发放固定利率贷款,出售浮动利率贷款。
- 通过以下方式缩短负债久期:
  ——发行短期存单;
  ——利用短期联邦住房贷款银行预付款进行借贷;
  ——利用联储基金和回购协议获取资金用于购入短期负债。

在管理利率风险时,银行可以选择股权经济价值之外的目标变量。举例而言,许多银行关注净利息收益账面价值的稳定,这可以在一年的时段内利用合适的久期缺口来实现:[1]

$$DGAP^* = MVRSA \times (1 - DRSA) - MVRSL \times (1 - DRSL) \tag{5.10}$$

其中,MVRSA 为利率敏感资产的累积市场价值;MVRSL 为利率敏感负债的累积市场价值;DRSA 为给定时段内利率敏感资产的复合久期,等于每种资产的久期及其占总资产市场价值的比重的乘积之和;DRSL 为给定时段内利率敏感负债的复合久期,等于每种负债的久期及其占总负债市场价值的比重的乘积之和。

若 $DGAP^*$ 为正,则利率下降时银行的净利息收益会减少,利率上升时净利息收益会增加;若 $DGAP^*$ 为负,则上述关系就会反过来。只有 $DGAP^*$ 为零才能消除利率风险,关键在于银行可以利用久期来稳定能够反映银行绩效的一系列不同变量。

股权经济价值敏感度分析

许多银行管理者采用股权经济价值敏感度分析框架,就如同进行收益敏感度分析一样,以便更好地评估利率风险。该框架将静态久期缺口分析拓展为动态模型。与收益敏感度分析相似,这一分析过程是在多种利率情境下对所有影响股权经济价值的因素进行"what if"分析,是在不同的假定利率下进行静态久期缺口分析。股权经济价值敏感度分析框架又称投资组合净值(NPV)或股权市场价值(MVE)分析。监管者通常假设利率升降 4% 并采用某种形式的股权经济价值分析技术,对银行的风险敞口进行压力测试。

这一分析的基本方式是对比不同利率情境下的股权经济价值,结果表明股权经济价值

---

[1] Toevs(1983)介绍了该法则并详细讨论了其含义。替代方案还有关注净利息收益的市场价值,让银行股权久期等于希望实现对冲净利息收益的时间长度。股权久期(DUR EQ)的估算公式为:

$$股权久期 = \frac{资产市场价值 \times 资产久期 - 负债市场价值 \times 负债久期}{股权经济价值}$$

相比于基准情态或最可能利率情境会有多大变化。与久期缺口分析的步骤相似，股权经济价值分析的第一步也是预测初始（基准情态）利率，最终的分析成果则是不同利率情境下的股权经济价值估计值之间的对比。这一过程也是从基准情态开始，然后分别将利率提升或降低1%、2%等。因为近年利率较低，模拟利率降幅超过2%的情境其实并无意义，但监管者鼓励对利率增幅达到4%的情境进行模拟。

股权经济价值敏感度分析的一项重要内容是，在分析利率冲击时要把内嵌期权的执行时间和资产负债的不同价值考虑在内。管理者还要调整关于利差和收益率曲线的移动或扭曲的假设。影响收益敏感度的内嵌期权——比如贷款被提前偿还、债券被赎回以及存款被提前支取，对股权经济价值波动性的预测有很大影响。股权经济价值的潜在波动性越大，风险就越大；更重要的是，股权经济价值的潜在降幅越大，风险就越大。

对现金流时点的估算以及随后对资产久期和负债久期的估算都因这些期权的存在而变得复杂。一般而言：

（1）高于（低于）预期的提前还款额会缩短（延长）久期。

（2）债券被赎回会缩短久期。

（3）存款被提前支取会缩短久期；若存款没有按照预期的那样被提前支取，则会延长久期。

（4）浮动贷款利率触及利率上限会减少折现率更高的现金流，因而通常会缩短久期。

（5）浮动利率贷款触及利率下限会提升折现率更低的现金流（利息收入），因而通常会延长久期。

预料之外的利率变动通常会使久期随时间而变动。有效久期的计算考虑了一部分此类变动，可以用于股权经济价值分析。另一种替代方法是分析师对每项含有内嵌期权的资产或负债都采用估算价格，该价格已经将赎回价格和预期提前偿还的影响考虑在内。

股权经济价值敏感度分析：示例

第一储蓄银行（FSB）的利率敏感度报告类似第4章图表4.9。银行有一项期限相对较长的固定利率抵押贷款，其他贷款资金则主要来自利率敏感度更大的负债。图表4.11的图A和图B总结了最可能利率情境和六种其他利率情境。图表5.4总结了账面价值和市场价值都相同的资产负债表数据，随后两列数据列出了账面收益率和最可能利率情境下的久期估计值。在最可能利率情境下，资产市场价值比账面价值多出 1 963 000 美元，股权经济价值为 82 563 000 美元，比账面价值多出 17 563 000 美元。注意，资产的平均久期为2.6年，而负债的平均久期为2年。此处讨论暂时略去活期存款账户（demand deposit accounts，DDA）的估算方法。①

---

① 切记，活期存款不支付利息。久期分析的一个关键点是确认活动存款负债的有效久期，而这类负债通常占银行负债的很大一部分。大部分模型会假设一种衰减速率（decay rates）指标，表示存款在不同利率情境下外流的金额和速度。

图表 5.4 第一储蓄银行的股权经济价值

	账面价值 (千美元)	市场价值 (千美元)	账面收益率 (%)	久期* (年)	备注
贷款					
基于最优惠利率贷款	100 000	102 000	9.00	—	
股权信贷额度	25 000	25 500	8.75	—	
1 年以上固定利率贷款	170 000	170 850	7.50	1.1	
1 年可变利率抵押贷款	55 000	54 725	6.90	0.5	
30 年固定利率抵押贷款	250 000	245 000	7.60	6.0	
消费贷款	100 000	100 500	8.00	1.9	
信用卡贷款	25 000	25 000	14.00	1.0	
总贷款	725 000	723 575	8.03	2.6	
贷款损失准备金	(15 000)	(11 250)	0.00	8.0	
贷款净额	710 000	712 325	8.03	2.5	
投资					
欧洲美元	80 000	80 000	5.50	0.1	
固定利率抵押担保债券	35 000	34 825	6.25	2.0	
美国国债	75 000	74 813	5.80	1.8	
总投资	190 000	189 638	5.76	1.1	
出售联储基金	25 000	25 000	5.25	—	
现金和同业存款	15 000	15 000	0.00	6.5	
非生息资产	60 000	60 000	0.00	8.0	
总资产	1 000 000	1 001 963	6.93	2.6	
存款					
货币市场存款账户	240 000	232 800	2.25	—	
零售存单(CD)	400 000	400 000	5.40	1.1	
储蓄账户	35 000	33 600	4.00	1.9	
可转让提款命令	40 000	38 800	2.00	1.9	
个人活期存款账户	55 000	52 250		8.0	
商业活期存款账户	60 000	58 200		4.8	
总存款	830 000	815 650		1.6	
国债及公债	25 000	25 000	5.00	—	
固定利率长期票据	50 000	50 250	8.00	5.9	
购入联储基金	—	—	5.25	—	
无息负债	30 000	28 500		8.0	
总负债	935 000	919 400		2.0	
股权资本	65 000	82 563		9.9	

(续表)

| | 2013年12月31日市场价值/久期报告 | | | | |
| | 最可能利率情境——基准情态 | | | | |
	账面价值 (千美元)	市场价值 (千美元)	账面收益率 (%)	久期* (年)	备注
总负债和股权	1 000 000	1 001 963		2.6	
表外项目					名义值
利率互换	—	1 250	6.00	2.8	50 000
调整后股权	65 000	83 813		7.9	

根据图表5.4中的久期估计值和市场价值,第一储蓄银行的久期缺口为0.765年(2.6-919 400/1 001 963×2.0)。根据此前关于久期缺口的讨论,同时假定利率变动时久期不变,利率上升1%会将第一储蓄银行的股权经济价值降低约720万美元(0.765×0.01/1.0693×1 001 963 000)。

该估计值忽略了利率变动对内嵌期权和资产负债有效缺口的影响,还忽略了利率互换的影响。股权经济价值敏感度分析考虑了这些影响。图表5.5总结了六种利率情境下股权经济价值相比于最可能(零冲击)利率情境下的变化。三种情境下利率更高(+100个基点、+200个基点和+300个基点),三种情景下利率更低(-100个基点、-200个基点和-300个基点)。纵轴列出了各种情境与最可能情境相比的股权经济价值估计变动值。收益敏感度分析规划的是未来一年后和两年后的收益,与之不同的是此处只有一张对比图,因为久期分析将所有现金流的现值都考虑在内了。

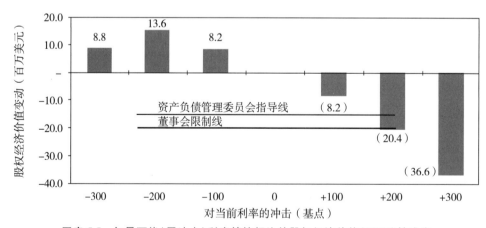

图表5.5　与最可能(零冲击)利率情境相比的股权经济价值(EVE)敏感度

注:股权经济价值敏感度衡量的是在不同利率情境下公司股权经济价值的变动。利率变动是基于当前利率瞬时发生的。根据资产和负债的市场价值变动之间的差值推导出股权经济价值的变动。

注意,利率上升伴随着股权经济价值的下降,而利率下降则伴随着股权经济价值的上升。这种变化与第一储蓄银行在所有利率情境下的久期缺口为正相一致,又可以归因于第一储蓄银行拥有大量长期、固定利率的抵押贷款。若利率出人意料地上升,则贷款市场价值将大幅下降。若利率急剧下降,则提前偿付的增加会部分抵消贷款市场价值的收益,因为债务人会再融资,使得银行将高利率贷款替换为低利率贷款。因此,向债务人出售提前偿付期权所得的收益实质上限制了投资组合的潜在收益。由图表5.5可知,如果利率比基准情态下降或上升1%,那么第一储蓄银行的股权经济价值将上升或下降820万美元。根据定义,久期度量的是给定利率变动之下市场价值变动的百分比,因此一家银行的股权久期是利率变动1%时股权经济价值变动的百分比,即第一储蓄银行的股权久期为9.9%(8 200/82 563)。接下来的当代热点专栏"房利美和房地美的利率风险"解释了如何利用久期数据。注意,房利美和房地美在2008年被美国政府收归国有。

股权经济价值敏感度分析显然为第一储蓄银行的管理者提供了不同类型的信息。与收益敏感度分析的结果不同,当利率上升远超预期时,银行会承受巨大损失。当利率上升2%及以上时,第一储蓄银行的股权经济价值将会降至资产负债管理委员会指导线以下。当利率上升3%时,股权经济价值会降至银行董事会限制线以下。第一储蓄银行的管理者必须解决这些有违既定方针的问题。

 当代热点

房利美和房地美的利率风险

多年以来,联邦国家抵押贷款协会(FNMA或Fannie Mae,房利美)和联邦住房贷款抵押公司(FHLMC或Freddie Mac,房地美)一直是重要的政府支持企业(GSE)——支持美国的房地产市场。虽然它们始终在报告高额盈利并且是华盛顿两大政党的宠儿,但其绩效并不像看上去的那么好。两家公司购入抵押贷款并提供担保以促进房地产市场发展,也一直声称它们对冲了利率风险。然而在2004年,房利美的审计师得出结论,认为管理层使用让人难以接受的对冲会计方法来平滑前一年的盈利。举个例子,管理层在某年曾经推迟计算费用以保证高管可以获得激励奖金,该年度21名高管的绩效奖金高达7 000万美元以上。2008年9月6日,因为抵押贷款资产的损失过多,导致如果没有政府援助的话两家公司就无法继续经营下去,房利美和房地美成为抵押贷款危机的起因。在一场史无前例的行动中,时任美国财政部长亨利·保尔森和联邦住房金融局局长詹姆斯·洛克哈特接管两家公司并由联邦住房金融局监督和运营。美国国会也在评估与两家公司的未来相关的多项提案,它们正在等待自己的最终命运。

房利美和房地美都汇报了与总体利率风险相关的有效久期缺口数据。房利美对有效久期缺口的定义是几个月内资产公允价值减负债公允价值之差对市场利率变动的净敏感度;数值为正表示资产敏感度更大,数值为负则表示负债敏感度更大,数值为零表示不敏感,绝对值较大的正值和负值则表示风险更大。2003年,房利美的有效久期缺口区间为-5个月到+6个月,在5月至7月的两个月内出现巨大的反转。下图表明,随着时间的推移,特别是在被接管之后,房利美大幅削减了风险敞口。2012年,房利美每月汇报的有效久期缺口都为零,表明其投资组合风险被完美对冲。

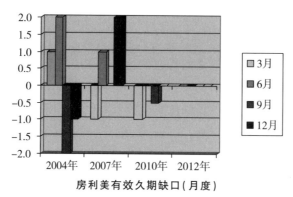

房利美有效久期缺口(月度)

资料来源:房利美 2012 年月度总结。

收益敏感度分析和股权经济价值敏感度分析:哪个模型更优?

在评估利率风险时,银行家既使用静态缺口和久期缺口模型,也使用收益敏感度分析和股权经济价值敏感度分析。每种分析方法都有略微不同的目标和意义。缺口和收益敏感度分析着眼于不同时段内净利息收益的潜在波动性,而计算净利息收益则是基于账面价值而非市场价值,因此银行在每个时段内分别管理利率变动造成的影响。与之相对,久期缺口和股权经济价值敏感度分析聚焦于能够总结利率变动对银行资产组合的累积影响的单一指标,因此银行根据这一数值持续管理企业的总体利率风险。模型针对的管理目标不同,它们解决的问题也不同。

优点与缺点:久期缺口和股权经济价值敏感度分析

久期分析的主要吸引力在于它综合度量了整个投资组合的利率风险。久期缺口的绝对值越小,股权市场价值(MVE)对利率变动越不敏感。与缺口不同,久期缺口将每笔现金流的时间价值考虑在内,避免了划分时段的麻烦。1 年之后的现金流也被计入久期,但在缺口计算中通常会被忽略。久期指标还是可加的,因此银行可以对总资产和总负债进行匹配,而不仅仅是在单个账户间进行匹配。久期分析的时间视角更长,管理者可以更加灵活地调整利率敏感度,因为他们可以利用大量金融工具来平衡价值敏感度。

久期和股权经济价值敏感度分析也有不足之处。第一,很难准确计算久期。久期的度量需要大量的客观假设。数据需求也较为复杂,要掌握每个账户的利率、重新定价的时间安排、本金被提前偿还的概率、看涨期权和看跌期权、提前支取的潜在可能性及违约概率。银行必须经常评估能按时收到合同约定的现金流的概率,预测基准利率变动的时点以及未来现金流发生时的利率水平,还要持续监测真实现金流是否与预期一致。为了保证久期指标有意义,久期缺口和敏感度分析还要准确预测内嵌期权的行权时间和价值。当然,收益敏感度分析也需要这些信息。

第二,正确的久期分析需要每一笔未来现金流都按照现金流发生时的预期未来利率进行折现。为实现这一目的,大部分分析师使用国债即期收益率曲线上的远期利率。为了消除息票偏差,他们首先估计零息票等价收益率曲线,然后计算远期利率。首先,众所周知,远期利率并不能准确预测未来的利率;其次,还有一种担忧是美联储的量化宽松政策会使从国债收益率曲线得到的远期利率存在系统性偏差;最后,如果考虑收益率曲线的非平行移动,那么久期计算的复杂性会进一步增大。

第三,银行必须持续监控并调整其投资组合的久期。如麦考雷久期所示,久期随利率的变动而变动。一旦利率发生较大变动,银行就应当重新计算久期和股权经济价值敏感度并重构资产负债表,这项工作可能每天或每周都要进行。即便利率保持不变,因为时间因子(time factor)会随时间的推移而减小,久期也会随之变动。资产和负债的久期会在不同利率水平下"漂移",需要不断进行再平衡。当存在内嵌期权时,估算价格效应和有效久期时面临的困难会与这些问题叠加在一起。

第四,很难估算非生息资产和无息负债的久期。为了准确评估现金流和市场价值的变动,银行必须估计活期存款的真实利率敏感度并估算其久期。尽管大部分利率风险模型都尝试计算久期,但在这一点上很少达成共识。[1] 如图表5.4所示,第一储蓄银行的管理者估计个人活期存款账户的久期为8年,商业活期存款账户的久期为4.8年,二者的差异反映的是企业在利率上升时更有可能转移活期存款。然而,如果活期存款账户没有明确的固定到期期限或期间现金支付,其预期现金流是多少呢?许多模型尝试估计活期存款账户中长期留存的核心金额,并将这部分资金视为有较长的久期。其他非核心活期存款账户的波动性更强、久期更短。市场参与者通常会估计衰减速率和贝塔系数,这两个指标意在衡量未到期存款流出的速度(衰减速率),以及市场利率变动对银行支付给个人存款或储蓄账户的利率的影响。在后一种情况下,贝塔系数等于0.4表示基准利率上升1%使得银行多付给存款人40个基点(0.40%)。关键在于,这些估计都不准确。给定大部分银行活期存款账户余额的规模,任何错误估计反过来会导致银行久期缺口的巨大偏差和股权经济价值敏感度的巨大波动。

总而言之,久期指标非常客观。积极的管理者应当不断调整投资组合,从而修正久期缺口。对于资产负债表较为简单的公司而言,它们没有太多会被经常执行的客户期权,久期分析的成本超过其收益。

---

[1] Blaxal et al.(2008)阐述了对社区银行进行估值时核心存款的重要性,提出了估算核心存款有效久期的框架。还有学者分析了未到期存款(non-maturing deposits)的久期如何影响银行估值,这种估算需要理解存款利率、市场利率、资金流出和存款人转移存款衰减速率之间的关系。

对收益敏感度和股权经济价值敏感度管理策略的批评

银行业务涉及风险承担。大部分银行从业者很放心地发放个人贷款和企业贷款,因为他们花费了大量时间去培育客户关系,分析公司财务报表和个人财务状况,在核准贷款后跟进监督。一般而言,银行从业者不愿意从事债券投资和承担利率风险。这可能反映出他们对于不同来源的风险之间的关系并不熟悉,或者他们认为历史收益与风险承担并不匹配。因为大部分银行依靠净利息收益实现盈利增长,所以管理者必须制定策略,维持或促使净利息收益随时间推移而增长,还要维持并提升股权的市场价值。下文的讨论着重强调在管理缺口、久期缺口、净利息收益和股权经济价值敏感度的过程中银行所承担的风险。

缺口和久期缺口管理策略:你在赌什么?

第 4 章介绍了诸多管理缺口和收益敏感度的目的、策略与方法,但是没有说明如何使用这些方法改变资产和负债的敏感度,也没有给出不同策略之间的风险和收益的权衡,所以这一讨论是不完备的。一般而言,人们普遍认同银行应当承担一定的利率风险,需要决定的是多大风险是可接受的,应该如何最佳地实现理想中的风险状况。

不幸的是,积极调整缺口或久期缺口并保持盈利是很困难的。第一,利率预测值通常是错误的。为了准确地调整资产或负债的利率或价格敏感度以及提升收益和股权经济价值,管理者必须比市场一致预测更好地预判未来利率并据此行动,而市场一致预测已经嵌入现行利率。第二,即便管理者准确地预测了利率变动,银行在调整缺口和久期缺口时的灵活性也有限,这么做还要牺牲收益率。管理者可能会实现预设的风险状态,但要以降低短期盈利能力为代价。贷款客户和存款人可以从银行提供的诸多选项中选择存贷款条款,由此银行只能局部控制定价和到期期限。为了诱使客户选择银行偏好的选项,管理者通常要用优惠利率或价格作为诱饵。这样做是有成本的,因为此时盈利低于不提供优惠利率时的盈利。

可以用一个例子解释这些困难。假设一家负债敏感的银行有 1 年期的负缺口以及正的久期缺口。管理者相信利率会上升,决定采取步骤使得缺口接近于 0 以对冲风险。因为市场一致预测利率会随时间上升,此时收益率曲线斜率为正。积极的缺口管理策略通常着眼于增加利率敏感资产、减少利率敏感负债。想要稳定股权经济价值,久期缺口策略应当着眼于缩短平均资产久期、延长平均负债久期。

考虑以下策略的影响:(1)缩短银行债券投资组合的到期期限;(2)对银行存单进行重新定价以吸引更多的长期存款。在收益率曲线向上倾斜的前提下,长期利率高于短期利率。银行买入短期证券而非长期证券,又只能在短期存款利率的基础上支付溢价以吸引长期存款,所以一开始银行会接受一个较低的利率。第一个策略降低了近期的利息收入,第二个策略则提升了利息费用,二者都会降低银行初始的净利息收益率,这就是对冲的成本。

更为重要的是,管理者在执行这些策略时应当明确知晓他们在赌未来利率的走势。具体而言,只有在利率升高并保持在现有远期利率之上的情形下,银行才会因净利息收益和股权经济价值的上升而获利。只有在利率升至远期利率之上(利率上升到收益率曲线的"临界点"之上)的情形下,投资于短期证券而非长期证券才是有利可图的。如果利率降至远期利率以下,银行就会遭受损失,因为它从短期证券赚取的利息收入更少,而且它本可以用更低的成本吸收一系列短期存款而非以高成本获取长期存款。通过调整缺口和久期缺口,管理者是基于其利率预测会优于市场一致预测进行投机。

利率风险管理:示例

考虑以下案例:一家负债敏感的银行在利率上升时会承受损失,管理者决定向零售客户推销 2 年期、利率为 6% 的定期存款而不是 1 年期、利率为 5.5% 的定期存款。时间轴分析表明远期利率为 6.5%——忽略复利并假定按年付息,这是存款人在比较两种存款方式时的临界利率。

将 1 000 美元投资于 2 年期、收益率为 6% 的证券,或者投资于两个连续的 1 年期、当前收益率为 5.5% 的证券,现金流分别如下所示:

当然,现在无法知晓一年后 1 年期证券的收益率是多少。投资于 2 年期证券的利息收入为 120 美元。如果两个连续的 1 年期证券也要实现 120 美元的利息收入,不计复利情况下一年后的 1 年期证券收益率必须为 6.5%——这一临界利率是一年后的 1 年期远期利率。

$$6\% + 6\% = 5.5\% + ?$$

其中,远期利率(?)等于 6.5%。

除非有其他头寸来抵消这笔交易,否则存款人就是在对未来利率进行有效投机。一个借款人现在选择 1 年期而非 2 年期的定期存款,如果一年后的 1 年期利率超过 6.5%,他就可以从中获利;但如果 1 年期利率处于 6.5% 以下的任何水平,存款人就会因放弃潜在收益而蒙受损失。与之相对,如果一年后的 1 年期定期存款利率低于(高于)6.5%,选择 2 年期定期存款的存款人就会因此而获利(受损)。通过在两种存款中做抉择,存款人是在赌一年后的真实利率不同于 6.5% 的远期利率。

重要的是,出售 2 年期存款的银行也参与了类似的赌局。具体来说,只有当一年后的 1 年期利率超过 6.5% 时,银行作为债务人才会因降低借款成本而获利。如果事实确实如此,银行就是用比市场水平(6% 以上)更低的利率(6%)锁定了客户。当然,存款人会蒙受损失,从而引发另外的一系列问题。这意味着即便管理者希望通过降低负债敏感度来降低风险,但鉴于他们赌远期利率下跌,其利息费用也会随时间推移而上升但净利息收益率则会随时间推移而下降。

第二类成本与之类似。举例来说,假设一家零售银行预计利率会上升,因而希望增加利率敏感资产。银行只计划发放可变利率或浮动利率贷款,其客户则希望寻求固定利率贷款,因为他们也预期利率会上升。银行必须提供实质性的诱饵(比如显著降低初始浮动利率),从而提升资产敏感度,使自身能够在利率上升时提升盈利水平,这会降低利差并部分抵消提升缺口带来的收益。如果银行拒绝发放固定利率贷款,就会变得没有竞争力,可能会同时损失客户和声誉。在调整资产负债的到期期限和久期、进行定价决策时,银行必须在收益率方面做出让步或者承担额外的利率风险。因此,根据利率预测来采取积极策略以调整盈利或股权经济价值可能具有高度投机性。

收益率曲线策略

许多投资组合管理者了解总体宏观经济和商业周期对美国国债收益率曲线的影响,并试图利用利率的长期走势。图表5.6描述了利率水平随时间的变化以及收益率曲线形状的变化。通常情况下,分析师通过对比10年期(长期)国债利率和1年期(短期)国债利率来观察商业周期的影响。[1] 从曲线左边开始,在随后的扩张阶段和经济活动的顶峰时期,收益率曲线是倒挂的——1年期利率高于10年期利率。这两个阶段的特征都是消费者需求旺盛,消费和商业贷款需求强劲且不断增长,美联储担心通货膨胀预期失控而减缓货币投放,使得银行流动性收紧。顶峰之后是一个收缩阶段,消费者和企业的支出随贷款需求的走低而减少。在某一时间节点,美联储担心增长过缓,于是增加储备和货币供给以提升流动性。这就是在金融危机期间美联储采用传统货币政策以保持低水平短期利率的背后动机,也导致了以"量化宽松"(QE)闻名的非传统政策。[2] 量化宽松包括美联储大量买入长期国债和抵押贷款支持证券。这些购买行为被标记为QE1,QE2,…,QE至无穷,因为美联储2013年表示它在不确定长度的时段内会持续购买。在谷底时期或者衰退时期,美联储为银行提供丰富的流动性,但高失业、低支出导致贷款需求较少。最后,低利率刺激了零售支出和商业投资,经济再次开始增长。

许多分析师相信这一特征会不断重复出现。真是这样的话,那就可以给利率风险管理一些有趣的提示。举例来说,当美国经济到达顶峰时,收益率曲线发生倒挂。而在收益率曲线倒挂之后,经济陷入衰退。注意图表5.6右侧的数据,这里记录了最近几次1年期国债利率超过10年期国债利率的时间以及距离下次美国经济衰退的时间长度。每一次利率倒挂之后通常会发生一次衰退。自第二次世界大战以来,只有两次收益率曲线倒挂之后未发生衰退,分别发生在1965年越南战争期间和1999年美国财政部提出一项计划要赎回的未偿

---

① 2001年2月美国财政部停止发行1年期国债,所以需要用不同的短期利率进行比较,比如6个月期国债利率。
② 美联储将实施量化宽松作为刺激经济的货币政策的一部分。2013年,具体的行动包括每月买入850亿美元的国债和抵押贷款支持证券以保持低水平的长期利率,从而刺激信贷需求。2014年,美联储开始"放缓"量化宽松,将每月的购买量减少100亿美元。

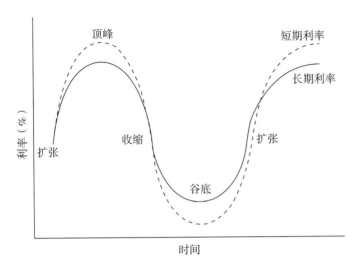

图表 5.6　通货膨胀预期不变情形下商业周期中的利率变化

扩张：消费者支出增加，存货积压，贷款需求上升，美联储开始减少货币投放。
顶峰：银行收紧银根，贷款需求高，流动性紧缺。
收缩：消费者支出减少，存货减少，贷款需求下降，美联储开始增加货币投放。
谷底：银行放松银根，贷款需求有限，流动性过大。
资料来源：美联储。

长期国债。自 1968 年以来，这一现象的平均滞后期仅为 14 个月，也就意味着当收益率曲线倒挂时，在相对较短的时间内会发生衰退。2008 年经济衰退的初始阶段的不同寻常之处在于，收益率曲线非常平缓或者略有倒挂，在衰退开始之前处于这种状态的时间比之前的衰退都要更长。美国国家经济研究局确认衰退开始于 2007 年 12 月，截至 2008 年 12 月已持续 12 个月。

当收益率曲线倒挂时，希望利用这一走势的投资组合管理者会采取以下措施：

（1）买入长期不可赎回债券。
（2）发放固定利率不可赎回贷款。
（3）存款采取浮动利率定价。
（4）采取策略以提升负债敏感度，并且/或者相对于负债久期延长资产久期。

注意：在衰退最严重时，收益率曲线通常最为陡峭。投资组合管理者常常会尝试与上述行为相反的操作——在顶峰时买入短期证券，因为他们想获得高收益——短期金融工具的利率更高。当然，此处的分析非常简化。利率的特征并不像图表 5.6 中那么直观或明显。即便在利率水平总体上升或下降时，利率也会上下波动。反观管理者也会面临内部压力：要在顶峰时满足贷款需求，因为在此之后资产质量会急剧恶化；要在谷底时寻找更高的收益率，实现这一点则主要依靠承担额外的信用风险和利率风险（买入长期固定利率资产）。当然，管理者应当关注利率的总体走势及其对远期利率的影响。

本章小结

银行的资产负债管理委员会或风险管理委员会负责监控银行的风险和收益情况。传统资产负债管理主要关注利率风险度量,设定政策以管理风险,采取策略以稳定或提升净利息收益以及监控绩效。本章引入久期缺口分析和股权经济价值敏感度分析来剖析利率风险。久期缺口分析考虑银行的整张资产负债表并计算所有资产和负债的加权平均久期,二者的差值再经过财务杠杆调整之后就是久期缺口。久期缺口指标描述了股权市场价值如何随市场利率的变动而变动。在久期缺口分析中,绩效考核目标通常是银行的股权经济价值。风险的度量则关注久期缺口的符号和大小,以及不同利率情境下股权经济价值的潜在变动。与收益敏感度分析相似,银行的资产负债管理委员会在不同利率情境下进行敏感度分析,从而评估股权经济价值的潜在变动。价值的潜在变动和潜在损失的规模越大,风险越大。

久期指标也有局限性,其中之一是有效价格敏感度和单项资产负债的久期会随利率的变动而变化。由于银行的资产和负债中存在内嵌客户期权,准确预测利率的变动和价格的影响也较为困难。然而,基于久期敏感度分析仍是缺口分析和收益敏感度分析之外的一种有效方法,因为它关注整个期限内所有现金流的现值。

本章还考察了管理者在尝试积极管理银行的利率风险敞口时所做的特定假设。管理者根据利率预测制定策略以改变资产或负债的利率敏感度和久期从而实现投机,即管理者认为现行利率预示的远期利率在未来并不会实现。银行获利还是受损则取决于真实利率相较于远期利率的变动是否有利。

思考题

1. 列出久期缺口分析的基本步骤。各种利率预测有何重要之处?

2. 以下哪种债券的麦考雷久期更长?(1) 面值100万美元、利率6%的2年期零息债券;(2) 面值100万美元、息票率6%的2年期息票债券。请解释你的结论。

3. 你拥有息票率5.8%、到期偿还10 000美元、刚好2年后到期的公司债券。债券的现行市场利率为6.1%,利息每半年支付一次,市场价格为9 944.32美元。

   a. 计算债券的麦考雷久期和修正久期。

   b. 当市场利率下降1%时,预计其对债券价格有何影响。

4. 假设你拥有面值100万美元、息票率7%(每半年3.5%)并还有4年到期的公司债券,且债券可随时按面值赎回。该债券的现行市场利率为7%,现价等于面值。如果类似证券的利率下降40个基点(每半年0.2%)以上,该债券将被赎回。

   a. 如果市场利率上升50个基点(每半年0.25%),请用现值公式估算债券价格。

   b. 假设市场利率上升或下降50个基点,计算债券的有效缺口。

5. 5年期和15年期零息债券价格均为7 500美元且市场利率为8%。假设两只债券的市场利率均降至7%,用公式(5.2)计算每只债券价格变动的百分比。

6. 用久期缺口分析判断以下交易是否存在利率风险：银行从一名客户处获得 25 000 美元存款，该存款 5 年后到期、按日复利、年化利率为 5%，所有利息和本金在 5 年后支付；与此同时，银行向某个人发放 25 000 美元汽车贷款，贷款固定年利率为 12%，但在 60 个月中全额分摊且按月支付，借款人每月支付相同的金额（本金加利息）。

7. 将缺口和收益敏感度的优缺点与久期缺口和股权经济价值敏感度分析的优缺点进行对比。

8. 以下论述通常是正确的还是错误的？请给出理由。

——3 年期缺口为负的银行有正的久期缺口。

9. 利用以下信息进行久期缺口分析：

	金额 （美元）	利率 （%）	麦考雷久期 （年）
资产			
现金	23 000	0	0
债券	102 000	7.2	1.8
商业贷款	375 000	11.0	1.5
负债和股权			
小额定期存款	130 000	3.6	4.0
大额存单	70 000	6.3	1.0
交易账户	250 000	2.8	3.3
股权	50 000		

a. 资产负债管理委员会将目标设定为股权经济价值，请计算银行的久期缺口。当利率上升时这家银行会获利还是受损？

b. 所有市场利率平均下降 1.5%，估计股权经济价值的变动。比较以下两种结果：(1) 将公式 (5.2) 应用于资产负债表中的每一项——将资产的变动加总后减去负债的变动加总从而得到股权的变动；(2) 用公式 (5.9) 计算股权经济价值的预期变动。

c. 给出一种能够让银行免疫于利率风险的交易。交易可能是通过新负债获取资金以买入新资产，或者出售资产同时买入其他资产。

10. 假设银行的久期缺口为 2.2 年。以下哪个选项可以降低银行的利率风险？

a. 向客户发行 1 年期零息存单，用收入买入 3 年期零息国债。

b. 发放 500 万美元 1 年期的一次性还本贷款，买入 3 个月期国库券。

c. 从联邦住房贷款银行获取 2 年期的资金，将所得资金在联储基金市场上发放隔夜贷款。

11. 资产负债管理委员会成员正在考虑股权经济价值敏感度的估计。下表数据是与基准利率预测情形相比的股权经济价值变动百分比。银行总体利率风险如何？讨论内嵌期权的角色和影响。

	与基准情态相比的利率变动					
	-3	-2%	-1%	+1%	+2%	+3%
股权经济价值变动百分比	-38%	-47%	-19%	+5%	+14%	+18%

12. 讨论以下每种情形会如何影响股权经济价值对利率变动的敏感度。考虑利率骤升和骤降两种情境。

    a. 银行资产中很大比例是 3 个月后可被随时赎回的债券。

    b. 银行支付给定期存款的利率低于市场利率，而市场利率骤然升高。

    c. 银行资产中很大比例是 30 年期固定利率抵押贷款。

实践活动

浏览世界范围内大银行近期的年报，收集各银行对利率风险的总结性分析，解读在险收益和在险股权市场价值的数据。注意，有时股权经济价值敏感度被记作银行股权的在险价值。

参考文献

Armeanu, Dan, Florentina Olivia Balu, and Carmen Obreja, "Interest Rate Risk Management using Duration Gap Methodology", *Theoretical and Applied Economics*, Volume 1, 2008.

Bank of England, *Financial Stability Report*, October 2008.

Begenau, Juliane, Monika Piazzesi, and Martin Schneider, "Banks Risk Exposures", Working Paper, October 2013.

Bierwag, George, *Duration Analysis: Managing Interest Rate Risk*. Boston: Ballinger Press, 1987.

Blaxall, Hugh, James Glueck, and Brian Velligan, "Economic Value of Equity for Community Banks", *Bank Accounting & Finance*, April/May 2008.

Clair, Suzanne, Alison Touhey, and Lemoine Turbeville, "Nowhere to Go but Up: Managing Interest Rate Risk in a Low-Rate Environment", *FDIC Supervisory Insights*, January 2010.

English, William, Skander Van den Heuvel, and Egon Zakrajsek, "Interest Rate Risk and Bank Equity Valuations", Working Paper, Board of Governors of the Federal Reserve, 2012.

Fabozzi, Frank, *The Handbook of Fixed Income Securities*. New York: McGraw-Hill, 2007.

FDIC, "Advisory on Interest Rate Risk Management", January 6, 2010.

FDIC, "Managing Sensitivity to Market Risk in a Challenging Interest Rate Environment", FIL-46-2013, October 8, 2013.

Gay, Doug, "Interest Rate Risk Management at Community Banks", *Community Bank Connections*, Federal Reserve Bank of Kansas City, Third Quarter 2012.

Ho, Thomas, "Key Rate Durations: Measures of Interest Rate Risks", *Journal of Fixed Income*, September 1992.

Kaufman, George, "Measuring and Managing Interest Rate Risk: A Primer", *Economic Perspectives*, Federal

Reserve Bank of Chicago, January/February 1984.

Kaufman, George, "Duration: What Is All the Disagreement About", *Journal of Applied Finance*, Fall/Winter 2006.

Landier, Augustin, David Sraer, and David Thesmar, "Banks' Exposure to Interest Rate Risk and the Transmission of Monetary Policy", NBER Working Paper No. 18857, February 2013.

Payant, Randy, "Economic Value of Equity: The Essentials", *What Counts*, Federal Home Loan Bank of Seattle, Fourth Quarter, 2007.

Phoa, Wesley and Michael Shearer, "A Note on Arbitrary Yield Curve Reshaping Sensitivities Using Key Rate Durations", *Journal of Fixed Income*, December 1997.

Sierra, Gregory and Timothy Yeager, "What Does the Federal Reserve's Economic Value Model Tell Us about Interest Rate Risk at U.S. Community Banks", *Review*, Federal Reserve Bank of St. Louis, Volume 86, Number 6, November/December 2004.

Toevs, Alvin, "GAP Management: Managing Interest Rate Risk in Banks and Thrifts", *Economic Review*, Federal Reserve Bank of San Francisco, Spring 1983.

"Widening in Duration Gap Fails to Rattle Fannie Mae", *American Banker*, May 18, 2004.

第6章
银行融资

金融危机给我们上的重要一课可能就是当流动性消失时,金融市场和金融机构将会崩溃。我们见证了雷曼兄弟2008年9月15日倒闭后立即引发的辐射效应——股价骤降,诸多证券交易停滞,全球市场走向崩溃。因为美国国际集团(AIG)无法满足信用违约互换的担保需求和履行支付义务,美国政府接管了AIG。基础储备货币市场基金因为拥有大量雷曼兄弟发行的债券,而这些债券突然间几乎一文不值,AIG每股价格降至1美元以下而"跌破面值"。美国银行在换股交易中支付了500亿美元收购美林证券。高盛和摩根士丹利申请成为银行控股公司而美联储在当周末就批准了申请。成为控股公司后,这些投资银行得以从美联储的贴现窗口获得借款。伯克希尔-哈撒韦公司投资50亿美元买入高盛的优先股以帮助其实现资产重组。华盛顿互惠银行则是倒闭银行中规模最大的,其银行业务被JP摩根收购。截至2008年10月3日,美国国会已批准7 000亿美元的问题资产救助计划(TARP)。2008年11月,美国政府再次救助花旗集团,向银行注入资本并统一接管问题资产。

上述所有行动都是源于缺乏流动性而且人们不相信这些大型金融机构能够靠自身能力渡过难关。由于债权人无法对问题公司拥有的资产进行估值,这些公司无法取得借款。出于相同的原因,问题公司无法将资产按照资产负债表列示的价值出售,又因承受不了资本冲击而不能以过低的价格出售。伯克希尔-哈撒韦公司和JP摩根(后者之前还收购了贝尔斯登)等健康公司介入问题公司并提供资金,从而控制了更宝贵的经营权和资产。最终,美联储和美国财政部提供特别资金以充实问题公司的资产负债表并稳定金融市场。缺失流动性和市场驱动的交易,商业活动也会随之停止。

银行为经营活动提供资金的方式对盈利能力和风险都有重要影响。融资决策决定了借入资金的利息费用、含支票处理成本的非利息费用、人力成本、来自手续费和存款服务收费的非利息收入,进而影响盈利能力。融资决策还通过决定负债利率敏感度、存款稳定性(防止预期之外的存款流出)以及已购入基金的存取便捷性,进一步影响利率风险和流动性风险。

本章研究银行如何为运营进行融资。本章考察了不同的资金来源,根据其对流动性风险和盈利能力的影响对每种资金来源的优缺点进行评估。我们首先考察流动性需求的本质以及不同资金来源的风险—收益特征,随后探究不同资金来源的成本,以及融资和银行流动性、信用、利率风险状况之间的关系。

流动性要求、现金和资金来源之间的关系

当客户从银行提取资金时,流动性需求随之产生。取款导致净存款流出,银行在联邦储备银行或代理银行的存款余额随之下降。大部分取款要么是基于合同约定,要么依据定义明确的条款,因而是可预测的。举例来说,源于大型商业客户的工资发放和账单支付业务,交易账户通常会有着以周或月为单位的周期性特征。银行通常用即时可得的资金购入证券,投资到期时则贷记入银行在美联储的余额。购买证券和投资到期的时点与金额是已知的,因而现金流也是可预测的。然而,有些资金流出完全是预期之外的。管理者通常不知道客户会将到期存单再投资、将资金留在银行,还是取走资金。管理者也无法预测贷款客户何时从信贷额度中借款。这种不确定性会提升银行没有充足资金来源以满足支付需求的风险;这种风险反过来又会迫使管理者重构投资组合以便获取流动性资金,而这会降低潜在收益。

管理者决定的现金持有金额在很大程度上受到银行流动性要求的影响,现金需求的规模和波动性反过来又会影响银行的流动性头寸。减少库存现金的交易通常要求银行发行新债券或出售资产以补充现金资产,增加库存现金的交易则提供了新的可投资资金;反过来看,如果银行有现成的借款渠道,就可以迅速借款并以较低成本满足现金需求,由此可以进行更多的交易。

图表6.1展现了客户提取存款和使用贷款资金对银行在美联储的存款余额的影响。第一部分表明到期后未立即续存的存单使银行准备金减少。此处的存单持有人给美联储发出指令,指示其将资金转给另一家机构,这会直接减少银行的未偿存单及其在美联储的存款余额。贷款资金的使用结果与之类似。第二部分中,贷款客户要求从信用额度中划拨250 000美元以购买某种商品或服务。银行授权该笔支付,其在美联储的存款余额减少250 000美元,同时将其记入贷款。在最后一部分,银行首先将500 000美元记入债务人账户。当用户对这笔钱签发支票且这笔钱存入另一家银行、支票得以清算时,银行在美联储的存款相应减少。每笔交易都减少了可用资金,导致银行可能没有资金应对存款外流和满足准备金要求。

图表 6.1　存单到期和使用贷款对银行在美联储存款余额的影响

到期未续存的存单		
商业银行		
△资产	△负债	
美联储处的活期存款 −100 000	存单 −100 000	存单未续存；存单持有人指示美联储将资金转给另一家机构
客户从信用额度中借款		
商业银行		
△资产	△负债	
商业贷款 +250 000		客户从信用额度中借款
美联储处的活期存款 −250 000		客户签发支票以购买商品或服务
从新贷款中借款		
商业银行		
△资产	△负债	
商业贷款 +500 000	活期存款 +500 000	银行发放贷款，并将其存入客户账户
美联储处的活期存款 −500 000	活期存款 −500 000	客户签发支票并花掉全部贷款

银行资金来源的近期趋势

银行管理者面临的最困难的问题可能就是如何确定资金的最优组合。我们有必要对银行获取资金的多种来源进行区分：零售资金、借入资金或批发资金、股权相关资金。虽然不同机构对零售资金（retail funding）的准确定义不同，但它一般被定义为来自客户和非机构存款人的资金。零售资金通常包括交易账户、货币市场存款账户（MMDA）、储蓄账户和小额定期存款等存款账户。借入资金或批发资金（borrowed or wholesale funding）包括购入联储基金、回购协议（RP）、联邦住房贷款银行（FHLB）借款和其他借款，比如 250 000 美元以上的机构存单。切记：联邦存款保险公司对每个账户存款的保险上限为 250 000 美元。股权相关资金（equity-related funding）主要包括次级债务、普通股和优先股以及留存收益。

图表 6.2 对比了 2007 年 12 月（金融危机前）和 2013 年 12 月（金融危机后）的银行资金构成。在这六年中，存款资金占总资产的比例从 65% 上升至 76%，批发资金占比从 24% 下降到 12%，次级债务和股权相关资金占总资产的比例稳定在 12%。这些变动表明银行努力提升核心存款同时偿还批发资金，最终结果是资金基础更加稳健。

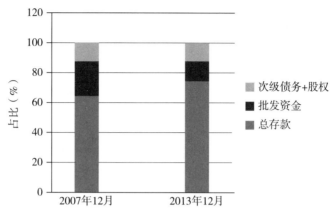

图表 6.2　总存款、批发资金、次级债务+股权的对比

注：纵轴数字表示各种来源的资金占总资产的比例。

资料来源：FDIC 的银行业统计数据，www.fdic.gov。

图表 6.2 中的数据掩盖了不同规模银行在资金构成方面的差异。图表 6.3 考察了 2013 年不同规模的商业银行和储蓄机构的资金来源，每个柱体代表着不同来源的资金占总资产的比例。通过对比可以揭示机构运营风格的关键差异。如（a）幅所示，规模最小、总资产 1 亿美元以下的银行更多依赖于存款、更少依赖于批发资金；与之对比，总资产 10 亿美元以上银行的批发资金占比最大。最后，虽然不同规模银行的次级债务和股权相关资金占比相当，但规模最大银行的次级债务在此类资金中的占比近 8%，规模较小银行则可以忽略不计。（b）幅中的数据表明了不同规模储蓄机构之间的一般关联。也就是说，即便规模最大的储蓄机构也没有通过次级债务来融资。与商业银行相比，储蓄机构通常存款更少而批发资金更多。这反映出储蓄机构更关注不动产，因此其融资更多地依靠联邦住房贷款银行。规模最小的储蓄机构的股权融资占总资产的比例最高，除此之外，股权融资占比与银行资产规模也是基本相当的。

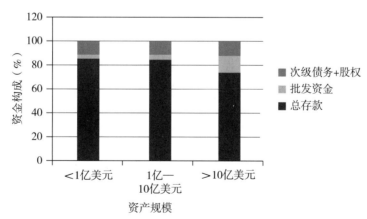

图表 6.3（a）　不同规模商业银行的资金构成（2013 年 12 月）

资料来源：FDIC 的存款统计数据，www.fdic.gov。

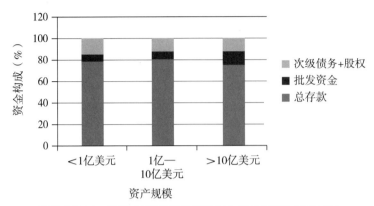

图表 6.3(b) 不同规模储蓄机构的资金构成(2013 年 12 月)

注:资金构成指各种来源资金占总资产的比例。

资料来源:FDIC 的储蓄机构统计数据,www.fdic.gov/SDI/rpt_Financial.asp。

银行家和监管者用波动性负债(volatile liabilities)和买入负债(purchased liabilities)等术语来描述源自利率敏感投资者的资金。这种类型的金融工具包括购入联储基金、回购协议、大额存单、网络存单和经纪存单、欧洲美元定期存款、外国存款和其他大额买入负债。这些资金中的大部分没有联邦存款保险公司的保险。如果其他机构支付更高的利率,或者有谣言说这些金融工具的发行银行出现财务困难,投资者就会转移走自己的资金。即便联邦住房贷款银行要求债务银行事先提供抵押品,它也依然针对问题机构提高抵押品要求。因此,如果一家银行拥有来自联邦住房贷款银行的预付资金,那么对于相同金额的资金而言,银行需要抵押金额更高的不动产、债券和其他担保物。在最近的金融危机中,更高的抵押品要求在许多银行和联邦住房贷款银行之间制造了真实的摩擦。

规模最大的机构更依赖于批发资金,这表明机构规模让它们不得不按边际水平购入资金。其总体效果是银行规模越大,按市场利率支付的负债占比越大,客户忠诚度越低,最终流动性风险较高。《巴塞尔协议Ⅲ》要求大机构持有的资金和流动资产要满足更严格的流动性审查。

大部分银行倾向于利用核心存款获得尽可能多的资金。在经济学术语中,核心存款(core deposits)是指稳定的存款,客户很少因竞争性投资的利率上升而提取这部分存款,即核心存款的利率弹性较低。核心存款包括交易账户、货币市场存款账户、储蓄账户和小额存单,对于利率变动不像大额、波动性负债那么敏感。客户通常根据银行分支机构的位置、ATM、可得性、服务价格及其与银行员工的个人关系来判断便利与否,并基于此选择与哪家银行联系。然而,电子银行的广泛应用正在改变这一模式——在很大程度上受人口因素的影响。年轻的客户更习惯通过互联网和手机应用软件使用借记卡与信用卡来处理银行交易。如果客户同意更多地使用电子银行而不再去分支机构,许多银行就会为此设定更具吸引力的服务价格。

零售型存款的特征

零售存款,或者说小额(250 000美元以下)负债,与批发负债(也就是大额负债)存在根本区别。250 000美元以下的金融工具通常由个人投资者持有,在二级市场上的交易并不活跃。大额金融工具的面值一般会达到数百万美元,可以在二级市场很方便地出售。个人在选择计息存款时,除银行之外几乎没有其他选择。然而,如今商业银行、储蓄和贷款机构、信用合作社、货币市场共同基金、投资银行和保险公司都提供特征相似的储蓄产品。虽然各机构都支付市场利率,但银行、储蓄和贷款机构与信用合作社的优势在于联邦政府为每个账户提供最高250 000美元的保险。①

交易账户

个人和企业出于交易目的而拥有支票账户。大部分银行提供三种不同的交易账户:活期存款账户(DDA)、计息支票账户和自动转账储蓄(ATS)账户。尽管货币市场存款账户(MMDA)也有签发支票权,但交易金额有限,所以货币市场存款账户通常不被视为交易账户。银行根据被允许交易次数、最低开户金额、账户月平均最小余额和利率来区分账户,联邦存款保险公司为每个账户提供最高250 000美元的保险。

 当代热点

存款保险的覆盖范围

花些功夫去理解存款保险是值得的。你了解吗?作为一项测试,请回答以下问题(假定两家银行都有存款保险):

1. 你在第一国民银行有250 000美元的存单,在第一州立银行另有一张250 000美元的存单。两笔存款完全受保吗?
2. 你的父母担心自己的健康以及一方失去行为能力后该如何管理家庭财产。他们在第一国民银行共同拥有两张175 000美元的存单。两笔存款完全受保吗?
3. 你祖父和你父亲有一个150 000美元的联合账户,和你姐姐有一个125 000美元的联合账户,和你有一个125 000美元的联合账户,所有账户都在第一州立银行。所有存款完全受保吗?
4. 你在第一州立银行拥有一张250 000美元的存单,你祖母以你的名字开立了一个250 000美元的信托账户。两个账户完全受保吗?
5. 你在第一国民银行有一张244 000美元的存单。银行倒闭时,你拥有244 000美元的

---

① 考虑到储蓄机构面临的流动性问题,联邦政府于2008年将联邦存款保险公司对每个账户的保额临时提升到250 000美元。2010年的《多德-弗兰克法案》将250 000美元的保险设为永久金额。如果银行愿意支付一小笔费用,那么联邦存款保险公司也会为其短期债务提供临时担保。许多大公司,比如高盛、通用电气、摩根士丹利和花旗银行,在这一临时流动性担保计划(Temporary Liquidity Guarantee Program, TLGP)下立即发行了大量此类有保险的债券。

本金再加 9 000 美元的利息。联邦存款保险公司的存款保险能够保障其中的多少？

在每个机构内，同一个人以自己名字持有的账户余额同时含本金和利息在内的受保额最高为 250 000 美元。这 250 000 美元的赔付额覆盖所有类型存款加总之后的总存款余额。

同一个人持有的联合账户要合并起来计算保险额度，保额最高为 250 000 美元，不管存款账户的形式或个人的名字排序有何不同。保险基金假定联合持有人拥有相等的所有权。假设父母联合拥有 450 000 美元的账户，与女儿联合拥有另外 150 000 美元的账户，与儿子又联合拥有 150 000 美元的账户。根据等所有权原则，父母各有 325 000 美元待保，因此每人有 75 000 美元不在保险范围内；每个孩子的 50 000 美元余额是全额受保的。

个人退休金账户和信托账户在个人保额之外的部分依然可以受保。联邦存款保险公司将同一个人在同一家银行的退休金账户金额加总，至多提供 250 000 美元保险。信托账户的保险额度可以更大，取决于信托的所有人和受益人的人数。

活期存款账户（DDA）是由个人、企业和政府单位持有的无息支票账户。虽然法规明令禁止对活期存款账户付息，但并不限制此类账户的交易数量和最低余额。如今，大部分定期存款账户为商业客户所持有，主要是出于商业经营的需要。余额充足的人则更偏好有交易特权的计息账户。当支付者发出直接存款指令（向雇员支付时会指示银行在个人账户上直接增加适量余额，并不会向个人开立支票）或账户持有人将手中的现金或支票存起来时，资金通常会被归入这些账户。资金一般通过电子转账、支票或借记卡被支付出去。在后一种情况中，客户购物时会用一张借记卡来完成电子支付（借记）。

计息支票账户或计息支票（interest-checking）和自动转账储蓄（ATS）账户是指支付利息的支票账户。[1] 虽然客户在自动转账储蓄账户中同时拥有活期存款账户和储蓄账户，但是银行仅从储蓄账户划拨当天支付的支票款项，在每天结束时保证活期存款账户余额为零。因为银行每天都将活期存款账户的所有资金划拨到储蓄账户，所以该账户常被称为流动账户（sweep accounts）。在无约束的竞争条件下，每家银行为计息支票和储蓄账户定价。有些银行限定免费签发的支票数量，并且付息有最低余额要求。有些银行则根据存款金额分级支付利息，金额越大利率越高，其主旨在于鼓励用户合并自己的账户。如果客户将账户集中，他们会因利率更高、服务费更低而受益。

当代热点

《储蓄实情法案》

1992 年通过的《联邦存款保险公司促进法案》（FDICIA）又称《储蓄实情法案》，它要求银行以清晰、一致的形式汇报利率，其目的在于消除利率计算上的混乱，为真实收益率汇报

---

[1] 交易账户和储蓄账户的不同之处在于账户持有人如何能够取得资金以及账户支付的利率。储蓄账户有权要求客户在取款或转账之前七天告知银行。尽管银行没有这样做，但如果某些账户被归入储蓄账户，银行就必须"保留"这一权利。

建立起统一的规则。

银行必须以年化收益率（annual percentage yield，APY）的形式公布存款利率。APY可以用来计算你在银行存款一年后的存款价值。举例而言，4.45%的APY意味着如果客户存入10 000美元，一年后该存款价值为10 445美元。在各种情形下，年末利息余额等于存款金额乘以APY（上述例子中为10 000美元 × 0.0445）。

《储蓄实情法案》还要求银行对客户的全部存款而非部分存款支付利息。许多银行原本只对可投资存款支付利息，可投资存款等于存款账面价值减去浮动部分再减去银行需要为该笔存款提取的法定准备金。根据《储蓄实情法案》，APY适用于账面总余额。此外，如果银行修改任何定期存款的条款，而这种修订又不利于客户（比如降低利率），银行就必须提前30天提醒客户。由于通知成本过高，许多银行相信这会使得金融机构不再提供固定利率定期存款这类服务。

最后，银行对于支付存款利息设置最低余额限制也是非法的——银行不能因为你的账户有一天低于最低限额就完全不支付利息。对于账户余额降至最低限额以下的时段，银行可以不支付利息，但不能取消余额在限额以上时段的利息。

对于各项费用和广告，银行必须披露更多的信息。在开设一个账户时，银行需要提供正常账户业务的收费清单。银行如果有最低限额要求或者收取任何维护费或业务费，就不得使用"免费""无成本"等字眼。

2008年开始的金融危机对个人管理金融资源的方式有重大影响。由于股价下跌和美联储降息，个人开始将资金从股权投资转移到低风险债券和银行存款。2008—2014年，由于许多人寻求安全的投资，大量新增存款涌入银行。危机期间贷款需求下降，以至于银行挣扎于该支付多少利率和如何投资这部分收益。随着时间的推移，大部分银行家意识到由于其他投资选项不合理，这些存款才会停驻于银行机构。意料之中的是，银行不再对这些存款支付利息，但余额依然与日俱增。检查一下你的计息支票账户的现行利率是多少。银行家意识到这些存款中的大部分是"突发性"存款，是由于人们临时"逃往"安全资产而产生的。当利率最终升高时，这些存款当中的大部分将从银行流出。

尽管交易账户的利息成本很低，但非利息成本可能很高。实际上，因为银行需要清算支票、借记卡交易、信用卡交易并处理偶发的存款，低余额的支票账户可能是银行成本最高的资金来源之一。举例来说，一名大学生可能在月初存入账户1 500美元，但很快花掉了大部分资金，从而降低了当月的平均余额。如果学生的平均账户余额为每月250美元而学生签发了15张支票，那么银行的平均月度成本为10美元左右或每年53%！[①] 使用借记卡而非支票降低了这一成本，但交易笔数多导致账户成本依然很高。

除非银行收取其他费用，否则低余额交易账户对银行而言通常是无利可图的。许多评

---

① 给定联储基金利率为0.25%，准备金要求为10%，将收益再投资后的年度成本为[（10 − 0.0025/12 × 250 × 0.9）/（250 × 0.9）] × 12 = 53.1%。

论家认为银行应当对交易账户定价以促使低收入群体使用支票与现金互通的方式收取现金,并利用汇票或预付卡支付账单。

非交易账户

非交易账户是指签发支票权有限或无权签发支票的计息账户。该账户通常支付有竞争力的利率,并且每人可以得到联邦存款保险公司最高 250 000 美元的保障。非交易账户包括货币市场存款账户、储蓄账户、小额定期存款和大额存单。

货币市场存款账户(MMDA)是指拥有有限开立支票权的定期存款。[①] 银行引入这种金融工具,以便与大型经纪公司提供的货币市场共同基金进行竞争。这些账户与计息支票账户的不同之处在于:存款人每月最多交易六次,其中只有三次可以用支票。货币市场存款账户的平均规模远大于交易账户。银行发现货币市场存款账户之所以有吸引力,是因为其法定准备金为 0——银行必须为活期存款账户和计息支票(净交易)账户余额持有 10%的准备金。受限的支票处置权和零准备金要求降低了银行的实际成本。因此,银行承担得起更高的利率以吸引货币市场存款账户资金。

储蓄账户(savings accounts)和小额定期存款(small time deposits)是小额账户(250 000 美元以下)。储蓄账户没有固定的到期期限,但小额定期存款有特定的到期期限,从七天到任意更长的商定期限不等,提前支取则会遭到罚息。无论存款规模多大,银行都可以向任一账户支付市场利率。如今储蓄账户较为少见,货币市场存款账户和小额定期存款逐渐将其取代。货币市场存款账户的平均利息费用更高,但运营成本更低。在当今的环境下,100 000 美元以下的定期存款和 100 000—250 000 美元的定期存款存在经济性差异,因为大额存款更像大额存单——它们高度利率敏感,通常被高收入个人、小企业和其他金融机构持有。

大额定期存款(large time deposits)若是可转让的,则通常被称为大额存单(large CD or jumbo CD),这意味着当类似存单的利率发生变化时,它们的价值也会随时间变化。在许多情况下,存单的限额为 100 万美元,持有人在存单到期还本付息之前会对其进行交易。大额存单主要由大银行发行,由企业和政府单位购买,由此这些存单不被视为零售存款。小银行也发行大额存单,但即便是可转让的,它们也很少在二级市场上被交易。小银行一般将大额存单卖给与本行有长期联系的优质客户。对小银行而言,存单可能被视为零售存款,因为客户会持有至到期。规模更大的银行通常支付更高的利率,由此这些存单被视为批发资金。许多银行还依赖于经纪或互联网形式的大额存单。本章随后会对这些形式的大额存单和其他批发资金来源进行更详细的讨论。

估算存款账户成本

估算负债成本不仅仅要考察各类账户的利息成本。交易账户的利息费用可能几乎为 0 或仅为 1%,但仅考虑利息成本会严重低估交易账户的有效交易费用。首先,交易账户需要

---

① 在计算准备金要求时,货币市场存款账户被归入定期存款而非交易账户。

满足法定准备金要求——占未偿余额的 10%,银行要持有与未偿余额成比例的存款作为准备金。因为准备金通常被投资于无息或低利率资产(美联储存款或备用现金),只有部分存款可以用于投资,所以法定准备金提升了交易账户的成本。非交易账户没有准备金要求,给定其他条件不变,由于其资金可 100% 用于投资,该账户的成本较低。其次,当存款客户交易笔数较多时,会产生较高的处理成本。例如,考虑一家当地的零售店,它接受各种形式的支付,由此管理账户的成本极高。最后,银行会针对某些账户收取特定费用以抵消非利息费用,从而降低这些资金的成本。

交易账户的成本很高。然而,大部分成本分析数据表明活期存款是成本最低的资金来源,尽管这些账户的盈利能力取决于平均余额、交易笔数以及所收取的费用。低余额支票账户平均成本的占比很大,银行要额外收取费用,比如透支保护或"资金不足"(not sufficient funds, NSF)的费用。低余额账户成本对银行而言可能非常高,大部分银行知道这部分客户会经常透支余额。因此,银行收取透支费用不仅是一种服务费,也是一种风险收费。经常透支账户余额的客户可能是不能保证偿还透支资金的低余额客户。透支实际上意味着银行发放了贷款,但是银行对此类贷款的相关条款的控制力较弱。如果银行成功收取了相关费用,这些账户就可以为银行提供低成本资金。

估算交易账户的非利息成本很有挑战性。为了评估客户和/或产品的成本和盈利能力,管理者必须收集不同部门、产品和客户关系的详细成本数据。尽管收集、评估和管理数据费钱耗时,但很有价值。管理者可利用成本分析数据来判断哪些账户和分支机构更具盈利能力,从而快速识别、着手处理并解决薄弱环节。

不幸的是,银行业很少有可供比较的公开成本数据。美联储曾经在《功能成本和利润分析》(Function Cost and Profit Analysis)报告中公布数据,但该项目于 1999 年终止。如今,此类信息必须通过私人渠道或银行自身的成本核算系统来收集。[①] 我们以图表 6.4 和图表 6.5 中的第一银行为例介绍如何使用此类数据。

交易账户成本分析通常将支票处理业务归入存款(电子化和非电子化)、取款(电子化和非电子化)、跨行存款支票、跨行兑现支票、开户与销户、本行兑现支票或一般账户维护(截留和非截留)。电子化交易(electronic transactions)是指通过自动存款、互联网和电话账单支付、ATM 和自动化交易所(ACH)进行的交易。非电子化交易(nonelectronic transactions)是指通过人工或邮件处理的交易。跨行存款支票(transit checks deposited)是指本行之外的任何银行开立的支票,存款则是从本行提取的存款。本行兑现支票("on-us" checks cashed)是指基于银行客户账户开立的支票。存款代表直接存在客户账户中的支票或货币。账户维护(account maintenance)是指一般性的记录、维护、准备和邮寄定期账单。截留账户(truncated account)是指将实体支票"截留在"银行的支票账户,即不将支票还给客户。保付支票

---

① 要建立有效的成本核算系统,需要按部门和产品抓取所有收入、费用和投资组合的数据。更重要的步骤还有识别所有部门,既包括利润中心也包括成本中心,为成本中心建立逻辑性强的成本分配基准;计算从内部的资金提供者到外部的资金使用者之间的资金转移成本;整合并呈现所有相关数据,向管理层提交逻辑性强、信息含量高的总结报告。由于存在许多共享成本,因此数据分析结果准确与否在很大程度上取决于投入了多少精力和时间去确认客观成本分配。

(official check issued)仅针对注册资本。净间接成本或费用(net indirect costs)是指不与产品直接相关的成本,例如管理人员的工资和一般管理费用。

图表 6.4　第一银行存款账户收入与成本的会计数据　　　　　　　　　　（单位:%）

	单位成本		
	活期	储蓄	定期
收入			
利息收入(信贷收益估计值)	**1.2**	**1.2**	**1.8**
非利息收入(各账户月度估计值)			
服务费	3.10	0.62	0.17
罚金	2.52	0.33	0.27
其他	0.75	0.16	0.05
非利息收入合计	**6.37**	**1.11**	**0.49**
费用			
交易收费(单笔交易成本)			
存款(电子化)	0.0149	0.0580	0.1631
存款(非电子化)	0.2634	0.8064	3.5525
取款(电子化)	0.1722	0.4904	0.6110
取款(非电子化)	0.2663	0.7180	1.4933
跨行存款支票	0.2350	0.6433	
跨行兑现支票	0.3072		
本行兑现支票	0.2778		
保付支票	1.35		
月度一般管理费用			
月度账户维护(截留)	2.96	4.35	2.16
月度账户维护(非截留)	8.11		
净间接费用	4.70	2.31	21.12
杂项费用			
开户	9.10	37.55	6.95
销户	6.33	22.48	3.86

图表 6.4 总结了第一银行各存款账户的平均收入和成本信息。"活期"一列包括活期(支票)账户的平均账户成本和单位成本数据,"储蓄"和"定期"两列则是无限额的小额个人储蓄账户和一般有固定期限的大额定期存款账户(比如存单)的数据。每一列的数据表示每项业务的平均成本。"收入"项下的数据表明,活期账户的利息收入或信贷收益最低而定期账户的最高。这不足为奇,因为与储蓄或定期存款相比,交易账户的波动性更大且投资期限普遍更短。但是,活期账户来自服务费和其他费用的平均非利息收入最高而定期账户的最低。显然,支票账户的交易费用远高于储蓄账户或定期存款。储蓄账户的交易也比定期

账户(根据账户规模调整之后)更活跃,因此这些账户收取的手续费也略高。

"费用"项下的数据表明,活期账户的单笔交易成本最低而定期账户的最高,主要是因为活期账户的交易量较大,定期账户的交易量通常很小。注意,电子化交易的成本小于非电子化交易的成本。实际上,如果银行能大幅提升客户的电子化交易数量,就可以显著降低这些账户的服务成本。这是一些大银行开始对柜台出纳交易收取3—4美元手续费的原因之一。

这些账户盈利与否取决于银行利用存款余额进行投资的收益(减去法定准备金和浮账)以及服务费和其他收费。图表6.5列出了第一银行对三种不同活期存款账户的平均月收入和费用的估算。用信贷收益率乘以浮账和法定准备金之外的存款余额可算出利息(投资)收入。意料之中的是,净收入随着账户平均规模、交易活跃程度和相关费用的变化而变化。高余额账户的月度总收入最高,主要是来自较高余额的利息收入。低余额账户的非利息收入最高,主要来自存款不足(NSF)的罚金。高余额账户的月度净收入最高;但实际上,中等余额、交易量大的账户的月度净收入(就单笔交易而言——译者注)低于低余额、交易量小的账户,此类账户的非截留特点(支票返还)导致其盈利能力低于低余额、交易量小、费用高的账户。这些数据清晰地表明,平均余额、账户活跃程度和账户类型共同决定了账户的盈利能力,以及为何许多银行鼓励客户采用电子支付并接受截留账户(对于截留账户,银行不必返还支票,只需提供支票影像)。

图表6.5 第一银行多种存款账户收入和费用的会计分析　　　　　　　　　　(单位:美元)

	低余额、交易量小、截留		中等余额、交易量大、非截留		高余额	
	交易	月度收入/费用	交易	月度收入/费用	交易	月度收入/费用
收入						
月平均账户余额的利息收入(扣除浮账)	500	0.51	8 750	8.90	15 800	23.70
非利息收入(月平均估值)						
服务费		3.10		3.10		3.10
罚金(账户估值)		7.56		6.30		1.26
其他		0.75		0.75		0.75
非利息收入合计		11.41		10.15		5.11
总收入		11.92		19.05		28.81
费用						
交易收费						
存款(电子化)	1	0.02	2	0.03	2	0.03
存款(非电子化)	1	0.26	3	0.78	3	0.78
取款(电子化)	10	1.72	8	1.38	6	1.03

(单位:美元)　（续表）

	低余额、交易量小、截留		中等余额、交易量大、非截留		高余额	
	交易	月度收入/费用	交易	月度收入/费用	交易	月度收入/费用
取款(非电子化)	5	1.33	10	2.63	5	1.33
跨行存款支票	1	0.24	2	0.47	2	0.47
跨行兑现支票	1	0.31	1	0.31	2	0.62
本行兑现支票	1	0.28	1	0.28	1	0.28
交易费用合计		4.16		5.88		4.54
月度费用						
月度账户维护(截留)	1	2.96				
月度账户维护(非截留)			1	8.11	1	8.11
净间接费用		4.70		4.70		4.70
月度重复性费用合计		7.66		12.81		12.81
利息费用						
总费用		11.82		18.69		17.35
每月净收入		**0.10**		**0.36**		**11.46**

银行按市场利率对存款计息,它们希望客户至少要支付服务成本。这就带来了所谓的关系定价,即余额更高账户的服务费更低而利率更高。许多银行将服务拆分后分别定价;有些银行对曾被认为基本的"礼节性"服务收费,比如支票兑现和余额查询;有些银行甚至对所有的个人银行业务收费。对大部分客户而言,近年来银行服务费用大幅攀升。

这种定价方案实质上创建了银行业的等级制度。大额存款人获得较高的利息、支付较低的费用,而且经常可以免费开立支票。他们不需要在银行排长队等候,还会受到来自私人银行家的更多关注。当他们给银行客服打电话时,会有真实客服人员迅速接听电话。与之相对,小额存款人获得较低的利息(如果有利息的话)并支付更高的费用,个人服务也很少。当这些客户给银行客服打电话时——特别是那些大规模、以交易为基础的组织——客户将在一个个电子语音回复之间反复转接,需要等待很久才能见到真实客服人员。

计算存款账户的平均净成本

资金的平均历史成本(average historical cost of funds)是现有资金的平均单位借贷成本的度量指标。整个投资组合的平均利息成本等于总利息费用除以未偿负债的平均数额,度量的是1美元债务中的平均成本占比。某一资金来源的平均历史成本等于该来源的利息费用除以相应时段内这一来源的平均未偿负债。

为了估算银行负债的年度历史净成本,只需将生息资产的利息费用加上非利息费用减去非利息收入,再除以可投资的资金额,从而决定生息资产的最低收益要求:

$$银行负债平均净成本 = \frac{利息费用 + 非利息费用 - 非利息收入}{扣除浮账的平均余额 \times (1 - 准备金要求比率)} \times 12 \quad (6.1)$$

假设浮账率为5%、准备金要求比率为10%,图表6.5中的中等余额、交易量大账户的平均净成本为:

$$中等余额账户的平均(年度)净成本 = \frac{(0 + 18.69 - 10.15)}{8\,750 \times 0.95 \times 0.90} \times 12 = 1.37\%$$

大额批发负债的特征

除了小额存款,银行还在货币市场上购入资金。大型机构通常通过电话或网络进行交易,不管是与交易对手直接交易还是通过经纪人。大部分交易以百万美元为单位进行。小银行通常直接与客户交易,与全国性和国际性市场的接触有限。某些类型的负债,比如银行直销的大额存单,会被当作资金的永久来源;其他类型的负债则不常用。银行必须对所有资金来源按市场利率付息,并可以在现行市场报价上增加小幅溢价以吸引额外的资金。由于客户会因很小的利率差异而转移投资,因此这些资金被称为"热钱"、波动性负债或短期非核心资金,包括大额存单、购入联储基金、回购协议、欧洲美元定期存款、外国存款和任何其他大额买入负债。

大额存单

100 000美元及以上的大额可赎回凭证被称为大额存单。这些金融工具最初由大银行发行并由企业和政府单位购买,虽然存单种类繁多,但都具有相似的特征:

- 到期期限最短7天。最常见的到期期限为30天和90天,但近期发行的零息票存单则将到期期限延长到10年。
- 存单的利率按一年360天报价。除零息票金融工具外,存单均按面值发行并作为生息金融工具进行交易。因此,交易价格为本金的市场价值加上自最初买入开始累积的利息。
- 每个投资者或每家机构的存单受保上限为250 000美元,超出250 000美元之外的余额由持有人自行承担风险。①

大额存单被视为风险型金融工具,其交易也基于此展开。当发行银行陷入金融困境时,它必须在当前利率的基础上添加一部分溢价以吸引资金,一般为2%—3%。当交易员感知到所有大银行都陷入金融困境时,如1998年亚洲金融危机那样,他们对存单利率的报价就会高于期限相近的国库券利率。

银行在发行大额存单时,要么直接发行给投资者,要么通过交易商和经纪人间接发行。

---

① 举例来说,俄克拉荷马市佩恩广场银行于1983年破产,购买了该银行发行的存单的投资者,其未受保的存单仅能得到65%的赔偿。

一旦借助金融中介,银行就要支付1%的八分之一(即12.5个基点)作为服务费。以这种方式获得的存款被记为经纪存款(brokered deposits)。经纪人实际上就是将银行的存单卖给需要受保存款的投资者,其优点在于经纪人为小银行提供了获取资金的渠道。经纪人将存单分为250 000美元一份,因而所有存款完全受保,然后将其推销给感兴趣的投资者。本质上看,经纪人是在出售存款保险,因为购买者承担了政府不向受保存款人赔付的风险,而这一风险从未发生过。因此,一旦银行或储蓄与贷款机构可能要求经纪人通过存单募集5 000万美元,经纪人就可以为此出手200张完全受保的存单,每张250 000美元。

毫不奇怪,银行监管者认为经纪存单经常被滥用,经纪存款和问题或破产银行之间存在一定的关联。银行和储蓄机构可以利用存单资金投机高风险资产。若投资状况恶化、银行破产,则由联邦存款保险公司而非银行所有者对受保存款人进行补偿。实际上,2007—2010年金融危机期间,许多破产银行都是通过存单获取资金来投机于房地产贷款从而实现快速增长的,贷款损失由此产生。举例来说,位于阿肯色州本顿维尔市的阿肯色州国民银行于2008年5月倒闭,这家银行21亿美元资产中有16亿美元为未偿经纪存款。联邦存款保险公司的保险基金因对受保存款人进行补偿而导致的损失超过2亿美元。基于此,银行监管者规定经纪存款的使用仅限于有高额股权资本、不太可能倒闭的健康的银行。

近年来,社区银行日渐依赖CDARS,将其作为一种拓展性存款保险。CDARS指"存款账户注册凭证服务"(Certificate of Deposit Account Registry Service)。① 该服务允许银行为单个客户几乎任何规模的存款提供全额保险——即便是超出每个账户250 000美元上限之外的部分。银行将超出250 000美元上限的部分转移到其他银行并换来等额存款,从而保证所有转移存款在250 000美元的保险限额之内。因此,每笔转移存款都是全额受保的。实质上,银行是用未受保存款交换受保存款,并向提供此项服务的组织支付费用。监管者将CDARS归入经纪存款的类别,但其风险特征与通过经纪人所获得的存款并不相同。

根据客户偏好和银行利率风险管理策略的不同,存单有多种形式。当银行管理者预期利率会系统性上升时,他们会尝试在利率变化之前延长存单的到期期限;当他们预期利率下降时则相反。当然,存款客户可能有相同的预期。下面列出不同类型的存单:

- **固定利率存单(fixed-rate CD)**。传统上,存单是固定利率合约,在1个月、3个月或6个月时重新协商利率。如今,固定利率的期限最高可以到5年。
- **可变利率存单(variable-rate CD)**。许多银行发行期限更长的可变利率合约,在特定时段(比如每3个月)可以重新协商利率。每个时段内支付的利率等于证券交易商对3个月期存单利率的报价的均值。可变利率存单对于预期利率会上升或希望增加利率敏感度的投资者具有吸引力。另一种变化形式是**跳跃利率存单(jump-rate CD)**,或称**激增存单(bump-up CD)**,存款人在到期前拥有一个一次性期权,可以将利率改为现行市场利率。②

---

① CDARS服务由Promontory Interfinancial Network在2003年首创。
② 这种期权将所有利率风险转嫁给发行银行,客户应当愿意接受更低的初始利率。

- **特殊存单（CD specials）**。许多银行希望支付更高的利率以吸引新资金，但不希望冲击现有存款的资金。玛丽在银行有 95 000 美元的定期存款，银行何必向她支付本不必要的额外高息？对冲击的担忧使特殊存单应运而生，或者说银行为吸引新存款而提供特殊条款。特殊存单通常在一个奇怪的期限（8 个月或 13 个月）内支付较高的初始利息，因此它们到期时其他银行存单并没有到期。特殊存单到期后转为传统的 6 个月或 12 个月的低利率存单，存款人要从传统存款中转移资金时必须通知银行。银行试图利用特殊存单，以暂时较高的初始利率吸引新资金。

- **可赎回存单（callable CD）**。20 世纪 90 年代后期，利率上升，银行贷款需求旺盛，但银行在融资以支撑资产增长方面存在困难。2—5 年期的大额存单利率高达 8%，远高于同期限的国债。对长期融资的需求和对利率走低的担忧共同促使一些银行开始发行可赎回的 5 年期和 10 年期存单。这些存单通常有 2 年的延迟期，意味着在发行后的两年内不可被赎回。在这之后银行可以赎回存单，意味着银行可以自主决定是否提前偿还存款人本金。这些存单利率较为诱人，但如果存单期限内利率走低，银行就得以借此降低借款成本方面的风险。

- **零息存单（zero coupon CD）**。与零息债券相同，零息存单也是按面值大幅折价后销售，并在到期日回归面值，其利率和到期期限均为固定值。举例来说，一家银行可能发行一张现价为 750 000 美元的存单，5 年后支付 100 万美元。投资者收到固定 5.92% 的年化收益率，同时明确知晓 5 年后该笔投资的价值。零息存单的主要缺点在于初始折价的摊销部分（250 000 美元）每年要被征收联邦所得税，即便投资者实际没有收到当期收益。出于这一原因，许多银行将零息存单推销给个人退休金账户（individual retirement accounts，IRA）。只要到期价值低于 250 000 美元，零息存单就是完全受保的，其对发行银行的吸引力在于可获取长期资金。在这个例子中，银行立即得到 750 000 美元而且 5 年内没有与之对应的现金流出，即这笔存款的有效缺口为 5 年。

- **利率公告牌（rate boards）**。利率公告牌是通过互联网向机构投资者出售非经纪存单的场所，实质上是一种列名服务（listing services），收集由联邦存款保险公司承保的不同银行向机构投资者报出的存单利率信息。如果该项服务仅收取订阅费，既不基于存单的数量或金额，在投资者预约存款的过程中也不提供直接协助，那么联邦存款保险公司将通过这种渠道获得的存单归入非经纪存款。由此，银行支付一笔订阅费，列出自己对不同到期期限的存单（250 000 美元以下）支付的利率——利率公告牌——协助迅速募集资金，成为代表银行的一个虚拟分支机构。在金融危机期间，许多最终倒闭的问题银行通过利率公告牌进行扩张借款，支付的利率高于健康银行所支付的水平。银行倒闭时，联邦存款保险公司告知存单持有人，要么接受更低的利率，要么立即回收投资。有趣的是，信用合作社在投资者中占多数且在投资到期后倾向于续存，由此创造出相对稳定的资金来源。

个人退休金账户

个人退休金账户是工薪阶层及其配偶的储蓄计划,包含多种有不同到期期限、利率和其他收益特征的储蓄工具。个人可以在不同的金融服务公司和产品之间做选择。商业银行、储蓄与贷款机构、经纪公司和保险公司控制了个人退休金账户的投资。投资者的选项包括银行和储蓄与贷款机构的小额定期存款和货币市场存款账户、普通股、零息国债、由经纪人提供的有限房地产合伙投资的股份。尽管个人退休金账户被列入批发资金,但在许多情况下银行的核心客户也持有个人退休金账户。

个人退休金账户的主要优势在于税收优惠。美国国税局退休计划和最高收益准则规定,每个工薪雇员每年可以将赚取的收入通过个人退休金账户进行投资并享受税收递延。[①] 59.5岁之前取走的资金需要向国税局交10%的罚金。投资者在到达这一年龄之前可以变更投资,但如果标的储蓄工具到期时投资仍未变更,投资者就要支付另一笔罚金。这些特征让个人退休金账户成为对商业银行有吸引力的长期资金来源,银行可利用该账户平衡长期资产的利率敏感度。只要银行支付有竞争力的利率,开户客户就不太可能转移资金。

传统个人退休金账户之所以有吸引力,是因为存入其中的资金可以免税,在取出资金时才需要纳税,由此投资者可以收到延迟纳税部分的利息。Roth个人退休金账户的优点与之类似,但是税收处理不同。对于Roth个人退休金账户而言,存入款项来自税后收入,但累积收益是免税的。当个人最终取走Roth个人退休金账户的收益时,全部数额都是免税的。

商业银行和储蓄与贷款机构提供与固定期限小额定期存款和货币市场存款账户有关的个人退休金账户产品。这些存款由联邦政府担保,因而吸引了众多的个人投资者。货币市场存款账户最为利率敏感,因为银行至少每30天改变一次利率。银行通常对期限更长的金融工具支付更高的利率以吸引客户延长贷款期限。由于未来利率变动的不确定性更大,利率与外部指数绑定的可变利率小额存单越来越受欢迎。

国外营业点存款

美国的多数大型商业银行参与了国际市场的激烈竞争,将资金借贷延伸到外国的个人、企业和政府。近年来,国际金融市场和跨国公司的发展日益成熟,客户得以出境寻找成本更低的资金并且不受国界的约束。短期跨国市场的储蓄交易通常发生在欧洲货币市场。欧洲货币(Eurocurrency)指的是以发行机构所在国以外的货币表示的金融要求权。最重要的欧洲货币是欧洲美元(Eurodollar),是在美国境外银行、以美元标示的金融要求权。境外银行可能是外国银行或美国银行的海外分支机构。欧洲美元市场同时包括贷款和存款,其特征和参与者均有所不同。

欧洲美元存款(Eurodollar deposits) 是在美国境外的银行以美元表示的存款,除了发行国家不同,它们实质上与直接由境内银行发行的定期存款相同。在所有情况下,美国境内银

[①] 每年可存入的金额由雇员的收入和报税身份(单身还是婚后联合申报)决定。

行的美元存款都支持欧洲美元存款的创造。这些存款的实体从未离开美国,只是其所有权转移了。欧洲美元存款的期限从活期到 5 年不等,大部分存款以 100 万美元或更大的单位交易。与境内存单相对的欧洲美元存单是最流行的境外存款,它们到期期限较短,通常为 3—6 个月,并且到期前可以在二级市场上交易。大部分欧洲美元存单支付固定利率,但浮动利率金融工具也日益流行。欧洲美元利率是在一年 360 天的计期假设下报价的。与联储基金和大额存单等期限相同的金融工具相比,欧洲美元存款的利率必须有竞争力;否则,欧洲美元存单无法从美国境内的金融工具中吸引资金。[①]

欧洲美元存款人包括世界范围内的个人、企业和政府。实际上,其中的许多交易只是银行间存款。图表 6.6 刻画了欧洲美元存款的源头及其最终成为欧洲美元贷款的路径,总结了四个组织的业务,包括三个交易阶段。在第一阶段,一家位于纽约的美国制造商在伦敦的英格兰银行开立欧洲美元存款账户,从而改变了其在纽约美国货币中心银行的活期存款的所有者。如前所述,欧洲美元存款账户的条款经商议确定,交易一旦结束,就创造出 1 000 万美元的欧洲美元存款,只是所有权发生了变动,从美国制造商变成了英格兰银行。

图表 6.6 欧洲美元存款的源头和扩展路径

第一阶段:美国制造商利用其在纽约货币中心银行(Money Center Bank-NY, MCB-NY)的存款在伦敦的英格兰银行(Bank of England, London, BE-L)开立 1 000 万美元的欧洲美元账户。
第二阶段:伦敦的英格兰银行在美国货币中心银行的伦敦营业点(MCB-L)开设欧洲美元账户。
第三阶段:美国货币中心银行伦敦营业点向位于伦敦的英国公司发放 1 000 万美元的欧洲美元贷款。

美国制造商 (纽约)		美国货币中心银行 (纽约)		美国货币中心银行 (伦敦)		英格兰银行 (伦敦)	
Δ 资产	Δ 负债	Δ 资产	Δ 负债	Δ 资产	Δ 负债	Δ 资产	Δ 负债
第一阶段:							
MCB-NY 的活期存款 −1 000 万美元			美国制造商的活期存款 −1 000 万美元			MCB-NY 的定期存款 +1 000 万美元	美国制造商的欧洲美元存款 +1 000 万美元
BE-L 的活期存款 +1 000 万美元			BE-L 的活期存款 +1 000 万美元				
第二阶段:							
		BE-L 的活期存款 −1 000 万美元	MCB-NY 的活期存款 +1 000 万美元	BE-L 的欧洲美元存款 +1 000 万美元	MCB-NY 的活期存款 −1 000 万美元		
			MCB-L 的活期存款 +1 000 万美元			MCB-L 的欧洲美元存款 +1 000 万美元	

---

① Goodfriend(1998)详细讨论了这些关系以及欧洲美元的一般性特征。

(续表)

	美国制造商 (纽约)		美国货币中心银行 (纽约)		美国货币中心银行 (伦敦)		英格兰银行 (伦敦)	
	Δ资产	Δ负债	Δ资产	Δ负债	Δ资产	Δ负债	Δ资产	Δ负债
第三阶段:								
	英国公司(伦敦)		MCB-L 的活 期存款 -1 000 万美元	MCB-NY 的活 期存款 -1 000 万美元				
	Δ资产	Δ负债						
	MCB-NY 的活 期存款 +1 000 万美元	MCB-L 的欧洲 美元贷款 +1 000 万美元	英国公司的活 期存款 +1 000 万美元	英国公司的欧 洲美元贷款 +1 000 万美元				

在第二阶段,英格兰银行向美国货币中心银行的伦敦营业点重新存款。纽约银行的初始活期余额的所有权再次发生变化,但是存款并未实际离开美国;美国银行的总活期存款没有变化,但创造出另一个 1 000 万美元的欧洲美元存款。

第三阶段记录了向英国公司提供欧洲美元贷款,使外国公司最终成为初始活期存款的所有者。银行之间的中介允许根据美国银行的固定利率活期存款多次扩展欧洲美元存款。欧洲美元存款没有准备金要求,银行只要可以赚取利差就会移动全部余额。同业存款(第二阶段)支付的基准利率被称为伦敦银行同业拆借利率(LIBOR),附加的同业存款利差通常为 0.125%—0.25%。如果初始存款支付了 3%,那么英格兰银行至少需要 3.125%的转存利率。因此,向最终借款人提供欧洲美元贷款的利差要大得多。

借入即刻可用的资金

顾名思义,即刻可用的资金是指在一个工作日内可用于支付的余额。有两种类型的余额即刻可得:存于联邦储备银行账户的存款(即联邦储备银行自身的负债),以及商业银行"托收"(collected)负债(其对应的账户余额在收到账户持有人指令后一个工作日内可以转账或提取)。[①] 通过电汇系统,美联储系统可以在 24 小时内将存款以电子形式转移到美国任何地方。托收余额是银行账簿上的分类账余额减去浮账,用这些账户开立但尚未清算的所有支票被扣除之后,剩余余额可在一天内转账。多数大型交易以即刻可用资金结算,包括到期存单、联储基金和证券回购协议。

购入联储基金

联储基金一词通常指在银行之间交易的超额准备金余额。这种说法基本上是不准确的,因为对准备金进行平衡是计算准备金的一种方法,而且市场中有不同的非银行参与者,更不用说许多交易背后的动机多种多样。在某些情况下,非银行参与者(如证券交易商和州政府)也参与联储基金交易。在其他情况下,联邦储备银行的银行准备金余额所有权不会改

---

① Lucas et al.(1977)讨论了即刻可用的资金。联邦储备银行对金融机构的存款负债构成银行系统法定准备金的主要部分。

变。联储基金(federal funds)的正式定义是：以即刻可用资金形式结算的无担保短期贷款，包括在银行准备金交易之外的交易，而交易参与者则在联邦储备银行持有大额余额或在储蓄机构拥有托收负债。因此，储蓄机构、外国政府和美国财政部都可以交易联储基金。

虽然到期期限经谈判可以延长数周，但大多数交易是隔夜贷款。利率由交易伙伴相互协商确定，并以 360 天为基础报价。没有抵押品意味着参与者需要为交易伙伴所熟知，因为债权人承担着违约风险。大额交易以 100 万美元的倍数计价，通常由经纪人处理。小银行经常买卖联储基金，金额则低至 10 万美元。当银行购买联储基金时，因为银行不必为此持有法定准备金，所以其借款成本等于利率加上经纪费。

因为联储基金利率是美联储系统的关键目标变量，所以联储基金市场对货币政策而言很重要。美联储的政策，特别是联邦公开市场委员会(FOMC)购买和销售证券，会直接改变银行即刻可用资金中的准备金部分，从而提升或降低联储基金利率。银行准备金的增加会减小即刻可用资金的借款压力，使得联储基金利率在短期内下降；银行准备金减少时情况与之相反。

证券回购协议

证券回购协议或回购(repo)是由政府证券担保的、以即刻可用资金结算的短期贷款。除了担保，它们在功能和形式上与联储基金几乎相同。从技术上讲，该贷款在出售证券的同时，同意以固定价格加应计利息予以购回。回购日期通常是第二天，大部分回购协议的到期期限为 24 小时。一些期限较长的贷款的期限和利率通过协商确定。虽然证券交易商主导回购市场，但任何机构只要满足抵押品和余额要求就可以交易回购协议。

例如，如果城市国民银行使用回购协议获取即刻可用的资金，它就必须将证券作为借贷的抵押品。如果抵押品是美国政府或机构证券，所得资金就不必提取准备金。用市场术语表述——债权人的交易是逆回购，银行同时作为借款人和贷款人参与其中，既可以直接参与也可以作为证券交易商参与。

大多数情况下，在协商合约时抵押品的市场价值应当高于贷款金额，两者的差额被记作保证金。例如，如果城市国民银行为 100 万美元的借款承诺抵押 110 万美元的美国政府证券，那么保证金等于 10 万美元。如果利率上升，正的保证金可以保护债权人免遭抵押物价值减少的损失。与无担保的联储基金交易相比，这种保护使得回购协议的风险更小，因此回购协议的利率低于期限相近的联储基金利率。1982 年，当两家政府证券交易商德莱斯戴尔政府证券(Drysdale Government Securities)和隆巴德-沃尔(Lombard-Wall)破产时，这种抵押被证明依然不够。因为当贷款到期时，交易商无法支付回购协议中大量借款所产生的应计利息。因此，大通曼哈顿银行(Chase Manhattan Bank)和制造商汉诺威分别承担了德莱斯戴尔 2.85 亿美元和 2 100 万美元的损失。虽然两家银行最初均否认应负责任，但最终还是弥补了客户因回购协议交易所承担的损失。

1985 年，E.S.M. 集团也在回购协议交易遭受损失之后倒闭，导致俄亥俄州住房州立储蓄银行(Home State Savings in Ohio)倒闭，70 多家储蓄机构因存款大量流失的损失而关闭。住房州立储蓄银行和储蓄机构的存款由私人承保，但保险池的资金不足以履行支付义务。

关闭的储蓄机构最终借助联邦存款保险公司的补偿而重新开张。[①]

这些倒闭事件促使监管机构加大审查力度,集中关注回购协议的实际法律地位,特别是德莱斯戴尔和隆巴德-沃尔的债权人能否出售自己持有的回购协议中的抵押证券。如果回购协议实质上是担保贷款,破产法就禁止债权人出售倒闭企业的任何资产。如果回购协议是独立的出售和回购证券的合同,债权人就可以清算证券。从法律意义上讲,因为借款人无力回购,证券应属于债权人。法院裁决似乎赞同债权人的诉求,允许他们清算所持有的证券。同样的事件在2008年再次发生——贝尔斯登和雷曼兄弟资金紧张,许多市场参与者要求贝尔斯登和雷曼兄弟偿付而非展期回购协议。

结构化回购协议

标准的回购本质上是一次性回购,利率和期限均固定且不含期权。最近,结构化回购协议日渐流行。结构化回购在金融工具中嵌入期权(如看涨期权、看跌期权、互换、上限和下限等),以降低借款人的初始成本或帮助借款人匹配投资风险和投资收益。例如,可赎回的回购协议允许存款持有人在到期前终止(赎回)存单。发行人将在利率上升时行使期权,并将资金以更高的利率再投资。

从美联储借款

联邦储备银行通常向储蓄机构提供贷款,帮助它们满足准备金要求。1980年以前,只有作为联邦储备系统成员的商业银行才能在正常情况下借款。《1980年储蓄机构去监管及货币管控法案》(Depository Institutions Deregulation and Monetary Control Act of 1980,DIDMCA)向储蓄机构开放借款,只要求储蓄机构的交易账户符合准备金条件。借款工具被称为贴现窗口(discount window),联邦储备银行收取的固定利率被称为贴现率(discount rate),由区域联邦储备银行正式设定并经联邦储备委员会批准。实际上,美联储会决定何时更改利率但需取得各区域代表的批准。

仅商业银行可以直接从美联储借贷并接受美联储的直接监督。然而,美联储在金融危机期间向许多陷入困境的公司提供贴现贷款,这一救助大型金融机构的行为打开了新局面。短期之内,虽然贝尔斯登、高盛、美国运通、摩根士丹利、大都会人寿和其他公司不是美联储系统成员,但都转型为银行控股公司,以便获得美联储救助(通过贴现窗口贷款)。[②] 据彭博报道,截至2008年12月5日,美联储向各大公司提供了1.2万亿美元的贴现窗口贷款和担保。截至2009年3月,美联储承诺提供7.7万亿美元的贷款和担保。除了直接贴现窗口贷款,美联储还创建了几家正式借款机构,以便为大型商业银行、投资银行、金融公司和其他在流动性危机中挣扎的金融机构提供流动性资金。

当美国国会在1913年建立联邦储备制度时,通过贴现窗口贷出储备资金被视为中央银行操作的主要工具,因为贴现窗口贷款直接增加了成员银行的储备资产。然而,很久以前的

[①] Lumpkin(1993)总结了回购协议市场的主要特征以及信用风险和利率风险的影响因素。

[②] Ivry, Keoun, and Kuntz, "Secret Fed Loans Gave Banks $13 Billion Undisclosed to Congress", *Bloomberg Markets Magazine*, November 27, 2011.

公开市场操作是货币政策最重要的工具,如今的贴现窗口只是作为一个安全阀,用于缓解储蓄机构和整个银行系统的流动性压力。贴现窗口还在系统性压力出现时提供流动性以确保支付系统的稳定性。例如,在 2001 年 9 月 11 日的悲剧事件发生之前,银行在联邦储备账户中持有约 130 亿美元。在 9 月 11 日之后的日子里,因为一些银行无法从这些账户中转移资金,余额迅速增加到 1 200 多亿美元。部分银行账户出现额外资金意味着其他银行在美联储的账户出现巨额负头寸,全美境内的转账数量从约 1.6 万亿美元下降到仅有 1.2 万亿美元,再次造成支付系统的严重流动性危机。9 月 12 日,美联储贴现窗口向银行提供总额 460 亿美元的贷款,是上月日平均水平的 200 多倍。

2002 年 10 月,美联储出台了新的贴现率政策,其一级和二级信贷计划分别按当期联储基金利率加 1% 和 1.5% 的利率向大多数金融机构发放贷款。此前美联储一般不鼓励金融机构直接向其借款,其贴现率的设定远低于当期联储基金利率的水平。旧政策下的贴现率很少发生变动,主要用于指示未来货币政策是宽松还是紧缩,而不是改变银行的借款行为。根据新政策,美联储不会像旧政策那样"阻拦"借款。美联储希望:鉴于利率高于一级信贷市场的定价,机构将把贴现窗口作为备用资金来源而不是常规资金来源。

联邦储备银行拥有最后贷款人的身份,合格机构可以直接从联邦储备银行借入存款余额或法定准备金,贴现率代表银行需支付的利率。美联储有四种不同的贷款计划:一级信贷、二级信贷、季节性信贷和应急信贷:

- **一级信贷(primary credit)** 开放给运营良好的储蓄机构以满足其短期资金需求。2008 年 3 月,美联储将到期期限延长至 90 天,并将利率降至联邦公开市场委员会设定的联储基金目标利率加 25 个基点。一级信贷计划是确保银行系统流动性充足的主要安全阀,大多数储蓄机构符合一级信贷的要求。储蓄机构在申请一级信贷临时借款之前不需要寻求其他资金来源。重要的是,美联储指出"银行审查员应该将使用一级信贷视为合适的、正常的行为"。
- **二级信贷(secondary credit)** 开放给不具备一级信贷资格的储蓄机构,扩展了短期(通常为隔夜)借款的范围,利率也高于一级信贷。二级信贷可用于满足备用的流动性需求,使用时必须确认借款机构能按时利用市场资金来源偿还借款,或者问题机构已经配备有序的处置方案。二级信贷不得用于借款人的资产扩张。与一级信贷计划相比,二级信贷计划需要联邦储备银行施加更高水平的管控和监督。美联储 2008 年给予投资银行的贷款在很大程度上是一种二级信贷。
- **季节性信贷(seasonal credit)** 旨在协助小型储蓄机构管理存贷款方面的重大季节性波动。季节性授信适用于年内资金需求出现明显的重复性波动特征的储蓄机构。此类机构通常位于农业区或旅游区。季节性信贷的利率是基于市场利率的浮动利率。
- 在特殊和紧急情况下,美联储可以向个人、合伙公司和非储蓄机构的企业发放**应急信贷(emergency credit)**。联邦储备银行目前没有为应急信贷设定利率,但《A 条例》规定,这种利率应当高于发放给储蓄机构的贷款的最高利率。只有当联邦储备银行判定借款人无法从其他来源获得贷款、不提供贷款又将对经济产生不利影响时,这种信贷才会发生。

借款的条件和程序由美联储制定，银行必须在借款之前提出申请并提供合适的抵押品。合格抵押品包括美国政府证券、银行承兑票据以及合格的短期商业票据或政府票据。借款常客通常使用已经在联邦储备银行账上的美国国债。预付款是以合格抵押品作为担保的贷款，贴现则是成员银行向美联储暂时出售符合要求的贷款。美联储同意在到期时将贷款返还给银行。贴现率决定了不同情境下的利息支付，由美联储根据当前经济条件来确定。

从美联储获得的其他借款

2008年，为了应对诸多全球和美国金融机构的流动性危机，美联储为银行和投资银行开发了几种新的借款工具。虽然所有工具都旨在提供额外资金，但它们对货币供应和宏观经济的影响并不相同。贴现窗口的直接借款增加了银行系统的准备金，进而提升了国家的货币供应。

定期拍卖便利（term auction facility，TAF）

2007年12月，美联储推出了定期拍卖便利，允许银行从本地联邦储备银行竞拍贷款（advance）。贷款的期限一般为28天，同时还会规定最低利率报价和最高可得金额。银行必须为借款提供抵押品且不得提前偿还贷款。与一级信贷相似，通过TAF获得的贷款可增加基础货币投放。

定期证券借贷便利（term securities lending facility，TSLF）

2008年，美联储批准了定期证券借贷便利，纽约联邦储备银行通过公开市场交易柜台向一级证券交易商发放贷款，其规范流程是用高质量的抵押贷款支持证券和其他资产支持证券参与国债竞拍从而获得贷款。这种证券替代不会影响银行系统的准备金，也不会影响货币供应。TSLF允许交易商交易流动性相对较低的抵押贷款支持证券以换取国债，进而以国债为抵押获得贷款。因此，TSLF通过提升一级证券交易商的借款能力来创造流动性。

商业票据融资便利（commercial paper funding facility，CPFF）

美联储于2008年开发了CPFF为商业票据市场提供流动性。雷曼兄弟的倒闭导致许多货币和资本市场金融工具的交易实际上被冻结。联储基金作为一种货币市场共同基金，由于其持有雷曼兄弟的债务而导致损失，只能宣布投资者持有的基金的单位价值低于1美元。商业票据是一种无担保承兑票据，其投资者撤出市场导致许多发行人无法替换（展期）到期的商业票据。CPFF为美联储买入大公司为融资而发行的商业票据提供了有效的机制，其功能与贴现窗口贷款相同。在2010年市场环境有所改善时，该计划被终止。

联邦住房贷款银行的贷款

随着零售或核心存款的竞争日趋激烈，许多银行高度依赖来自联邦住房贷款银行（FHLB）的贷款。联邦住房贷款银行是一家政府资助的企业，其最初创建是为了帮助个人购买住房,如今是美国最大的金融机构之一。由于政府资助,联邦住房贷款银行系统借款的评级为 AAA(Aaa)。联邦住房贷款银行以低成本借款,然后购买政府证券或向其他机构发放贷款——这部分贷款是许多银行的资金来源。任何银行都可以通过购买联邦住房贷款银行的股票成为系统成员。如果银行有可用的抵押品(主要是房地产相关贷款),就可以从联邦住房贷款银行借款。然而,1999 年的《格雷姆-里奇-比雷利法案》使小银行更容易获取用于非房地产行业贷款的资金。具体而言,该法案允许资产 5 亿美元以下的银行利用长期款项给小企业、小农场和小型农业企业发放贷款。

1999 年的《格雷姆-里奇-比雷利法案》还建立了联邦住房贷款银行新的长期资本结构,授权其拥有两类股票,可分别在 6 个月和 5 年后赎回。为获取资金而进行的更加激烈的竞争以及新增的 FHLB 贷款用途导致从 FHLB 借款的银行数量和借款美元金额均快速增长。图表 6.7 记录了 1998 年以来从 FHLB 借款的商业银行数量和借款金额。注意,2007—2008 年由于流动性危机,借款额大幅增加,随后则急剧减少。许多大银行,如华盛顿互惠银行(Washington Mutual)、美国国家金融服务公司(Countrywide Financial)及美联银行(Wachovia)都从 FHLB 借入大笔款项以满足与问题资产相关的现金流需求,它们也无法以相近成本从其他地方借款。由于华盛顿互惠银行倒闭,美国国家金融服务公司和美联银行被美国银行(Bank of America)和富国银行(Wells Fargo)收购,这些公司现今的存在方式都已改变。通过 FHLB 贷款进行融资的银行数量和未偿余额急剧减少,这表明贷款需求降低同时监管层努力减少银行对这种形式的资金的依赖。

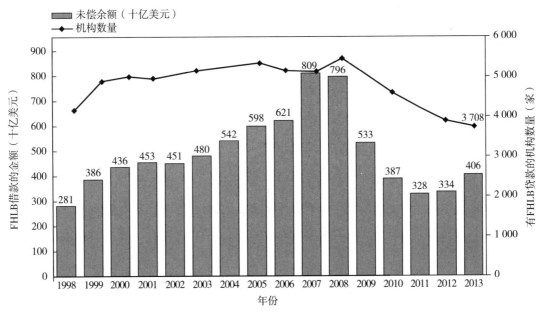

图表 6.7　有 FHLB 借款的商业银行,1998 年至 2013 年(第二季度)

资料来源:FDIC 季度银行业概览,2013 年第二季度,www.fdic.gov。

FHLB 借款表现为多种形式的款项(advances)。贷款到期期限可以短至 1 天或长达 20 年。有临时资金需求(通常与住房贷款增加相关)的银行通常采用短期贷款,期限为 30—90

天。近期的一个趋势是银行将长期贷款作为一种更持久的、支撑贷款增长的资金来源。许多情况下,贷款的利息成本小于大额存单和其他购入债务。潜在的期限范围让银行得以进一步调整基金的有效期限或有效久期,与资产进行匹配,从而更好地管理利率风险。此外,只要有合格的抵押品,银行就可以借入几乎任何金额。一个有趣的问题是,这些贷款是一种与核心存款类似的持久的资金来源还是属于热钱?

FHLB 贷款中有一些是可赎回的,即 FHLB 有权在到期之前(通常在一个预设的延迟期之后)赎回贷款。例如,一笔 5 年期可赎回贷款可以在 1 年后被赎回,银行同意贷款可赎回相当于向 FHLB 出售一个期权,并支付较低的初始利率以获利。当然,如果利率上升,FHLB 将赎回贷款,银行不得不按更高的利率获取替代资金。上述及其他 FHLB 贷款与通过回购协议交易商取得的结构化回购协议具有一定的可比性。

电子货币

电子商务几年前诞生,但发展得相当迅速。如果讨论技术对银行业的影响,那么最明显的证据是几乎所有金融产品都可以通过电子形式提供。人们可以通过电子形式支付购物款、申请和接收贷款,甚至投资和转移资金。对实体银行的需求反映了客户的偏好——它并非经营所必需。

一些分析师认为,智能卡、电子现金和电子支票将很快成为互联网交易的主要支付工具。电子现金和电子支票不是联邦储备货币,而是数字"通证"(tokens),有点像公交代币或赌场筹码,只不过是电子版本的。这些资金代表先通过信用卡或现金支付,然后进行在线购买的加密价值。劳伦·比尔斯基(Lauren Bielski)认为,电子货币"更可能是一种进行支付的电子指令而不是真正的电子货币"。[①] 在小额支付方面,电子货币被比作"预付"电话卡,人们"购买"的是可用于安全付款的电子价值。在大额支付方面,电子数据交换(electronic data interchange,EDI)是业务伙伴之间无纸化的业务信息交换,目前已有超过 100 000 家公司在使用。

那些塞在你口袋里或钱包中的绿色纸片,有时被称为金钱或美元,可能有一天会变成电子存储的密码数字图像。这种"数字"货币可以存储在智能卡或含微芯片的塑料信用卡上,或者是存储在"电子钱包"里——钱包大小的智能卡读取器,甚至是个人电脑或银行电脑的硬盘中。

基本类型的智能卡有两种:智慧卡(intelligent card)和存储卡(memory card)。智慧卡内嵌有存储和保护信息能力的微芯片,根据发卡方的具体应用需要做出不同响应。智慧卡提供读取和存储功能,可以随时添加或更新信息;可以额外添加资金,必要时可以注销卡片。存储卡只有存储信息的功能,与信用卡背面存储的信息相似,存储卡包含用户可以在付费电话、零售商店或自动售货机使用的钱。存储类智能卡在大学校园很普及。

---

① 参见 Bielski(2000)。

利用计算机和移动设备进行的无线交易在美国越来越普及。许多非银行服务者，如 PayPal（eBay 旗下品牌）和 Square，在支付领域非常活跃。PayPal 参与不同形式的客户交易，并在 2013 年与 Total Systems 签署了合作协议，目前其客户可以在世界范围内以电子形式转移或接收 30 多个币种的资金。Square 提供一个小立方体，任何个人或企业可以将其插入移动电话的音频插孔，使用户可以接受信用卡付款。未来几年，这些创新有望取得更大突破。

几乎所有大型交易——银行、其他金融机构和美联储结算所每天处理的数万亿美元——都是数字化的。使用电汇的大额电子支付——例如通过清算所银行间支付系统（Clearing House Interbank Payment System，CHIPS）和联邦资金转账系统（Fedwire）——占交易额的 3/4 以上。

《2010 年美联储支付研究报告》表明，2006—2009 年支票形式的纸质交易下降了 7.1%。图表 6.8（不包括 Fedwire 和 CHIPS 支付）显示，支票在 2009 年占非现金支付的 22%，比 2006 年低 11%，借记卡交易增量最大，在 2009 年占非现金支付的 35%；其次是信用卡支付，2009 年降至非现金支付的 20%，而预付卡支付则上升到 5%；其他 18% 的非现金支付通过自动清算所进行。

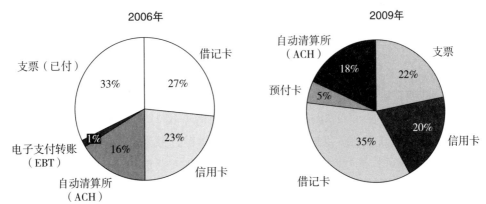

图表 6.8　2006 年和 2009 年的非现金支付数目分布

资料来源：《2010 年美联储支付研究报告》，www.frbservices.org/files/communications/pdf/research/2007_payments_study.pdf。

其他类型的电子支付还有电子资金转账（electronic funds transfer，EFT）。电子资金转账是对金融数据进行电子传输，旨在消除与此类资金流转相关的纸质工具。EFT 的类型众多，包括 ACH、POS、ATM、直接存款、电话账单支付、自动商家授权系统和预授权支付。销售点（point of sale，POS）是指在销售点完成商品或服务的支付或将购买金额借记客户的支票账户。① 自动清算所（automated clearing house，ACH）交易使用标准数据格式的电子支付处理。一个清算和结算电子支付交易的计算机网络将 ACH 机构链接在一起。ACH 支付是金融机构和企业之间的资金与市政证券的电子支付。ATM（自动存取款机）是流行多年的 EFT 系统，这些机器使用户可以在全世界提取自己的资金。薪资存款和社会保障支票如今也很常

---

① 理论上讲，资金转账可能需要 1—3 天。

见。自动商家授权系统和预授权支付实际上是直接存款的另一面,支付均为自动化、电子化操作。

在直接存款和自动付款这两种情况下,纸质单据已被淘汰,支付的款项直接到达有权收款的一方。例如,雇员不再需要取得支票并将其存进自己的银行账户,而是可以在雇员账户被借记的同时直接在自己的账户中收到被划入的款项。

尽管互联网账单支付、电话账单支付、自动存款和银行汇票都被视为电子支付,但还有很多非电子支付存在。例如,许多情况下,客户仍会以自己的名义开立支票并邮寄给企业。显然,这种类型的支付在不久的将来很可能完全电子化。但真正的问题是,尽管我们掌握了"无现金"社会所需的技术,但你会放弃纸币或技术会逼迫你放弃纸币吗?

《21世纪支票清算法》

美国国会在2003年通过了《21世纪支票清算法》(Check Clearing for the 21st Century Act,简称"Check 21"),法案于2004年10月28日生效。设计Check 21主要有以下三个目的:

- 减少法律障碍以促进电子支票托收;
- 在不强制接受电子支票的前提下促进支付和支票兑现系统的创新;
- 提高国家支付系统的整体效率。

电子支票托收(check truncation,也称电子支票截留)是由支付系统中付款银行以外的第三方将纸质支票转换为电子支票的借记凭证或图像。Check 21创造了一种名为替代支票的新型可转让票据以促进电子支票托收。替代支票允许银行保留原始纸质支票,以电子方式处理支票信息,并将替代支票传递给愿意继续接收纸质支票的银行。替代支票(substitute check,见图表6.9)是原始纸质支票的法定等价物,包括原件的所有信息。法律不强制要求银行接受电子形式的支票,也不强制要求银行利用Check 21的授权创建替代支票。Check 21显然是淘汰纸质支票必经的第一步。

Check 21使银行能够以电子方式处理更多支票,而不是将纸质支票从一家银行运到另一家银行,从而使支票处理更快捷、更有效,因而也更便宜。银行可以抓取支票的正面和背面图片以及相关支付信息,并以电子方式传输信息。如果接收银行或其客户需要纸质支票,银行就可以利用电子图片和支付信息来创建纸质"替代支票"。这一过程帮助银行降低了成本,因为处理和运输原始纸质支票的成本很高。

如果你今天收到的账单后面附带已付讫的支票,那么除非银行另行通知,否则你会持续收到已付讫的支票。银行如今不需要在任何特定的时间内保留原始支票,Check 21也没有添加任何新的保留支票的要求。在许多情况下,原始纸质支票可能被销毁。索要支票原件意味着银行可能向你提供支票原件、替代支票或支票副本。

有些消费者担心资金流通时间(float time)可能缩短,认为使用借记卡会加快账户资金的流出。因此,一些消费者有意使用支票以拉长资金从账户转出的流程。其一,对账户中不存在的资金开立支票是违法的,因此从消费者角度来看这一行动并不受法律保护;其二,目前大多数支票在一两天内即完成清算,流通时间的缩短十分有限。

替代支票正面

替代支票背面

图表 6.9 《21 世纪支票清算法》授权的替代支票

资料来源:联邦储备银行《21世纪支票清算法》常见问题解答,www.federalreserve.gov/paymentsystems/truncation/faqs2.htm#ques1。

图表 6.10 概述了标准的支票清算过程。针对交易账户开立的支票将递交给客户的银行要求付款;最终清算完成后,该银行在美联储或代理银行的存款余额将会减少,支付被电子化后会直接、即刻修改其在联邦储备银行的余额。这个用于电子化转移资金的系统被称为联邦资金转账系统。例如,一位在加利福尼亚州圣何塞旅游的个人从当地企业购买了 500 美元商品,同时用俄勒冈州波特兰的社区国民银行(Community National Bank,CNB)的活期存款账户开立了支票。从这家企业将支票存入湾区国民银行(Bay Area National Bank,BANB)起,支票清算的过程便开始了(即第 1 阶段)。湾区国民银行承担了支票信誉不佳的风险,它不允许存款人立即使用资金。通常,银行会持有支票不予兑现(hold on the check),直到确

认开出支票的人有足够的存款资金来支付。湾区国民银行继而在托收过程中增加企业活期存款账户的分类账户余额以及湾区国民银行自身的托收中现金项目金额。企业的可用收缴余额（分类账户余额减去浮账）保持不变。

图表 6.10 支票清算过程

湾区国民银行,圣何塞（BANB）			加利福尼亚银行,旧金山（BOC）		
Δ 资产		Δ 负债	Δ 资产		Δ 负债
1.CIPC	+500	企业活期存款 +500	2.CIPC	+500	活期存款（BANB） +500
4.CIPC	−500		5.CIPC	−500	
在 BOC 的活期存款	+500		BOC 在 FRB 的活期存款	+500	
旧金山联邦储备银行（FRB）			社区国民银行,波特兰（CNB）		
Δ 资产		Δ 负债	Δ 资产		Δ 负债
3.CIPC	+500	DACI +500	6.BOC 在 FRB 的活期存款	−500	个人活期存款 −500
5.		DACI −500			
		活期存款（BOC） +500			
6.CIPC	−500	活期存款（CNB） −500			

注：CIPC 表示托收中的支票（checks in the process of collection），DACI 表示递延可用信用款项（deferred availability credit items）。

在第 1 阶段,湾区国民银行将支票转给上游往来银行——旧金山的加利福尼亚银行（BOC）。这家银行重复湾区国民银行的手续,将贷记湾区国民银行的工作推迟几天,直到支票清算完成。在第 2 阶段,加利福尼亚银行向旧金山联邦储备银行提交支票。美联储会遵循一定的时间表——银行在获得存款项目授信之前必须等待一段时间,递延授信的额度被标记为递延可用信用款项（DACI）。在美联储授信之前,其 CIPC 和 DACI 账户会增加相同金额,使得美联储浮账（CIPC−DACI）等于 0。

到目前为止,还没有存款人可以动用资金,支票也还没有提交给社区国民银行要求付款。通常情况下,通汇银行和联邦储备银行在实际确认支票信誉之前就已经授信给其他银行存入支票（即图表 6.10 中的第 5 阶段和第 6 阶段）。然而,湾区国民银行在支票清算之前没有向企业存款人提供相同的授信。在第 4 阶段之后,湾区国民银行可以将其存款投资于加利福尼亚银行,同时延迟记入企业账户。加利福尼亚银行在支票实际清算之前收到准备金信贷（reserve credit）。在第 6 阶段,联邦储备银行将支票原件交给社区国民银行,验证个人是否有足够的存款资金支付支票。

现今,大部分支票在 1—3 天内即可完成上述流程。除 Check 21 外,支票系统也有所升级,支票处理速度明显加快。因此,现在一旦支票存入银行,几乎隔夜即可交付给支付银行并于下一个工作日贷记支票开立者的账户。为了加速这一过程,银行将支票编码为可以被高速机器读取的磁性数据(magnetic numbers),并且经常在两地间隔夜运送支票。显然,经手人越多、距离越远,运输和验证支票所需的时间越长。随着时间的推移,银行会依据Check 21 进一步调整运营流程,支票处理速度还会继续加快。但本质上,银行在确认支票有良好信誉之前不会允许存款人动用款项。

度量资金成本

前面的章节概述了对银行管理者而言持续监控银行资金成本的重要性。利率变动以及负债和股权构成的变动会改变融资成本并可能降低可用资金的流动性。每当融资成本改变时,管理者必须改变资产收益率或回报率以保证盈利水平。同样,银行持有的资产类别的变化也会影响到流动性需求、银行的盈利能力和风险以及这些资产的资金成本。

20 世纪 20 年代以前,联邦监管机构限定银行可以支付的存款利率上限,而客户也几乎没有可替代储蓄的选项,因而对大部分商业银行而言管理负债只是例行公事。银行主要通过营业网点位置和个人服务来争夺存款人,客户也很忠诚。这些因素造就了众所周知的银行运营 363 方法:向存款支付 3%的利息,向贷款收取 6%的利息,在下午 3 点打一场高尔夫!

阅读任何一份报纸或财经出版物都可以发现现今的环境已大不相同。银行几乎拥有无限机会来开发任何期限、按市场利率支付的新存款产品,但它们现在必须与提供类似产品和服务的不同公司竞争。任何个人如果希望开立交易账户的话,可以找商业银行、信用社、储蓄与贷款机构、货币市场共同基金、美国运通或通用金融(GE Capital)、州立农业保险(State Farm)和联合服务汽车协会(USAA)等机构。虽然这些选项对消费者很有吸引力,但给银行资金来源的可用性和成本带来了相当大的不确定性。

管理者需要理解如何度量银行运营所需资金的成本。准确的成本度量使银行能够比较不同资金来源的价格,并确保资产价格足以覆盖成本并提供股东要求的回报率。下文的分析介绍银行总资金成本的两种估计方法,在此之前先总结资金平均成本和边际成本的概念的差异。

资金的平均历史成本

本章此前已经提到,一些银行在定价决策中误用了平均历史成本。它们只是将历史上的利息费用和非利息费用加总(扣除非利息收入)再除以可投资金额,从而确定生息资产应具备的最低收益率。利润则表示为这一平均成本基础上的加价。历史成本的主要问题在于没有考虑未来利息成本会上升或下降。当利率上升时,平均历史成本低估了发行新债务的实际成本。在这种环境下,基于历史成本的固定利率资产的收益率不足以支付成本并实现盈利目标。当利率下降时,情况则与之相反。平均历史成本高估了新债务的实际利息成本,导致固定利率贷款定价太高而不具有竞争力。使用平均历史成本相当于假定在当前定价期内,利率将保持历史水平。

定价决策应基于边际成本与边际收入的比较。假设一家银行可以发放利率为6%的1年期新增贷款,银行的简单平均资金成本等于2%。如果银行将新贷款利率(边际利率)与平均资金成本进行比较以决定是否发放贷款,它将估算出4%的利差并同意贷款申请。假设它必须发行利率为5%的1年期新增大额存单(这是新资金来源的边际利息成本)为新增贷款融资。若银行将边际贷款利率与边际存单利率进行比较,则其估算利差为1%。由于这不足以弥补一般管理费用和违约风险费用,银行会拒绝放贷。因为新贷款定价是一项增量决策,利率报价应基于增量(边际)融资成本而非平均历史成本。

平均历史成本的最佳用途是评估过往绩效,通过比较平均借款成本和资产回报率或收益率,我们更容易理解为何银行的费用和利润与同业银行不同。非利息费用的平均成本(例如支票处理和经纪费)也可以用于绩效评估和度量新债务的预期成本,这些支出通常会随通货膨胀上升一定额度。当代热点专栏"边际和平均"阐明了这些指标之间的差异。

当代热点

边际和平均

对术语"边际"和"平均"的混淆增大了评估绩效和理解定价规则的难度。加权边际成本和平均成本尤其如此,因为二者听上去像类似的概念。有了成本和定价数据,读者应该将简单平均视为历史价值;与之相对,边际概念指的是增量或新价值。

举例来说,考虑一名棒球运动员的平均击球命中率。新闻报道中的历史均值表示其参加过的所有比赛的总体绩效,而边际均值表示其在最后一场比赛的表现。假设在一年的前两场比赛中,运动员10次击球有3次命中,则平均命中率为3除以10或0.300。通常会省略百分点,由此表示为球手"击中300"。在下一场比赛中,运动员5次击球命中2次。在5次新增击球中,运动员的边际平均命中率为0.400,这使其总体(历史)均值提高到0.333(15次击球5次击中)。运动员的总体平均命中率上升是因为边际成绩(0.400)超过以前的历史均值(0.300)。如果运动员接下来5次击球无一命中(边际平均命中率为0.000),那么他的历史平均命中率将降为0.250。

资金边际成本

债务边际成本(marginal cost of debt)度量的是为获得1单位额外的可投资资金而支付的借款成本。权益资本边际成本(marginal cost of equity capital)度量的是股东所要求的最低可接受回报率或收益率。债务和股权的边际成本共同构成资金的边际成本,二者既可以被视为独立的资金来源,也可以被视为一个资金池。① 各个独立资金来源的边际成本不同,随市场利率、处置成本和准备金要求的变化而变化。我们可以将这些独立成本结合在一起,估算所有新增资金的加权边际成本。当预期利率上升时,边际成本高于历史成本;当预期利率下降时,边际成本低于历史成本。

边际成本在定价决策中尤为有用。如果这些成本已知,那么银行可以在边际成本的基础上加价,将此设为资产回报率或收益率从而锁定盈利利差。理论上讲,加价部分反映了违约风险和股东要求的回报率或收益率。银行还可以利用边际成本比较不同资金的相对成本,据此选择最廉价的融资来源。

各类来源资金的成本

不幸的是,精确度量边际成本很难实现。管理者必须同时考虑预计要支付的利息和非利息费用,还要确定所得资金中哪部分可以投资于生息资产。关于股权成本是否应计入其中、最终又如何衡量,人们对此存在相当大的分歧。度量银行负债某单一来源的显性边际成本的公式为:

$$负债的边际成本 = \frac{利息 + 服务成本 + 获取成本 + 保险成本}{负债的净可投资余额} \quad (6.2)$$

公式(6.2)中所有分子项均为预期成本,年化为占所获得的每 1 美元的百分比。分母项度量的是可用于投资以产生利息收入的那部分负债。例如对交易账户而言,无息资产部分是法定准备金要求再加上浮账或对账余额等无息资产。银行也可以在分子项中加入间接成本,例如高杠杆、高风险导致的隐性成本,从而有效估算边际成本。在这些成本中,只有主要反映营销费用的获取成本才是银行真正可控的。利率主要由市场情况决定,银行是价格接受者;服务成本由银行经手的支票处理业务数量决定;存款保险成本由联邦存款保险公司设定。

考虑以下与获取计息支票账户(interest-checking account)资金相关的边际成本估计值:

市场利率 = 0.2%

服务成本 = 账户余额的 2.8%

收购成本 = 账户余额的 0.15%

存款保险成本 = 账户余额的 0.25%

净可投资余额 = 85.0%(扣除 10% 法定准备金和 5% 浮账)

由公式(6.2)可算得获取额外的计息支票余额的边际成本为 4.0%。

$$计息支票余额的边际成本 = \frac{0.002 + 0.028 + 0.0015 + 0.0025}{0.85} = 4.0\%$$

---

① 银行业所说的资金平均成本或边际成本通常指与负债相关的成本而不包括股权成本。股权成本被视为在债务成本之外、银行要达到盈利目标并实现股东要求回报率所必需的利差。

直观来看,边际成本估计考虑了从额外的计息支票资金获取可投资余额的所有增量成本。然而,有两个问题可能导致较大的度量误差:

- 相应利率必须针对整个规划期进行预测,但由于利率经常波动,达成这一任务很困难,需要频繁调整预测。①
- 如前所述,银行必须依靠审计师或成本会计师估算与每笔债务相关的非利息成本。这涉及管理费用分摊、广告支出,以及雇员花费在支票处理、客户投诉处理、账户信息邮寄和公开资金竞价上的时间成本。

下面讨论总结了银行各类来源资金的税前边际成本的估算程序。因为资产定价决策使用的是税前费用估计,为方便起见,此处不考虑税收影响。

债务成本

各类债务的边际成本(k_d)根据每种负债规模的不同而变化。大额交易账户会产生大量服务费用,还有最高的准备金要求和浮账。交易账户具有低利息成本的优势,但由于存在其他成本且银行仅能将可投资资金的一小部分用于投资,这种优势会被抵消。与之相反,购入资金(purchased fund)要支付较高的利率,但交易成本较低且无准备金要求,因此可投资余额较高。

长期非存款债务的成本等于从每个来源借款的有效成本,包括利息支出、交易费用、服务费用和收购成本。传统的分析表明,这一成本要满足的条件是:按照成本折现可以使预期利息和本金支付的现值与银行从该业务得到的净收益相等。②

股权成本

从概念上讲,权益的边际成本(k_e)等于股东要求收益率。由于股利支付不是强制性的,无法直接衡量k_e,通常会采用几种方法来近似估算股东要求收益率,包括股利估值模型、资本资产定价模型(CAPM)和股权目标收益率模型:③

- **股利估值模型**。普通股股东的收益来自定期收取的股利和持有期内的股价变化。股利估值模型将持有股票预期可得的现金流进行折现,从而确定股东的合理收益率。股权成本等于将未来现金流量折现为其现值等价物的折现率(即要求收益率或回报率)。

---

① 为了便于比较,应当采用相同的方式度量各种利率。有效的利率可以识别离散和连续复利之间的差异、计息与折价金融工具之间的差异。《储蓄实情法案》要求银行向客户报告年化利率,这使得上述要求更容易得到满足。

② 例如,假设一家银行发行面值1 000万美元的次级票据,年利息为70万美元,期限为7年。银行必须向承销商支付10万美元的发行成本。在这种情况下,借款的有效成本(k_d)为7.19%,其中t为每笔现金流的期限。

$$9\,900\,000 = \sum_{t=1}^{7} \frac{700\,000}{(1+k_d)^t} + \frac{10\,000\,000}{(1+k_d)^7}$$

$$k_d = 7.19\%$$

③ 有关股权成本估计的完整讨论,请参考其他优秀的财务管理教科书。

- **资本资产定价模型**。有公开流通股的大型机构可以利用资本资产定价模型估算股权成本。该模型将市场风险(以 Beta 或 β 衡量)与股东的要求收益率联系起来。计算式为:股东要求收益率(k_e) = 无风险收益率(r_f) + 反映不可分散市场风险的普通股风险溢价(ρ)。
- **股权目标收益率模型**。因为信用风险更大,投资者要求普通股的税前收益率要高于债务利率。根据业务周期,收益率的差值在2%和8%之间变动。粗略地说,公司的股权成本应该比债务成本高出一个正的差值。许多银行基于债务成本加上溢价来评估股权成本,以股权目标收益率(targeted return on equity)作为指导性指标。这种方法假设银行股权的市场价值等于账面价值,仅要求所有者和管理者根据股权收益率给出股东希望得到的收益率,然后将这一收益率转换为税前等价收益率。尽管这种方法存在缺陷,但对没有公开交易股票的银行来说容易计算,还可以作为其他股权成本近似值的对标基准。

优先股成本

优先股兼具债务和普通股的特征。它代表所有权,其投资者的求偿权优先于普通股股东,但在债务人之后。像普通股一样,如果管理者认定公司利润过低,就可以延迟派发优先股的股利。与长期债券一样,优先股合约规定了在整个证券存续期内要支付股利,而且通常还有可赎回保护和偿债基金要求。近年来,支付可变利率股利的优先股发行变得越来越受欢迎。

优先股的边际成本(k_p)等于股东要求收益率,可以采用与普通股的股利估值模型类似的方法近似计算,只是此时股利增长为0。不妨考虑不可赎回、无偿债基金、支付固定股利、按面值出售的优先股估值的情形。[①]

信托优先股

近期资本融资的一项创新就是引入了信托优先股(trust preferred stock),这是一种混合形式的银行股权资本。由于信托优先股支付可免税的股利,对银行发行者具有吸引力。为了发行该证券,银行控股公司(bank holding company, BHC)需要搭建自有的特殊目的实体(special purpose entity, SPE)。SPE向投资者出售优先股,并将发行所得以票据形式贷款给银行,票据利息等于优先股支付的股利。由于SPE贷款利息可以免税,因此银行控股公司实际上减少了优先股的股利支出。[②]

1996年美联储裁定允许一定数量的信托优先股计入一级资本,自此信托优先股成为银

---

① 由于股利支付合同是固定的,预期股利增长为0,因此 k_p = 优先股股利/优先股净价。为了计算股利不恒定下的普通股和优先股的边际成本,读者可以浏览现有的公司金融教科书中的例子。普通股和优先股的有效成本还应反映这些资金中分配给非生息资产的部分。虽然不需要准备金,但银行通常将固定资产和无形资产分配给各类股权资金来源。在计算时,管理者会将股权边际成本的估计值除以1减去非生息资产占比。

② 信托优先股的税后成本为:k_{tp} = 信托优先股股利 × (1 − 边际税率) / 信托优先股净价。

行控股公司的监管资本的重要组成部分。2004年,美联储提出一项规则,即扣除商誉之后信托优先股占一级资本的比例不高于25%。从核心资本要素中扣除商誉旨在确保银行控股公司没有不当利用有形资产。资产负债表中有商誉的银行控股公司可以仅将信托优先股中的一小部分记作一级资本。

在2008年的金融危机中,信托优先股发挥了重要作用。2007年之前,多数大型的银行组织发行了信托优先股,许多社区银行也是如此。由于规模较小,社区银行通常将它们的信托优先股合并为资产池;根据各自投资在资产池所有权中的占比,投资者可以收到资产池中所有银行的股利。一些银行购买信托优先股作为投资组合的一部分,当危机爆发时,许多银行面临资产质量问题,它们冲销了大量贷款并且大幅增加贷款损失准备金,从而耗尽了资本金。监管机构的回应是限制股利支付。然而,银行控股公司依赖子银行的股利,以之作为收入来源为SPE所持有的票据提供服务。大多数信托优先股的条款允许发行人将股利延期最长至5年而不会违约。许多发行信托优先股的银行控股公司没有支付利息,投资者也就没有收到SPE原先承诺的付款。

2013年7月,美联储根据《巴塞尔协议Ⅲ》的建议批准了新的资本规则。新规则设定了一个逐步淘汰旧规则的时间表,期满后信托优先股不得再充当一级资本。作为对小银行的让步,资产少于150亿美元的机构依然可以把2010年5月19日之前发行的信托优先证券视作一级资本。

总资金的加权边际成本

许多银行将单一来源的债务资金的边际成本作为基准利率对贷款进行定价。例如,主要商业客户可以选择存单、LIBOR或联储基金的边际成本再进行一定加价作为自己支付的利率。显然,客户会选择预计在借款期内最低的利率作为基准利率。不幸的是,任何单一来源的资金成本都会变化,或高于或低于其他来源的资金成本,从而大幅偏离银行融资的综合成本。

为了进行资产定价,最佳的成本指标是总资金的加权边际成本(weighted marginal cost,WMC)。WMC指标把任一种来源资金的显性成本和隐性成本都考虑在内,它假定所有资产都依靠资金池完成融资,特定来源资金不会直接与资金的具体用途挂钩。加权边际成本的计算分三个步骤:

- 预测从每笔个人债务和每处股本来源所得的融资金额。这要求银行确认一个规划期(例如1年),还要确定负债和股权组成的跨期重大调整。管理者应确定营销策略,并将员工时间分配到不同的账户创建工作中。
- 估计每个独立来源资金的边际成本。它应该将筹资和处理成本分配给不同的负债和股权组成部分,规划每个来源资金的利息和股利成本,识别与财务杠杆变化相关的风险变化。每种成本的估计值还应反映管理者对非生息资产的分配,即公式(6.2)中的可投资资金比例。
- 综合单个成本估计值以计算加权成本,等于所有来源资金成本的加权求和。每种来源的权重(w_j)等于对应资金来源的预期融资金额除以负债和股权总额。因此,如果 k_j 等于某种单一来源资金 j 的融资边际成本,负债加股权的资金来源共有 m 种,那么总资金的加权边际成本为:

$$\text{WMC} = \sum_{j=1}^{m} w_j k_j \tag{6.3}$$

应用示例:边际成本分析

下面的分析说明度量银行资金成本的步骤,包括规划银行的资产负债表组成和边际成本,以便计算总资金的加权边际成本。

假设你是社区州立银行的出纳员,也是银行资产负债管理委员会或风险委员会的成员。资产负债管理委员会刚刚开完月例会,要求你估算下一年银行资金的加权边际成本。近年来管理层首次达成共识,即经济将在下一年温和增长,通货膨胀率预计保持在2%左右,利率只会略有上升。作为会议议题的一部分,委员会核准了一项初步预算,预计扣除股利后的利润为120万美元。这意味着与上一年相比,股权收益率和资产收益率有所下降。平均总资产预计增长700万美元,其中600万美元为新增贷款。负债与上一年相比预计成比例增长,但银行将更加依赖存单。

图表 6.11 总结了资产负债管理委员会有关下一年预测所达成的共识。(a)和(b)两栏列出了下一年来自债务和股权的资金的金额和百分比,(c)栏列出了管理层预计的利率水平。每种负债的处理和获取成本以及可投资比例均基于银行审计员的估算,并在(d)和(e)两栏中列出。利用公式(6.2)算出的每种来源资金的预期边际成本在(f)栏中给出。将(b)栏和(f)栏中每种组成成分的数值相乘后再加总得到的资金加权边际成本列示于(g)栏并在底部进行报告:全年为 6.19%。因为银行预计利率会上升,并且预期从成本更高的来源获得更高比例的资金,所以这一预测的边际成本高于历史成本。

图表 6.11　资金加权边际成本预测值:社区州立银行的规划数额

	(a) 平均金额 (千美元)	(b) 占总额 比例 (%)	(c) 利息成本 (%)	(d) 处理和获 取成本 (%)	(e) 可投资 比例 (%)	(f) 组成成 分的边际 成本(%)	(g) 资金的 WMC (b)×(f)
活期存款	28 210	31.0		7.0	85.0	8.24	0.0255
计息支票	5 551	6.1	1.5	6.0	85.0	8.82	0.0054
货币市场活期账户	13 832	15.2	2.0	2.0	97.0	4.12	0.0063
其他储蓄账户	3 640	4.0	2.5	1.2	98.5	3.76	0.0015
低于10万美元的定期存款	18 382	20.2	2.9	1.4	99.0	4.34	0.0088
高于10万美元的定期存款	9 055	10.0	3.0	0.3	99.5	3.32	0.0033
存款总计	78 670	86.5					

（续表）

	(a) 平均金额 （千美元）	(b) 占总额 比例 （%）	(c) 利息成本 （%）	(d) 处理和获 取成本 （%）	(e) 可投资 比例 （%）	(f) 组成成 分的边际 成本（%）	(g) 资金的 WMC (b)×(f)
购入联储基金	182	0.2	0.5	0.0	100.0	0.50	0.0010
其他负债	4 550	5.0		0.0	60.0	0.00	
总负债	83 402	91.6					
股东权益	7 599	8.4	11.5		96.0	11.98	0.0101
负债与股东权益总计	91 001	100.00					
加权边际成本							6.19%

资金边际成本的估计值应谨慎应用于定价决策。在这个例子中，银行应该对风险和成本处于平均水平的贷款（资产）收取至少6.19%的利率，以支付债务的边际成本，并给予股东合理的回报。银行应对超过平均违约风险的贷款索取风险溢价，以补偿坏账上升的风险；还应对小额贷款或管理成本较高的贷款索取溢价。银行能否实现总体盈利目标取决于银行的资产定价能力能否满足最低利率、银行实际违约情况，以及非利息收入是否足以支付吸收和处理负债之外的非利息费用。

加权边际成本的预测差异通常反映了不同的利率情境和负债组成的变化。假设你作为资产负债管理委员会成员，对于经济稳定且持续的观点持保留意见：经济危机可能传递到美国，而且经济本身较为脆弱；通货膨胀率可能比预计的更高，美联储的加息速度可能比资产负债管理委员会预计的速度更快。如果发生这种情况，利率就会升至资产负债管理委员会的预测值之上，银行将难以发行新存单。因此，银行资金的加权边际成本可能高于此前分析所预计的水平。

资金来源和银行风险

前面的例子表明了准确规划资金成本的困难。意料之外的利率变化和银行负债组成的变动可以显著提高或降低利息费用，其对银行利润的净影响取决于利息支出上升或下降的幅度是否超过利息收入的变动。这些变动也会影响银行的风险头寸。本节探讨银行资金组成与银行风险的关系，并找出小银行和大银行之间的差异。

银行在管理负债时要面对两个基本问题：为保留和吸引资金而支付的利率是否存在不确定性？不考虑利率变化，客户取款的频率是否存在不确定性？最根本的困扰是，如果发生意外取款的同时存款人或贷款人又拒绝提供资金，银行就会遭遇流动性危机。银行必须有能力在金融市场上借款，以替代流出的存款并保持偿付能力。当银行越来越依赖借入资金、经纪存款和互联网存款时，流动性问题也就随之产生。当银行被认为存在资产质量问题时，有未受保余额的客户就会将存款转移到其他机构,此时问题银行必须支付高额溢价以吸引替代资金或依靠监管机构提供应急信贷。

客户忠诚度与银行和存款客户之间关系的良好程度密切相关。最忠实的客户有如下特征:与银行有多种业务(活期存款、定期存款、汽车贷款、抵押贷款等)联系,在银行的主要交易区居住或工作,其存款余额完全受保,多年来一直是银行客户,每月使用银行的产品和服务进行定期交易。当然,忠诚是双向的,银行也必须提供始终如一的高质量服务。

资金来源:流动性风险

2008年的金融危机证明了流动性和流动性风险的重要性,对大银行而言尤其如此。银行监管机构现在要求银行拟定正式的应急基金方案并进行定期测试。与银行基础存款相关的流动性风险是与许多因素有关的函数,包括存款人数量、账户平均规模、存款人所在地,以及每个账户的具体期限和利率特征。这些特征遵循客户导向,银行不能决定存款合约的条款。然而,如果银行知道未偿余额的季节性特征以及大额交易(例如,商务账户支付工资和大额存单到期)的时点,就可以监控潜在的存款流出。因此,银行可以定期联系大储户并提供利率报价,评估客户续存的概率。

同样重要的是每种资金来源对应的客户需求的利率弹性。市场利率变化多少会导致银行发生存款外流?如果银行提高利率,能吸引多少新资金?理想情况下,银行希望降低客户的利率敏感度。银行可以将存款产品与其他服务或特权打包出售,客户取走存款就会失去所有服务;银行还可以与存款人建立私人联系。通过这些方式,管理者可以确定基础资金水平(核心存款基础),未偿余额不应该降至这个水平以下。

大银行更依赖大额存单、欧洲美元和资产支持商业票据,但也面临类似的问题。这些工具的投资者对利率高度敏感,对资产支持商业票据的质量也非常敏感——花旗集团在结构化投资工具上遇到的问题就证明了这一点。存款人通常偏好短期工具,如果银行遇到问题或其竞争对手提供更高的收益率,存款人就会将余额转走。拥有未受保资金的大储户会频繁响应关于金融危机的谣言,将资金转移至风险较低的国债证券,直至度过危机。因此,美国最大的银行机构在伦敦、新加坡和香港地区都保留了交易点,以保证每天24小时都能参与金融市场交易。

一家银行面临的流动性风险取决于竞争环境。许多小银行在只有少数竞争对手的社区开展业务,这些银行心照不宣,存款定价相近。客户喜欢将资金投资于本地,这样便于他们与银行家联系沟通问题,提款和转移资金也较为便捷,因而流动性风险相对较低,存款外流也是可预期的。如前所述,许多社区银行将联邦住房贷款银行视为流动性的主要来源。有必要强调,稳定的核心存款可以提供流动性优势。鉴于美联储作为最后贷款人的角色,大多数银行认为美联储可以通过贴现窗口充当流动性的最终提供者,特别是在危机期间。

资金来源:利率风险

自金融危机以来,大部分银行涌入了大量额外核心存款,因为客户希望联邦存款保险公司为存款提供保险。银行现在面临的根本问题是：这些存款中哪些是真正的核心存款？哪些存款在利率上升时依然会留在银行？如今，许多存款人和投资者偏好短期工具，以便利率变动时可以随时转存。银行必须提供高额溢价以吸引存款人延长存款期限并承担利率风险。许多银行选择不支付溢价，并且以比过去几年更高的频率对负债重新定价。

这些变化会影响银行的利率风险头寸，以至于银行不再调整资产利率敏感度。如果一家银行在金融危机之前是完全对冲的（没有利率风险），之后没有增持利率敏感资产，那么该银行现在就是负债敏感的。因此，许多机构希望以浮动利率为基础对所有贷款定价，不再为投资组合购入期限为5—7年以上的债券。

一个众所周知的降低银行资金的利率风险和长期成本的策略是积极吸收零售核心存款。个人的利率敏感度不像企业存款人那么强。要想吸引存款业务，银行只要提供良好的服务并对存款人保持关注，许多个人在利率波动周期内就会保持账户余额不变。因此，这种存款比货币市场负债更加稳定。因为利息成本较低，核心存款可以为银行带来额外好处，但缺点在于处理成本较高。其他策略还有结构化回购协议和基于期权的资金来源等。

资金来源：信用风险

在金融危机期间，联邦存款保险公司对大规模使用批发资金的银行进行了严厉批评。联邦存款保险公司分析师观察到，许多倒闭的银行严重依赖联邦住房贷款银行的贷款和大额存单为运营提供资金。执照核准机构在繁荣期（1990—2006年）新批了许多银行执照，其中许多银行奉行高增长战略，它们在快速增长的房地产市场（如凤凰城、拉斯维加斯、迈阿密、亚特兰大、加利福尼亚州和卡罗来纳州的沿海城市）开展业务，利用批发资金为贷款增长提供融资。当房地产市场崩溃时，许多高速增长的银行倒闭了。

问题在于是资金的来源还是贷款的选择导致银行倒闭。许多银行长期以来一直恰当地利用大额负债。联邦住房贷款银行的贷款是帮助社区银行管理利率风险的极佳工具。问题源于不恰当地使用联邦住房贷款银行的贷款和大额存单、投资于过度投机的贷款。资金来源和信用风险存在联系，但这种联系又取决于银行是否遵循合理的业务计划，在贷款时是否进行恰当的信用分析，以合理速率增长的同时是否充分监控信用风险。如果银行管理者和监管机构没有充分监控业务计划和信用风险，使用批发资金就会加剧上述问题。

■ 本章小结

本章重点讨论了银行的各类资金来源以及资金来源和银行各类风险的关系，讨论了各种银行负债的特征，以及与这些负债和股权相关的成本度量。小额工具与大额负债相比具有完全不同的风险—收益特征。本章介绍了即刻可用资金、回购协议、欧洲美元以及来自联邦住房贷款银行和联邦储备银行的贷款等来源资金的特点。本章还描述了资金平均成本和资金边际成本的差异，并演示了如何在定价决策中正确计算和运用这些指标。

思考题

1. 对下列银行负债类型排序。首先按流动性风险水平排序，其次按利率风险水平排序，最后按它们对银行而言的现行成本排序。请解释为何每种排序会有所不同。

　　活期存款账户（DDA）　　计息支票账户　　货币市场存款账户（MMDA）　　小额定期存款　　大额存单　　购入联储基金　　欧洲美元负债　　联邦住房贷款银行的贷款

2. 从利率弹性的角度说明银行核心存款和批发负债的区别。与购入资金相比，哪些因素在吸引和保留核心存款时更加重要？

3. 利用图表 6.4 的数据，确定学生活期存款账户的月度平均服务成本。该学生每月取款 27 次（其中 15 次电子化取款）、2 次跨行存款支票、2 次跨行兑现支票、2 次存款（其中 1 次电子化存款）、1 次本行兑现支票。假设对于支票不返还的账户有账户维护费和净间接费用。进一步假设银行可以将 85% 的存款余额以 4% 的利率投资，每月向学生收取 3.50 美元的费用。为了让收入足以支付成本以实现收支平衡，银行存款账户余额应为多少？

　　任务：利用图表 6.4 的信息和第 3 题的答案评估你与银行的账户关系。将你的平均余额与计算得出的收支平衡所需余额进行比较，确认你的账户对银行而言是否有利可图。银行对资金不足（NSF）的收费是多少，这些费用又会如何影响账户的盈利能力？

4. 对于银行而言，为什么收取账户查询费（电话查余额）是合理或不合理的？

5. 假设以下交易依次进行：

　　a. 新奥尔良（New Orleans）的 DMV 公司将存在纽约货币中心银行的 300 万美元活期存款转为伦敦巴克莱银行的 300 万美元欧洲美元存款。

　　b. 巴克莱银行在伦敦的英格兰银行开立 300 万美元的欧洲美元存款账户。

　　c. 英格兰银行向位于英格兰的 Pflug 公司发放 300 万欧洲美元贷款。请给出 DMV 公司、纽约货币中心银行、巴克莱银行、英格兰银行的 T 型账户以描述每笔交易。请解释，每个阶段创造了多少欧洲美元存款负债？DMV 公司最初持有的活期存款会有什么变化？

6. 作为一名潜在的大额存单存款人，在什么情况下你会偏好可变利率存单而非固定利率存单？在什么情况下你会偏好零息存单而非可变利率存单？

7. 如果巴特尼（Barnett）在联邦存款保险公司承保银行同时持有下列资金，其中不受保的存款金额是多少？

　　a. 巴特尼和姐姐在都市银行（Metro Bank）拥有 175 000 美元的联合账户

　　b. 巴特尼以个人名义在都市银行拥有 80 000 美元的账户

　　c. 巴特尼和妻子在乡村银行（Rural Bank）拥有 455 000 美元的联合账户

　　d. 巴特尼和父母在乡村银行拥有 530 000 美元的联合账户

8. 在下列情形中，你应当使用银行资金的平均成本还是边际成本？

　　a. 为新贷款设定利率

　　b. 评估长期客户关系的盈利能力

c. 计算银行的所得税负债

d. 决定是修建新建筑还是翻新老建筑

e. 决定是推销银行的大额存单还是从欧洲美元市场借款

9. 银行基于资金的历史成本对贷款错误定价的后果是什么?

10. 哪种银行负债的服务成本最高?哪种负债的获取成本最高?

11. 请利用下列信息估计利率为 3.25% 的 100 万美元存单的边际成本。存单到期期限为 1 年,以下估计值适用于所得资金:

获取成本 = 1% × 1/8

联邦存款保险公司保险费 = 1% × 1/12

法定准备金率 = 0

12. 将资金的加权边际成本用于定价决策。当有待定价的贷款的风险居于平均水平时,该如何运用资金的加权边际成本?当贷款风险高于平均水平时,又该如何运用资金的加权边际成本?

13. 现金资产有哪些类型?持有各类型现金资产的目的是什么?

14. 在许多情况下,银行不允许存款人在几天内动用存款资金。银行在支票清算过程中面临什么风险?这可以构成银行持有支票不予兑付的理由吗?

15. 代理银行(correspondent)、委托银行(respondent)和银行的银行(bankers' bank)有何差异?

16. 术语"核心存款"和"波动性(或非核心)存款"是什么意思?银行如何估计每种存款的金额?

17. 请解释以下每种情况会如何影响银行在美联储的存款余额。

a. 银行将多余的备用现金运往美联储

b. 银行从公开市场买入美国政府证券

c. 银行在同城清算过程中实现盈利

d. 银行出售联储基金

e. 存在银行的一张 100 000 美元存单到期且没有续存

f. 当地企业将应交税款存入当地银行的财政部账户

18. 银行必须为四种类型的负债提供担保。哪些负债需要担保?需要何种抵押品?抵押要求对银行资产的流动性有何影响?

19. 请解释银行的信用风险和利率风险会如何影响流动性风险。

20. 银行为增加核心存款可以采取哪些措施?每种方式的成本和收益分别如何?一般而言,管理者如何评估银行各类存款负债的相对利率弹性?

21. 信托优先股是什么?它们在 2008 年金融危机中扮演了怎样的角色?

22. 为什么美联储在 2008 年金融危机期间向高盛、运通、花旗集团、美国银行和其他大银行组织扩大贴现窗口贷款?

练习题

盈利能力分析

一位银行高管要求你分析特定客户存款关系的盈利能力。评估步骤是估算与账户交易相关的总费用,并将其与预计收入进行比较。使用图表6.4的数据回答以下问题:

1. 典型的低余额客户在银行的月度平均活期存款余额低于175美元。每月交易包括取款35次(其中11次电子化取款)、2次跨行存款支票、1次跨行兑现支票、2次存款(其中1次电子化存款)、1次本行兑现支票。假设支票未返还的账户还有账户维护费和净间接费用。

   a. 利用单位成本数据估算银行为此账户提供服务的月度平均费用。

   b. 假设银行能利用可投资存款(分类账户余额减去浮账再减去法定准备金)赚取6.5%的平均年化收益。客户的月度平均余额减去浮账等于116美元,还要每月支付3.25美元的服务费。银行必须为平均余额持有10%的法定准备金,因而可将余额的90%用于投资。请确定该账户对银行而言是否有利可图。

2. 某计息支票账户的客户扣除浮账后的每月余额为1 250美元,34次开立支票或取款(其中21次以电子化方式完成),存入4张跨行支票,兑现2张跨行支票,2次存款(其中1次电子化存款),兑现1张本行支票。假设支票未返还的账户还有账户维护费和净间接费用,账户年化利率为1.5%。请利用单位成本信息计算该账户是否盈利。假设银行不收服务费,并且可以从除10%法定准备金外的可投资余额中获得4.5%的收益。

资金的加权边际成本

下表提供的信息可用于估计西北国民银行(Northwestern National Bank)的资金加权边际成本,其中的估计值是对年度资金来源和相关费用的最佳预测。请按照图表6.11的范式计算银行资金的加权边际成本预测值。

负债与股东权益	平均金额 (美元)	利息成本 (%)	处理和获取成本 (%)	可投资比例 (%)
活期存款	44 500	0.0	6.7	85.0
计息支票	69 900	1.1	5.0	86.0
货币市场活期账户	49 800	1.8	1.6	97.0
其他储蓄账户	25 100	2.3	1.0	98.0
低于10万美元的定期存款	187 600	2.8	1.5	98.0
高于10万美元的定期存款	63 000	3.5	0.3	97.0
存款总计	439 900			
购入联储基金	18 000	1.0	0.0	100.0
其他负债	7 500		0.0	50.0
总负债	465 400			
股东权益	34 600	12.5*		95.0
负债与股东权益总计	500 000			

注:*股东要求回报率或收益率。

实践活动

1. 请评估你上个月支票账户中的交易。你进行了几次家庭借记、跨行支票交易、借记和存款？再估计一下你使用 ATM 的次数。你从账户余额中赚取了多少利息，又支付了哪些费用？在没有"资金不足"（NSF）支票费的情况下，用图表 6.4 的数据确定能让银行收支平衡的存款余额。再给定银行每笔"资金不足"费用的金额，银行需要向你的账户收取多少"资金不足"支票费才能实现盈利？

2. 调查本地银行的交易账户定价，包括与这些账户有关的所有费用。比较不同类型的定价策略，并确定每个银行的目标客户类型（低余额/高余额、低交易量/高交易量等）。哪种账户对普通大学生最有吸引力？

参考文献

Allen, Linda, Stavros Peristiani, and Anthony Saunders, "Bank Size, Collateral, and Net Purchase Behavior in the Federal Funds Market: Empirical Evidence", *Journal of Business*, Volume 62, Issue 4, October 1989.

Anderson, Richard and Charles Cascon, "The Commercial Paper Market, the Fed, and the 2007-2009 Financial Crisis", *Review*, Federal Reserve Bank of St. Louis, November/December 2009.

Bielski, Lauren, "New Wave of E-Money Options Hits the Web", *ABA Banking Journal*, August 2000 (www.banking.com/aba).

Bradford, Terri and William Keeton, "New Person-to-Person Payment Methods: Have Checks Met Their Match", *Economic Review*, Federal Reserve Bank of Kansas City, Third Quarter 2012.

Bruggink, Maria, "Trust Preferred Securities: A Capital-Raising Tool for Community Banks", *Northwestern Financial Review*, December 31, 2002.

"Check Clearing for the 21st Century Act", Federal Reserve Board, March 13, 2005.

Clark, Patrick, "PayPal Breaks into Small Business Lending", *Bloomberg Business Week*, September 24, 2013.

Deans, Cameron and Chris Steward, "Banks' Funding Costs and Lending Rates", *Bulletin*, Reserve Bank of Australia, March Quarter 2012.

DeMasi, Jim, "An Introduction to Structured Repurchase Agreements", *Community Banker*, December 2007.

FDIC, "Your Insured Deposits", 2013.

FDIC, "Community Banking Study", December 2012.

FDIC, "Study of Bank Overdraft Programs", November 2008.

Federal Home Loan Bank of Seattle, "Repo Programs versus Wholesale Advances: Be Sure You're Comparing Apples to Apples", *What Counts*, October 2006.

Federal Reserve System, "The 2010 Federal Reserve Payments Study", April 5, 2011.

Fisher, Mark, "Special Repo Rates: An Introduction", *Economic Review*, Federal Reserve Bank of Atlanta, Second Quarter 2002.

Goodfriend, Marvin, "Eurodollars", from Chapter 5 in *Instruments of the Money Market*, Federal Reserve

Bank of Richmond, 1998.

Gorton, Gary and Andrew Metrick, "Securitized Banking and the Run on Repo", *Journal of Financial Economics*, Volume 104, Issue 3, March 2012.

Hayashi, Fumiko and Emily Cuddy, "General Purpose Reloadable Prepaid Cards: Penetration, Use, Fees, and Fraud Risks", Working Paper 14-01, Federal Reserve Bank of Kansas City, February 2014.

Ivry, Bob, Bradley Keoun and Phil Kuntz, "Secret Fed Loans Gave Banks $13 Billion Undisclosed to Congress", *Bloomberg Markets Magazine*, November 27, 2011.

Josen, Jasvin, "Structured Repos: The Emerging Norm", *The Edge*, September 12, 2011.

Ledford, Steve, Tim Mills, and Tom Murphy, "Your Depositors Aren't Average", *Banking Strategies*, Volume LXXI, Number 1, January/February 2005.

Levy, Steven, "E-Money (That's What I Want)", *Wired*, Condé Nast Publications, Issue 2.12, New York, NY, December 1994.

Lucas, Charles, Marcus Jones, and Thom Thurston, "Federal Funds and Repurchase Agreements", *Quarterly Review*, Federal Reserve Bank of New York, Summer 1977.

Lumpkin, Stephen, "Repurchase and Reverse Repurchase Agreements", from Chapter 6 in *Instruments of the Money Market*, Federal Reserve Bank of Richmond, 1993.

Martin, Antoine, "Recent Evolution of Large-Value Payment Systems: Balancing Liquidity and Risk", *Economic Review*, Federal Reserve Bank of Kansas City, First Quarter 2005.

Smoot, Richard L., "Billion-Dollar Overdrafts: A Payments Risk Challenge", *Business Review*, Federal Reserve Bank of Philadelphia, January/February 1985.

Stoneman, Bill, "Opinions Are Changing About Brokered Deposits", *American Banker*, November 1, 2006.

White, Martha, "Why Banks Love Debit Cards Again", *Time*, March 28, 2013.

"The 2007 Federal Reserve Payments Study", Federal Reserve System, December 10, 2007.

Valenti, Joe, "The End of Cash: The Rise of Prepaid Cards, Their Potential, and Their Pitfalls", Center for American Progress, April 4, 2013.

Vaughn, Mark and Timothy Yeager, "Cedars Deposits: Will They Fly", *Regional Economist*, Federal Reserve Bank of St. Louis, October 2003.

Whalen, Gary, "Recent De Novo Failures: How Important Is Supervisor Choice", Office of the Comptroller of the Currency, Working Paper 2012-1, July 2012.

Whalen, R. Christopher, "What is a Core Deposit and Why Does it Matter? Legislative and Regulatory Actions Regarding FDIC-insured Bank Deposits Pursuant to the Dodd-Frank Act", Working Paper, Networks Financial Institute, Indiana State University, June 2011.

第7章
管理流动性

金融机构如何为运营筹资在决定盈利能力和风险中发挥着重要作用。融资决策影响着一个机构的负债结构和负债成本以及流动性风险和利率风险。当美国经济在20世纪初迅速发展时,许多银行采取高增长战略,通过经纪存单和联邦住房贷款银行贷款融资,用以发放新的贷款。它们的商业模式关注的是在扩大市场份额过程中的边际利润增长率。当2007年金融危机爆发时,参与高速发展的房地产市场的银行出现了一大批不良贷款,并随后引发了流动性问题。流动性问题的出现是因为银行没有足够的核心存款或流动资产。在某些情况下,存单持有人没有续存存款,联邦住房贷款银行降低了借款机构的信用额度并且要求增加贷款的抵押品。银行只能简单地用联邦存款保险公司(FDIC)担保的网络存款取代这些资金来源,例如通过QwickRate获得资金。

在阿肯色州本顿维尔的阿肯色州国民银行(ANB Financial)案例中,这家机构于2008年1月31日由美国货币监理署(Office of the Comptroller of the Currency, OCC)关闭。倒闭之时,阿肯色州国民银行拥有21亿美元资产以及16亿美元经纪存款。经纪存款使得阿肯色州国民银行摒弃了过去的审慎模式,加快发展速度,并且将大部分资产投资到住房建设和开发贷款中。实际上,阿肯色州国民银行的资产从2004年12月的6.31亿美元增长到2008年年初的21亿美元,四年内增长了233%。

许多在2007—2010年期间破产的金融机构依靠购入负债为高风险贷款融资。例如,许多大型机构,如雷曼兄弟,极度依赖通过回购协议获取短期借贷。当市场参与者对这些机构的资产价值失去信心时,回购协议以及其他短期借贷的来源也将消失,从而引发流动性危机。监管者允许这样的一些企业破产,同时他们也开启了美联储的贴现窗口借贷机制以防止其他企业破产。

意料之中的是,针对银行在危机中经历的流动性问题,监管者制定了更多的银行监管政策。2013年,巴塞尔银行监管委员会建议银行调整资产负债表以达到流动性覆盖率(Liquidity Coverage Ratio,LCR)和净稳定资金比率(Net Stable Funding Ratio,NSFR)的目标。这些目标是:(1)保证银行拥有足够的未抵押优质流动资产(high-quality liquidity asset,HQLA),使得它们能在30天的压力情境中满足潜在的流动性需求;(2)保证银行在遭遇企业特定的压力情境时,即使发生预期的潜在流动资金外流,也能够拥有足够的稳定资金来度过一年的时间。后文将详细阐述这些举措。

投资决策决定了资金来源的稳定性和质量,从而影响流动性、盈利能力及风险,并进一步影响流动性需求。它们影响负债敏感度、用来防止非预期性存款外流的存款稳定性,以及获得买入资金的便利程度,进而影响利率风险和流动性风险。投资决策也通过借入资金的利息费用和与管理费相关的非利息费用,以及从收费和存款服务中收取的非利息收入影响盈利能力和风险。

本章主要探讨了流动性规划、现金管理以及应急资金的问题。其中,第一部分阐述了企业如何满足流动性需求;第二部分检验了现金资产的特征和持有各类现金资产的基本原理,考虑到了法定准备金的要求,浮账的来源和影响,以及代理余额的定价;第三部分阐述了传统的流动性度量方法的优点与不足,并且检查了《巴塞尔协议Ⅲ》中对流动性的监管要求,这将显著地增加银行所持有的流动资产。接下来,本章将把银行流动性规划应用到准备金管理和对长期融资要求的预测中。在最后的部分,本章将总结关于银行成立应急资金计划的最新监管要求。

满足流动性需求

无论是通过发行债券还是清算资产的方式,一旦金融机构能以合理的成本快速获取足够资金,就可以有效满足流动性需求。金融机构之所以能够借到钱,是因为投资者相信其能及时归还资金,从而愿意预付资金。它们持有流动资产以应对潜在的存款外流和其他债务的提款,同时为贷款筹集资金。总体上,银行流动性(bank liquidity)指的是银行以合理的价格立即获得可支配资金的能力。它包含:可替代资金来源的影响和它们的可预测性;流动资产的潜在销量;以购入联储基金为形式的借款,联邦住房贷款银行(FHLB)的借款和商业票据;新发行的存单、欧洲美元和次级贷款;新股票。充足的流动性对一家金融机构来说是必需的,因为它必须为可预测和不可预测的资产负债表上的波动以及未来的增长做好计划。这种关于流动性的观点明确认识到企业可以通过三种方式获得流动性:(1)出售资产;(2)新增借款;(3)新股发行。

流动性成本,或者更进一步说,每种流动性来源在满足机构流动性需求方面的有效程度取决于市场形势,而能够反映这种形势的要素包括市场对机构和市场风险的感知、市场对银行管理及其战略方向的感知,以及当前的经济环境。金融公司通过持有易出售的优质流动资产、发行新债券的方式满足其流动性需求,长期而言还可以依靠留存收益和发行股票。优质流动资产,如短期的国库证券,必须是未被抵押(没有被用作银行负债的抵押品)并且能在流动市场上以可知的价格进行交易的。如果一个银行能够以合理或者与同业相当的利率进行借贷,那么债务就是流动资金的来源。最后,普通股和优先股的发行同样是流动性的来源之一,前提是具备市场条件使得这些手段能够在合理的成本范围内达成。股权融资成本高于债务融资成本,因此银行更倾向于债务融资。同时,普通股稀释了收益导致短期内股东价值下降。因此,新股票的发行和盈余的持有通常被视为用于提高流动性和偿付能力的长期战略。

持有流动资产

流动资产是指能以最小损失便捷且迅速转化为现金的资产。然而,与通行概念不同的是,"现金资产"通常不能满足银行的流动性需求。为了理解这一点,我们需要定义金融机构中现金资产的四种基本类型:备用现金、在联邦储备银行的活期存款余额、在私人金融机构的活期存款余额,以及托收中现金款项(cash items in the process of collection,CIPC)。尽管近期联邦储备银行为存款提供少量利息,但现金资产没有利息,因此整个资金配置对金融机构而言有潜在的机会成本。因此银行的目标是,最小化所持有的现金资产,仅持有法律规定的或日常经营所需的现金量。

由于没有包括未预期的现金需求量,现金资产不能满足一个机构的流动性需求。举例而言,如果一家机构遭遇了备用现金的意外损失,它必须立刻补足现金,否则其持有的备用现金低于法定要求或经营所需。除非管理者决定在美联储存放大量存款,否则它的现金资产只能满足暂时的流动性需求。由于美联储将联储基金利率控制在 0 和 0.25% 之间,并且国库券利率一直在 0.25% 之下徘徊,导致近年来利率持续偏低,许多银行都在美联储持有大量存款。2007—2013 年,贷款需求相对较低,许多银行倾向于放弃在更具风险的投资证券中获取更高的收益,以避免利率上升引致市场价值的潜在下降。

银行持有现金资产是为了实现四个目标。第一,银行提供硬币和现钞以满足消费者日常交易需要。银行的备用现金数额与消费者现金存款和现金提取需求相对应。这两种现金需求都呈现季节性波动的特征,在圣诞节等节假日之前骤增,节假日之后骤降。第二,监管机构要求准备金余额只能以合格的现金资产的形式持有。第三,银行是国家支票支付系统中的清算所。每家银行都必须在联邦储备银行或其他金融机构拥有足够的余额,以保证消费者交易活动(支票、借记等)在要求支付时得以清算。第四,银行用现金余额从代理银行手中购买服务。

如果现金资产不是一个金融机构流动性的来源,那么什么样的资产才是呢?以下各项通常被视为流动资产:

(1)准备金之外的现金和来自银行及联邦储备银行的同业存款;
(2)出售联储基金和反向回购协议;
(3)未被承诺为抵押品的短期国债和机构债券;
(4)未被承诺为抵押品的高质量短期公司证券和市政证券;

(5) 一些待售的政府保证贷款。

这些资产是可流动的,因为它们能以有限的折价迅速转换为立即可用的资产。

新增借款

除了出售资产,金融机构能在金融市场上通过借款活动获得流动资金。借款是有吸引力的,因为它通常能在可预测的价格内迅速达成。在完善的货币市场与资本市场上,银行可以面向个人、养老基金、保险公司等主体发行债券,以获得现金。历史上,储蓄机构相比于非储蓄机构更有优势,因为它们可以利用核心存款(例如,储蓄账户、支票账户以及小额定期存款)保证日常运营所需的资金,而其他机构则无法实现。在很长一段时间里,许多投资银行和制造业公司通过收购产业贷款公司或有限目的银行,使自己能提供联邦存款保险公司承保的存款并获得联邦住房贷款银行贷款。尤其是投资银行开始将经纪存单、商业票据和回购协议(repo)作为永久性的资金来源。许多大企业通过互联网出售高利率的大额定期存单。

重要的是,非核心存款的使用给这些企业的运营增加了流动性风险。要记住,商业票据是不安全的,并且大部分大额存单并不是由联邦存款保险公司承保的,以至于你会看到一个陷入困境的机构的负债者往往会在第一时间逃跑。相似的是,回购协议和联邦住房贷款银行贷款要求借贷机构公示针对债务的抵押品。当机构遭遇麻烦时,通常是因为它所持有的资产[贷款、证券以及担保债务凭证(CDO)]贬值,回购协议的贷方和联邦住房贷款银行退出市场,并且/或者大幅度提高抵押品要求。在这种情况下,机构可能会被踢出借贷名单并且被迫从别处补足资金。请参阅当代热点专栏"美联储的借贷"。在这份名单中,利用借贷作为流动性来源的风险是"市场对资产质量敏感"。如果一家机构的资产质量下降,或者市场上形成了对这家机构商业模式和风险的消极认知,市场参与者将不会为这家机构提供其所需资金。

 当代热点

美联储的借贷

在最近金融危机的风暴眼中,联邦储备银行针对陷入金融困境的机构延长了大额贷款的期限,因为这些企业需要资金以避免破产。通过这项举措,联邦储备银行为这些原本可能会申请破产保护的企业解困。一些没有陷入困境的企业同样通过从联邦储备银行那里获得了低成本且稳定的贷款,提高了自身的盈利能力。

在2011年的研究报告中,来自彭博新闻社的报道指出,在2008年12月5日当天,联邦储备银行延长了针对不同企业的总计1.2万亿美元的贷款。[①] 针对不同类型的机构,有许多

---

① 参阅 Ivry, Keuon, and Kuntz(2011)。彭博新闻社在按照《信息自由法案》提出要求并等待了两年直到法院命令联邦储备银行公布信息后,才获得了这一数据。

依靠不同资金来源的借贷项目。借款人包括一些海外机构和国内企业。短语"大而不倒"(TBTF)被用来形容政府在给这类机构提供流动性方面所扮演的角色。许多分析师和市场参与者相信,这种紧急援助对于防止全球金融体系的崩塌是必要的。然而,剩余成本持续增长,它们包括以下要素:

(1)因为政府会救市,所以 TBTF 机构会继续过度承担风险,这种紧急援助反而会引发道德风险;(2)由于政府暗示的承诺,TBTF 机构会获得以更低借贷成本为形式的补贴;(3)由于其他机构被允许破产并且没有收到政府承诺的补贴,TBTF 机构在金融危机乃至危机后仍持续成长并且扩大它们的市场份额;(4)由于政府机构和银行监管者逐步推行严格的法规以控制银行所承担的风险,监测消费者的违规行为,因此金融机构所面临的监管负担将增加;(5)法院和监管机构把对 TBTF 机构征税当作对它们在危机之前不尽如人意的风险管理能力的一种惩罚。简而言之,银行的成本将增加而属于银行股东的预期收益将下降。

现金管理的目标

银行希望尽可能少地持有现金资产,同时避免存款流出引起的交易问题。由于现金资产不产生利息,持有过多现金会带来高额的机会成本——减少投资到其他方面的利息收入。随着利率的上升,(持有现金的)机会成本和减少现金资产的动力增大了。然而,现金持有量太少会带来较大风险。假如存款人听说他们的银行手头没有足额的现金支付提款,存款人的忧虑是可想而知的。基于此,银行必须在其他银行和联邦储备银行存有足够的资金以支付存款外流,否则银行将被迫补足账户余额。过少的现金资产持有量会造成潜在的流动性问题,并增加借款成本。持续的资金不足根源在于管理不善,最后必将导致严格的监管审查和业务关系的恶化。

幸运的是,备用现金需求一般是可预测的。本地企业会定期存入现金,银行客户通常在周末、节假日和收到支付支票时提取现金。一旦备用现金短缺,银行就可以要求最近的联邦储备银行或代理银行运送现金。

对存款流入、流出的时间和额度的准确预测要困难得多。现金的流入和流出会影响到银行在联邦储备银行和其他金融机构的存款。存款流入提高了法定存款准备金要求,但也提高了实际的储备资产额和相应的存款额。存款流出降低了法定存款准备金要求和实际的存款持有量。存款流动取决于客户交易,银行不能直接控制清算的时间。因此,在规划现金需求时,管理者是在设定一个不断修正的目标。

当银行发现预期外的存款短缺时,它必须通过借款或出售非现金资产从联邦储备银行或代理银行调入现金。然而,当银行面临信贷问题或经营困难时,借款成本往往会攀升,资金来源也会消失。同样,本可以以接近面值的价格出售的资产一般只能获得较低的收益率。因此,银行的现金需求与其流动性要求和来源紧密相关。现金和流动性管理的基本目标是准确预测现金需求,并以最低成本筹措迅速可得的现金。

在联邦储备银行的准备金余额

储蓄机构在联邦储备银行存款,部分是因为美联储规定了法定存款准备金要求,并且存款账户的性质决定了其适用该要求。正如我们接下来将讨论的,银行在美联储的存款必须等于合格负债的一小部分。银行在美联储的存款还有助于处理由支票清算、定期存款和证券到期、电汇和其他交易等引起的存款流入与流出。存款流将银行现金头寸和流动性要求联系起来。

考虑图表6.1(见第6章)的T型账户,其中记录了100 000美元到期存单(未续存)通过银行在美联储的准备金账户进行清算的财务影响。存款流出表示的是某天的清算净流出,即基于样本银行的存款开出的支票价值超过从其他银行开出的、在该行存入并要求美联储支付的支票金额。与存款损失相对应的调整是美联储准备金账户减少100 000美元。在这个简单的例子中,法定准备金并没有下降,因为存单不需要准备金。但是出现了流动性问题,因为在美联储的实际存款余额下降了100 000美元。如果银行仅存有最低限额的准备金(没有超额准备金),那么银行的准备金就有100 000美元的缺口,这就是银行即刻的流动性需求。不过要注意的是,即使在美联储的准备金账户余额满足银行的清算要求,这些资金也必须补上;也就是说,准备金余额不是银行长期的流动性来源。但是,如果银行在美联储有100 000美元的超额准备金,那么存款的流出将使银行在美联储的准备金减少100 000美元,但不会产生即刻的流动性需求。这些存款流出直接减少银行在联邦储备银行或代理银行的存款余额,并产生流动性需求。存款流入的效果相反。

法定准备金和货币政策

准备金的目的是使美联储能够控制国家的货币供给。通过要求储蓄机构在美联储持有支持交易账户的存款余额,联邦储备银行试图控制信贷的可得性,进而影响整个经济。有三种基本的货币政策工具:公开市场操作、改变再贴现率和改变准备金余额要求比率。

- **公开市场操作**是由纽约联邦储备银行在联邦公开市场委员会(Federal Open Market Committee, FOMC)的指示下进行的。在公开市场或二级市场上买卖美国政府证券是美联储实现其政策目标最灵活的手段。通过买卖短期政府证券,美联储可以调节银行系统的准备金水平。通过公开市场操作,美联储可以补偿或支持准备金要求的改变、再贴现率的改变以及资金的季节性波动和国际流动,从而影响短期利率和货币供给的增长。美联储在公开市场上买入证券,提高了银行在美联储的存款余额,进而提高了银行系统的准备金和流动性。美联储在公开市场上卖出证券,降低了银行在美联储的存款余额,从而降低了银行系统的准备金和流动性。
- **贴现窗口**借款指的是储蓄机构以贴现率直接向联邦储备银行借款,贴现率就是储蓄机构支付的利率。贴现率的改变直接影响了借款成本。当美联储提高贴现率时,借

- **改变法定准备金率**直接影响了法定存款准备金余额要求的数额,因而改变了储蓄机构可以借款的金额。例如,10%的准备金余额要求比率意味着一家拥有 100 美元未偿活期存款负债的银行必须持有 10 美元的准备金余额以支持这些活期存款。所以储蓄机构只能将其活期存款中的 90% 用于放贷。当美联储提高(降低)准备金要求时,它通过提高(降低)准备金余额要求比率直接减少(增加)了储蓄机构可以放贷的金额。因此,较低的准备金要求提高了储蓄机构的流动性和放款能力,而较高的准备金要求降低了储蓄机构的流动性和放款能力。[1]

联邦储备银行对所有储蓄机构设定的法定准备金要求等于所选定负债金额的一小部分。假设活期存款的法定准备金余额要求比率为 10%,所有定期存款的法定准备金余额要求为 0(图表 7.3 显示了实际的准备金余额要求比率)。一家拥有 1 亿美元活期存款和 5 亿美元定期存款的银行将不得不持有 1 000 万美元的准备金,这是银行必须持有的备用现金或在联邦储备银行存款的最低额度。如果该银行实际持有美联储的存款加上备用现金共 1 200 万美元,那么其中 200 万美元的超额准备金也是流动性的一种来源。如果银行的未偿活期存款数额增加到 1.2 亿美元,那么银行的准备金要求就升至 1 200 万美元,此时就没有超额准备金了。总之,当存款负债增加(减少)时,银行的准备金要求也相应增加(减少)。因此,一家储蓄机构在联邦储备银行的存款账户余额会随着可提取准备金的负债额的变动而改变。[2] 在下一部分的讨论中,储蓄机构可以用受准备金要求制约的债务替代那些不受其制约的债务,从而绕开这一要求。联邦储备银行同样可以通过其他途径控制货币供给和信贷规模。

流动账户对法定准备金余额的影响

根据美联储《D 条例》,支票存款类账户如活期存款、自动储蓄转账(ATS)账户、可转让提款命令(NOW)账户等按要求需交纳 10% 的准备金,而货币市场存款账户(MMDA)被认定为个人储蓄账户并且准备金率为 0。[3] 1994 年 1 月,美联储开始允许商业银行使用计算机系统处理流动账户管理系统。流动账户使存款保管机构能够把资金从有准备金要求的交易账户转移至没有准备金要求的货币市场存款账户等。例如,利用零售流动账户,银行后台程序可把活期存款账户的超额资金转移至货币市场存款账户,同时银行可以决定超额资金的数

---

[1] 改变准备金余额要求比率有明显的公告效应,因为它对所有的成员金融机构都会产生巨大的影响。改变准备金余额要求比率的另一个好处是可以在可预期的程度内同时影响所有的机构。

[2] 近年来,利用准备金率作为货币政策工具的情况在美国和其他工业化国家中已经越来越少了,因为中央银行能通过其他方式调控货币供给和信贷规模。Sellon and Weiner(1997)将准备金要求淡出货币政策归结为三个因素:联邦储备银行改变了强调控制短期利率的政策;准备金要求被认为是以向联邦储备银行提供低息贷款的形式附加在银行身上的一种税收,使得银行相对于其他金融机构处于竞争劣势;"流动账户"的广泛使用使得法定准备金余额降至三十多年来的最低水平。

[3] 美联储的《D 条例》和法定准备金要求将在后面讨论。为了深入理解流动账户,可以参阅 Richard G. Anderson and Robert H. Rasche(2001)。

额。本质上来说，银行为了满足每日支票清算，必须安排一部分资金作为活期存款账户余额，银行也可能在当日转移超额资金使得活期存款账户当日余额变为0。尽管表面上看银行似乎正在客户账户之间转移资金，但实际上是由后台系统动态地将客户账户从需要支付准备金账户重新认定为不需要支付准备金账户。如此，在不改变客户账户余额的同时，还可以有效地降低银行的准备金余额要求比率。因为客户对这些账户所支付的利率不是非常敏感，当存款准备金减少时，银行的利息成本可能不会明显增加。图表7.1阐明了1994年后商业银行零售流动账户系统的快速增长。

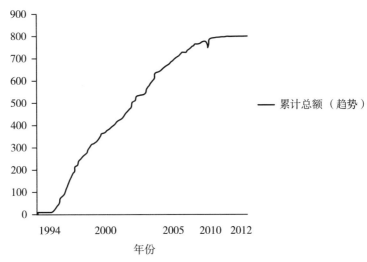

图表7.1 流动账户资金转入货币市场存款账户的增长情况

资料来源：美国联邦储备委员会，货币事务部（2012年3月后不再发布相关数据）。

如今，一共有两类零售流动账户被广泛使用。第一类是周末系统，此系统在周五停业时将交易保证金重新认定为储蓄存款，之后在周一又回到交易保证金的身份。通常来说，这意味着在周五、周六、周日（若周一恰巧为节假日，则周一也算），或者说在每周3/7的时间内，这些资金需要支付的准备金为0。因为最低准备金要求是基于每周7天计算的，以上操作几乎可将准备金余额要求削减一半。① 第二类为最低门槛账户。当资金的数额超过最低门槛，银行计算机系统会将客户的账户余额转入货币市场存款账户，并在特定时候返还这部分资金。有趣的是，人们并没有发现银行的计算机系统是何时开始变得如此精细有效。在银行广泛应用计算机系统之前，考虑到计算和转移资金的时间与人力成本，以上提到的系统仅仅应用在最重要或者说盈利能力最强的客户账户上。

美联储《D条例》规定，每个月从货币市场存款账户中支取或者转账的次数不超过六次，如果超出六次，货币市场存款账户将被认定为自动储蓄转账账户，并且需要满足相关准备金要求。因此，第二类的流动账户在每月第六次转账时，需要将全部货币市场账户余额转回交

---

① 一些提供流动账户管理业务的咨询公司声称，银行可以将原来占存款余额10%的法定准备金余额实际降至存款余额的1%。

易保证金账户。

零售流动账户管理不能与企业流动账户管理混为一谈。企业流动账户管理十分受欢迎,美国《1933年银行法》和《1935年银行法》中的《Q条例》明令禁止储蓄机构为企业活期存款账户支付明确的利息。商业流动账户将企业活期账户隔夜超额资金(此情形最常见)转为非存款类的生息资产,例如回购协议和货币市场共同基金。由于这些负债不是银行存款且没有联邦存款保险保障,企业流动账户不必满足准备金要求。

满足法定准备金余额要求

实际上,法定准备金余额要求的计算远比之前所举的例子复杂。需要注意的是,不是所有的存款都需要交纳准备金,存款准备金每两周计算一次,而银行可通过减少客户账户余额和备用现金以减少需交纳的存款准备金数额。两周一次这个条件非常重要,因为储蓄机构没必要每天保持一定数额的现金,只需在更长的期间内持有最低限额的资金。1998年至今,美联储采用滞后准备金账户(lagged reserve accounting,LRA)体系,此体系要求银行在未偿存款余额的基础上,提前3—5周备好需交纳的准备金。这样做的最大好处是使银行更容易计算准备金数额并且达到要求。然而,滞后准备金账户体系降低了美联储控制货币供给的能力,并且增大了利率的波动性。下面的分析阐述了现今存款准备金的详细要求,提供了一个综合性的案例。图表7.2介绍了一些重要术语。

图表7.2 重要术语一览

基础计算周期(base computation period):一个为期14天的时间区间。在此期间内,银行以未偿负债为基础,计算准备金数额。

托收余额(collected balances):分类账户余额减去浮账后的余额。

代理银行(correspondent bank):向其他金融机构提供服务、吸收存款或收取使用费的银行。

当日透支(daylight overdrafts):银行在工作日内授权从美联储或者代理银行管理的存款账户支出超过实际余额的款项。

递延信用款项(deferred availability credit items):美联储已经收到支票存款,但未向存款账户放款的支票款额。

信贷收益率(earnings credit):银行可以用客户存款投资获得利息收入的相应利率。

可投资账户余额(investable balances):托收余额减去准备金余额要求的余额。

准备金维持周期(reserve maintenance period):一个为期14天的时间区间。在此期间内,为了满足准备金余额要求条件,银行必须在美联储管理的账户中持有充足的存款余额。

委托银行(respondent bank):从其他金融机构购买服务的银行。其支付方式是通过在代理银行持有非生息存款或者直接支付使用费。

交易账户(transactions accounts):交易账户持有人可以通过票据支取存款,每月可用电话或者预授权转账三次以上。

美联储《D 条例》和《M 条例》规定了商业银行需满足的最低准备金要求。这些法规规定银行必须按照基础负债的一定比例来维持现金准备金。构成准备金余额要求的三个要素为：基础负债总额、准备金余额占比要求、符合条件的现金资产总额。基础负债由净交易账户（net transaction account）组成，此类账户持有人依规定通过可转让的流通票据、付款委托以及每月三次以上的电话或预授权转账来提款。货币市场活期账户（MMDA）不可被认定为交易账户。前面提到的基础负债总额是指银行相关分账的汇总金额，减去私人储蓄机构结欠的托收余额和托收中现金项总额。其他负债不需要准备金。

银行符合条件的准备金资产包括：备用现金、美联储托管存款，或者其他金融机构存管的转让账户储蓄。图表 7.3 阐明了与准备金余额要求相关的比率，从表中可以看到，2014年，对于日均余额不超过 1 330 万美元的净交易账户，银行可以被豁免提取准备金；对于日均余额为 1 330 万—8 900 万美元的净交易账户，银行需提取 3% 的准备金；对于日均余额超过 8 900 万美元的净交易账户，银行需提取 10% 的准备金。① 联邦储备委员会在规定范围内可以调整这些比率。

图表 7.3　2014 年储蓄机构准备金余额要求比率

存款类型	金额（万美元）	比率（%）
净交易账户		
可豁免金额	1 330	0
不超过	8 900	3
超过	8 900	10
其他		0

资料来源：联邦储备委员会新闻发布，2013 年 11 月 5 日。

滞后准备金账户体系

在现有的滞后准备金统计程序下，每周需报送数据的机构按负债总额（扣除不需计提准备金的数额）计提准备金，可延迟 30 天开始。也就是说，准备金维持周期在准备金统计周期（computation period）开始后的第 30 天启动。② 值得一提的是，银行必须在统计期结束后的第三个周四开始，在随后的 14 天周期内维持日均的准备金余额要求（reserve balance requirement）。准备金统计周期由两个为期一周的报告期（reporting period）组成，因此包含从周二到两周后的周一（连续 14 天）。准备金维持周期包含从周四到两周后的周三（连续 14 天）。

在每个以周三为终止日的维持周期内，准备金余额要求为：

---

① 非美联储成员可以使用转让账户余额来满足准备金余额要求。转让账户资金可以存管在联邦住房贷款银行、美国国家信用合作社管理局，或者其他能把资金存在美联储的银行。金融机构每年可豁免准备金的额度随着总应计准备金负债总额的增加而少量增加。

② 规模较小的银行以季度或者年度为频率计提准备金（应计准备金负债大于 850 万美元并小于 20 770 万美元的，以季度为单位；小于 850 万美元的，以年度为单位）。

- 在准备金维持周期开始之前第17天截止的为期14天的统计期间,在应计准备金负债额基础上计算准备金余额要求;
- 减去在上述准备金统计期间计算的备用现金。

备用现金和存管在美联储的资金都可作为准备金来源,但是适用时间不同。日均余额决定了两周的准备金统计期间所需的备用现金额度(准备金维持周期开始前17天截止)。然而,存在美联储的准备金余额需在准备金维持周期内持有。需计提准备金的机构在下列两个账户之一的余额需满足准备金余额要求:(1)备用现金余额;(2)由美联储资金账户或转让账户(代理银行账户)直接存管的准备金余额。无法用备用现金满足的准备金要求部分被称为准备金余额要求。

图表7.4显示了不同间隔的时点选择。注意到周五的日余额可以延续到周六和周日,以致影响三天的日均余额。

图表7.4 在滞后准备金账户体系下,准备金维持周期和基础统计周期的关系

周日	周一	周二	周三	周四	周五	周六
8/8	8/9	8/10	8/11	8/12	8/13	8/14
8/15	8/16	8/17	8/18	8/19	8/20	8/21
8/22	8/23	8/24	8/25	8/26	8/27	8/28
8/29	8/30	8/31	9/1	9/2	9/3	9/4
9/5	9/6	9/7	9/8	9/9	9/10	9/11
9/12	9/13	9/14	9/15	9/16	9/17	9/18
9/19	9/20	9/21	9/22	9/23	9/24	9/25

■ 滞后准备金统计周期
▨ 准备金维持周期

准备金要求的交易余额在准备金维持周期之前两周半测算,备用现金在准备金维持周期之前三天测算,与基于同期存款类负债计提准备金余额的方式相比,在美联储存管准

备金的银行能够更加准确地管理其存款余额。在同期计提制度下,银行无法获知最终的基础存款。

测算准备金余额要求的过程包括:用图表 7.3 的相关比率乘以应计准备金未偿负债的日均数额,测算的时间区间为基础统计周期。只要 14 天维持周期内的准备金余额日均水平达到要求条件,银行日均准备金余额就可以不同。美联储存管的备用现金和存款余额都满足成为准备金资产的条件。在滞后统计期间(准备金维持周期开始前 17 天截止)持有的备用现金可用来抵消准备金余额要求。举一个例子,如果在准备金维持周期,一家银行以应计准备金负债为计算基础的日均准备金余额要求为 2 000 万美元,假如这家银行在统计期间持有日均 200 万美元,那么它在美联储的存款余额应等于 1 800 万美元。

在准备金维持周期,由于前后两期的准备金终值不同,上一期的结余或者结欠可以结转到下一期,因此实际的持有准备金与法定比率略有差异。法规允许的差异有两种:其一为日均准备金余额要求的 10%,并且不考虑过去的结转和备用现金抵消操作;其二为 5 万美元。两者择其最高金额。如果某家银行结欠余额超出此规定限额,其必须支付不可抵扣的利息罚款,利息为贴现率加上 1%再乘以差额。更重要的是,如果一家银行总是持有不充足的准备金,那么美联储将通过限制其运营流程和业务许可来进一步处罚。假如银行持有的准备金超额部分超出规定,它将不能结转这部分数额至下一期,并且损失相应的利息收入。准备金法规时间要求使得周三的交易更受关注,因为周三是准备金维持周期结束的日子。因为联储基金是准备金的重要来源,所以周三的联储基金交易变得非常活跃,这一天联储基金利率波动性会增大。

应用示例:滞后准备金账户体系下的准备金计算

准备金余额要求可以通过一个例子来说明。从图表 7.4 的时间框架可以看出,9 月 9 日至 9 月 22 日是 14 天的准备金维持周期。图表 7.5 显示了在滞后统计期间一家样本银行备用现金和净交易账户的日终余额。右边第二列列出了表内各项的累积总额,最后一列列出了日均余额。[①] 需要注意的是,净交易账户的统计期在 8 月 10 日开始算,比准备金维持周期开始时间提前了四周半。

图表 7.5　应计准备金负债和可抵消准备金资产余额报告

滞后统计期	工作日日终余额(百万美元)													两周总计	平均每天
	8月10号 周二	8月11号 周三	8月12号 周四	8月13号 周五	8月14号 周六	8月15号 周日	8月16号 周一	8月17号 周二	8月18号 周三	8月19号 周四	8月20号 周五	8月21号 周六	8月22号 周日	8月23号 周一		
活期存款账户	992	995	956	954	954	954	989	996	960	959	958	958	958	990	13 573	969.50
储蓄账户自动转账	0	0	0	0	0	0	0	0	0	0	0	0	0	0	0	0.0
NOW 和超级 NOW	221	221	222	223	223	223	223	224	225	225	225	225	225	225	3 130	223.57

---

① 银行报告资产负债表各项数据可以精确到千美元。图表 7.5 中的数据近似到百万美元。

(续表)

滞后统计期	工作日日终余额(百万美元)														两周总计	平均每天
	8月10号 周二	8月11号 周三	8月12号 周四	8月13号 周五	8月14号 周六	8月15号 周日	8月16号 周一	8月17号 周二	8月18号 周三	8月19号 周四	8月20号 周五	8月21号 周六	8月22号 周日	8月23号 周一		
减项:																
美国政府机构的活期存款余额	163	281	190	186	186	186	159	159	274	178	182	182	182	164	2 672	190.86
托收中现金款项	96	96	78	78	78	78	95	98	92	79	81	81	81	88	1 199	85.64
净交易账户	954	839	910	913	913	913	958	963	819	927	920	920	920	963	12 832	916.57
备用现金	28	30	31	33	33	33	38	30	31	32	32	32	32	36	451	32.21

图表 7.6 阐明了准备金余额要求计算方法,一共有四个步骤:
(1) 计算滞后准备金统计周期的日均未偿付余额;
(2) 利用准备金比率进行计算;
(3) 减去备用现金;
(4) 加上或减去前期允许结转的准备金。

图表 7.6　准备金余额要求报告

应计准备金负债	日均存款类负债(百万美元)	准备金率(%)	日均准备金余额要求(百万美元)
9月9日—9月22日			
净交易账户			
不超过 1 330 万美元(豁免部分)	13.30	0.0	0.000
1 330 万—8 900 万美元	75.70	3.0	2.271
超过 8 900 万美元	827.57	10.0	82.757
总计	916.57		
准备金余额要求总额			85.028
日均备用现金			32.214
净准备金余额要求			52.814
上期结转准备金			(2.276)
准备金最低限额			53.042
准备金最高限额 = (0.10×85.028)+53.042			61.545

代理银行业务服务

除了使用美联储提供的准备金存管服务和资金转账服务,大多数银行也和代理银行保持类似业务联系。通过在代理银行设立一个存款账户,客户用该账户支付代理银行提供的服务。这种银行同业存款网络使得规模不同、地域不同的银行连接在一起。代理银行业务

(correspondent banking)是由一家银行向其他金融机构出售服务所构成的银行间体系。提供服务的机构为代理银行(correspondent bank),或者称为上游往来银行;而购买服务的机构为委托银行,或者说下游往来银行。换言之,持有存款的银行为委托银行,接收存款的银行为代理银行。大型的存款管理机构同时拥有这两个身份:一是向规模较小的银行提供基础服务,二是从位于其他区域市场或能提供更广泛服务的大型机构购买服务。

为什么委托银行会向代理银行购买服务?原因有很多种。有些服务,比如说支票托收,代理银行相比美联储提供的服务更有优势,因为美联储需要更多时间来授信。此外也有其他服务,要么收费太高以致委托银行无法单独提供服务,要么受到监管约束使委托银行不能提供服务。对一些小银行来说,它们想提供较全面的业务,但是各项业务需求不足。以跨国交易和并购重组顾问业务为例。由于市场对这些服务使用不频繁,银行需投入的技术和人力成本相对太高,这些服务只能通过大规模提供以达到规模经济效应并降低单位成本。即使这些代理银行开出的服务价格超出成本,也比小银行独立开展一项新业务的成本低。同理,当信贷规模超出银行法定贷款限制,委托银行亦可将贷款参与权(loan participation)出售给代理银行。

从代理银行购买的服务主要分为三大类:支票清算和现金交易、投资服务、与信贷相关交易。支票清算服务比较有吸引力,因为银行可以借此减少浮账。代理银行时常以比美联储更快的流程向委托客户提供资金。这样一来额外的利息收入超过了要求的补偿余额。以下几种代理银行业务最常见:

- 支票托收、电汇、硬币和现金供应;
- 贷款参与协助;
- 数据处理服务;
- 投资组合分析和咨询;
- 联储基金交易;
- 证券保管;
- 买卖证券协议;
- 投资银行服务,如掉期、期货、并购和重组;
- 董事和官员的借款;
- 国际金融交易。

仅当服务购买价格低于直接提供服务的单位成本时,委托银行才会购买其他服务。

日益激烈的竞争使商业银行委托方的数量收缩,也使得边际利润承受着下行压力。在另一个州并购了一家企业的金融机构,不再需要从同一家代理银行获得同样的服务。社区银行介绍客户群给代理银行,它们通常会发现代理银行尝试直接向客户推介服务,并且完全绕开委托银行。这一情况导致了两种结果:第一,委托银行将不同代理银行的服务拆分,从不同代理银行购买不同的服务;第二,许多社区银行正在组建合作机构,并且从合作机构购买服务。这些合作机构被称为银行的银行(banker's banks)。银行的银行由独立的商业银行控股,并且只能向金融机构提供服务。它们从不直接向银行客户兜售服务,仅仅与其他代理银行竞争。银行的银行设有专人分别负责支票托收、贷款人信用状况分析、政府和公司证券交易以及以优惠价格提供其他服务,例如贴现经纪、租赁和数据处理。机构董事会主要由社区银行的首席执行官构成,他们在产品选择、定价、投资组合政策方面提供指导。这对社区银行来说主要有两点好处:一是实现重要服务的成本分担,二是确保银行的银行不会拉走客户。

流动性规划

银行积极地参与流动性规划,我们可以将参与度分为两个层次。第一个是短期流动性需求规划和存款准备金头寸规划。第二个包括预测来自以下三个方面的净资金需求:来自季节性、周期性的净资金需求,来自银行规模增长的净资金需求,偶发的流动性需求。流动性规划周期相当长,要囊括全年的月度规划。在与利率敏感性分析一样的时间区间内,银行通过预测现金流进行流动性规划。

短期流动性规划

短期流动性规划的核心是预测银行在美联储的准备金期末余额与法定准备金的差别。前面已经解释了准备金余额的会计要求和计算步骤。规划期为两周,此期间内银行必须在美联储持有最低限额的存款。由于许多交易影响未偿负债和投资组合,银行的实际存款每日浮动,如果在这两周内发生的交易是已知的,这部分浮动也是可知的。很多新进入储蓄机构行业的人也许认为准备金余额要求是应对重大流动性需求的流动性风险准备金。他们的思路是,如果银行将90%的交易存款用于投资,那么剩下的10%是用来应对紧急流动性需求的。事实并非如此,在之前我们已经讨论过,储蓄机构也许不会遇到准备金短缺问题。储蓄机构有流动性需求,必要的准备金不能用来救急,只有超额准备金可以使用。因此,准备金余额要求可能导致银行的流动性问题,而不是为银行提供解决工具。

管理准备金余额头寸的基本目的是以最低成本达到最低准备金余额要求。由于客户的偏好决定备用现金的需求,这部分需求因客户和当地企业的支付习惯的变化而变化。这些变化还呈现季节性趋势。当一家银行需要额外的备用现金时,它可以方便地从地方的联邦储备银行或者代理银行请求现金交割。同理,银行可采用类似方式在恰当时机转出超额资金。由于银行常有波动性的负债转入,达到准备金要求的主要难点是预测需要在美联储保有的存款余额。这需要预测每日的清算余额,要么将超额部分投资于最高收益产品,要么以最低成本获得额外资金以覆盖赤字部分。滞后准备金账户体系的变化使得这个预测过程更加容易。

图表7.7展示了几个改变银行实际准备金和准备金余额要求的因素。这些因素可分为两类,一是不可控因素,二是银行至少能局部影响的可控因素。最重要的不可控因素是所需

支付的支票。图表 7.7 将美联储的现金运送单和地方票据清算区分开了。① 由于美联储提供了清算的时间表,银行了解之前的递延项目何时会被处置。支票清算不可控的原因是只有银行客户能决定支票支付的时间和金额,而且客户通常不会在支付或者存款时告知银行这些信息。

图表 7.7 影响银行在美联储的每日准备金余额的因素

导致准备金增加的因素	导致准备金减少的因素
不可控	不可控
前一日现金运送单	汇款费用
递延项目	地方票据清算所赤字
地方票据清算所盈余	国债税额和贷款账户申请
美国财政部存款	不转存的到期存单和欧元美元
可控	可控
转至美联储的现钞、硬币	美联储转来的现钞、硬币
证券销售	证券申购
美联储的借款	美联储的贷款支付
联储基金申购	联储基金出售
回购协议下的证券销售	回购协议下的证券购买
证券账户的利息支付	
新的存单和欧洲美元	

大额支取或者新转入存款让银行措手不及,使得银行不得不调度额外的准备金或者投资新的资金。这些不可控的业务带来了银行流动性规划问题。良好的数据管理和传输系统,例如从柜员和 ATM 到管理者的信息传递是非常有必要的。1 000 万美元在周末两天按 5% 计算的利息是 4 110 美元,糟糕的流动性规划将产生巨大的机会成本。管理者日常应该对大额存款账户进行严格管理。他们也应该知悉大额存单何时到期,财政部何时将存款资金转入美联储,还有信贷客户何时进行大额还款。他们更应该每周、每月从日常业务中发现存款流动的趋势。他们有可能利用准备金维持周期的某段时间流入金额抵消另一段时间的流出金额,而非利用联储基金交易处置资金的流入或流出。

当管理者需要调整银行的准备金资产时,他们会综合利用图表 7.7 提到的可控因素。管理者可以局部掌控这些交易,然后用它们来补足不可控的存款流动。在大多数情况下,银行每日两次收到清算余额或者赤字的情况。昨日的支票清算数据汇总在第二日早晨显示,同时也包括联储基金交易余额和证券交易账户余额。在多数城市地区,地方票据交易所在下午报送当日收到的支票净结算额。一旦这些信息发布,管理者就可以通过图表 7.7 阐明的项目来主动地增加或者减少每日的准备金。尽管联储基金和证券回购交易最受欢迎,管理者还是要分析收益和成本以做出决策。

---

① 现金运送单是指纸质或者电子文档记录的银行标明款项内容的转账凭证。

浮账管理

美国的商业银行每天有上亿美元的支票等待处理。个人、企业和政府存入这些支票,但这通常需要等几天,在银行批准之前不能使用其中的资金。托收中的支票被称为"浮账",它既是银行的收入来源也是银行的费用来源。

为了理解浮账管理和近年来对银行政策的批评,有必要先解释银行支付系统。银行间的支付可以通过支票或电子支付实现。从交易账户开出的支票被交到客户所在银行要求支付,并最终通过减少银行在美联储或代理银行的存款余额实现"清算"。电子支付直接迅速地改变银行在联邦储备银行的账户余额。这一电子转账的网络被称为全美境内美元支付系统(Fedwire)。

接受存款的银行承担了最终可能需要垫付资金的风险。回到图表 6.10(见第 6 章),如果个人没有足额资金支付 500 美元的汇票,那么 BANB 必须从企业存款中支取对应款项,并可能遭受损失。为了减少此类风险,银行会适当延迟存入资金。通常情况下,银行在确认存款质量合格之前,不会让存款人消费其中的资金。

大部分人时不时会玩一些浮账游戏,从不足额的账户中开出支票,然后再匆匆赶去存款以保证支票的清算。银行通过电子资金转账授权从联邦储备银行或代理银行的账户超额存款中支付资金,同样也玩着这个游戏,只是金额大得多。它们的做法是使其托收账户余额小于 0,这种赤字账户余额称为当日透支额。通常,每天结束时银行会向账户中划拨足额的资金以偿付透支款。①

这些透支额有可能导致电子支付系统的关闭。最主要的风险是有些金融机构可能因无法履行支付义务而破产。一家银行的破产可能导致其他银行的流动性问题,并产生连锁反应,造成其他银行的损失和破产。例如,假设图表 6.10 中,在那个人没有存入足额资金以支付圣何塞企业最初的 500 美元支票之前,CNB 就通过 Fedwire 将资金划给 BANB。一旦收到电汇,BANB 就可以无风险地将资金划给企业。结算是即刻发生并完成的。一旦那个人没有提供相应的资金,CNB 就会损失转账资金。如果所有的交易都如此,那么银行的当日透支额可能比其资本金还要高出两三倍。

有两个主要的电子资金转账网络:全美境内美元支付系统(Fedwire)和清算所银行同业支付系统(CHIPS)。通过 Fedwire 进行的大部分交易是金融机构即刻可用资金的转账和买卖政府证券的账户资金调整。通过 CHIPS 进行的大部分电汇交易是欧洲美元账户转账或外汇交易。虽然参与者在美联储和代理银行的账户余额在每日结束时必须是正的,但它们在收到任何存款前,可以在一天当中转出超过初始账户金额的资金,即出现负的账户余额(当日透支)。理论上,透支是一种贷款,但在当前的管制条例下,透支对银行而言是无成本的,因为无须交纳利息或费用。透支的发生可能是有意的,也可能是无意的,但它显然给美联储

---

① Smoot(1985)讨论了主要转账体系中的透支现象并分析了每种情况的风险。

或 CHIPS 带来了风险。由于电汇收款人拥有对资金的法定权利,美联储承担了风险。由此,美联储从根本上确保了电汇的实现。

流动性和盈利能力

流动性与盈利能力之间存在短期的权衡关系。在其他条件相同的情况下,银行的流动性越大,其股权和资产回报率越低。资产和负债的流动性都会对这一关系产生影响。资产流动性受到资金质量、资金组成和期限的影响。持有大量现金资产显然会因为利息收入的机会损失而降低收益。就投资组合而言,短期证券的收益率通常低于同类的长期证券。投资者偏好稳定的价格,所以长期证券支付收益溢价以吸引投资者延长持有期限。购买短期证券的银行提高了流动性,却因此而牺牲了更高的潜在回报。考虑一种利率情境:市场预测短期国库券收益率保持在当前水平;国库券收益率曲线向上倾斜,反映出流动性溢价随着期限的延长而增长。如果银行放弃利率5.2%的1年期国库券而购买利率5%的6个月期国库券,就是以20个基点为代价换取更高的价格稳定性(低风险)。

银行的贷款组合也有同样的权衡关系。收益越高的贷款流动性越差。收益高的原因在于违约风险或利率风险较大,贷款管理费用较高。可以迅速售出的贷款通常是贷给知名企业的短期信贷或政府担保的金融工具,因而利差很小。与之相对,分期偿还的贷款可以提高流动性,即使这类贷款往往是长期性的,因为定期支付可以提高近期的现金流。

就负债的流动性而言,资产质量更好、权益资本更充足的银行更易于购入资金,它们可以支付较低利率从而以低价获得这些资金。但是,这类银行由于风险头寸较低,短期内一般也只有较低的回报。贷款和证券承诺的收益率随着贷款和证券发行人的可预见违约风险的增加而上升。那些吸收美国政府证券等低违约风险资产的银行放弃了从其他资产中可以获得的风险溢价。同理,利用高额股权融资的银行的权益乘数(总资产/总权益)较低,因此即使资产回报率相同,其股权回报率却较低。这类银行可以以低价借入资金,因为更大规模的资产违约才能导致其破产。

流动性规划关注的是保证银行以最低的成本获得即刻可用资金。管理者必须判断流动性风险和违约风险的溢价能否足以弥补长期与低质量的银行投资的额外风险。如果管理有效,那么银行的长期收益将会超过同业收益,银行的资本和总体流动性也会优于同业,银行股权市值也会随着投资者抬高股价而上升。

流动性、信贷风险和利率风险之间的关系

流动性管理是银行管理人员的日常职责。银行的现金资产随着预期外存款流出的时间和金额而不断波动,出乎意料的现金流动常常源于美联储或当地清算所结算的大额存单或存款。大部分现金缺口可以通过加速借款计划或延迟资产购买来填补。超额现金可以很方便地投资于盈利资产。管理良好的银行会仔细监控其现金头寸并保持较低的流动性风险。

管理不善的银行的流动性风险时刻伴随着信贷和利率风险。实际上,存款大量外流的

银行往往由于信贷问题或银行利率赌局失利而导致收益下滑。流动性问题背后的事件的通常顺序是：

- 银行资产负债的期限或久期不匹配，或向高风险借款人发放贷款，使得银行承担了潜在的巨大风险；
- 银行公布的盈利减少；
- 媒体报道了银行的信贷和利率困境；
- 银行必须支付更高的利率以吸引和维持存款以及其他购入资金；
- 由于利息收入和放贷量的减少，银行收益进一步下降，未受保存款人转出资金，迫使银行以低价出售资产，并从政府获得临时性的资金扶持，直到银行被兼并或破产。

面对挤兑，很少有银行可以独立地补足流失的存款。流动性规划迫使管理者监督银行的整体风险状况，使信贷风险能够部分地弥补银行总体资产负债管理策略所承担的利率风险。信贷风险高，利率风险也应该低；反之亦然。潜在的流动性需求必须反映出对新增贷款需求和潜在存款损失的估计。下面列出了影响流动性需求的某些因素：

新增贷款需求	潜在存款损失
• 未用商业信贷额度	• 负债组成
• 银行发行信用卡的可用消费信贷	• 受保存款与未受保存款的数量对比
• 银行交易领域的企业活动和增长	• 存款所有权属于：货币资金交易者，信托资金交易者，公共机构，不同规模的商业银行，不同规模的企业，个人、外国投资者以及财政部税收及贷款账户
• 银行信贷员争取信贷计划的积极性	• 单个储户的大量存款
	• 存款对利率变动的敏感度

"新增贷款需求"下的每一个因素都反映了可能耗尽银行现金储备的潜在借款增加额。例如假设美联储收紧信贷政策，使短期利率升高。企业常常会选择在未用贷款额度内借款，而不会发行商业票据，这就使得银行贷款增加。在经济衰退期，个人同样会增加信用卡协议下的借款额。贷款需求与社区的经济发展和增长有着密切关系，经济发展增加借款需求。最后，一些银行要求信贷员主动寻找客户招揽新的业务。一旦开拓了新的客户，贷款需求将随之上升。

"潜在存款损失"下的因素同样传递了与潜在现金短缺有关的信息。拥有大量核心存款和较少买入负债的银行，其存款损失也相对较少。如果存款大部分是由联邦存款保险公司承保，预期外的现金流出就会进一步减少。大量买入的负债对市场利率也更加敏感。例如当利率上升时，银行必须提高支付给此类利率敏感资金的利率，否则客户会追逐更高的收益率而迅速转移资金。最终，许多银行所在市场中的存款会随着当地经济状况的变化而呈现出季节性或周期性的变化。考虑一家位于旅游胜地的银行。旅游旺季时存款流入银行，旺季过后存款流出银行。因此，管理者必须监控这类影响因素，以便拟定适当的现金需求计划。

传统的流动性风险加总指标

如前所述,银行的流动性既来源于资产也来源于负债。小银行获得买入资金的渠道有限,因此主要依赖于短期资产。与之相对,大银行主要通过操作负债而非出售资产来获得流动性资金。传统的流动性度量指标关注的是资产负债表账户,用财务比率度量流动性。

资产流动性指标

资产流动性是指资产以最低成本变现的难易程度。流动性最强的资产可在近期到期,并具有高度可交易性。流动性指标通常以占总资产的百分比表示。大部分小银行投入大量资金在高流动性资产上,因为这类资产在不得已的情况下可迅速变现。具有高度流动性的资产包括:现金和超过最低持有量的同业存款;出售联储基金和反向回购协议;短期的美国国债和机构债券;高评级公司证券和市政证券;可出售或证券化的贷款。《2010年多德-弗兰克法案》规定,银行在做出投资决策时不能完全依赖评级。因此,银行管理者必须自己评估证券信用风险,并实质上验证穆迪、标准普尔和惠誉(全球三大信用评级机构)等公司提供的评级。

一般来说,大部分适销资产违约风险较低、期限较短,在二级市场上交易量大。银行每天都需要现金和同业存款以清算账户处理交易,如果没有在美联储或其他金融机构的存款,银行就无法开展业务。由于现金不能获得利息收入,因而银行通常会最小化现金持有量。只有超额现金才是真正可流动的。超额现金指的是超过准备金余额要求和购买代理银行服务所需的那部分现金之外的余额。现金账户余额即使在一天内迅速下降也不会导致严重的后果,但必须迅速补足以维持运营所需。因此,现金和同业存款可以满足日常流动性需求,但银行依赖其他资产来应对长期或永久性的流动性需求。

联储基金和反向回购协议通常隔夜到期,若到期时未转存则会在到期日增加银行的现金。相较而言,其他证券的违约风险较低、期限较短,因此它们通常以接近面值的价格交易,其售出对非利息收入的影响甚微。国债背后有联邦税务机关和借款能力的保障。美国机构证券由联邦住房贷款抵押公司和联邦土地银行等公共实体发行,且以低违约率闻名。高流动性的公司和市政证券是全美知名的、高信用等级、高投资级别(Baa级及以上)的证券。如果其他证券的当前市值超过面值,那么该证券同样具有高流动性。这是因为管理者都愿意卖出证券获得收益以增加净收益,而不愿意承受亏损。最后,如果银行定期打包和证券化应收信用卡债务等标准贷款,这类资产也可能具有高流动性。

历史上,银行和监管机构较专注于贷存比。因为贷款一般来说相对流动性较低,所以银行的贷存比越高,流动性越低。我们下面将要讨论的关键问题是贷款能否产生现金流入,以及其违约风险是高还是低。

抵押要求

并非所有银行的证券都可以轻松售出。和银行的信贷客户一样,银行也要为某些借款提供抵押担保。美国国债或政府债券通常是成本最低的抵押品,作为一笔债务的抵押,银行在清偿借款或代之以其他担保品之前都不得出售这些证券。上述抵押品主要针对四种不同的负债:回购协议下出售的证券,从联邦储备银行贴现窗口借入的证券,美国财政部所有的公共存款或者任何州或市政债券以及联邦住房贷款银行(FHLB)贷款。对于公共存款,每个存款人都规定了抵押品的资产质量,以及质押比率。例如,城市经常规定本地银行可以用美国国债或市政证券作为银行未受保存款的全额抵押品。国债价值以面值计价,而评级为A级或以上的州政府证券以面值的110%计价。第三方受托人持有这些抵押品。虽然这些条款有利于市政证券,但银行可以选择自己拥有的证券作为长期债券的抵押品。回购协议和贴现窗口借款的抵押要求更鼓励使用国债作为合格负债100%的抵押。联邦住房贷款银行要求银行以不动产贷款或证券作为其贷款的抵押品。所有抵押证券都应从上述流动资产清单中扣除,以得到流动资产净额。

总之,资产流动性的最佳度量指标是未抵押流动资产占总资产的比例。占比越大,可出售资产满足现金需求的能力越强。此外,流动资产占买入负债的比例也传递了来自资产的净流动性信息。值得一提的是,这个比例应该超过1——即便银行丧失了所有的买入资金,其流动资产也将足以支付现金损失。

贷款

许多银行和银行分析人员将贷存比视为流动性的总体度量指标。贷款被认为是流动性最差的资产,而存款是资金的主要来源。高贷存比表示银行流动性不足,因为在这种情况下,银行的稳定资金全部用于贷款。具体而言,银行需要大规模借入负债为新增贷款或购买其他资产提供资金。低贷存比表示银行有额外的流动性,因为银行可以利用稳定存款融资为新增贷款提供资金。

现在,贷存比已不像最初那样重要了,因为它忽略了贷款和存款的构成问题。一些贷款,如经销商通知放款和政府保证信贷,要么是近期内到期,要么可以在需要时迅速变现。其他是期限较长、延期支付的贷款,只能大幅折价售出。如果一家银行持有高变现性的贷款,而另一家银行持有高风险性的长期贷款,那么两家银行的贷款流动性就大相径庭。贷款总量同样忽略了利息和本金支付的时间。分期付款合约产生的现金早于一次性偿付票据,后者将本金偿付推迟至到期日。银行存款也存在同样的问题。一些存款,如长期不可转让定期存款,比其他存款更稳定,因而提款风险较小。因此,综合性比率忽略了资产负债的构成及其现金流的特征。

贷存比一般随着利率管制的放松而增加。虽然20世纪70年代银行的贷存比平均为60%—70%,但目前许多银行的贷存比接近100%或更高。这种增长来自活期存款和储蓄存款的减少和对买入资金的依赖程度的提高。来自净利息收益率的压力致使许多银行寻求更多的贷款,以便获得最高的承诺收益来维持利差。因此,跨期比较贷存比是非常困难的。

负债流动性指标

负债流动性是指银行以合理成本发行新债以清算账户的难易程度。负债流动性的度量指标通常反映银行的资产质量、资本基础以及存款和其他负债余额的构成。以下比率常被用来解释负债流动性:

- 股权总额/总资产;
- 贷款/存款;
- 贷款损失/贷款净额;
- 贷款损失准备金/贷款净额;
- 存款构成百分比;
- 存款总额/总资产;
- 核心存款/总资产;
- 购入联储基金和回购协议/总资产;
- 商业票据和其他短期借款/总资产。

银行以合理的利率水平借款的能力与市场认定的银行资产质量密切相关。资产质量高、资本量大的银行可以以低于同业的利率水平发起更多的债务,因为投资者认为这类银行破产的可能性很小。因此,分析人员在评估银行未来的借款能力时,应该重点关注银行的贷款质量及其相对于银行资本基础的风险资产量。

拥有交易账户、储蓄凭证和不可转让定期存款等稳定存款的银行通常更易以较低利率借入资金;相反,那些严重依赖买入资金的银行则必须支付较高利率,其负债构成和平均成本的波动性也更大。因此,如今大部分银行都积极争取零售核心存款(core deposit)。众所周知,个人只要觉得银行的服务友好、到位,就会因为懒惰而疏于挑选银行。上述列出的最后五个比率将负债分解为核心存款、非核心存款和借入负债。

估算稳定的核心存款的步骤之一是将各个时点的存款总额标注出来,再画一条线穿过低点。这条基线代表的是核心存款,等于最低的趋势存款水平。该水平下存款不会继续下降,未来的稳定或核心存款可以通过延长这条趋势线加以预测。波动存款(volatile deposit)是非核心存款,等于当前实际存款与核心存款基准预测值之差。这意味着,银行中有一部分对利率高度敏感的存款,一旦利率变动,客户就会提取。弯曲的基线说明稳定存款缺乏增长力。很多银行用波动存款的估计量作为存款基础来计算流动性比率。

许多银行家和银行监管机构也定期检查银行的非核心资金净值依赖比(net noncore funding dependency ratio,NCFD)。该比率将银行的非核心负债与短期资产之差,除以长期资产,提供一个与非金融企业的流动比率相似的指标。

$$NCFD = \frac{非核心负债 - 短期资产}{长期资产}$$

非核心资金净值依赖比数值为正且很大表示银行流动性较差,即其大规模融资牺牲了流动性短期资产。非核心资金净值依赖比数值为负且数值较小是经常会出现的情况,但并非意味着高风险。非核心资金净值依赖比为负表示银行具有高度的流动性。在金融危机之前，大多数银行在数值较大且为负的非核心资金净值依赖比下经营。危机之后，各银行都调整了资产负债表，使非核心资金净值依赖比正向移动（即负向程度减小）。

负债管理的真正困难在于估计不同资金来源的利息弹性。管理者希望知道利率水平变化下的量化反应。例如，如果利率在未来6个月内平均增长1%，那么存款和现金账户（NOW）会发生多少变化？同样，如果银行相比竞争对手为存单多支付0.5%的利息，那么它将吸引多少新的资金？我们可以从一些历史记录中找到答案。有了利率变化的预测值，管理者就可以记录最近几年利率上升时的去中介化程度，得出潜在存款损失的近似值。除此以外，管理者还可以为某些负债分别独立设定收益率溢价并量化其反应，定期进行利率敏感度市场测试。然而，这些估计是不精确的，并且实际当中的利率敏感度可能随着经济形势或公众对银行的财务健康状况评价的变化而快速变化。无论支付的利率溢价怎样变化，一旦市场认为银行经营不善，大多数借款就会立刻断供。因此，许多银行使用创新的营销策略积极争取零售存款，因为个人的利率敏感度较低且其存款更加稳定。

《巴塞尔协议Ⅲ》和流动性覆盖率

2013年11月，美联储理事会、美国联邦存款保险公司（FDIC）和美国货币监理署（OCC）联合建议，活跃的跨国银行机构（总资产为2 500亿美元以上或资产负债表中外汇风险在100亿美元以上的银行）必须持有流动资产以满足最低流动性要求。这一要求在2015年生效。[①] 尽管该要求不正式适用于社区银行，但许多市场参与者普遍认为监管机构将要求所有银行持有比历史水平更高的流动资产。

该要求构建了流动性覆盖率（liquidity coverage ratio，LCR），用来衡量一个银行的优质流动资产（high-quality liquid assets，HQLA）与其在未来30天内预计产生的净现金流出的比率。每个营业日的最小值为1.0。

$$\text{流动性覆盖率} = \frac{\text{优质流动资产}}{\text{预计净现金流出}} \geq 1.0$$

优质流动资产是指美联储的准备金和合格证券，不受留置权妨碍，不作为抵押品抵押，以便能够以极小损失或零损失迅速变现。预计净现金流出是机构在流动性压力情形下假设某些金额的存款和其他负债会流出，同时要减去相同30天内的预计净现金流入。监管机构规定最低值为1.0，以强制银行至少保有和资金流出等量的流动资产。这好比一家非金融企业具有数值为1.0的最小流动比率（流动资产除以流动负债）。

流动性覆盖率的提出是为了改善大型机构的流动性风险管理能力。在金融危机期间，

---

① 该提案是《巴塞尔协议Ⅲ》的一部分，该协议对工业化国家的金融机构实施类似的流动性标准。每个国家的银行监管机构制定其辖区内企业的具体标准，这些标准可能有所不同。《巴塞尔协议Ⅲ》的条款已获得美国银行监管机构批准。

许多大型投资银行和商业银行广泛依赖短期回购、经纪存单和商业票据作为永久资金来源。由于这些银行大量持有次级贷款、住房抵押贷款证券和其他有重要价值的担保债务证券（collateralized debt obligation，CDO），它们无法延续这些短期批量融资。如前所述，美联储经常采取大额贴现窗口贷款或其他创新的贷款来防止这些公司倒闭。强制性持有更多流动资产减小了银行未来依赖此类融资的可能性。显而易见的负面因素是优质流动资产提供的收益较低，从利润的角度来看，这些资产使得银行很难实现其股权回报率（ROE）目标。

长期流动性规划

除了流动性覆盖率，银行还要防控未来至少两周到30天的流动性风险。无论规模大小，所有银行在必要时需计算出90天、180天、一年及之后的现金流入和现金流出，以确保银行能够应对意外的流动性危机。

资产负债管理委员会（Asset-Liability Committee，ALCO）成员负责预测存款增长和贷款需求，并需要保证充分的流动性来源以满足潜在需求。预测主要有三类：基本趋势、短期季节性情况和周期性价值。分析需要估算银行每月的流动性缺口，即资金的潜在使用量与预期资金来源之间的差额。实践中，许多大银行每周都会进行此类分析，收集存款和贷款数据进行计算。

图表7.8总结了预测12个月的流动性需求的步骤。最上方的是样本银行的年终资产负债表。其下方的是当年每月存款和贷款总额的月度预测值，其中存款预测中不包括存单。基本趋势预测考察存款和贷款每年的常规增长量。存款预期以每年6%的速度增长，贷款以每年12%的速度增长。根据前述的历史数据，可画出一条经过每年12个月份数值的线，并计算出增长率。这一估算值反映的是不存在季节性波动和周期性波动、增长趋势不变的情况下的月度余额。

图表7.8　存款和贷款的基本趋势、季节性和周期性成分预测

（金额单位：百万美元）

参考资产负债表					
资产		负债			
现金及同业存放	160	交易账户和不可转让存款			1 600
贷款	1 400	存单及其他借款			280
证券投资	400	股东权益			120
其他资产	400	合计			2 000
合计	2 000				

存款预测	（1）	（2）	（3）	（4）	（5）
月份	存款趋势*	季节性存款指数**（%）	季节性存款（12月存款）	周期性存款	总计
1月	1 608	99	(16)	(3)	1 589
2月	1 616	102	32	8	1 656

（金额单位：百万美元）（续表）

存款预测 月份	（1） 存款趋势*	（2） 季节性存款 指数**（%）	（3） 季节性存款 （12月存款）	（4） 周期性 存款	（5） 总计
3月	1 623	105	80	7	1 710
4月	1 631	107	112	10	1 753
5月	1 639	101	16	1	1 656
6月	1 647	96	-64	-8	1 575
7月	1 655	93	-112	-15	1 528
8月	1 663	95	-80	-9	1 574
9月	1 671	97	-48	-4	1 619
10月	1 680	101	16	0	1 696
11月	1 688	104	64	3	1 755
12月	1 696	100	0	0	1 696
贷款预测 月份	（1） 贷款趋势*	（2） 季节性贷款 指数**（%）	（3） 季节性贷款 （12月贷款）	（4） 周期性 贷款	（5） 总计
1月	1 413	101	14	6	1 433
2月	1 427	97	-42	-9	1 376
3月	1 440	95	-70	-18	1 352
4月	1 454	94	-84	-21	1 349
5月	1 467	97	-42	-15	1 410
6月	1 481	102	28	-3	1 506
7月	1 495	108	112	9	1 616
8月	1 510	106	84	17	1 611
9月	1 524	103	42	11	1 577
10月	1 538	99	-14	5	1 529
11月	1 553	98	-28	0	1 525
12月	1 568	100	0	0	1 568

注：*从上年12月到本年12月的平均增长趋势是存款以6%的速度增长,贷款以12%的速度增长；**乘以上年12月数据。

列（3）数据反映了剥除趋势后的季节性影响。列（2）是相对于12月总数的每月季节性指数。这个指数表示过去5年中各月数据平均值相对于12月数据平均值的大小。剥除趋势的影响后,1月的平均存款是12月的99%,而1月的贷款等同于12月的101%。列（3）列出了每月季节性预测值和12月存款或贷款数据之间的差别。列（4）数据通过每月与上年的实际存款或贷款之间的差别和趋势加上季节性要素来测量周期性存贷。在这个例子中,1月的趋势加上借贷的季节性预测值要比实际金额少了600万美元。这600万美元预测了下年预料外的周期性借贷所需金额。列(5)分别列出了总存款和总贷款的预测值,即列(1)、列(3)、列(4)的总和。

图表7.9是每月流动性需求的预测汇总。所需的累积流动性等于贷款的预测变化值加上所需存款准备金减去存款的预测变化值。数值为正意味着银行需要更多的流动资金,数值为负表明银行将有剩余资金进行投资。

图表7.9 流动性需求 （单位:百万美元）

月份	Δ存款	Δ存款准备金	Δ贷款	流动性需求
1月	-11.00	-1.10	33.00	42.90
2月	56.00	5.60	-24.00	-74.40
3月	110.00	11.00	-48.00	-147.00
4月	153.00	15.30	-51.00	-188.70
5月	56.00	5.60	10.00	-40.40
6月	-25.00	-2.50	106.00	128.50
7月	-72.00	-7.20	216.00	280.80
8月	-26.00	-2.60	211.00	234.40
9月	19.00	1.90	177.00	159.90
10月	96.00	9.60	129.00	42.60
11月	155.00	15.50	125.00	-14.50
12月	96.00	9.60	168.00	81.60

注:Δ存款等于年底资产负债表数值(1.6亿美元)与图表7.8中月度预测总额的差值。Δ贷款等于年底资产负债表数值(1.4亿美元)与图表7.8中月度预测总额的差值。对流动性需求的预测等于贷款的预测变化值加上所需存款准备金的预测变化值减去存款的变化值。准备金余额要求比率等于10%。流动性需求数值为正意味着短缺,而数值为负意味着银行拥有剩余资金进行投资。

虽然这一分析有些笼统,但可以用来判断长期资金流动的趋势。在实践中,各类存款账户和贷款都要进行预测,然后加总得到总体预测值。这使得管理者可以在活期存款、可转让提款命令(negotiable order of withdrawal, NOW)账户和货币市场存款账户(money market deposit accounts, MMDA)中考虑不同的趋势和季节性因素,从而减少总体预测误差。例如,活期存款近几年增长放缓,而货币市场存款账户、个人退休金账户(individual retirement account, IRA)和其他存款的增长加快。分类估算考虑了这些因市场而异的特征。

管理者可以对此进行补充,加入对买入资金和某些投资的具体存贷款变动额的预测,其中的一步就是计算不同时段的流动性缺口指标。这种模式与第4章介绍的利率风险资金缺口分析类似。根据资金的现金流特征将不同用途和来源的资金划入不同的时段,每个时段的流动性缺口等于资金使用额减去资金来源。

图表7.10以某家银行为例说明了这一计算过程。利用各账户的具体信息,管理者可以预测大额资金的流出和流入,并采取相应的补救措施。考虑银行接下来30天的数据。银行有5 000万美元的大额存单和欧洲美元、550万美元的到期小额定期存款。预期新增

贷款需要1.13亿美元的资金,交易账户将要减少450万美元,使得累计资金使用达到1.73亿美元。预期的资金来源包括1 800万美元到期证券和8 000万美元贷款本金偿付。因此,接下来30天内的流动性缺口等于7 500万美元。银行需要置换到期的存单和欧洲美元,并找到一笔2 500万美元的流动性资金以保障贷款增长的融资需求。

图表7.10 流动性缺口 （单位:百万美元）

	期限		
	0—30天	31—90天	91—365天
潜在资金使用			
加:到期的定期存款			
小额定期存款	5.5	8.0	34.0
10万美元以上存单	40.0	70.0	100.0
欧洲美元存款	10.0	10.0	30.0
加:预测新增贷款			
商业贷款	60.0	112.0	686.0
消费贷款	22.0	46.0	210.0
不动产和其他贷款	31.0	23.0	223.0
减:预测交易账户的变动净额*			
活期存款	−6.5	105.5	10.0
NOW账户	0.4	5.5	7.0
货币市场存款账户	1.6	3.0	6.0
使用总量	173.0	155.0	1 260.0
潜在资金来源			
加:到期投资			
货币市场工具	8.0	16.5	36.5
美国国债和机构证券	7.5	10.5	40.0
市政证券	2.5	1.0	12.5.0
加:贷款本金偿付	80.0	262.0	903.0
来源总量	98.0	290.0	992.0
期间流动性缺口**	75.0	−135.0	268.0
累积流动性缺口	75.0	−60.0	208.0

注:*扣除法定准备金;**潜在资金使用减去潜在资金来源。

图表7.10还显示了31—90天和91—365天的同类数据。累积缺口反映了从现在到每一时段最后一天的流动性头寸总额。银行将在两三个月后出现流动性盈余,而一年内有2.08亿美元的流动性短缺。

一旦预测了正常的流动性需求,银行就应该将估算值与潜在的资金来源和超额资金需求相对比。研究者介绍了一种简单的方法,如图表7.11所示。该方法要求每家银行将其借款能力分解为购入联储基金、回购协议和可转让存单,加上出售联储基金、减少贷款参与、出售货币市场证券和未抵押证券带来的资金。① 得到的总和再与未用贷款承诺和未偿信用证的潜在提款额比较。当然,没有哪家银行希望耗尽借款能力或出售所有的可用资产,银行总是要保有部分潜在的资金以应对突发事件。

图表 7.11 潜在资金来源 （单位：百万美元）

	期限		
	0—30 天	31—90 天	91—365 天
买入资金能力			
购入联储基金（隔夜和定期）	20	20	30
回购协议	10	10	10
可转让存单			
地区	50	50	60
国内	20	20	25
欧洲美元存款凭证	20	20	20
合计	120	120	145
额外资金来源			
出售联储基金	5	5	5
减少贷款参与	20	20	20
出售货币市场证券	5	5	5
出售未抵押证券	10	10	10
合计	40	40	40
潜在资金来源*	160	160	185
潜在突发性资金需求			
50%的未偿信用证	5	10	15
20%的未用贷款承诺	25	30	35
总计	30	40	50
超额潜在资金来源	130	120	135

注：* 买入资金能力加上额外资金来源。

将图表 7.11 中的数据应用到图表 7.10 的 30 天缺口中,样本银行在满足流动性需求方面有很大的灵活性。其一,银行可以仅以同类借款置换到期大额存单和欧洲美元,银行在此方面拥有约 9 000 万美元的借款能力。其二,银行可以购入联储基金或回购协议,减少出售联储基金,用新存单弥补差额。成本最低的方案就是最优的选择。一般来说,大银行偏好借款而不是变现资产,而小银行更愿意出售资产或限制扩张。利用这些信息的最好方法是进行"what-if"分析以判断各种方案的隐含成本,并评估管理者在调整头寸中的灵活性。跨国经营的大银行应该以经营所在国的货币进行流动性分析,因为流动性头寸可能随着币种而改变。

---

① 参见 Temple(1983)。

选择流动性来源时应考虑的因素

管理者需要仔细评估他们的机构在正常和危机时期的资金选择。对于大多数银行来说,贷款增长速度超过了除存单和欧洲美元外的存款的增长速度。短期内,银行可以选择出售证券或吸收新存款为这种净增长提供资金。长期来看,银行必须通过买入负债融资,因为银行的证券数额有限。然而大部分银行买入资金的能力有限,因为它们多数是小规模、没有市场声望的银行,或者它们已经耗尽其资本基础和收益潜力基础上的借款能力。对于这个困境有两种可能的解决方法:一是管理者可以限制资产增长速度,二是寻找额外的核心存款或权益资本。提高银行资本金要求的监管措施对于提高银行在货币市场和资本市场上的借款能力也有益处。

在满足流动性需求过程中拥有选择权的银行会评估各种资金来源的特征,选择成本最低的方案。在评估资产出售或新借款时应该考虑下列因素:

资产出售	借款
1. 经纪费用	1. 经纪费用
2. 证券收益和损失	2. 准备金余额要求
3. 过去的利息收入	3. 联邦存款保险估算保险溢价
4. 纳税额的增加或减少	4. 营销成本
5. 利息收入的增加或减少	5. 利息费用
6. 作为未来借款抵押品的易用性	

成本应以现值计算,因为利息收入和利息费用在不同的时段可能有巨大的增幅。选择一种资金来源而弃用另一种往往是以一定的利率预测为基础的。例如,假设银行暂时需要 6 个月的资金。管理者决定从银行的资产组合中卖出 100 万美元的国债,需要抉择的是出售还有 1 年到期还是出售还有 5 年到期的国债。两种证券都以面值交易,年收益率均为 5.5%。如果银行卖出 1 年期的债券,它的隐含假定是短期证券的利率将会降至 5.5% 以下,最终的资金再投资收益会低于 5 年期的证券。如果银行卖出还有 5 年到期的债券,它假定的是短期利率水平将高于 5.5%。

换一种方案,假设银行决定发行一笔 6 个月期存单或 1 个月期存单。显然,6 个月期存单锁定了利息费用,并且只需要交易一次。1 个月期存单需要不断滚动发行,未来的利息费用不确定,交易成本也会更高。发行短期存单的理由只能是预期的利息费用加上交易成本的现值低于另一种发行方案。[①]

[①] 收益率曲线中包含了流动性溢价和利率预期。因此,1 个月期 5% 的收益率和 6 个月期 5.2% 的收益率意味着交易者预期 1 个月后利率将会上升。如果发行 1 个月期证券,借款人的潜在假定是利率的增幅不会像收益率曲线预示的那么大。

应急资金计划

银行必须认真设计应急资金计划,制定策略解决意外的流动性危机,并明确特殊情况下发生流动性不足的应对措施。紧急情况的发生可能有多重原因,并且可能是短期的也可能是长期的。2002年得克萨斯州和路易斯安那州海岸的几次飓风使几家银行陷入现金危机,因为它们的分行和ATM中现金不足。那段时间最主要的问题是很多银行根本无法在那样的天气条件下接近自己的分行或ATM。除此之外,也存在一些经济和市场力量驱动的流动性危机。客户一旦因此而担心其存款的安全,银行就很可能遭遇信用危机,面临大量存款的流出。在最近的金融危机的早期阶段,北岩银行、贝尔斯登和因迪美都曾面临这样的境况,如当代热点专栏"危机中的银行挤兑"所述。监管机构现在要求所有银行都必须正式准备一份应急资金计划(contingency funding plan,CFP),记录银行在压力期间对潜在流动性需求的管理方法。

危机中的银行挤兑

北岩银行(Northern Rock)。总部位于英国的北岩银行是一家抵押贷款机构,主要依靠商业票据等短期批发资金,而非核心零售存款。这种资产负债表允许银行产生较高的净息差并高速增长,但也使银行面临重大的流动性风险。2007年8月,商业票据和类似工具的投资者开始拒绝再投资到期的工具,市场因而冻结。到了2007年9月,北岩银行已不能再获得其他借款,管理者转而向英格兰银行请求紧急贷款。零售存款人担心自己的资金会因银行破产而蒙受损失,纷纷在北岩银行的分支机构外排队要求返还他们的资金。因为实在无法为北岩银行找到合适的买家,英国政府便将银行国有化,导致政府(纳税人)也要跟着承担相应的损失。

贝尔斯登。2008年的贝尔斯登是一家投资银行,以高财务杠杆(超过30倍)经营,积累了诸多与房地产相关的资产组合,资金主要来自其经纪公司的对冲基金持有的回购协议和存款。3月10日,对冲基金和回购协议持有人大力提取资金,迫使贝尔斯登卖出资产,并不得不在他处寻求借款。这时美联储为JP摩根提供了临时性过桥贷款,允许它以每股2美元的价格购买贝尔斯登,这一价格远低于前一周的每股65美元。资产质量差、债务高、权益有限以及关键贷款人失去投资信心等多重因素最终酿成了这个悲剧。2008年4月,美国证券交易委员会(SEC)主席克里斯托弗·考克斯(Christopher Cox)告诉参议院银行委员会,"贝尔斯登挑战了全美甚至全世界对流动性的监管的各个维度"。尽管贝尔斯登是一家投资银行而不是储蓄机构,但其经历的大规模挤兑类似于商业银行的存款挤兑,这表明不仅传统银行存款会发生挤兑,负债也会发生挤兑。

因迪美（IndyMac）。2008年7月，加利福尼亚州帕萨迪纳的因迪美贷款银行发生大规模存款挤兑，这迫使联邦存款保险公司不得不在监管机构的救助计划出台之前关闭了这家银行。因迪美是一家抵押贷款人，专门从事次优（Alt-A）抵押贷款和反向抵押贷款。Alt-A抵押贷款也称低保证或无收入证明贷款，除了获得信用评分所必需的个人财务信息，不要求借款人披露太多个人信息。因此，借款人申报自己的收入而不需要任何核查，他们可以选择报告一个足够高的收入水平以获得贷款。反向抵押贷款允许抵押贷款借款人将房屋产权转换为现金，但同时要求因迪美预付这些合同的现金。随着住房价值的崩盘，因迪美无法再筹集足够的现金流来偿还债务，由此引发存款人挤兑。2008年5月，纽约参议员查尔斯·舒默（Charles Schumer）公开了一份文件，宣称"因迪美可能面临破产"。在接下来的11天，存款人提走了13亿美元。在遭遇"滑铁卢"之前，因迪美报告总资产为320亿美元，其中存款为190亿美元。在2009年3月因迪美将全部出售的新闻稿中，联邦存款保险公司估计因迪美的破产给保险基金带来的损失高达107亿美元。

应急计划

决定一家金融机构生死存亡的关键，往往是其能够以低成本迅速应对短期和长期资金中断的能力。为了解决这个问题，储蓄机构拟定了正式的应急资金计划（CFP），使其即便处于高压期时也能够获得流动资金。除了资产负债表和表外措施，CFP还规定了落实措施的负责人员有哪些，并且要求负责人员无论是否处于高压期都要及时在整个机构中通报信息。CFP是一份书面计划，阐述银行应对不同的不利情况时应采取的具体措施。一份合格的计划应包括以下内容：

- 叙述部分，规定负责与外部机构（监管机构、媒体和提供资金的组织）打交道的高级管理人员有哪些；内部和外部报告要求；触发特定资金需求的事件类型。
- 定量部分，评估潜在不良事件对机构资产负债表（变化）的影响；设定存款和批发资金流失率以考虑事件发生时点；确定新资金的潜在来源；预测短期和长期可能发生的场景以及一定时间间隔内的相关现金流。上述场景应包括广泛的潜在内部危机（例如意外的存款损失）以及外部危机（例如2001年9月11日世界贸易中心发生的事件以及类似事件引发的全球焦虑）。
- 总结主要风险和潜在的资金来源；搞清楚如何进行监控和测试；以此为基础制定相关的政策。

机构的流动性应急策略应当清楚地概述提供必要流动性所需的措施。这通常意味着出售某些资产或高成本举债。该计划必须考虑修正资产或负债结构的成本及其面临流动性赤字的成本。应急计划应优先考虑在危机加剧的情况下必须出售的是哪些资产。银行与其负债持有人的关系也是至关重要的，应该纳入应急计划予以考虑。银行在日常运营中必须妥善维护这些关系，以便机构在困难时期也能够获得必要的资金。

应急计划还应提供备用流动性(back-up liquidity)。这些备用信用额度包括来自联邦储备银行和其他金融机构的未使用信用额度。应急计划还必须有具体的行动步骤并在决策中建立权威。最后,应急计划应该由机构的董事会批准。

应急流动性计划的一个难点在于,在制订计划时,对紧急流动性的需求似乎很遥远。管理者必须不断评估危机出现的可能性,以使得银行能随时获取资金。

本章小结

本章关注的是金融机构的流动性风险管理。本章介绍了不同类型的现金和流动资产,简要概述了它们的特点,然后探讨了储蓄机构持有每种资产的原因和如何最小化每种资产持有量。流动资产一般包括出售联储基金和回购协议、短期无抵押国债和其他流动性较高的证券,以及可以按照可预测的价格迅速出售的贷款。它们相对于现金的主要优势在于可以赚取利息。制定优秀的资产负债管理策略应持续考虑流动性计划。从短期来看,流动性计划侧重于满足法定准备金要求,具体包括监测存款的流出和流入,以及决定如何为不足部分融资或用余款投资。金融公司管理它们的现金头寸,最小化需要持有的现金量,因为现金资产不能产生利息收入。库存现金是为了满足客户的交易需求。储蓄机构在美联储持有活期存款余额,同时还在其他金融机构持有头寸,以满足美联储法定存款准备金的要求和自身购买服务(比如清算服务)的需求。浮账或托收支票是支票结算过程中自然产生的副产品。

本章还探讨了流动性计划的两个不同阶段。在第一个阶段,关注银行在为期两周的准备金维持周期的存款准备金状况。在第二个阶段,每月分析流动性缺口以度量第二年的流动性风险。一家银行的流动性缺口度量了在给定时间间隔内预期现金流出和预期现金流入的美元价值之差。正流动性缺口表示有净流动性需求,而负流动性缺口则表示有盈余可供投资。每个阶段分析得出的规划模型都应用于假定的银行数据情境。为了应对监管部门对危机时期流动性可得情况的担忧,银行必须现在就建立正式的应急资金计划。最后一节描述了应急计划的基本特性,以及在意外的负面事件发生时它们对满足流动性需求的重要性。

思考题

1. 现金需求量和银行流动性需求密切相关。请解释。

2. 银行持有更多现金的利弊是什么?大银行必须满足最小流动性覆盖率(LCR)需求的利弊是什么?

3. 货币理论研究超额准备金(实际准备金减去要求的准备金)在影响经济活动和美联储货币政策中扮演的角色。在单一银行的情况下,超额准备金是很难衡量的。解释在滞后准备金账户体系下,在准备金维持周期内的任何一天,多少数量的银行实际准备金是超额准备金。

4. 下列哪项活动将影响银行的准备金？

   a. 当地的女童子军（Girl Scout troop）攒钱（硬币和纸币）购买一个新的野营火炉。她们储存了250美元的硬币，并开立了小额定期存款账户

   b. 你决定从你的货币市场存款账户（MMDA）转移200美元到活期存款（NOW）账户

   c. 你把车以5 000美元的价格卖给你开户银行的职员。这个职员用该银行的支票支付，你立即将支票存入自己的支票账户

   d. 当地大学取出学费收入的一半购买了为期3个月的存单（CD）

   e. 福特汽车公司在城外开办了一个组装工厂，并用它在底特律银行的支票在本地银行开立了一个10万美元的支票账户

5. 代理银行、委托银行和银行的银行，它们的区别是什么？

6. 一个企业客户在当地银行利用企业的信用贷款额度借了15万美元。利用T型账户解释当企业使用所得款项时，这笔交易将如何影响该银行在美联储存放的存款余额。

7. 流动性计划需要监控存款外流。在以下几种情况中，哪些是由银行决定的？哪些不是？如果存款外流不是由银行决定的，那么它是可预测的还是不可预测的？

   a. 本年4月，一个农民使用自己的授信额度购买种子

   b. 学生借钱支付学费

   c. 银行支付优先股股息

   d. 火灾破坏了当地一部分商业区，许多企业申请重建贷款

   e. 银行支付其办公室的租金

   f. 在节日前的那个周五，镇上所有ATM里的现金被取光

   g. 一家纽约的银行刚刚在当地开设一家分行，向任何从其他银行的存款账户转移资金过来的人赠送一台录像机

   h. 银行购买大部分新发行的当地市政证券

8. 你的银行估计，接下来90天流动性缺口为1.8亿美元。你估计在同一个90天内，可预测的资金来源只有1.5亿美元。30亿美元规模的银行将受到什么样的计划和政策要求约束？

9. 银行存贷款在趋势性、季节性和周期性构成方面有什么概念上的差别？谈谈为什么银行需要检查各个组成成分，而不是简单地查看存贷款总量。

10. 银行的应急资金计划有哪些关键内容？定性部分和定量部分的区别是什么？

11. 假设一个银行在面对意料之外的流动性需求时，预计将使用以下几种资金来源。在什么情况下合约的对手方可能不会提供承诺的资金呢？

    a. 大型地方银行的500万美元联储基金额度

    b. 基于现有的抵押品，由得梅因联邦住房贷款银行提供的1 000万美元的借贷额度

    c. 出售2 000万美元的住房抵押贷款支持证券

12. 解释2007—2010年金融危机期间，美联储在给金融机构提供贷款时的角色。

13. 在银行术语中，缩写TBTF指的是什么？提供一个有关TBTF公司的例子来解释是什么让它成为TBTF。

实践活动

计算法定存款准备金

在周三停业的时候,Gene Wandling 正在评估霍凯国家银行是否满足美联储法定存款准备金的要求。该银行刚刚结束了两周的准备金维持周期,在此期间与美联储交易了日均 2.38 亿美元的准备金存款。在之前的维持周期,银行有日均 375 万美元的准备金缺口,这个数额是在容许范围内的。

霍凯国家银行在基础统计周期的日均净交易账户、部分资产余额见下表。

	日均额度(万美元)
净交易账户	325 700
美国储蓄机构应收活期存款	36 600
托收中现金项目(CIPC)	18 100

霍凯国家银行可以用持有的日均 1 930 万美元的库存现金充抵存款准备金要求。使用图表 7.3 中的准备金余额要求比率,计算银行在准备金维持周期内的日均法定准备金要求。该银行是否满足准备金目标?假设银行日均结转 210 万美元的准备金盈余而不是余额不足,它可以达成目标吗?假设银行的准备金落在目标范围之外,它的成本是多少?

参考文献

Allen, Linda, Stavros Peristiani, and Anthony Saunders, "Bank Size, Collateral, and Net Purchase Behavior in the Federal Funds Market: Empirical Evidence", *The Journal of Business*, Volume 62, Number 4, October 1989, pp. 501-515.

Anderson, Richard G. and Robert H. Rasche, "Retail Sweep Programs and Bank Reserves, 1994-1999", *Review*, Volume 83, No. 1, Federal Reserve Bank of St. Louis, January/February 2001.

Anderson, Richard and Charles Gascon, "The Commercial Paper Market, the Fed, and the 2007-2009 Financial Crisis", *Review*, Federal Reserve Bank of St. Louis, Volume 91, No. 6, November/December 2009.

Baker, Dean and Travis McArthur, "The Value of the 'Too Big to Fail' Big Bank Subsidy", Center for Economic and Policy Research, September 2009.

Basel Committee on Banking Supervision, "Sound Practices for Managing Liquidity in Banking Organizations", February 2000, Bank for International Settlements, Basel, Switzerland. Web site, www.bis.org/.

Basel Committee on Banking Supervision, "Basel III: The Liquidity Coverage Ratio and Liquidity Risk Monitoring Tools", Bank for International Settlements, Basel, Switzerland, January 2013.

Board of Governors of the Federal Reserve System, "Reserve Maintenance Manual", November 2013.

Cohan, William D., *House of Cards*, Doubleday, New York City, NY, 2009.

Cook, Timothy Q., Thomas A. Lawler, and Timothy D. Rowe, "Treasury Bill versus Private Money Market Yield Curves", *Economic Review*, Federal Reserve Bank of Richmond, No. 4, July/August 1986.

Decker, Paul, "Sound Liquidity Risk Management Practices in Community Banks", *RMA Journal*, April 2002.

FDIC, "Study on Core Deposits and Brokered Deposits", Submitted to Congress pursuant to the Dodd-Frank Wall Street Reform and Consumer Protection Act, July 8, 2011.

Federal Reserve System Report on Credit and Liquidity Programs and the Balance Sheet, November, 2009-2013.

Fisher, Mark, "Special Repo Rates: An Introduction", *Economic Review*, Federal Reserve Bank of Atlanta, Second Quarter, Volume 87, No. 2, 2002.

Gorton, Gary and Andrew Metrick, "Securitized Banking and the Run on Repo", *Journal of Financial Economics*, Volume 104, March 2012.

Hadley, Kyle and Alison Touhey, "FDIC Outlook: An Assessment of Traditional Liquidity Ratios", www.fdic.gov, Fall 2006.

Hein, Scott and Jonathan Stewart, "Reserve Requirements: A Modern Perspective", *Economic Review*, Federal Reserve Bank of Atlanta, Volume 87, No. 4, Fourth Quarter 2002.

Ivry, Bob, Bradley Keoun, and Phil Kuntz, "Secret Fed Loans Gave Banks $13 Billion Undisclosed to Congress", November 27, 2011, www.bloomberg.com/nes/2011-11-28/secret-fed-loans-undisclosed.

Kelly, Kate, *Street Fighters*, Penguin Group, New York, NY, 2009.

Kowalik, Michal, "Basel Liquidity Regulation: Was It Improved with the 2013 Revisions", www.KansasCityFed.org, Second Quarter 2013.

Levy, Ari and David Mildenberg, "IndyMac Seized by U.S. Regulators; Schumer Blamed for Failure", July 12, 2009, www.blomberg.com/apps/news.

Martin, Antoine, "Recent Evolution of Large-Value Payment Systems: Balancing Liquidity and Risk", *Economic Review*, Federal Reserve Bank of Kansas City, Volume 90, Number 1, First Quarter 2005.

Maxfield, John, "A Timeline of Bear Stearns' Downfall", *The Motley Fool*, March 15, 2013, at www.dailyfinance.com/2013.

Nelson, Karl, "Liquidity, Deposit Strategies, and Funding", presentation to the Graduate School of Banking at Colorado, July 2013.

OCC Bulletin 2013-25, Comptroller of the Currency, November 29, 2013.

Rose, Sanford, "What Really Went Wrong at Franklin National", *Fortune*, October 1974.

Sellon Jr., Gordon H. and Stuart E. Weiner, "Monetary Policy without Reserve Requirements: Case Studies and Options for the United States", *Economic Review*, Federal Reserve Bank of Kansas City, No. 2, Second Quarter 1997.

Shin, Hyun Song, "Reflections on Modern Bank Runs: A Case Study of Northern Rock", Princeton University, Working Paper, August 2008.

Smoot, Richard L. "Billion-Dollar Overdrafts: A Payments Risk Challenge", *Business Review*, Federal Reserve Bank of Philadelphia, January/February 1985.

Stackhouse, Julie and Mark Vaughn, "Navigating the Brave New World of Bank Liquidity", *The Regional Economist*, Federal Reserve Bank of St. Louis, July 2003.

Temple, W. Robert, "Bank Liquidity: Where Are We", *American Banker*, Source Media, New York, NY, March 8, 1983.

Van Hoose, David and Gordon Sellon Jr., "Daylight Overdrafts, Payments System Risk, and Public Policy", *Economic Review*, Federal Reserve Bank of Kansas City, Volume 74, No. 8, September/October 1989.

第8章
资本的有效利用

20世纪90年代早期,美国联邦储备委员会(Fed)、美国联邦存款保险公司(FDIC)和货币监理署(OCC)为帮助商业银行控制风险而实行最小风险资本金(risk-based capital, RBC)标准。据此,贷款风险更高的银行被要求在运营过程中维持更高的资本金水平。《1991年联邦存款保险公司改进法案》(The Federal Deposit Insurance Corporation Improvement Act of 1991)设定了精准的监管要求,资本金不足的银行将受到制裁。这些要求都有对应的强制性监管措施,包括在适当情形下关闭资本金过低的银行。

不幸的是,在2008年的金融危机中,很多银行发现自己需要增加资本金,但此时市场形势并不利于发行新股。2008年,美国国会通过了问题资产救助计划(Troubled Asset Relief Program, TARP)以购买金融机构的不良资产。2008年11月,美国财政部部长鲍尔森表示购买资产并非使用TARP资金最有效的方式,随即建立了资本购买计划(Capital Purchase Program, CPP)。在CPP下,财政部购买金融公司的高级优先股股权。这些高级优先股被视为一级资本,即金融机构资本构成中的黄金级资本。优先股的成本为每年5%的股息率以及权证;五年后,股息率升至9%。这一前所未有的联邦政府资本注入极大地改变了金融业的面貌。国会最初的目的是希望金融机构利用这些资金替换由贷款交易损失带来的资本损失,进而为信贷松绑。然而在2008年年底,大多数参与TARP-CPP的金融机构却使用这些资金并购其他金融机构,或者囤积现金。那些有能力赎回优先股的金融机构都尽快赎回优先股,而很多问题银行却未能全部赎回股息率9%的高成本优先股。

2004年,巴塞尔银行监管委员会在美国银行监管机构的支持下提出了新的资本监管标准,并于2007年实施。美国银行监管机构在2013年7月修订了资本监管标准,要求银行在2015年年初增加必要的股权资本。《巴塞尔协议Ⅲ》的标准将在本章后半部分讨论。

银行资本为何值得担忧？

资本在银行的风险与收益权衡中扮演着重要角色。增加资本可以缓解收益的波动、限制银行的增长、降低倒闭的可能性，这都有助于减小银行风险。但同时，由于股权比债权更加昂贵，因而降低了股东的预期收益。减少资本会提高财务杠杆以及增大银行倒闭的可能性，从而增加风险，当然也会增加潜在收益。因此，银行关于资本的最基本的决策聚焦于"拥有多少资本才是最优的"这一问题。资本更充足的公司可以以更低的利率借贷，发放更多的贷款，并通过并购或内部增长更快地拓展业务。总的来说，它们可以进行更具风险的投资。由于监管机构允许将某些债务和优先股作为满足监管要求的资本，因此银行关于资本的第二个决策是考虑应该以什么样的形式获得新资本。本章将探讨资本的定义、功能、成本，检视银行关于资本的决定，还将描述《巴塞尔协议Ⅲ》中资本金要求的本质及其给市场带来的可能影响。

银行监管机构的首要目标是确保美国金融系统的安全性与稳健性。其中一个严肃的担忧是个别银行的倒闭，尤其是大银行的倒闭，这会让公众对金融系统失去信心，进而使市场陷入不能完成交易的冻结状态。联邦政府可以通过两种方式减小银行倒闭的规模和严重程度并维护市场信心，一是设置监管规则并强制执行，二是设定每家银行的最低资本金要求。达到最低资本金要求意味着银行通过满足监管要求的股权和相关长期债务获得了适宜数量的资本。这样的资本金通过提供损失缓冲、使银行能够及时获得所需流动性以及限制增长等方式减小银行倒闭的风险。

当前的银行监管要求是，银行特定股权资本金与其他符合条件的资本金之和必须达到规定的最小值，否则将不能继续经营。[①] 历史上，监管机构会规定最小的资本与资产比，但并不关心银行资产的质量。20世纪初，银行的资本/资产比平均为20%左右，可比数据显示这一比例目前为8%—10%。近年来银行与储蓄机构的股权与资产比见图表8.1。值得注意的是，除小银行外，2013年银行的这一比率均显著大于2007年，而后者恰好是金融危机最坏时点的前一年。资产规模在1亿美元以下机构的数量减少，显示小型社区银行在走出衰退的过程中遇到了问题。最后，储蓄机构的权益比率高于规模较小的商业银行，这部分反映了互助储蓄银行较高的资本比率。

在原有的资本监管下，两家规模相同的银行要在等量的资本金下运营，资本金要求与银行的风险特征无关。具体而言，银行持有什么类别的资产是无关紧要的，因为不同资产都使用相同的百分比要求。因此，持有国库券的银行与持有相同规模的投机性房地产贷款的银行必须拥有同样规模的资本金。这看起来合理吗？答案取决于资本金承担何种角色以及监管机构希望以何种方式控制银行风险。

---

① 《1983年国际贷款监管法案》(The International Lending Supervision Act of 1983)赋予美联储、联邦存款保险公司、货币监理署办公室以及联邦住房贷款银行委员会相关权力，以强制执行有约束效力的法定最低资本金要求。此前，尽管相关的法规并不存在，但大多数银行都接受指导性文件的规范。

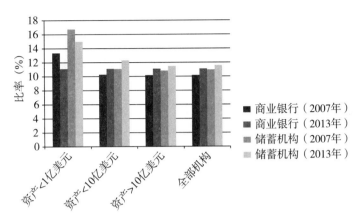

图表 8.1　不同规模商业银行、储蓄机构的权益/资产比率

商业银行和储蓄机构的资本与资产比低于其他金融机构,并显著低于非金融企业。这一差异主要反映了商业银行与储蓄机构的金融中介职能,并不是那么值得关注。然而,公司在清盘时,高财务杠杆提供给权益所有者的保护较少,从而会增加运营风险。银行家认识到高杠杆能提高潜在的盈利能力,试图让外部股权融资最小化;相反,监管者往往希望增加银行的股权融资,并关注稳健性风险与潜在盈利能力之间的平衡。

本章介绍1992年以来银行的风险资本金要求,随后考察银行资本金的功能,并讨论其对商业银行运营的影响。本章阐释以下几个问题:(1)银行资本金由什么构成?(2)银行的资本金账户有什么功能?(3)有多少资本金才算充足?(4)设定资本金监管要求对银行的运营政策有什么影响?(5)不同渠道的内部资本和外部资本各有什么优势与劣势?

这些问题非常重要,因为联邦监管者在逐渐提高银行与其他机构的资本金监管标准或维持已有的较高监管标准。本章最后一部分将描述《巴塞尔协议Ⅲ》的资本监管框架。

风险资本金标准

20世纪80年代中期之前,银行的资本金要求通常没有考虑银行的资产质量、流动性风险、利率风险、运营风险和其他相关风险。因此,当银行面临增加收益的压力时,资本金要求除限制银行规模增长外并没有约束其他的冒险行为。银行监管者的确曾在他们认为银行承担过多风险时强制其持有超过一定数额的资本金,但相关监管决定往往在银行进行风险投资很长时间后才做出。

1986年的《巴塞尔协议》

1986年美国银行监管者提出,商业银行的最低资本金应该反映其资产的风险水平。这一提案在实施后被称为《巴塞尔协议》,它为12个工业化国家的银行设定了风险资本金标准。美国银行监管者从1990年开始分阶段实施《巴塞尔协议》,并于1992年年底完全构建起相应的监管措施。更重要的是,经济合作与发展组织(Organization for Economic Cooperation and Development，OECD）成员也试图对本国的金融机构实行相似的风险资本金要求。

由于不同国家对资本构成的认定不同,所用的术语也不尽相同。尽管如此,原始的《巴塞尔协议》仍包含几个重要的元素。第一,银行的最低资本金标准通过公式(即量化模型)与信贷风险相关联,而信贷风险取决于银行的资产构成。信贷风险越大,所要求的资本越多。第二,股权被视为最关键的资本类型。同样,每家银行都被期望在一个与其信贷风险相关的最小股权规模下运营。第三,总资本规模的最小值为经风险调整资产规模的8%。第四,不同国家的资本金要求近似标准化,使"不同球场的规则保持一致",防止因监管要求和会计制度不同而导致银行在一国运营相对于在另一国运营更具优势。

《巴塞尔协议 I》中的风险考量因素

为了决定常规风险资本金标准下银行的最低资本金,银行管理者要完成以下四个步骤:

- 依据债务人、抵押品及担保人将资产划分为四个风险类别;
- 将表外承诺与担保转换为表内的"等价信用量"（credit equivalent）,并归为适当的风险类别[①];
- 将每个风险类别中资产的货币价值乘以相应的风险权重,所得乘积为风险加权资产;
- 对于一家美国银行而言,充足的资本金等于风险加权资产乘以相应的最小资本比率,其中一级资本比率为4%,总资本比率为8%。

在这一过程中应保证信贷风险最高的资产拥有最高的风险权重,且要为其安排最多的资本金。除了上述基于信贷风险的标准,Fed、FDIC和OCC也针对与利率风险与市场风险相关的资本金出台了相关的监管办法,具体将在本章后半部分介绍。

让我们考虑图表8.2中区域国民银行（Regional National Bank，RNB）的数据。正如表中"资产"列所展现的那样,银行总资产近50亿美元,且拥有近6.56亿美元的表外或有项目。按照此前的资本金要求,RNB需要按资产的6%计提资本金,即2.997亿美元（0.06 × 4 994 849）的一级和二级资本。图表8.2显示,风险资本金标准下的总资本要求略高于原有标准。

图表8.3列出了四个风险类别以及每个类别大致包含的RNB资产种类。图表8.4展示了上面的第二个步骤,以及将表外活动转换为表内等价信用量的过程。图表8.5总结了每一风险类别所包含的资产负债表项目。值得注意的是,风险最低类别资产(类别一)的风险权重为0,因为它们是联邦政府的直接债务,如现金、国库券、政府国民抵押贷款协会（GNMA）发行的机构证券等[②],没有违约风险(或风险很小);其他类别资产的违约风险被认为是逐级递增的。因此,类别二资产适用20%的风险权重,实际所需的资本与资产比为1.6%（0.2 × 8%）。类别二资产期限较短,且一般有美国政府机构的担保(如美国机构债券、市政债券、有息储蓄机构存款、出售联储基金和其他资产),每种资产的违约风险都很小,因

---

① 在安然公司倒闭前,银行就已经被要求为表外活动持有相应的资本金。
② 对RNB而言,交易证券全部是美国国库券。

此风险权重比零违约风险资产略高。一级按揭贷款①、担保抵押债券（CMO）、市政收入债券等类别三资产适用50%的风险权重，有效总资本比率为4%（0.5×8%）。类别四涵盖了违约风险最高的资产，例如商业贷款、房地产贷款中除一级按揭贷款外的部分，因此风险权重为100%。

图表8.2 区域国民银行（RNB）的风险资本金

	资产（千美元）	风险权重（%）	风险加权资产（千美元）
类别一资产：0风险权重			
现金和准备金	104 525	0.00	0
交易账户	830	0.00	0
美国国库券和机构债券	45 882	0.00	0
美联储准备金股票	5 916	0.00	0
类别一资产合计	157 153		0
类别二资产：20%风险权重			
同业存款/在途资金	303 610	20.00	60 722
生息贷款/出售联储基金	497 623	20.00	99 525
对本国储蓄机构的贷款	38 171	20.00	7 634
回购协议（美国国库券和机构债券）	329 309	20.00	65 862
美国机构（政府支持机构）	412 100	20.00	82 420
由税收（市政收入）保证的州、市政债券	87 515	20.00	17 503
以机构证券为担保的抵押债券	90 020	20.00	18 004
小企业管理局（SBA）债券（政府担保部分）	29 266	20.00	5 853
其他类别二资产	0	20.00	0
类别二资产合计	1 787 614		357 523
类别三资产：50%风险权重			
以按揭贷款担保的抵押债券	10 000	50.00	5 000
类别一、二未包含的其他州政、市政债券	68 514	50.00	34 257
1—4家庭住房贷款	324 422	50.00	162 211
其他类别三资产	0	50.00	0
类别三资产合计	402 936		201 468
类别四资产：100%风险权重			
贷款：商业、政府机构、金融机构、租赁	1 966 276	100.00	1 966 276
房地产贷款：全部其他	388 456	100.00	388 456
贷款与租赁损失备抵	(70 505)	0.00	0
其他投资	168 519	100.00	168 519

---

① 一级按揭贷款即抵押贷款。——译者注

（续表）

	资产 (千美元)	风险权重 (%)	风险加权资产 (千美元)
房地产、股权类其他资产	194 400	100.00	194 400
其他类别四资产	0	100.00	0
类别四资产合计	2 647 146		2 717 651
表内项目总资产	4 994 849		3 276 642
表外或有项目			
0%担保类别	0	0.00	0
20%担保类别	0	20.00	0
50%担保类别	364 920	50.00	182 460
100%担保类别	290 905	100.00	290 905
或有项目合计	655 825		473 365
扣除贷款与租赁备抵和ATR前的总资产与或有项目总额	5 650 674		3 750 007
减：贷款与租赁超额备抵			(2 152)
总资产和或有项目总额	5 650 674		3 747 855
资本金要求			
一级资本@4%	199 794	4.00	149 914
总资本@8%	399 588	8.00	299 828

图表 8.2 显示了 RNB 每项资产的风险权重与风险加权金额。风险加权资产金额是资产货币金额与风险权重的乘积，而风险加权资产总额由每类风险加权资产金额和表外项目相应金额加总得到，因此 RNB 的风险加权资产总额约为 37.5 亿美元。最后，RNB 的最低资本金要求是风险加权资产总额的一个特定比例。图表 8.2 显示 RNB 需要 1.499 亿美元的一级资本、2.998 亿美元的总资本才能达到资本充足标准。

图表 8.3 四个资产类别的大致描述

资产类别	风险权重	实际总资本金要求*	资产的债务人、抵押或担保人
一	0	0	总体而言是 OECD 国家中央政府或美国联邦政府的直接债务（如纸币或硬币、政府债券、无条件的政府担保债券），也包括储蓄机构同业存款或其担保的存款
二	20%	1.6%	总体而言是 OECD 国家中央政府或美国联邦政府的间接债务（如大多数联邦机构债券、以税收保证的市政债券、国内储蓄机构债券），也包括以联邦政府债权为抵押的资产（如以国库券为抵押的回购协议、以政府机构债券为抵押的 CMO 等）
三	50%	4%	总体而言是以 1—4 家庭住房为担保的房地产贷款和以特定工程收入保证的市政债券
四	100%	8%	其他私人借款人的求偿权（大多数银行贷款、房地产和其他资产）

注：*风险加权资产等价值的 8%，是满足资本充足要求所需的最低资本金数额。

风险资本金标准的一个重要因素是银行要为表外项目准备资本金。一家银行如果在运营中承担了风险(如给予长期贷款承诺、提供信用证担保、参与利率互换、参与远期和期货交易等),就必须持有相应的资本金。管理者首先使用图表8.6中的转换因子将表外项目转换为表内等价信用量,过程如图表8.4所示。随后,基于资产的债务人、抵押或担保人将转换后的等价信用量归入适当的风险类别资产,再乘以相应的风险权重,得到经风险调整的资产数额。图表8.4显示,超过1年的长期承诺(364 920美元)适用50%的转换因子,而备用信用证或直接信贷替代(165 905美元)、远期和期货合约(50 000美元)、利率互换(75 000美元)适用100%的转换因子。① 图表8.4的最后一列是转换后的价值,在转换为表内等价值项目之后,这些资产都被归入适用100%风险权重类别的资产。

图表8.4 区域国民银行(RNB)的表外项目转换

	金额 (千美元)	信用转换因子 (%)	等价信用量 (千美元)
适用100%转换因子的或有项目			
直接信贷替代	165 905	100.00	165 905
获取参与银行承兑汇票(直接信贷替代)	0	100.00	0
出售的但有追索权的资产	0	100.00	0
远期和期货合约	50 000	100.00	50 000
利率互换	75 000	100.00	75 000
其他100%转换的担保项目	0	100.00	0
100%担保类别合计	290 905		290 905
适用50%转换因子的或有项目			
与交易相关的或有项目	0	50.00	0
超过1年的未使用承诺	364 920	50.00	182 460
循环授信便利(RUF)	0	50.00	0
其他50%转换的担保项目	0	50.00	0
50%担保类别合计	364 920		182 460
适用20%转换因子的或有项目			
与短期交易相关的或有项目	0	20.00	0
其他20%转换的担保项目	0	20.00	0
20%担保类别合计	0		0
适用0转换因子的或有项目			
期限短于1年的贷款承诺	0	0.00	0
其他0转换的担保项目	0	100.00	0
0担保类别合计	0		0
总表外或有项目	**655 825**		**473 365**

---

① 期货、远期和利率互换价值是盯市价值及其未来潜在信用风险暴露增值之和,详见图表8.5。

图表 8.5 总结了不同资产的风险类别与风险权重。图表 8.6 列出了风险资本金要求下的表外项目转换因子。

图表 8.5　风险类别与风险权重总结

每个资产负债表项目的风险权重与风险类别 *
类别一资产:0 风险权重
(1) 银行持有或在途的(本国和外国)纸币和硬币
(2) 美国政府和其他 OECD 国家中央政府发行的证券(包括美国国库券)
(3) 美国政府、机构和其他 OECD 国家中央政府无条件担保的求偿权(包括 GNMA 和 SBA 证券、进出口银行担保的贷款)
(4) 中央银行金库或其他银行金库中的黄金扣除债务的部分
(5) 与美国政府或 OECD 国家中央政府直接发行或无条件担保的证券相关的表外项目
类别二资产:20%风险权重
(1) 托收中的现金(CIPC)
(2) 美国存款管理机构和其他 OECD 国家银行的同业存款,或其担保的存款
(3) 非 OECD 国家银行担保的短期(1 年以下)求偿权
(4) 美国政府和其他机构有条件担保的证券、贷款、外汇及其他求偿权[如美国退役军人管理局(VA)、联邦住房管理局(FHA)的抵押贷款以及美国教育部再担保的学生贷款]
(5) 美国政府支持机构(如 FHLMC 转售证券担保的贷款)、官方的多边贷款机构或区域发展银行(如世界银行、国际金融公司)发行或担保的证券或求偿权
(6) 美国政府机构间接持有的私人发行的按揭贷款支持证券或政府支持的机构抵押贷款证券(GNMA、FNMA 和 FHLMC 转手证券)
(7) 市政债券的一般求偿权以及美国、OECD 国家地方政府和政治分支机构全额担保的求偿权
(8) 使用 20%风险权重的表外项目,例如以存款现金担保的求偿权(以现金担保的备用信用证)的等价信用量
类别三资产:50%风险权重
(1) 以一级留置权作为抵押的 1—4 家庭住房抵押贷款,审慎承销的多家庭住房抵押的一级按揭住房抵押贷款
(2) 代表抵押贷款直接或间接所有权的私人发行的抵押贷款支持证券,要求抵押贷款是审慎承销的且未发生重组、逾期或处于非应计状态(nonaccrual status)
(3) 收入债券(市政收入证券)或类似的美国州或地方政府、其他 OECD 国家地方政府发行的以融资项目、设施的收益为偿付保证的债券
(4) 使用 50%风险权重的表外项目,例如由于对手方、担保或抵押等被归入低风险权重类别的利率合约、汇率合约的表外项目的等价信用量
类别四资产:100%风险权重
(1) 全部其他贷款、债务或私人发行的求偿权
(2) 房地产和固定资产
(3) 期货合约保证金账户

(续表)

每个资产负债表项目的风险权重与风险类别*

(4) 拥有的其他不动产

(5) 未包含在以上类别中的其他资产,例如由于对手方、担保或抵押等被归入低风险权重类别的表外项目的等价信用量

注：* 其中几个风险类别提及 OECD 国家,其成员包括：澳大利亚、奥地利、比利时、加拿大、智利、捷克、丹麦、爱沙尼亚、芬兰、法国、德国、希腊、匈牙利、冰岛、爱尔兰、以色列、意大利、日本、韩国、拉脱维亚、卢森堡、墨西哥、荷兰、新西兰、挪威、波兰、葡萄牙、斯洛伐克、斯洛文尼亚、西班牙、瑞典、瑞士、土耳其、英国、美国。另外,沙特阿拉伯也应被视为 OECD 国家。其他国家则应被视为非 OECD 国家。

资料来源：更多细节请参见联邦金融机构审查委员会（Federal Financial Institutions Examination Council, FFIEC）公告表,网址为 www.ffiec.gov。

图表 8.6　风险资本金要求下的表外项目转换因子

100%转换因子

(1) 直接信贷替代(债务担保和担保性金融工具,包括作为支持贷款和债券的金融担保备用信用证)

(2) 银行承兑汇票的风险参与方和直接信贷替代(如备用信用证)的参与方

(3) 未列入资产负债表的出售和回购协议以及有追索权的资产销售

(4) 购买资产的远期协议(合约义务),包括特定的金融便利工具

50%转换因子

(1) 与交易有关的或有项目(如投标保函、履约保函、保单以及与某些交易相关的备用信用证)

(2) 原始期限超过一年的未使用承诺,包括承销承诺和商业信贷额度

(3) 循环授信便利(RUF)、票据发行便利(NIF)和其他类似协议

20%转换因子

(1) 短期的、与自动清偿交易相关的或有项目,包括商业信用证

0 转换因子

(1) 原始期限小于等于 1 年或可随时无条件取消的未使用承诺

利率、外汇、权益衍生品、商品及其他合约的等价信用量转换过程

通常,在计算上述合约的等价信用量时,银行要在每个合约基础上增加合约的盯市价值(如果价值为正的话),即合约当前的信用风险暴露或重置成本,以及存续期内工具的未来潜在信用暴露增加的估计值。

为了适应风险资本金监管目的,潜在的未来风险暴露由合约的名义本金(哪怕合约的盯市价值为负)乘以适当的风险转换因子得到。强制性双边净额结算协议也可以作为确定衍生品合约当前信用暴露和未来潜在暴露的依据。

到期期限	利率合约	外汇和黄金合约	权益衍生品合约	贵金属（除黄金）	其他商品合约
小于等于 1 年	0.0%	1.0%	6.0%	7.0%	10.0%
1—5 年	0.5%	5.0%	8.0%	7.0%	12.0%
超过 5 年	1.5%	7.5%	10.0%	8.0%	15.0%

资料来源：联邦金融机构审查委员会（FFIEC）公告表,网址为 www.ffiec.gov。

下一节将描述在现行标准下可以被视为银行资本的项目,目前只要了解银行需要同时满足三个最小资本比率就可以了。监管者依据最小资本比率将银行划分为五类。只有当一级资本大于等于风险加权资产总额的4%,总资本大于等于风险加权资产总额的8%以及杠杆资本大于等于调整后资产总额的3%时,银行资本才是充足的。

银行资本的构成

根据会计的定义,**资本**或净值等于资产累计值与负债累计值之差,代表一个公司的所有者权益。按照传统算法,计算资本时使用资产和负债的账面价值(历史成本)。在银行管理中,监管意义下的银行资本与会计概念中的资本显著不同。① 具体而言,监管者将某些债务和贷款损失备抵也视为资本。这引发了有关银行资本功能和单个银行最优资本配比的一系列讨论。

会计意义下的资本主要指普通股和优先股的账面价值。总股权资本等于普通股、资本盈余、未分配利润、资本公积、可出售证券的未实现持有收益(损失)净值、累计外币折算调整和永续优先股,其定义如下:

- **普通股(common stock)**。总额等于流通股的面值,如果有100万股面值为10美元的流通普通股,那么普通股总额为1 000万美元。
- **资本盈余(surplus)** 或称**普通股资本盈余**(common equity surplus)。等于普通股发行价超过面值的部分,以及计入资本盈余的未分配利润。在上个例子中,假如100万股普通股是按照每股15美元的市场价值发行的,那么每股额外的5美元(总计500万美元)就被视为资本盈余。
- **未分配利润(retained earnings)**。等于累积未分配利润减去计入资本盈余的部分。当银行报告的净利润超过现金股利支付时,未分配利润增加;当银行报告的净利润少于现金股利支付或银行报告损失时,未分配利润减少。
- **应急资本公积(capital reserve for contingencies)**。应急资本公积和其他资本公积等于为递延税收或偶然事件所设的资本公积。应急事件包括退出流通的优先股的逾期支付、诉讼支付和满足其他特殊义务的支付。从1978年起,这部分公积金与未分配利润合并报告。
- **可出售证券的未实现持有收益(损失)净值(net unrealized holding gains(loss) for available-for-sale securities)**。普通股权益包括任意能够确定公允价值的可出售证券的未实现持有收益(损失),但不包括其他可出售证券的未实现持有收益(损失)。FASB 115要求银行和其他公司按盯市价值计算某些可出售证券(available-for-sale

---

① FASB 115要求银行按盯市价值计算未归入"持有至到期"类别的证券。因为盯市的证券会直接影响权益资本,银行资产负债表中的资本是账面价值和市场价值的混合。根据FASB 115的要求,银行必须区分信贷损失和其他损失,前者计入收入,后者影响其他综合收入(AOIC)。

securities，AFS)的价值。这些未实现的收益(损失)直接影响公司所有者权益,列示于资产负债表,但不影响经风险调整资本金的计算。正如后面提到的,《巴塞尔协议Ⅲ》要求从2015年起,资产规模超过2 500亿美元或国外风险敞口超过100亿美元的银行必须将AFS的未实现收益和损失计入一级资本普通股(common equity tier 1, CET1),其他银行可以选择不受此会计规则的约束。

- **优先股(preferred stock)**。等于流通中优先股账面价值总和。尽管许多性质与长期债务相同,但优先股所代表的公司所有权的求偿优先级高于普通股,但低于全部债务。优先股可以是永续的,也可以是有固定期限的。大多数优先股有可赎回条款,某些还可以转换为普通股。优先股的股息支付通常是固定的,与计息债券支付相似;一些优先股的股息支付也可以与某些市场指数挂钩。与债务利息支付不同的是,股息支付不能抵扣公司所得税。

监管意义下的资本比率也关注股权的账面价值(book value of equity),即银行资产的账面价值减去负债的账面价值。多数分析师在评估财务状况和风险时试图估算银行股权的市场价值。下面几种办法都能进行这样的估算:一种方法是用总流通股股数乘以最近的每股价格;另一种方法是分别估算银行资产、负债的市场价值,然后求差值。正如在第5章讨论的那样,股权的市场价值或经济价值是评估利率风险管理表现的重要指标。银行倒闭清算时,只有在债权人和优先股股东的求偿权被满足后,普通股股东才能获得支付。

监管者同时将长期次级债务(subordinated debt)纳入二级资本。二级资本是广义银行资本(一级资本和二级资本之和)的一部分。次级意味着这些债权人只有在存款人的求偿权被满足后才会获得相应支付。次级债有多种形式,如长期固定利率计息债券、浮动利率债券、商业票据以及可转换为普通股、优先股的债券。这些非权益融资工具被视作资本,反映了监管者对资本功能的认识。强制可转换债和长期次级债因期限较长且债权人求偿权排序在存款人之后而被视为资本。所以,这些资金能够为受保存款人及受保存款提供稳健的保护。

风险资本金标准以两个指标判定银行资本是否充足(见图表8.7)。一级资本或核心资本(tier 1 capital, or core capital)包括普通股、非累积永续优先股及相关资本盈余、合并子公司权益账户的少数股东权益,减去商誉等无形资产、不计入递延所得税的资产等。对于大多数银行而言,一级资本等于普通股减去任意可出售证券的未实现持有收益(损失)净值。二级资本或补充资本(tier 2, or supplementary capital)最多为一级资本的100%,包含累积永续优先股及相关资本盈余,加上长期优先股、一定数量的定期次级债、一定数量的中期优先股、一定数量的贷款与租赁损失备抵(最多为风险加权资产总额的1.25%)。①

---

① 一级资本、二级资本的定义摘自联邦金融机构审查委员会《状况与收入合并报表编制指南》(FFIEC 031、032、033和034),网址为www.ffiec.gov。

图表 8.7　合格资本的定义

组成	最低要求
一级（核心）资本	
普通股*	必须大于等于风险加权资产的 4%
非累积永续优先股及相关资本盈余	没有限额；监管部门警惕对这类一级资本的过度依赖
合并子公司权益账户的少数股东权益	没有限额；监管部门警惕对这类一级资本的过度依赖
减：商誉、其他不允许计入的无形资产、不允许计入递延所得税的资产、其他银行主要联邦监管机构规定在计算一级资本时需要扣除的项目	
二级（补充）资本	
累积永续优先股及相关资本盈余	二级资本总额不超过一级资本的 100%+
长期优先股（原始持续期大于等于 20 年）和相关资本盈余（随到期日临近按资本折现）	这类工具占二级资本的比例没有限额
拍卖利率和相似优先股（包括累积和非累积）	这类工具占二级资本的比例没有限额
混合资本工具（包括强制转换债务证券）	次级债和中期优先股不超过一级资本的 50%，按趋近到期日方式摊销
定期次级债和中期优先股（原始平均加权持续期大于等于 5 年）	不超过一级资本的 50%（按照距离到期日的远近进行相应打折）
贷款与租赁损失备抵	不超过备抵账户余额和风险加权资产毛值的 1.25% 中较小的数额
三级（按市场风险分配的资本）	
只适用于接受市场风险资本指导规范的银行	可能不能用于承担信用风险
	应对市场风险的三级资本和应对市场风险的二级资本总和不超过银行市场风险指标的 71.4%
扣除项	
以下项目需要扣除：对在资本监管意义下对未合并报表的银行与金融附属机构的投资；银行组织的蓄意交叉持有的资本工具；其他银行主要联邦监管机构认为需要抵扣的项目	
总资本（一级资本+二级资本-扣除项）	通常要求一级资本扣减总资本的 50%，二级资本也要扣减总资本的 50%

注：* 为计算风险资本金，普通股包含任意可确定公允价值的可出售股权证券的未实现持有损失净值，但不包括其他可出售证券的未实现持有收益（损失）。+ 超过规定限额是允许的，但超过部分不计作资本金。

资料来源：联邦金融机构审查委员会公告表，网址为 www.ffiec.gov。

监管者也关注这样的现象，那就是银行获得数量可观的低风险资产（联邦政府债券），这样风险资本金标准所要求的资本金就几乎可以忽略了。例如，假设图表 8.2 中 RNB 以现金和国库券形式持有全部资产,则一级资本和总资本要求为 0,这就使得银行(至少在理论上)被允许在没有资本的情形下运行。为了防止这种现象发生,监管者要求银行必须达到最小值为 3% 的杠杆资本率要求。杠杆资本率被定义为:一级资本与扣除商誉、其他不计入的无形资产、不计入递延所得税的资产后的总资产的比率。这一政策带来的影响是所有银行都要持有与总资产相关的最低资本金,用于应对除违约风险外的其他风险。

《巴塞尔协议 I》下应对市场风险的三级资本(Tier 3 Capital)

市场风险(market risk)是由利率、权益价格、汇率、大宗商品价格等的波动以及银行交易组合中某一债务或权益头寸风险带来的银行发生亏损的风险。因此,市场风险暴露是以下变量的函数:利率、价格波动性,以及银行相应资产、负债对它们的敏感性。社区银行和大多数没有交易账户的银行的市场风险暴露通常较低。正如人们在金融危机中看到的,大型机构的市场风险非常高,因为它们在危机中经历了大额的证券、交易资产核销。

风险资本金标准要求所有市场风险显著的银行定期监测市场风险敞口,并持有资本金以应对市场风险暴露。如果一家银行的合并交易活动(定义为上一季度交易资产和负债之和)大于等于银行上一季度总资产的 10%,或总额超过 10 亿美元,就必须接受市场风险资本金指导。接受这一指导的银行应当持有风险加权资产和市场风险等价资产的 8% 的合格资本(一级资本与二级资本之和,加上三级市场风险资本,再减去扣除项)。

有形普通股

作为对金融危机的响应,银行监管者提升了有形普通股的重要性。有形普通股等于银行有形资产减去负债,再减去所有流通中优先股。有形普通股反映了银行清算并支付债权人、优先股股东后的剩余,不包含无形资产,如商誉、抵押服务资产和递延所得税资产等。监管者和分析师定义了有形普通股权益率(tangible common equity ratio, TCE),即有形普通股除以有形资产:

$$\text{TCE} = \frac{普通股股东权益 - 无形资产}{总资产 - 无形资产}$$

TCE 的下降或数额过低可视为出现问题的信号,提示监管者应当快速采取行动来限制银行活动、改善风险管理措施并提高盈利能力。

《巴塞尔协议Ⅲ》的资本金标准

2013 年 7 月,联邦监管者通过了《巴塞尔协议Ⅲ》资本监管准则,希望借此提高银行资本金要求并提升银行资本质量。新的要求提高了最小资本比率,更加强调普通股才是最合宜的资本形式。《巴塞尔协议Ⅲ》对大机构和小机构适用不同的规则。总体而言,小机构可以将更多的项目算作资本,且有更多时间适应新的监管要求。资本金要求的提升主要来源于更严格的合格资本定义与新的最小资本比率,即普通股一级资本(common equity tier 1, CET1)的引入。

$$CET1 = \frac{普通股一级资本}{风险加权资产}$$

我们来考虑早先引入的风险资本金比率。在《巴塞尔协议Ⅲ》的最终规则于2019年实施后,最小资本比率要求如下:

	现行最小值	最终规则		
		最小值	缓冲	总计
一级资本/风险加权资产	4%	6.0%	2.5%	8.5%
总资本/风险加权资产	8%	8.0%	2.5%	10.5%
杠杆率	4%	4.0%	—	—
CET1 比率	—	4.5%	2.5%	7.0%

对小银行而言,最大的挑战来自风险加权资产的计算,因为特定种类的住房抵押贷款的风险权重提高了。所幸资产小于150亿美元的银行仍可将之前发行的永续优先股(TruPs)在一定限额下归入一级资本。①

风险资本金标准的缺点

风险资本金要求存在一些根本的缺点。第一,就像上文所展示的,除了拥有大量交易账户的大银行的市场风险,《巴塞尔协议Ⅰ》的总体风险资本金要求不考虑信用风险之外的其他风险。无疑,在利率剧烈波动的情况下,存在大额利率风险的银行,或者特别倚重购买负债、存在高流动性风险的银行,其濒临倒闭的概率非常高。不论怎样,银行的资本金要求取决于资产组合。监管者当然可以识别冒险者并设定超过最小值的资本金要求,但这一体系相对主观,而且经常是在出现很显著的问题后才得到实施。第二,接受《巴塞尔协议Ⅱ》事前监管的银行可以使用内部模型,并将结果汇报给监管者。在很多事件中,监管者接受银行的模型和风险判断,而不是自己独立进行评估。2007—2010年金融危机中出现的预期外损失显示,许多大机构的模型显著低估了公司风险。

重要的是,2007年年底,超过94%的机构被认为是资本充足的。这意味着大体来看,风险资本金并不是所有银行的硬约束。因此,一旦达到"资本充足"的状态,银行就很少有动力做出更多控制风险的努力。不久后,2008年金融危机带来的严重损失使得大型金融机构陷入资本不足的境地。

---

① 还有许多其他条款指导股息支付并允许小银行一次性选择将累积的其他综合收入(AOIC)部分纳入或排除于资本金的计算,AOIC 主要指未实现的投资收益和损失。

银行资本的功能是什么?

针对银行资本的功能这个主题尚存在很多疑问。传统的公司金融理论认为,资本提供针对运营损失和意外损失的保护,从而降低公司倒闭的风险。尽管这对倚重长期负债、低杠杆的非金融公司来说是成立的,但对金融公司而言就不那么适用了。

从监管者的角度来看,银行资本在银行倒闭时能够保护存款保险基金(deposit insurance funds)。当银行倒闭时,监管者可以选择用存款保险基金支付给投保的储户,也可以安排一家健康的银行兼并倒闭的银行。[①] 银行的资本金越多,撮合并购或偿付存款人的成本越低。设定最低资本金的另一个好处是股权和长期债务的所有者会为银行管理者设定市场规则,因为他们会严格监督银行的表现。过度冒险会降低股价并增加借贷成本,这会减少这些监督者的财富。

银行资本的功能是减小银行风险,其从以下三个方面实现这一功能:

- 资本使得银行能够吸收损失并保持稳健,从而提供缓冲;
- 资本使得银行能够利用金融市场进行融资,从而应对因存款外流而导致的流动性问题;
- 资本约束增长并限制冒险行为。

银行资本提供了吸收损失的缓冲

让我们考虑图表8.8中两家虚拟组织的资产负债表。制造业企业拥有60%的流动资产和40%的固定资产,它按60%的负债和40%的股权进行融资,其中50%的负债是短期的,因此企业的流动比率为2。相反,商业银行的固定资产很少,且92%的资产以负债融资,仅8%的资产以股权融资,因此银行的流动比率小于1。制造业企业的资产价值降低40%以上才会导致所有者权益小于0从而导致企业濒临破产;更多的股权可以容忍问题资产违约而不耗尽所有者权益,从而减小倒闭风险。

图表 8.8 资产负债表比较:制造业企业和商业银行

制造业企业		商业银行	
资产		资产	
现金	4%	现金	8%
应收账款	26%	短期证券	17%
存货	30%	短期贷款	50%
流动资产合计	60%	流动资产合计	75%
		长期债券	5%
		长期贷款	18%
厂房和设备	40%	厂房和设备	2%
资产总计	100%	资产总计	100%

---

① FDIC 为存款账户提供保险,银行监管者定期检查银行的安全性和稳健性以限制冒险行为。

（续表）

制造业企业		商业银行	
负债		负债	
应付账款	20%	短期存款	60%
短期应付票据	10%	短期拆借	20%
流动负债合计	30%	流动负债合计	80%
长期负债	30%	长期负债	12%
所有者权益	40%	所有者权益	8%
负债和所有者权益总计	100%	负债和所有者权益总计	100%

然而，问题并不是如此简单。例如，为什么债权人会允许银行以远高于制造业企业的财务杠杆运营？一个原因是银行的固定资产较少，呈现的运营风险很低。然而，许多因素显示银行需要更多的资本金。第一，银行资产市场价值的波动性高于典型的制造业企业。每当利率变动或向银行借钱的人经历困境时，银行资产的市场价值就会发生变化。制造业企业拥有的金融资产占比较小，对利率变动没那么敏感。第二，银行更依赖短期负债这种波动性较大的资金来源，然而短期负债随时会被支取，银行极有可能被迫以较低价值将资产变现。但是，高杠杆也有积极的一面。大多数银行的资产是金融资产，因此相较于非金融企业持有的实物资产而言流动性较高且风险较低（在其他条件相同的情形下）。毕竟与卖出汽车生产线相比，卖出国库券和高质量的银行贷款总是更容易一些。

上述资本金差距可以用联邦存款保险和监管政策加以解释。[①] 个人退休金账户和非退休金账户的保险额度高达25万美元，即使银行倒闭，参保储户也会被全额偿付。这一系统可以防止小额存款大规模流失，同时让未参保的债权人成为银行风险的仲裁者。同样重要的是，银行监管者为最大规模金融机构（largest financial organizations）的未参保债权人提供了事实上的存款保险，他们安排并购和重组使得公司可以避免清盘而继续经营，而不是让这些银行倒闭。这被称为最大型机构的"大而不倒"（too big to fail，TBTF）。[②] 在这些极端情形中，银行持续经营从技术上看并不需要私人资本。总体而言，存款保险和监管政策增加了银行的流动性，从而减少了所需的权益资本。

2008年，FDIC找到了其他有创意的应对大机构倒闭的方法。在关闭了320亿美元的IndyMac银行时，FDIC建立了IndyMac联邦银行，并将参保存款和几乎全部资产转移给后者。作为管理者，FDIC尽其所能为未来卖出IndyMac联邦银行做好准备，并且继续为社区提供银行服务。2008年10月，在与花旗银行、富国银行进行了一个周末的协商后，联邦监管者强制执行了美联银行（Wachovia）的出售。富国银行丧失了兴趣，而花旗银行同意在联邦政府协助的前提

---

① FDIC为存款账户提供保险，银行监管者定期检查银行的安全性和稳健性以限制冒险行为。
② 许多美国大型金融机构在2008年金融危机期间不仅获得了联邦政府的救助，而且其所有高级管理者都没有被司法部长埃里克·霍尔德起诉。后者有如下著名言论："担忧这些机构的规模太大，以至于当我们被暗示起诉这些机构并按刑事罪名起诉将给本国经济甚至世界经济带来负向冲击时，起诉就变得很困难。"这一言论被概括为这些机构"大而不倒"。

下购买美联银行部分所有权。同一周的晚些时候,财政部单方面修改了税收规定,允许延迟确认更高的税收亏损,使得接受更高出价对富国银行而言更具吸引力(其将在获得超过 200 亿美元联邦政府协助的同时享受新的税收规定)。这一规则的改变极大地影响了交易价值,使得并购决定本身面临争议,因为国会和国税局都未参与规则修订的讨论。

在现金流而非会计资本的语境下,资本作为贷款损失缓冲的角色就更加明确了。以一家出现客户违约的银行为例。违约使得银行无法收取利息和本金偿付,由此即期减少了营运现金流入,而现金流出除收款成本增加外几乎不受影响。只要总的现金流入超过现金流出,银行就可以稳健运营。资本通过减少强制性的资金流出为银行提供缓冲,例如银行可以延缓支付优先股和普通股股息而不发生违约;相反,银行债务的利息是必须支付的。因此,资本充足的银行可以发行新的债券或股票以补充损失的现金流入,为修正资产问题赢得时间。这样,银行的资本金越多,其在不影响稳健运营前提下能容忍的资产违约规模就越大,从而降低了银行风险。

银行资本使得银行能够进入金融市场

充足的资本使得银行能够参与金融市场交易,从而减小运营问题。只要资本金超过监管所要求的最小值,银行就可以持续经营,也就有潜力产生收入来负担损失和支持扩张。《联邦存款保险公司促进法》(FDICIA)强调资本与风险资产比最高的银行可以不受限制地经营及进入新的业务领域。资本使得银行能够以合理的价格从传统渠道借入资金,因此存款人不会取出资金,资产的损失(任何损失都会降低当前的收入,最终影响股权)会被降到最低。

分析师通常将银行倒闭归咎于较差的管理,并认为管理较好的银行应该被允许以较低的资本与资产比运营。在这些研究中,资本与资产比较低的银行并不比资本与资产比较高的银行更容易破产。另一些研究者将倒闭归咎于流动性问题,而大体上忽略资本金状况。当存款人提取资金时,银行要么卖出资产组合中的资产,要么借入新债以满足资金外流需求。被迫出售资产通常不得不通过降低资产价格来实现,最终这些损失将冲抵所有者权益,使得银行面临破产风险。因此,多数银行依赖于替代性的债务资金来源。然而,如果所需的资金量很大,银行就需要支付利率升水,这会减少当期收益,缩减潜在的权益。

资本、流动性与银行倒闭之间关系的不确定性反映了市场对会计价值和经济价值的误读。银行资本的市场价值相较于会计价值才是更重要的。只要资本的市场价值为正,银行就可以发行新债来缓解流动性问题。不论会计资本是正还是负,上述观点都成立。如果资本的市场价值为负,就没有人愿意为银行提供信用。所以,银行倒闭是直接与市场价值而非会计价值相关联的。

监管干预使得资本的真实作用变得更加迷离。在监管者为银行债务担保或人为地创造资本金的情况下,流动性将得到改善。这样做的目的是在公司能够自给自足前推迟问题的爆发。对于公司的持续运营而言,此时资本就没有什么意义了。当不能获得公开的监管协助时,资本与联邦担保的作用是相同的。

资本约束增长、降低风险

资本限制银行通过债务融资而持有的资产数额来设限。如图表8.13展示的那样，监管者要求权益资本必须达到总资产的特定比例。如果银行选择扩张信贷或购买其他资产，就需要更多的权益融资来支持这些增长。由于发行新股更昂贵，预期资产回报率或收益率需要足够高才能使得融资变得合宜。因为20世纪80年代的许多银行倒闭与由经纪存款融资的投机性资产增长有关，这一限制显得尤为重要。严格的资本金要求使得银行的资产规模更不容易扩张至自身不能有效管理的程度，从而降低了风险。

多少资本金才是充足的？

银行资本充足率一直是银行监管者和管理者争论的问题。一方面，监管者主要考虑银行的安全性、保险资金的存续性以及金融市场的稳定性，因而偏好更多的资本金。这能减小银行倒闭的可能性，并提高资金流动性。另一方面，银行家往往偏好更少的资本金。如第2章所言，银行的权益基础越小，其财务杠杆和权益乘数越大，高杠杆将一个正常的资产回报率或收益率（ROA）转换为一个较高的股权回报率或收益率（ROE）。图表8.8可以说明这一点。假设制造业企业和商业银行每年都产生1%的ROA，其权益乘数（总资产除以所有者权益）分别为2.5和12.5，这一杠杆的差距使得制造业企业的ROE仅为商业银行的1/5（分别为2.5%和12.5%）。换言之，制造业企业想到达到商业银行的ROE水平，其ROA应为商业银行的5倍，在此例中为5%。因此当利润为正时，杠杆能提高盈利能力。

某一银行资本充足与否取决于银行承担的风险。若银行的资产质量较低，能获得的流动性资金有限，资产和负债的期限、久期错配严重，或运营风险较高，则需要更多的资本金。低风险公司应该被允许加大财务杠杆。

监管者定期通过现场检查评估银行风险。详细的检查包括银行资产质量（贷款组合中利息和本金支付的违约概率）的评估，利息风险的检视，流动性状态的描述，现金管理、内部审计流程和管理质量的评估。FDIC按照统一金融机构评级系统（Uniform Financial Institutions Rating System）为银行评级，包括六个方面的表现，被称为CAMELS：C=资本充足率，A=资产质量，M=管理质量，E=盈利能力，L=流动性，S=对市场风险的敏感度。FDIC对每家银行的每个方面进行量化评级，按照最高质量（1）到最低质量（5）打分。FDIC也针对每个银行的整体运营给出综合评级。1和2的综合评级意味着银行基本稳健，3、4和5表示银行近期面临潜在的问题。

资本金要求对银行运营政策的影响

增加资本金的监管努力显著限制了银行的运营政策。许多能够在全国市场上发行普通股、优先股或次级资本票据来支持持续增长的大银行受最小资本比率的影响较小。然而，小银行往往没有这样的机会,它们缺乏全国性信誉,投资者大体回避购买小银行的证券。这些银行转而依靠内部产生的资金,其活动往往受到留存收益不足的约束。

限制资产增长

最低资本金要求限制了银行的增长能力。资产的增长必须伴随资本的增长以达到监管者设定的最小资本与资产比要求。每家银行都要将资产的增长限制在留存收益和新增外部资金的某个比例之下。

考虑一家规模 1 亿美元的银行,如图表 8.9 所示,它刚好满足 8% 的最小资本比率要求,也就是 400 万美元的未分配利润和 400 万美元的其他资本。相关数据显示出不同资产增长计划带来的影响,代表着未来一年资产负债表和利润表的预测。银行的初始计划(情形 1)要求资产增长 8%,ROA 预计为 1.07%,股利支付率为 40%。在这个情形下,银行将持有 1.08 亿美元资产和 693 360 美元留存收益。8% 的目标资本比率刚好得到满足。

图表 8.9 资产增长后保持资本比率:公式(8.1)和公式(8.3)的应用

比率	初始头寸	情形 1(初始计划):8% 资产增长	情形 2:12% 资产增长:提高 ROA	情形 3:12% 资产增长:降低股利	情形 4:12% 资产增长:增加外部资本
资产增长率(%)		8.00	12.00	12.00	12.00
资产规模(百万美元)	100.00	108.00	112.00	112.00	112.000
ROA(%)		1.07	1.60	1.07	1.07
股利支付率(%)		40.00	40.00	10.28	40.00
未分配利润(百万美元)	4.0000	4.6934	5.0752	5.0752	4.7190
总资本减未分配利润(百万美元)	4.0000	4.0000	4.0000	4.0000	4.3562
总资本/总资产(%)	8.00	8.00	8.00	8.00	8.00

公式(8.3)的应用

情形 1:8% 资产增长,股利支付率 = 40%,资本比率 = 8%。ROA 是多少?

$$0.08 = \frac{\text{ROA} \times (1-0.4) + 0}{0.08}, \text{解得}: \text{ROA} = 1.07\%$$

情形 2:12% 资产增长,股利支付率 = 40%,资本比率 = 8%。支持 12% 资产增长的 ROA 是多少?

$$0.12 = \frac{\text{ROA} \times (1-0.4) + 0}{0.08}, \text{解得}: \text{ROA} = 1.6\%$$

情形 3:ROA = 1.07%,12% 资产增长,资本比率 = 8%。支持 12% 资产增长的股利支付率(DR)是多少?

$$0.12 = \frac{0.0107 \times (1-\text{DR}) + 0}{0.08}, \text{解得}: \text{DR} = 10.28\%$$

情形 4:ROA = 0.99%,12% 资产增长,资本比率 = 8%,股利支付率 = 40%。支持资产增长 12% 的外部资本增量(ΔEC)是多少?

$$0.12 = \frac{0.0107 \times (1-0.4) + \Delta \frac{EC}{TA_1}}{0.08}, \text{解得}: \Delta \frac{EC}{TA_1} = 0.2\%, \Delta EC = 356\ 200(美元)$$

现在假设有利可图的信贷机会将在风险可控的情形下产生 12% 的资产增长。情形 2、3 和 4 显示了三种不同的增长策略,均能满足最低资本金要求。其中一个选择(情形 2)是让银行产生更高的 ROA,此时银行需要 1 075 200 美元的新增留存收益以支持 1.12 亿美元的资产。

$$\text{未分配利润} = \text{总资产} \times \text{ROA} \times (1 - \text{股利支付率})$$
$$1\,075\,200 = 112\,000\,000 \times 0.016 \times (1 - 0.40)$$

鉴于竞争的存在,银行不能从高质量贷款中赚取较高的利差,只能购买更具风险的资产或从服务中收取更高费用来获得更多的收益。如果银行不改变股利政策或增加新的外部资本,银行就必须将 ROA 提高 53 个基点至 1.6%。如果银行将低利差、低风险的资产替换为较高风险的贷款,新增利润带来的收益会被未来的贷款损失或更高的资本金要求抵消。

第二个方法(情形 3)是要求银行采用降低股利的方式增加留存收益。在这种情形下,银行只有将 40% 的股利支付率降低到 10.28%,才能在 1.07% 的 ROA 下保证资本比率不变。这一选项通常不具有吸引力,因为任何非预期的股利减少都会使得股东更倾向于卖出股份,这会立即降低股票价格,而价格下降将使近期发行股票变得困难。最后一个方法(情形 4)是用新资本为部分资产增长融资,比如新发行普通股或永续优先股。这里留存收益的增长为 719 040 美元,需要 356 200 美元新增资本。即便银行可以在市场发行新股,这样的股权调整成本也比债务融资成本更高。

在实际操作中,银行会选择上述策略的组合,或者简单地选择不增长。如果这个例子中银行选择不调整政策,那么资产增长将被限制在 12.5(100/8)乘以新增留存收益的范围内。换言之,每 1 美元留存收益可以支持 12.5 美元的新增资产。

内部产生的资本金之间的关系可以表示为:[①]

$$\frac{\Delta TA}{TA_1} = \frac{\Delta EQ}{EQ_1} \tag{8.1}$$

其中,TA 表示总资产,EQ 表示权益资本,ROA 表示资产回报率,DR 表示股利支付率,EC 表示新增外部资本;下标代表期初(1)或期末(2)。资本约束要求资产增长率等于权益资本增长率。

新增资本有两个来源:内部,即留存收益;外部,即发行新股。在不利用新的外部资本的情形下,公式(8.1)可以改写为如下形式:

---

① 参见 Bernon(1978)的讨论。公式(8.2)的简单近似表达式为 $\frac{\Delta TA}{TA_1} = \frac{ROA \times (1-DR)}{\frac{TA_2}{EQ_2}}$,或者说资产增长等于 ROA 与留存收益率的乘积再除以杠杆比率。

$$\frac{\Delta TA}{TA_1} = \frac{EQ_2 - EQ_1}{EQ_1} = \frac{EQ_1 + ROA \times (1-DR) \times TA_2 + \Delta EC/TA_2}{[EQ_2 - ROA \times (1-DR) \times TA_2 - \Delta EC]/TA_2}$$

$$\frac{\Delta TA}{TA_1} = \frac{ROA \times (1-DR) + \Delta EC/TA_2}{EQ_2/TA_2 - ROA \times (1-DR) - \Delta EC/TA_2} \tag{8.2}$$

公式(8.2)可以近似为：

$$\frac{\Delta TA}{TA_1} = \frac{ROA \times (1-DR) + \Delta EC/TA_2}{EQ_1/TA_1} \tag{8.3}$$

公式(8.3)的分子项等于内部产生的资本（ROA×留存收益率）与新增外部股权资本之和。

公式(8.3)显示了最小权益资本比率对资产增长率、盈利能力、股利支付率和新增股权的影响。例如，一家银行不希望发行新股而想维持8%的资本比率、1.2%的ROA和35%的股利支付率，那么资产增长率不能超过9.75%。因此，不能在资本市场上发行新股的银行只能凭借留存收益增长扩张资产。相反，如果能够获得初始资产0.32%的新增外部股权资本（320 000美元），那么银行可以在1.07%的ROA、8%的资本比率、40%的股利支付率下维持12%的资产增长。

改变资本组成

如果资产增长超过内部资本累积速度，银行就需要新的外部资本。这时，大银行相对小银行具有比较优势。具体而言，大银行可以通过公开发行证券在全国范围内融资。大银行的知名度较高，投资者更愿意购买高质量机构发行的金融工具。相对而言，小银行只能在有限的范围内（如现有股东、银行客户、上游相关银行等）发行股权证券，增长受限更严重。小银行选取的办法一般是把股票卖给一家有更多资金来源的控股公司。

定价策略

最低风险资本金要求的一个优点是它承认一些投资比另一些投资更具风险，风险最高的投资要求有最多的资本金予以支持。银行需要重新为资产定价以反映强制的股权配置。例如，如果银行为贷款承诺持有相应的资本金，与没有资本金要求相比，它就应该提高承诺收费以弥补提供服务所需的更高成本。实际上，所有表外项目都要提价。记住，股权融资成本更高。因此，银行风险最高的贷款要求最多的资本金，其贷款利率也要高于其他资产。

缩小银行规模

历史上，银行曾通过将资产移出资产负债表来绕过资本金要求。利率等金融产品的去监管使得银行有激励将风险转移至表外，这是通过创设或有负债来实现的。或有负债能够产生佣金收入但不会作为资产出现在资产负债表上。由于表外活动会增加风险，因此监管者在计算风险加权资产时要计入表外项目。在今天的银行业环境下，银行的表外承诺越多，其面对的资本金要求越高。实际上，监管者会审查银行表外项目的风险暴露，一旦认为风险过高，就可以要求银行在一般风险资本金标准的基础上持有更多的资本金。

另一个办法是，银行可以通过缩小规模来达到新的资本金标准。就本身而言，现有资本能支持的资产基础更少。这样做的问题是，缩小规模后的银行很难产生收入增长以支付股东所要求的经风险调整的合理收益。因此，有资本问题的银行通常会寻求更强大的银行进行并购。这并不奇怪，因为只有作为另一家公司的一部分，问题银行才能生存下来。

外部资本来源的特征

银行内部资本可以按照公式(8.1)和公式(8.3)显示的比率支持资产的增长。扩张速度更快的银行必须从外部获得新资本，这一能力取决于资产规模。大银行经常利用资本市场，而小银行即使能获得资金也需要支付一个较高的升水。资本的来源众多，可以将它们划分为五类——次级债、普通股、优先股、信托优先股和租赁协议，每一类各有优势和劣势。

次级债

过去三十多年，银行一直使用次级债务来满足资本金要求。这些债务有较长的期限，资金持续性较好，因而被视为银行资本。与普通股不同，债务最终会到期，需要被偿还，因而不能算作一级资本或核心资本。同时，债务在银行收入较低时会增大银行的利息负担。被监管者视为资本的次级债应具备以下几个特征：第一，储户的求偿权优先于债权人的求偿权，当银行倒闭时，参保存款人首先获得支付，然后是未参保存款人，再后才是次级债持有人；第二，只有初始加权平均持续期超过七年的债务才能算作资本。

对银行而言，次级债有几个优点，最重要的优点是利息支付可以抵税，债务融资成本低于股权融资成本。因为次级债是债务工具，股东按比例获得的所有者权益不会减少，股东收益不会被稀释。更进一步地，只要息税前利润超过利息支付，这样的债务就会为股东带来更多收益。因此，股东会获得更多的股利，而且留存收益也可能增加资本基础。这种盈利潜力在固定息债上表现得更为显著。

次级债也有缺点。首先，利息和本金支付是强制性的，若不能按时偿付则构成违约。其次，许多次级债的发行要求建立偿债基金，要求银行预先分配一定资金来偿付本金，从而加大了流动性压力。最后，从监管者的角度看，由于有固定的期限且利息不能用于冲抵亏损，债务融资产生的收益不如股权融资。但是，次级债和股权在保护存款人和FDIC承保存款上的功能是一致的。

一些次级债的利息随选定的利率指数波动。这些债券的收益率随市场利率的波动而波动，因而基本上按面值交易。与之相比，银行发行的固定利率债券的利息可以更低一些，因为银行承担了利率风险。许多银行控股公司也使用股权承诺票据和强制转换票据的形式发行强制可转换债券。这两种债务都要求银行通过发行普通股、永续优先股或其他主要资本证券来赎回可转换债券。大多数可转换债券有以下特征：利率浮动，期限在10年以上，允许债务人在债券发行4年后的任意时点赎回。

条件可转换资本

许多分析师和监管者相信条件可转换资本（contingent convertible capital，CoCos）在保护银行和FDIC承保资金时会发挥作用。CoCos是一种混合金融工具，其初始结构采用债务形式，但当特定条件达到（尤其是银行监管的资本金低于某个最小值）时，它就自动转为普通股。因此，CoCos可以在参保存款人承担损失前帮助银行吸收亏损，能够潜在地帮助银行达到最小资本比率要求，且在转换前保留部分债务融资的优势。

普通股

普通股是监管者偏好的外部股权形式，它没有固定期限，是一种永续的资金来源。股利支付视情况而定，因此普通股也没有针对利润的固定支付。股权能够承担亏损，但债务不行，所以普通股更好地保护了FDIC。

站在银行的角度看，普通股并不是最吸引人的，因为其成本较高。股利不能抵减税，需要从税后收入中抵扣。股东期望每股股利率随银行盈利的增长而增长，这也构成了股票和债券的不同之处。新股发行的交易成本超过可比债券的成本，股东对盈利稀释和潜在的所有权丧失更敏感，大多数公司只有在股价较高和盈利表现强劲时才销售股票。《1986年税收改革法案》的一个积极特征是使得普通股对公司而言变得更有吸引力。该法案降低了公司的边际所得税税率，增加了可抵税债务利息相对于不可抵税股利的成本。

对于一家需要资本金的银行而言，发行普通股通常不是一个可行的选项。如果当前股票价格远远低于账面价值，新股发行就会稀释现有股东的利益。银行管理者试图通过展现更强劲的收益、保持持续一致的股利政策、向证券分析师披露充分信息等措施来提升股价。然而，即使付出上述努力，股票价格也常常伴随不景气的经济状况或市场对产业的漠视而下跌。在这些时候，其他的资本金来源就显得更便宜一些。① 当股票价格较低时，许多大银行发行可转换为股票的债务进行融资。投资者因这些债务附加了可转换为普通股的期权而接受较低的利率。转换价格一般比当前股价高20%—25%，这使得最终的债转股转换不会花费更多的成本。

小银行股票通常在柜台上进行交易（trade over the counter），年交易量很少。尽管如此，新发行股票在本地市场上还是存在的。银行通常可以将新股票卖给现有的股东或当前的客户。股票价格波动较小，但相较于历史盈利而言，价格对当前盈利偏离更敏感。

---

① 许多大型控股银行公司在美国之外发行私募股权筹集新的资金，这会削减大约25%的承销费用且能缩短发行所耗时间。

优先股

优先股是指所有者求偿权优先于普通股股东的股权。与普通股相同的是,优先股股利也不能抵税。一个显著差别是持有优先股的投资者只支付占股利收入20%的所得税。因此,机构投资者主导了优先股发行市场,通常只有熟悉机构投资者的知名大银行才能发行优先股,小银行被排除在这个市场之外。

从1982年起,优先股就成为最受大银行欢迎的资本筹集工具,大多数发行采取可调整股利永续优先股的形式。股利率随国库券收益率每季度调整。投资者能获得的收益为3个月期国库券利率与10年期或20年期定息国库券利率中的最大值加上(或减去)一个利差,利差的大小及是否高于国库券利率反映了发行银行的质量。

投资者被可调整股利永续优先股吸引的主要原因是其收益率反映了各种市场条件下国库券利率的最大值,这使得投资者不必预测长期利率和短期利率两者的变动幅度哪个更大以及变动方向是否相同。与固定利率债券不同,优先股证券的交易价格与面值相近,由此更具流动性。它们与3个月期证券相似,可以销售给个人和企业。

优先股与普通股有相同的缺点,但在很多情况下优先股更具吸引力。第一,如果银行的普通股股价低于账面价值且市盈率(PE)较低,新发行股票就会稀释利润。由于优先股的稀释程度低于普通股,因此普通股的成本更高。第二,对于任何一家普通股股利增长的企业而言,优先股股利总和低于普通股。永续优先股的现金流要求也更低,因为不需要分配资金来偿付本金。

信托优先股

信托优先股是近年来银行进行资本融资的一个创新,它是银行股权资本的混合形式,其吸引人的地方在于股利可抵税且能算作一级资本。在发行时,银行或银行控股公司成立一家信托公司,由信托公司向投资者发行优先股,再将所得资金贷给银行。贷款利息用于支付优先股股利。由于利息可以抵税,这样银行实际上是将优先股股利抵税了;同时,在风险资本金规则下,优先股算作一级资本。另外,银行可以不按期支付股利且不会因此而破产。信托优先股的净效应是融资成本低于普通股,但能达到同样的监管目的。因而,多数大银行以及一些社区银行都发行了信托优先股。

TARP 的资本购买计划[①]

2008年实施的问题资产救助计划的资本购买计划(TARP-CPP)允许金融机构或其控股机构向财政部出售优先股,且算作一级资本。外国机构控制的金融机构不能参与这一计划。

合格机构可以发行额度不少于风险加权资产1%的优先股,最大额度为250亿美元与风

---

① 参见 TARP 的资本购买计划,高级优先股和权证,高级优先股条件概述,美国财政部,www.treas.gov/press/releases/reports/document5hp1207.pdf。

险加权资产3%之间的较小者。这一高级优先股在前五年支付5%的年化股利,之后为9%。2014年,许多仍持有流通中TARP优先股的银行发现其股利支付提升到较高的水平。总体而言,这类优先股的股利是累积的,其股利支付优先于其他股利。同时,这类优先股不具有投票权,除非在六个计息期间没有完全支付股利。如果股利未获支付,优先股股东可以选举两名董事,这一权利将在股利得到全额支付后终止。图表8.10列举了获得TARP资金的25家大型金融机构及其获得的资金量。这些机构中的大多数极其渴望获得这部分资金,因为在当时很难筹集到外部资本。例如2008年9月,美国区域银行报告了接近1 155亿美元的风险加权资产,这给予它约34.7亿美元的TARP资金额度。然而直到2008年10月,区域银行才宣布接受TARP资金,此时银行的风险加权资产规模更大,能获得的资金量更大。大多数机构在2014年赎回了TARP优先股。

图表8.10　25家最大的TARP资金使用者(2008年11月)

资金量排序	机构	金额(百万美元)	宣布日期
1	美国国际集团	40 000	2008年11月12日
2	花旗集团	25 000	2008年10月12日
3	JP摩根	25 000	2008年10月12日
4	富国银行	25 000	2008年10月12日
5	美国银行	15 000	2008年10月12日
6	高盛集团	10 000	2008年10月12日
7	美林证券	10 000	2008年10月12日
8	摩根士丹利	10 000	2008年10月12日
9	PNC金融服务集团	7 700	2008年10月12日
10	美国合众银行	6 600	2008年11月12日
11	第一资本金融公司	3 550	2008年10月12日
12	区域金融公司	3 500	2008年10月12日
13	太阳信托银行	3 500	2008年10月12日
14	五三银行	3 400	2008年10月12日
15	BB&T	3 100	2008年10月12日
16	纽约梅隆	3 000	2008年10月12日
17	科凯	2 500	2008年10月12日
18	科美利加	2 250	2008年10月12日
19	道富	2 000	2008年10月12日
20	马歇尔斯利	1 700	2008年10月12日
21	北方信托	1 500	2008年10月12日
22	亨廷顿银行	1 400	2008年10月12日
23	锡安银行	1 400	2008年10月12日
24	房利美	1 000	2008年9月12日
25	房地美	1 000	2008年9月12日

资料来源:《时代》周刊(*Time*),www.time.com/time/includes/charts/trap_chart_1112.html。

除非持有从合格的募股中获得的资金,否则高级优先股在发行后的前三年内不能被赎回。在发行三年以后,机构可以自行决定全部赎回或部分赎回高级优先股。TARP 提供了机构所需的资本,但同时它使得政府(代表纳税人)成为接受 TARP 资金的机构的股东。协议中的一项条款允许政府在资金偿还前自行改变任何一项甚至全部条款,这给许多管理者带来了潜在的麻烦。

租赁协议

许多银行都以出售-返租安排作为即时资金来源。大多数交易将银行总部的自有或其他房地产售出,然后从买方处再返租。租赁条件的设定可以使得银行完整保留资产的控制权,就像没有过户一样,但银行可以以较低成本得到大量资金。租赁利率比次级债低 1—2 个百分点,价格升值按普通收入征税,大多数盈利作为收益增加计入利润表最后一行。只要买家出现,交易就可以很快进行,避免了股票和债券较高的处置成本(placement cost)。①

资本规划

资本规划是资产负债总体管理过程的一部分。银行管理者决定运营应承担的风险以及潜在收益,所需资本的数量和种类由资产负债的预期组成以及收入、费用的预测数额同时决定。承担的风险越大,资产增长越快,需要的资本越多。

资本规划始于管理者编制未来几年的预计资产负债表和利润表。在给定银行的产品组合与专长后,银行预测不同储蓄来源和非储蓄来源的资金流以及可能的资产组合。根据不同的利率情景以及非利息收入、成本规划,管理者预测收益。超过新债务和内部资本融资范围的资产增长需要进行外部资本融资。一旦意识到需要取得新的外部资本,银行就开始评估每条渠道的成本和收益。

资本规划的过程可以总结为以下三步:

第一步,编制银行的预计资产负债表和利润表;
第二步,选择股利支付率;
第三步,分析不同外部融资渠道的成本和收益。

在第一步中,银行预测未来需要多少资本以支持资产,所需资本总额等于预期资产与预期负债的差额。合格一级资本和二级资本至少要达到监管要求的最小值。如果银行通过资产清盘缩减规模,那么所需资本可能减少。一般而言,银行需要更多的资本。第二步识别银行内部能产生多少资本,以及需要多少外部资本。利息支出减少留存收益,进而增加外部资本融资的压力。第三步主要是评估不同融资渠道。管理者需要预测银行未来几年的资本需求以便制订长期发展计划。为了保持灵活性,银行不应该短期内过度依赖某一资金来源,这

---

① 如果出售符合 FASB 13 的规定,那么运营租赁不需要资本化,这使得相关交易能提供表外融资。

样才能在未来几年保留这个来源选项。例如,如果一家银行已经达到最大杠杆水平,在股价很低时可能会被迫发行新股。第 6 章已经介绍了衡量不同资本构成成本的量化指标。

应用示例

银行资本规划曾经是一个简单的过程。管理者规划资产增长和留存收益以展示雄厚的资本比率。今天,资本规划往往是复杂的资产负债管理规划模型的产物,需要经过监管者的严格审查以确认关于资产质量、贷款损失、利息差等关键假设的合理性。规划结果本身仍然是传统绩效报告中预计资产负债表和利润表的相关数据。

资本规划可以用类似图表 8.9 的框架进行展示。让我们考虑一家利润呈下降趋势的银行,特定分类资产和贷款损失备抵不断上升,在经济大环境下盈利前景黯淡。假定联邦监管者近期对银行进行了审查,认为它应该在 4 年内将一级资本与资产比从 7% 提高至 8.5%。

资本规划的过程包括编制未来 4 年的预计资产负债表和利润表。由于监管者详细检视了银行的历史盈利状况且敏锐地察觉了资产问题,因此初始预计资产负债表应该逐步反映近期盈利趋势,并使得关键比率向同类银行靠拢。监管者迅速指出低效率的原因并推荐进行大范围的调整。

假设这家虚拟银行的总体表现指标如图表 8.11 所示。由于资产质量有问题,这家规模为 800 亿美元的银行的 ROA 只有 0.45%,不到过去 5 年均值的一半。当前资本比率为 7%,比监管目标低 1.5%。过去五年中银行支付了 25 万美元股利。

图表 8.11 资本规划:资本比率不足银行的绩效指标预测

	2014 年	2015 年	2016 年	2017 年	2018 年
A. 10%的历史资产增长率:25 万美元股利					
总资产(百万美元)	80.00	88.00	96.80	106.48	117.13
净利息收益率(%)	4.40	4.40	4.50	4.60	4.70
ROA(%)	0.45	0.45	0.60	0.65	0.75
总资本(百万美元)	5.60	5.75	6.08	6.52	7.15
资本比率(%)	7.00	6.53	6.28	6.12	6.10
B. 缩小银行规模,每年减少 100 万美元资产:25 万美元股利					
总资产(百万美元)	80.00	79.00	78.00	77.00	76.00
净利息收益率(%)	4.40	4.40	4.50	4.60	4.70
ROA(%)	0.45	0.45	0.60	0.65	0.75
总资本(百万美元)	5.60	5.71	5.92	6.17	6.49
资本比率(%)	7.00	7.22	7.59	8.02	8.54
C. 缓慢增长,每年增加 200 万美元资产:不支付股利					
总资产(百万美元)	80.00	82.00	84.00	86.00	88.00
净利息收益率(%)	4.40	4.40	4.50	4.60	4.70
ROA(%)	0.45	0.45	0.60	0.65	0.75

（续表）

	2014 年	2015 年	2016 年	2017 年	2018 年
总资本（百万美元）	5.60	5.97	6.47	7.03	7.69
资本比率（%）	7.00	7.28	7.71	8.18	8.74
D. 缓慢增长，每年增加 200 万美元资产：25 万美元股利，2017 年注入 80 万美元外部资本					
总资产（百万美元）	80.00	82.00	84.00	86.00	88.00
净利息收益率（%）	4.40	4.40	4.50	4.60	4.70
ROA（%）	0.45	0.45	0.60	0.65	0.75
总资本（百万美元）	5.60	5.72	5.97	7.08	7.49
资本比率（%）	7.00	6.97	7.11	8.23	8.51

图表 8.11 的 A 部分将 10% 的历史资产增长率外推至 2018 年，并假定 ROA 在第 4 年缓慢增至 0.75%。在这些条件下，假设持续支付股利，银行 2018 年的资本比率将下滑至 6.10%。这在目前的监管要求下是不可接受的。

图表 8.11 接下来的三部分展示了三种于 2018 年达到 8.5% 资本比率的策略，并呈现了相应的绩效指标。B 部分考察缩小银行规模的影响。提高资本比率最快捷的方法是减小分母项数值，也就是减小资产基础，通常可以通过减小贷款暴露并剔除最高成本负债的方法实现规模缩减。在这个例子中，银行在 2018 年之前每年减少 100 万美元的资产，最终资本比率达到 8.54%。由于分母项数值下降且分子项数值随留存收益的增长而增大，资本比率逐渐升高。

银行业可以通过削减股利支付来增加资本金。C 部分的资本规划假定银行每年新增资产 200 万美元但不支付 25 万美元的股利。留存收益的增加超过总资产，使得 2018 年的资本比率达到 8.74%，超过目标值。

最后一个方法允许银行缓慢增长且支付股利，但要发行 80 万美元的普通股以达到资本金要求。在这个例子中，银行需要等到盈利表现得到充分改善时（本例中为 2018 年）再发行股票。同样，规划的资本比率在 2018 年超过了监管目标。

现实中，银行的资产负债管理委员会将通过不同的假设来考虑不同的办法，直到确定一个最好的方案。"最好"的标准取决于每个方法的成本比较。例如，取消股利会降低股票价格，使得未来筹集外部资本变得昂贵、困难。如果银行计划增加外部资本，就要仔细衡量筹资成本及其对股价的后续影响。比如银行发行次级债，它需要估计直接交易成本，并留存一部分未来现金流以偿还债务。这对股票发行和股利支付同样适用。

储蓄机构的资本金标准

美国国会通过的 FDICIA 于 1991 年 12 月生效，旨在修订银行资本金标准以强调资本金的重要性，并授权监管者针对问题施行早期干预。法案还授权监管者检测银行的利息风险，并在风险较大时要求银行持有更多的资本金。法案的焦点为及时管制行动(prompt regulatory action)系统,它根据资本金头寸将银行划分为不同的类别或区,在最低资本金要求未被满足时执行强制措施。最小资本比率自2014年起开始对小银行适用。

如图表8.12所示,共有五个资本类别,前两个是资本雄厚和资本充足的银行。由于资本头寸充足,资本雄厚银行(well-capitalized banks)在资本金方面不需要接受任何监管指导。基于这种状况,多数银行会尽全力达到6%、10%和5%的最小资本比率。资本充足银行(adequately capitalized banks)也拥有雄厚的资本,但没有FDIC允许不能经营经纪存款。尽管这个条件看起来并不十分严格,但可能带来潜在问题。当前,监管者将任何支付超过市场利率的账户视为经纪存款账户。经纪存款并不需要通过经纪人发起。假设一家银行在一个有三家银行的社区中竞争,目前每家银行给支票账户支付2%的利息,两家竞争者将利率降到1.25%,那么该银行支付了75个基点的升水。监管者可以将这些生息支票视为经纪存款,并加以禁止或要求银行支付更低利息。这合理吗?

图表8.12 资本类别和FDICIA下的及时管制行动

A. 不同资本类别的最低资本金要求

	总风险资本比率		一级风险资本比率		一级资本杠杆比率	有形权益比率[++]
1. 资本雄厚	>10%	且	>6%	且	>5%	
2. 资本充足	>8%	且	>4%	且	>4%[*]	
3. 资本不足	>6%	且	>3%	且	>3%[+]	
4. 资本严重不足	<6%	或	<3%	或	<3%	>2%
5. 资本告急						>2%

B. 及时管制行动规定

类别	强制规定	酌情规定
1. 资本雄厚	无	无
2. 资本充足	1. 没有FDIC允许不得经营经纪存款	无
3. 资本不足	1. 停止发放股利和管理层奖励 2. 要求设立资本恢复计划 3. 限制资产增长 4. 收购、新设分支机构和开展新业务需要获得批准 5. 不得经营经纪存款	1. 安排资本重组 2. 限制附属机构间开展交易 3. 限制存款利率 4. 限制其他特定的活动 5. 其他使状况变好的行动:执行及时矫正行动
4. 资本严重不足	1. 与类别3一致 2. 安排资本重组[**] 3. 限制附属机构间开展交易[**] 4. 限制存款利率[**] 5. 员工薪酬支付限制	1. 任一类别3的酌情规定措施 2. 在没有成功提交或执行计划时进入托管或破产在管状态,或者按要求进行资本重组 3. 在有必要且可以作为及时矫正行动时,任何类别5的措施也可应用于此

(续表)

B. 及时管制行动规定

类别	强制规定	酌情规定
5. 资本告急	1. 与类别4一致 2. 90天内置于托管或破产在管状态** 3. 若持续四个季度资本告急则进入破产在管状态 4. 停止对次级债务的支付 5. 限制其他特定的活动	

注：* 对未经历或未预期显著增长的复合单一评级（composite one-rated）的银行和储蓄机构要求3%以上。+ 对未经历或未预期显著增长的复合单一评级的银行和储蓄机构要求3%以下。++ 有形权益等于核心资本加上累积永续优先股，减去所有无形资产（一定额度的购买按揭服务权利除外）。** 当监管者认为这一行动并不能达到及时矫正行动目的或满足特定的其他条件时不作要求。

资料来源：FDIC 季度银行业概览, www.fdic.gov。

银行落入后三个资本类别将触发相应的监管措施。资本不足银行（undercapitalized banks）的三个指标中至少有一个低于标准。资本严重不足银行（significantly undercapitalized banks）的三个指标中至少有一个严重低于标准。资本告急银行（critically undercapitalized banks）的三个指标均未达到要求的最小值。

图表8.12记录了1997年年末美国联邦储备委员会对资本类别的具体定义以及相应的监管措施。A部分列举了每类银行必须达到的最小资本比率，银行需要同时满足每个比率要求。要注意这些强制性监管措施的约束性。一家资本不足的银行必须限制资产增长，停止发放股利，提供资本恢复计划，以及达到其他要求。监管者可以直接规定一家资本严重不足银行的存款利率和员工薪酬，而这通常是应当由银行高级管理层做出的运营决定。资本告急银行近乎倒闭，必须按接近倒闭的状态采取措施。一旦银行触发这个极端状态，管理者就可以在90天内将银行置于破产在管状态（under receivership）。回顾图表8.12 A部分，我们不难发现这样的银行可能拥有接近总资产2%的正的有形权益比率，因此在技术上有可能是稳健的，但监管者仍然可以关停银行。

《巴塞尔协议Ⅲ》下资本金标准的变化

鉴于2008年的金融危机，巴塞尔银行监管委员会批准了一系列旨在"增强全球资本和流动性规则"的原则，被称为《巴塞尔协议Ⅲ》。这些原则将在较长时间内被G20国家执行，也将产生提高资本金要求（降低财务杠杆）的总体影响。在美国，《巴塞尔协议Ⅲ》的最终执行规则于2013年7月通过，其中许多要求在2014年或2014年之后生效。重要的是，《巴塞尔协议Ⅲ》同时提供了设定最小流动性的正式标准。尽管《巴塞尔协议Ⅲ》的一些规则只适用于大银行组织，但银行监管者有权将其施加于资本和流动性相较于风险并不充足的其他银行。

有关资本的规则增加了所有银行的最低资本金要求(RWA),并且就特定情形重新定义了监管资本的构成,同时也明确了一些资产的风险权重。人们认为这些资产的风险比过去的风险权重所暗示的更高。具体而言,在《巴塞尔协议Ⅲ》资本金标准全面实施后,前述最小资本比率将增大(见图表8.13),这一增长反映了2.5%的资本留存缓冲。如果想避免在向股东支付现金股利和特定情形下对管理层酌情发放奖金等方面受到限制,银行就要持有超过最低资本金要求的资本,包括资本留存缓冲。① 图表8.14展示了不同及时矫正行动的最小资本比率。注意,这些最小值一般比《巴塞尔协议Ⅲ》之前的量值更大。

图表8.13 《巴塞尔协议Ⅲ》及时矫正行动的最低资本金阈值

类别	总资本RWA	一级资本RWA	一级资本杠杆比率	CET1
1. 资本雄厚	>10%	>8%	>4%	>6.5%
2. 资本充足	>8%	>6%	>4%	>4.5%
3. 资本不足	<8%	<6%	<4%	<4.5%
4. 资本严重不足	<6%	<4%	<4%	<3.0%

注:RWA指风险加权资产,CET1指一级风险资本比率。

图表8.14 资本充足要求下逐步实施最低资本金标准

	2015年	2016年	2017年	2018年	2019年
普通股一级资本比率	4.5%	4.5%	4.5%	4.5%	4.5%
资本留存缓冲	0.0	0.625%	1.25%	1.875%	2.5%
最小CET1+留存资本缓冲	4.5%	5.125%	5.75%	6.375%	7.0%
一级资本比率	6.0%	6.0%	6.0%	6.0%	6.0%
最小一级资本比率+留存资本缓冲	6.0%	6.625%	7.25%	7.875%	8.5%
总资本比率	8.0%	8.0%	8.0%	8.0%	8.0%
最小总资本比率+留存资本缓冲	8.0%	8.625%	9.25%	9.875%	10.5%
杠杆比率	4.0%	4.0%	4.0%	4.0%	4.0%

银行监管资本构成的最大变化是将普通股视作"最好"的资本形式,新的CET1由此被创设出来。计算CET1时应在普通股基础上扣除商誉和其他无形资产;合并资产达到或超过150亿美元的银行还应逐步从一级资本中扣除信托优先股,并且限制递延税收资产、按揭服务资产以及少数股东权益等资本的使用。对于资产规模超过2 500亿美元或国外风险暴露超过100亿美元的银行,适销证券(AFS)的未实现收益和损失应包含在累积其他综合收益中,后者是CET1资本的组成部分。其他银行可以在2015年1月之前选择不接受这一限制。在计算风险加权资产时,高波动的商业地产贷款、所有逾期贷款以及特定证券化风险暴露的

---

① 如果银行的资本留存缓冲(超过监管最小值)为1.875%—2.5%,那么允许的股利支付和奖金占留存收益的比例不超过60%;资本留存缓冲在1.25%和1.875%之间,该比例为40%;资本留存缓冲在0.625%和1.25%之间,该比例为20%;资本留存缓冲在0.625%之下则不能进行支付。

权重显著提高。

记住,资本金监管标准对普通股数量的强调一般会降低财务杠杆。因此,新资本金标准会对银行的股权收益形成压力,而较低的收益会增加银行资本成本,使得筹集外部资金变得更加昂贵和困难(向投资者发行新股)。此外,这些要求会迫使银行提高贷款利率,削减运营成本或寻找新的费用收入来源以覆盖更高的资本成本。在其他条件不变的情况下,如果提高贷款利率,贷款量就会减少。更高资本金(和流动性)要求的主要收益体现为金融体系的系统性风险下降。

FDICIA 的影响比这些条款所展现的更为深远。显然,问题机构和资本不足机构需要获取资本以持续经营。由于进入一级市场发行新权益证券较为困难,资本方往往要求这些机构进行并购或重组。类似地,银行管理者知道如果能保持雄厚的资本,监管者就会让银行在较少的管制措施下运营。当然,图表 8.13 中的资本金标准是最小值。如果监管者有理由认为银行风险处于平均值之上,他们就可以施加额外的要求。

本章小结

作为对金融危机的回应,监管者认为银行资本愈加重要。尽管资本是银行绩效的滞后变量,资本比率相对于运营风险较小的银行的表现仍会较差并最终倒闭。不出所料,由于预期会面临更严格的监管规则并希望规避制裁,许多银行增加了资本金,而更高的资本比率会降低财务杠杆并降低潜在的 ROE。

本章检视了资本在银行运营中的作用、监管者决定银行资本是否充足的方法、银行资本的构成,以及银行达到资产增长与绩效目标的策略。本章还考察了当前的风险资本金监管标准以及《巴塞尔协议Ⅲ》下的规则。

思考题

1. 使用财务杠杆有哪些好处和坏处?请从银行管理者和监管者的角度分别回答。
2. 给出现行风险资本金要求的大致框架。违约风险、利率风险和流动性风险有什么区别?
3. 解释资本怎样减小银行风险,讨论现金流、经济(市场)价值相对于会计价值的重要性。
4. 许多分析师认为风险资本金要求会迫使银行提高贷款利率,请在下列假设下解释这一论断:银行管理者以 16% 的 ROE 作为目标设定贷款利率。发放贷款时要求增加股权资本,这一规定会怎样影响贷款定价?
5. 假设一家银行希望在明年扩大规模但不想发行新的外部资本。当前的财务计划预测 ROA 为 1.25%、股利支付率为 35%、权益与资产比为 8%。计算在这些预测指标下所能容纳的资产增长规模。如果盈利预测不变,银行发行相当于资产 1% 的普通股,那么此时能容纳的资产增长率是多少?
6. 许多监管者希望提高银行资本金标准。考虑以下提议:将最小一级资本比率和总资本比率分别增至 9% 和 12%。这对银行的风险有怎样的影响?小银行和大银行达到这些要求的机会均等吗？这对银行业的兼并有什么影响？

7. 当问题资产浮现时，监管者花大力气迫使银行降低现金股利支付率。讨论削减股利的收益和成本。

8. 同一社区相互竞争的两家银行拥有相似的资产组合，但一家银行的总资本比率为10%，另一家银行的总资本比率为12%。比较两家银行的机会和风险状况。

9. 为什么提高监管资本金标准会使得银行通过并购和重组进行整合的趋势加强？

10. 为什么风险资本金要求会使得银行管理者调整资产构成？请分析以下变化会不会影响银行所需的资本金，以及每个变化将怎样影响银行的盈利潜力。

    a. 从消费信贷转为1—4家庭按揭贷款

    b. 从美国机构证券转为建筑业贷款

    c. 从FNMA按揭支持证券转为市政收益债券

11. 银行决定从外部筹集资本。讨论下面每个选择的优点和缺点：

    a. 利率为7.7%的次级债   b. 股利为10%的优先股   c. 普通股

12. 什么是杠杆资本比率？为什么监管者要为其设定最小值？

13. FDICIA对资本不足银行（类别3、4、5的银行）施加了严格的运营限制。为什么这些措施是适宜的？管理者经营一家资本不足的银行，他应该怎样响应这些限制？

14. 一些分析师认为《巴塞尔协议Ⅲ》的最低资本金标准有过度之嫌，在其他条件不变的情况下会降低银行盈利能力。总结这些论断。

15. 什么是资本留存缓冲？它对银行绩效和风险有什么影响？

练习题

Ⅰ. 第一学生银行

第一学生银行（First Student Bank, FSB）的资产负债表   （单位：万美元）

资产		负债和所有者权益	
现金	100	交易账户	700
国库券（30天期）	190	存单	220
国债（5年期）	30	次级债	7
回购	10	优先股	5
学生学费贷款	500	留存收益	48
学生住房抵押贷款	100	普通股	5
住房与家具	110	资本公积	15
贷款损失准备金	(40)		
总计	1 000	总计	1 000

银行仅仅成立两年，急切地希望进入本地的学生信贷市场，它遵循以下政策：承诺对迅速偿还第一年贷款的学生再提供三年贷款。这一政策取得了成功，银行签署协议承诺800万美元的

贷款额度。银行试图鼓励在校园附近兴建1—4家庭住房,银行愿意对这些不动产发放贷款并承诺在学生毕业时回购。回购价格在签订贷款协议时确定,以便整个协议对银行而言是有利可图的。当前,银行有75万美元的住房回购义务。

1. 这是一家学生拥有并由学生运营的银行,不在国际市场上开展业务。它是否需要接受风险资本规则的监管?
2. 银行的普通股资本有多少?一级资本有多少?
3. 银行的总资本是多少?
4. 将银行资产按风险分类,分别有多少类别1、类别2的资产?
5. 银行或有项目的货币价值是多少?利用恰当的转换因子表示。
6. 银行的风险加权资产是多少?
7. 银行是否有充足的一级资本和充足的总资本?

Ⅱ. 银行的一年期增长

考虑一家资产规模为5亿美元、总资本为3 000万美元的银行,其最小资本与资产比为6%。在年初,高级管理层和董事会预期银行资产会有0.86%的增量,将支付30%的股利,且不筹集外部资本。在这样的环境下,银行在年末的增长率为多少?

1. 假定银行希望本年度资产增长15%。若股利支付率为30%且未获得外部资本,则银行的ROA应为多少?
2. 假定银行希望本年度资产增长15%,ROA为0.85%,不获取外部资本,能够支持这一资产增长的股利支付率是多少?改变股利支付率的成本和收益分别是多少?
3. 假定银行希望本年度资产增长15%,保持0.85%的ROA和30%的股利支付率,需要获取的外部资本是多少?

参考文献

Admati, Anat and Martin Hellwig, *The Bankers' New Clothes*, Princeton University Press, 2013.

Avdjiev, Stefan, Anastasia Kartasheva, and Bilyana Bogdanova, "CoCos: A Primer", *BIS Quarterly Review*, September 2013.

Bank for International Settlements, Basel Committee on Banking Supervision Reforms—Basel III, www.bis.org/bcbs.basel3/b3summarytable.pdf.

Bernon, David G., "Cap Capacity for Asset Growth Model: A Tool for Internal Bank Management and External Bank Analysis", *The Magazine of Bank Administration*, Volume 54, Number 8, August 1978.

Cocheo, Steve, "Stack that Capital", *ABA Banking Journal*, September 2008.

Feldman, Ron J. and Arthur J. Rolnick, "Fixing FDICIA", *1997 Annual Report*, Federal Reserve Bank of Minneapolis, March 1998.

"Final Basel III Capital Rule—Less Impact on Community Banks", Federal Reserve Bank of St. Louis, Summer 2013.

Hendricks, Darryll and Beverly Hirtle, "Regulatory Minimum Capital Standards for Banks: Current Status and Future Prospects", Conference on Bank Structure and Competition, Chicago, IL, 1997.

International Convergence of Capital Measurement and Capital Standards: A Revised Framework, Basel Committee on Banking Supervision, Bank for International Settlements, June 2004.

Kisin, Roni and Asaf Manela, "The Shadow Cost of Bank Capital Requirements", Working Paper, Washington University, January 14, 2014.

Osborne, Matthew, Ana-Marta Fuertes, and Alistair Milne, "Capital and Profitability in Banking: Evidence from U. S. Banks", Working Paper, Cass University, 2012.

Polk, Davis, *U.S. Basel III Final Rule: Visual Memorandum*, July 8, 2013, www.davispolk.com.

Rubin, Geoffrey and William Nayda, "Capital Windfall?" *ABA Banking Journal*, October 2008.

Wall, Larry, "Financial Stability: Contingent Capital as one of the Building Blocks", Working Paper, Federal Reserve Bank of Atlanta, October 30, 2009.

第 9 章
信贷政策与贷款特征概览

贷款是大多数储蓄机构占主导地位的资产。它们为银行带来最多的营业收入,同时也带来最大的风险暴露。信贷专员(loan officers)是银行雇员中极受关注的,同时银行的贷款政策会对一个社区的发展速度、商业的发展类型产生重要的影响。

随着时间的推移,商业银行、储蓄机构、信用社、财务公司、农业信贷银行和投资银行之间日趋激烈的竞争使得信贷政策和信贷资产组合发生了变化。从第二次世界大战结束到20世纪70年代,商业银行控制着美国的信贷。20世纪80—90年代早期,信贷环境经历了大量的高风险贷款、历史上奇高的贷款损失以及激进的定价,这些共同导致了较低的风险调整收益率。不出所料,这一时期发生了严重的银行倒闭潮。储蓄机构作为一个整体减小贷款组合规模,并购入证券作为替代。

20世纪90年代后期到21世纪头10年期间,信贷,尤其是房地产、住房产权和消费信贷,经历了显著增长。这是一个经济增长强劲且贷款损失较小的时期,也是房地产市场表现强劲的时期。总体上看,商业银行的房地产贷款占机构贷款组合的比例从25%左右的历史均值增加到2007—2008年的55%—56%。房地产贷款占商业银行总贷款的比例从2009年开始有所下降。

其他贷款人,包括抵押贷款发放者,在2001—2003年美联储将联储基金利率急剧削减至1%—1.75%时加入了房地产市场的狂热潮。这触发了一场前所未有的再融资繁荣,而繁荣的背后是抵押贷款行业的激烈竞争。随着竞争的加剧,新借款人的质量下滑,贷款人将焦点放在可变利率产品和一些"奇异"(exotic)产品上,后者包括利息型贷款(interest-only,IO)、无档贷款(no-documentation)、零首付贷款(zero-down-payment loans)和选择支付抵押贷款(亦称选择性利率可调整抵押贷款)。2007—2008年次级贷款的崩盘显示这些产品的定价过低,因为其风险并没有被很好地了解。结果是许多借债人违约,许多大型抵押贷款人,包括华盛顿互惠银行和美国国家金融公司,都被迫破产或被并购。

根据相关条款,消费者金融保护局(Consumer Financial Protection Bureau,CFPB)建立了以"偿付能力"为标准的合格抵押贷款(qualified mortgage,QM)的概念。一项贷款若被定义为合格,则贷款人不能收取超过贷款额3%的预付费用,且放贷期限不能超过30年,借款人的月度支付不能超过月度总收入的43%。如果一家较小的放贷机构发放抵押贷款并在资产组合中持有它,且这一贷款符合房利美、房地美等政府支持机构的购买或担保标准,则此贷款也可被视为合格。合格抵押贷款的贷款人被认为达到了合理的放贷标准,这些合格抵押贷款较为安全,凭此贷款人可以免受借款人起诉。这一做法的目的是将抵押贷款标准化,使得借款人理解各项条款,不接受还不起的贷款。QM规则自2014年1月起生效。

储蓄机构遵从许多不同的借贷策略,专注于那些有专业化要求的专营市场,它们的新增贷款被限制在这些被精确定义的市场中。一些大型储蓄机构开始向其他业务倾斜,包括投资银行、证券承销,以及发起贷款后将其证券化并出售给其他投资者以赚取服务费用利润等。其他储蓄机构将贷款增长作为长期生存的主要路径,激进地招揽新客户和开发新的商业业务,许多机构都希望最终能被允许对它们目前放贷的企业进行股权投资。

本章概述信贷流程和商业银行发放信贷的种类,并描述储蓄机构近期在特定信贷领域遇到的问题,以及与违约风险、利率风险相关的事项。

贷款增长和贷款质量的近期趋势

商业银行对不同借款人发放贷款的目的多种多样。对于大多数借款人而言,银行信贷是其主要的债务融资来源。对于大多数储蓄机构而言,优质贷款是最有利可图的资产。与许多投资一样,对企业和个人放贷本质上是承担风险以获取收益,而收益来自贷款利息、服务费,也来自新存款的投资收益。储蓄机构也利用贷款来交叉销售其他产生服务费的业务。

信用风险被认为是最突出的风险。许多因素会导致贷款违约。宏观经济事件有可能导致整个行业(如能源、农业或者房地产等行业)发生下滑。技术更新、罢工、消费者偏好转换或管理不善会导致特定企业的问题。个人借款人的偿还能力与经济周期紧密相连,因为他们的个人收入随之增减。作为一个整体,贷款的核销(charge-offs)是储蓄机构各类资产中最高的,因此储蓄机构必须定期为预期损失留出大量准备金。

信贷决策也会导致利率风险。贷款期限、定价和偿还形式影响银行现金流的流入时点和规模。例如,浮动利率和可变利率贷款产生的现金流随可变借入成本的变化而变化。相反,固定利率气球式贷款产生的现金流较少。长期消费信贷需要稳定的储蓄融资,以降低其对利率变化的风险暴露。

贷款是储蓄机构投资组合中占主导地位的资产,平均而言占资产总额的50%—75%。不同储蓄机构贷款的构成不同,这取决于机构的规模、位置、交易领域和借贷专长。图表9.1总结了2013年12月不同规模的商业银行和储蓄机构各个贷款类别所占比例的差异。尽管规模相近的商业银行的借贷实践可能的确有很大弹性,我们仍然可以总结出几个特征。例如,规模在10亿—100亿美元的商业银行,其贷款与租赁净额占资产的比例最高,达到63.91%;规模在1亿—10亿美元的商业银行次之,为62.13%。在由金融危机带来的衰退期间,贷款与租赁净额占资产的比例与衰退前相比有显著下降。例如,在2007年上述两类银行平均的贷款净额都超过总资产的70%。这最可能是由两个因素导致的:一是银行在危机前放贷更加激进,二是危机后合格的借款人减少了。

图表9.1 商业银行和储蓄机构各项贷款占总资产的比例(2013年12月)

	<1亿美元	1亿—10亿美元	10亿—100亿美元	>100亿美元	所有商业银行	所有储蓄机构
报告机构的数量(家)	1 814	3 522	450	90	5 876	936
贷款与租赁净额(%)	**55.15**	**62.13**	**63.91**	**49.88**	**52.08**	**60.57**
加:贷款损失备抵	0.96	1.06	1.05	0.90	0.93	0.90
贷款与租赁总额	56.11	63.18	64.96	50.78	53.01	61.47
加:未实现收入	0.02	0.03	0.03	0.01	0.01	0.04
贷款与租赁毛值	56.13	63.21	64.99	50.79	53.02	61.51
所有房地产贷款(%)	**37.04**	**46.96**	**44.11**	**22.48**	**26.35**	**44.10**
国内营业点房地产贷款	37.04	46.96	44.10	21.90	25.86	44.10
建设和土地开发	2.31	4.22	3.86	0.91	1.43	1.38
商业地产	11.68	20.51	20.49	4.80	7.42	9.10
多家庭住房	1.08	2.29	3.25	1.24	1.49	5.60
1—4家庭住房	15.25	16.19	15.16	14.83	14.97	27.86
农地	6.71	3.75	1.33	0.12	0.56	0.17
外国营业点房地产贷款	0.00	0.00	0.01	0.58	0.48	0.00
农业贷款(%)	**6.94**	**2.87**	**0.97**	**0.17**	**0.50**	**0.24**
商业和产业贷款(%)	**7.54**	**9.17**	**11.92**	**11.41**	**11.26**	**5.73**
对非美国地址机构贷款	0.01	0.04	0.32	2.08	1.76	0.40
个人贷款(%)	**3.82**	**2.92**	**5.18**	**10.18**	**9.14**	**9.92**
信用卡	0.05	0.18	1.78	5.28	4.55	6.63
相关计划	0.05	0.10	0.23	0.47	0.42	0.18
汽车贷款	1.76	1.13	2.06	2.59	2.43	2.04
其他个人贷款	1.96	1.51	1.11	1.83	1.74	1.07
所有其他贷款与租赁(%)	**0.78**	**1.29**	**2.81**	**6.55**	**5.78**	**1.52**
对外国政府和官方机构贷款	0.00	0.00	0.01	0.05	0.04	0.00
政府和其他政治分支机构债务	0.34	0.51	1.08	0.85	0.84	0.12
其他贷款	0.18	0.39	1.18	3.82	3.30	1.13
租赁融资应收款	0.24	0.30	0.37	0.88	0.78	0.23
对其他储蓄机构贷款与其他银行承兑汇票	0.03	0.10	0.17	0.96	0.82	0.03

（续表）

	<1亿美元	1亿—10亿美元	10亿—100亿美元	>100亿美元	所有商业银行	所有储蓄机构
备注(%)：						
未以房产为抵押的商业贷款	0.15	0.17	0.29	0.60	0.54	0.14
以非美国地址房产为抵押的贷款	0.00	0.08	0.14	0.60	0.52	0.01
重组贷款、租赁总额	0.49	0.65	0.57	0.70	0.68	0.55
建设和土地开发房地产贷款	2.31	4.22	3.86	0.91	1.43	1.38
国外营业点贷款与租赁总额	0.00	0.01	0.14	4.70	3.91	0.00

资料来源：FDIC，季度银行业概览，www.fdic.gov。

平均而言，相对于规模更小的银行，资产超过100亿美元的银行对贷款的依赖更小，其贷款与租赁净额占总资产的比例仅为49.88%。这并不奇怪，因为很多最大型的机构都将非信贷产品和产生非利息收入的服务作为主要的收入来源。房地产贷款是所有银行最大的单一贷款类别，且在2008年金融危机前是增长最快的类别（见图表9.4）。有趣的是，贷款与租赁净额占总资产比例下降的很大一部分可归咎于自2007年起房地产贷款的下降。

就组成而言，1—4家庭住房贷款（大多是抵押贷款产品）是大银行（资产规模超过100亿美元）和小银行（资产规模小于1亿美元的银行）房地产贷款中最大的一项。商业地产（commercial real estate, CRE）贷款是中型银行（资产规模为1亿—100亿美元）房地产贷款中最大的部分。商业和产业贷款是商业银行第二大贷款集中项目，在储蓄机构贷款项目中排在第三位；对个人的贷款是资产超过100亿美元银行的最大贷款类别。农业相关的贷款在小银行中占比较高，但在其他机构中几乎可以忽略不计。最后，其他贷款与租赁，包括对其他金融机构贷款、租赁应收款和跨国贷款，只在大银行中占显著比例。

储蓄机构的种类与银行的商业模式是多种多样的。一些机构聚焦于小额或大额商业贷款，特别是CRE贷款，另一些则关注于揽储。一些大公司在贷款之外还专注于抵押信贷、投资银行、信用卡业务和相关活动。2013年，与其他美国贷款人相比，富国银行发起了超过30%的新抵押贷款。

大多数金融机构对不同类型的借款人放贷，只有聚焦于借款人的交易或关系，才能描述它们的商业模式。近期联邦存款保险公司（FDIC）依据机构的贷款集中领域将商业银行和储蓄机构分为九类：信用卡银行、国际银行、农业银行、商业贷款机构、抵押贷款机构、消费信贷机构、其他资产<10亿美元的专营银行、所有其他资产<10亿美元的银行和所有其他资产>10亿美元的银行。

图表9.2展示了不同贷款集中领域的关键区别、贷款核销以及这些领域资产在2013年年底的总盈利。大多数FDIC受保机构被归入商业贷款机构一类。农业银行和没有特别资产集中领域的银行（其他资产<10亿美元的银行）是第二大类，但远少于商业贷款机构。有趣的是，2013年只有四家银行被归入国际银行类别，只有16家机构集中于信用卡贷款。尽

管商业贷款机构占大多数,但这类机构也发放种类繁多的贷款。和它们相比,信用卡银行有更集中的资产组合,其个人贷款占资产的比例接近91.7%。

图表9.2 信贷风险分散度和按资产集中度分组的贷款领域(2013年12月)

	所有机构	信用卡银行	国际银行	农业银行	商业贷款机构	抵押贷款机构	消费信贷机构	其他资产<10亿美元的专营银行	所有其他资产<10亿美元的银行	所有其他资产>10亿美元的银行
报告机构数量(家)	6 812	16	4	1 532	3 377	588	55	406	772	62
所有房地产贷款(%)	51.5	0.0	36.7	59.4	61.5	89.9	23.6	68.9	76.0	50.7
建设和土地开发	2.7	0.0	0.4	3.0	4.6	1.8	0.4	5.0	4.2	1.7
非农业非住房	14.1	0.0	2.8	17.0	23.9	7.8	1.6	25.0	19.0	9.6
多家庭住房	3.3	0.0	3.7	1.8	5.0	3.1	0.2	2.2	2.0	1.5
住房产权贷款	6.5	0.0	6.9	1.3	6.3	5.6	6.3	2.2	3.2	8.6
其他1—4家庭住房	23.2	0.0	18.3	14.9	20.7	71.3	15.0	31.1	42.3	28.7
商业和产业贷款(%)	20.3	7.5	20.8	12.7	23.2	2.9	5.7	12.8	8.8	22.3
个人贷款(%)	17.1	91.7	19.9	4.0	8.2	2.4	70.0	12.2	8.0	13.6
信用卡贷款	8.8	88.2	12.8	0.3	1.1	0.2	17.1	1.1	0.1	2.5
其他个人贷款	8.4	3.5	7.1	3.7	7.1	2.1	52.9	11.1	7.8	11.1
所有其他贷款与租赁(%)(包括农地)	11.1	0.7	22.6	23.9	7.0	4.8	0.7	6.1	7.2	13.4
盈利和风险比率(%)										
股权回报率	9.6	23.1	9.6	10.3	7.7	8.6	12.3	14.0	7.5	9.3
资产回报率	1.1	3.4	0.9	1.2	0.9	1.0	1.2	1.9	0.9	1.1
权益资本比	11.2	14.7	9.3	11.0	11.8	11.6	9.5	13.5	11.3	11.5
贷款与租赁净核销	0.7	3.2	1.0	0.1	0.4	0.4	0.8	0.5	0.3	0.5

资料来源:FDIC,季度银行业概述,www.fdic.gov/qbp/index.asp。

资产集中度分组定义(各类别分级,互不包含):

信用卡银行——该类别银行的信用卡贷款和证券化应收款总额超过总资产和证券化应收款之和的50%。

国际银行——该类别银行的总资产超过100亿美元且超过25%的贷款由外国营业点发放。

农业银行——该类别银行的农业生产贷款和以农地担保的房地产贷款超过贷款与租赁总额的25%。

商业贷款机构——该类别机构的商业、产业贷款,加上建设和土地开发房地产贷款,再加上以商业地产为抵押的贷款超过总资产的25%。

抵押贷款机构——该类别机构的住房按揭贷款加抵押支持证券总额超过总资产的50%。

消费信贷机构——该类别机构的住房抵押贷款加信用卡贷款再加上其他个人贷款超过总资产的50%。

其他资产<10亿美元的专营银行——该类别机构的资产<10亿美元,贷款与租赁占总资产的比例小于40%。

所有其他资产<10亿美元的银行——该类别机构的资产<10亿美元,且不符合以上任一定义,资产没有明确的集中领域。

所有其他资产>10亿美元的银行——该类别机构的资产>10亿美元,且不符合以上任一定义,资产没有明确的集中领域。

资产集中于不同领域的银行的风险和收益明显不同。平均而言,信用卡银行在 2013 年报告了最高的 ROA 和最高的核销率。由于平均而言信用卡贷款的信用风险较高且收取的利息相对较高,信用卡银行报告的平均 ROA 分别比商业贷款机构和消费信贷机构高 250 个基点和 150 个基点,尽管其核销率分别比这两类机构高 310 个基点和 240 个基点。这是银行业风险和收益权衡的案例。

然而,这些静态的比较掩盖了储蓄机构放贷的几个重要趋势。第一,贷款随商业周期变化而变化。图表 9.3 展示了贷款占总资产比例的时间序列。这一比例从 20 世纪 40 年代末期开始显著增长,只在经济衰退的年份微微下降,在 1990 年前后达到峰值。自 1990 年起,银行大规模地用低风险投资证券替代贷款,特别是在 2007 年金融危机后,许多大银行降低了它们的信贷风险暴露。同样,自 1985 年起,贷款组成显著地向房地产贷款倾斜。图表 9.4 展示了房地产贷款占总贷款比例的显著上升:从 1985 年占总贷款 25% 的历史均值上升到 2008 年的近 60%,商业和产业贷款则相应下降,其他种类的贷款总体也是下降的。2008 年起许多机构减少了按揭房地产贷款的集中度,这是该时期按揭贷款问题造成的结果。

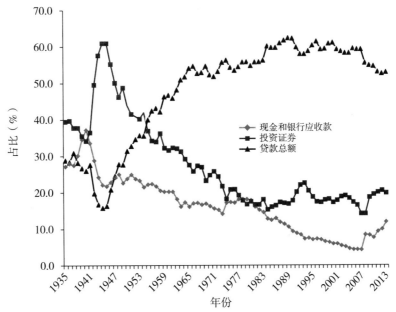

图表 9.3 贷款、投资证券和现金资产的重要性

资料来源:FDIC,季度银行业概述,www.fdic.gov。

问题贷款和贷款损失也随着商业周期的变化而变化。图表 9.5 和图表 9.6 分别比较了 20 世纪 80 年代中期至 2013 年不同贷款的非流动贷款比率和净核销率。非流动贷款(non-current loans)是逾期等于或长于 90 天的计息贷款和租赁,以及所有停息贷款与租赁[①]。净损失(净核销)[net losses(net charge-offs)]等于由于不能收回而正式冲销的贷款的货币价值

---

① 停息贷款与租赁分以下三种情况:(a)因为借款人财务状况恶化而以现金形式维持在表内未被核销;(b)不期望利息和本金能够被全额偿付;(c)本金或利息违约超过 90 天,除非债务被很好地担保或在催收过程中。

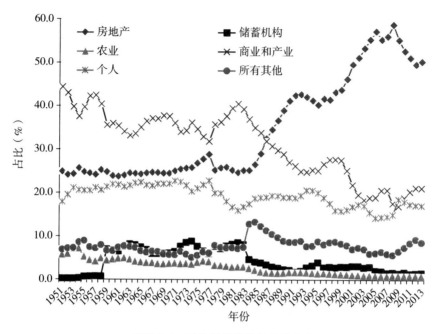

图表 9.4　商业银行贷款组成的变动

资料来源:FDIC,季度银行业概述,www.fdic.gov。

减去之前已核销但被收回的贷款的货币价值。图表 9.5 和图表 9.6 反映了一些信贷问题,特别是 1990 年、2000 年和 2008 年衰退前后非流动贷款占总贷款比例的剧烈上升。在 20 世纪 90 年代末,贷款损失处于历史低位,但消费信贷损失是个例外,它仍保持在较高水平。2007 年后贷款违约率的显著增长反映了近期金融危机给银行带来的严重的资产质量问题。

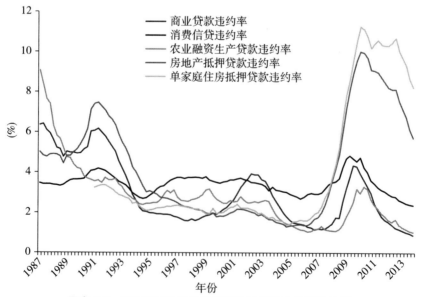

图表 9.5　所有 FDIC 参保机构非流动贷款占总贷款比例

注:非流动贷款率是逾期超过 90 天的贷款或处于停息状态的贷款占比。

资料来源:FDIC,季度银行业概述,www.fdic.gov。

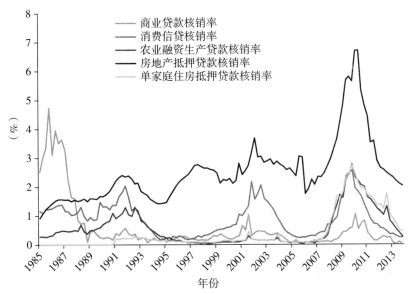

图表 9.6　美国商业银行贷款净核销

资料来源：FDIC，季度银行业概述，www.fdic.gov。

贷款业绩也随贷款种类的变化而变化。20 世纪 80 年代末期和 90 年代初期对银行业而言是一个艰难的时期，由于能源价格显著下跌，农业问题的凸显、商业地产（CRE）的过度开发，以及《1986 年税收改革法案》的直接影响，各类贷款的非流动部分在 1986—1987 年都显著增加。在得克萨斯州，这被称为三重威胁：石油、农业和房地产。几年后，国外贷款问题和核销接踵而至。房地产贷款和消费信贷损失在 2008 年金融危机爆发后大幅攀升。尽管 2010 年起情况有所好转，房地产贷款和消费信贷的违约率仍然明显高于历史正常值，单家庭住房抵押贷款的核销率也保持较高水平。

2008 年金融危机前贷款损失增量中的很大一部分可以归咎于信用卡贷款损失和个人破产的显著增加。一般而言，经济下行时信用卡核销增加，经济强劲时信用卡核销减少。图表 9.7 展示了 1990 年、2001 年和 2008—2009 年衰退期间信用卡核销率的显著增加。个人破产申请也有相同的趋势，因为失去工作和收入下降的个人更愿意宣布破产。立法也影响破产的进程，正如 2005 年破产数量增加至 655 000 起，这是国会通过破产改革立法的前夜。相关改革使得个人逃避债务，还款变得更加困难。由于近期金融危机的影响，破产增加了收回抵押品情况发生的频率，并导致了 2008—2009 年的经济衰退。自 2013 年起，信用卡核销和个人破产申请开始下降到长期历史均值。

贷款竞争的影响

许多高质量的借款人拥有除储蓄机构之外的资金来源。农业借款人可以依靠联邦农业信贷系统（Farm Credit System，FCS）银行。小企业可以从美国小企业管理局（Small Business Administration，SBA）处借款（通常需要银行的协助）。大公司可以通过发行商业票据和长期债券在货币和资本市场上融资。

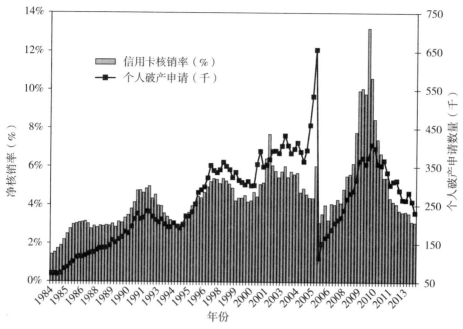

图表 9.7　信用卡核销率和个人破产申请

资料来源：破产数据来自美国法院管理局；核销率数据来自商业银行报告；FDIC，季度银行业概述，www.fdic.gov。

2008 年金融危机前，许多大机构采用发起贷款并证券化（originate-to-distribute，OTD）模式。它们发起具有标准化特征的贷款并将其证券化，实际上是通过发起贷款赚取费用，而不是通过持有贷款组合获得利息收入。如果可以成功地不附加追索权地售出贷款，它们就可以承担更少的信贷、流动性和利率风险。不幸的是，正如我们在 2007—2009 年次贷危机中观察到的，许多影子银行采取的 OTD 模式过于激进，以至于它们向许多没有还款能力的借款人发放贷款。因此，"无收入证明贷款"和"欺骗者贷款"横空出世。它们更正式的名称是次优级贷款或自报收入贷款。在发放这些贷款时，贷款人并没有获得借款人的收入证明，而是完全依赖借款人的口头收入报告（若报告不真实，则借款人在撒谎）。[①] 类似地，花旗集团等大型机构发起这些无证明贷款，将其装入结构化投资工具（structured investment vehicles，SIV）并以短期商业票据融资，这样做的目的是将这些贷款转移至表外以减少所需的资本金。当贷款违约而 SIV 没有足够的收益支付商业票据的债务时，花旗集团和其他 SIV 设立者不得不将贷款转移回资产负债表。[②] 最终，花旗集团和其他机构被迫核销这些贷款的很大一部分。

现今，贷款人的信用评分及其对消费者和小企业贷款的证券化给利率施加了更多压力。关于消费信贷的信用评分将在第 11 章讨论。它依据借款人特征所反映的贷款偿还可能性

[①] 其中许多贷款被轻蔑地标记为 NINJA 贷款，这样的借款人在被问及个人财务状况时表示"没有收入，没有工作且没有资产"，但贷款人仍批准贷款。

[②] 花旗集团和其他机构本可以通过信用证协议向 SIV 发放贷款，但这样做也会被要求为这些贷款持有资本金，所以它们索性直接将这些贷款放回表内。

高低给借款人打分。信用评分的广泛使用使得不同贷款(如抵押贷款池、信用卡应收款、住房产权贷款和小企业贷款等)的质量评估标准化。随着更多贷款人发起这些贷款并将其证券化,信贷供给逐步增加。在其他条件不变的条件下,这降低了市场利率。信用评分模型的应用是有效的,但数据必须经过验证。贷款人也需要处理大量的贷款才能负担起信用评分贷款的投资和相关成本。

互联网也使得更标准化的贷款产品的利差减小。许多储蓄机构、非银行机构和贷款经纪人在网上为汽车贷款、信用卡、抵押贷款和住房产权利率等产品做广告,并在网上接受和处理贷款申请。消费者可以获取更多来自全国的贷款利率和条款的信息,并选择最低利率和最优条件。这给利差带来了更大的压力。互联网贷款经纪人现在在网上接受、处理贷款申请,甚至可以直接向个人银行账户转账以提供贷款。当代热点专栏"多样的竞争"总结了近期竞争形势的变化。

当代热点

多样的竞争

银行间的服务竞争以多种形式呈现。除了传统的竞争者(如信贷联盟和消费金融公司),压力还来自信用卡公司(如美国运通卡、发现卡)、经纪公司(如富达投资、瑞杰投行)和保险公司(如州立农业保险、好事达保险)等机构,这些机构要么直接运营银行业务,要么提供如预付卡等银行业务,也有的二者兼有。典当行、发薪日贷款公司、支票变现服务公司和一手二手车交易商也提供许多与银行业务相同的贷款产品。典当行不仅购买、销售二手商品,也会发放贷款,其利率较高,并以客户的个人资产为抵押。发薪日贷款公司和支票变现服务公司也会以很高的利率放贷,其客户通常是等候下一次发薪的人。支票变现服务收取手续费,大多数客户没有银行账户,通过这一服务将工资和第三方支票变现。

一手二手车交易商不仅销售汽车,也会为买车的人安排融资。销售商为客户安排融资时,客户填写一张相对统一的信贷申请表,寄给本市的一家贷款人,例如商业银行、福特汽车信贷、通用金融,以及丰田、日产等其他企业的信贷公司。一般而言,销售商会接受前几家回复的贷款人的最优利率。通常,贷款人的贷款利率会低于交易商对客户的利率报价,因此借款人应从自己的利益出发寻找更低成本的融资渠道。消费者还可以上网寻求融资,并立即发现上面有众多汽车贷款人接受网络申请,并且无须见面就可批准放款(如果他认为申请合宜)。一份近期的网络调研显示,在众多网站中,"汽车直贷"(cars direct)、"我的汽车贷"(my autoloan)和"贷款树"(lending tree)提供的利率极具竞争力。许多借款人决定从quicken.com 上更快地获得贷款,以大大减少高度监管下银行的繁复手续。今天,大多数公司接受使用信用卡或借记卡支付水电费等月度账单。这些公司中的大多数允许客户在网上支付或使用手机支付。沃尔玛长期利用蓝鸟卡(bluebird card)积极进军银行业。蓝鸟卡是沃尔玛和美国运通联合发行的预付借记卡和信用卡。尽管沃尔玛没有获得美国银行经营许可,但它购买了一家银行,并开始在墨西哥和加拿大开展传统银行业务。

度量总资产质量

前文展示的信贷质量数据并不能准确地反映单个资产的质量以及违约概率。用核销率和违约率等总资产质量数据衡量单个资产的质量是极其困难的。实际上，尽管事前对被兼并机构进行了尽职调查，购买储蓄机构的公司还是会对其低下的资产质量感到吃惊。不同的资产种类和表外活动有不同的违约概率。贷款通常表现出最高的信用风险。储蓄机构通过回答三个基本问题来评估资产组合的信用风险：贷款和投资的历史损失率是多少？发生违约时期望的损失是多少？银行如何为应对期望损失和潜在的未预期损失做准备？总体经济状况的改变和公司运营环境的变化会改变偿还债务的现金流。这些状况是很难预测的。因此，历史的核销率和违约率可能被低估（或高估）依赖于未来经济、借款人运营条件的损失。

例如，20世纪90年代经历了超乎寻常的经济增长，储蓄机构的核销率处于那一时期的最低值。例如，按照图表9.5、图表9.6中1995—1999年的数据检视商业和房地产贷款加总核销率和违约率可能具有误导性，因为这一时期的经济并不处于常态。在这个时期，贷款损失非常低，但在21世纪头十年显著增加。历史并不总会自我重复，银行也不是故意发放低质量贷款的。贷款恶化是许多因素共同作用的结果，包括经济状况或公司运营环境变化等。今天入账的贷款通常只有在后期情况变坏的时候才会出问题。因此，历史损失、违约数据只有在未来出现与今天相似的状态时才能很好地表征贷款组合的质量。我们应当谨慎地使用历史数据，因为它可能并不反映当前贷款组合的质量。

类似地，个人偿还债务的能力也随着就业和个人净值的变化而变化。出于这个原因，银行应对每份贷款申请进行信贷分析以评估借款人的偿债能力。不幸的是，贷款恶化的时点通常比会计信息揭示问题的时点早很多。另外，许多银行从事表外业务，如贷款承诺、提供担保和衍生品交易。一旦这些潜在借款人和对手方出现问题，银行就会遭受损失。这些风险可能非常严重，却很难通过公开历史数据进行度量。

其他一些风险来源也可能无法通过银行汇总历史信贷数据来体现。集中风险（concentration risk）是当银行集中在一个狭小地域放贷或将贷款集中于某个特定产业时产生的风险。这一风险并没有在资产负债表中反映，也没有被历史核销率数据度量。如果经济因素对这一地区或产业产生负面影响，这种缺乏分散化的做法就会对银行资产组合中的很大一部分产生严重影响。如图表9.4中显示的那样，银行业近年来显著增加了房地产领域的贷款集中度。对于高度集中于这一领域的机构，房地产价值下跌会显著地影响其贷款质量。尽管图表9.1的数据显示大型商业银行（资产超过100亿美元）的房地产贷款占比通常更小，但我们知道在2008—2009年次贷危机中很多大型机构在抵押贷款市场投资和表外交易中具有较大风险暴露。显然，业务集中是导致危机的因素之一。大型机构还拥有地理上的分散化优势。然而，地理上广泛的分散化不能使银行免于波及整个行业（如房地产行业）的危机。

贷款增速较高的储蓄机构的风险也更高,因为其信贷分析和评估过程更加不严格。在很多例子中,贷款短期表现较好,但最终损失增加。因此,贷款的高速增长,尤其是通过并购或进入新业务领域带来的增长,通常会导致未来的核销。

向外国放贷的机构要承担主权风险。主权风险(country risk)是指一国借款人拒绝按照贷款协议按时支付而导致的国际贷款的利息和本金潜在损失。实际上,国外政府和企业借款人会出于以下一些原因违约:政府控制商业和个人的行为,可能干扰支付的国内政治,市场瓦解和政府削减或停止用于支付债务的补贴而导致的问题。储蓄机构在历史上经历过由于借款国经济条件恶化而导致的特定国际借款的大量损失。

信贷流程

有经验的放贷机构凭借专业技能、经验和对客户的关注成为多种贷款的合宜放贷人。放贷不仅仅是发放款项并等待支付,更需要监督和密切管理来防止损失,这需要对储蓄机构而言合宜的管理层。

好的贷款由两部分构成:评估借款人偿还贷款的意愿及其偿还贷款的能力。许多有经验的贷款人认为评估借款人的偿还意愿是最重要的,应该放在评估偿还能力之前。打个比方,如果你借钱给别人买汽车,相比于收回一辆破车,你更希望贷款被全额偿还。

在度量借款人偿还款项的承诺或意愿时,贷款人会度量借款人的特征、款项用途的可行性和质量,以及借款人债务偿还历史记录。借款人需要表现出遵守承诺并在任何情况下都会偿还贷款的特征。借贷目的也十分重要,这不仅因为其是偿还意愿的度量,更因为资金的用途会影响借款人的偿还能力。例如,借钱到拉斯维加斯赌博既是偿还意愿的负面信号,又是高违约率的信号。最后,借款人的还债历史记录也是度量其未来偿付能力的很好的指标。

借款人偿还贷款的能力也要被很好地度量。即便非常有意愿支付贷款的借款人也只能承担有限的债务。借款人的偿还能力可以用总收入、总债务、总资产和抵押品相对于资金使用风险的价值等因素进行评估。

许多消费信贷都是标准化的,如抵押贷款、信用卡贷款和汽车贷款。大多数消费者都有信用档案和相关信用评分,后者可以作为评估偿还能力的客观方法。信用评分(credit scores)是信贷机构对借款人过去偿还债务的表现的打分。通过检视借款人的信用档案和信用评分,可以对借款人做出较为客观的评判。因此,信用评分可用于将信贷流程标准化。

尽管信用档案包含大多数历史债务信息,但很少包含贷款申请人全部资产或收入的精确度量。因此,多数专家认为信用评分度量的是基于偿债历史的还款意愿,而非偿还能力。

商业和消费信贷的一个基本目标是发放风险最低的有利可图的贷款。管理者应该将目标锁定于信贷专员有专长的特定产业或市场。贷款数量、质量等竞争性目标要与银行的流动性约束、资本金要求和盈利目标相平衡。信贷流程(credit process)依赖于每一家银行的系统和管控,管理者和信贷专员在这一系统下评估风险和权衡收益。

信贷流程有三个功能:业务拓展和信用分析、信贷执行和管理、贷款复核(见图表9.8)。每个功能都反映了银行董事会决定的贷款政策。放贷政策(loan policy)是员工推进银行业务时需要遵从的正规化的借贷指引。它规定合宜的贷款质量标准,并构建授信、记录、复核贷款的步骤。① 每一功能的具体要素在图表中列示。

图表9.8 信贷流程

业务拓展和信用分析	信贷执行和管理	贷款复核
• 市场研究 • 广告、公共关系 • 信贷专员访谈计划 • 获得正式贷款申请 • 获得财务报表、借款方案和信用报告 • 财务报表和现金流分析 • 评估抵押品 • 信贷专员就接受/拒绝贷款提出建议	• 贷款委员会审核贷款提案和建议 • 决定接受/拒绝贷款,协商贷款条件 • 准备贷款协议与抵押文档 • 借款人签署协议,上交抵押品,获得贷款 • 完全担保收益 • 将材料录入信用文档 • 处理贷款支付,获得定期财务报表,造访借款人	• 评估贷款文档 • 监督贷款协议的执行 　—主动和被动贷款条件 　—贷款支付违约 　—就违约性质和其他问题与借款人进行讨论 • 展开矫正行动 　—修改信贷条件 　—获得新资本、抵押品和担保 　—催偿贷款

管理层的信用理念(credit philosophy)决定银行承担风险的规模和形式。银行的信用文化(credit culture)指驱动借贷活动和管理层分析风险的根本原则。银行的信贷理念大相径庭。下表描述了三种潜在的信用文化:价值驱动、当期利润驱动和市场份额驱动。

信用文化	信用文化特征
价值驱动 (保守)	• 以较强的风险管理系统和控制措施聚焦信用质量 • 着重强调银行稳健性、稳定性和在市场中表现的一致性 • 放贷保守,不允许显著的贷款集中 • 一般表现为当期贷款利润较低,损失较少
当期利润驱动 (略微激进)	• 聚焦短期收入 • 着重强调银行的年度利润计划 • 管理层通常被高风险、高收益借款人吸引 • 一般表现为繁荣时期利润较高,萧条时期由于贷款损失增加而利润下降
市场份额驱动 (激进)	• 聚焦在竞争者中保持最大的贷款市场份额 • 着重强调贷款数量和增长以占有最大的市场份额 • 放贷非常激进,管理层接受贷款集中和超过平均水平的信贷风险 • 一般表现为贷款质量降低,由于贷款增长来自低于市场的定价和更大的风险承担而导致利润微薄

---

① 在定期检查中,监管者评估每家银行的放贷政策文件来查看现存贷款是否符合管理层目标与所遵从的指引。

图表 9.9 记录了一个严格的价值驱动的信用文化的要素,这样的文化鼓励管理者保持资产质量,摒弃劣质交易。这一信用文化由首席执行官来制定并执行。大多数要素强调以系统性的方法对待风险承担行为。在这一方法下,信贷专员关注长期绩效,考虑广泛的可能后果,并对实际收入和损失负责。

图表 9.9 厚植信用文化培育的 20 个优良银行从业特征

1. 追求卓越
2. 每日决策遵从理念框架
3. 能够应对事态变化的稳健价值系统
4. 通过规范化的方法承担风险以提供稳健性和一致性
5. 发展统一的信贷语言
6. 以历史视角看待银行信贷经历
7. 银行整体的利益比任何一个利润中心都重要
8. 各个层级间坦诚、良好的沟通
9. 明确任一交易对银行的影响
10. 拥有一个完整的资产组合,并懂得什么样的资产适合放入其中
11. 对决定和行动负责
12. 短期视角和长期视角相结合
13. 尊重信用基础
14. 和谐处理市场实践和常识的关系
15. 独立判断,避免羊群效应思维
16. 对银行风险承担时刻保持警觉
17. 对市场和预算采用现实的方法
18. 理解银行预期和政策缘由
19. 有预警能力的信贷系统
20. 明白在风险承担中没有意外,只有疏忽

资料来源:Henry P. Mueller, "Risk Management and the Credit Culture-Necessary Interaction", *Journal of Commercial Lending*, May1993. Copyright 1993 by Robert Morris Associates. Reprinted with permission from the *Journal of Commercial Lending*.

业务拓展和信用分析

没有客户何谈储蓄机构?业务拓展是向现存和潜在客户推广银行服务的过程。就贷款而言,它涉及识别新的信用客户,招揽他们的银行业务,维护现存客户的关系并交叉销售非信用服务。每名银行员工,从操作提款机的柜员到董事会成员,都有责任拓展业务。每名员工都会经常与潜在客户接触,并可以提供银行服务。为了鼓励为推广业务所做的努力,许多银行使用现金奖金或其他激励计划奖励那些成功推广交叉销售服务或引入新业务的员工。

市场调研通常是任何业务推广的起点。首先,管理者应该建立贷款组成的目标,并识别潜在业务。调研可以规范地分析经济状况、地区人口趋势和客户情况。另外,调研也可以通

过与常规客户接触和与当地企业关于未来机会的沟通中进行。这样做的目的是预测银行服务的需求。其次，要针对现存产品、客户可能的需求以及怎样与客户讨论其需求等对员工进行培训。最后，银行应当有效推广，使客户了解其产品和服务，最直接的办法是打广告和维护公共关系。许多储蓄机构也引入正式的信贷专员访谈计划，使得信贷专员与现存和潜在客户定期面对面接触。借款人一般在揭示自身细节和项目的金融背景时往往比较犹豫。在坦诚交流前，他们希望了解并信任与他们开展业务的银行信贷专员。

访谈计划要求与潜在客户保持定期的私人沟通，可以通过民间群体、交易协会，也可以直接预约。正式的计划包括确定调研的银行数量，落实信贷专员与客户的沟通流程。数量目标往往规定每月访问数量的最小值，一部分针对现存客户，其他的针对调研中识别出的潜在客户。访谈人员建立个人联系，进行访谈并填写报告。每次访谈结束后，信贷专员记录见面的时间地点以及讨论的问题，标注获得新业务的机会。一般而言，信贷专员需要多次拜访新客户才能发现机会。当客户对上一家银行的关系或信用的质量不满时，银行会更注重推荐自己。

信用分析

一旦客户申请贷款，信贷专员会分析所有可得信息以决定贷款是否符合机构的风险和收益目标。信用分析主要是违约风险分析，在此过程中信贷专员试图评估借款人的能力与还款意愿。埃里克·康普顿（Eric Compton）讨论了与以下三个问题相关的商业风险分析：[①]

（1）业务运营中蕴含了哪些风险？
（2）管理者采取了哪些措施降低风险？有哪些措施没有实施？
（3）放贷人在提供资金时如何控制自身的风险？

第一个问题促使信用分析师列出一系列可能损害借款人偿付能力的因素。第二个问题体现了偿还属于借款人决策范畴。管理者是否意识到这些重要的风险并做出应对？第三个问题促使分析师明确如何控制风险从而让银行构建一个可接受的贷款协议。

传统上，关键的风险因素依据良好信贷的"五C"原则进行分类：

- **性格（character）**指借款人的诚实诚信。分析师需要评估借款人的正直程度与偿还意愿。一旦存在严重疑虑，贷款申请就应该被拒绝。
- **资本（capital）**指以金融稳健性和市场地位衡量的借款人的财务状况。公司或个人能否承担财务状况的恶化？资本金可以为损失提供缓冲并降低破产的可能性。
- **能力（capacity）**包括借款人的法律地位和管理者维持运营以保证公司或个人偿付债务的专业技能。一项业务需要有真实的现金流或其他现金来源来偿还债务。个人要能创造收入。
- **状况（conditions）**指经济环境或特定行业的供给、生产和分配对公司运营的影响。作为偿还债务来源的现金流通常随着经济周期和消费者需求的变化而变化。

[①] 这一讨论基于 Compton（1985）。

- **抵押（collateral）** 指借款人违约时偿付的二级资金来源或保障。拥有银行可以控制并在借款人违约时出售的资产能够降低损失，但并不能就此认为最初发放贷款的决定是合理的。

戈尔登和沃克（Golden and Walker）进一步说明了不良信贷的"五C"，对这些条件要保持警惕以避免问题出现：①

- **自满（complacency）** 指以过去的良好状况推测未来状况依旧良好的趋向。常见的例子是由于过去的优良经历而过度依赖担保人、报告的净财富或过去贷款的成功偿付。
- **疏忽（carelessness）** 包括在证明不充分、缺乏当前财务信息或其他信用档案信息，以及贷款协议中缺乏保护性条款等情况下发放不良放款。其中每一个行为都会对监督借款人的过程和在可控状态下及时发现问题造成困难。
- **沟通（communication）** 无效指银行的信贷目标和放贷方针没有被清晰地传达，贷款问题可能就从这里产生。管理者应当有效沟通并执行贷款政策，信贷专员应当尽早使管理者意识到现存贷款的具体问题。
- **偶然性（contingencies）** 指借款人轻视或忽视可能导致贷款损失的情景，聚焦于如何达成协议而不是识别不良信贷的风险。
- **竞争（competition）** 指追随竞争者行为而不是维持银行自身的信贷标准。仅仅因为其他银行做了某些事情而跟风追随可能是不谨慎的。

正式的信用分析步骤包含对借款人需求的主观评估以及对所有财务报表的细致审查。信贷部门员工可以为信贷专员提供初始量化分析。这一过程包含以下几个步骤：

第一步，为信用档案收集信息，如借款人的信用历史和支付表现；

第二步，评估与运营相关的管理层、企业和行业，对内部因素和外部因素进行评估；

第三步，审查财务报表，进行财务报表分析；

第四步，预测借款人的现金流，确定其偿还债务的能力；

第五步，评估抵押品或支付债务的二级资金来源；

第六步，撰写汇总分析并给出意见。

使用这些数据时，信用分析师需要准备和汇总正式的信用档案。信用档案中有借款人的背景信息，包括访谈报告总结、过去和当前的财务报表、相关信用报告，还包括应收账款账龄分析等辅助图表、存货和设备详细信息，以及保险范围总结。如果客户曾经在本行借款，那么档案应该包含过往贷款的协议、现金流分析、抵押品协议和保证文档、任何描述性评论和过往信贷专员提供的全部有关该客户的文件。正如上文讨论的那样，发放贷款最重要的是确定客户偿还贷款的意愿。尽管这十分重要，但很难进行度量。信用档案会为信贷专员提供客户偿付历史的相关文件。

---

① 选自 Sam Golden and Harry Walker（1993）。

接下来,信贷分析师使用信用档案中的数据审查财务报表,预测现金流并评估抵押品。[①]为了保证贷款的稳健性,还要评估管理层、公司和相关行业。最后一步是提交贷款需求总结、贷款目的和借款人相较于行业标准的财务表现的报告,并给出建议。

贷款专员评估报告,与分析师讨论报告可能存在的错误、疏漏和拓展。如果不符合银行的风险标准,那么信贷专员通知借款人相关申请被回绝。信贷专员可以向借款人提出改进其状况和偿付前景的建议,并鼓励借款人在状况改善时再提交申请。当信用满足可接受的风险条件时,信贷专员会就贷款量、期限、定价、抵押品要求、偿付时间表等具体初始信贷条款与申请人进行协商。

许多小型商业银行没有正式的信用部门与全职分析师来准备财务历史文档,信贷专员在接受或拒绝贷款前要自己完成上述步骤。通常,银行在接到贷款申请时并没有借款人状况的详细信息。财务报表可能是手写的或未经审计的,可能不符合公认会计准则的要求。尽管如此,借款人也可能有良好的特征与大量的净财富。在这些情况下,信贷专员需要与借款人合作准备一份正式的贷款申请并尽可能获取财务信息。这可能意味着信贷专员要亲自审计借款人的收据、支出、应收款和存货。

信贷执行和管理

每一家银行做出正式信贷决策的过程都不同。这取决于许多因素,如银行组织结构、规模、员工数量、经验多寡,甚至还有银行贷款的种类。正式的决策可以由个人做出,也可以由独立放贷部门、贷款委员会做出,或结合以上方法。按规定,银行董事会拥有批准贷款的最终决定权。然而,在大多数金融机构,放贷审批在一定限制下由管理者和信贷专员代行。信贷专员一般拥有在一定金额下独立批准贷款的权力。一般而言,大银行的初级主管有权批准不超过 100 000 美元的贷款,而高级主管可以批准不超过 500 000 美元的贷款。

贷款委员会(loan committee)由银行的高级信贷专员组成,有时也有一位董事,负责正式审核大额贷款。贷款委员会审查信贷专员和辅助分析师提供的信用分析的每一个步骤,并做出集体决策。贷款委员会定期开会以监督信贷审批流程,并讨论已发生的资产质量问题。必要时,由董事会审查贷款委员会进行决策并做出最终裁决。

许多大银行会设置一个集中核保(centralized underwriting)部门。集中核保部门选聘客户关系经理(relationship manager, RM),后者拓展新业务并管理资产组合中的现存客户关系。当出现新的贷款需求时,RM 为客户提供咨询以准备申请过程需要的信息,并在收到信息后进行评估和初审。如果申请有很大概率会通过,那么 RM 将准备资料包并发送给贷款中心。集中核保部门的信贷专员决定是否放款,但有些银行也会在 RM 延缓拒贷时适当放松贷款要求。许多大银行使用计算机软件量化地审查、评估信贷需求。计算机系统的批准可以被视为银行审批流程中所需要的一个签章。RM 的签字是第二个需要的签章(由信贷专员授权)。

[①] 商业贷款、消费信贷的数据分析将在第 10 章、第 11 章详述,并给出几个具体例子。

一旦贷款被批准，信贷专员就通知借款人并准备贷款协议（loan agreement）。协议规范地表述贷款目的、条件、偿还时间表、所需抵押、所有贷款条款，以及触发违约的条件。违约条件可包括逾期支付本金和利息、出售主要资产、宣布破产，以及违反任何限制性条款。之后，信贷专员检查文件是否齐全、是否按顺序排好。随后借款人与其他担保人签署协议，上交必要的抵押品，并收到款项。

文件归档：完善担保权益

将所有贷款协议相关材料以及银行对抵押品的正式求偿权记录归档，对防止或减小损失来说是必要的。执行任何贷款都有一个关键特征，那就是完善银行关于抵押品的担保权益。担保权益是对保证债务支付或义务履行的资产的法定求偿权。当银行的求偿权优先于其他债权人和借款人时，其担保权益就被称为是完善的（perfected）。[①]

由于借款人和抵押品的种类多样，完善担保权益的方法也不同。在大多数例子中，银行要求借款人签署担保协议，并将合格抵押品转移给银行。这一协议内容包括抵押品和相关条款、权证。协议的正式生效可能需要第三方担保人在贷款协议上签字，或由一个关键人士确认银行现行保险政策的价值。在其他情况下，银行可能需要获得设备或车辆所有权。只要各方都签署了担保协议且银行持有了抵押品，担保权益就得到了完善。当借款人持有抵押品时，银行需要起草融资声明，在声明中写清抵押品和银行、借款人的权利。只有声明被签署后银行才能确立其利益的优先权。

损失对于贷款来说是正常的。银行要想完全避免损失，只能不承担信用风险。银行可以采取许多措施来限制其损失暴露。基本的策略工具是确定一个正式的放贷方针，确定任何贷款的个人或团体的风险暴露限额。这个最大限额要满足一个基本条件，那就是即便全部暴露都得不到偿还，银行也不会因此而倒闭。其他具体措施包括头寸限额、对贷款进行风险评级和贷款条款。

头寸限额（position limits）

头寸限额是指单个个人、行业或地理范围内的借款人所被允许的最大信用风险暴露。监管者将贷款集中（loan concentration）定义为超过资本金25%的风险暴露。即便一些银行用资产的百分比定义可接受的风险暴露，风险暴露也应以银行权益资本的百分比表示。例如，如果某个行业的风险暴露是权益资本金的400%，那么表明银行将其净值的4倍置于风险之中。风险暴露的规模表示银行愿意置于风险中的资本金数额。损失风险最大的行业和个人的风险暴露限额更低，目的是避免发生灾难性损失。

2006年12月，由于商业银行在房地产贷款上的风险暴露显著增加，监管者发布了商业房地产集中度的相关指引。尽管监管者将资本金的25%视为贷款集中，他们还是发布了关

[①] 《统一商法典》（Uniform Commercial Code, UCC）确立了商业贷款获得担保权益所需的文件。UCC适用于所有州，尽管许多州都修改了特定条件。信贷专员应该了解银行开展各类业务的适用条件。

于确认房地产风险集中度的相关指引以进行监管：

- 建设、土地开发和其他土地贷款总额大于等于总资本的100%；
- 总CRE贷款等于总资本的300%（剔除所有者占有使用的CRE）且CRE贷款在过去36个月的增长大于等于50%。

商业银行对房地产贷款的风险暴露占总贷款的比例从1983年的25%上升到2006年的57%，这些房地产集中贷款显然是2008年金融危机的催化剂之一。图表9.10显示了建设、土地开发和其他土地贷款超过总资本100%的被联邦存款保险公司承保的机构数量。在2008年年初，该类机构的数量超过2 300家。值得注意的是，2013年该类机构的数量开始迅速下滑，因为银行开始减小贷款集中度，也由此减少对价值正在下降的CRE资产的潜在风险暴露。

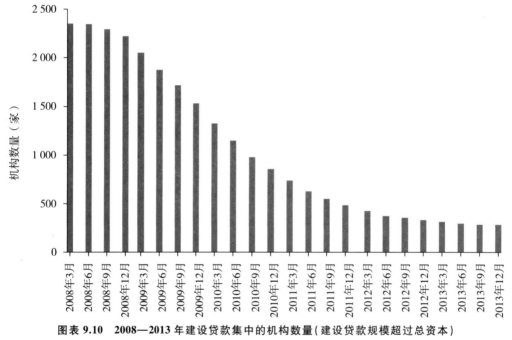

图表9.10　2008—2013年建设贷款集中的机构数量（建设贷款规模超过总资本）

资料来源：FDIC，季度银行业概述，2013年。

对贷款进行风险评级（risk rating loans）

储蓄机构另一个限制风险的措施是策略性地对个人贷款和对手方进行评级。评级需要评估借款人和贷款的特征以估算违约的可能性以及违约损失规模（loss in the event of default，LIED）。评级可以主观地给出分数，也可以使用量化信用评分模型得出分数。[①] 新的巴塞尔协议中基于风险资本金标准要求储蓄机构采用更合适的信用评分模型。[②] 贷款依

---

① 第10章将介绍商业贷款的信用评级标准。
② 见第8章对风险资本金标准的讨论。

据风险从低到高进行评级,各家机构根据不同产业、借款人种类、美国的不同地区、不同国家等特征对贷款赋予的评级也不同。显然,高风险贷款的核销率更高,银行对这些贷款的定价要显著高于资金成本。

贷款条款(loan covenants)

一旦机构向客户借出资金,银行和借款人就成为实际的合作伙伴。银行希望客户偿付贷款并购买其他银行服务,客户希望银行提供有用的会计、金融和税务建议。

银行和借款人在协商信贷条件时都应该认识到这一合作关系。此外,各方保护自身利益也是很重要的。因此,银行通常会将相关条款写入贷款协议。条款可以是消极的,表明融资限制和不被允许的事件;也可以是积极的(赞同的),表明借款人需要遵循的事项。这样做是为了使银行不因借款人运营环境的显著变化而利益受损。多数条款强调目标财务比率、资产出售限制和管理质量。图表9.11提供了一个包含部分条款的清单。例如,前三个消极条款试图限制公司对现金的支配。如果这些条款有效,那么公司将会有更多的现金流用来偿还债务。第一个积极条款试图防止管理者负面地调整公司资产负债表。其他条款保证在公司关键员工死亡或表现恶化时,为银行提供保护的举措能够得到执行。

图表 9.11　贷款条款举例

消极条款	积极条款
• 资本开支每年不超过 300 万美元	• 借款人需要保持以下财务比率
• 现金股利不超过每期收入的 60%	流动比率 > 1.0
• 管理层薪资总额每年不超过 50 万美元	应收账款周转天数 < 50 天
• 在现存留置权外不增加新的资产留置	存货周转率 > 4.5 次
• 未经银行同意不进行并购、合并报表或兼并	资产负债率 < 70%
• 不得出售、出租或转移超过 10% 的现存资产	净值 > 100 万美元
• 不改变高级管理层	固定支付保障 > 1.3 倍
• 没有银行批准不新增债务	运营现金流 > 股利 + 当期到期的长期债务
	• 经审计的财务报表需要在每财年结束后的 60 天内提供给银行
	• 借款人需要为公司总裁购买 50 万美元的关键人士人身保险,银行作为受益人
	• 银行被允许定期检查贷款人存货、应收账款和财产
	• 借款人必须支付全部税金和政府费用(除非以正当理由抗辩),并遵守所有法律法规
	• 若发生任何诉讼或可能显著影响业绩的求偿,借款人应当告知银行
	• 借款人应当将所有资产维持在良好状态并及时维修

贷款复核

贷款复核(loan review)的目的是降低信用风险,处理问题贷款,并清算违约借款人的资产。有效的信贷管理将贷款复核与信贷分析、执行、监管分开。复核流程可依功能分为两部分:监控现存贷款的表现和处理问题贷款。许多银行有正式的贷款复核委员会,独立于信贷主管,直接向首席执行官和董事会贷款委员会报告工作。贷款复核人员审计现存贷款以确认借款人的财务状况处于可接受范围,确认贷款文件归档良好,确认定价符合盈利目标。一旦审计发现了问题,委员会就会启动矫正行动。解决问题可能仅仅需要取得遗漏的表格签字或填写州政府需要的文件。假如借款人违反了任何贷款条款,则贷款违约。此时银行便可以强制借款人改正违反条款的行为,否则可以要求收回贷款,即要求立即偿还贷款。收回贷款一般是最后的手段,只有在借款人不愿意主动改正问题时才会被执行。这允许银行在偿还前景进一步恶化前要求得到全部支付。

当借款人的财务状况恶化时,问题就变得更加严重了。这些贷款被归类为问题贷款(problem loans),需要特别处理。在许多案例中,银行不得不修改贷款条款以增加全额偿付的可能性。这些修改包括推迟利息和本金支付,延长贷款期限和清算不必要的资产等。银行也可以要求增加抵押品或担保人,并要求借款人增加额外资本金。这样做的目的是为借款人改善状况争取时间。银行通常会为问题贷款分配单独的解决问题的贷款专家,而不是传统的信贷专员,因为前者是清盘导向的且常常需要进行激烈谈判。

不同类型贷款的特征

本节描述商业银行贷款的基本特征。尽管贷款分类的方式众多,但本部分的分析集中于贷款的用途和期限。每一种贷款因特征不同而需要不同的偿还时间表、抵押品和贷款条款。《统一银行业绩效报告》(The Uniform Bank Performance Report, UBPR)将贷款分为六类:房地产贷款、商业贷款、个人贷款、农业贷款、其他国内营业点的贷款与租赁,以及国外营业点的贷款与租赁。[①]

房地产贷款

UBPR将房地产贷款(real estate loans)定义为国内营业点发放的以房地产为担保的贷款。具体而言,房地产贷款一般被分为七个子类别:

- 建设和开发贷款;
- 商业地产(CRE)贷款;
- 多家庭住房贷款;
- 1—4家庭住房贷款;

---

① UBPR的信息可以在 www.ffiec.gov 网站上找到。

- 住房产权贷款；
- 农地贷款；
- 其他房地产贷款。

图表9.1显示房地产贷款在贷款总量中占很大比例。由于抵押品以实物资产的形式存在，房地产贷款与商业贷款、消费信贷属于不同类别，所承担的风险与适用的监管条例也不同。

在繁荣时期，短期房地产贷款是最有利可图的投资之一，特别受增长导向银行的青睐。储蓄机构也向住房所有者或商业地产持有者发放长期抵押贷款。然而，如果银行对没有可预测现金流的房产放贷，则房地产贷款也可以具有很高的投机性。实际上，许多商业银行、储蓄机构、保险公司和养老基金都拥有（收回）不少不能产生现金流以偿还债务的房地产资产。这些贷款的抵押房产通常是商业地产。在建造这些房屋时，人们臆断租金和出租率会很快攀升。如果这些假设没有实现，银行就只能以折损后的价格出售资产。因此，银行更倾向于将它们保留在资产负债表上以规避损失。

商业地产贷款（commercial real estate loans）

商业地产贷款通常是与建设和房地产开发、土地开发、商业房产（购物中心、写字楼等）贷款有关的短期贷款。许多银行大量放贷给企业供其建设新的办公楼和开发土地。建设贷款（construction loans）是商业、产业和多家庭住宅房产的临时性融资渠道。银行向建设者发放信贷供其支付原材料和劳动力以完成项目。资金通常在不固定时点发放，比如完成了某个建设步骤（打好地基、建筑架构完成、墙面风干等），或在供应商和分包商实际出示账单时发放。建设者在项目完成并拿到长期融资时偿还所有贷款。建设贷款是临时性贷款（interim loans），只在长期融资（如长期抵押贷款或保险公司、养老基金直接融资）到位前提供有时限的贷款。土地开发贷款（land development loans）为道路和建筑区域的公共设施建设融资。土地开发贷款也是临时性贷款，因为投资者买入楼宇后开发商就可以偿还贷款。这些贷款的期限通常在12个月和2年之间，但如果开发商找不到长期融资，那么银行通常会提供展期。对某些借款人而言，临时性贷款的利率比较高，通常以主要利率或其他基准利率为参照浮动定价。银行可以对借款人在最初发放贷款时收取发行费（origination fee）。

建设和土地开发贷款的信用分析会在第10章中详述。[①] 这些项目有些值得一提的典型特征。最重要的是，这些贷款的风险可能会非常高。单个项目，如在大城市的核心商务区建一栋写字楼，成本非常高。很少有银行选择单独承担这些风险，大多数银行都签署联合融资协议。偿还贷款的主要资金来源是第三方提供的长期融资。如果没有得到长期融资，银行就只能指望开发商用其他项目的现金流或出售房屋所得收入来偿还贷款。如果开发商在建

---

① 开发商的财务报表与非金融企业的财务报表显著不同。分析师要对特定公司为在建项目分摊成本的方式与汇报毛利润的方式非常熟悉。公认会计准则允许建设者估测未完工项目的利润。分析师需要知道多少比例的毛利润可归为已完成合同，且应该比较过往的预测来评估建设者历史利润估计的有效性。

设完成前违约,银行就必须付钱让别人完成项目。银行更偏好消费者已经承诺租赁的项目,且开发商已经安排好了长期贷款协议。长期贷款协议也称易手协议(takeout commitment),是指另一个贷款人,如寿险公司或养老基金,同意在建设完成后提供长期融资的协议。如果建设者没有签署长期贷款协议或者最终所有者的结构不清晰,建设贷款就有较高的投机性。

大多数银行试图与一个选定的开发商群组保持紧密合作以减小风险,并要求第三方对项目进行估价。银行发放建设贷款其实是向开发商放款。保持紧密合作关系使得银行能够评估开发商能否完成特定项目,或者其他项目是否有足够的现金流偿付在本项目失败时造成的损失。第三方估值提供项目完成时的价值估测,并保证建筑的价值在违约时足以偿还贷款。[1]

这些贷款的质量与商业周期紧密相关。银行通过要求前期付款和收取显著高于资金成本的利息来补偿较高的违约风险。例如,银行收取1%的发行费且将利率设定为按基准利率上浮4%——这很常见。因为利息收入随利率变化而变化,贷款的利率风险较低。但如果建筑物没有被售出或完全租出,现金流就不能满足债务偿付要求。

住房抵押贷款(residential mortgage loans)

对于一家普通的储蓄机构而言,长期抵押贷款(主要是单家庭住房)占房地产贷款的大多数。抵押贷款(mortgage)[2]是借款人将房屋资产留置权(lien)给予贷款人作为债务抵押的法律文件。只要按时偿还债务的本金和利息,借款人就可以继续使用资产。如果借款人违约,贷款人就可以执行留置权并收回资产。一般而言,借款人有权赎回,即只要在一个合理期间内偿还债务就可防止赎回权的丧失(foreclosure)。

银行可以发放传统抵押贷款或者联邦住房管理局或退役军人管理局担保的抵押贷款。后两种贷款期限较长,所需首付较少。由于管理者在贷款被正式批准前需要完成相当多的文书工作,这两类贷款的时间成本更高。

1—4家庭住房抵押贷款(1-4 family residential mortgage loans)在正确定价的情况下是有吸引力的投资,但对大多数储蓄机构而言,持有长期固定利率抵押贷款会造成负的资金缺口。持有长期固定利率抵押贷款意味着银行还要承担预付风险和展期风险。[3] 当储蓄机构短期存单和货币市场票据的利率上升时,机构可能会发现抵押贷款收入低于资金成本。因此,多数银行将大部分固定利率抵押贷款证券化(打包并出售,OTD)。尽管固定利率抵押贷

---

[1] 不幸的是,估值不一定是有意义的。估值者并没有被监管,很多滥用的例子也被公之于众。从金融危机开始,银行被要求按照精确的规则获得估值。银行被要求制定合格估值者名单,贷款发起者不能选择估值者,且银行需要验证估值的合理性。参见《跨部门评估和评价准则(2010)》[(Interagency Appraisal and Evaluation Guidelines(2010)]。

[2] 亦称"按揭贷款"。——译者注

[3] 见第4章、第5章对利率风险和资金缺口的详细描述。一个负的资金缺口是指银行利率敏感资产小于利率敏感负债。当利率提高时,银行融资成本的增长多于长期资产收益的增长。一般而言,此时股权价值也会下降,因为长期证券对利率的变化比短期证券更敏感。

款受借款人青睐,但银行更偏好在表内持有利率可调整抵押贷款(adjustable-rate mortgage, ARM)。① 多数抵押贷款贷款人现在为借款人提供固定利率与 ARM 两种选择。因为利率敏感型抵押贷款的借款人承担了利率风险,贷款人会提供更低的初始利率或利率上限来增加这种贷款的吸引力。

单家庭住房抵押贷款的信贷分析与许多消费信贷类似。大多数抵押贷款按照月度支付进行摊销(amortize),包括本金和利息。因为期限较长,抵押贷款贷款人会仔细审查借款人的现金流、特征和偿还意愿。评估主要集中在贷款的三个显著特征上:资产估值、借款人首付、借款人现金流相对于所需利息本金支付的大小。首付越高、债务支付相对于购买者收入越小,抵押贷款贷款人承担的风险越低。

二级抵押贷款市场(secondary mortgage market)

房地产贷款的流行部分源于二级抵押市场的成长。21 世纪初从事发起并持有抵押贷款的机构数量显著增加,新发展的次级债或高风险抵押借款人的细分市场也快速增长。在此期间,非传统抵押贷款产品,如可变利率、零首付、全利息、返售抵押和支付可选等,也显著增长。

许多因素共同逆转了这些趋势。具体而言,2008 年最后的结果是私人(非政府)抵押贷款证券化发行人消失了,参见当代热点专栏"2008 年金融危机对抵押贷款市场的影响"。抵押信贷标准的改变使得目前想要达到抵押贷款的要求变得非常困难。实际上,2005 年抵押贷款发起额达到了 29 亿美元的峰值(其中 15 亿美元是购买按揭,14 亿美元是再融资按揭)。

当代热点

2008 年金融危机对抵押贷款市场的影响

许多专家认为 2008 年金融危机是各种因素共同作用下产生的完美风暴。21 世纪头十年后期的许多因素共同导致了这场危机,其中一个就是住房抵押贷款市场。住房市场曾经蓬勃发展,一些经济学家认为市场中存在泡沫。随着需求增加、价格上涨,借款人开始放松信贷标准。

抵押借贷的"旧规则"认为借款人可以承担其毛收入 2.5 倍的住房贷款。这意味着如果他或她能够首付 5 万美元,年收入 10 万美元的人就可以负担 25 万美元的住房。考虑到 2006 年旧金山房屋价格中位数为 100 万美元,圣地亚哥超过 70 万美元,波士顿 50 万美元,拉斯维加斯 37.5 万美元,这一"旧规则"使得很多房屋价值超过了居住者的负担范围。由于 21 世纪头十年前期经济形势较好,我们见证了这一规则延展到毛收入的 3—4 倍,且贷款人只依赖借款人自己报告的收入,而不是文件证明的收入,采用全利息、100%融资甚至现金支

---

① ARM 已经发展出许多类别。有些将利率与利率指数相联系,利率指数随总体利率水平的变化而变化。其他则根据一个固定的时间表调整利率。本金偿付也可以与通货膨胀挂钩。

出再融资(cash out refinancing)的方式放贷。回看过去,这些都是坏主意。

就在贷款人降低抵押贷款标准的时候,美联储也在降低利率。这些因素成为2008年次贷危机的先导。住房市场在21世纪头十年的早期就有些过热了。美联储的超低利率政策意味着超过80%的抵押贷款在2002—2005年期间进行了再融资,有些甚至多次再融资。当利率随后上升时,再融资的增长速度慢了下来。抵押贷款公司在寻找新的增长来源,它们越来越多地对不太合格的借款人发放贷款。因为利率在上升,抵押贷款公司开始提供"非传统"抵押产品,这使得那些不太合格的借款人发现自己背负的大多是利率可变贷款,或者是那些只有在房屋价值显著增长时才能偿付得起的暗藏机关的抵押贷款。

尽管次级贷款的增长是2008年抵押贷款危机的一个显著导因,但借贷标准的不断降低带来的影响才是最大的。2007年年底流动性枯竭,之前发放抵押贷款或者对借款人做出承诺的抵押贷款贷款人发现即便可以出售,在二级市场卖出这些次级抵押贷款包也要大费周折。许多贷款人由此无法兑现其承诺。实际上,2012年私人的抵押贷款支持证券(mortgage backed securities, MBS)发行只占MBS发行总量的不到5%。

2005年,政府支持机构(房利美和房地美)在抵押贷款市场上占主导地位,它们发行了70%的MBS。到2006年,它们发行的MBS市场份额下降到40%,私人发行的MBS攀升至55%。由于私人发行人降低了信贷标准,由此更加需要发行MBS,这使得房利美和房地美失去了市场份额。不幸的是,作为对丧失市场份额的回应,房利美和房地美在2006年和2007年显著扩张了次级债和次优贷款(没有证明文件或文件内容较少)的发行以重新赢得市场份额。它们很成功,MBS发行量在2008年超过了70%。到2013年,超过94%的抵押贷款都被政府机构证券化,即用纳税人的钱来保证投资者不承担违约风险。

二级抵押贷款市场是指交易此前发起的住房抵押贷款的市场。抵押贷款的发起人可以直接将贷款卖给感兴趣的投资者,也可以将贷款打包成抵押贷款池。有了抵押贷款池,原始贷款人就可以发行长期证券——这些证券是对贷款池的求偿权。长期证券的投资者将得到基础抵押资产的本金利息,但要扣除服务费用。在多数情况下,贷款池原始发行人向房屋购买者收取还款,保留一部分作为服务费,支付相关的财产税,将剩下的支付给保险人和证券持有者。

在风险资本金管控的强制要求之下,储蓄机构必须对表内资产持有资本金,许多抵押贷款机构采取了以证券化为目的发行抵押贷款的策略。也就是说,将贷款打包出售给其他投资者,其收入来自发起抵押贷款和服务费用。然而,《多德-弗兰克法案》和消费者金融保护局的新规则显著改变了证券化抵押贷款的现状。这些新规则规定金融机构必须持有一部分新发行的抵押贷款。《多德-弗兰克法案》要求银行保留其发起的抵押贷款的5%,但特定的合格抵押贷款免受此规则的监管。合格抵押贷款是指那些通过"偿付能力"测试的贷款。

住房产权贷款(home equity loans)

《1986年税收改革法案》逐步取消了消费债务在计算联邦所得税时的利息抵扣权,但抵押贷款除外。不出所料,贷款人迅速包装出住房产权贷款,并很快替代许多其他传统的消费信贷形式。住房产权贷款实际上是以房产为担保的二次抵押贷款,它使得任何利息支付都符合抵税标准。二次抵押贷款(second mortgages)的期限通常比一次抵押贷款的期限短,如3—10年,其求偿权在一次住房抵押贷款之后。多数储蓄机构现在提供住房产权信用额度(home equity lines of credit, HELOC),其构造方式与直接分期贷款和直接信用额度类似。直接信用额度给予个人一个信贷额度,其在此额度内可以以任何目的借款。

从贷款人的角度看,住房产权贷款是被完全担保的,因此风险很低。实际上,这一贷款鼓励超过个人常规收入负担能力的消费支出,因此借款人的确会发生违约。因为住房产权贷款的求偿权在一次抵押贷款之后,这使得二次抵押贷款持有者执行止赎权(foreclosure)变得异常困难。随着2007—2008年房地产价值下跌,由于担心风险暴露和经济下行,贷款人收紧了信贷标准。例如,银行在资产不能支持初始估值和初始信贷额度的情况下减小HELOC可用额度或完全停贷的现象屡见不鲜。

房地产产权投资(equity investment in real estate)

多年来,政府监管条例不允许商业银行持有房地产,除非是自身的办公楼或终止赎回权的房产。相反,各州特许经营的储蓄和贷款协会以及保险公司一直被允许在房地产项目中持有产权。这使得它们能以低利率换取价值增值带来的无限潜在利润。联邦监管者希望储蓄机构即便参与投机性房地产活动,也要通过独立分支机构进行。《1999年金融服务现代化法案》授权商业银行和储蓄机构从事商业银行业务,许多州也通过法律允许州特许商业银行投资房地产,但通常将美元投资额限定在资产的固定比例之内。

商业贷款

商业贷款的类别和商业借款人的类别一样多。《统一银行业绩效报告》(UBPR)定义的商业贷款为"国内营业点的商业和产业贷款、对储蓄机构的贷款、其他银行的汇票,以及州和政治分支机构的支付义务(证券除外)"。商业贷款是对企业发放的贷款,帮助其为营运资本需求(应收账款和存货)、厂房和设备需求及其他合理的商业用途融资。商业银行对制造业企业、服务公司、农民、证券经纪人和其他金融机构发放大量贷款。贷款可以是短期的,如临时营运资本需求和能在其他投资者那里取得长期融资承诺的建设费用;也可以是长期的,如新设备购置和厂房扩建。

短期商业贷款通常采用信贷承诺(loan commitments)或信贷额度(line of credit)的形式。这些贷款可以是正式的,也可以是非正式的,以类似信用卡的方式运作。银行和借款人预先商定客户可以按需借出款项的最大额度。借款人决定借款的时间和实际数量。对借款人而言,一个显著优势是灵活性。例如,公司可能只是需要为销售期之前增加存货而融资,一旦销售出去就能偿还贷款。这些贷款也较少占用信贷专员的时间。在正式批准前,信贷专员评估借款用途和偿还的前景,并协商承诺的额度、相关的承诺条款、费用或补偿性余额要求及利率。

由于许多商业贷款都用于为流动资产(主要是应收账款和存货)融资,接下来的讨论着重分析一般营运资本要求和与这种融资相关的几种贷款。上一节讨论了 CRE 贷款,下一节分析定期商业贷款和农业贷款的一般特征。通常,商业贷款和产业贷款与 CRE 贷款相关,唯一的区分特征是以房地产还是以公司资产做抵押。

营运资本要求

公司的(净)营运资本[(net)working capital]等于流动资产减流动负债。对大多数公司而言,营运资本是正的。这意味着流动资产一部分由流动负债融资,一部分由长期债务和股权融资。如果流动资产被售出,流动资产的销售所得就会超过流动负债。因此,营运资本是净流动性的表征指标。

考虑图表 9.12 中 Simplex 公司的日均资产负债表信息。公司有 300 美元(1 280—980)的净营运资本,公司的流动资产超过流动负债。这意味着 300 美元的长期债务和股权在为 300 美元的现金、应收款和存货融资。需要注意的是,450 美元的流动负债是银行的应付票据,这代表以运营目的融得的短期资金。

实际上所有企业都必须投资流动资产以运营。制造商购买原材料来制造产品,然后依靠信贷进行销售。零售公司购买供展示的货物,并依靠信用赊销来刺激业务。服务公司需要营运现金及小规模存货供给。每一类业务都依赖于不同的融资方式,这取决于运营政策和增长方式。若融资需求是短期的,则应选择营运资本贷款。

图表 9.12 的底部和图表 9.13 用 Simplex 公司这一制造业企业的数据总结了一个正常的营运资本周期。这个周期比较了将流动资产转换为现金和用现金支付正常运营费用的时间差。图表 9.12 还提供了补充的利润表数据,用于计算时间差。假设所有销售都采用信用销售方式,数据是日平均值。

图表 9.12　Simplex 公司资产负债表和利润表　　　　　　　　　　　(单位:美元)

现金-现金周期					
资产		负债和所有者权益		部分利润数据	
现金	80	应付账款	400	销售额	9 125
应收账款	700	应计费用	80	销货成本	6 100
存货	500	应付票据——银行	450	运营费用	2 550
流动资产	1 280	到期长期债务	50	赊购金额*	6 430
固定资产	1 220	流动负债	980	日平均:	
总资产	2 500	长期债务	550	销售	25.00
		股权	970	销货成本	16.71
		负债和所有者权益总计	2 500	运营费用	6.99
				赊销购买	17.62

(单位:美元)　（续表）

营运资本周期+			
流动资产	天数	流动负债	天数
现金天数	3.20	应付账款天数	22.71
应收账款天数	28.00	应计费用天数	11.45
存货天数	29.92		
资产周期	61.12	负债周期	34.16
	现金-现金周期差 = 26.96		
	营运资本需求 = 26.96 × 16.71 = 450.50		

注：* 上期存货为170。+ 比率定义如下：
现金天数 = 现金/(销售额/365) = 80/25.00 = 3.20
应收账款天数 = 应收账款/(销售额/365) = 700/25.00 = 28.00
存货天数 = 存货/(销货成本/365) = 500/16.71 = 29.92
应付账款天数 = 应付账款/(赊销购买/365) = 400/17.62 = 22.70
应计费用天数 = 应计费用/(运营费用/365) = 80/6.99 = 11.44
资料来源：作者整理。

　　营运周期的现金流始于公司累积营运现金,将其存放于现金池,并支付工资。当营运现金累积到某个水平时,公司就可购买原材料,转换为制成品,积累存货。当公司以信用方式销售存货时,会计的应收账款就出现了。最后,应收账款在顾客支付信用账单时转换为现金。许多因素都影响完成一个周期的时间,包括生产过程的复杂性,信用销售条款和公司对于当前应收账款的收款努力程度等。生产制成品、销售、收款的时间越长,公司收回现金投资的时间越长。如果资产循环和债务现金支付的时间存在差异,公司就需要贷款来解决现金流不匹配的问题。

　　在大多数产业中,现金-现金资产周期比非银行流动负债的可比周期更长。现金-现金资产周期(cash-to-cash asset cycle)度量企业从销货第一天起为经营现金、存货和应收账款所需融资的天数。现金-现金负债周期(cash-to-cash liability cycle)主要衡量公司从供应商处获得的以应付账款和应计费用方式融得免息资金所需的时间。① 公司使用贸易信用为原材料采购(存货)进行临时性融资,但通常需要在30天内支付款项以获得折扣。哪怕能让供货商延长期限,它们也会在流动资产循环完成前提前支付应付账款。公司也可以累积费用而不必立刻支付现金,但延后期很短。这样带来的结果是多数企业在它们支付供货商、劳动力成本和其他运营费用后很久才得到现金。公司最大化使用可用的贸易信用后,剩余的时间差要用银行信贷或长期债务融资来填补。

　　这一现金-现金在图表9.12底部和图表9.13中列示。在图表9.12中,现金-现金资产周期显示 Simplex 转换一次资产需要61.12天。相对地,公司平均花22.71天支付供货商款项,可递延运营费用11.45天。注意应付银行票据和长期债务用于这26.96天的现金

---

① 事实上"免息"这个词可能不完全正确。如果供货商提供提前支付折扣,但企业并没有提前支付,那么实际的晚支付(晚于折扣期)的利息成本可能很高。

流缺口融资。

估测营运资本贷款需求的一个步骤是用资产和负债的现金-现金周期的天数乘以公司日均销货成本。在这个例子中，该乘积等于450.50美元（26.96 × 16.71），与应付票据的当前头寸（450美元）相近。当然这一计算忽略了公司资本结构。如果公司的股本超过平均值或长期债务融资超过常规水平，营运资本融资需求就可以用这些更长期的资金来源来满足。这时，基于以上计算的估测方法会高估实际的短期资金需求。

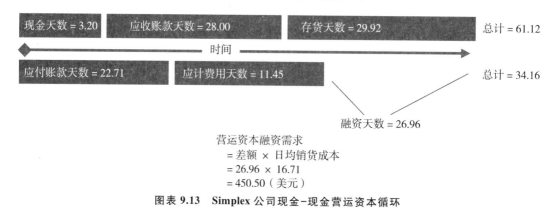

图表9.13 Simplex公司现金-现金营运资本循环

资料来源：作者整理。

季节性和永久性营运资本需求

许多公司的营运资本需求随时间变化而变化。这可能是由于季节性销售或事件引起的，例如信用销售相较于现金销售出现未预期的增长，出现这种情况通常是由于原材料存在缺陷而产生存货积压，或对供应商的付款方式发生改变。企业在销售高峰季之前会临时囤积存货并支付更高的运营费用。由于应收账款增加的速度变缓，企业营运资本需求增加。这一缺口会因应收账款增加而进一步增加，之后随着公司收回应收账款和售出存货而下降到正常值。

营运资本融资的一个重要方面是评估存货囤积、生产、销售、收回应收账款等环节是否有季节性特征。如果季节性特征存在，贷款人必须获得能揭示高峰期企业持有流动资产规模的期中资产负债表。例如，一家制造烟花的公司或滑雪旅游区的餐馆，其营运资本贷款的最大值一般会在公司业务高峰前出现或与高峰同时出现。

除了季节性需求，多数企业还有一个正常的或最小的营运资本，不论是否出现意外事件或季节性波动，这一最小数额的营运资本都会被保留。也就是说，多数企业的应收账款、存货和应付账款有一个最小值，而且是业务中永远存在的一部分。一个客户的应收账款偿还后，一笔新的应收账款会替代它，因此一定数额的应收账款会一直伴随公司。这一基础营运资本或永久性营运资本（permanent working capital）需求等于流动资产的最小值减去调整后流动负债的最小值。调整后流动负债的最小值等于全年流动负债最小值中剔除短期银行贷款和到期长期债务的部分。企业和贷款人认识到这一永久性需求非常重要，因为这部分需求应该用长期债务或股权（资本结构）来满足。公司应该尝试发行长期债务或股权为这些永久性需求融资,因为储蓄机构不愿意为这一用途发放定期贷款。任何超过这一基础值的营运资本需求都可以用短期信贷融资来满足。

将公司营运资本头寸的时间序列作图可以帮助我们量化永久性需求和临时性需求,也有助于识别季节性特征。图表9.14用图形展示了这一概念。基础趋势线,即通过流动资产最小值和调整后流动负债最小值的直线,表示这些资产负债表项目的永久性部分。当公司在前期扩张厂房时,这些数额发生跃升。曲线代表总流动资产和总流动负债。流动负债的峰值在流动资产峰值之前出现,反映了应收账款增长一般滞后于存货和贸易信用这一事实。永久性营运资本需求等于流动资产最小值与调整后流动负债最小值的差额。季节性营运资本(seasonal working capital)需求等于总流动资产与调整后流动负债的差额减去永久性营运资本。营运资本需求峰值(peak working capital needs)恰好与流动资产峰值一致。

季节性营运资本贷款

季节性营运资本贷款为流动资产净值临时性超过永久性营运资金需求的部分融资(见图表9.14)。借款人使用资金购置原材料并囤积制成品存货,在未来出售。贸易信用也会增加但幅度更小。随着借款人以信用方式出售存货,应收账款会持续,资金需求也会持续。当借款人收回应收账款并停止囤积存货时,贷款会减少。

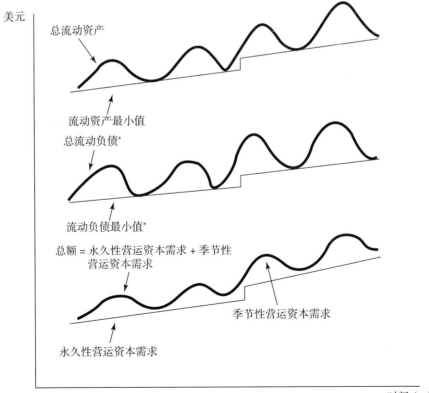

图表 9.14　营运资本需求趋势

注:*流动负债中扣除了应付票据和当期到期的长期债务,即调整后流动负债。

若需求定期出现且在一年内完成循环,则可视为有季节性特征。这类贷款是自清算的(self-liquidating),因为偿付来自最终产品的销售而最终产品依赖融资。由于贷款是在为存货和应收账款的增长融资,贷款人试图以这些资产为贷款担保。季节性营运资本贷款通常是无抵押的,因为对贷款人而言风险较低。

在评估季节性贷款时,有必要比较借款人不同时间的营运资本头寸(图表 9.13)。如果贷款人只能得到年底的财务报表,且此时流动资产处于最小值,那么分析师必须论证借款人是不是需要季节性融资。为了估算季节性需求的最大值,贷款人需要比较借款人不同时期(流动资产分别处于高位和低位)的财务报表,两期总营运资本之差就是季节性贷款需求的最大值。这意味着贷款人要获得期中财务报表。例如,假设图表 9.12 中的数据代表 Simplex 公司最低的季节性营运资本需求,且需求高峰在四个月后出现,那时流动资产为 1 800 美元,流动负债为 1 200 美元,则最大季节性需求为 600 美元。

开放信用额度

季节性贷款通常采用开放信用额度的形式。[①] 在这种安排下,贷款人在一定期限内预留一定额度的资金供借款人使用,客户决定实际的借入时间。通常,随着存货的囤积,借款持续增加,之后随着应收账款的回收而下降。贷款人希望贷款在一年内至少被足额清偿一次。这能够确认需求的确是季节性的。

开放信用额度在很多时候被用来为一个新的永久性营运资本融资。换言之,银行在事后发现相关需求并非季节性营运资本增长,而是永久性营运资本增长。其中一个标志是公司不能足额清偿额度(clean up the line),即不能保证每年至少有一次全额偿付信用额度。一些开放额度含有一次性转换条款(one-time conversion provision),可以将其转换为定期票据。银行家称之为信用额度期限化(terming out the line)(参见"循环信贷"部分的内容)。有时候贷款承诺也会规定转换费用(conversion fee),即在某个时点后因转换为定期贷款而收取的费用。

信用额度的期限随借款人的变化而变化,非正式额度的期限与签订正式合同的额度的期限也不同。非正式额度并不具有法律约束力,但是贷款人提供贷款承诺。客户只对实际借入的款项支付利息。签订合同的或正式的信用额度是有法律约束力的,哪怕没有书面签署文件。不论客户是否使用了额度,贷款人都会向借款人收取保证提供信贷的承诺佣金。客户也需要为实际使用的款项支付利息。在这两种情况下,贷款人每年评估公司的信贷需求并与公司协商信用额度。借款人支付可变利率利息,且协议中通常要求借款人在放贷银行的存款账户中持有一定的补偿性余额。

[①] 除季节性需求外,信用额度还被用于许多其他种类的临时性需求。一个受欢迎的类别是备用信用额度(back up credit line),它被许多定期发行商业票据的大公司所使用。当商业票据到期而公司没有或不能对流通中的票据进行展期时,此信用额度就被用于偿付投资者。

定期商业贷款

储蓄机构试图将信贷期限与借款人的特定需求相匹配。信贷专员估测贷款申请的目的（用途）和数量、预期偿付来源和抵押品价值。协商的贷款数额、期限、偿还时间表要与预期吻合。短期资金需求以短期商业贷款融资，长期资金需求以更长期限的定期贷款融资。年轻的信贷分析师容易犯的错误是为"好"客户提供比实际需求更多、更长期限的贷款。如果贷款数额多于客户实际需求，客户可能会不明智地使用资金，例如购买不需要的资产（如商务客机），但银行并没有这些资产的留置权（lien）。

许多公司拥有持续期超过一年的信贷需求。定期商业贷款（term commercial loans）通常在这时被使用，其初始期限超过一年。多数定期商业贷款的期限为1—7年，被用于购买可折旧资产，支付新业务的初始成本，或为营运资本的永久性增长融资。由于借款人会在未来数年内进行偿付，因此放贷者更关注借款人每期的收入和现金流，而不是资产负债表。第10章检视了定期贷款的传统信用分析——从基础比率分析到现金流预测。定期贷款通常要求抵押，但这只是在借款人违约时起作用的二级偿付来源。

定期贷款的特征随资金用途的变化而变化。在购买资产时，协议签署后贷款本金将一次全部到账。贷款额度等于所获资产的净购买价格，期限取决于资产的使用寿命和借款人产生现金偿付本金和利息的能力。所收取的利率反映银行的资金成本和补偿违约风险与利率风险的风险升水。实际上，全部定期贷款都有正式的贷款协议，规定每一方的行为，并规定违约所提供的补偿。由于多数定期贷款非常复杂以至于在多年后很难被理解，如果没有协议，参与方就可能会忘记初始商定的条款，因此签订正式协议是有必要的。

贷款支付的形式多种多样。要求在数年内偿还的贷款计划应保证借款人的现金流足以覆盖每年的本金和利息。许多定期贷款按照分期标准偿还并完全分摊，每期支付都包括利息和数额变化的本金。其他定期贷款可使用等额的本金偿付，利息依据逐步减少的本金余额计算。定期贷款偶尔也会采用本金期末整付（balloon payment）的方式——借款人在到期前只支付每期利息，到期一次性支付本金（即"气球"或"子弹"贷款），或使得分摊部分的本金和利息在很长期限（如30年）内支付，而剩余本金在到期时（如5年后）支付。通常，支付来源是公司运营产生的现金流。

对于新业务和营运资本的永久性增加，银行按需求发放贷款本金。如果借款人在不同时期需要不同数额的资金，银行通常按以下方式构架存款：在早期使用贷款承诺，然后将未使用的额度转换为定期贷款。这类定期贷款（通常叫作循环信贷）的偿付仍然来自现金流。由于风险较高，协议通常以高利率定价。

循环信贷（revolving credits）

循环信贷是短期营运资本贷款和定期贷款的混合，通常包含1—5年的资金承诺（借款基数）。在某个中间时点，剩余承诺额度被转换为定期贷款。在这个时点前，借款人可以像使用信用额度一样决定资金用途。一旦承诺转换为定期贷款，强制本金偿付就开始了。循环信贷有固定的期限，且通常要求借款人在转换为定期贷款时支付转换费用。这一协议对信誉良好的客户来说减少了文书工作,简化了贷款服务,这些客户偏爱中间时点前的资金灵活性。一般而言,循环信贷替代了商业票据和公司债券的发行。

资产支持贷款(asset-based loans)

理论上,任何以公司资产为抵押的贷款都是资产支持贷款。一种受欢迎的资产支持短期贷款是以存货或应收账款为抵押的贷款,为杠杆收购(leveraged buyouts,LBO)融资的贷款也属于这一类别。存货贷款的抵押品包括原材料、生产过程中的在制品和制成品。存货的价值取决于每一个组成部分在借款人破产时的变现能力。商业银行对行业通用的原材料发放 40%—60%的贷款,对变现能力强的制成品也是类似比例,对未完工的存货不放贷。对应收账款贷款而言,抵押品是代表销售额求偿权的纸质票据。抵押品的质量既取决于借款人报告实际销售额的诚实度,也包括账单的可信度。

尽管任何以公司资产为抵押的贷款都可被视为资产支持贷款,但资产支持借贷目前主要指评估贷款申请时更看重抵押品而不是现金流的贷款。相较其他担保贷款,从抵押品清算中获得收入这一情况在资产支持贷款中更容易发生,贷款人必须全面地评估抵押品的当前价值和未来价值。资产支持贷款在 20 世纪 80 年代中期增长,当时许多得克萨斯州的大型商业银行依据被证实存在的油田的价值放贷。例如,当油价是 40 美元一桶时,银行对每桶石油储量发放 24 美元贷款。多数银行客户认为银行极度保守。尽管没有任何人相信油价会跌至 10 美元一桶,但它真的发生了。当石油价格跌至这样的低位时,所有与石油领域相关的设备和产业都受到了冲击,例如一台价值 160 万美元的钻机在这场冲击后只值 3.8 万美元——报废金属的价值。

发放资产支持贷款要求信贷专员检查资产。例如,信贷专员应该到现场检查存货,并亲自确认客户提供的应收账款数据已经剔除不可回收或不存在的部分。银行通常对借款人的应收账款发放 50%—80%的贷款,具体取决于应收账款账龄分析和过去的收款经历。应收账款账龄分析表(accounts receivable aging schedule)是按照应收账款发票开出日期(开票时长)或到期日期(到期时长)对应收账款进行分类的列表。分析师可以通过比较每个月应收账款占总额的比例来迅速确定逾期应收账款数额和收款趋势。

贷款人通常要求实行保险箱制度以保证借款人在收到客户的支付时偿还应收账款贷款。在保险箱(lockbox)制度中,借款人要求借款企业的客户将支付单据直接邮寄到贷款人控制的一个邮局邮箱。贷款人执行支付,并相应扣减借款人借款余额,但为此向借款人收费。此外,由于贷款人要花费更多时间监督资产支持贷款,其收取的利率也要高于开放信用额度。标准的利率定价是基于银行基准利率(base rate)上浮 2%—6%。

高杠杆交易

在 20 世纪 80 年代早期,资产支持贷款的一个增长领域是杠杆收购(LBO)。LBO 是指一个投资团队(通常是现任管理团队的成员)收购目标公司,并以最小股权和大额债务将其私有化的过程。目标公司基本是那些关键资产被低估的公司。投资者通常通过出售特定资产或分支机构迅速偿还债务。如果关键资产被低估,投资者就可能拥有这样一家公司,它的规模虽缩小但盈利前景可能改善,因此股票价值可能增长。一旦市场认可这一更高的价值,投资者就会出售公司,或让其再次上市。若投资者预测错误并花费过多资金,则目标公司会破产。

农业贷款

农业贷款与商业和产业贷款有相似性,那就是以短期信贷为与种植和收获农作物有关的季节性运营费用融资。与营运资本贷款类似,资金被用于购买种子、化肥、农药等存货并支付其他生产成本。农业经营者预期在收割并销售农作物后偿还贷款。长期资金为牲畜、设备和土地购置融资。基本的偿付来源是牲畜销售、谷物收获后的现金流中扣除运营成本的部分。不同的是,农业被视为国家基础产业。联邦政府通过美国农信服务计划(FCS)支持农业贷款。涉及农业借贷的联邦机构包括农业信贷管理局(Farm Credit Administration)、农业信贷银行和协会(Farm Credit Banks and Associations)以及联邦农业抵押放款公司(Farmer Mac)。

国际事件和政府政策会使农业市场产生周期性特征。农业贷款人和农民经常共同应对这种周期变化,即由外国和美国市场需求或供给改善与产量削减导致的商品价格涨跌。这一周期波动可能十分剧烈。

消费信贷

无抵押消费信贷与商业贷款显著不同,其用途主要是购置耐用品,尽管许多个人也会借钱来支付教育、医疗和其他开支。消费信贷对每个个体的平均贷款额较小,多数贷款的期限为1—4年,分期支付,利率固定。近年来,大多数州都取消了消费信贷利率上限。消费信贷利率上限是储蓄机构可以收取的最高利率。限制的取消使得消费信贷利率目前高于历史均值,这导致消费信贷与其他贷款相比具有不同的风险和收益特征。总体而言,个人借款人的违约风险比商业客户的违约风险更高。因此消费信贷利率要更高,这样才能弥补更大的损失。

尽管多数消费信贷利率固定,但分期支付增加了其利率敏感性,所以它们的平均支付时长相对较短。然而,长期贷款可能使储蓄机构面临相当高的利率风险。消费信贷通常可以分为分期贷款、信用卡贷款或不分期贷款三类。分期贷款要求在到期前每期支付部分本金和利息。其他消费信贷要么要求一次性支付本金和利息,要么像信用额度那样允许借款人自行决定还款时间表。

储蓄机构在消费信贷市场中的份额在逐渐降低,但随着金融危机中许多非储蓄机构转型为储蓄机构,这一特征变得不那么清晰了。非储蓄机构通常会转型为金融控股公司,如2008年Ally转型为金融控股公司。此前,Ally是通用公司的消费金融业务分支机构,通用公司经由Ally发放汽车贷款和抵押贷款。其他类似案例还包括高盛、大都会人寿、摩根士丹利、美国运通等。

不分期贷款通常具有特殊目的,如借款人预期会得到一笔大额现金来偿还债务。例如通过出售以前拥有的房产来偿还新房首付的过桥贷款。这些贷款可能非常有利可图,但通常不会大量出现。管理这些贷款的成本也非常高。

风险资本

由于涉及高杠杆和风险且监管有要求,储蓄机构通常不直接参与风险资本(venture capital,VC)业务。然而,一些大银行确实拥有参与特定股权或VC业务融资的分支机构,但这种参与是有限的。VC是一个宽泛的概念,被用于描述公司在生命周期早期获得的资金。这类资金通常在公司增长速度高于内部产生现金流能力的时期使用,即在公司达到有效规模前的阶段使用。一般而言,VC提供长期的风险分担股权资本或债务资本来帮助非公众公司把握增长机会。VC公司试图在不进行过多干预的前提下帮助企业增加价值。尽管许多VC投资以债务形式呈现,但还有许多VC投资者通常在公司中以小股东身份存在,因为企业所有者需要卖出少数股份来吸引VC。VC公司最可能会寻求一个非执行董事席位,并每月出席董事会会议。通常,VC公司不仅提供融资,在需要时还提供经验、专业知识、关系和建议。

风险融资类型繁多。较早阶段的融资采用种子资金或启动资本的形式。在这些高杠杆交易中,VC公司出借资金换得股份。银行在这一阶段以VC身份参与企业融资的案例寥寥无几。在下一个阶段,资本以扩张和重置融资、资本结构调整或转型融资、全面收购或空头购入融资,甚至是夹层融资等形式存在。商业银行可以参加这几轮融资,但如果公司在开始时就过度加杠杆,银行会在后面几轮融资中被有效地排除。

夹层融资在20世纪90年代后期的科技繁荣中变得非常流行,为公司提供持续高速增长的资金。夹层融资基本上是第二、第三或第四轮融资。这类融资非常流行的原因是它在后面几轮进行融资;VC公司由此获得投资者可以参考的一系列数据和信息。一些VC公司聚焦特定产业,其他VC公司专注特定类型的夹层融资,例如公司上市融资或收购融资。

■ 本章小结

信贷实际上比其他任何银行业务的风险都高。因此,管理者在放贷前应当仔细分析风险的本质。信贷流程有三个功能:业务拓展和信用分析、信贷执行和管理、贷款复核。业务拓展活动主要识别有利可图的客户并发展信贷关系。信用分析是评估风险及审核财务数据,并主观评判借款人性格的过程。信贷专员在这一环节正式接受或拒绝贷款申请,并准备批准贷款所需的文件。最后,贷款复核人员定期审核每一笔未收回的贷款,尤其是需要展期或处于评估状态的贷款。

储蓄机构发放多种贷款,贷款是储蓄机构资产组合中占主导地位的资产。本章描述了短期营运资本贷款、资产支持贷款、房地产贷款、消费信贷和农业贷款等的基本特征。本章还分析了银行将资产移出资产负债表或直接从事表外活动以赚取额外利润或收益的许多做法。

思考题

1. 讨论银行信用文化在管理信用风险中的重要性。
2. 描述商业银行信贷流程的基本特征和三个功能。
3. 什么是信贷的"五C"？讨论其在信用分析中的重要性。描述本章介绍的不良信贷的"五C"。
4. 为什么历史核销率和逾期数据不能代表当前银行资产组合的信用风险？
5. 为什么大银行可能愿意接受有信用评分贷款的较高平均损失率？
6. 银行怎样通过贷款获利？讨论贷款在吸引借款人在金融机构购买其他业务过程中的重要性。
7. 讨论银行可能选择在贷款协议中包含如下条款的理由：
   a. 现金股利不能超过税前利润的60%　　b. 期间财务报表必须每月提供
   c. 存货周转率必须大于每年5次　　　　d. 资本支出每年不能超过1 000万美元
8. 什么叫作在担保中"完善银行的抵押权益"？当向小企业的既是经理又是所有者的企业主放贷时，银行可以采用什么方法来完善其在公司抵押品上的权益？
9. 公司永久性营运资本需求与季节性营运资本需求有什么不同？
10. 银行如何将贷款移出资产负债表？不同类型的表外活动的动机有什么不同？讨论这些活动涉及的风险。
11. 促使商业银行发放可变利率抵押贷款的动机是什么？为什么可变利率抵押贷款的利率通常低于固定利率抵押贷款？随着利率的下降，你预期银行会增加还是减少可变利率抵押贷款占总抵押贷款的比例？
12. 你考虑对一家制造并向便利店和商场销售时尚商品的公司发放营运资本贷款，贷款由公司的存货和应收账款作担保。这类抵押品可能存在的风险是什么？你会怎样做来使风险降到最低，并定期判断公司的表现是否恶化？
13. 讨论以下类别的贷款是否容易证券化，并说明理由。
    a. 住房抵押贷款　　b. 小企业贷款　　c. 信用卡贷款池　　d. 住房产权贷款池
    e. 向农民发放的生产贷款
14. 描述以下贷款的基本特征：
    a. 开放信用额度　　b. 资产支持贷款　　c. 定期商业贷款　　d. 短期房地产贷款
15. 为什么涉及农业的个人或企业需要借贷？农民需要什么类型的存货？
16. 农民一般有什么形式的应收账款？一般可以获得什么样的抵押？除了总体经济环境，银行家在向农民放贷前还需要注意什么？
17. 许多银行在消费信用卡业务上激烈竞争。这种贷款类型的吸引力在哪里？
18. 假设你想对你银行的客户发放营运资本贷款。你进行了现金-现金周期分析，并认为公司每天的平均销货成本为5万美元。这意味着什么？

19. 描述以下每种措施如何帮助银行控制信用风险。
    a. 贷款条款　　　b. 风险评级系统　　　c. 头寸限制

练习题

图书出版商贷款

假设 RSM 出版公司——一家儿童图书出版商——找到你的银行希望借入 25 万美元的营运资本。公司向你提供了以下的资产负债表和利润表数据：

（单位：美元）

资产		负债和所有者权益	
现金	50 000	应付账款	166 000
应收账款	375 000	应计费用	37 000
存货	510 000	应付票据	75 000
固定资产	925 000	当期到期的长期债务	25 000
总资产	1 860 000	长期债务	475 000
		所有者权益	1 082 000
		总负债和所有者权益	1 860 000

销售额：4 622 800
销货成本：3 504 100
运营费用：893 000
材料采购：3 116 000

1. 公司流动资产的多少比例是隐性使用长期债务或股权融资的？这个数值有什么显著意义？
2. 假设一年有 365 天，计算公司的现金-现金资产周期、现金-现金负债周期以及二者的差值。用这个信息和本章描述的步骤估测公司的营运资本贷款需求。
3. 总体而言，你对这个贷款需求有什么疑虑？
4. 假设这个领域典型的出版公司的股权融资比例只有 RSM 股权融资比例的一半。那么总体而言，这将如何影响关键行业比率及用这一步骤估算的营运资本需求？

实践活动

获取几家你所在区域的社区银行的年报和至少一家大型区域性或全国性银行的年报。比较它们的贷款资产组合占总资产的比例，比较贷款资产组合的构成。其中的差异会对银行的风险头寸和收益产生怎样的影响？仔细查看年报附注来确定每一类贷款的过往损失。你能发现什么不同？

参考文献

Bergstresser, Daniel, "Market Concentration and Commercial Bank Loan Portfolios", Working Paper, Harvard Business School, October 28, 2008.

Clark, Timothy, Astrid Dick, BeverlyHirtle, Kevin Stiroh, and Robard Williams, "The Role of Retail Banking in the U.S. Banking Industry: Risk, Return, and Industry Structure", *Economic Policy Review*, Federal Reserve Bank of New York, December 2007.

Compton, Eric N., "Credit Analysis Is Risk Analysis", *The Bankers Magazine*, March/April 1985.

Crouhy, M., "The Subprime Credit Crisis of 2007", *Journal of Derivatives*, Volume 16 Issue 1, Fall 2008, pp. 81-110.

Demyanyk, Y. and O. Van Hemert, "Understanding the Subprime Mortgage Crisis", *Review of Financial Studies*, May 4, 2009.

Diamond, D. and R. Rajan, "The Credit Crisis: Conjectures about Causes and Remedies", *American Economic Review*, Volume 99, No. 2, May 2009, pp. 606-610.

FDIC, FIL-82-2010, Interagency Appraisal and Evaluation Guidelines, December 2, 2010.

Golden, Sam and Harry Walker, "The Ten Commandments of Commercial Credit: The Cs of Good and Bad Loans", *Journal of Commercial Bank Lending*, January 1993.

Greenspan, Alan, "The Roots of the Mortgage Crisis", *The Wall Street Journal* (online), December 12, 2007.

Keys, B. J., T. Mukherjee, A. Seru, and V. Vig, "Did Securitization Lead to Lax Screening? Evidence from Subprime Loans", *The Quarterly Journal of Economics*, February 2010.

Lang, William W. and Julapa A. Jagtiani, "The Mortgage and Financial Crisis: The Role of Credit Risk Management and Corporate Governance", *Atlantic Economic Journal*, June 2010.

Leitner, Yaron, "Using Collateral to Secure Loans", *Business Review*, Federal Reserve Bank of Philadelphia, Second Quarter 2006.

Lopez, José, "Concentrations in Commercial Real Estate Lending", *Economic Letter*, Federal Reserve Bank of San Francisco, January 5, 2007.

Mueller, P. Henry, "Risk Management and the Credit Culture-Necessary Interaction", *Journal of Commercial Lending*, May 1993.

Strischek, Dev, "Credit Culture", *RMA Journal*, November 2002.

Strischek, Dev, "Credit Culture Part II: Types of Credit Cultures", *RMA Journal*, December 2002.

Sumner, Steven and Elizabeth Webb, "Does Corporate Governance Determine Bank Loan Portfolio Choice", *Journal of the Academy of Business and Economics*, February 2005.

第10章
商业贷款申请评估与信贷风险管理

财经媒体十分关注公司的盈余公告,把它们视为表征公司过去绩效与未来增长机会的指标。但是,大多数分析师在分析公司前景时认为现金流是同等重要的信息。报告的收益或利润与每股收益可以被管理层操控,也许并不能真正描述公司履行债务支付义务的能力,因为债务是由现金流偿还的,而不是账面利润。

尽管信用赊销并不即刻产生现金流,大多数公司还是将其视为收入。一家应收账款大幅增加的公司也许会报告利润增加,却可能没有现金支付经营费用。类似地,一些公司可以将其拥有少数股东权益的未分配利润视为本公司的收入,但并没有收到现金流入。在2001年和2002年,美国证券交易委员会(SEC)判定,许多通信公司不适当地交换了服务权限,这并不会影响现金流,却被报告为收益以致报告利润增加。20世纪90年代后期和21世纪头十年,就在2001年年底宣布倒闭之前,安然(Enron)报告显示公司销售额仍在增长,且增长幅度之大使其一跃成为美国销售额最大的公司之一。安然将衍生品合同的全部毛值而非实际获得的佣金计入收入。就在倒闭前,安然将总额等于其预测未来10年为客户节约的成本计入当期财务报告。

2008年,雷曼兄弟(Lehman Brothers)没有恰当地向投资者披露"回购105"(Repo 105)交易。回购(repurchase,一般简记为repo)实际上是在出售资产的同时附带签署购回协议。会计准则一般要求出售方在抵押品价值为回购交易价值的98%—102%时将回购交易记为贷款。雷曼兄弟采用了非常激进的会计准则,在季度报告期末将"回购105"交易列示为资产销售,尽管公司计划在几天后就会将资产买回。雷曼兄弟为交易提供超过回购协议价值105%的证券用于抵押(实际上为回购交易过度抵押),试图绕过前述的会计准则。雷曼兄弟判定,当公司希望在季度报告期之后购回资产并增加债务时,上述做法可以使得公司报告增加现金、减少债务(不将回购交易报告为贷款),此时雷曼兄弟的财务比率(包括杠杆比率)

看起来比实际的好得多。这些会计操作极大地改善了雷曼兄弟的季度末资产负债表。有趣的是，美国的会计师事务所不赞同这一做法，雷曼兄弟不得不从事务所在"英国"法律下运营的欧洲公司那里获得许可意见。之后，雷曼兄弟将"回购 105"交易转移到欧洲附属机构。

本章为评估商业贷款申请提供指引。本章首先简要考察贷款的定性特征，如数据质量、管理层质量、借款人特征与偿还意愿，以及公司产品的质量。这些定性事项以及其他经济、行业的特定因素与做出贷款决定相关的定量因素同等重要。对这些定性因素的评估需要从经验与实践中得到的知识，这在课本中很难学到。为此，本章聚焦于公司偿还贷款的能力以及与做出贷款决定有关的量化指标。

信用分析最基本的目标是评估提供信贷（发放贷款）所涉及的风险。在这里，风险指收入的波动性。贷款人尤其担忧净收益或净利润（net income，NI）（或者更重要的，关注现金流）的负向波动，因为这会降低借款人偿付贷款的能力。这一风险会以借款人违约的形式呈现，即借款人不能按时支付本金和利息。基于定性和定量因素，信用分析为违约的可能性确定一个概率。一些风险可以用历史数据和预计财务数据度量，其他风险（如与借款人特征和偿还意愿有关的风险）不能被直接度量。在决定是否批准贷款时，银行最终要比较各种风险与潜在的收益。

本章介绍商业贷款申请的量化分析四步法。这一方法包含对管理层、运营以及财务数据的客观和系统的分析，聚焦于判定信用价值的一些常见事项，其结果是对借款人的特征、债务历史等定性信息的补充。在分析贷款申请之后，信贷专员应该对以下问题形成清晰、确定的答案：

（1）借款人的特征是怎样的？贷款申请的本质特征是什么？所提供信息的质量如何？
（2）贷款资金的用途是什么？
（3）客户需要借多少钱？
（4）还贷的主要资金来源是什么？何时能偿还？
（5）还贷的次要资金来源是什么？是否有抵押、担保或其他可用现金流？

第一节将详细讨论以上每个问题。第二节介绍一个客观的评价步骤。最后一节将这些步骤应用于一个虚拟的贷款申请并进行分析与解释。附录Ⅰ—Ⅲ回顾了一些基本术语，并讨论财务数据的来源。

基本信贷问题

基本上每一家美国公司都与某家金融机构发生信贷关系。一些公司只使用备用信用额度来支持商业票据的发行，另一些公司依靠定期短期贷款为营运资本需求融资，其他公司则主要使用期限长于一年的定期贷款为资本支出、新增并购或营运资本的永久性增长融资。不论哪种贷款，所有贷款申请都需要对借款人的偿付能力进行系统的分析。

在评估贷款申请时，银行家的评判可能会犯两类错误：一是对最终会违约的客户发放贷款，二是拒绝向最终会偿还债务的客户发放贷款。在这两种情形下，银行都会失去客户且使利润减少。许多银行家关注消除第一类错误,运用严格的信贷评估标准,凡是特征不符合理想标准的借款人都予以拒绝。银行界有一个著名公理,那就是借款人实际上只有在不需要资金的时候才能得到融资。然而,正如许多银行家发现的那样,拒绝好的贷款同样无助于获利。信用分析的目的就是识别银行可能会发生损失的情形,这些情形要有意义且可能发生。贷款人也通过信用分析将一些不良贷款申请重构为优质贷款申请,因为有时候借款人本身表现良好,但是并没有真正理解自己的贷款需求。

借款人特征、贷款申请以及所提供数据的质量

评估信用风险的第一个事项就是判断借款人的履约意愿以及按贷款协议条款偿还债务的能力。对于企业而言,所有人和高级管理层能够证明偿付意愿。银行家快速做出信贷决定隐含地表明,许多潜在借款人的特征是可疑的。哪怕数字看起来可以接受,一旦发现借款人存在不诚实的行为,银行就不应发放任何贷款。不论何时,只要存在欺诈或缺乏信誉,银行都不应该与这个借款人发生业务关系。

识别不诚实的借款人是很困难的。借款人的财务历史和个人证明是最好的指征。若借款人曾经发生支付逾期或涉及违约、破产,贷款人就要仔细记录原因,并判定导致这些情况发生的原因是否合理。曾经发生信用问题的借款人在未来更容易发生同样的问题。类似地,有良好信用记录的借款人会建立个人与银行的关系,这些关系能体现他们是否完全披露了有意义的信息,是否诚实地与下属和供应商打交道。信贷专员从以下几个角度进行信用分析:分析公司此前与银行的关系,分析其与供应商和客户的业务,分析从恰当征信机构获得的近期信用记录。

贷款人通常在基本的利润表和资产负债表之外寻找表征借款人状况的信号。比如,负面的信号可能以如下形式呈现:

- 借款人的名字持续出现在银行透支账户客户名单上。
- 借款人明显改变了企业结构,如更换会计、关键部门的经理或顾问。
- 借款人看起来持续缺乏现金。以下现象可能在提示这一问题:经常申请小额贷款,或尽管净值很高但支票账户余额很低。
- 借款人的个人习惯变得很糟糕,警示行为包括吸毒、严重赌博、酗酒或离婚等。
- 公司目标与股东、雇员和客户不相符。[1]

贷款申请的本质特征特别强调贷款目的的合理性。银行不希望对高度投机的项目放贷,通常更喜欢有成就且管理团队优异的借贷项目。金融机构通常不喜欢对贷款与价值(指抵押品价值——译者注)比很高的项目、期限极长的项目、不知名或未被验证的技术项目放贷,也不对资本不足或资金流动性差的公司放贷。一些银行不对特定产业放贷,这可能是由

---

[1] 参见 Thomas Bennett(1987)从贷款人的角度对这些事项的描述。Conrad Newburgh(1991)展示了评估个人特征和制定借贷协议的步骤。

于该产业过去的失败经历,也可能是由于银行员工没有相关行业的专业知识。

分析所使用数据的质量非常关键。许多小公司使用相对不成熟的会计技术,且财务报表未经审计。经审计的财务报表是更加合宜的,因为其采用的会计准则更加完善,这使得分析师能更好地理解影响科目记录的因素。然而,仅仅经过审计并不能说明财务报表报告的数据没有被操纵。管理层在公认会计准则的指引下仍然拥有相当大的自由裁量权,可以粉饰财务报表使其看起来更好。分析师应当审核以下方面以评估会计数据的质量:

- 那些与会计选择紧密相关的领域,这些选择是应估算与判断的要求而产生的。
- 会计准则、方法或关键假设发生改变的时期。
- 非常规或可酌情处置的支出,以及一次性交易。
- 与现金流时点关系不紧密的收入与支出的确认。
- 非经营性收入、所得、损失。

除了个人特征和数据质量的评估,贷款人在放贷前还要解决一些基本问题:贷款资金的使用、贷款数额、还款支付的资金来源和时点以及抵押品。这些事项都要求关注每一笔贷款的特定特征,在架构贷款协议时应当予以考虑。

贷款资金的使用

商业贷款的需求是无限的。公司可能因支付逾期供货商款项、税金或员工工资等运营目的而需要资金。类似地,公司也可能需要资金以支付到期债务或购买新的固定资产。尽管所借资金的用途是个简单的问题,但很多公司发现自己缺少现金却不能说出具体的原因。

贷款资金应该有合理的商业运营目的,包括季节性和永久性营运资本需求、购买可折旧资产、扩建厂房、收购其他公司以及支付非常规性经营费用等,应该避免投机性的资产购买和债务替换。贷款资金的使用要么是增强公司的偿还能力,要么是贷款本身变得更有风险。真实的贷款需求和贷款资金的使用决定贷款的期限、预期的还款来源与时间表以及适宜的抵押品。

许多商业贷款被用于与营运资本相关的活动,能够弥补用于购买原材料、囤积存货、支付员工工资、进行信用销售等资金支出与最终收回信用销售应收账款之间的时间差。分析师必须判定银行是为新增存货、预收款融资,还是为替换现存的应付款和债务融资。银行往往以满足季节性信贷需求为目的发放营运资本贷款,却发现这些款项从未像预期的那样得到足额偿还。此时,银行家才发现贷款并未用于满足季节性需求,而是替换现存的预付款或为营运资本需求的永久性增长融资。营运资本需求的永久性增长和经济生命周期超过 1 年的资产的购买应该采用定期贷款方式融资,因为这类贷款的偿付时间更长。一个常见的陷阱是过度重视抵押品,以至于公司最终以短期票据为长期需求融资。对财务数据的仔细分析能揭示公司为什么需要资金。

借款人有多大需求？贷款数额

在很多例子中,借款人并没有弄清楚自己到底有多少可用的内部资金、有多少外部资金需求就提出贷款申请。贷款数额取决于资金的使用和内部资金的可得性。例如,如果公司希望为购买新设备融资,那么贷款需求一般是购买价减去任何现存可替代设备的价格。对于短期贷款而言,这一数额可能等于应收账款和存货的季节性临时增量,再减去应付账款增量。对于定期贷款而言,数额可以通过预测分析(pro forma analysis)完成。① 在提出申请时,借款人通常提出较小的数额,后面再索要更多的资金。贷款人不仅要估测借款人今天需要多少资金,还要估测其未来需要多少资金。没有经验的贷款人通常会犯这样的错误——仅仅出借所需资金额度的一部分,这实际上可能降低借款人的还款能力。建了一半的仓库不能产生收入,却有可能成为让收入溜走的"下水道"。贷款人的工作是帮助借款人判断正确的贷款数额,这个数额使得借款人有足够资金有效运营,且不会因资金过多而浪费。

一旦贷款被批准,实际发放的信贷规模取决于借款人未来的绩效。一旦借款人的现金流不足以支付运营费用和债务,他们就会要求银行提供更多的资金并尽可能地延长贷款期限。如果现金流很充足,那么初始贷款可能会被很快偿还,甚至提前偿还。因此,所需贷款数额是初始现金流缺口与未来现金流模式的函数。

主要还款来源(primary source)与还款时间表

贷款基于现金流予以偿还。现金流有四个基本来源:清算资产、正常经营性现金流、新发行债务、新发行股票。信用分析评估借款人的风险,也就是其未来现金流不足以支付持续运营的必要支出和贷款支付本金利息的可能性。

特定现金流来源通常与特定类型的贷款相关。短期的、季节性的营运资本贷款通常利用应收账款回收和存货减少来偿还。定期贷款一般利用经营性现金流偿还,尤其是收入和非现金费用(后者要剔除营运资本需求以及维持现存固定资产的必要费用)。比较预期经营现金流(cash flow from operations,CFO)和潜在贷款的本金利息支付,从而分析可以偿还多少债务以及合理的偿还期限。除非在贷款协议中进行特定说明,否则用新发行股票或新增债务偿还贷款是不合宜的。很多时候,公司的盈利能力下降或经济形势恶化会导致外部现金流来源消失。

偿还贷款的主要资金来源也会决定贷款的风险。一个通行原则是不要以所获得的资产或抵押品作为主要还款来源。如果你借钱给某人买进1 000股IBM公司股票且借款人没有其他收入来偿还贷款,那么主要还款来源就是此人所获得的资产。若股票表现较好,则借款人挣了钱,从而能够偿还贷款。若股票表现不好,则借款人宣布破产,你借出的钱就不能被完全偿还。显然,这并不是贷款,而是伪装成贷款的风险投资。这并不是说你永远不能借钱

---

① 预测分析是对未来财务报表的预计。预计利润表、预计资产负债表、预计现金流量表使得分析师能够评估贷款需求数额、贷款用途、贷款偿还时间以及可用的抵押品。

给别人去购买 IBM 公司的股票,也不是说买入的资产不能用于偿还贷款,而是说它们不能作为主要的还款来源。

次要还款来源(secondary source):抵押品

现在来谈谈抵押品的问题。一旦借款人出了问题,银行就会希望取得全部可得的抵押品,但一般而言不希望保有这些抵押品。取得抵押品意味着借款人不再继续经营。假如抵押品是存货或不能回收的应收账款,银行难道能比熟悉这一行业的管理者更好地清算这些资产吗?维护或销售抵押品的成本很高,而且终止赎回权(foreclosure)也不利于与客户建立长期关系。

银行可以通过在正常现金流之外要求建立后备支持(backup support)以降低信贷风险。这可以采用由借款人持有资产的形式,也可以采用由相关公司或关键个人做出明确担保的形式。抵押品是银行拥有的一种安全保障,是借款人所有或承诺的资产,这些资产在违约时归银行所有。在主要还款来源不能满足债务偿付要求时,银行将抵押品视为次要还款来源。银行应当选择在经济周期中能保持价值的抵押品。应收账款和存货因流动性特性而受偏好,厂房、设备和房地产也是有价值的潜在抵押品。

实际上,任何资产或任何能产生现金流的能力都可以用作抵押。但从贷款人的角度看,抵押品需要展现三个特征:第一,抵押品价值要超过贷款本金数额。贷款与价值比(loan-to-value ratio, LTV)是衡量贷款人从抵押品中获得保障的重要指标。① 例如,如果住房抵押贷款客户想要免交抵押贷款保险,那么 LTV 通常要达到 80%。LTV 越低,持有抵押品的贷款人就越可能在出售抵押品之后获得超过贷款余额的资金以减少损失。汽车贷款借款人发现自己处于"倒置"(upside down)状态并非不常见。"倒置"指 LTV 超过 100%,即汽车价值小于未偿贷款余额。在这些情况下,借款人可能有动机让贷款违约。第二,贷款人应该可以较容易地获得抵押品,且存在一个随时能够出售抵押品的市场。高度不流动资产的价值很低,因为它们不可移动,且真实价值只对初始借款人有意义。第三,贷款人必须明确证明抵押品为自己所有。这意味着抵押品求偿权必须是合法、清晰的,为此银行应当仔细准备贷款文档以完善抵押品的担保权益。

当无法获得实物抵押品时,银行通常寻求个人担保。银行通常依赖借款人的现金流来偿还债务,将借款人净财富当作备用资金。银行要保护自己不受借款人财务状况负向变化的影响,通常采用在贷款协议中添加限制性条款的方法。这些条款限制借款人做出极端决定并改变基本运营状况的能力。当借款人的现金流存疑时,银行可以要求借款人找到一个共同签署人,后者同意在贷款人违约时承担债务。

清算抵押品显然是次优的还款来源,原因有三。第一,与终止赎回权有关的交易成本不可忽略。为了清算抵押品,银行通常要分配相当多的员工时间并支付大额的法律费用,后者

---

① LTV 等于贷款的当前价值除以抵押品的市场价值。在住房抵押贷款中,估值通常使用房产的市场价值,因此房产估值质量决定 LTV 的有用性。

会降低抵押品净值。因此,在协商贷款协议时,银行应该选择价值超过预期贷款数额的抵押品。第二,破产法允许借款人在破产后很长时间保留抵押品。在此期间,抵押品价值会消失或减损。第三,当银行获得抵押品后,借款人拯救公司的机会减少。银行必须雇用新管理者或安排自己的员工暂时性地管理公司直到出售,这不是一个好的选项。

总体来说,不能只基于抵押品而批准贷款。除非贷款以银行所持有的抵押品资产(如银行存单)作担保,否则收取抵押品就存在风险。在很多情况下,贷款人定期检视抵押品很关键,以此判断抵押品是否真实存在,或者是否随时间推移而恶化。这涉及对抵押品重新估值或现场检查借款人的存货、应收账款、运营设施。抵押品通过降低净风险暴露来改善银行的财务状况,但不能改善借款人产生现金流以偿还贷款的能力。

除了上述事项,信用分析还包括检视每笔贷款的独有风险。每项分析都应该识别与如下事项相关的问题:管理层质量、企业稳定性、对经济形势的敏感度、公司与其他债权人的关系,以及其他从财务报表中不能得到的信息。

评估贷款申请:四步法

信用分析的目的是识别、确定贷款人发放贷款的风险。评估商业贷款的财务面貌可以使用以下四步法:

第一步,管理层、公司运营和行业的综述;
第二步,结构百分比、财务比率分析;
第三步,现金流分析;
第四步,借款人财务状况的估测和分析。

在各个阶段,分析师都要检视与信贷决策相关的事实,并识别重要但不可得的信息。分析师需要准备一份要求借款人澄清的问题列表,利用历史数据进行财务计算、检视财务比率以及现金流的绝对规模及其随时间的有关变动(趋势分析),并将这些指标与公司竞争者所处行业的平均值进行比较。大部分信息可以从银行信用档案或者与公司管理者、首席财务官的谈话中得到。可比的财务比率在本章附录Ⅰ中描述。

财务估测也称财务预测(pro forma),涉及对公司未来的销售额、营运资本需求、资本支出、经营费用、税收和股利做出假设。企业可能在今天借入资金(也可能在未来借入更多资金),但这些资金会通过未来的现金流予以偿还。借款人的预测财务状况可用来估计现金流并回答前面讨论的问题:需要多少钱?资金用来做什么?主要还款来源是什么?什么时间能偿还贷款?这些预期的现金流会用于比较所有债务义务的预期本金和利息支出以及其他必需的现金支出,此后可以用预测数据进行比率分析以检查预测的合理性。

管理层、公司运营和行业的综述

在分析数据前,分析师需要收集与公司运营有关的背景资料,包括公司的独有特征、行业竞争程度、管理层特征和质量、贷款的本质特征和数据质量,以及相关的历史发展情况和近期趋势。

这一评估通常从借款人组织和商业结构的分析开始。这是一家设有分支机构的母公司还是单一公司？是以公司制还是以合伙制运营？股份是私人持有还是公众持有？公司何时开始经营？在哪个地理市场中竞争？评估还应该识别公司提供的产品和服务以及公司的市场竞争地位。衡量竞争地位的指标包括市场份额、产品异质化程度、成本结构中是否展现出规模经济或范围经济，以及与公司存在业务往来的买方和卖方的议价能力。[1]

下一步通常是撰写简要的业务与行业展望报告。这一分析包括检验历史销售额增长、行业销售额与经济周期的关系，以及银行的行业预测。分析师还应当阐释以下问题：有多少公司提供竞争性产品？产品的差异体现在质量上还是寿命上？一个合乎逻辑的拓展是评估供货商和生产流程。公司是否以合理价格签订了合宜的原材料供应合同？有多少供应商可以提供所需原材料？公司的劳动力质量如何？公司和员工关系如何？公司是否应该淘汰固定资产？

贷款人应该特别关注管理层的特征和质量。应当检视首席执行官、首席财务官、首席运营官的背景，包括这些关键人物的年龄、从业经历、在公司的服务经历以及潜在的继任者。尽管其他管理者也拥有一定权限，但企业通常由一两个人主导。如果可能的话，还应该识别高管在公司股权上的利益及其所获报酬的种类。

信用分析概览应确认借款人贷款申请的本质特征以及所提供的财务数据的质量，表明贷款的用途、申请数额、借款人的预期还款来源，还应明确财务报表是否经过审计，若经过审计则标明审计意见。一般公认会计准则和审计意见相关简要讨论在本章附录Ⅱ中介绍。

结构百分比与财务比率分析

多数银行利用财务分析电子表格进行初始数据分析。Excel 财务分析电子表格将借款人的利润表和资产负债表转化为一致化形式以进行跨期和跨行业的比较。图表 10.1 和图表 10.2 分别是棱镜实业（Prism Industries）的利润表和资产负债表。报告当期（即 2014 年）的数据用三列展示：第一列是本年数额相对上年数额的变动百分比[2]；第二列是会计记录的实际货币价值；第三列将每项会计记录价值除以总资产（资产负债表）或净销售额（利润表），从而将数据转换为用百分比表示的结构性指标。2014 年的同业数据在"同类企业比率"一栏列示，可用于进行比较。

棱镜实业是一家制造室外存储仓库的小型公司。观察图表 10.1 可以发现，棱镜实业 2014 年的销售额增长近 17 个百分点。管理层表示强劲的经济环境和高质量的产品共同缔造了近期的成功。尽管棱镜实业表现出强劲的销售增长，其销货成本仍高于同业近 3 个百分点，营业费用低于同业超过 2 个百分点，这使得其税前利润占销售额的比例低于同业近 1

---

[1] Arnold(1988)分析了竞争激烈程度对公司业务风险的影响，贷款人在预测销售额、成本和产品定价时应考虑这一分析结果。

[2] "变动"等于本期数额相对上期数额的变动百分比，即 $(X_t / X_{t-1} - 1)$。

个百分点。观察图表10.2中的资产负债表数据可以发现,棱镜实业的应收账款在2014年呈现增长势头,但其占总资产的比例仍低于行业正常水平;存货2014年实际上是减少的且低于行业平均值。另外,企业的固定资产净值高于行业标准。就融资而言,棱镜实业更多地依赖股权融资,而较少使用债务融资。

图表10.1 棱镜实业利润表比较(2013—2014)

	2013年 数额(千美元)	2013年 占总额比例(%)	变动(%)	2014年 数额(千美元)	2014年 占总额比例(%)	同类企业比率(%)
净销售额	**2 400**	**100.0**	**16.7**	**2 800**	**100.0**	**100.0**
销货成本	2 050	85.4	16.1	2 380	85.0	82.2
毛利润	350	14.6	20.0	420	15.0	17.8
销售费用	195	8.1	7.7	210	7.5	
折旧与摊销	42	1.8	21.4	51	1.8	
其他营业费用	0	0.0	#N/A	40	1.4	
营业费用合计	237	9.9	27.0	301	10.8	12.5
营业利润	*113*	*4.7*	*5.3*	*119*	*4.3*	*5.3*
利息费用	38	1.6	−10.5	34	1.2	
全部其他费用	7	0.3	71.4	12	0.4	
全部其他收入	9	0.4	22.2	11	0.4	
其他费用(收入)合计	36	1.5	−2.8	35	1.3	1.4
税前利润	*77*	*3.2*	*9.1*	*84*	*3.0*	*3.9*
所得税	25	1.0	16.0	29	1.0	
净利润	**52**	**2.2**	**5.8**	**55**	**2.0**	
股利	15	0.6	33.3	20	0.7	
留存收益	37	1.5	−5.4	35	1.3	

注:租赁支出包含在其他营业费用中,2014年为2 200美元。棱镜实业2013年开始经营。

图表10.2 棱镜实业资产负债表比较(2013—2014)

	2013年12月31日 数额(千美元)	2013年12月31日 占总额比例(%)	变动(%)	2014年12月31日 数额(千美元)	2014年12月31日 占总额比例(%)	同类企业比率(%)
资产						
现金和适销证券	85	8.1	5.9	90	8.2	5.5
应收账款	141	13.4	18.4	167	15.2	18.2
存货	306	29.1	−3.6	295	26.8	29.3
预付费用	22	2.1	−18.2	18	1.6	
流动资产合计	554	52.8	2.9	570	51.8	53.0

(续表)

	2013 年 12 月 31 日		2014 年 12 月 31 日			同类企业比率(%)
	数额(千美元)	占总额比例(%)	变动(%)	数额(千美元)	占总额比例(%)	
固定资产	575	54.8	12.2	645	58.6	
减:累计折旧	115	11.0	39.1	160	14.5	
固定资产净值	460	43.8	5.4	485	44.1	38.2
长期投资	36	3.4	25.0	45	4.1	
资产总计	**1 050**	**100.0**	**4.8**	**1 100**	**100.0**	**100.0**
负债和所有者权益						
应付票据——银行	50	4.8	40.0	70	6.4	6.0
应付账款	99	9.4	7.1	106	9.6	11.2
应计费用	15	1.4	113.3	32	2.9	
应付所得税	6	0.6	100.0	12	1.1	1.7
当期到期长期负债	35	3.3	14.3	40	3.6	3.6
流动负债合计	205	19.5	26.8	260	23.6	27.5
长期负债(LTD)	280	26.7	-14.3	240	21.8	22.8
负债合计	**485**	**46.2**	**3.1**	**500**	**45.5**	**57.5**
普通股——面值	325	31.0	0.0	325	29.5	
留存收益	240	22.9	14.6	275	25.0	
所有者权益合计	**565**	**53.8**	**6.2**	**600**	**54.5**	**42.5**
负债与所有者权益总计	**1 050**	**100.0**	**4.8**	**1 100**	**100.0**	**100.0**

注:棱镜实业 2013 年开始经营。

棱镜实业使用的短期银行债务略高于行业均值,贸易信贷(应付账款)低于行业均值。棱镜实业使用的长期债务也低于行业均值。由此可知,棱镜实业似乎主要依靠内部现金流(即留存收益)为增长融资。

棱镜实业利润表的结构百分比数据列示于图表 10.1。我们发现棱镜实业的税前利润在 2014 年取得增长,但盈利能力低于行业均值。盈利能力较低主要是因为销货成本太高,这可能反映出公司成本过高或制成品利润率太低。棱镜实业的销货成本占销售额的比例在 2014 年有所下降,但仍然高于行业平均值。较高的销货成本被较低的营业费用对冲,但净效应是公司的税前盈利能力(以结构百分比表示)弱于可比公司。

结构百分比的比较非常重要,因为它调整了规模,使得我们能够将公司与同行业公司或同产业链公司进行比较。然而,如果公司资产负债表或利润表的某个项目与行业标准显著不同,那么这些数值有可能被扭曲。例如,与大多使用自有固定资产的行业的公司相比,使用租赁固定资产的公司报告的资产构成显著不同。为了讨论这个问题,分析师下一步应计算一系列表征绩效变化的比率。

多数分析师至少会区分四组不同的比率:流动性、经营性、杠杆和盈利能力。① 流动性比率(liquidity ratio)表征公司偿还短期债务以及持续经营的能力。经营性比率(activity ratio)显示公司资产产生销售额的效率。杠杆比率(leverage ratio)表征公司的债务和股权的融资结构,并显示潜在的盈利波动性。盈利能力比率(profitability ratio)为公司的销售和盈利绩效提供证据。

流动性比率和经营性比率

评估流动性风险需要理解公司的运营周期。回忆一下,一个典型的公司利用信用购买原材料或制成品以供重新出售。之后,公司利用劳动力或付出其他营业费用制造产品,通常支付现金以获得服务。商品通常采用信用销售方式,贸易信用很少能提供足够的资金以覆盖收取销售货款所需的时间。因此,公司通常需要短期贷款资金为增加流动资产或减少其他流动负债融资。票据的偿付主要以如下形式进行:销售增长使得存货系统性减少,回收信用销售货款使得应收账款减少。净营运资本、流动比率、存货周转率、应收账款回收期、应付账款周转天数和现金-现金周转天数等指标都可以显示流动资产是否足以支撑流动负债。

流动比率(current ratio,流动资产/流动负债)是流动性的粗略计量。历史上,分析师认为流动比率在2.0附近代表流动性充足,这意味着公司为下一年到期的流动负债持有二倍的现金、应收账款、存货、预付款和其他流动资产。因此,公司具备良好的支付到期流动债务的能力。然而,这里需要更小心应对,尤其是在检验小公司数据的时候。较高的流动比率可能表示公司存货和(或)应收账款很高,然而除非存货与应收账款质量较高,否则这并不意味着公司的流动性较好。如果公司存货滞销或受损、应收账款逾期,那么较高的流动比率也可能意味着缺乏流动性,有必要仔细检视存货周转率和应收账款回收期。另外,预付款也很少是真正具流动性的资产。因此,较高的周转率一般是存货水平稳健、应收账款回收良好的标志。

流动性的一个较为保守的衡量指标是速动比率[quick ratio,(现金+应收账款)/流动负债]。速动比率剔除了存货、预付款和其他流动资产等流动性较差的成分,为总流动性提供了更保守的衡量。

经营性比率衡量公司的效率和流动资产的流动性。例如,一家高效率公司的销售-资产比率(sales-to-asset ratio)会超过行业均值,这意味着其单位资产能够产生更多的利润。该比率较低意味着资产过多、效率较低。再如,应收账款回收期(days accounts receivable collection period,应收账款/日均信用销售额)显示了将应收账款转化为现金的平均天数。这一比率提供了公司信用政策和回收应收账款能力的相关信息,衡量了公司使用资产的效率以及每种资产的流动性。存货周转天数(days inventory on hands,存货/日均销货成本)和存货周转率(销货成本/存货)相似地衡量公司管理存货的效率,周转天数相对行业正常值较长、周转率较低显示存货管理效率较低和(或)流动性较差。

在资产负债表的资金来源侧,应付账款周转天数(应付账款/日均采购额)用于衡量公司

---

① 关键的比率在附录Ⅰ中定义。在本章中,经营性比率与流动性比率放在同一组进行讨论。

利用贸易信用满足营运资本融资需求的效率。① 在其他条件不变的情形下,应付账款周转天数越长,公司越有效率,越不需要通过银行融资。然而,此时谨慎处理是合宜的,因为很可能其他条件并不相同。较长的应付账款周转天数可能意味着公司存在严重的流动性问题,可能处在被供应商"断货"的危险中。一旦这种情况发生,新增的银行贷款融资需求就会急剧增加。另外,较长的应付账款周转天数也可能意味着公司放弃了提前付款可享受的折扣,因此使用贸易信用融资比使用银行贷款融资更昂贵。

棱镜实业的财务比率如图表10.3所示。棱镜实业的流动比率和速动比率较低,且过去两年一直在下降。应收账款周转天数比行业正常值少6天,其应收账款每年周转约17次,而行业平均周转13次。存货周转天数和存货周转率显示,棱镜实业2014年的存货管理比同业略微更有效率。应付账款周转天数2014年为16.33天,显著短于行业平均的26.1天。这意味着棱镜实业与同业相比使用更少的贸易债权人融资。

杠杆比率

杠杆比率显示公司债务、股权融资的构成以及由债务融资带来的潜在盈利波动。公司的债务水平越高,支付的固定利息越多,越有可能发生盈利(现金流)不足以支付债务的情况。如此一来,公司杠杆比率越高,净利润(亏损)的波动率越大,因为一部分销售额必须用于支付固定的利息费用。分析师需要从公司偿债能力(本金利息支付)和债务相对于公司规模的大小两个角度检视公司的杠杆比率。

从利润表数据推导出的比率,如利息保障倍数和固定费用保障比率,衡量公司以当前盈利偿还债务或满足利息、租赁支付需求的能力。利息保障倍数[times interest earned,息税前利润(EBIT)/利息费用]衡量公司能够支付当前债务利息的次数。② 固定费用保障比率[fixed charge coverage ratio,(EBIT+租赁支出)/(利息费用+租赁支出)]衡量使用当前盈利支付利息和其他固定费用(如租赁费用)的次数。显然,公司能够覆盖固定支出的次数越多,其偿还当前债务的能力越强。2014年,棱镜实业盈利覆盖必要利息支付的次数增加到3.47次,固定费用保障比率增加到3.32次,这代表公司盈利状况较好,两个比率都超过行业均值。

从资产负债表数据推导出的比率,如资产负债率和固定资产净值与有形净资产比,可以用来衡量债务相对于公司规模的大小。当前资产负债率(debt-to-total-assets ratio)越大,公司未来增长潜力越受到限制,且公司不能满足未来债务本金偿付的可能性越大。高负债水平限制公司增长是因为公司需要额外资金为增长融资。如果公司负债累累,那么利用新增债务扩张几乎是不可能的。固定资产净值与有形净资产比(net fixed assets to tangible net worth)衡量以净资产融资公司的流动性较差资产占比。该比值越大,以债务融资的固定资产占比越大,公司倒闭时流动资产就越可能小于净值。最后,公司的股利支付率(dividend

---

① 回忆一下会计关系:采购额=销货成本+Δ存货。
② EBIT是现金流的替代值,等于未扣除利息费用和所得税的利润。

payout ratio,现金股利/净利润)衡量公司用现金支付给股东的非留存收益。这个比率越高，留存收益越少，从而增加公司在未来遇到财务困难时潜在的资金需求。

棱镜实业的杠杆比率如图表10.3中所示，2014年其债务仅仅是有形净资产的83%，远低于行业均值。较低的债务水平、较高的收益率、较高的利息保障倍数和固定费用保障比率确认了棱镜实业股权占比较高、财务杠杆风险较小的结构百分比分析结论。

图表10.3 棱镜实业财务比率分析(2013—2014)

	2013年		2014年		同类企业比率	
流动性比率						
流动比率	2.70		2.19		2.10	
速动比率	1.10		0.99		1.01	
经营性比率	天数	次数	天数	次数	天数	次数
现金周转	12.93	28.24	11.73	31.11		
应收账款周转	21.44	17.02	21.77	16.77	28.0	13.0
存货周转	54.48	6.70	45.24	8.07	48.2	7.6
现金-现金资产周转	88.85		78.74			
应付账款周转	17.49	20.87	16.33	22.35	26.1	14.0
现金-现金周转	71.36		62.41			
营运资本融资需求估算(美元)	401		407			
杠杆比率	百分比	次数	百分比	次数	百分比	次数
债务与有形净资产比率		0.86		0.83		1.4
利息保障倍数		3.03		3.47		3.1
固定费用保障比率*		3.03		3.32		2.4
固定资产净值/有形净资产比率	81.42		80.83		63.0	
盈利能力比率						
净资产收益率(ROE)	9.20		9.17			
税前净资产收益率(税前ROE)	13.63		14.00		19.8	
资产收益率(ROA)	4.95		5.00			
税前资产收益率(税前ROA)	7.33		7.64		8.3	
权益乘数(杠杆=总资产/股东权益)		1.86		1.83		2.4
收入						
总资产周转率(净销售额/总资产)		2.29		2.55		2.4
所有其他收入/总资产	0.86		1.00			
费用						
净利润率(净利润/净销售额)	2.17		1.96			
销货成本/净销售额	85.42		85.00		82.2	
营业费用/净销售额	9.88		10.75		12.5	
所得税/税前利润	32.47		34.52			

(续表)

	2013 年	2014 年	同类企业比率
销售额/净固定资产	5.22	5.77	
现金流比率**			
CFO/(DIV+上期 CMLTD)	2.33	2.27	
CFO/(DIV+上期 CMLTD+短期债务)	0.54	1.00	

注:* 租赁支付包含在其他营业费用中,2014 年为 2 200 美元。** CFO、DIV 和 CMLTD 分别指经营现金流、现金股利和当期到期长期负债。

盈利能力分析

基本的盈利能力比率包括公司的净资产(股权)收益率或回报率(ROE)、资产收益率或回报率(ROA)、利润率(PM)、资产利用率(AU,也称总资产周转率)和销售增长率。ROE 显示股东每一美元股权投入的盈利百分比。棱镜实业的 ROE 在 2014 年略微下降,显示股东在公司的投资回报率只有 9.17%。ROE 可以被分解为两部分:每一美元资产投入的平均回报(ROA)和权益乘数(EM):[①]

$$\text{ROE(NI/股东权益)} = \text{ROA(NI/总资产)} \times \text{EM(总资产/股东权益)}$$

其中,NI 表示净利润。ROA 衡量资产收益率,EM 衡量使用财务杠杆的程度。在其他条件不变的情形下,投入资产的收益率越高,股权收益率越高;同样,杠杆比率越高(融资时使用更多的债务,而不是股权),股权收益率越高。但是,回忆一下,高杠杆也意味着高风险。极高的杠杆意味着如果公司本年度业绩不理想,全额满足债务偿付要求的可能性就越小。棱镜实业较低的 ROE 是两个作用叠加的结果:投入 ROA 较低且股东权益很高,导致权益乘数较小。棱镜实业的 ROA 只有 5%,权益乘数是 1.83 倍,而行业平均权益乘数为 2.4 倍。

回忆一下,NI 等于毛收入(销售额+其他利润)减去费用(包括销货成本、营业费用、其他费用和税收)。因此,ROA 可以被分解为两部分:利润率(PM)衡量费用控制;资产利用率(AU)揭示资产总回报。

$$\text{ROA(NI/总资产)} = \text{PM(NI/销售额)} \times \text{AU(销售额/总资产)}$$

PM 衡量公司总体费用控制,实际上等于 1 减去费用率:

$$\text{PM} = (销售额 - 费用)/销售额 = 1 - 费用/销售额$$

主要的费用类别包括销货成本、营业费用、其他费用和税收,我们可以将 PM 分解为几个结构百分比比率并与行业均值进行比较,以衡量公司控制费用的强项和弱项:

$$\text{PM} = 1 - \frac{销货成本}{销售额} - \frac{营业费用}{销售额} - \frac{其他费用}{销售额} - \frac{税收}{销售额}$$

---

① 当然,这是第 2 章的杜邦分析方法在非金融公司上的应用。

最后,销售增长(sales growth)显示公司是扩张还是收缩,为行业竞争力的高低提供证据。检验销货成本增长率和其他费用增长率,并将它们与销售增长率进行比较,可以获得有关增长相对效率的估测。

图表10.3中的盈利能力比率显示,棱镜实业的税前净资产收益率和税前资产收益率都低于行业水平。尽管由于销售额增长16.7%带动2014年利润绝对值增加,棱镜实业的税前资产收益率(与ROA类似)仍低于行业均值,这主要是源于较高的销货成本。净资产收益率(ROE)在2014年也有所下降,因为营业费用从销售额的9.9%增长到10.8%。尽管营业费用在2014年有所增长,但仍然低于同类企业。然而,显著过高的销货成本导致资产收益率较低,加上股权占比较高,公司税前利润与有形净资产比率较低。

分析师应该以批判的眼光评估这些比率,尝试识别公司的强项和弱项。所有比率应该进行跨期分析以发现公司竞争力或策略的改变。还要将这些比率与行业水平对比,这样的比较可以识别出正向或负向的偏离。在考察这些比率时,分析师应该准备一份问题清单,询问公司管理者、供货商和债权人以获取财务数据没有揭示的信息。

现金流分析

多数分析师在评估非金融公司的表现时会聚焦现金流。监管者要求银行以每一个借款人的现金流信息支持信贷决定。本节提供一个计算公司经营现金流的分析框架,将利润表转换为现收现付制的现金流量表。之后,现金流估测将比较本金利息支付和可自由支配现金支出,以确定公司的借贷能力和财务稳健性。

会计准则将现金流量表划分为四部分:经营活动、投资活动、融资活动和现金。这样做的目的是使得读者能够区分会计利润(NI)、经营现金流(CFO,也称现金净利润),以及影响现金流但没有在利润表中报告的其他融资、投资活动。报告现金流的直接方法是将利润表转换或调整为等价的现金流形式。①

本章介绍的现金利润表是在现金流量表基础上直接修正得到的,它实际上是现金变动对账表,结合了利润表和资产负债表的元素。总体而言,对账表记录了资产负债表科目在一段时间的变化,并显示现金的来源或用途,目的是呈现新资产如何融资以及如何偿还负债。实际资金流以两个时点(如2014年年底和2013年年底)资产负债表科目的绝对差值度量。回忆一下,资产负债表度量存量。为了将资产负债表转换为流量表,我们必须计算存量的变动。利润表是流量表,可以通过加收入、减决定净利润的费用、减现金股利得到留存收益的变动,再将其加到资产负债表上。现金利润表的拓展信息在本章附录Ⅲ展示,它能够帮助识别数据来源和计算过程的本质特征。

现金流分析的一个关键元素是决定公司正常的业务活动能产生多少现金流(CFO)。这

---

① 实际上,行业通常使用两种方法编制现金流量表:直接法和间接法。间接法要求披露直接法下可以自行选择是否披露的事项。基于间接法编制现金流量表从净利润开始,调整流动资产和流动负债的变动以推导经营现金流量;相反,直接法调整每个利润表项目以计算现金等价数额,例如现金销售、现金采购、现金运营费用等。直接法对分析师而言最有用,被银行业广泛采纳。因此,我们在本章使用直接法。

一现金流必须足以支付债务的本金和利息,它可能与报告的利润显著不同,就像安然案例所展现的那样(见当代热点专栏"安然的收入创造:'创意会计'的教训")。现金利润表也能显示公司能否充分支持其融资策略。在正常的运营环境中,公司应该通过清算应收账款和存货偿还短期债务;相反,长期债务应该以经营现金流中超过融资成本和维护资本资产所需资金的部分来偿还。

现金流量表的格式

大多数公司基于权责发生制而非现收现付制编制财务报表,收入和费用在发生时确认,而不是在现金收付时确认,因此报告的净利润可能与经营现金流显著不同。考虑图表 10.1 和 10.2 中棱镜实业的利润表和资产负债表,利用这些数据可以得到图表 10.4 的棱镜实业现金变动对账表。这一格式结合了传统的利润表和资产负债表的变动数据来生成现金利润表,强调的是经营现金流量而不是净利润。

图表 10.4　棱镜实业 2014 年现金变动对账表　　　　　　　　　　(单位:千美元)

现金利润表	2014 年		现金流影响
净销售额	2 800	现金来源	利润
应收账款变动	(26)	现金运用	资产增加
销售额中的现金收入	2 774		
销货成本	(2 380)	现金运用	费用
存货变动	11	现金来源	资产减少
应付账款变动	7	现金来源	负债增加
现金采购额	(2 362)		
现金利润	412		
总营业费用	(301)	现金运用	费用
折旧和摊销	51	现金来源	非现金费用
预付费用变动	4	现金来源	资产减少
应计费用变动	17	现金来源	负债增加
经营现金费用	(229)		
经营现金利润	183		
其他费用和收入(净值)	(1)	现金运用	费用
息税前现金	182		
利息费用	(34)	现金运用	费用
报告所得税	(29)	现金运用	费用
应付所得税变动	6	现金来源	负债增加
流动资产与负债变动	0		
经营现金流(CFO)	**125**		
资本支出和租赁资产改良	(76)	现金运用	资产增加

（单位：千美元）（续表）

现金利润表	2014年		现金流影响
长期投资变动	(9)	现金运用	资产增加
其他非流动资产变动	0		
投资现金占用	(85)		
上期的当期到期长期负债支付	(35)	现金运用	融资支付
现金股利支付	(20)	现金运用	融资支付
融资支付	(55)		
外部融资前的现金	**(15)**		
短期银行负债变动	20	现金来源	负债增加
长期债务变动+期末到期长期负债	0		
股本和资本公积变动	0		
其他非流动负债变动	0		
外部融资	20		
现金和适销证券变动	5		

现金流量表由以下四个部分构成：

- 经营部分——利润表项目和流动资产、流动负债的变动（银行债务除外）；
- 投资部分——长期资产的变动；
- 融资部分——债务和股利支付、长期负债变动、短期银行债务变动、新股发行；
- 现金部分——现金和适销证券的变动。

在现金变动对照表（现金利润表）中，现金来源是任何增加现金（或现金等价物）的交易，现金运用是任何减少现金资产的交易。就像接下来要讲的那样，现金来源包括任何非现金资产的减少、负债的增加、任何非现金费用和任何收入项目。因此，卖出应收账款和发行新债都算作现金来源。现金运用包括任何非现金资产的增加、负债的减少和任何非现金费用项目。因此，购买房产或支付债务本金是现金运用。

现金来源必须等于现金运用。等价而言，资产负债表恒等式要求每项资产变动之和等于每项负债变动之和加上所有者权益的变动，记作：

A_i = 第 i 类资产（A）的美元值

L_j = 第 j 类负债（L）的美元值

NW = 净值（即所有者权益或股东权益）的美元值

共有 n 种不同资产和 m 种不同负债，则：

$$\sum_{i=1}^{n} \Delta A_i = \sum_{j=1}^{m} \Delta L_j + \Delta NW \tag{10.1}$$

我们知道 ΔNW 等于净利润和现金股利相反数（-DIV）加上流通中普通股和优先股变动

（Δstock），再加上资本公积变动（Δsurplus）。如果我们记第一类资产为现金 A_1，解出现金的变动，式（10.1）可以改写为：

$$\Delta A_1 = \Delta 现金 = \sum_{j=1}^{m} \Delta L_j - \sum_{i=2}^{n} \Delta A_i + \Delta 股份 + \Delta 资本公积 + 净利润 - 现金股利$$

$$= \Delta \text{cash} = \sum_{j=1}^{m} \Delta L_j - \sum_{i=2}^{n} \Delta A_i + \Delta \text{stock} + \Delta \text{surplus} + \text{NI} - \text{DIV} \quad (10.2)$$

CFO 用式（10.2）和利润表中净利润的组成部分推导得到。每项现金来源符号都为正，每项现金运用符号都为负。现金变动对账表格式就是对现金利润表的数据根据式（10.2）进行的变换。因为净利润等于收入减费用减所得税，代入式（10.2）得到：

$$\Delta A_1 = \Delta 现金 = \sum_{j=1}^{m} \Delta L_j - \sum_{i=2}^{n} \Delta A_i + \Delta 股份 + \Delta 资本公积 + (收入 - 费用 - 所得税) - 现金股利$$
$$(10.3)$$

正如每一项前面的符号所显示的，任何负债的增加或非现金资产的减少都是现金的来源，任何负债的减少或非现金资产的增加都是对现金的运用。

新发行股票或资本公积的正增加也是现金来源。最后，收入是现金来源，现金费用、已交税金和现金股利则是现金运用。这些关系总结如下：

现金来源	现金运用
任何负债的增加	任何负债的减少
任何非现金资产的减少	任何非现金资产的增加
新发行股票	偿付/回购股票
资本公积的增加	资本公积的减少
收入	现金费用
	税金
	现金股利

当代热点

安然的收入创造："创意会计"的教训

安然是如何在 2001 年 12 月 2 日破产前的 2000 年报告销售收入增长的呢？是安然利用了可以灵活掌握的会计准则——允许公司按毛值或面值报告能源衍生品合约销售收入，而不是大多数公司采用的净值。安然通过多次买卖同样的能源合约而表现出高销售收入增长，但利润相对较低。每次销售能源合同时，安然都会以毛值或面值，而不是预期的交易净值入账。财务会计标准委员会（Financial Accounting Standards Board, FASB）没有就会计上如何记录能源商品合约制定清晰的规则；实际上，FASB 允许每家公司自行决定怎样记录这些交易。安然显然选择了使得收入最大的计算方法。因此,安然记录了衍生品的面值,而不是以为大公司提供天然气和电力的相对较小的佣金入账,随后将负债转移至其成立的合伙企业。尽管合伙企业由自身掌控,安然还是将它们列为表外交易并利用这样的结构支持其报告的会计数据。

安然怎样报告那些从未实现的利润?安然在当期财年记录了基于未来预期成本节约的收益,这里的预期成本节约是安然预计可以从长期合同中获取的收益。这些合约是为客户运营和管理厂房而签订的。实际上,安然将那些即使最终实现也要花费多年时间的长期能源服务合约收益即刻入账。此外,安然使用了很多"有创意的"避税策略。许多长期合同的成本节约要么是基于不现实的估计,要么至少是难以确认的估算。之所以难以确认,是因为这些合约暗含对长期能源价格的预测。预期成本节约通常基于未来能源价格的预测值、成本预测和客户未来的能源使用量。

安然是许多能源市场的"做市商",它能够有效操纵长期能源合约的"市场"价格。利用允许按盯市价格报告大宗商品(如天然气和电力)合约收益的会计规则,安然能够将未来十年预测的数百万美元年利润在当期财年入账。实际上,安然员工表示,通过在长期合约中低估未来几年商品价格来改善报告利润的情况很常见,因为市场交易不活跃以致没有任何方法能够准确估算"市场"价格。因此,安然能够不基于历史数据或实际现金盈利,而是基于其对大宗商品和相关服务的未来"市场"价值估测以及未来数年为客户节约的成本预测,记录下巨额利润。

相对于净利润,经营现金流十分关键。1997—2009年,安然的经营现金流出现下降,这与报告利润的趋势是不同的。Mulford and Comiskey(2002)指出,当报告利润与现金流变动明显不同时,公司的核心业务会发生下滑。[①] 安然事件是公司高报利润的一个教训。显然,经营现金流是完整理解公司核心业务的关键。

棱镜实业现金流分析

棱镜实业的现金流量表(即现金变动对账表,也称现金利润表)如图表10.4所示,它使用了图表10.1(利润表)和图表10.2(资产负债表)的数据,重点关注公司的经营现金流。最右边一栏列出了每个项目在公式(10.3)意义下的现金流影响类别。报表显示了为什么棱镜实业实际的净利润与经营现金流不同。

经营现金流

在评估现金流量表时,分析师通常关注经营现金流(CFO)与传统现金流(traditional cash flow, TCF)的区别。传统现金流等于净利润加折旧和摊销。典型的营运资本贷款实际上是

---

① 参见 Charles W. Mulford and Eugene E. Comiskey(2002)。

为 CFO 与 TCF 之差融资。通过观察可以发现,如果所有流动资产和流动负债的变动为 0,那么 CFO 与 TCF 相等。因此,诸如应收账款、存货和应付账款等项目的变动直接成为支持营运资本的现金来源和现金运用。

2014 年,棱镜实业的 CFO 为 125 000 美元,TCF 为 106 000 美元(55 000+51 000),CFO 比 TCF 多 19 000 美元。总体而言,流动资产和流动负债的变动实际上提供了融资。报表由上至下,第一个项目是净销售额。棱镜实业收回的信用销售额比新增的销售额少,因为应收账款余额在 2013—2014 年有所增长,净销售额及 CFO 要扣减 26 000 美元的现金运用以支持新增应收账款,因而实际收到的现金少于净销售额。如果应收账款减少,从销售中实际收到的现金就会比报告的销售收入高。支持应收账款增加的现金运用是两个主要因素的函数。第一,其他条件不变,销售额的增长导致应收账款同比例增长;第二,其他条件不变,更宽松的信用政策(应收账款周转天数增加)导致应收账款增加。棱镜实业的应收账款周转天数在 2013 年到 2014 年仅略微增加,因此应收账款的现金运用主要支持销售增长,而不是支持显著放松的信用政策。

接下来的几个项目显示了真实现金采购和报告的销货成本之间的差异。实际现金采购与销货成本出于两个基本的会计原因而不同。第一,销货成本不代表当年实际的存货采购,报告的销货成本只代表当期的销货成本,而不是公司实际采购的存货。如果公司当年存货增长(减少),采购的材料会多于(少于)当年的销货成本。第二,一些采购以应付账款(贸易信用)的形式增长,其他的以现金支付。我们知道以下会计等式:

$$采购额 = 销货成本 + \Delta 存货 \tag{10.4}$$

对于棱镜实业而言,2014 年的采购额为 2 369 000 美元,公式(10.4)的计算和应用如下:

2014 年生产预算总结(单位:千美元)	
期初存货	306
+ 采购额	2 369
= 可供销售产品	2 675
− 销货成本	2 380
= 期末存货	295
或采购额 = 2 380 + (295 − 306) =	2 369

棱镜实业 2014 年年初存货为 306 000 美元,2014 年从供应商处采购了 2 369 000 美元的货物,扣除销货成本后年末持有 295 000 美元的存货。对账表将存货变动加上销货成本得到总采购额。年初与年末的存货差额 11 000 美元(存货减少)是现金来源。与应收账款类似,存货的增加也是销售增长和存货周转率的函数。① 然而,更快的存货周转与较低的存货增长密切相关。如果存货减少,正如棱镜实业的状况,实际现金购买少于销货成本;反之亦

---

① 从技术上讲,存货变动是销货成本增长和存货周转率的函数。若销货成本是销售额的稳定函数,则存货是销售额增长和存货周转率的函数。

然。尽管销售在增长,但 2014 年棱镜实业的存货周转比 2013 年更快(2014 年为 8.07 次,2013 年为 6.70 次)。更快的存货周转也是现金来源之一。

之后,现金流量表从总采购额中减去应付账款变动得到实际现金采购额。对于棱镜实业来说,应付账款增加的 7 000 美元是现金来源,表示一部分购买以供应商提供的新增贸易信用融资。棱镜实业的现金采购额由此等于 2 362 000 美元(采购额-应付账款变动=2 369 000-7 000)。总体而言,净现金采购额等于销货成本减去累积的非贸易信用融资的:

$$现金采购额 = -(销货成本 + \Delta 存货 - \Delta 应付账款) \tag{10.5}$$

销货成本在利润表上报告,现金采购额表示实际用于购买在售商品的现金数额。通过公式(10.5)展示的关系和对图表 10.4 的回顾,我们知道有四个因素直接影响现金采购:销售额增长、毛利润、存货政策和贸易信用政策。保持其他因素不变,我们知道销货成本与销售额成比例增加,从而现金采购额随销售额成比例增加。因此,更短的存货周转期、更长的应付账款周转期都是现金来源。

由于现金流量表(图表 10.4)格式与利润表相似,下一步是减去经营现金费用。报告的营业费用一般会高于现金费用,因为其中包含了非现金费用,如折旧和摊销。首先减去所有营业费用(包含全部非现金费用),然后再加回非现金费用得到现金费用净值。在这个例子中,折旧费用(51 000 美元)是唯一的非现金费用,调整前的总营业费用为 301 000 美元。①

由于所付费用高于利润表所列项目,棱镜实业的预付费用在 2014 年有所减少。应计费用增加是现金来源,报表显示棱镜实业所付现金比实际发生的成本少 17 000 美元。将预付费用和应计费用的变化与调整非现金项目后的营业费用结合可以得到经营现金利润。这个结果随后还要调整以下项目:适销证券和长期投资收入、其他非利息费用、正常商业活动收入。

最后,要从经营现金流中扣除实际利息费用和应付所得税,预估数据显示利润表报告的所得税多于实际税收支付,这主要是因为公司的税额扣除比公开报表列示的更多。税额被有效递延,净税收费用为 23 000 美元(29 000-6 000),比报告数额少 6 000 美元。

所得到的数据(即经营现金流)显示棱镜实业能否还清债务以及能否承担更多债务。正如当代热点专栏"现金流的多种度量"显示的那样,经营现金流是许多现金流指标中的一个。在计算经营现金流前,每一个正常经营交易活动都应当被识别出来。这是一项重要的规则。

当代热点

现金流的多种度量

什么是现金流?经典的定义是净利润加上折旧、摊销和递延税收。根据现金变动对账表,经营活动产生的现金流约等于调整了营运资本变动的传统现金流。在实际操作中,现金

---

① 分析师应该谨慎应对,要使用利润表中的折旧(51 000 美元)而不是资产负债表中的累计折旧增量(45 000 美元),这两个项目的数值可能不同。更多的细节参见下一节"投资活动现金流"。

流的含义随审计财务数据的分析师不同而不同。

下面列示了几个被广泛接受的现金流的定义，以及相关的使用韦德办公家具公司 2013 年财务数据计算的具体数值（单位：千美元）：

1. 传统现金流 = 净利润 +（折旧 + 摊销）= 339 + 73 = 412（美元）
2. 第 1 项现金流 + Δ 递延税收债务 +（或 -）一次性支出 = 412 + 0 + 0 = 412（美元）
3. 第 2 项现金流 - Δ 应收账款 - Δ 存货 - Δ 预付费用 + Δ 应付账款 + Δ 应计费用
   = 412 - 497 - 559 - (35) + 374 + 90 = -145（美元）
4. 第 1 项现金流 - 所有资本支出 = 412 - 157 = 255（美元）
5. 第 3 项现金流 - 所有资本支出 = (145) - 157 = -302（美元）
6. 税前利润 +（折旧 + 摊销）- 资本维护支出 = 527 + 73 - 70 = 530（美元）
7. EBITDA（息税折旧摊销前利润）= 税前利润 + 利息 + 折旧 + 摊销
   = 527 + 157 + 73 = 757（美元）

资本维护支出等于维护当前生产运营水平所需要的基本支出（假定资本维护支出为 70 美元）。定义 4—6 通常被称为自由现金流。公司的经营现金流虽然没有扣除资本支出，但调整了流动资产和流动负债的变动，由此为 128 美元。这一数额显著小于按照定义 1、2、4、6、7 计算的数额。

哪一个是最好的测度方法呢？就像大多数数据分析一样，没有显而易见的答案。定义 1、2、6 和 7 以长期视角看待现金流，更适用于估值；但是，这些定义没有考虑维持公司现状或支持增长的净资本支出。定义 4、5 和 6 考虑了维护公司生产性资产的资本支出。定义 3 和 5 是对公司现存现金流能支持多少债务的最好估测。然而，公司可以操纵资产负债表和利润表，使得现金流估测出现偏差。对账表的格式包含了所有资产负债表和利润表数据，经过全面审视后，分析师可以考察整个资产组合的交易关系。经营现金流是一个合宜的估测，但需要与股利、必要本金支付和资本支出相比较，这样才能判定其承担债务的能力。

图表 10.4 中的项目并不一定出现在资产负债表和利润表上，因为不同公司财务报表的具体项目可能不同。在构建现金利润表时，要认识到每个利润表和资产负债表项目都要出现在现金利润表的某个部分。[①] 这一点很重要。关键的标准是确保影响正常经营活动现金流的项目在"经营现金流"之前列示，非常规项目在"经营现金流"之后列示。因此，一次性出售房地产带来的收入应该在"经营现金流"之后列示。

经营现金流应当满足现金股利和债务的本金偿付，这是最起码的要求。未来一年的本金偿付通过当期到期长期负债（current maturities of long-term debt, CMLTD）予以显示。在审视某一时期的历史绩效时，经营现金流要能够覆盖期初的当期到期长期负债。对棱镜实业而言，2013 年年底资产负债表列示的 CMLTD 为 35 000 美元（见图表 10.2）。其他现金流不

---

① 利润表的 BI 和资产负债表的留存收益是例外，因为这些项目已经包含在其中。

可预测,不能依赖。在棱镜实业的例子中,其 2014 年的经营现金流为 125 000 美元,超过现金股利支付和长期债务本金偿付 70 000 美元(125 000 − 20 000 − 35 000)。超出的现金流与新增的短期债务实际上被用来购买新的资本资产(76 000 美元)与增加长期投资(9 000 美元)。

投资活动现金流

许多现金支出没有直接体现在财务报表上。特别是资本支出和长期投资所需现金没有出现在利润表中。如果经营现金流不足以覆盖资本支出和新增长期投资,就需要获取额外的融资。因为资本支出没有在资产负债表和利润表上列示,需要估测其数值。一个简单估测是资本支出等于固定资产变动毛值。然而,只有在公司没有出售任何固定资产时这才是合宜的。如果公司出售资产,会计计量上就会把与资产相关的折旧从累计折旧中扣除。在这些情况下,累计折旧变动会小于利润表中的折旧费用。注意,2014 年棱镜实业在利润表中报告的折旧费用(51 000 美元)与在资产负债表中报告的累计折旧变动(45 000 美元)是不同的。这一现象通常发生在公司出售部分已折旧资产的时候,具体而言:

$$\Delta 固定资产净值 = \Delta 固定资产毛值 - \Delta 累计折旧 \tag{10.6}$$

$$\Delta 固定资产净值 = \quad 资本支出 \quad - \quad 折旧 \tag{10.7}$$

得到

$$资本支出 = \Delta 固定资产净值 + 折旧 \tag{10.8}$$

根据公式(10.8),固定资产变动净值会低估实际资本支出,因此棱镜实业 2014 年的资本支出为 76 000 美元(485 000 − 460 000 + 51 000)。

除了 76 000 美元的资本支出,棱镜实业新增长期投资 9 000 美元,这是资金外流,由此投资所用的现金总额为 85 000 美元;将其从经营现金流中扣除,得到 40 000 美元的支付债务本金和股利前的现金流。

融资活动现金流

现金利润表(见图表 10.4)还显示了公司的融资支付以及如何获得外部融资。尽管现金流量表将融资支付列示于投资部分之后,但这其实具有误导性,因为融资支付通常发生在资本支出和新增长期投资之前。在扣除必要的长期债务本金支付(即上期到期长期负债)和现金股利后,棱镜实业获得外部融资前的现金缺口为 15 000 美元。注意,经营现金流(125 000 美元)足以支付债务和现金股利(35 000 美元 + 20 000 美元),但不足以同时再支付资本支出(76 000 美元)。

棱镜实业的现金缺口需要从外部融资,否则就会减少现金余额。尽管棱镜实业的资产负债表显示其现金足以覆盖缺口,但运营业务是需要现金的。公司不能让现金余额为 0,因为付现收款时兑换零钱、支付账单和员工工资都要求保有一个现金最小值。一般而言,外部融资来源包括新发行长期债务、普通股或优先股,增加银行应付票据或其他短期债务,发行其他混合工具。在这个例子中，棱镜实业实际上增加了 20 000 美元的银行应付票据（现金流入），这是其全部外部融资。

现金变动

现金利润表的最后一个要素是现金和适销证券变动，也就是公式(10.3)左侧的项目（Δ现金）。它等于经调整的可酌情处置支出（discretionary expenditures）后的经营现金流，是用于投资、融资支付、外部融资的现金流。对于棱镜实业而言，现金流减全部可酌情处置支出得到 15 000 美元的缺口，由此得出 20 000 美元的外部融资在当年产生 5 000 美元的现金流入。

现金利润与现金变动相平衡，因为这 5 000 美元的流入等于 2013—2014 年资产负债表上现金和适销证券变动（90 000 美元 − 85 000 美元）。由于现金资产负债表是现金与适销证券来源与运用的总结，可以比较现金利润表下半部分的现金和适销证券变动与资产负债表中相应项目的数值变动以确认加总计算是否正确。

解读经营现金流

尽管短期债务一般可以不断置换，但经营现金流最终可能还是要支付到期债务和某些现金支出。2014 年，棱镜实业 125 000 美元的经营现金流刚好满足现金股利 20 000 美元、长期债务到期本金 35 000 美元和年末 70 000 美元应付票据的支付。因此，棱镜实业运营状况良好，在其他条件不变的情况下能够支持新增债务的偿付。这一分析显示另外两个比率在评估公司现金流状况和是否有能力偿还新增债务时很有用：

(1) 经营现金流（CFO）除以股利支付（DIV）与上期的当期到期长期负债（CMLTD）之和：

$$CFO_t / (DIV_t + CMLTD_{t-1})$$

(2) 经营现金流除以股利支付、上期的当期到期长期负债和期初短期负债余额之和。

$$CFO_t / (DIV_t + CMLTD_{t-1} + 短期债务_t)$$

下标 t 和 $t-1$ 分别表示当期（棱镜实业 2014 年）和上期（棱镜实业 2013 年）。第一个比率的分母项代表长期债务要求的本金偿付与可酌情处置的现金股利之和。第二个比率加上了短期债务的现存本金。如果两个比率值大于 1（棱镜实业分别为 2.27 倍和 1.00 倍），公司的经营现金流就可以偿付现存债务并支撑新增债务。如果两个比率值小于 1 或为负，公司的经营现金流就不足以偿付必要的本金或短期票据余额。

$$\frac{CFO_t}{DIV_t + CMLTD_{t-1}} = 125\ 000 / (20\ 000 + 35\ 000) = 2.27$$

$$\frac{CFO_t}{DIV_t + CMLTD_{t-1} + 短期债务_t} = 125\ 000 / (20\ 000 + 35\ 000 + 70\ 000) = 1$$

一些分析师在分母项上加上资本维护支出来构建第三个比率。资本维护支出一般被视为更换公司折旧资产的必要支出,其数值来自公司内部调研。

财务预测

第三步的分析是评估潜在借款人的历史绩效,最后一步是评估贷款需求,生成预测报告并阐明本章引入的基本事项。借款人财务状况的预测解释了贷款资金用途、资金需要量、能够用于偿还新增债务的经营现金流,以及将在何时偿还。为了剖析可能发生的情况的阈值,分析师的预测应包含销售额、存货周转率、内部收益率和营业费用的不同假设。

考虑贷款资金的潜在用途。有合理营运资本融资需求的公司会显示出因应收账款增加、存货增加或应付账款减少、应计费用减少而导致的经营现金流减少。季节性需求需要期间(一年内)财务报表予以支持。若公司有正的、稳定的经营现金流则一般不需要营运资本融资,但必须有能力偿付新债。与定期贷款相关的特定现金外流很容易从现金变动表底部的"可酌情支出增加"(图表10.4未列示——译者注)变动和"外部融资减少"变动中识别,需要的融资额度和还款来源与时点也可以从财务预测中判定。本质上,要预测现金流每一个要素的未来值。

预测假设

预测财务报表一般从销售额开始。关键因素是销售增长,它决定了未来销售额增长或下降的快慢。下一期的销售额($t+1$)预测如下:

$$销售额_{t+1} = 销售额_t \times (1 + g_{\text{sales}})$$

预测销售额需要输入的参数是销售增长率 g_{sales}。估测通常从评估行业平均预期增长率、公司市场份额变化,甚至包括公司自己的盈利计划和资本预算开始。销售增长和其他与变动有关的参数应该基于分析师对公司未来行为的预测做出。通常情况下,没有经验的分析师会预先设定公司是否有资格获得贷款,然后以这个判断为基础进行分析。然而,预测分析的真实目的是客观地检视可能影响公司偿还贷款能力的潜在的积极或消极事件。

销货成本与销售额和预期销售加价(markup)紧密相关。销货成本通常估计如下:

$$销货成本_{t+1} = 销售额_{t+1} \times 销货成本占销售额百分比$$

这里的预测参数,销货成本占销售额百分比,是基于历史数据、行业平均值、预期未来竞争强项与弱项以及分析师对销货成本未来的最佳估测等来预测的。

其他营业费用要么用增长率假设,要么用营业费用占销售额百分比假设进行预测。例如,销售费用通常被认为是可变成本,预测值形式一般为销售费用占销售额百分比。一般管理费用的预测值形式可以用增长率假设,或者用一般管理费用占销售额百分比假设。

许多资产负债表项目也与销售额或从资本预算等外部来源获得的数据有关。例如,流动资产一般等于销售额的一个固定比例或表现出稳定的周转率。应收账款是销售额增长与公司信用政策的函数。存货与销货成本有关,其占销售额的比例是可预测的。因此,预测应收账款需要预测销售额增长以及应收账款周转天数等参数：

$$应收账款_{t+1} = 应收账款周转天数 \times 日均销售额_{t+1}$$

类似地，存货也通过存货周转率这个参数进行预测：

$$存货_{t+1} = 销货成本_{t+1} / 存货周转率$$

分析师可以依据历史数据或可比公司的标准决定周转率的近似值。采购额和贸易信用融资与存货增长率紧密相关，因此应付账款也随销售额（销货成本和存货随之变动——译者注）预测数变动：

$$应付账款_{t+1} = 应付账款周转天数 \times 日均采购额_{t+1}$$
$$= 应付账款周转天数 \times (销货成本_{t+1} + \Delta 存货_{t+1})/365$$

合同规定的债务本金偿付是已知的，计划购进的固定资产可以从资本预算中获得。其他的会计准则也同样适用。例如，累计折旧就是上期累计折旧加本期折旧，再扣除出售及淘汰资产的累计折旧。资产负债表的留存收益的增加等于净利润与股利支付之间的差额。"信用分析应用：韦德办公家具公司"一节将针对韦德办公家具公司，详细地解释上述会计关系如何应用于实际问题。

一个明显与销售额不相关的指标是利息费用，它基于借款人拥有或预期拥有的债务以及使用的利率计算。利息费用的预测必须包含有关债务余额、贷款余额及利率的预期。由于许多贷款设定了浮动利率，因此相关预测需要包含对利率的估计，这可能使上述计算过程变得异常烦琐。基于这个模型，在一个稳定的环境中，净利润直接随销售额的变动而变动。

预测应付银行票据

在估测的过程中，资产、负债和权益要分别估测。在第一轮估测中，资产负债表很可能不平衡，为了消除这个矛盾，需要一个平衡项目，通常叫作"插值"（plug）。当预测资产超过预测负债与权益之和时，需要额外债务；当预测资产小于预测负债与权益之和时，不需要新增债务，可以降低现存债务或将多余资金投资于适销证券（也是一个"插值"）。一般而言，这样计算得到的新增负债被认为是公司信用额度或短期债务需求。因此，预测资产与未加入新增负债的总资金差额显示未来每个时期公司信用额度（line of credits，LOC）所需要的新增贷款。这是一个迭代过程，因为新增负债反过来又会增加预测利息费用并降低净利润；而净利润下降意味着留存收益的减少，由此需要更多的负债。

营运资本融资预测应该采用预测下一年流动资产高峰与低谷的方式。这使得分析师能够判定存在季节性特征的借款人的最大、最小贷款需求，这种季节性应该体现在资产负债表或利润表上。对于定期贷款而言，应预测未来数年的数额，或者至少要预测贷款到期期限内所有年份的数额。预测的贷款需求应该在某个合理的时段内接近0，否则公司就必须重组现存融资和运营模式以承担新增债务。估测数据中揭示的贷款实际到期时间应该是新增贷款需求（即"插值"）接近0的时点，这一预测值随估测假设的变化而变化。

敏感性分析

预测分析是敏感性分析(sensitivity analysis)的一种形式。分析师设置一系列假设以构建不同资产负债表和利润表项目之间的关系,至少要考虑三种不同的情景或三套不同的假设:

- 最佳情景:预期绩效和经济环境会产生乐观的改善。
- 最差情景:出现对销售额、盈利和资产负债表产生最大潜在负向影响的环境。
- 最可能情景:最可能发生的一系列经济事件和绩效趋势。

对贷款需求和现金流的三个不同预测构成了可能发生的情景的范围,显示了贷款的风险。分析师可以利用不同的情景来判断在不太合宜的状况下贷款能否在合理的时间内被偿还。

风险分类表

多数银行将风险分类表(risk-classification scheme)归为商业贷款分析过程的一部分。在评估借款人各方面的风险水平后,依据风险水平将贷款申请归入一个评级类别。这个被用于信贷审批和定价的系统如下表所示。

评级分类	评级	抵押品	贷款质量的描述性指标
高质量	1	政府证券;现金	高质量借款人;可以获得五年的现金流历史数据;资产负债表状况良好,流动性充足
	2	机构和高质量市政债券;受保存单	高质量;与第1类评级的差别仅表现在财务能力上
	3	未受保存单;高质量股票和债券	高质量;现金流平均而言略低于第1类评级和第2类评级
可接受的质量	4	政府担保贷款;可能没有担保	高流动性,资产可以较容易地转换为现金;拥有未被使用的信贷便利;资本充足,管理层能力强
	5	以交易资产(应收账款、存货)和/或房地产担保	流动性充足,资本金充足且现金流能充分覆盖债务支出;有前瞻性的管理层;周期性行业,利润较低
	6	严重依赖抵押品和/或担保人	流动性部分吃紧,资本金有限,杠杆超过行业正常水平;管理层能力有限;业务受经济周期影响很大
低质量	7	抵押品不足	流动性吃紧,资本金不足,管理层能力弱;与行业整体趋势相反,财务状况不佳
	8	抵押品不足	与第7类评级一致,但财务状况更差
	9	抵押品不足	一无是处,缺点明显

贷款人确定的实际风险评级反映借款人历史绩效的评估(包括本章前面介绍的分析)以及对借款人运营状况预测的鉴定。评估将关注历史绩效,以及相对于行业正常值的当前盈利与风险水平的重要趋势。如果借款人申请定期贷款,那么预测分析将判定公司经营现金流是否足以保障借债服务要求;如果借款人申请营运资本贷款,分析将判定公司清算交易资

产和抵押品的现金流是否充足。一般而言,银行不对评级为7—9的公司放贷,若借款人财务状况恶化则可能被调低到这些评级类别。

信用分析应用:韦德办公家具公司

本节的分析是对刚刚介绍的信贷评估过程的系统性应用。它强调运用上述步骤评估公司的定期贷款需求,需要预测公司的经营现金流。它聚焦于如何解读数据、如何做出信贷决定而不是如何操作模型。信用分析逐一阐释了四个关键问题,一般会忽略非量化的评估。

2014年3月1日,马库斯·韦德(Marcus Wade)——韦德办公家具公司总裁和大股东——与你见面,要求将公司的信用额度从90万美元增加到120万美元,并申请4万美元的贷款用于购买新设备。韦德办公家具公司是一家小型的金属办公家具生产商,已经经营超过25年,且过去10年一直是银行的优质客户。在持续2年的缓慢增长后,公司2013年的销售额增长近52%。韦德先生对公司的当前状况非常乐观,认为近期的增长归功于新生产线项目和营销,并认为增长趋势仍将持续,积压的总额为25万美元的订单就是证据。为了支持贷款需求,他提供了3年(2011—2013年)的利润表、资产负债表数据,以及2年(2014—2015年)的估测数据,见图表10.5和图表10.6。① 韦德预期2014年销售额将增长20%,并认为这会迅速减少应付票据余额并帮助偿付定期贷款。

结构百分比与财务比率分析:韦德办公家具公司

我们从结构百分比利润表和资产负债表(图表10.5和10.6)开始分析。从风险管理协会(Risk Management Association,RMA,前身为罗伯特-莫里斯协会)的《年报研究》杂志获取同类企业2013年的数据,列在"RMA"一栏。这些数据要花几个月的时间收集,通常在每年3月后公布。图表10.5(利润表)解释了三个重要事实:第一,2013年51.9%的销售增长对办公家具这样的低增长行业而言令人印象深刻;第二,销售额的高增长伴随着低于行业均值的销货成本占销售额百分比,反映出商品的成本较低或制成品的定价较高;第三,韦德办公家具公司的营业费用高于行业正常水平,可能反映出马库斯·韦德薪资较高,因为公司没有派发股利且薪资是他唯一的收入来源,净影响是公司的税前利润率(4.2%)远小于可比公司(6.2%)。

资产负债表(见图表10.6)的数据显示,韦德办公家具公司的应收账款和存货在2013年显著高于行业正常水平,且在2011—2013年逐渐提升。另外,每年的固定资产净值都低于行业正常值。进一步分析发现,韦德公司出租固定资产的比例显著高于行业正常水平。因此在得出结论前,分析师应谨慎地比较结构百分比及其他财务比率分析的隐含含义。就融

---

① 实际上,我们假定图表10.5和图表10.6的数据并不是韦德办公家具公司提供的,而是信用分析师提供的。

资而言,韦德办公家具公司依赖的应付账款和短期银行贷款是行业正常水平的2倍以上,说明其依赖的长期债务少于可比公司。韦德办公家具公司的净值(即所有者权益)与资产比低于2013年行业正常值8个百分点以上,说明其以债务支持大部分增长。

图表 10.5 2011—2015 年韦德办公家具公司的比较利润表

韦德办公家具公司 未被审计:SIC #2522 利润表	历史数据							RMA(%) 2013/6/30— 2014/3/31
	2011年(千美元)	占比(%)	变化率(%)	2012年(千美元)	占比(%)	变化率(%)	2013年(千美元)	占比(%)	
净销售额	7 571	100.00	8.10	8 184	100.00	51.90	12 430	100.00	100.00
销货成本	5 089	67.20	6.60	5 424	66.30	52.20	8 255	66.40	67.30
毛利润	2 482	32.80	11.20	2 760	33.70	51.30	4 175	33.60	32.70
销售费用	906	12.00	13.30	1 026	12.50	58.70	1 628	13.10	
一般管理费用	1 019	13.50	18.80	1 211	14.80	39.50	1 689	13.60	
折旧与摊销	70	0.90	1.40	71	0.90	2.80	73	0.60	
其他营业费用	0	0.00	0.00	0	0.00	0.00	0	0.00	
总营业费用	1 995	26.40	15.70	2 308	28.20	46.90	3 390	27.27	25.70
营业利润	487	6.40	-7.20	452	5.50	73.70	785	6.30	7.00
适销证券利息	0	0.00	0.00	0	0.00	0.00	0	0.00	
长期投资收入	0	0.00	0.00	0	0.00	0.00	0	0.00	
利息费用——银行票据	141	1.90	-15.60	119	1.50	31.90	157	1.30	
利息费用——定期票据+长期债务	0	0.00	0.00	0	0.00	0.00	0	0.00	
其他费用	63	0.80	36.50	86	1.10	17.40	101	0.80	
其他收入	0	0.00	0.00	0	0.00	0.00	0	0.00	
其他收入(费用)总额	-204	-2.70	0.50	-205	-2.50	25.90	-258	-2.10	
税前利润	283	3.70	-12.70	247	3.00	113.40	527	4.20	6.20
所得税	100	1.30	-5.00	95	1.20	97.90	188	1.50	
非常规收入和其他收入	0	0.00	0.00	0	0.00	0.00	0	0.00	
净利润	183	2.40	-16.90	152	1.90	123.00	339	2.70	
股利	0	0.00	0.00	0	0.00	0.00	0	0.00	
留存收益	183	2.40	-16.90	152	1.90	123.00	339	2.70	

韦德办公家具公司 未被审计:SIC #2522 利润表	估测值				
	变化率(%)	2014年(千美元)	占比(%)	变化率(%)	2015年(千美元)	占比(%)
净销售额	20.00	14 916	100.00	20.00	17 899	100.00
销货成本	22.90	10 143	68.00	20.00	12 171	68.00
毛利润	14.30	4 773	32.00	20.00	5 728	32.00
销售费用	19.10	1 939	13.00	20.00	2 327	13.00

(续表)

韦德办公家具公司	估测值					
未被审计：SIC #2522	变化率	2014年	占比	变化率	2015年	占比
利润表	(%)	(千美元)	(%)	(%)	(千美元)	(%)
一般管理费用	7.70	1 820	12.20	20.00	2 184	12.20
折旧与摊销	50.70	110	0.70	0.00	110	0.60
其他营业费用	0.00	0	0.00	0.00	0	0.00
总营业费用	14.10	3 869	25.90	19.40	4 621	25.80
营业利润	15.20	904	6.10	22.40	1 107	6.20
适销证券利息	0.00	0	0.00	0.00	0	0.00
长期投资收入	0.00	0	0.00	0.00	0	0.00
利息费用——银行票据	-35.60	101	0.70	-48.50	52	0.30
利息费用——定期票据+长期债务	#N/A	85	0.60	-16.50	71	0.40
其他费用	8.90	110	0.70	22.70	135	0.80
其他收入	0.00	0	0.00	0.00	0	0.00
其他收入(费用)总额	14.80	-296	-2.00	-12.80	-258	-1.40
税前利润	15.40	608	4.10	39.60	849	4.70
所得税	16.50	219	1.50	39.60	306	1.70
非常规收入和其他收入	0.00	0	0.00	0.00	0	0.00
净利润	14.80	389	2.60	39.60	543	3.00
股利	0.00	0	0.00	0.00	0	0.00
留存收益	14.80	389	2.60	39.60	543	3.00

图表 10.6 2011—2015 年韦德办公家具公司的比较资产负债表

韦德办公家具公司	历史数据							RMA(%)
未被审计：SIC #2522	2011年	占比	变化率	2012年	占比	变化率	2013年	占比	2013/6/30—
资产负债表	(千美元)	(%)	(%)	(千美元)	(%)	(%)	(千美元)	(%)	2014/3/31
资产									
现金	141	4.3	-5.7	133	3.9	-45.9	72	1.6	5.5
适销证券	0	0.0		0	0.0		0	0.0	
应收账款	1 254	38.4	11.6	1 399	40.8	35.5	1 896	42.3	28.8
存货	1 160	35.6	3.9	1 205	35.2	46.4	1 764	39.4	29.7
预付费用	47	1.4	6.4	50	1.5	-70.0	15	0.3	
流动资产合计	2 602	79.7	7.1	2 787	81.4	34.4	3 747	83.6	66.4
固定资产毛值	629	19.3	7.2	674	19.7	17.4	791	17.7	
租赁资产改良	198	6.1	2.0	202	5.9	17.8	238	5.3	
减：累计折旧	206	6.3	34.5	277	8.1	24.9	346	7.7	
固定资产净值	621	19.0	-3.5	599	17.5	14.0	683	15.2	28.2

(续表)

韦德办公家具公司 未被审计:SIC #2522 资产负债表	历史数据							RMA(%) 2013/6/30— 2014/3/31
	2011年 (千美元)	占比 (%)	变化率 (%)	2012年 (千美元)	占比 (%)	变化率 (%)	2013年 (千美元)	占比 (%)	
无形资产	40	1.2	-2.5	39	1.1	28.2	50	1.1	0.4
其他非流动资产	0	0.0		0	0.0		0	0.0	5.0
资产总额	**3 263**	**100.0**	**5.0**	**3 425**	**100.0**	**30.8**	**4 480**	**100.0**	**100.0**
负债与所有者权益									
应付票据——银行	643	19.7	-9.5	582	17.0	53.3	892	19.9	6.0
应付账款	836	25.6	8.6	908	26.5	41.2	1 282	28.6	14.0
应计费用	205	6.3	25.9	258	7.5	34.9	348	7.8	
应付所得税	41	1.3	51.2	62	1.8	27.4	79	1.8	1.7
当期到期——定期票据	0	0.0	0.0	0	0.0	0.0	0	0.0	
当期到期——长期债务	75	2.3	0.0	75	2.2	0.0	75	1.7	3.6
其他流动负债	0	0.0	0.0	0	0.0	0.0	0	0.0	11.8
流动负债合计	**1 800**	**55.2**	**4.7**	**1 885**	**55.0**	**42.0**	**2 676**	**59.7**	**37.1**
定期票据	0	0.0	0.0	0	0.0	0.0	0	0.0	
长期负债(LTD)	450	13.8	-16.7	375	10.9	-20.0	300	6.7	20.1
其他非流动负债	0	0.0		0	0.0		0	0.0	0.9
总负债	**2 250**	**69.0**	**0.4**	**2 260**	**66.0**	**31.7**	**2 976**	**66.4**	**58.1**
普通股——面值	600	18.4	0.0	600	17.5	0.0	600	13.4	
资本公积	100	3.1	0.0	100	2.9	0.0	100	2.2	
留存收益	313	9.6	48.6	465	13.6	72.9	804	17.9	
所有者权益	**1 013**	**31.0**	**15.0**	**1 165**	**34.0**	**29.1**	**1 504**	**33.6**	**41.9**
负债与所有者权益总额	**3 263**	**100.0**	**5.0**	**3 425**	**100.0**	**30.8**	**4 480**	**100.0**	**100.0**

韦德办公家具公司 未被审计:SIC #2522 资产负债表	估测值					
	变化率 (%)	2014年 (千美元)	占比 (%)	变化率 (%)	2015年 (千美元)	占比 (%)
资产						
现金	66.7	120	2.3	0.0	120	2.1
适销证券	0.0	0	0.0	0.0	0	0.0
应收账款	7.8	2 043	38.7	10.4	2 256	39.6
存货	17.3	2 070	39.2	15.3	2 387	41.9
预付费用	33.3	20	0.4	25.0	25	0.4
流动资产合计	**13.5**	**4 253**	**80.6**	**12.6**	**4 787**	**84.0**
固定资产毛值	50.6	1 191	22.6	0.0	1 191	20.9
租赁资产改良	0.0	238	4.5	0.0	238	4.2

(续表)

韦德办公家具		估测值				
未被审计:SIC #2522	变化率	2014年	占比	变化率	2015年	占比
资产负债表	(%)	(千美元)	(%)	(%)	(千美元)	(%)
减:累计折旧	31.8	456	8.6	24.1	566	9.9
固定资产净值	42.5	973	18.4	−11.3	863	15.1
无形资产	0.0	50	0.9	0.0	50	0.9
其他非流动资产	0.0	0	0.0	0.0	0	0.0
资产总额	17.8	5 276	100.0	8.0	5 700	100.0
负债与所有者权益						
应付票据——银行	−21.8	697	13.2	−48.5	359	6.3
应付账款	18.3	1 517	28.8	19.5	1 813	31.8
应计费用	5.7	368	7.0	5.4	388	6.8
应付所得税	27.4	101	1.9	27.4	128	2.3
当期到期——定期票据	#N/A	50	0.9	0.0	50	0.9
当期到期——长期债务	0.0	75	1.4	0.0	75	1.3
其他流动负债	0.0	0	0.0	0.0	0	0.0
流动负债合计	4.9	2 808	53.2	0.2	2 814	49.4
定期票据	#N/A	350	6.6	−14.3	300	5.3
长期负债(LTD)	−25.0	225	4.3	−33.3	150	2.6
其他非流动负债	0.0	0	0.0	0.0	0	0.0
总负债	13.7	3 383	64.1	−3.5	3 264	57.3
普通股——面值	0.0	600	11.4	0.0	600	10.5
资本公积	0.0	100	1.9	0.0	100	1.8
留存收益	48.4	1 193	22.6	45.5	1 737	30.5
所有者权益	25.9	1 893	35.9	28.7	2 437	42.7
负债与所有者权益总额	17.8	5 276	100.0	8.0	5 700	100.0

　　韦德办公家具公司的资产负债表是典型的短期快速增长型小公司的资产负债表。销售额增长的大部分利用信用额度融资,导致应收账款和存货大幅增加。现金降到最小值水平,且公司很有可能要求提高短期信用额度限额。由此,现金不足可能是韦德办公家具公司申请贷款的原因之一。

　　韦德办公家具公司的财务比率见图表10.7。流动比率、速动比率较低,但在过去几年比较平稳。2013年,应收账款周转天数长于行业正常水平约11天;存货周转率每年只有4.68次,而行业正常水平为5.6次。较低的流动比率、速动比率一般表明公司的流动资产占比较小,但是结构百分比分析和财务比率分析显示公司应收账款和存货水平高于行业水平。请记住,由于租赁固定资产较多,结构百分比所呈现的状况相对于同类公司存在扭曲(流动资产过高)。

图表 10.7 2011—2015 年韦德办公家具公司财务比率分析

韦德办公家具公司 未被审计:SIC #2522 财务比率	历史数据						RMA	
	2011 年		2012 年		2013 年		2013/6/30— 2014/3/31	
流动性比率								
流动比率	1.45		1.48		1.40		1.70	
速动比率	0.78		0.81		0.74		0.90	
经营性比率	天数	次数	天数	次数	天数	次数	天数	次数
现金周转	6.80	53.70	5.93	61.53	2.11	172.64		
应收账款周转	60.46	6.04	62.39	5.85	55.67	6.56	45.0	8.1
存货周转	83.20	4.39	81.09	4.50	78.00	4.68	65.0	5.6
现金-现金资产周转	150.45		149.41		135.79			
应付账款周转	48.83	7.47	60.60	6.02	53.09	6.88	32.0	11.3
备注:销货成本/应付账款		6.09		5.97		6.44		11.3
现金-现金周转	101.62	3.59	88.81	4.11	82.70	4.41		
预测营运资本融资需求(千美元)	1 417		1 320		1 870			
杠杆比率	百分比 (%)	倍数	百分比 (%)	倍数	百分比 (%)	倍数	百分比 (%)	倍数
债务/有形净资产		2.31		2.01		2.05		1.7
利息保障倍数		3.01		3.08		4.36		5.3
固定费用保障比率		1.96		1.79		2.09		2.8
净固定资产/有形净资产	63.82		53.20		46.97		50.0	
股利支付	0.00		0.00		0.00			
盈利能力比率	百分比 (%)	倍数	百分比 (%)	倍数	百分比 (%)	倍数	百分比 (%)	倍数
股权收益率(ROE)	18.07		13.05		22.54			
税前 ROE(税前利润/股东权益)	29.09		21.94		36.24		27.7	
资产收益率(ROA)	5.61		4.44		7.57			
税前 ROA(税前利润/总资产)	8.67		7.21		11.76		12.1	
权益乘数(总资产/总权益)		3.22		2.94		2.98		2.4
收入								
总资产周转率(净销售额/总资产)		2.32		2.39		2.77		2.1
全部其他收入/总资产	0.00		0.00		0.00			
费用								
净利润率(净利润/净销售额)	2.42		1.86		2.73			
销货成本/净销售额	67.22		66.28		66.41		67.3	
营业费用/净销售额	26.35		28.20		27.27		25.7	
所得税/税前利润	35.34		38.46		35.67			
销售额/净固定资产		12.19		13.66		18.20		
现金流比率		倍数		倍数		倍数		
CFO/(DIV+上期 CMLTD)		#N/A		2.35		1.71		
CFO/(DIV+上期 CMLTD+银行票据)		#N/A		0.27		0.13		
CFO/(DIV+上期 CMLTD 与 CMTN+ 银行票据)		#N/A		0.27		0.13		

(续表)

韦德办公家具公司	估测值			
未被审计：SIC #2522	2014 年		2015 年	
财务比率				
流动性比率				
流动比率	1.51		1.70	
速动比率	0.77		0.84	
经营性比率	天数	次数	天数	次数
现金周转	2.94	124.30	2.45	149.16
应收账款周转	50.00	7.30	46.00	7.93
存货周转	74.49	4.90	71.57	5.10
现金-现金资产周转	127.43		120.02	
应付账款周转	53.00	6.89	53.00	6.89
备注：销货成本/应付账款		6.69		6.71
现金-现金周转	74.43	4.90	67.02	5.45
预测营运资本融资需求（千美元）	2 068		2 235	
杠杆比率	百分比(%)	倍数	百分比(%)	倍数
债务/有形净资产		1.84		1.37
利息保障倍数		4.27		7.90
固定费用保障比率		2.19		2.89
净固定资产/有形净资产	52.79		36.16	
股利支付	0.00		0.00	
盈利能力比率	百分比(%)	倍数	百分比(%)	倍数
股权收益率（ROE）	20.56		22.30	
税前 ROE（税前利润/股东权益）	33.00		35.58	
资产收益率（ROA）	7.38		9.53	
税前 ROA（税前利润/总资产）	11.53		14.90	
权益乘数（总资产/总权益）		2.79		2.34
收入				
总资产周转率（净销售额/总资产）		2.83		3.14
全部其他收入/总资产	0.00		0.00	
费用				
净利润率（净利润/净销售额）	2.61		3.04	
销货成本/净销售额	68.00		68.00	
营业费用/净销售额	25.94		25.81	
所得税/税前利润	36.00		36.00	
销售额/净固定资产		15.33		20.74
现金流比率		倍数		倍数
CFO/（DIV+上期 CMLTD）		4.24		6.17
CFO/（DIV+上期 CMLTD+银行票据）		0.41		1.07
CFO/（DIV+上期 CMLTD 与 CMTN+银行票据）		0.39		0.96

对应付账款周转的检视进一步解释了这一相互冲突的信息。应付账款周转天数为53.09天,显著高于行业平均水平(32天)。这显示相较于采购额,应付账款占比也高于行业水平。因此,流动比率、速动比率的分母项(即流动负债)而非分子项(即流动资产)减小了这两个比率值。较高的应付账款占比显示韦德办公家具公司欠款时间较长,存在被债权人要求用现金偿付的风险。

图表10.7的杠杆比率确认了结构百分比分析中支撑公司运营的净值(即股东权益)很低。债务每年都超过有形净资产100%,远高于RMA均值。利息保障倍数和固定费用保障比率低于行业竞争者,这显示相对于盈利,利息费用和设备租赁费用较高。

图表10.7的盈利能力比率显示,韦德办公家具公司的税前ROE超过行业水平,而税前ROA低于行业水平。这又是公司财务杠杆相对较高的证据。2013年的报告利润显著增加,这是来自净销售额的显著增长。然而,韦德办公家具公司税前ROA较低,主要是因为营业费用与销售额之比相对行业较高:韦德办公家具公司为27.27%,而行业水平为25.7%。韦德办公家具公司的税前ROA低于行业水平,尽管其销货成本与销售额比率(66.41%)低于行业水平(67.3%)。然而,韦德办公家具公司的ROE在2013年为22.54%,相比前几年显著改善。

总结一下,相较于可比公司,韦德办公家具公司投资了较多的应收账款和存货,投资的固定资产较少。类似地,它更依赖于贸易信用和短期银行贷款融资,对长期债务的依赖较小。这些比率很重要,因为它们提示我们应该从哪些方面获取更多信息。这里应该聚焦于韦德办公家具公司的流动资产与固定资产,可能的解释是公司的信用销售条件太宽松或公司收款政策不合理,一些应收账款可能逾期或无法收回。因此,应收账款账龄分析看起来是必要的。类似地,韦德办公家具公司可能持有陈旧的存货,或者相比于销售而言存货入库太早。从盈利性比率而言,公司盈利能力一直相对较低,负向影响所有者权益;然而积极的一面是,销售额增长和销售定价非常好。如果应收账款和存货质量较高,韦德办公家具公司就会展现出良好的潜力。因此,银行家获取应收账款账龄分析,并亲自检查存货的构成与质量是非常重要的。

数据提示了两个具体风险。第一,如果供货商未来拒绝给予韦德办公家具公司同样数额的贸易信用,公司就必须新增银行贷款以支撑运营。特别地,2013年应付账款提供了1 282 000美元的融资。如果供货商要求公司按即时结算方式(送货时付现金)进行采购,那么韦德办公家具公司就需要支付这1 282 000美元,并且筹集额外资金来购买存货。一旦公司和供货商之间出现问题,马库斯·韦德就很可能向银行申请额外融资!第二,公司较低的所有者权益和较高的债务能够为计划增长(预计2014年增长20%)提供的支持有限,且一旦利率上升公司就会有利润下降的风险。韦德办公家具公司的盈利能力并没高到足以用债务支持销售额年增长20%的程度,公司要么降低增速,要么取得额外的股权融资;然而,积极的一面是韦德办公家具公司可以通过限制信用交易、减少存货量甚至涨价的方式限制增长。这些都会改善韦德办公家具公司的现金头寸。

现金利润表：韦德办公家具公司

图表 10.8 展示了韦德办公家具公司的现金利润表，并记录了经营现金流的变化。观察历史数据两栏。2012 年经营现金流为 176 000 美元，比传统现金流（净利润 + 折旧与摊销 = 152 000 + 71 000）少 47 000 美元。尽管销售额增长超过 400 万美元、净利润（NI）增长 123%至 339 000 美元，但 2013 年经营现金流仍降至 -128 000 美元；然而，传统现金流却高出不少，达到 412 000 美元（339 000 + 73 000）。经营现金流的减少源自应收账款和存货增加了 105.6 万美元（497 000+559 000），尽管应付账款也显著地增加了 374 000 美元，最终形成了需要用外部资金或内部现金流融资 682 000 美元的新增交易资产（应收账款变动+存货变动-应付账款变动）。现金利润的确增加了 851 000 美元，但由于现金营业费用增加了 1 005 000 美元，导致 2013 年现金营业利润减少。非利息费用、利息费用及实缴税额的增长使得经营现金流变为负值，新增的 310 000 美元银行应付票据部分地为这个现金缺口融资，75 000 美元定期贷款到期本金偿付和 157 000 美元的资本支出也加剧了现金不足，剩余融资来自现金头寸的减少。

图表 10.8　2012—2015 年韦德办公家具公司现金变动对账表

韦德办公家具公司	历史数据		估测值	
未被审计：SIC #2522	2012 年	2013 年	2014 年	2015 年
现金利润表	（千美元）	（千美元）	（千美元）	（千美元）
净销售额	8 184	12 430	14 916	17 899
应收账款变动	(145)	(497)	(147)	(213)
销售中收到的现金	8 039	11 933	14 769	17 687
销货成本	(5 424)	(8 255)	(10 143)	(12 171)
存货变动	(45)	(559)	(306)	(317)
应付账款变动	72	374	235	296
现金采购	(5 397)	(8 440)	(10 214)	(12 192)
现金利润	2 642	3 493	4 555	5 495
总营业费用	(2 308)	(3 390)	(3 869)	(4 621)
折旧和摊销	71	73	110	110
预付费用变动	(3)	35	(5)	(5)
应计费用变动	53	90	20	20
其他流动资产和流动负债变动	0	0	0	0
现金营业费用	(2 187)	(3 192)	(3 744)	(4 496)
现金营业利润	455	301	811	999
适销证券利息	0	0	0	0
长期投资收入	0	0	0	0
其他费用和收入（净额）	(86)	(101)	(110)	(135)

(续表)

韦德办公家具公司 未被审计：SIC #2522 现金利润表	历史数据		估测值	
	2012 年 （千美元）	2013 年 （千美元）	2014 年 （千美元）	2015 年 （千美元）
息税前现金	369	200	701	864
利息费用——银行票据	(119)	(157)	(101)	(52)
利息费用——定期票据+长期债务	0	0	(85)	(71)
报告所得税	(95)	(188)	(219)	(306)
应付所得税变动	21	17	22	28
递延所得税变动	0	0	0	0
经营现金流（CFO）	**176**	**(128)**	**318**	**463**
资本支出和租赁资产改良	(49)	(157)	(400)	0
长期投资变动	0	0	0	0
无形资产变动	1	(11)	0	0
非流动资产变动	0	0	0	0
投资现金占用	**(48)**	**(168)**	**(400)**	**0**
当期到期定期票据偿付（上期期末数值）	0	0	0	(50)
当期到期长期负债（上期期末数值）	(75)	(75)	(75)	(75)
股利支付	0	0	0	0
融资支付	**(75)**	**(75)**	**(75)**	**(125)**
外部融资前的现金	53	(371)	(157)	338
短期银行债务变动	(61)	310	(195)	(338)
定期票据和期末当期到期定期票据	0	0	400	0
长期贷款变动 + 当期到期长期贷款（期末数值）	0	0	0	0
股票和资本公积变动	0	0	0	0
优先股变动	0	0	0	0
国库券和其他权益变动	0	0	0	0
非流动负债变动	0	0	0	0
外部融资	**(61)**	**310**	**205**	**(338)**
临时性支出	0	0	0	0
当期会计调整	0	0	0	0
现金和适销证券变动	**(8)**	**(61)**	**48**	**0**

进一步做如下分析。2011—2013 年的应收账款余额增减显示，韦德办公家具公司在 2012 年和 2013 年收回的信用销售款少于其为客户新提供的信用融资。因此，净销售额中收到的现金被 497 000 美元的新增应收账款挤占。如果应收账款减少，那么实际收到的现金将会超过报告的销售额数据。2013 年销售额增长 51.9%，同期应收账款仅增长 35.5%。图表

10.7 的流动性比率和经营性比率显示,韦德办公家具公司在 2012 年至 2013 年收紧了信用政策,因为应收账款周转天数缩短了近 7 天(从 62.39 天变为 55.67 天)。若公司的信用政策在此期间没有改善,则经营现金流将进一步下降约 229 000 美元。① 收款状况的改善对公司而言是积极信号,这减少了韦德办公家具公司 2013 年年底本来需要的融资额。

韦德办公家具公司的盈利能力(毛利率)在 2012 年有所改善,但在 2013 年发生恶化。这显示经营现金流相对于净利润的数值本可以高于 2012 年,但毛利率的下降表明资金占用增加了。韦德办公家具公司的存货周转率在 2012 年和 2013 年都有改善(分别为 4.5 次和 4.68 次),这意味着存货的增长小于销售额的增长。更有效的存货使用意味着韦德办公家具公司为销售额增长实际使用的融资现金少于周转率未改善情况下的数额,这也是一个积极的信号。2013 年应付账款增长的事实意味着韦德办公家具公司的贸易信用提供了更多的资金,但应付账款周转天数缩短的事实意味着贸易信用提供的资金少于维持在 2012 年应付账款周转天数水平时的数额。

积极的一面是,尽管韦德办公家具公司的应收账款和存货增长显著,但少于销售额增长。韦德办公家具公司的现金营运资本融资需求并不是更宽松的信用政策或存货政策导致的,而主要是销售增长带来的。如果信用销售和存货质量较高,那么随着货款的回收,当前的存货和应收账款在未来会为公司提供现金流。韦德办公家具公司 2013 年也缩短了应付账款周转天数,由此改善了其与供货商的关系。

综上所述,韦德办公家具公司 2012 年的经营现金流为 176 000 美元,超过资本支出(49 000 美元)、长期债务本金偿付(75 000 美元)之和达 52 000 美元,多出来的这部分现金流以及额外的 9 000 美元现金实际上用于偿还 61 000 美元的短期债务。然而,2013 年经营现金流为负(-128 000 美元),不足以偿付当期到期长期债务本金(75 000 美元)和资本支出(157 000 美元)。2013 年外部融资前的现金也为负(-371 000 美元)。韦德办公家具公司新借入 310 000 美元短期债务并使用其中的 61 000 美元现金弥补这一赤字。

韦德办公家具公司产生了较高的利润,但这些利润并没有转化为现金利润。为什么?实际上是因为应收账款和存货的增长超过了应付账款的增长。尽管韦德办公家具公司通过非现金支出(折旧)提供了 73 000 美元,并通过减少预付费用获得了 142 000 美元——表现为应计费用增长、应付所得税下降,但仍不足以维持公司当前运营。韦德办公家具公司 339 000 美元利润中扣除 128 000 美元后的现金都用于为这一缺口融资。因此,310 000 美元新增融资中的大部分用于净营运资本需求的增加。

预测分析:韦德办公家具公司

现金流为负并不一定意味着银行不会发放贷款。运用正确的营运策略,韦德办公家具公司也许能够完成扩张并按时偿付新债。回忆一下,2013 年韦德办公家具公司负的现金流

---

① 使用 2012 年较长的应收账款周转天数(假设信用政策不变)计算意味着 2013 年应收账款会增加 229 000 美元至 2 125 000 美元(12 430 000/365×62.39)。因此,若信用政策未收紧,则应收账款变动为 726 000 美元(2 125 000-1 399 000)。

主要受 51.9% 的销售增长驱动。如果销售增速降低,韦德办公家具公司应收账款和存货对现金的占用会大幅下降,极有可能产生正的经营现金流。图表 10.9 和图表 10.10 架构了一系列财务预测,描述了一系列最可能发生的经济情景和韦德办公家具公司运营政策的调整。在这种情形下,贷款可以被偿还。

图表 10.9　财务预测:韦德办公家具公司最可能发生的情景的假设(2014—2015)

1. 销售额年增长 20%。所有销售为信用销售。
2. 销货成本为销售额的 68%
3. 销售费用平均为销售额的 13%,一般管理费用平均为销售额的 12.2%,折旧每年为 110 000 美元
4. 2014 年非利息费用为 110 000 美元,2015 年为 135 000 美元
5. 2014 年利息费用为银行贷款余额的 14.5% 和其他长期债务的 9%
6. 所得税为税前利润的 36%,应付所得税按 2013 年的年增长率增长
7. 应收账款回收改善,使得 2014 年和 2015 年的应收账款周转天数分别为 50 天和 46 天
8. 2014 年和 2015 年的存货周转率分别为 4.9 次和 5.1 次
9. 应付账款周转天数保持在 53 天
10. 预付费用和应计费用在 2014 年和 2015 年分别增长 5 000 美元和 20 000 美元
11. 不支付股利
12. 400 000 美元的贷款用于购买新设备,本金按 8 年等额偿付,第一笔支付在 2014 年 3 月 1 日到期
13. 新设备的报告折旧每年为 40 000 美元,折旧期 10 年;旧资产折旧每年为 70 000 美元
14. 最低现金需求为 120 000 美元
15. 其他资产保持在每年 50 000 美元不变

　　以上每一项预测假设都反映了一个保守但可能实现的使得韦德办公家具公司经营性比率趋近于行业正常水平的未来表现。在做出贷款决定时,银行只有在韦德办公家具公司明白其必须收紧信用政策和减慢存货增长以降低流动资产增长的情况下才会发放贷款。然而,信贷专员不能在任何正式文件中要求限制销售额增长,否则一旦公司业绩不佳银行就必须负责。相反,信贷专员需要确信,基于与马库斯·韦德的讨论以及对其特征的评估,韦德办公家具公司能够认同这是最符合其利益的方案。这仅仅是最终确认贷款所必须阐明的众多定性问题之一。信用销售的限制会使得 2014 年预测销售额增长低于韦德办公家具公司预期的 20%,并且可能降低扣除销货成本之后的加价。除了限制信用销售,根据经济理论,除非营销策略真的能够提升公司市场份额,否则信贷专员更倾向于假设韦德办公家具公司的销售额增长率为个位数。办公家具不是高增长行业,但韦德办公家具公司展现出强劲的销售增长趋势。因此,基于韦德办公家具公司的新生产线和积极的营销策略,假设该公司比经济中的其他公司获得更快的增长是符合实际的。尽管如此,15%—20% 的增长或许比韦德办公家具公司预期的 20% 更符合现实。

　　基于上述讨论,韦德办公家具公司的预测假设应收账款周转和存货周转会改善,且 2015 年会向行业正常值移动。净利润会因费用的减少而按比例增加,这个判断基于韦德办公家

具公司应付薪资不变这一假设,且非营业费用占比会降低。2014 年和 2015 年的利润表和资产负债表估测值分别如图表 10.5 和图表 10.6 所示,这些预测是基于图表 10.9 和图表 10.10 的假设做出的,得到的现金利润表估测值如图表 10.8 所示。

图表 10.10　预测韦德办公家具公司财务报表所使用的估测模型

利润表各项目的估测值计算如下:

销售额$_{2014}$ = 销售额$_{2013}$ × (1 + g_{sales}) = 12 430 × (1 + 0.2) = 14 916(千美元)

销货成本$_{2014}$ = 销售额$_{2014}$ × 销货成本占销售额比例 = 14 916 × 0.68 = 10 143(千美元)

销售费用$_{2014}$ = 销售额$_{2014}$ × 销售费用占销售额比例 = 14 916 × 0.13 = 1 939(千美元)

一般管理费用$_{2014}$ = 销售额$_{2014}$ × 一般管理费用占销售额比例 = 14 916 × 0.122 = 1 820(千美元)

利息费用$_{2014}$ = 银行债务$_{2014}$ × 银行债务和定期债务利率 + 长期债务$_{2014}$ × 长期债务利率
$\quad$ = (697 + 50 + 350) × 0.145 + (75 + 225) × 0.09 = 186(千美元)

资产负债表各项目的估测值计算如下:

应收账款$_{2014}$ = 应收账款周转天数 × 平均日销售额$_{2014}$ = 50 × $\frac{14\,916}{365}$ = 2 043(千美元)

存货$_{2014}$ = 销货成本$_{2014}$ / 存货周转率 = 10 143/4.9 = 2 070(千美元)

固定费用总额$_{2014}$ = 固定费用总额$_{2014}$ + 资本支出$_{2014}$ = 791 + 400 = 1 191(千美元)

累计折旧$_{2014}$ = 累计折旧$_{2014}$ + 折旧费用$_{2014}$ = 346 + 110 = 456(千美元)

应付票据$_{2014}$ = 插值 = 资产$_{2014}$ − (负债$_{2014}$ + 所有者权益$_{2014}$)

应付账款$_{2014}$ = 应付账款周转天数 × 日均采购额$_{2014}$ = 应付账款周转天数 × $\frac{销货成本_{2014} + \Delta 存货_{2014}}{365}$

$\quad$ = 53 × $\frac{10\,143 + (2\,070 - 1764)}{365}$ = 1 517(千美元)

长期负债$_{2014}$ = 长期负债$_{2013}$ − 当期到期长期负债 + 新发行长期负债 = 300 − 75 + 0 = 225(千美元)

定期票据$_{2014}$ = 定期票据$_{2013}$ − 当期到期定期票据 + 新发行定期票据 = 0 − 50 + 400 = 350(千美元)

留存收益$_{2014}$ = 留存收益$_{2013}$ + (净利润$_{2014}$ − 股利) = 804 + (339 − 0) = 1 193(千美元)

如果预测的经营现金流得以实现,那么其数值在 2014 年为 318 000 美元,2015 年为 463 000 美元,均显著多于当期到期长期负债。经营现金流会随销售额增长而增长,这是因为新增交易资产几乎被假设为用新增贸易信用融资。因此,现金利润增长超过现金营业费用、利息费用和实缴税额。2014 年和 2015 年的银行短期贷款暴露将分别减少至 697 000 美元和 359 000 美元。当然,总银行贷款余额将在 2014 年达到 1 100 000 美元,在 2015 年降至 709 000 美元,这一数额显著小于公司贷款申请的 160 万美元。对第一个问题"韦德办公家具公司需要借多少钱?"的答案是:2014 年需要借大约 1 100 000 美元(银行应付票据、当期到期长期负债与长期负债余额之和),2015 年需要借 709 000 美元。

在这个情境下,第二个问题"贷款资金被用在何处?"的答案是:为新设备融资,并满足公司持续的营运资本需求。然而,应付票据的预期下降意味着营运资本需求减小了,而非公司认为的增大。实际上,银行重组了韦德办公家具公司的债务,增加了定期贷款而减少了短期信用额度。另外,较低的销售额增长意味着营运资本需求并未如 2013 年增长得那么快,且韦德办公家具公司的营业利润足以覆盖营运资本的增长。2014 年,318 000 美元的预测经营现金流已经超过本金和利息支付的 243 000 美元。[1] 因为 400 000 美元的资本支出由等量的定期贷款提供,这使得偿还长期债务后有现金结余,后者还可用于偿还银行短期债务(195 000 美元)并增加 48 000 美元的现金。这一分析显示,剩余的银行应付票据实际上是上一年度的需求,当时韦德办公家具公司利用信用额度而非定期贷款为营运资本的永久性增长融资。2015 年预测现金结余达到 338 000 美元。两期的预测分析都揭示韦德办公家具公司有能力负担新增债务。

前面的讨论显示银行可能以短期债务为诸如营运资本永久性增长等长期需求融资。银行可以考虑利用更多定期贷款"重组"债务,有效降低信用额度(短期债务)。这一重组能使银行每年"清零"信用额度。清零信用额度(clean up line of credit)意味着每年至少一次将贷款余额降为 0。为了判定韦德办公家具公司真实的短期信用额度需求,分析师应该查看月度、季度财务数据,并估测公司最大、最小的营运资本需求。此外,银行还可以缩短定期贷款期限,增加每年的本金偿付额。

第三个问题"主要的还款来源是什么?贷款将在何时被偿还?"的答案是:2015 年年末,韦德办公家具公司在支付债务本金后将产生约 338 000 美元的经营现金结余。显然,持续的经营现金流是偿还贷款的主要资金来源。如果现金流能够持续,那么韦德办公家具公司在接下来的两年内(至 2017 年)将还清剩余的 709 000 美元(359 000 + 50 000 + 300 000)债务。这一分析仅仅为贷款总额提供了预测,具体贷款组成要通过谈判决定。

抵押品估值:韦德办公家具公司

在每种情形下,银行都要使用所有可得抵押品(包括应收账款、存货和新设备)为短期、定期贷款担保。接下来,银行必须判定韦德办公家具公司交易资产的质量。再次强调,这里要进行应收账款账龄分析和存货估值。[2]

图表 10.11 总结了韦德公司的借款基础(borrowing base)。借款基础是对公司流动资产可用抵押品的估测。应收账款中首先剔除逾期超过 60 天的部分,剩余按照 70% 的比例分配信用。具体的授信比例随银行政策和分析师对应收账款总体质量评估的变化而变化。存货价值要减去应付账款,因为贸易债权人的求偿权通常优先于银行。在这个例子中,存货按价值 50% 的比例授信。接下来要减去未以房地产为抵押的债务,从而决定公司的可用抵押品结余(或缺口)。如图表 10.11 所示,韦德办公家具公司 2013 年抵押品可支撑的贷款数额超过当前贷款额 541 800 美元。随着贷款的偿还,借款基础还会得到进一步改善。

---

[1] 现金结余 = 318 000 美元 − 75 000 美元,我们假设有 400 000 美元的定期贷款满足 400 000 美元的资本支出需求。
[2] 账龄分析是按照应收账款发票开出日期(开票时长)或到期日期(到期时长)对应收账款进行分类的列表。对比账龄分析表可以看出预期应收账款是增加还是减少,也可以看出应收账款的总体质量是否发生恶化。

图表 10.11 韦德办公家具公司借款基础（2013—2015）

借款基础	2013 年 （千美元）	2014 年 （千美元）	2015 年 （千美元）
应收账款	1 896.00	2 043.29	2 255.79
减：逾期超过 60 天的应收账款	（192.00）	（230.40）	（276.48）
小计	1 704.00	1 812.89	1 979.31
70% 可贷	1 192.80	1 269.02	1 385.52
存货	1 764.00	2 069.98	2 386.56
减：应付账款	（1 282.00）	（1 517.23）	（1 813.33）
小计	482.00	552.74	573.23
50% 可贷	241.00	276.37	286.61
总债务（减去以房地产为抵押的长期债务）	（892.00）	（697.12）	（359.09）
结余（缺口）	541.80	848.27	1 313.04

敏感性分析

前文提供的敏感性分析只是可能发生的情景之一。在其他可能的情景下，韦德办公家具公司在 2014 年和 2015 年的表现与上文的描述显著不同。贷款人每次都应该调整诸如销售额增长、应收账款回收等关键因素的假设并重新计算预测财务报表，这会产生一组贷款和支付数据，并生成相应的值域。

最重要的是，贷款人在进行历史数据分析时应该考虑可识别的关键假设，比如韦德办公家具公司例子中的应付账款周转天数。尽管没有展示在上文表格中，但如果韦德办公家具公司不得不偿还贸易信用额，使得 2014 年和 2015 年的应付账款周转天数变为 48 天和 45 天，那么银行应付票据在 2014 年和 2015 年将分别增加到 855 000 美元和 677 000 美元。尽管这会增加债额和拉长偿还债务的时间，但韦德办公家具公司产生的现金流足以在合理的时间内偿还债务。2015 年年底，韦德办公家具公司在偿还债务本金后将结余 338 000 美元的经营现金流，因此 2015 年年底的债务余额 1 027 000 美元（677 000 + 350 000）可以在 2018 年前还清，这只比最大可能情景假设下的偿还时间多 1 年。如果韦德办公家具公司的应收账款回收停留在 2013 年的水平，那么其短期贷款需求预期在 2014 年和 2015 年将分别超过 950 000 美元和 900 000 美元。进一步的预测分析显示，贷款会在 2019 年前还清。

银行最终会给各种可能发生的情景设置一个概率（至少是隐含的概率）以得到预测结果。最坏情景设定是很有帮助的，在考察下行风险时，它能识别贷款人需要考虑的所有危机。需要厘清的是，预测分析并不能给出与贷款相关问题的答案，它只是贷款人判断各种情景下的偿付可能性的客观可行方法。

在估测公司的财务状况时，贷款人并不知道未来的利率水平。多数商业贷款会以浮动利率定价，这意味着借款人支付的利息会随基础利率的变动而变动。因此，在贷款被批准前我们并不知道到期时的实际利率水平。为了阐释这个问题,银行应该将"利率冲击"纳入敏感性分析,比较息前经营现金流与预期本金、利息支付和现金股利。息前经营现金流等于未调整任何新债务利息费用的经营现金流。预期利息支付会随利率上升、下降、不变的不同情形而变化。之后,银行就可以评估利率上升时借款人可能面临的问题。

管理贷款出售和信用衍生品的风险

许多金融机构改变了商业模式,从原有的赚取贷款利息与资金成本间的差值转变为发起贷款并证券化(OTD)模式。在 OTD 模式下,公司发放贷款,收取手续费,之后要么通过贷款参与(loan participation)出售部分贷款,要么将贷款打包为贷款池并在市场上出售。大机构也会成立贷款辛迪加(syndicate),辛迪加由一家大机构作为主体与有大额融资需求的借款人协商条款,但之后与其他金融公司接触,说服其认购部分信贷以分担风险。金融机构可以整体出售贷款,也可以只将贷款的现金流出售给第三方而不出售相应的合同追索权、担保、保险或其他增信工具。金融机构可以使用两种方法中的一种或两种获利,即以一定升水出售贷款或在售出后继续为贷款提供服务。

金融机构将相似的贷款进行组合,可以分散一些风险并提高贷款定价,这实际上减少了投资人所得的收益。金融机构也可以作为中介回收借款人的偿付款并分发给投资人。当机构为贷款提供服务时,投资人就不必专门派人去收款或管理贷款了。

机构进行贷款参与和贷款出售主要是为了分散资产组合的行业风险和区域风险。例如,农村地区的小社区银行可能有一部分来自农业领域的贷款,但最好通过参与其他银行的商业贷款来使投资组合分散化。贷款参与的一个主要风险是参与银行在分析贷款的违约风险或流动性风险方面缺乏专业技能。牵头银行(lead bank)是实际发放贷款并出售参与权的金融机构。贷款在发放时未被仔细审查的风险是助长 2007—2008 年次贷危机的因素之一,当时投资人仅仅依据评级机构的评级而购买证券化的按揭贷款池。很多评级机构给一些高风险债务池评了 AAA 级。当借款人未能按要求偿付本息时,这些贷款池的价值就大幅下降。参与贷款的投资人应该进行详细的尽职调查,以评估所参与贷款、贷款池的质量。这一点至关重要!

金融机构卖出或买入参与权或直接出售贷款还有其他原因。通过出售贷款或贷款参与权,发放贷款的机构能够减小资本金需求,因为这些贷款不再出现在资产负债表中。贷款出售也能够提供额外的流动性。贷款出售和贷款参与为投资人提供了分享发起机构的潜在信息优势及其较低的交易成本的机会。双方都可以实现成本效率(cost efficiency)。卖出贷款参与权的银行可以通过增加贷款额实现成本效率。贷款参与权的买方可以通过减少执行贷款合同、管理支付和抵押品的员工数量实现成本效率。

除了一般性的贷款风险,贷款参与或贷款出售还有其他内在风险。当某种类别的贷款需求很高时,就像最近按揭贷款参与和证券化所表现的那样,投资人和贷款发起人之间会产生潜在的利益冲突。贷款发起人可能将发起费用和贷款价值之上的升水视为优良的盈利来源,因此持有贷款并不是很有吸引力。一般而言,高风险贷款的收益和费用更高,并间接体现在资产负债表中。然而,如果在发放贷款时没有仔细审查,借款人不能支付款项时就会积累损失。如果发起机构在出售贷款时没有附加回溯权或担保,它对贷款的长期表现就不会那么关心。投资人可能认为贷款相较于其他低收益投资选择更有吸引力。如果投资人依赖其他机构来评估贷款质量(这可能是因为投资人不具备专业技能,也可能是因为投资人不相信评级机构),那么他们可能发现损失会超过期望值。解决这一问题的一个方法是使用增信工具。增信工具可以采用建立损失拨备池、获得担保或使用信用违约互换等形式。

发起贷款出售、参与权与辛迪加

发起贷款出售需要两个独立方——牵头机构(或辛迪加)和参与者,就像他们自行发放贷款并将其纳入资产负债表一样。在签收贷款时,投资者要仔细评估其将购买的贷款,也要评估发行机构出售贷款的目的。参与机构可以使用本章展示的工具和技术评估贷款组合(贷款池)。在评估发起机构时,投资者尤其要注意信用风险和流动性风险。如果发起机构能成功控制风险并使得投资组合产生收益,投资者就知道该机构拥有发起高质量贷款的专业技能。当然,这并不能保证其参与的贷款一定是高质量的。随着时间的推移,机构会构建起在竞争同业间广为流传的声誉。

分享型国内信贷

分享型国内信贷(shared national credit, SNC)是由三家以上互不依附的金融机构发起的、超过2 000万美元的、有正式借贷协议的贷款承诺。监管机构在1977年创设了SNC项目以监管和审核大型辛迪加贷款的风险结构。SNC是最大型的受监管金融机构所使用的贷款参与,涉及的贷款量最大。监管机构监控SNC的经济/行业集中风险以及一些机构的分享型信贷集中风险。集中风险是缺乏风险分散的直接结果,当经济因素负向影响某个集中的地理区域或行业时,银行的很大一部分投资组合都会受到强烈影响。拥有这类集中度的金融机构可能会承担其他没有从事类似业务的银行无须承担的风险。安然就是这样一个例子。几家大型机构在安然倒闭前对其承诺了超过3.5亿美元的贷款担保,安然凭此可以使用信用额度,甚至在其问题已经广为人知后依然如此。就在2008年金融危机之前,美国国际集团(AIG)在抵押贷款支持证券和信用违约互换上存在集中的风险暴露。然而,当财政部提供了1 820亿美元的资本金后,向AIG发放贷款或做出贷款承诺的金融机构的损失减少了许多。

增信

除了使用信用保险、结构化投资工具和其他衍生品等手段,增信还可以采用很多其他方式,如抵押品要求、回溯权协议和正式担保。增信包含的潜在关键条款如下:

- 超额现金流:许多证券化贷款池中的资产都有这样的特性,就是对证券化产品投资人的支付小于原始借款合同设定的支付。因此,哪怕有一些借款人不能及时偿还款项,也有足够的现金流偿付投资人。
- 应收账款:发起机构设立一个损失信托,以一定数额的资金作为准备金,在借款人支付不足时用来偿付投资人。
- 抵押:一方或多方为贷款提供抵押品。
- 贷款担保:一方或多方将个人或企业的资产用于担保,或在合同约束下承诺在一方违约时承担借款人的债务。
- 信用保险:任何一方购买信用保险,保险由私人或政府机构提供,在违约时为贷款损失提供支付。
- 信用衍生品:信用衍生品是以基础资产(贷款或债券)的现行信用风险来产生价值的工具或合约。尽管有许多类型的信用衍生品,但信用违约互换(credit default swap,CDS)市场尤其巨大,对参与者的现金流有很大影响。

信用违约互换

过去几年,信用违约互换市场经历了快速增长。信用违约互换合约是监管相对较少的衍生品工具,它是基于基础证券或固定收益证券(一般是企业债券或证券化资产池)的价值而发行的。这些合约是购买者和出售者私下协商而达成的。在2008年金融危机和《多德-弗兰克法案》出台前,信用违约互换在柜台交易。而《多德-弗兰克法案》规定,除了一些例外情况,信用违约互换要在交易所交易。

信用违约互换的买方支付一个升水,这代表了基础证券的违约风险,因此信用违约互换与保险合约很相似。升水通常由两部分构成:初始费用和定期支付。初始费用通常在处置高风险债券时被使用,在2007—2009年信用危机时可达到某些基础资产价值的60%—80%。信用违约互换的卖方接受支付并承担违约风险。

信用违约互换的卖方与保险公司扮演的角色类似。卖方通常不拥有债务,但提供长期保护。当负面事件发生时,如基础工具违约,卖方支付给买方基础资产价值变动量。当信用违约互换的价值变化时,合约的某一方可能需要追加抵押品。抵押品追加可能导致不可忽略的潜在流动性需求。图表10.12展示了简单信用违约互换的支付流和风险转移。

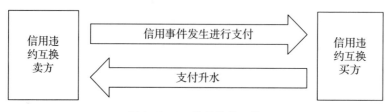

图表10.12　信用违约互换

尽管买方通常拥有基础债务并使用信用违约互换作为对冲,但 2008 年金融危机的一个导因是一些投资公司接受委托构建资产池用于出售以获利,之后购买信用违约互换,这样在资产池违约的情况下还会再获利。因为是投资公司自己构建了资产池,一些人怀疑它们是不是放入了劣质贷款以取得两次收益,分别在出售贷款池时和在资产池违约时。

许多信用事件都可以潜在地导致信用违约互换卖方向买方支付款项。因为信用违约互换是协商达成的合约,这些导火索事件会因合约不同而不同。公认的信用事件一般有以下五类：[1]

(1) 没有按时支付本金和利息。
(2) 高额债务使得贷款人(债务投资人)受到负面冲击。
(3) 破产或经营不善导致债务未被偿付。
(4) 到期前本金和利息加速支付。
(5) 债务发行人拒绝承认或终止债务支付。

2008 年金融危机导致许多信用违约互换的卖方为违约支付了大额的未预期款项。当互换价值向对卖方不利的方向移动时,他们也会被要求增加抵押品。总体而言,信用违约互换合约要求卖方在公司违约或破产时进行偿付。

本章小结

贷款申请评估着重分析与借款人偿还债务的意愿、能力相关的风险。在分析财务数据前,分析师应该评估借款人的特征与管理层质量。接下来的财务分析包含以下几个方面：分析财务报表,基于结构百分比利润表和结构百分比资产负债表计算流动性比率、经营性比率、杠杆比率和盈利能力比率;使用历史数据判定公司的经营现金流;审查预测利润表、预测资产负债表和预测现金流量表数据。整个过程提供了一个框架,以判定企业需要多少贷款、资金用于何处、以何种方式在何时偿还贷款,以及可用抵押品有哪些。这些信息以及针对公司的生产过程、供应商关系、相关担忧等问题的回答,使得信贷专员可以判定信贷需求是否在可接受风险的范围内。

评估现金流是信贷分析的一个重要方面。债务的本金和利息偿付加上股利和其他自行决定支出的一部分应该用经营现金流来支付。除非分析显示预期现金流足以覆盖债务负担需求,否则就不应该批准定期贷款。发放定期贷款需要进行预测分析。经营现金流占股利和贷款本金偿付的比例揭示了公司经营状况是否健康。

本章最后一节阐释了贷款出售、贷款参与、辛迪加和信用违约互换。这些交易的增长在过去几年尤为显著。未经监管的信用违约互换市场的大幅增长是推动 2008 年信用危机的显著因素。

---

[1] PIMCO, "Bond Basics: What Are Credit Defaults Swaps and How Do They Work?" June 2006, http://japan.pimco.com/EN/Education/Pages/CreditDefaultSwaps.aspx.

思考题

1. 按重要性由高到低排列本章描述的五个基本信贷问题。
2. 解释为什么不能单凭抵押品做出放贷决定？以房地产或农产品抵押品为例进行阐述。
3. 以下哪种校外比萨饼店的贷款需求不能被接受？为什么？

    a. 购买奶酪作为存货　　　　　　　　b. 购买加热比萨饼的炉子

    c. 为店主购买汽车　　　　　　　　　d. 支付购买比萨炉的长期抵押贷款申请

    e. 因临时性现金流问题而借款以支付员工工资

    f. 购买为餐厅提供奶酪公司的股票

4. 本章提出的五个基本信贷问题中，只有后四个进行了详细讨论。第一个问题"借款人的特征和所提供信息的质量如何"也许是最重要的。为什么贷款人应该询问这个问题？
5. 解释下列情况如何影响"借款人的特征和所提供信息的质量如何"这个问题的答案：

    a. 对"更好商业机构"的大量投诉

    b. 家族企业，一些家庭成员在企业工作

    c. 显著利用表外主体与公司间的伙伴关系

    d. 向公司主要管理者发行 100 万美元新股

    e. 针对当前业务的管理经验较少

6. 用标准的比率分析区分四类比率，描述每类比率如何描述公司绩效的强弱。
7. 一般而言，流动比率较高表示流动性较好。在什么情形下较高的流动比率意味着公司流动资产可能存在问题？
8. 为什么每年都报告净利润增长的公司需要持续从银行获得更多的营运资本融资？
9. 判断以下各项是现金来源、现金运用还是不影响现金的项目。

    a. 公司发行长期债券　　　　　　　　b. 公司预付运营费用

    c. 由于购买另一家公司，本公司摊销商誉　　d. 公司出售过时的电脑设备

    e. 公司支付股票股利　　　　　　　　f. 公司进行商品的信用销售

    g. 公司购买一批新卡车

10. 假设你编制了现金利润表并判定经营现金流等于现金股利和当期到期长期债务偿付的 75%。这个数据对公司现金流头寸有什么重要意义？
11. 公司的经营现金流一般需要超过资本支出吗？
12. 解释识别"主要"还款来源的重要性。显然，主要的还款来源总是"现金"。这一问题的实质是要求识别还款现金的来源。解释以下现金来源作为主要还款来源的优势和劣势：

    a. 出售资产　　　　　　　　　　　　b. 增加负债

    c. 销售产生的现金流　　　　　　　　d. 减少费用

    e. 发行股票　　　　　　　　　　　　f. 减少现金股利

在何种情形下你愿意接受以上来源作为主要还款来源？

13. 使用以下数据计算相应的比率：

（单位：千美元）

资产		负债和权益		利润表	
现金	80	应付账款	400	净销售额	9 125
应收账款	700	应计费用	80	销货成本	6 100
存货*	500	应付票据——银行	450	营业费用	2 550
流动资产	1 280	当期到期长期负债	50	利息费用	101
固定资产	1 220	流动负债	980	其他收入	2
		长期债务	550	其他费用	48
		股权	970	所得税	112
总资产	2 500	负债与所有者权益总额	2 500	净利润	216

注：*上期存货为 170 000 美元。

 a. 流动比率　　　b. 应收账款周转天数　　c. 存货周转率　　　d. 应付账款周转天数
 e. 负债与权益比　f. 利息保障倍数　　　　g. 股权收益率（ROE）
 h. 总资产周转率（资产利用率）

14. 假设一家制造业公司申请了 3 年期定期贷款，你进行了预测分析，得到了下表数据。贷款总额为 150 万美元，每年等额本金还款。本金和利息在每年年底支付，利息等于贷款本金余额乘以利率，利率为基准利率上浮 2%。

（单位：千美元）

	第一年	第二年	第三年
资本支出	250 000	125 000	75 000
现金股利	140 000	140 000	140 000
息前经营现金流	750 000	780 000	800 000

 a. 基准利率的年平均值为 8%。公司的息前经营现金流足以支付债务和其他必需的支出吗？

 b. 如果三年的基准利率分别为 8%、9%、10%，公司的现金流是否充足？

15. 利用正文的应用示例，列出一系列信贷专员应该询问韦德办公家具公司的问题，以更好地理解向该公司发放贷款所承担的风险。

16. 为什么贷款发起者希望出售贷款？为什么机构会考虑购买贷款参与权？为什么大型机构会参与贷款辛迪加？作为牵头银行有哪些好处和坏处？

练习题

I. 新墨西哥州陶斯市西南交易公司

随着夏天的临近，史蒂文·马罕与苏·马罕决定将成立一家成功的西南家具、艺术品和珠宝交易公司的想法付诸实施。他们知道夏天是新墨西哥州的旅游旺季，可能是开业的最好时机。马罕夫妇很长时间以来就对西南艺术品和家具感兴趣。史蒂夫15年前大学毕业并取得经济学学位，几年后获得金融MBA学位。他在得克萨斯州达拉斯市的一家批发商公司的管理岗位上工作了很多年。他的夫人（苏）职场生涯的头十年在零售领域工作，之后将成为公司的完全合伙人。在过去几年，她在公司里承担了许多管理职责。

尽管史蒂夫和苏知道他们拥有成功运营企业的专业技能，但为了确保成功，他们进行了近五年的市场调研。他们也知道应该非常谨慎，要详细考察所要经营的业务和相关行业。他们多次到新墨西哥州旅行并花费大量时间结识当地的艺术家（主要是滑雪迷），发现得克萨斯州和西南部其他地区对西南家具的需求很大且价格很高。现在，他们和当地木匠接触，发现其中的许多人希望有一条可靠的渠道展示并销售产品。现在，他们已经可以尝试建立一个大规模、可信赖的群体来提供经营所需的艺术品和家具。

马罕夫妇决定在新墨西哥州陶斯市开设一家名为西南交易公司的商店，作为艺术品和家具零售商以及得克萨斯州的零售店的供货商。史蒂夫在达拉斯和休斯顿广泛的商业人脉使得他已经拿到让企业成功运转所需的订单，只待发货。苏也开始推广西南交易公司的产品。西南交易公司与当地木匠的交易安排可以使公司给予得克萨斯州的零售商有吸引力的价格。这一定价策略赢得强烈反响，初步订单已经到位。

史蒂夫已经在陶斯市找到一个可供使用的理想场所。该场所的所有者要价275 000美元，但西南交易公司只有250 000美元的融资额度。史蒂夫和苏发起了装修竞标，应该可以以45 000美元的价格进行装修。他们买下了房屋，但相应的土地租赁是一份到期期限65年的可转让租赁合约。马罕夫妇决定向企业投资235 000美元，这是他们积蓄的大部分。苏的姐姐也对公司展现出的前景感兴趣，借给西南交易公司90 000美元，且5年内都不要求偿还。他们估计需要130 000美元的资金购买存货以启动业务，而且将用现金购买存货以便在当地木匠中建立良好声誉。他们估计还需要20 000美元来支付常规运营费用与相关账单。

史蒂夫希望可以从当地银行筹资，并找到Cary Farmer，他是位于Santa Fe的Santa Fe全国银行的高级信贷主管。史蒂夫相信在2014年6月前能够完成大楼的装修并购进存货。史蒂夫的金融专业背景使得他在撰写初步商业策划书时做出如下假设：

（1）第一财年（2014年7月至12月）的销售额会比较低，因为第一财年只包含6个月。第一个完整财年（2015年）的销售额将会显著增长，第三年和第四年也将维持增长。预计2014—2017年销售额分别为275 000美元、675 000美元、800 000美元和900 000美元，此后维持不变。

（2）基于初步供货协议和销售订单，销货成本预计平均为销售额的63%。

（3）2014年6个月的一般管理费用预计为70 000美元，2015年增至100 000美元，2016年之后为120 000美元。土地租赁费用和利息费用包含在运营费用之中。

（4）销售费用预计为销售额的12%。在业务正常运行后，苏预计会在得克萨斯州进行大规模的推广。这些推广费用预计只在2014年产生，为300 000美元。

（5）公司使用10年直线法折旧大楼和土地改造相关支出。

（6）公司的实际所得税税率预计为34%。

（7）预期信用卡赊销占很大比例且要求在收到货款前发货给得克萨斯州的客户，史蒂夫预计应收账款周转期为48天;考虑到所进入行业的整体经济状况,预计存货每年周转3次。

(8) 基于与木匠、供应商和其他批发商的协商,史蒂夫预计能够获得28天的应付账款周转期,从而为企业取得信用融资。

在准备去银行申请急需的贷款的过程中,马罕夫妇打算编制一份预测财务报表,了解西南交易公司能否获得利润并偿还贷款。他们想更精确地知道让公司开业运营需要向银行借多少钱。马罕夫妇计划编制五年的资产负债表、利润表和现金预算数据,还要确定开业当天的初始资产负债表,即2014年6月30日的资产负债表。这些财务报表估测将帮助马罕夫妇和信贷专员回答许多问题,包括:

(1) 2014年7月开业时需要融资多少?

(2) 为了回答"是否需要额外资金?需要多少资金?"这两个问题,需要准备五年的预测资产负债表和预测利润表。史蒂夫的金融专业背景告诉他每年需要的融资额应该是资产负债表的"插值",如此才能保证资产负债表平衡。如果预测资产超过预测负债与所有者权益之和,差额就是贷款的需求。如果负债与所有者权益超过资产购买,这些资金就应该用于偿还贷款、增加现金或适销证券。

(3) 因为这是一家创业企业,识别贷款资金用途、主要还款来源、全额还款时间等问题至关重要。利用估测数据,能够确定主要还款来源和还款时间。

(4) 还需要编制现金预算或现金利润表,因为史蒂夫知道银行唯一关心的就是现金流。

(5) 史蒂夫还需要准备抵押品列表。他知道银行一般不希望持有抵押品,但在企业没有预期的那样成功时会希望得到全部可得抵押品。

(6) 准备一份你希望得到答案的问题列表,注意要基于这个例子阐释相关问题的细节。

  a. 你需要哪类贷款条款?

  b. 找出银行放贷的最大风险。

  c. 你将如何架构贷款条款以保护银行?

  d. 关于这项贷款申请,你建议怎样做决定?

根据以上问题展开分析。

Ⅱ. Chem-Co 涂料公司的绩效

Chem-Co 涂料公司是一家农业化肥的生产商,近期从美国境外并购了一家小型制造商,表1展示了公司的资产负债表和利润表。2013年公司启动了一项推广活动,向农业企业和个人农户普及公司的新产品。公司CEO薇诺娜·佩斯雷对2013年的销售情况很满意,销售额比2012年增长了30%。然而,由于经济下行,美国和国外的农产品价格下跌,佩斯雷预期公司销售将显著下滑。

(1) 使用表1的数据,为公司编制2013年的现金利润表。

(2) 计算2012年和2013年的应收账款周转天数、存货周转率和应付账款周转天数,并判定营运资本现金来源(或运用)是来自销售增长、信用政策还是存货政策(或贸易信用政策)。

(3) 分析公司的经营现金流和关键财务比率并加以解释。

(4) 找出公司面临的潜在问题。

表 1　Chem-Co 公司的资产负债表和利润表　　　　　　　（单位：百万美元）

资产负债表	2012 年	2013 年	利润表	2013 年
资产				
现金和适销证券	30	6	净销售额	861
应收账款	102	215	销货成本	680
存货	65	104	毛利润	181
预付账款	8	5	销售费用	64
固定资产总值	120	149	一般管理费用	60
减：累计折旧	40	57	折旧	26
固定资产净值	80	92	营业利润	31
无形资产	4	3	利息收入	6
资产总额	289	425	利息费用	18
负债和所有者权益				
应付票据——银行	106	223	税前利润	19
当期到期长期负债	9	11	所得税	5
应付账款	33	50	净利润	14
其他应计项	2	9		
应付联邦所得税	3	4		
长期抵押贷款	16	15		
长期负债	43	32		
负债总额	212	344		
普通股	40	40		
留存收益	37	41		
所有者权益[a]	77	81		
负债和所有者权益总额	289	425		

注：[a] 所有者权益：期初权益+净利润-股利支付（现金）=期末权益=77+14-10=8 100 万美元。2011 年存货为 4 500 万美元。

参考文献

Arnold, Jasper, "Assessing Credit Risk in a Complex World", *Commercial Lending Review*, June 1988.

Behrens, Jorg, Leif Boegelein, Peter O. Davis, "Credit Risk Measurement: Avoiding Unintended Results—Part 5: Correlation and Credit Risk", *The RMA Journal*, Volume 87, Number 3, 16-19, November 2004.

Carter, David and James McNulty, "Deregulation, Technological Change, and the Business Lending Performance of Large and Small Banks", *Journal of Banking & Finance*, Volume 29, Number 5, May 2005.

"Credit Risk Measurement: Avoiding Unintended Results", Parts 1-5, *The RMA Journal*, selected issues, 2004.

Davis, Peter O. and Darrin Williams, "Credit Risk Measurement: Avoiding Unintended Results—Part 4: Loan Loss Reserves and Expected Losses", *The RMA Journal*, Volume 87, Number 2, 68-71, October 2004.

Davis, Peter O., "Credit Risk Measurement: Avoiding Unintended Results—Part 3: Discount Rates and Loss Given Default", *The RMA Journal*, Volume 86, Number 11, 92-95, July/August 2004.

Davis, Peter O. and Darrin Williams, "Credit Risk Measurement: Avoiding Unintended Results, Part 2 Weighting on Defaults—Knowing Your Institution's Default Metrics", *The RMA Journal*, Volume 86, Number 8, 82-85, May 2004.

Davis, Peter O., "Credit Risk Measurement: Avoiding Unintended Results—Part I", *The RMA Journal*, Volume 86, Number 7, 86-88, April 2004.

Gibson, Michael, "Credit Derivatives and Risk Management", *Economic Review*, Federal Reserve Bank of Atlanta, Fourth Quarter 2007.

Green, R., "Are More Chryslers in the Offing", *Forbes*, February 2, 1981.

Mengle, David, "Credit Derivatives: An Overview", *Economic Review*, Federal Reserve Bank of Atlanta, Fourth Quarter 2007.

Mulford, Charles W. and Eugene E. Comiskey, *The Financial Numbers Game: Detecting Creative Accounting Practices*, New York: John Wiley & Sons, 2002.

Newburgh, Conrad, "Character Assessment in the Lending Process", *Journal of Commercial Bank Lending*, April 1991.

Parlour, C. A. and A. Winton, "Laying off Credit Risk: Loan Sales versus Credit Default Swaps", *Journal of Financial Economics*, January 2013.

PIMCO, "Bond Basics: What Are Credit Default Swaps and How Do They Work?" June 2006, http://japan.pimco.com/EN/Education/Pages/CreditDefaultSwaps.aspx.

Stein, Roger M., "The Role of Stress Testing in Credit Risk Management", *Journal of Investment Management*, Fourth Quarter 2012.

Thorpe, Paula, "Why Have a Credit Policy", *Business Credit*, June 2011.

Wesley, David H., "Credit Risk Management: Lessons for Success", *The RMA Journal*, November 2012.

附录 I 财务比率的计算

流动性比率

- 流动比率 = 流动资产 / 流动负债

- 速动比率 = $\dfrac{\text{现金} + \text{应收账款}}{\text{流动负债}}$

- 应收账款账龄分析表：按照存续天数（如不足 30 天、31—60 天等）比较应收账款数额和占比

经营性比率

- 现金天数 = 现金 / 日均销售额
- 存货周转天数 = 存货 / 日均销货成本
- 存货周转率 = 365 / 存货周转天数 = 销货成本 / 存货
- 应收账款回收期(应收账款周转天数) = 应收账款 / 日均销售额
- 应收账款周转率 = $\dfrac{365}{\text{应收账款周转天数}}$ = $\dfrac{\text{销售额}}{\text{应收账款}}$
- 现金-现金资产周转 = 现金周转天数 + 应收账款周转天数 + 存货周转天数
- 应付账款周转天数 = $\dfrac{\text{应付账款}}{\text{日均采购额}}$ = $\dfrac{\text{应付账款}}{(\text{销货成本} + \Delta \text{存货})/365}$
- 销售与固定资产净值比 = 销售额 / 固定资产净值

杠杆比率

- 债务与有形净资产比 = 总负债 / 有形净资产
- 利息保障倍数 = EBIT / 利息费用
- 息税前利润(EBIT) = 税前利润 + 利息费用
- 固定费用保障比率 = $\dfrac{\text{EBIT} + \text{租赁支出}}{\text{利息费用} + \text{租赁支出}}$
- 固定资产净值与有形净资产比 = 固定资产净值 / 有形净资产
- 股利支付率 = 现金股利 / 净利润

盈利能力比率

- 净资产收益率(ROE) = 净利润 / 股东权益
- 有形净资产收益率 = 净利润 / 有形净资产
- 税前净资产收益率 = 税前利润 / 有形净资产 = 税前 ROE
- 资产收益率(ROA) = 净利润 / 总资产

- 税前利润与总资产比 = 税前利润／总资产 = 税前 ROA
- 资产利用率 = 资产周转率 = 销售额／总资产
- 边际利润率(PM) = 净利润／销售额
- 销售增长率 = 销售额变动／上期销售额
- 所得税与税前利润比 = 报告所得税／税前利润

注：有形净资产 = 有形净值 = 股东权益 − 无形资产

参考文献

Annual Statement Studies，RMA，每年出版一次（www.rmahq.org）。按照四位数 SIC 代码提供结构百分比利润表和资产负债表数据。提供公司近五年的数据与同类企业的当前数据，以总资产和销售额作为分母项。提供每一个比率的 25%分位数、50%分位数与 75%分位数。

Industry Norms and Key Business Ratios，Dun & Bradstreet，每年出版一次（www.dnb.com）。按照四位数 SIC 代码提供结构百分比利润表和资产负债表数据。数据以总资产或销售额作为分母项，占总量比例数据的计算必须使用中位数。只提供当年数据；提供每一个比率的 25%分位数、50%分位数与 75%分位数。

Industry Surveys，Standard & Poors Corporation，每年出版一次（http://www.standardandpoors.com/products-services/industry_surveys/en/us）。

Almanac of Business and Industrial Ratios，Leo Troy，每年出版一次。

Edgar Database of Corporate Information，Securities and Exchange Commission，参见网址 www.sec.gov。这是公司 10K 与 10Q 表格的大型可搜索数据库。

附录 II　财务分析的背景信息

财务数据的量化分析是大多数信贷决定的基础,其有效性在很大程度上依赖于数据质量。在进行财务比率分析和现金流估值之前,分析师需要检验可得信息的本质特征与完整性。附录 II 总结了与财务分析有关的背景信息。

财务报表

会计师根据一般公认会计准则(Generally Accepted Accounting Principles,GAAP)编制正式的财务报表。GAAP 旨在构建一套政策与步骤,使得会计信息的报告具有一致性和系统性。然而,即便有了 GAAP,以下两个问题也经常出现:第一,许多财务报表由不熟悉 GAAP 的人编制,他们甚至不了解"资产等于负债加所有者权益"这个基本会计等式,因此许多报表的资产与费用分类也随适用条件的不同而发生变化。例如,当公司基于分期付款合同销售产品时,可以在签合同时记录销售额,也可以在产品发出时记录销售额。类似地,公司也可以选择记录存货的方法。"后进先出法"与"先进先出法"在报告数值与对现金流的影响上显著不同。

这里隐含的意思是在进行资产负债表分析前必须检验数据的本质特征。推荐以下一些指导性原则:

- 判定是谁编制了报表。
- 判定报表是否经过审计。
- 报表若经过审计,则评估所出具的审计意见种类和免责声明的特征。总体而言,无保留意见意味着审计师判定所报告的报表符合 GAAP。保留意见意味着要么报告中的一些项目不符合 GAAP,要么不能以合理的确定性判定其中的一些数据。例如,存货的价值不能被充分判定就属于第二种情况。否定意见意味着财务报表不符合 GAAP。免责声明在审计师不表达意见时给出。
- 判定公司在 GAAP 下自行决定选择某一具体会计政策并可能显著影响所报告数据的财务报表部分,这需要仔细检查报表附注。自行选择的会计政策主要发生在收入确认、所得税调整、存货估值、应收账款分类、厂房与设备折旧、商誉、合并报表、养老金、利润分享和期权计划等方面。
- 判定所有承诺与或有项目的数额。
- 找出资产负债表中的特殊项目与交易。

附录Ⅲ 财务数据的背景信息

现金流量表对应部分	栏目号	现金利润表	利润表与现金利润表的差额的决定因素	利润表对应项目
经营活动	(1)	+ 销售额		
	(2)	− Δ 应收账款	销售增长 信用政策	销售额
	(3) = (1) + (2)	= 现金销售额		
	(4)	− 销货成本	销售增长 毛利率	
	(5)	− Δ 存货	存货周转率	销货成本
	(6)	+ Δ 应付账款	交易信用政策	
	(7) = (4) + (5) + (6)	= 现金采购		
	(8) = (3) + (7)	= 现金毛利润	上述所有因素	毛利润
	(9)	− 营业费用		
	(10)	+ 折旧	会计方法	
	(11)	− Δ 预付费用	营业费用 支付政策	营业费用
	(12)	+ Δ 应计费用	支付政策	
	(13) = Σ(9至12)	= 现金营业费用		
	(14)	+ 其他收入		其他收入
	(15)	− 其他费用		其他费用
	(16)	− 利息费用		利息费用
	(17)	− Δ 其他流动资产	其他流动资产与负债的变动	
	(18)	+ Δ 其他流动负债		
	(19) = (13) + Σ(14至18)	= 税前现金利润	上述因素	税前利润
	(20)	− 报告所得税	会计方法 所得税法	
	(21)	+ Δ 应付所得税		所得税
	(22)	+ Δ 递延所得税		
	(23) = (20) + (21) + (22)	= 现金税收支付		
	(24) = (19) + (23)	= 经营现金流	所有上述因素	净利润

现金流量表对应部分	栏目号	现金利润表	利润表与现金利润表的差额的决定因素	利润表对应项目
投资活动	(25)	−资本支出 =−（Δ固定资产净值+折旧费用）	实际资本支出	
	(26)	−Δ长期投资	新增长期投资	不包含
	(27)	−Δ全部其他非流动资产	全部其他长期资产变动	
	(28) = (25) + (26) + (27)	=投资活动使用的现金		
融资活动	(29)	−上期的当期到期长期负债支付	贷款本金支付时间表	未包含
	(30)	−现金股利支付（DIV）	股利政策	股利
	(31) = (29) + (30)	=融资支付		
	(32)	+Δ短期银行债务	短期银行债务水平和营运资本需求	未包含
	(33)	+Δ长期债务+期末的当期到期长期负债	长期债务、资本支出和资本结构决定	未包含
	(34)	+Δ普通股和优先股		未包含
	(35)	+Δ其他权益和非流动负债		未包含
	(36)=∑(32至36)	=负债外部融资		
现金	(37) = (24) + (28) + (31) + (36)	=Δ（现金与适销证券）	所有上述因素	未包含

第11章
消费信贷评估

想一想信用卡和储蓄卡给我们带来的便利,消费者可以使用两者中的任意一种在麦当劳购买三明治、缴税、搭乘地铁和在自动售货机买东西。如我们所料,银行卡交易大幅减少了个人的现金使用。2012年的一项调查显示,27%的销售交易使用现金,只有7%的销售交易使用纸质支票,超过66%的销售交易使用银行卡(29%使用信用卡,31%使用借记卡)。①

然而,今天移动银行业务与移动支付正在改写支付系统的格局。2012年美联储的一项调查发现,近21%的手机用户使用移动银行业务;移动支付更受年轻人的青睐,18—29岁的使用群体占移动支付用户总数的36%。德勤公司2013年年底的调查显示,网络购物量首次超过了实体购物量。调查也显示,47%的零售购买者表示网络购物是他们更喜欢的方式,只有37%的购买者仍更偏好在传统零售店购物。②

多年来,银行积极地招揽客户,部分缘于个人对主要金融机构(尤其是提供交易服务的机构)的忠诚度。银行经常谈论"黏性产品",如储蓄账户、支票账户等,用户一旦开通了这些账户一般就不会舍弃。一些研究发现,除非搬离银行的交易区域、银行更名或(和)服务显著恶化,否则多数客户不会终止与银行的关系。银行可以交叉销售服务、借记卡、信用卡、消费贷款和其他业务以增加非利息收入。重要的是,多数个人客户不像企业客户那样对价格敏感。因此,银行能获得超过其他业务或其他客户类型带来的风险调整盈利。

本章检视银行的消费放贷活动,聚焦不同消费贷款的特征和盈利能力,并介绍评估信贷风险的一般方法。在这个过程中,本章还会展示消费信贷关系为什么如此吸引银行的眼球。

---

① New, Catherine, "Cash Dying As Credit Card Payments Predicted To Grow In Volume: Report", *The Huffington Post*, June 7, 2012, http://www.huffingtonpost.com/2012/06/07/credit-card-payments-growth_n_1575417.html.

② Holliday, Katie, "New Top Choice for Shoppers: Online Overtakes Brick-and-Mortar", cnbc.com, November 18, 2013, http://www.cnbc.com/id/101205503.

过去许多年,银行始终以怀疑的目光看待消费信贷。商业贷款数量较大,净收益率很高,而且是透明度较高的投资。相反,消费信贷涉及的贷款数额少,但管理交易账户所需的员工较多,且对个人放贷而建立的声誉较小。随着商业贷款盈利能力的降低,这一认识已有所改变。近年来,贷款人间激烈的竞争使得商业贷款利差降到潜在利润相对较小的程度。与此同时,多数州实际上已经取消消费信贷的高利率限制,由此贷款人能够提高利率,使得消费信贷的风险调整收益超过商业贷款。尽管违约率相对较高,但现在消费信贷资产组合产生的盈利占比要大于商业贷款。

图表11.1是美国联邦存款保险公司(FDIC)承保的银行按资产集中度分类的盈利能力数据。类别为"信用卡贷款人"和"消费者贷款人"的银行在信用卡和其他消费信贷领域的资产集中度最高。注意,2013年(和此前),这两类银行的资产产生的收益率(ROA)高于其他所有银行。实际上,信用卡银行的ROA为3.35%,超过其他银行150—250个基点。即便核销率较高,这些银行仍实现了较高的ROA。图表11.2显示"信用卡贷款人"的贷款核销率平均为3.2%,而"消费者贷款人"的贷款核销率为0.8%,这比除国际银行外的其他储蓄机构都要高。

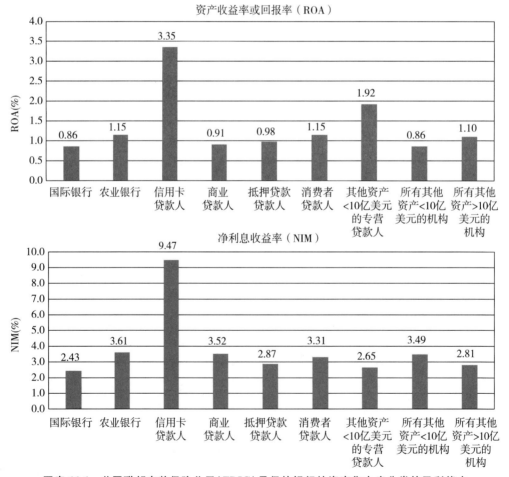

图表11.1 美国联邦存款保险公司(FDIC)承保的银行按资产集中度分类的盈利能力

资料来源:FDIC,季度银行业概览,http://www2.fdic.gov/qbp/index.asp。

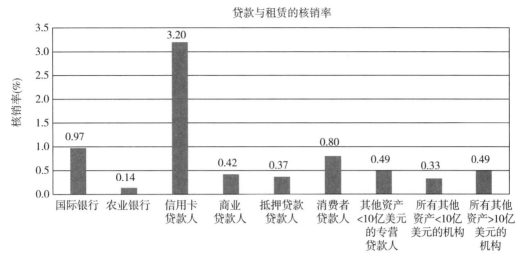

图表11.2 美国联邦存款保险公司（FDIC）承保的银行按资产集中度分类的核销率

资料来源：FDIC，季度银行业概览，http://www2.fdic.gov/qbp/index.asp。

今天，许多银行将个人视为新业务的主要增长来源，这反映出消费者存款与消费信贷的吸引力。利率去监管化迫使银行对几乎各类负债都要支付市场利率。对价格特别敏感公司的现金管理者会定期转移余额以寻找更高的收益。个人账户余额更稳定，主要是因为每个账户都有额度为250 000美元的联邦保险。尽管个人对价格敏感，但银行通常可以通过提供不同期限、不同利率的储蓄产品来保留存款。很多消费者也持有活期存款和可转让提款命令（negotiable order of withdrawal，NOW）账户，这对银行而言成本不高，通常也不需要满足补偿余额的要求（compensating balance requirement）。保留存款账户关系并从同一机构借款的消费者通常是忠诚的。

从贷款人的角度看，分析消费信贷与分析商业贷款有所不同。第一，个人财务数据的质量更低。个人财务报表通常未经审计，因此隐瞒其他债务更加容易，虚增资产价值也同样容易。第二，还款的主要来源是当期收入，主要来自工资、薪水、股利和利息。这些收入的波动性很高，具体取决于个人工作经验和历史，其净效应使得个人特征更难评估，但进行这些评估又极其重要。

消费信贷的种类

在评估消费信贷申请的可量化特征时，分析师要分析与商业贷款类似的事项：借款人特征、资金用途、所需数额，以及主要、次要还款来源。然而，消费信贷在设计上的不同之处体现在没有一个适用于各类贷款的通行方法。例如，对于信用卡而言，银行不能及时知道消费者的资金用途及所需数额；相反，等额分期支付的游船贷款有最高借款限额且偿还时间表更规律。因此，不同类型贷款的信用分析也不同。许多银行大范围地推广信用卡，尽管知道这样会带来较高的损失，但仍希望吸引足够多的客户以冲抵或核销损失，并相应地依照风险定价。除非使用信用评分模型(credit score model),否则贷款人无法正式地分析借款人的特征。信用评分模型是信贷专员使用合理的统计模型给潜在借款人的选定特征打分的过程,是用来评估信贷需求的量化模型。相反,贷款人处理与借款人直接协商的分期贷款的步骤与处理商业贷款很相似。信贷申请的每一方面,如估计自由收入(现金流)相对债务的大小,都会进行与商业贷款类似的评估。

消费信贷可以分为三类:分期贷款、信用卡或循环信贷额度①、非分期贷款。每类贷款的信用分析都不同,对基本信用问题的回答也不同。

分期贷款

分期贷款(installment loans)要求定期偿付本金和利息。在多数情况下,消费者借入资金购买耐用品或支付临时性费用,并同意每月分期偿还贷款。如图表11.3所示,抵押贷款目前是份额最大的消费分期贷款类别。汽车贷款在历史上是份额第二大分期贷款类别,但近来被学生贷款取代。大多数非抵押分期贷款的平均原始本金要小得多。此外,购买飞机、游艇,以及个人投资等超过500 000美元的贷款并非不常见,具体取决于资金的用途,期限一般为2—6年。除了循环信贷,消费信贷通常都有担保。

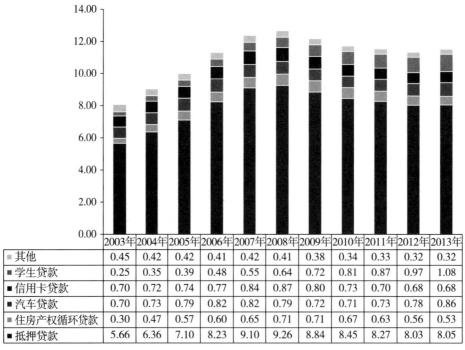

	2003年	2004年	2005年	2006年	2007年	2008年	2009年	2010年	2011年	2012年	2013年
其他	0.45	0.42	0.42	0.41	0.42	0.41	0.38	0.34	0.33	0.32	0.32
学生贷款	0.25	0.35	0.39	0.48	0.55	0.64	0.72	0.81	0.87	0.97	1.08
信用卡贷款	0.70	0.72	0.74	0.77	0.84	0.87	0.80	0.73	0.70	0.68	0.68
汽车贷款	0.70	0.73	0.79	0.82	0.82	0.79	0.72	0.71	0.73	0.78	0.86
住房产权循环贷款	0.30	0.47	0.57	0.60	0.65	0.71	0.71	0.67	0.63	0.56	0.53
抵押贷款	5.66	6.36	7.10	8.23	9.10	9.26	8.84	8.45	8.27	8.03	8.05

图表11.3 消费信贷的余额和构成(单位:万亿美元)

资料来源:纽约联邦储备银行(FRBNY)消费信贷数据,http://www.newyorkfed.org/microeconomics/data.html。

---

① 信用卡贷款和透支额度从形式上看也是分期贷款,因为要每月进行偿还。信用卡贷款的其他特征与分期贷款显著不同,本章分别进行讨论。

分期贷款可以是直接贷款也可以是间接贷款。直接贷款(direct loan)是银行与资金最终使用者直接协商议定的贷款。从银行借钱购买汽车的个人需要正式申请贷款并提供支持申请的个人财务信息。信贷专员分析信息并批准或拒绝申请。间接贷款(indirect loan)是银行通过向消费者出售商品的独立零售商来发放的贷款。零售商(如汽车交易商)负责信贷申请并与个人协商借贷条款,而后将协议呈交银行。一旦银行批准贷款,消费者就可以从零售商处依照之前确定的条款而用贷款购买商品。在银行各类贷款中,汽车贷款超过其他任何分期贷款类别,循环信贷和可移动住房(mobile home)贷款紧随其后。约60%的汽车贷款是从销售商处购买的间接贷款,可移动住房的间接贷款占比显著高于汽车贷款。

分期贷款的成本和收益

分期贷款相当有利可图。一般而言,个人贷款的平均规模很小,历史上平均为6 000—7 000美元;每笔贷款的成本为100—250美元,对大银行而言,电子贷款的成本甚至更低。发起成本包括工资、资源占用、电脑以及与吸引客户、批准贷款、处理贷款申请相关的费用,还有与收款和核销相关的费用。一般而言,分期贷款的净利差(NIM)超过5%,这里的净利差等于贷款收入减去获得成本、回收成本和净核销。

信用卡和其他循环信贷

信用卡、与支票账户绑定的透支额度是循环贷款协议中最常见的两种形式。Woolesy和Schulz的研究显示,(至2009年)92%的家庭拥有信用卡,平均每个家庭有13张卡。[①] 典型的消费者可用额度为19 000美元,但超过一半的消费者只使用总额度的30%。研究表明,1/6的持卡人每月支付最小还款额,15%的持卡人的未清偿月度余额超过15 000美元。当消费者只支付月度账单的一部分时,他就要为剩下的部分支付费用。基于银行活期存款账户发放的信用额度并不常见,但功能与信用卡相同。消费者可以开具超过实际余额的支票金额,但需要为透支额支付利息。利息支付通常采用50美元或100美元的累进固定费用(lump sum)形式。

银行提供种类繁多的信用卡。尽管一些银行发行带有自身标识的信用卡,并努力推广以支持这些信用卡,但大多数银行作为万事达(MasterCard)或维萨(Visa)的特许机构发行万事达卡或维萨卡。为了成为两个系统中任意一个的成员,银行需要支付一次性会员费,并根据活跃消费者数量缴纳年费。反过来,万事达和维萨负责向全美推广,所有信用卡上均显著地展示MasterCard和Visa的标志,并标明发卡银行名称。近年来,万事达和维萨允许银行加大银行名称的字体,并缩小MasterCard和Visa的标识以强调是哪家银行实际发行了信用卡。会员制的主要优势是小信用卡不需要发卡行和每个零售商单独协商就可被国内、国际的大多数零售商店接受。尽管美国的银行大力鼓励客户使用借记卡,但没有像国外竞争者那样激进地开发其他选项,如智能卡。

---

① Woolsey and Schulz (2009)。

借记卡、智能卡和预付卡

全球的金融机构都投资于提升借记卡、智能卡和预付卡的技术含量。借记卡的可得性很高,近年来已经成为美国商店最常用的支付手段。根据 Javelin 策略与研究公司进行的研究,截至 2017 年只有 23% 的销售与购买仍以现金进行,66% 的交易则使用银行卡——31% 使用借记卡而 29% 使用信用卡。①当个人使用借记卡(debit card)消费时,他或她在银行的账户余额会立即减少,这意味着资金将立即从用户的账户转移到零售商的账户。一个显然的劣势是消费者将损失浮盈。一些零售商也在消费者使用借记卡时收取一定的费用。银行更希望客户使用借记卡而不是支票,因为借记卡的处理成本比支票和 ATM 交易的成本更低。就像当代热点专栏"社会保险的预付借记卡"所讨论的那样,社保领取者现在可以使用预付借记卡领取每月的款项。

 当代热点

社会保险的预付借记卡

大约近 400 万领取社会保险金的美国人没有银行账户。历史上,联邦政府给每个社保领取者发放支票,但支票很容易遗失、被盗或延期。收到支票后,个人仍需要将支票变现,而且这一交易要收取 35—50 美元的服务费。

2008 年美国财政部与联信银行(Comerica Bank)共同赋予社保领取者一个选项,允许他们使用预付借记卡领取社会福利。这样,社保领取者在收到卡时就相当于得到了现金。使用预付卡不需要开卡费和透支费。如果用户取款过于频繁,就需要支付 ATM 费用。当卡遗失或被盗时,持卡者只要在两天内联系联信银行就只会损失 50 美元;否则,持卡者可能要损失 500 美元。这项服务显然减少了使用支票的麻烦和成本。

资料来源:Emily Brandon, "Social Security Debit Cards: 7 Things You Need to Know", *U.S. News & World Report*, June 11, 2008.

智能卡(smart card)是加强型借记卡或信用卡。它包含储存和读写信息的电脑存储芯片,这样一块芯片能储存超过磁条信用卡、借记卡 500 倍的数据。当把智能卡插入终端设备时,持卡者就可以支付商品和服务的费用、拨打电话、订购机票和授权兑换货币等。由于卡片可编程,因此它可以储存使用者完整的历史财务信息,并在实际进行交易时调用这些信息。这些电子账簿可以有效处理消费者几乎所有的购物需求。尽管智能卡在欧洲和日本非常流行,但目前(2013 年)刚开始向美国市场渗透,在全球范围内的使用率只有 2%。这在很大程度上反映出美国消费者对现行的交易收付技术比较满意,且不愿意为处理智能卡交易

---

① New, Catherine, "Cash Dying As Credit Card Payments Predicted To Grow In Volume: Report", *The Huffington Post*, June 7, 2012, http://www.huffingtonpost.com/2012/06/07/credit-card-payments-growth_n_1575417.html.

的必要终端设备支付费用。

预付卡(prepaid card)是借记卡的混合:消费者为将来享受的服务或将要购买的商品预付费用。例如,华盛顿特区的地铁系统让消费者为通行卡预付款项,之后用卡支付搭乘地铁的费用。反过来,许多大学(和企业)要求学生(和雇员)为书籍(和三餐)预付费用,之后再用卡购买服务。对银行来说,预付卡最重要的优势是运营成本较低、损失风险较小。实际上,许多贷款人因用户丢失预付卡而获利。

信用卡吸引人的地方在于,它可以为发行信用卡的金融机构带来与其他贷款相比更高的风险调整收益。发卡行通过三个来源赚得收益:收取持卡费、对贷款余额收取利息、对商家收取的贷款收费。信用卡网(CreditCard.com)的一份报告显示,被调研的 108 张信用卡年费的中位数为 50 美元,有 28 家银行收取这一数额的费用。信用卡年费的区间为 18—500 美元。富国银行担保卡(secured card)的年费最低,为 18 美元,年费最高的是花旗银行的总裁运通卡,为 500 美元。信用卡网还报告了年利率,平均为 15.06%,给予销售商的折扣范围为 2%—5%。尽管其他贷款的利率会下降,但信用卡利率具有非常高的黏性。由此银行收取的利率和资金成本间的利差在利率下行时反而更大,这导致银行受到利用信用卡欺骗客户的批评。实际上,银行已经开始降低贷款利率和年费,消费者可以规避年费,并按稍微高于华尔街主要利率的水平支付利息。但为了获取利润,发卡行将逾期支付费用提高到每月 30 美元。

信用卡放贷涉及向合格客户发放实体卡。银行卡预先授权信用额度——给任何时点的债务存量设定上限,个人可以使用银行卡从接受银行卡的商家手中购买商品和服务。因此,个人可以决定实际借款的时间和数量。许多银行卡可以在电子银行设备(如 ATM)上存款或取出现存交易账户余额的款项。

许多发卡行视信用卡为产生全国范围客户基础的工具。发卡行为了交叉销售抵押贷款、保险产品甚至证券化产品,提供超常激励以吸引客户接受信用卡。一些银行利用银行卡关系吸引货币市场存款和小额存单。信用卡是有利可图的,因为消费者对价格不敏感。多数银行收取信用卡年费,而且信用卡的利息费用是最高的。然而,许多借款人只关注每月支付的最小值(年费)而不关注透支所收取的利率。人们只喜欢可以使用信用卡随时购买商品的便利,并认为定期的利息数额极小,不足以为此放弃花钱的便利。

信用卡放贷的不利方面是它的损失高于其他类型的贷款。会有信用卡诈骗的情况出现,且许多个人最终会违约,因为他们的收入不足以支撑其消费习惯。图表 11.4 记录了信用卡核销率的近期趋势和个人破产申请数量的趋势。注意,核销率和破产申请数量在 1990—1991 年、2000—2001 年都有所增长;在 1994 年美国经济强劲增长时期,这两个指标也显著增长,但这一时期贷款质量提高,更多人有工作以至于个人收入增加。许多分析师相信,个人获得信用卡债务太过容易,而且申请破产不再被社会文化标识为个人污点。对很多人而言,信用卡代表一种低成本的重新开始。2005 年破产申请数量大幅增加是因为美国国会通过了更严格的破产法,人们抢着在原有的更宽松的规则下破产。在 2006—2008 年房地产市场危机时期,破产申请数量和信用卡核销数量再一次增加。

有趣的是，证券化信用卡的核销率表现更差。根据穆迪公司的研究，证券化信用卡核销率比普通信用卡高1.5%。由于没有行业公认的损失确认标准，这一数据可能具有潜在的误导性。在法律上，贷款人可以在账户破产后的209天内冲销贷款。有些贷款人在个人破产后会立即冲销，其他贷款人会等到209天期满再冲销。

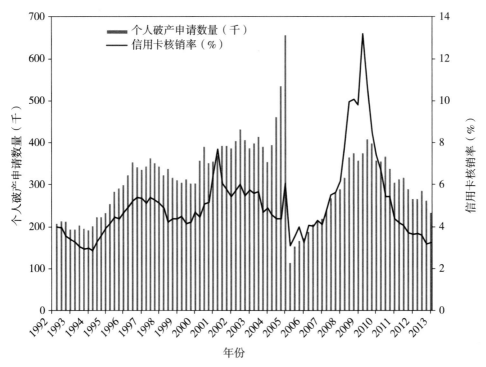

图表11.4　个人破产申请和信用卡核销率

资料来源：FDIC，季度银行业概览，http://www2.fdic.gov/qbp/index.asp。

信用卡系统和盈利能力

信用卡放贷的收益取决于银行承担的具体角色。根据美联储的分类，如果银行开展自己的信用卡业务，或者作为主要信用卡运营商——如维萨或万事达的主要区域代理人，就被归类为发卡行（card bank）。相对应的，非发卡行在区域发卡行下运营，且不发行自己的银行卡。因此，非发卡行不能从信用卡业务中获得超额利润。

图表11.5描述了信用卡产生的可得收入，也是对信用卡交易清算过程的总结。一旦客户使用信用卡，零售商就会向当地银行提交销售凭据以获得款项。零售商可以提交实体收据，也可以通过电子读卡终端在销售时传递信息。银行会收取交易额2%—5%的手续费。由此，如果手续费是3%，对于100美元的交易，零售商就只能收到97美元。如果银行不是发卡行，就会通过清算系统将收据传送给发卡行并支付交换费。发卡行此后会对客户的交易收取费用。多数信用卡收入来自客户开通信用卡所缴纳的发卡费。银行收取的利率为2.9%—28%，且通常会对个人收取年费。如前所述，利率具有黏性。当货币市场利率下

降时，银行的资金成本降低，但信用卡净收入因信用卡利率没有同步下降而增长。利息收入和年费占信用卡收入的80%，剩余的20%是向商家收取的手续费。

透支保护和开放信用额度

循环信贷以支票账户透支保护的形式存在。银行授权合格个人可以在事先规定的限额内开具超过账户实际余额的支票。客户需要自透支支票开立之日起支付利息，可以通过直接在账户中存入资金偿还贷款，也可以定期支付透支款项。一个相对较为新颖的创新措施是直接为富有的个人提供开放信用额度，不论他是否已经与银行建立支票关系。这种贷款与对商业客户的贷款承诺在功能上是等价的。在多数情况下，银行为客户提供特殊支票，一旦这些支票被出示用于支付，就会启用一笔贷款，其最大的信用额度通常超过透支额度，且利率随银行基础利率浮动。

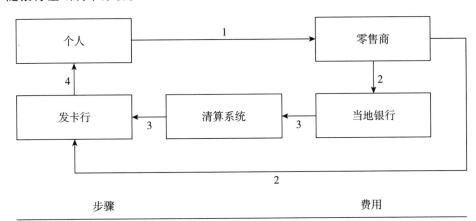

图表11.5　信用卡交易清算过程

资料来源：Michael Weinstein, "Credit Card Business Mushrooms at Large Banks", *American Banker*, August 14, 1986.

抵押贷款

抵押是一种法律文件，借款人通过抵押文件将作为债务抵押品的实物资产的留置权给予贷款人。如果借款人违约，贷款人就可以执行留置权并拥有资产。一般而言，借款人有权赎回抵押品，即在违约后的一个合理时段内偿还债务以防止赎回权被终止。

银行可以发放传统的抵押贷款或由联邦住房管理局（Federal Housing Authority，FHA）、退役军人管理局(Veterans Administration, VA)担保的抵押贷款。后两种贷款期限长且借款人的首付较少,但它们的时间管理成本很高,因为管理者在贷款被正式批准前需要完成大量的文书。抵押贷款通常每月支付本金和利息,期限一般为10年、15年或30年。

抵押贷款的种类很多,包括固定利率、可变利率,甚至是反向抵押贷款(reverse mortgage)或住房产权转换抵押贷款(home equity conversion mortgage)。反向抵押贷款是允许借款人在不出售房屋的前提下将住房的产权转换为现金的贷款,通常按月放款,每次放款都会增加未偿还贷款的余额。住房产权贷款与之非常类似,它一次性给予借款人一笔以其住房产权为抵押的贷款。对于希望利用住房产权补充退休金的老年人而言,反向抵押贷款是一个合理的选择,但一定要仔细计划以规避不能偿还的债务。

单家庭住房抵押贷款的信用分析与其他消费信贷的分析类似。多数抵押贷款规定按月支付,既包含本金又包含利息。因为期限较长,抵押贷款的贷款人会仔细检视借款人的现金流、特征和支付意愿。评估集中于贷款的三个显著特征:资产价值估测、借款人首付、借款人现金流相对于必要本息支付的大小。抵押贷款的贷款人认为,当首付高、债务支付相对于借款人收入较小时,相应的信贷风险也较小。

尽管2008年金融危机引发了对住房和抵押市场的关注,但一般而言抵押贷款是消费信贷中风险最低的,违约率也很低。金融危机前次级贷款的引入和信用标准、证明等要求的显著放宽意味着许多已签署的不良贷款情况变糟了。当然,多数房屋所有者所欠款项远低于资产价值,且能够按时偿还抵押贷款。

《2010年华尔街改革和消费者保护法案》也称《多德-弗兰克法案》,它十分显著地改变了房地产贷款,尤其是抵押贷款。消费者金融保护局要求抵押贷款的贷款人自2014年1月起评估借款人对抵押贷款的"偿还能力"。这一规则的设计是保证贷款人为消费者提供其实际上能够偿还的抵押贷款。合格抵押贷款(qualified mortgage)要满足手续费率小于3%、不包含高风险特征(如负摊销等)、贷款最长期限为30年的特征,并满足消费者金融保护局规定的三个条件之一:

(1) 贷款的债务收入比率≤43%。

(2) 不论债务收入比率是多少,贷款应符合政府支持企业(GSE)、联邦住房管理局(FHA)、退役军人管理局(VA)或美国农业部(USDA)等机构的购买、担保或保险标准。

(3) 由小型金融机构放贷且在表内持有的抵押贷款,要求贷款人核实借款人的债务收入比率。

这些规则的设计初衷是保护消费者,不利的副作用是信用不够好的个人获得抵押贷款将变得异常困难。许多专家担心这些规则会给住房市场以及那些金融资源较少的群体带来负面影响。

住房产权贷款和信用卡

住房产权贷款从20世纪80年代中期的不值一提发展到2009年年末的6 000亿美元,金融危机后下降到2013年年末的4 750亿美元。住房产权贷款的增长大部分源于《1986年税收改革法案》,该法案限制了除房地产相关贷款外其他消费信贷的所得税抵扣。因为是以个人住房产权为抵押,所以住房产权贷款在一定范围内符合抵扣要求。这些贷款的大部分是以开放信用额度的形式架构的,借贷人最多可以借出资产市场价值扣减初次贷款余额后数额的80%。个人借款只需开立支票或使用信用卡,只对借款部分支付利息,每月支付剩余本金1%—2%的费用,并自行决定何时偿还剩余本金。在多数情况下,贷款利率与银行基础利率绑定。由于消费者只能获得一次住房产权贷款,发起信贷关系的贷款人可以锁定一个长期客户。

这样的信贷安排将二次抵押风险与信用卡激发的诱惑相结合,是一个具有潜在危险性的组合。住房产权贷款人拥有借款人住房的二级留置权,一旦个人违约,债权人就可以终止赎回权,使得借款人丧失自己的住房。尽管如此,可以随时通过信用卡融资还是会鼓励消费者花钱,承担过多债务。在2001年9月11日之后的缓慢增长期,许多使用住房产权贷款资金的个人保持之前的生活方式,期望未来前景变好。美联储调研显示,消费者借款主要是为了改善现有住房条件、重组债务或为孩子的大学教育筹资。不论哪一种,住房产权贷款都意味着一笔较大的初始借款,并在随后的若干年偿还。随着2008年金融危机后房地产价值的下降,住房产权贷款的数量和金额都显著减少。

为了吸引客户,许多银行以基准利率或基于基准利率上浮1%—2%为贷款定价。一些银行在贷款期的头几年只要求支付利息。低利率在较低历史损失和良好抵押品(房产)的基础上是合理的。当然,在经济下行且房屋价值下降时期,违约率也会上升。此外,消费者借入最大额度以满足短期生活开支的需求的风险始终存在,信用卡的特点使得这种情况更容易发生。如果负担了过多的债务且利率上升或房屋价值下降,许多借款人就会违约,房贷者的损失会增加。2007—2008年房屋价值下降使许多借款人发现其持有的住房产权价值为负(抵押贷款余额超过房屋估值),进而导致更多的抵押贷款违约和赎回权终止。作为回应,许多银行要么终止剩余住房产权信用额度安排,要么减少个人消费者可用的信用额度。因为部分地区房产价值下跌比其他地区严重得多,历史上房价上涨最明显地区的银行采取的行动更加激进。

非分期贷款

部分消费信贷要求一次性还本付息。一般而言,借款人的借贷需求是临时性的。信贷发放基于良好的未来现金流支付的预期。过桥贷款是一次性还本付息消费信贷的代表,通常在个人为新房首付融资时出现。贷款将在借款人出售现有房屋时偿还,因此用"过桥"这个词来描述。贷款的质量取决于销售净现金流预期的时点和数额。

次级贷款

许多贷款人在很久以前就得出这样的结论:可以通过给更具风险的借款人发放贷款来获得较高的风险调整收益。大型的银行控股公司,如华盛顿互惠(与JP摩根合并)、美国国家金融服务公司(与美国银行合并)以及诸如通用资本等公司,激进地吸引高风险客户,向他们收取更高的费用和利率。这些机构也并购消费金融分支机构,并向银行传统上不放贷或不在表内持有贷款的借款人发放贷款。当然,次级贷款向借款人收取的利率更高,而且提出更多的限制性条款。

21世纪头十年,次级抵押贷款高速增长。这些更高风险的贷款被标记为"B""C"和"D"级信贷,在汽车和住房产权贷款中也很流行。这些贷款与消费金融公司发起的贷款具有同等级的风险。尽管没有明确的定义,"B""C"和"D"贷款具有更高的风险,且定价比非次级贷款更高。富兰克林汇票公司(次级汽车贷款放贷公司)的Paul Finfer提供了如下定义:①

- B:在Fair Isaac信用评分系统(FICO)下的评分通常超过600;部分有逾期90天的违约历史,但目前没有逾期债务。在发放贷款时,违约率为2%—5%,抵押资产回收率为2.5%—6%,损失率为1.5%—3%。
- C:在FICO下的信用评分通常为500—600,有核销损失及法院裁定的债务。借款人偿付了债务的全部或部分款项。在发放贷款时,违约率为5%—10%,抵押资产回收率为5%—20%,损失率为3%—10%。
- D:在FICO下的信用评分通常为440—500;有核销损失及法院裁定的未偿还债务,且贷款没有被偿付。在发放贷款时,违约率为10%—20%,抵押资产回收率为16%—40%,损失率为10%—20%。

房屋价格下降时会发生什么?

次级贷款在房屋价格上升时是很有吸引力的。当房屋价格很高时,即便是那些被过度授信且不能按期支付本金利息的人也可以通过出售房屋或出让房屋产权再融资来偿还贷款;当然,当房屋价格下降时,相反的事情就会发生。来自Corelogic房屋价格指数的数据显示,自2007年衰退前的顶峰到衰退后的低谷,得克萨斯州、俄克拉荷马州、阿肯色州、路易斯安那州、密西西比州、田纳西州、肯塔基州、北卡罗来纳州、内布拉斯加州、南达科他州、北达科他州以及其他一些州的房屋价格指数下跌均小于15%,但内华达州、加利福尼亚州、亚利桑那州、佛罗里达州和密歇根州的房屋价格指数下跌超过40%。一般而言,前些年房屋投机最猛烈的州房价下跌最严重。

2008—2010年,由于违约率上升和终止赎回权的数量急剧增加,银行被迫核销了数额很大的抵押贷款。实际上,由于与房产相关的资产大都发生了减值,许多持有抵押贷款支持证券的投资者不得不冲销所持资产的价值。图表11.6显示了2008—2010年申请房产终止赎回权案的数量。在此期间,许多借款人的住房产权价值为负,以至于诞生了一个帮助个人"逃离"其住房的新兴产业——借款人直接把钥匙交还给贷款人以逃避偿付抵押贷款。终止赎回权申请在2011—2013年期间有所减少,但仍显著高于2008年危机前的水平。

---

① Steve Cocheo (1996).

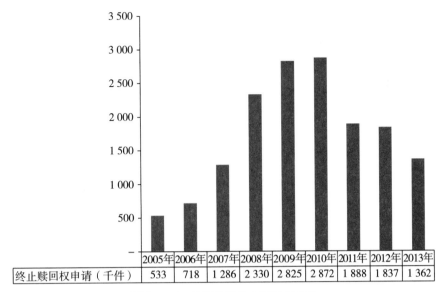

图表 11.6 美国房产终止赎回权申请

资料来源:"2013 年美国房产终止赎回权申请 140 万件,自 2007 年以来下降 26% 至历史最低值", http://www.realtytrac.com/Content/foreclosure-market-report/2013-year-end-us-foreclosure-report-7963。

消费信贷监管

联邦政府通过了一系列监管措施以保护获得信贷的个人。这些监管措施着重阐释歧视、开具账单惯例、客户责任、融资收费与拒绝发放贷款原因的披露,而监管的必要性源于信贷系统的滥用。过去,许多贷款人拒绝给没有信用记录的女性放贷,因为贷款往往记在其丈夫名下。拒绝发放贷款有时还源于借款人的种族和年龄。贷款人拒绝给居住在不良社区的人发放贷款,并给借款人确定实际信贷成本制造困难。本节阐述针对上述滥用行为的几个重要监管规则。

公平的信贷机会

在理想情形下,任何风险处于可接受范围内的借款人都应该获得信用贷款。为了保证这一点,美国国会通过了《公平信贷机会法案》(Equal Credit Opportunity Act, ECOA)。该法案认定贷款人基于种族、宗教、性别、婚姻状态、年龄或出生国等因素的歧视为非法行为。美联储的《B 条例》文件详细描述了提交信贷申请和构建信贷可靠性需要满足的条件。在这个过程中,《B 条例》主要聚焦于信贷交易的三个方面。第一,它明确规定了债权人不能要求查阅的信息。这是在暗示这些信息与信贷评估无关,而且一旦被获取就可能被用于歧视。第二,它明确了特定信息在信用评分中的使用方式。信用评分模型将在本章后半部分进行讨论。第三,它提供了信用报告的合宜形式。例如,贷款人在申请人配偶对债务负有连带责任时必须将配偶信息包含在信用报告中。贷款人必须在对申请人采取不利行动后的 30 天内告知申请人。下文列示了被禁止要求提供的信息及其他要求。

禁止要求提供的信息包括：

（1）贷款人不能要求提供关于申请人婚姻状态的信息，除非贷款是由夫妻双方联合申请且配偶的资产将被用于偿还债务，或申请人居住在共同财产州。① 这使得"同居者"成为许多申请表上常见的词语。

（2）贷款人不能要求提供关于申请人报告的收入中是否包含赡养费、儿童抚养费和公共福利支付的相关信息。申请人若认为这些信息有助于证明其信用可靠，则可自愿在申请材料中提供相关信息。

（3）贷款人不能要求提供关于女性生育能力、生育计划或节孕措施等的信息。

（4）贷款人不能要求提供关于申请人是否拥有手机的信息。

信用评分系统有以下要求：

（1）如果不要求提供上述被禁信息且统计上合理，那么信用评分系统是可接受的。银行应该定期对信用评分系统的统计稳健性进行系统评估并及时更新。

（2）如果年龄、性别、婚姻状态等因素可以正向影响申请人的信用可靠性，那么信用评分系统可以使用这些信息。

信用报告的要求包括：

（1）贷款人需要分别以夫妻双方的名义报告向已婚夫妇发放的信贷，从而使得夫妻双方都能建立自己的信用历史档案。

（2）一旦拒绝贷款，贷款人就必须在 30 天内通知申请人，并说明拒绝申请的原因。申请人可以要求提供纸质通知，贷款人有必要配合。

在操作过程中，《公平信贷机会法案》包含许多令人难以理解的复杂条款。为了使得遵守规定更加容易，美联储提供符合《B 条例》的贷款申请表模板。

贷款实情

贷款实情（truth in lending）的立法目的是要求贷款人以标准化的格式披露消费信贷的收费与利率。这使得借款人能够在贷款、贷款人之间比较信贷条件和信贷成本。贷款实情规定适用于所有金额不超过 25 000 美元的个人贷款，且借款人的主要居所不作为抵押品。②

贷款实情立法的出发点是贷款利率标价的方式多样，且通常包含使得实际贷款成本显著增加的补充费用。消费者不能很容易地判定需要支付的款项以及实际的有效利率，这使

---

① 在共同财产州，夫妻共同拥有财产。在这些州，列在申请表上的资产通常只是部分属于已婚申请人，这会限制贷款人获得抵押品。

② 《贷款实情法案》于 1968 年通过，以美联储的《Z 条例》为实施规则。起初，它对农业贷款与个人贷款都适用。在 1980 年，国会免除了农业贷款的相关报告要求。

得借款人感到迷惑且很容易做出不适当的信贷决定。

从历史上看,消费信贷利率以附加利率、贴现率或简单利率等形式标价。每期的支付额等于毛利息与本金之和除以支付期数。例如,假设消费者以 12% 的附加利率借款 3 000 美元,分 12 期偿还,那么总利息为 360 美元,每月支付 280 美元,实际年化利率约为 21.5%。图表 11.7 展示了类似附加利率、贴现率、简单利率的计算过程。在使用贴现率法时,标价利率是针对本金利息之和的利率,但借款人只能使用本金,因为利息会立即从总贷款中扣除。图表 11.7 考虑了一项一年期、一次性偿还的 3 000 美元贷款。借款人实际收到的只有 2 640 美元,等于总贷款额减去 12% 的贴现利息后的数额,实际年化利率(annual percentage rate,APR)为 13.64%。图表 11.7 的 C 部分展示了简单利率的计算方法。简单利率只对本金付息。一年期、利率 12% 的 3 000 美元贷款产生 360 美元的利息,实际利率也为 12%。在图表 11.7 的 D 部分,标价利率被调整为对未偿还本金余额支付的月度等额数值。3 000 美元、按 1% 简单利率分 12 期偿还的贷款,利息总额少于 200 美元,月利息等于每期本金余额的 1%。在不同标价方法下,12% 的利率会产生显著不同的实际利率,取值从 12% 到 21.55% 不等。

图表 11.7 利率标价比较

A. 附加利率

一年期 3 000 美元贷款,12% 附加利率,12 个月等额分期还贷

利息费用:360 美元

每月偿付 $= \dfrac{0.12 \times 3\,000 + 3\,000}{12} = \dfrac{3\,360}{12} = 280(美元)$

有效月利率 $(i): \sum\limits_{t=1}^{12} \dfrac{280}{(1+i)^t} = 3\,000$

$i = 1.796\%$

年化利率(APR)$= 21.55\%$

B. 贴现率

一年期 3 000 美元贷款在一年后偿还,12% 贴现率

利息费用:0.12×3 000 = 360 美元

年末偿付:3 000 美元

年化利率(APR)$i_n: 2\,640 = \dfrac{3\,000}{(1+i_n)}$

$i_n = 13.64\%$

C. 简单利率

一年期 3 000 美元贷款,12% 简单利率,一年后一次性还本付息

利息 $i_s = 3\,000 \times 0.12 \times 1 = 360(美元)$

$3\,000 = \dfrac{3360}{(1+i_s)}$

$i_s = 12\%$

（续表）

D. 一年期 3 000 美元贷款，1%简单月利率，12 个月等额分期还贷

月末	每月偿付（美元）	利息部分（美元）	本金（美元）	剩余未偿还本金（美元）
一月	266.55	30.00	236.55	2 763.45
二月	266.55	27.63	238.92	2 524.53
三月	266.55	25.25	241.30	2 283.23
四月	266.55	22.83	243.72	2 039.51
五月	266.55	20.40	246.15	1 793.36
六月	266.55	17.93	248.62	1 544.74
七月	266.55	15.45	251.10	1 293.64
八月	266.55	12.94	253.61	1 040.03
九月	266.55	10.40	256.15	783.88
十月	266.55	7.84	258.71	525.17
十一月	266.55	5.25	261.30	263.87
十二月	266.51	2.64	263.87	0.00
总计	3 198.56	198.56	3 000.00	

有效利率： 月利率 = 1%

年化利率（APR） = 12%

$$每月偿付 = \frac{3\,000}{\sum_{i=1}^{12} \frac{1}{(1.01)^i}}$$

贷款实情立法要求贷款人向潜在借款人同时披露总融资费用与 APR。总融资费用等于利息成本与其他贷款补充费用，后者包括放款费、服务费以及协议中要求购买的保险的保费。APR 为简单年利率的等价值，等于总融资费用相对于贷款余额的计算值。

监管还规定，如果广告中提及任何支付和定价特征，就必须包含与贷款相关的全部条款。这些条款包括融资费用、APR、任何首付款的规模（美元）、支付次数以及到期日。这防止贷款人使用一个非常吸引人的特征（如不需要首付款）但不披露其他条款来诱导消费者。假定借款人不支付其他费用，图表 11.7 中例子的有效利率就是 APR。

公平信用报告

贷款人在评估消费贷款申请时可以从本地信用局（local credit bureaus）获得个人此前的信贷关系信息。《公平信贷机会法案》允许个人检查信用局提供的信用报告，一旦发现任何不正确的信息，个人就可以要求信用局做出调整并通知所有获得不准确数据的贷款人。如果信息的准确性存疑，那么个人可以对自己认为错误的地方做出说明，并永久性地加入信用报告。个人也可以要求信用局提供收到个人信用报告的贷款人列表。

有三个主要的信用报告机构：艾可菲（Equifax）、益百利（Experian）和环联（TransUnion）。

然而，这些机构提供的信用报告往往存在错误。一个问题是，信用局很少花精力核实从零售商、银行和金融公司处收到的信息。另外，信用局即使发现错误也不及时改正。联邦贸易委员会（Federal Trade Commission）2013年公布的报告显示，每五个消费者中就有一人的信用报告存在错误，5%的消费者存在导致其获得信贷成本升高的错误。① 2013年，艾可菲被判赔付一名俄勒冈州女性 1 860 000 美元，其中包含 1 840 000 美元为损失惩罚，因为公司没有在她的信用报告中改正不准确的信息。

对于消费者而言，信用评分就像债券评级，是为贷款人、保险公司或雇主提供关于个人财务状况的一个数字。一些公司相信个人如何处理信贷会反映他或她的工作品德、假报保险的意愿和总体品格。得到较高的信用评分，就会有较高的可用信贷和较低的借贷利率。因此对每个人而言，了解自己的信用评分是如何计算的，以及何种行为能够提升或降低信用评分是很重要的。当然，不使用信贷的人——较为典型的是老年人——没有信用评分，他们通常不借贷甚至不租车。

图表11.8展示了贡献信用评分的因素和按比例标注的每个因素的相对重要性。重要的是，个人的偿付历史（包括谁提供信贷、是否及时支付等）贡献了35%的分值。欠款数额相对收入的大小贡献了另外的30%。想要增加信用评分的消费者不能逾期支付借款或申请破产；应该使用可用信用额度的一小部分，不要持续申请新增信贷（每个人的申请数）；要从不同渠道获得信贷（银行贷款、信用卡和抵押贷款）；保持连续的长期信贷记录。

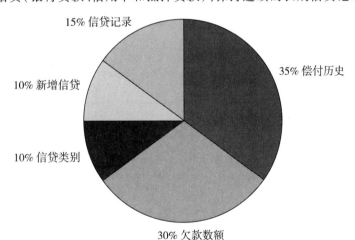

图表 11.8　个人信用评分的影响因素

资料来源：Fair Isaac, www.myfico.com.

图表11.9为 Alfonso B.Doe（虚拟人物）提供的一份信用报告范例。它显示了提供信贷公司的名称、账号、信贷种类（是否属于个人账户、联合账户或其他）、账户开立日期、最后活跃日期、期间最高收费或最大信贷可用额度、支付期限、与报告日贷款余额有关的项目、是否有任何逾期、借款人上一笔支付历史，等等。贷款人特别感兴趣借款人信贷历史这一部分，

---

① Gordon, Marcy, "Study: 1 in 5 Consumers Had Error in Credit Report", *The Associated Press*, February 11, 2013, http://www.dailyfinance.com/2013/02/11/credit-report-errors-ftc-agencies-bureaus/.

图表 11.9 信用报告范例

资料来源：*The State*(newspaper)，Columbia，SC，November 1997.

因为其支付记录反映了借款人逾期或欠款的倾向。法院的公开信息记录也类似地显示，申请人是否选择破产或者是否针对其财产留置权提出申请或判决。最后一部分显示要求查看申请人信用记录的公司名字和查询日期。过多资源的查询申请(申请人申请信用卡)意味着高风险。①

---

① 个人可以从网络上随时得到个人信用报告，还可以查询到阅读信用报告和提升信用评分的指南。参见 www.myvesta. org 和 www.fairisaac. com，基本的信用报告现在每年免费提供一份。

社区再投资

《社区再投资法案》(CRA)于1977年通过,旨在防止红字歧视(redlinnig)并鼓励贷款人在其交易区域和吸收存款的市场放贷。红字歧视是指不在被认定为状况恶化区域放贷的行为。这个术语来自一个著名的做法,就是用红笔圈出贷款人根据地理位置自动拒绝放贷的区域,也就是歧视那些来自红线标注的经济下滑社区。这些区域通常是低收入和少数族裔社区。社区再投资在跨州银行业务流向中扮演重要角色,收购本地银行的州外银行需要承诺持续在本地放贷而不是只为吸收存款而收购银行。

《1989年金融机构改革、复兴和执行法案》(Financial Institutions Reform, Recovery, and Enforcement Act of 1989, FIRREA)强制银行公开披露借贷政策和承诺遵循的监管评级,从而提高了《社区再投资法案》的知名度。具体而言,监管者根据银行的无歧视借贷承诺将银行评为出色、满意、需要改进或显著无承诺。一般而言,负面的公众形象会损害银行的声誉和后续业绩表现。历史上,很少有银行被评为"出色",也只有少数银行被评为"显著无承诺"。许多银行家在提到这一评级监管时,通常认为执行《社区再投资法案》的成本高于受歧视消费者能得到的利益;相比之下,消费者组织认为监管者在分类银行时标准过于宽松。

监管者在评估银行提出的新银行经营许可、收购银行、设立分支机构、与其他机构合并等申请时必须将其借贷表现纳入考量范围。消费者组织现在经常使用《社区再投资法案》下不符合承诺这一理由拖延上述申请,迫使银行公开声明如何改善借贷表现。服从无歧视立法对每家银行而言都意味着会增加业务量并配合评级监管。

破产改革

不能及时偿付债务的个人可以申请破产并接受法庭针对债权人的保护。法庭保护通常采取豁免个人特定资产不受债权人索偿并确定有序的债务偿还模式。1978—1985年,美国国会修订了《联邦破产条例》(Federal Bankruptcy Code)。1978年的立法规定了个人可被豁免的资产种类和数量,从而使得无抵押贷款的风险大幅上升。

个人可以依据《联邦破产条例》第7部分或第13部分相关条款申请破产。第7部分授权个人变卖合格资产并将所得资金转交债权人。《1978年破产改革法案》具体豁免了特定资产不必清算,包括汽车、居所的家具、个别珠宝和个人主要居所的部分产权。在某些州,豁免范围更自由,这使得个人可以利用更宽泛的豁免范围为自己牟利。[①] 个人需要全额支付各种税收、赡养费和儿童抚养费。非豁免资产变卖所得按比例付给其他债权人,其中有担保债权人将被优先偿付。因为1978年之后的豁免列表内容很宽泛,无担保债权人很少收到任何偿付。现金被分配之后,剩余债务将被冲销。

在第13部分条款下,个人将拟定一份受法庭监督的偿还计划。个人可以保留资产但要承诺用未来收入按所有担保债权人同意的时间表偿还特定债务。一旦时间表列示的债务被

---

① 1978年的监管条例实际上允许夫妻一方在州法院申请破产而另一方在联邦法院申请破产,从而享受双重豁免。1985年的监管条例强制夫妻只能选择其中一个法院申请破产。

偿还,剩余债务就会被冲销。根据1978年的监管条例,无担保债权人在第13部分条款下也很难收到任何资金。

1985年的破产条例改革使得个人逃避债务的成本变得很高。在第13部分的偿还计划下,贷款人会收到一份法庭判令,要求在申请破产后的三年内从债务人收入中分出很大一部分来偿还债务。改革缩短了豁免清单,并允许法庭在判定个人有偿还能力但利用破产逃避所有债务的情况下将第7部分申请条件转换为第13部分的申请条件。无担保债权人也受到一些条款的保护,例如要求借款人出示自己申请破产三周内用信用卡购买商品的账单。

1995年,美国国会成立了破产委员会,讨论破产法需要修订的地方。到1997年为止,70%的破产申请选择第7部分条款,剩余30%的破产申请选择第13部分条款。显然,许多个人使用破产作为财务规划工具以逃避债务。考虑到图表11.4中展示的近期消费信贷核销率的状况和个人破产申请数量的增加,这给贷款人带来了严重的问题。许多分析师相信美国破产程序被过于频繁地滥用,近10%的申请具有欺骗性,年损失额约40亿美元。2005年4月,美国国会通过了破产改革立法,使得个人完全逃避债务变得更加困难。具体而言,收入超过州中位数的个人只能按第13部分条款申请贷款,且必须偿付部分债务。过去一些州禁止债权人接收破产个人的住房。这一条款诱使许多富人在这些州购买或建造昂贵的住房。法律保留了这些保护条款,但只有在个人拥有住房超过40个月的情况下才适用。法律还强制进行信用辅导。这些改革使得破产变得更困难、更昂贵,因为申请者必须详细地提供消费习惯信息且收入低于所在州的中位数才有资格获得最大限度的保护。

信用分析

消费贷款信用分析的目标是评估对个人放贷的风险。正如所料,这些风险与商业贷款显著不同。多数消费贷款数额较小,平均在8 000美元左右。因为消费贷款的固定服务成本高,银行需要发放大量的贷款才能降低单位成本,这意味着银行要与大量性格不同、财务特征不同的异质客户打交道。

在评估贷款时,银行家会引述信用"五C"原则:特征、资本、能力、状况、抵押品(character, capital, capacity, conditions, and collateral)。最重要的(也是最难评估的)是"特征"。信贷专员最重要的任务是决定消费者偿还贷款的意愿,而唯一可得的定性信息是借款人的申请书和信用记录。如果借款人是银行客户,信贷专员就可以检视消费者历史账户关系等内部信息。如果借款人不是现有客户,信贷专员就需要向当地信用局或其他对个人发放过贷款的机构征询相关信息。《公平信贷机会法案》规定了什么信息可以提供并禁止歧视行为,也规定了贷款人将信息报告给出具信用报告的机构的方式。银行也在很大程度上依赖借款人特征的主观评估,通常会征求个人推荐、验证雇佣关系,并检查申请书的准确性。由于欺诈行为的确存在,且个人可以很容易地粉饰过去的行为,因此这些核验手段是必要的。如果信贷专员判定潜在消费者不诚实,其贷款申请就会被自动拒绝。

"资本"是指个人的财富头寸,它与能力紧密相关。"能力"是指个人在扣除生活开支和其他债务义务后偿付新增债务的财务能力。对大多数消费贷款而言,个人收入是主要的还款来源。信贷专员预期在扣除其他费用后哪些收入是可用的,并将其与新贷款的定期本金利息偿付做对比。为了保证充足的拨备,贷款人通常对借款人设置最低首付额和最高债务收入比率两项要求。信贷专员核验借款人的收入是否与申请书中列示项目的数额相符,并确认收入来源的稳定性。"状况"是指导致商业活动减少进而使得某些收入来源消失的经济事件对借款人偿债能力的影响。

"抵押品"的重要性在于为偿债提供次级资金来源。抵押品可以是贷款购买的资产、个人拥有的其他资产或贷款联署者的个人担保。在个人收入不足时,抵押品为银行提供了另一个资金来源。一般而言,银行不会仅仅因为抵押品稳健就批准贷款申请。通常情况下,在银行取得所有权之前,抵押品价值会消失或减损,如损坏或老旧的汽车。最后,破产条例使得个人财产中很宽泛的一部分不受债权人控制且得到相关判决也是困难的。

还有另外两个 C 用于反映客户关系和竞争。① 银行与客户先前的关系能够揭示两者关于过往信贷和存款的信息,这些信息在评估客户的偿付意愿和能力时很有帮助。竞争对贷款定价也有影响。所有贷款都要产生正的风险调整收益。然而,贷款人往往定期地制定比竞争者更低的价格,以此回应竞争压力并吸引新业务。尽管如此,这样的竞争不应该影响接受或拒绝贷款的决定。

政策指引

按照消费信贷发放目的对贷款进行分类,会发现贷款的种类十分丰富。最常见的目的是购买汽车、房车和家具电器,有的是为了改善住房、获取住房产权贷款。在批准任何贷款前,信贷专员要获取关于借款人雇佣状态、定期收入、拥有资产的价值、现有债务、推荐人和产生贷款需求的特定支出等方面的信息。信贷专员核验这些信息并评估借款人的性格特征和偿还贷款的财务能力。因为借款人的个人特征和财务状况大相径庭,大多数银行制定了借贷指引。下面提供了关于可接受贷款和不可接受贷款的一些例子。

可接受贷款

汽车

(1) 只对当年出品和不足五年的汽车型号放贷。
(2) 以分期付款方式发放贷款且首付不低于 10%。
(3) 二手车的贷款金额不超过全国汽车交易商协会(National Automobile Dealer Association)贷款的价值。
(4) 商用新车的分期不超过 30 个月。
(5) 需要购买保险并通过查验,保险费的最高抵扣额为 250 美元。

游船

(1) 只对当年出品和不足三年的船只型号放贷。

---

① 参见 Larry White(1990)对信用"七 C"的讨论。

（2）首付不低于20%。
（3）大型船只需要获得海事调查有关许可。
（4）需要购买保险并通过查验。

房屋改善
（1）超过2 500美元的贷款应以留置权为担保。
（2）超过10 000美元的贷款要有房屋估值和产权调查。
（3）第三级留置权不可接受。
（4）银行保留在任何情况下取消贷款的权利。

个人——无担保
（1）最小贷款额度为2 500美元。
（2）只对储蓄账户客户发放。
（3）限额为申请人年收入的1/12。

单笔支付
（1）只针对非常规用途放贷。
（2）需要经查证的、期限相近的还款来源。
（3）保险赔偿金、未决房产和解、诉讼和解不能作为还款来源。

联署
（1）申请人展现出成为合格的、长期的银行客户的潜质。
（2）申请人和联署人都是银行存款人。
（3）申请人没有建立信贷历史但有偿付能力。
（4）联署人有合格信贷历史和偿付能力。
（5）联署人被告知在违约时银行将完全依赖联署人偿还债务。

不可接受贷款

（1）以投机为目的的贷款。
（2）除住房改善和住房产权贷款外的其他以二级留置权为担保的贷款。
（3）有另一家通常不会批准相关贷款的银行参与的贷款。
（4）依据联署人能力发放的高信用风险住房贷款。
（5）汽车和游船的单笔支付贷款。
（6）以现有居所和家具担保的贷款。
（7）为跳伞和滑翔机设备发放的贷款。

评估程序：判断性分析和信用评分

在评估消费信贷时，银行采用判断性程序和量化信用评分程序两种方法。在这两种情况下，信贷专员都要收集关于借款人特征、能力和抵押品的信息。在纯判断性分析中，信贷专员主观地依照银行借贷指引解读信息并决定接受或拒绝贷款。这一评估可以在收到贷款申请并拜访申请人之后很快完成。在纯量化分析或信用评分模型中,信贷专员根据统计稳健的模型为贷款申请定级,模型会对潜在借款人的选定特征打分。模型记录分值,并将总分与模型统计判定的接受/拒绝阈值相比较。[①] 如果总分高于接受分数线,信贷专员就批准贷款;如果总分低于拒绝分数线,信贷专员就拒绝贷款。因此,高分意味着低风险,低分意味着高风险。贷款人可以使阈值与自己愿意承担的风险相一致。一般而言,接受分数线高于拒绝分数线。如果分数分别落在两者的范围内,模型就会提供一个统计上没有结论的特征评估结果。一旦出现这一情况,即总分落在两者(差值)之间,信贷专员就据此做出决定。

在设定接受/拒绝分数线时,银行需要获得所有历史上申请过贷款的客户的特征数据,既包括银行批准放款的申请人,也包括被银行拒绝放贷的申请人,然后评估其实际信贷表现以判定不同因素影响个人偿还能力的程度。特别地,分析过程要识别出能够预测借款人偿还时间或违约的特征。好的模型给大部分优质贷款打高分,给大部分不良贷款打低分。不同因子的重要性由信用评分公式中的权重确定。信息通常从之前的贷款申请材料或信用局处获得。对于无抵押消费贷款,被频繁使用的借款人特征包括申请人的月收入、雇用时长、现有债务和其他支付义务、流动金融资产持有量,借款人是自有住房还是租房,银行账户的性质、数量和银行关系,延期、违约是否存在及其频率,主动查询信用评分的次数。信用评分模型通常至少纳入八个因子。

显然,信用评分程序比判断性分析评估程序更客观。一旦信息被核实,信贷决定就可以很快得出,用电脑完成此项工作的时间不超过 10 分钟。由于《公平信贷机会法案》不允许信用评分模型对种族、宗教或出生国籍分等级,从而在很大程度上消除了歧视。使用信用评分模型的益处包括以机器评分和做决定带来的较低成本、较快速度和对歧视的规避;主要的难点是信用评分模型需要统计验证和持续更新,这可能很昂贵。实际上,许多小银行因成本高和数据库有限而不能开发自有模型。[②] 一些非银行机构(如保险公司)还发现,个人信用评分能够识别财产减损(尤其是汽车和医疗)风险的高低。

应用示例:消费贷款信用评分

信用评分模型基于从实际获得信贷的申请者处得到的历史数据进行分析。[③] 统计技术对不同借款人特征赋予不同权重,这些权重代表了每个因素对区分优质贷款和问题贷款的贡献度。优质贷款会被按时偿还,问题贷款会产生损失。这些权重之后会被用作预测高风险、低风险的因子,结合申请数据对新贷款的风险进行判定。

信用评分模型的应用可以通过一个例子来展示。假设信贷专员收到一份购买汽车的贷

[①] 信用评分系统和接受/拒绝阈值或分数线是通过多元回归分析或多元判断性分析实证得到的。这些统计技术使用银行良好和不良的消费信贷历史数据,判断什么样的特征能够在很大程度上识别好的或坏的借款人。接受/拒绝分数线代表借款人特征的加权值,可以使用贝叶斯方法、期权定价模型和神经网络模型等打分。参见 Gunter Loffler and Peter Posh(2007)对这些技术的总结。

[②] Mester(1997)为消费者和小企业信用评分模型提供了出色的总结。

[③] 样本排除了被拒绝的申请的事实使得模型参数有偏,因为这些申请人特征被忽略了。偏误程度取决于是否有优质借款人(即那些会按时偿还贷款的借款人)被拒绝,还是被拒绝的都是不良借款人。

款申请,如图表 11.10 所示。在贷款申请中,Rochelle Groome 想要购买一辆 2013 年生产的 Jeep Cherokee 汽车,申请表上显示了贷款目的、数量、期限和关于申请人个人特征和财务状况的信息,并确认符合《公平信贷机会法案》的有关指引。在提供信息之前,Groome 表示她申请的是个人信贷,不依靠赡养费、儿童抚养费或政府生活补助来偿还债务。因此,银行不能要求其提供关于婚姻状态或联合申请人、联署人的信息。

IMPORTANT: Please read these directions before completing this Application, and check (✓) the appropriate box below.

[x] If you are applying for individual credit in your own name, are not married, and are not relying on alimony, child support, or separate maintenance payments or on the income or assets of another person as the basis for repayment of the credit requested, complete only Sections A and D. If the requested credit is to be secured, also complete Section E.

[ ] In all other situations, complete all Sections except E, providing information in B about your spouse, a joint applicant or user, or the person on whose alimony, support, or maintenance payments or income or assets you are relying. If the requested credit is to be secured, also complete Section E.

AMOUNT REQUESTED	PAYMENT DATE DESIRED	PROCEEDS OF CREDIT TO BE USED FOR
$ 18,500	Nov. 15, 2013	Purchase of a 2013 Jeep Cherokee

SECTION A — INFORMATION REGARDING APPLICANT

FULL NAME	AGE	BIRTH DATE	SOCIAL SECURITY NO
Rochelle Groome	30	July 12, 1983	XXX-XX-XXXX

PRESENT ADDRESS (Street, City, State, & Zip)	How Long At Present Address?	HOME PHONE
#115 Woodhaven Lane Apts., Denver, Colo.	10 mths	765-1191

PREVIOUS ADDRESS (Street, City, State, & Zip)	How Long At Previous Address?
Circle Townhouses, #820A, Broken Arrow, Oklahoma	2 years

PRESENT EMPLOYER (Company Name & Address)
James O'Malley, DDS 650 University Avenue, Denver, Colo.

How Long With Present Employer?	YOUR POSITION OR TITLE	NAME OF SUPERVISOR	BUSINESS PHONE
8 mths	Dental assistant	James O'Malley	765-8014

PREVIOUS EMPLOYER (Company Name & Address)
Homemaker

Your Present Gross Salary or Commission	Your Present Net Salary or Commission	No. Dependents	Ages of Dependents
$ 36,500 PER year	$ 2,260 PER month	1	6 years

Alimony, child support, or separate maintenance income need not be revealed if you do not wish to have it considered as a basis for repaying this obligation
Alimony, child support, separate maintenence received under: Court Order Written Agreement Oral Understanding

OTHER INCOME	SOURCES OF OTHER INCOME
$ 150 PER year	savings interest

Is any income listed in this Section likely to be reduced before the credit requested is paid off? [x] No Yes (Explain)

Have you ever received credit from us? [x] No Yes — When?

Checking Account No. 355 0114 8 Where? UNB
Savings Account No. 457 1988 Where? UNB

NAME & ADDRESS OF NEAREST RELATIVE NOT LIVING WITH YOU	RELATIONSHIP
Albert F. Johnson, RR#10, Adair, Oklahoma	Uncle

OUTSTANDING DEBTS (Include charge accounts, installment contracts, credit cards, rent, mortgages, etc. Use separate sheet if necessary.

CREDITOR	BALANCE	PAYMENT	PAID OFF ACCOUNTS
Visa	$2,166	open	
Sears	$920	$120/mth	

SECTION B — INFORMATION REGARDING JOINT APPLICANT OR OTHER PARTY

FULL NAME	BIRTH DATE	RELATIONSHIP

ADDRESS	PHONE NUMBER

PRESENT EMPLOYER — ADDRESS	PHONE NUMBER

HOW LONG	PREVIOUS EMPLOYER	HOW LONG	SOCIAL SECURITY NUMBER

GROSS SALARY	SOURCE AND AMOUNT OF OTHER INCOME
$ ______ PER ______	$ ______ PER ______

NAME & ADDRESS OF NEAREST RELATIVE NOT LIVING WITH YOU

Alimony, child support, or separate maintenance income need not be revealed if you do not wish to have it considered as a basis for repaying this obligation. Alimony, child support, separate maintenance received under
Court Order Written Agreement Oral Understanding

SECTION C — MARITAL STATUS

APPLICANT Married Separated Unmarried, including single, divorced, and widowed
OTHER PARTY Married Separated Unmarried, including single, divorced, and widowed

Are you a co-maker, endorser, or guarantor on any loan or contract? No Yes — For Whom? To Whom?

Are there any unsatisfied judgements against you? No Yes — Amount $ If "Yes", To Whom Owed?

SECTION D — ASSET & DEBT INFORMATION

If Section B has been completed, this Section should be completed, giving information about both the Applicant and Joint Applicant or Other Person. Please mark Applicant-related information with an "A". If Section B was not completed, only give information about the Applicant in this section.

ASSETS OWNED (Use separate sheet if necessary)

DESCRIPTION OF ASSETS	VALUE	SUBJECT TO DEBTS	NAMES OF OWNERS
Cash	$		
Automobiles 1 2003 Ford Taurus	800	No	Rochelle Groome
2			
3			

Landlord or Mortgage Holder		Name Account Carried		Balance	Monthly Payment	Past Due
Woodhaven Lane Apts	[x] Rent Payment / Mortgage	Rochelle Groome	$	$	$ 750	$ 0

SECTION E — SECURED CREDIT (Complete only if credit is to be secured.) Briefly describe the property to be given as security:

Property Description
2013 Jeep Cherokee

NAMES AND ADDRESSES OF ALL CO-OWNERS OF THE PROPERTY

IF THE SECURITY IS REAL ESTATE GIVE THE FULL NAME OF YOUR SPOUSE (If any)

SIGNATURES

图表 11.10 贷款申请范例(高校全国银行)

信用评分

图表 11.11 列示了银行信用评分模型中的因素和相应权重。如果申请人的评分≥200，那么贷款申请将被自动批准；如果评分<150，那么贷款申请会被拒绝；如果评分介于接受分数线和拒绝分数线之间，那么贷款申请是未定的。权重显示了每项特征的相对重要性。在高校全国银行(University National Bank)的模型中，五个因素的权重最高，分别是就业状态、主要居所、月债务相对月收入的比值、总收入和银行推荐。正如所料，这些特征代表了个人的财务能力和稳定性，这在判定偿付前景时十分重要。银行也通过当地的商业协会和类似的管理协会来查验信用历史，随后的报告揭示了申请人的现有债务、历史上的最高债务余额和个人是否有逾期记录等。

图表 11.11　信用评分系统，高校全国银行，购置 2013 年 Jeep 车的信贷申请

年收入毛值	<10 000 美元	10 000—20 000 美元	20 000—40 000 美元	40 000—60 000 美元	<60 000 美元	
权重	5	15	30	45	60	
月债务支付 月净收入	<40% 0	30%—40% 5	20%—30% 20	10%—20% 30	<10% 50	
银行关系支票账户 存款账户	无 0	只有支票 30	只有存款 30	支票和存款 40	无答案 0	
主要信用卡	无 0	1 或更多 30	无答案 0			
信用历史	7 年内有贬损 <10		无记录 0		支付了应付债务 30	
申请者年龄	<50 年 5	<50 年 25	无答案 0			
主要居所	租赁 15	自有/购买中 40	全部自有 50	无答案 15		
居住稳定性	<1 年 0	1—2 年 15	2—4 年 35	<4 年 50	无答案 0	
工作稳定性	<1 年 5	1—2 年 20	2—4 年 50	<4 年 70	失业 5	退休 70

注：自动批准信贷的最小分值为 200, 150—195 分需要进行判断性分析，小于 150 分则贷款申请被拒绝。Rochelle Groome 的信用评分为 185。

Groome 的信用评分为 185，是图表 11.11 中阴影部分各项分值之和。与接受/拒绝分数线相比，模型提供了无结论评估，信贷专员需要依据判断性分析程序做出决定。在讨论申请时，Groome 透露，她在为油田服务公司工作的丈夫因车祸去世之后搬到了丹佛。经过两个多月的求职，她找到了一份牙医助理的工作，为一名最近开设了诊所的牙医工作。她有过在诊所工作的经历，但结婚后就辞职照看儿子了。她现在在当地大学上夜校，已取得会计学学位。她进一步表示，她想购买的 Jeep 车总价为 20 500 美元，她可以支付 5 000 美元的首付。这会使其银行存款下降到 1 200 美元。信贷专员查验了这些数据，判定 Groome 的支票账户月平均余额为 150 美元左右，月房租为 750 美元，同时她一直在使用的 Visa 信用卡、Target 信用卡有未偿余额。

信贷决定

信贷决定取决于信贷专员对申请人特征和债务偿还能力的评估。信贷专员估测,按当前利率,这笔贷款的每月分期偿付额为 375 美元,持续 4 年。信贷专员仔细思考了如下问题:申请人会在丹佛居住足够长久以偿还贷款吗?她的工作和收入有多稳定?她的收入足以覆盖正常的月开销、债务偿付和超常消费吗?应该拒绝贷款申请并鼓励申请人携联署人重新申请吗?

信贷专员有许多理由拒绝贷款。申请人的信用记录只局限于两张信用卡,她的本地居所是最近才搬入的,她的雇用时间太短以致无法达到工作稳定的要求。即便她能找到联署人,如她的老板,过往经验显示许多联署人并不一定履行承诺。积极的一面是,Groome 看起来是一个勤劳的工作者,只是因丈夫的过世才落到现在的境地。一个为新车首付 30% 的人也不太可能逃避债务。信贷决定要基于对成本和收益的仔细权衡之后做出。你会建议怎么做?

你的 FICO 信用评分

在当今世界,FICO 评分以一个分值总结了个人的信贷历史。① 贷款人通常在评估是否批准消费贷款或抵押贷款时使用这个分值,许多保险公司在决定是否提供保险和怎样为保险定价时也考虑这个分值。一般而言,评分在 300 和 850 之间,全美的平均分值为 670。分值越高代表信贷历史表现越好,贷款人或保险人预期个人越可能按时依据承诺偿付款项。例如,如果某人的 FICO 评分为 540,则其有一个或多个账户逾期的可能性比评分为平均分值的人高 3 倍,贷款人通常将其视为风险显著高于高分者的潜在借款人。

个人信用评分基于五大类因素:偿付历史(35%)、欠款数额(30%)、信贷记录(15%)、新增信贷(10%)和信贷类别(10%)。依此,分值由以下因素决定:个人是否按承诺及时支付先前债务的本金和利息,当前债务余额和可用信用额度,个人作为借款人的时长,近期借贷和偿付活动的趋势,以及贷款的构成。寻求潜在借款人的贷款人会在收到实际分值的同时收到一个解释分值为什么不高的理由列表,包括"严重逾期"和"拥有未偿余额的账户过多"等。随后,贷款人评估分值和理由,进而判定是否放贷以及在决定放贷的情况下如何为贷款定价。

2012 年,Fair, Issac & Company——一家提供 FICO 评分统计模型的公司——发布了如图表 11.12 所示的评分分布。注意,2012 年有 69.6% 的个人评分超过 700,24% 的个人评分低于 600。由于偿付历史是决定信用评分的关键因素,违约率和逾期天数与分值负相关。在使用评分时,贷款人将考虑反映借款人内在质量的信用风险升水。与债权评级类似,信用评分低的个人要支付更高的利率。

如果你在消费和借贷中表现活跃,那么至少每年查验一次信用评分是很重要的。信用报告中出现错误信息并非不常见,而且移除这些信息是很困难的。知道如何提高信用评分也是有价值的,因为你未来的潜在借贷能力和借贷成本依赖这一分值对信贷历史的总结。

---

① 本节内容基于 Fair, Issac & Co.(FICO) 提供的数据,参见其网站 www.fairissac.com。

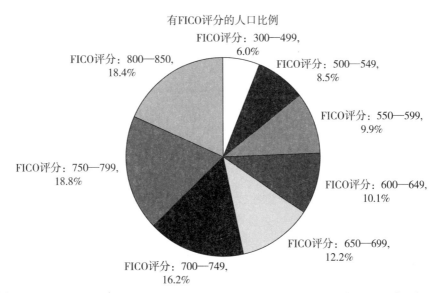

资料来源:FICO 银行业分析,http://bankinganalyticsblog.fico.com/2013/04/fico-score-distribution-remains-mixed.html。

违约率和 FICO 评分	
FICO 评分	**个人违约率(%)**
800+	1
750—799	2
700—749	5
650—699	15
600—649	31
550—599	51
500—549	71
0—499	87

图表 11.12　FICO 评分的(全美)分布与违约率

资料来源:fivecentnickel.com.

应用示例：间接贷款

当银行与信誉良好的零售商打交道时,间接贷款是一种有吸引力的消费贷款形式。零售商在消费者决定为购买行为融资时销售商品并接受信贷申请。由于没有长期持有应收账款所必需的资源,许多公司将贷款出售给银行或其他金融机构。在多数情况下,银行分析信贷申请并做出信贷决定——这些贷款被称为"交易商票据"(dealer paper)。银行为获得由表现优异的汽车、房车、家具交易商发行的票据而激烈竞争。多数参与间接贷款的银行在购买"交易商票据"之外还提供广泛的服务。例如,汽车交易商通常以展销贷款安排为展出的存货融资。当销售商销售汽车时,银行购买票据并相应减少交易商存货贷款,减少的数额为汽车的价值。

交易商直接与客户协商融资费用;反过来,银行同意以事先约定的利率购买票据。约定的利率随以下因素变化:银行承担的违约风险、出售资产的质量和消费贷款的期限。交易商与汽车购买者协商的利率往往高于银行索取的利率。这一利差随竞争条件的变化而变化,一般而言是交易商盈利的重要来源。

多数间接贷款要求设立交易商储备金以减少风险。储备金来自正常(或合同)贷款利率与银行贷款利率之间的利差,在客户违约或退货时可用来保护银行利益不受损。消费者直接将还款交付银行,银行并不立即将交易商应得的利息转给交易商,而是将利息留作储备金。储备金用于覆盖违约和交易商应得利息中的预收部分。一旦交易商批准给予优质客户低于银行事先商定的贷款利率,由此产生的负利息收入就会减少储备金。只有在储备金等于选定最小值(一般是事先商定的,等于总贷款购买额的特定比例)时,银行才会将利息差退给交易商。

考虑图表11.13使用的汽车交易商票据的例子。交易商向客户收取15%的APR(月息1.25%),为购买汽车融资8 000美元。银行评估信贷申请,认为此次交易适用12%的贴现率。根据安排,银行留存25%的利息差,将75%的利息差转账给交易商。贷款期限为3年,分36期偿付,每月支付277.32美元。借款人共支付1 983.52美元的总利息费用,其中1 565.72美元归银行,由此产生12%的收益。417.8美元利息差中的75%立即分配给交易商、25%留作储备金。

图表11.13　间接贷款中交易商储备金的作用:汽车票据

交易商协议条款

银行以12%的利率购买交易商票据。交易商向客户收取更高的利率(15%的APR),25%的利差作为储备金

汽车贷款举例

本金　　　=8 000美元

期限　　　=3年,36个月分期还贷

贷款利率=15%的APR

$$每月支付 = \frac{8\,000}{\frac{1}{0.0125} - \frac{1}{0.0125} \times 1.1025^{36}} = 277.32(美元)$$

分配给交易商的储备金

客户总利息费用=1 983.52(美元)

银行总利息收入=1 565.72(美元)

利息差　　　　=417.80(美元)

75%分配给交易商:0.75×417.80=313.35(美元)

25%分配给储备金:0.25×417.80=104.45(美元)

(续表)

附加利率下支付的利息返还

贷款按照预先计算的基础签订协议,银行使用"78 规则"(Rule of 78s)计算应计利息

客户总利息费用 = 0.09×8 000×3 = 2 160(美元)

银行总利息收入 = 0.07×8 000×3 = 1 680(美元)

利息差　　　　　　 = 480(美元)

75% 分配给交易商:0.75×480 = 360(美元)

25% 分配给储备金:0.25×480 = 120(美元)

年末	已发生利息分配(%)*	总额(美元)	银行(美元)	利息差(美元)
1	54.96	1 187.14	923.33	263.81
2	33.33	719.33	559.94	159.99
3	11.71	252.93	196.73	56.20
	100.00	2 160.00	1 680.00	480.00

注:* "78 规则"因子分别为 366/666、222/666 和 78/666。

储备金主要用于应对冲销。如果借款人贷款违约,银行就会从储备金中扣除未支付的本金余额。这最终会降低交易商盈利,因为他必须重新补足储备金。储备金也用于覆盖预付利息的退款。例如,假设交易商向借款人收取 9% 的附加利率,银行以 7% 的附加利率贴现。在附加利率下,如果借款人预付款项,贷款人就会收到预收利息。利息返还一般根据"78 规则"计算,据此决定总利息中到期前某时点的退还比例。①

每年年末适用的退还比例如图表 11.13 所示(假设分 36 个月支付)。3 年期的贷款在两年内被预先支付,意味着有 11.71% 的利息为预付利息(88.29% 为已发生利息)。如果借款人在两年后预付了所有贷款且银行用数字汇总法将利息计入收益,那么银行必须按 9% 的附加利率退还 252.93 美元给客户。因为银行按 7% 的利率收取利息,其预付利息在两年后仅为 196.73 美元。利息退还数额与银行预付利息的差额(56.20 美元)要从储备金中抵扣。"78 规则"通过假设已发生利息大于贷款余额实际产生的利息来惩罚借款人,但对短期贷款而言这一偏误很小。

储备金协议的种类多样,最常见的是完全回溯和无回溯两种。完全回溯协议让交易商承担风险。当借款人违约时,交易商要么扣减银行储备金,要么依照银行条款支付票据来吸收损失;相反,无回溯协议规定银行承担信贷风险,所有损失直接冲销银行收入。此外,一些储备金的设置涉及有限回溯问题。银行可以协商一种储备金的设置方式,使得交易商只对前三个月的贷款损失负责。尽管这些损失会立即减少储备金,但后期的损失将由银行吸收。上面的例子属于完全回溯协议。

---

① 根据"78 规则",使用的退还比例等于整数 1 到预付后剩余支付次数之和除以整数 1 到贷款总支付次数之和。数字 78 等于整数 1 到 12 之和,是 1 年期每月支付的退还比例的分母项。例如,1 年期(12 个月)每月偿还的贷款预付 7 个月后产生的退还比例为 $\dfrac{1+2+3+4+5}{1+2+\cdots+12}$ = 19.23%。贷款人会保留 80.77% 的融资费用,将 19.23% 退还给借款人。

银行偏好与声誉良好的销售商打交道，对这些销售商所发行票据（贷款）的质量有很好的预期。银行根据交易商的贷款余额和回溯协议的性质调整预先设定的贴现率。完全回溯下的利率较低，因为银行承担的风险较小。有能力评估信用质量的交易商偏好这种安排，因为潜在盈利更大。在无回溯安排中，银行收取更高的利率且会仔细审核每项贷款申请，就像发放直接贷款那样。

消费信贷的风险和收益特征

历史上，银行将自己视为批发机构或零售机构，分别聚焦于商业和个人消费信贷。然而，近期的发展模糊了这一区别，传统的批发银行已经风风火火地进入消费信贷市场。消费信贷市场的吸引力来自两方面。第一，商业客户领域的激烈竞争使得商业贷款获利收窄，进而使得回报或收益相对潜在风险出现下滑。如前所述，消费信贷目前给银行带来的回报或收益最高。第二，发展与个人相关的信贷、储蓄等项目是对去监管化战略的一种回应。利率上限的取消使得高余额客户对价格更敏感，从而显著减少了银行的核心存款。平均而言，个人持有的存款余额较少，而且在不同储蓄账户间转移的频率较低，为银行提供了更稳定的存款基础。因此，随着银行零售存款基础的增长，其流动性风险相应降低。

来自消费信贷的收入利润

银行从贷款利息和相关费用中取得很多收入。因为许多高利贷限制被取消或不再生效，银行可以通过价格条款而不是非价格条款进行信贷配给，这使得银行在必要情况下可以逐步提高消费信贷利率。如果条件允许，那么银行也可以在借贷成本下降时延缓降低利率。

消费信贷利率现在是银行标价最高的利率之一。多数消费信贷的利率较为固定，银行不会经常改变。当利率下降时，消费信贷会产生与银行融资成本相比更大的利差。当短期利率上升时，利差将会收窄，直到银行提高利率。20 世纪 80 年代和 90 年代早期，利率下降导致利差扩大；然而，1991 年经济衰退后的激烈竞争使得利差收窄。随着银行和非银行竞争者在信贷领域的激进扩张，消费者对价格越来越敏感，以至于现在信用卡贷款利率与银行资金成本的联系更紧密。

消费者组织仍然认为消费信贷利率过高，尤其是在其他利率下降而贷款利率保持不变的环境下，但较大的利差是很多原因共同作用形成的。第一，消费信贷一般数额较小，且其单位运营成本高于商业贷款；同时，在非利息成本不断上升的情况下，由利差扩大而带来的超额收益也不断消失。对于这一点尚没有较好的解释。第二，消费信贷通常是长期的，且利率固定。例如，新车贷款的平均期限现在是 4—5 年。银行决定长期、固定的利率时要考虑通货膨胀及波动剧烈的资金成本并予以补偿。第三，个人较企业更易违约，因此利差要大到足以覆盖更大的损失。第四，许多贷款人仍然要面对利率上升时本州的高利贷限制不会放松的情形，银行在融资成本下降时必须保持高利率以弥补高利率环境下减少的盈利或收益。作为对这一批评的回应，许多银行现在提供可变利率信用卡作为固定利率信用卡之外的另一个选择。

除了利息收入,银行还从消费信贷中取得显著的分期收入。对于传统的分期贷款,银行通常鼓励消费者购买信贷寿险(credit life insurance),银行可以从中获得附加收入。信用卡交易也可以提供不同种类的服务费收入。多数银行现在针对使用信用卡和获取相关银行服务收取年费,数额为每人10—40美元。客户在享受信用额度的同时一般会得到相关旅行服务、借记卡特权和商品购买折扣。银行每月向持卡人收取费用,希望客户以循环贷款的方式偿还债务,最小偿还额度为贷款余额的5%。历史上,消费者可以选择在特定的优惠期内(如25天)偿还全部余额,从而免去利息。经验显示只有不到1/3的客户使用免息期优惠。银行通常还会对逾期、预付款等收取其他费用,同时也会在客户消费不足额时收取费用。

消费信贷损失

在各类银行信贷中,消费信贷的损失通常是最高的。这既反映了个人收入的高周期性特征,也反映了大量的财务欺诈行为。这种损失并不奇怪,因为许多贷款人在信用卡推广上付出了大量的营销努力。2005年第一季度,消费信贷核销率平均为4.6%,损失数额超过120亿美元,其中80%是真正的违约、20%是欺诈。正如所料,损失和逾期账户在经济衰退时增多,在经济高增长时减少。许多贷款人简单地将损失纳入定价,并把这作为不可避免的一部分运营成本。

信用卡欺诈是从传统贷款人—商户关系中发展起来的。在多数情况下,银行在持卡人还款前就要给商户发放销售款项,时滞最长可以达到30天,具体取决于信用卡账单循环周期。这使得欺诈商户可以生成一个临时性交易,向发卡银行申请虚假销售款并在持卡人发现账单错误或虚假收费前携款逃跑。然而,现在随着大多数客户通过互联网实时获得信用卡消费信息,或者至少在消费后一天左右就能收到通知,这一时滞得到了避免。这一避免或许减少了每三十天邮寄一次账单的旧系统带来的欺诈,但并没有完全消除欺诈现象。

为了实施欺诈活动,犯罪者需要参与零售业务并获得持卡人信息。通常,零售端只是一部用于操作邮寄/订购的电话,打电话的人告诉持卡人他们赢了奖金,但必须提供账户号码、有效期、账单邮寄地址才能领取。在另一些情况下,犯罪者盗窃信用卡或者在合法商业活动中拷贝信用卡磁条来获取信用卡信息,进而利用这些信息购买商品或在时滞期提现。没有察觉的持卡人最终会在月度账单上发现欺诈性收费。等到发卡银行确认欺诈行为时,犯罪者早已停止商业活动,并转移到新的"更丰美的牧场"。

利率和消费信贷的流动性风险

大多数消费信贷按固定利率定价。新车贷款期限通常为4年,信用卡贷款期限平均为15—18个月。在多数情况下,借款人可以在没有任何惩罚的情况下提前偿还贷款,使得为消费信贷资产组合匹配资金成了一个难题。

银行家采用两种方式解决这个问题。第一,他们在消费信贷中更多地使用浮动利率定价。这样的政策在抵押贷款市场是相对成功的,但需要给予消费者比固定利率定价更高的折扣以吸引人们的兴趣。第二,商业银行和投资银行建立了消费信贷的二级市场,贷款发起人可以将贷款打包出售给持有期更长的投资者。这方面的首次尝试发生在1985年,当时海丰银行(Marine Midland Bank)和所罗门兄弟(Salomon Brothers)将汽车贷款出售给二级市场投资者。所罗门兄弟以担保证券的形式出售贷款,并便捷地命名为汽车应收账款凭证(certificates of automobile receivables, CAR)。与抵押贷款业务类似,海丰银行同意为收取服务费的贷款提供服务。现在银行定期销售以信用卡应收账款和其他消费信贷支持的凭证,从而将资产移出资产负债表,降低资本金要求,增加非利息收入。

本章小结

　　商业银行出于许多理由而激烈地竞争以取得消费信贷业务。许多类型贷款的净收益均超过商业贷款。尽管消费信贷的违约率超过其他贷款,但其毛利率也超过补偿高损失所必要的程度。2008—2009年,在全美房地产市场危机和经济下行的背景下,许多银行的住房产权贷款和其他消费信贷发生损失。因为消费信贷具有一定的黏性,当利率下行时,信用卡和其他固定利率贷款的净收益显著增加。个人也往往会向自己储蓄账户所在银行进行借贷。零售存款相对成本较低且对利率的敏感度不及商业存款。因此,增加消费者储蓄的规模可以降低银行的流动性风险。然而,消费信贷比商业贷款具有更高的利率风险,而且大多数贷款利率固定且期限为3—5年,希望减小利息风险的银行通常为这些贷款匹配长期储蓄存款。

　　信贷专员在评估消费信贷的风险时考虑的基本问题与商业贷款一致:资金用途、贷款规模、还款现金流来源、抵押品和借款人特征。最重要的差别在于:个人的财务报表没有经过审计,预测其现金流更困难。无论是直接贷款的申请还是信用评级机构和推荐人提供的间接贷款的信息解读,都会影响信贷评估过程。另外,银行也可以使用信用评分模型对借款人风险进行量化评估。本章介绍了一个基础的信用评分模型,描述了不同消费信贷的风险和收益特征,如信用卡交易和交易商票据购买。本章还总结了广受欢迎的信用评分模型所使用的因素与因子。一个显著趋势是信用评分开始进入小企业贷款这一领域。贷款一旦被成功证券化,就可以成为像抵押贷款一样的产品,同时其收益会下降。这可能会给那些小企业贷款收益占年盈利比例较高的社区银行带来一些问题。

思考题

　　1. 解释分期贷款和循环贷款对贷款人而言在风险和收益等方面的不同。

　　2. 发放消费贷款的主要费用有哪些?小银行每笔消费分期贷款的平均规模是多少?贷款规模如何影响银行针对消费信贷收取的利率?

　　3. 查看图表11.4中信用卡贷款核销率和个人破产申请的数据。1994年后美国经济增长强劲、失业率较低,但核销率和破产申请都有所增加。什么因素可以解释这一现象?考虑到2008—

2009 年的金融危机,这些问题会给未来的核销率和破产申请带来何种影响?

4. 为什么现在住房产权贷款如此有吸引力?一些银行如何将住房产权贷款与客户信用卡捆绑在一起?2008—2009 年的信贷危机和次贷问题如何影响住房产权贷款的吸引力?未来会发生怎样的变化?

5. 解释直接分期贷款和间接分期贷款的不同。

6.《公平信贷机会法案》的关键条款有哪些?为什么这些立法是必要的?

7. 描述银行应该如何使用客观的信用评分模型来评估消费贷款申请。给定图表 11.10、图表 11.11 和正文中的信息,说明为什么你会批准或拒绝 Rochelle Groome 的贷款申请。

8. 假设 4 名大学生查看了各自的 FICO 评分,发现了如下信息。描述贷款人在定价时针对高分者、低分者在贷款利率、收费等方面的决定应该有怎样的差别。

	FICO 评分
瓦内萨	790
马丁	550
乔治	685
希瑟	505

9. 信用卡借贷能产生哪些不同的收入?简述信用卡交易的清算过程。信用卡的最大风险是什么?

10. 固定利率信用卡利率和银行资金成本之间的利差随利率周期的变化而变化。这一变化的关系是怎样的?这一关系为什么会存在?商业贷款利率和银行资金成本之间利差的变化与之相似吗?

11. 计算下列贷款的年有效利率:

 a. 5 000 美元 2 年期贷款,10%简单年利率,第二年年末偿还本金

 b. 5 000 美元 2 年期贷款,10%附加利率,分 24 个月等额分期偿付

 c. 5 000 美元 2 年期贷款,10%贴现率,两年后偿还

12. 间接贷款中设置交易商储备金的目的是什么?银行会承担什么风险?

13.《社区再投资法案》的目标是什么?监管者如何保证条款的执行?

14. 次级贷款比其他类型贷款的损失都要高。为什么贷款人会提供次级贷款?描述次级消费信贷典型借款人的特征。

15. 一般而言,智能卡、借记卡、预付卡与传统信用卡有何不同?

练习题

Ⅰ. 从旧车交易商处购买票据

间接贷款交易商储备金在贷款出现损失和提前还款时为银行提供保护。假设银行与旧车交易商签订协议,以 5.5%的附加利率购买票据,保留交易商向买车人收取利率利差的 25%作为储备金。在这一协议下,银行从储备金中划拨资金覆盖损失和提前还款,将多出来的部分定期转给

交易商。提前还款利率退还比例依照"78规则"计算。

考虑这样一个例子,交易商向客户收取 7.5% 的附加利率购买 15 000 美元的汽车,期限 36 个月。计算有效年化利率 APR,客户的总利息费用,银行的利息收入以及交易商储备金。假设消费者在 13 个月后提前偿还全部贷款。计算银行需要将多少利息退还给买车人,且应从交易商储备金中扣除多少费用。

Ⅱ. 信用报告

1. 查看图表 11.9 提供的信用报告范例,从贷款人的视角解释下列信息的重要性。
   a. 报告信用信息的企业数量和种类　　b. 账户设立的日期
   c. 账户最后活动的日期　　　　　　　d. 最高信用额度和期限
   e. 未偿还余额,逾期数额和状态
2. 请你解读 Alfonso B. Doe 在"公平信用报告"一节提供的信息。

实践活动

Ⅰ. 信用卡

收集三个在全国做广告的信用卡和三个在本地提供服务的信用卡的下列信息。你可以使用互联网搜索优惠的借贷条件。

1. 年费　　　　　　2. 利率和优惠期　　　3. 获得信贷之外的附加服务

全国和本地的信用卡之间的相似或不同是否有一个特定的模式?哪一种信用卡更吸引你?请解释。

Ⅱ. 信用报告和安全

在 www.myvesta.org 和 www.fairisaac.com 两个网站上查找 FICO 评分最新的违约率。贷款人对不同 FICO 评分收取怎样的利率?为这些不同的利率提供解释。

参考文献

"As Cash Fades, America Becomes a Plastic Nation", *The Wall Street Journal*, July 23, 2004.

Brandon, Emily, "Social Security Debit Cards: 7 Things You Need to Know", *U.S. News & World Report*, June 11, 2008.

Bolt, Wilko and Sujit Chakravorti, "Economics of Payment Cards: A Status Report", *Economic Perspectives*, Federal Reserve Bank of Chicago, Fourth Quarter 2008.

Cocheo, Steve, "Give Me Your Delinquents, Your Former Bankrupts, Yearning to Borrow", *ABA Banking Journal*, August 1996.

Collins, Michael, "Current Fraud Management Techniques in Consumer Lending", *The RMA Journal*, October 2004.

"Credit Report Errors May Cost You a Job", U.S. Public Interest Research Group, CNNMoney.com, June 17, 2004 (www.money.cnn.com).

Crowe, Marianne, "Emerging Payments—The Changing Landscape", Federal Reserve Bank of Boston, presented to the New Hampshire Community Bankers Association, April 17, 2008; available at www.bos.frb.org/economic/eprg/presentations/2008/crowe04151708.pdf.

Crowe, Marianne, Susan Pandy, Elisa Tavilla, and Cynthia Jenkins, "U.S. Mobile Payments Landscape-Two Years Later", Federal Reserve Bank of Boston, May 2, 2013, http:// www.bostonfed.org/bankinfo/payment-strategies/publications/2013/mobile-payments-landscape-two-years-later.pdf.

Demyanyk, Yuliya, "Did Credit Scores Predict the Subprime Crisis", *The Regional Economist*, Federal Reserve Bank of St. Louis, October 2008.

Engemann, Kristie and Michael Owyang, "Extra Credit: The Rise of Short-term Liabilities", *The Regional Economist*, Federal Reserve Bank of St. Louis, April 2008.

Kerr, Kenneth and Len Majors, "5 Payment Myths Debunked", *Banking Strategies*, January/February 2008.

Loffler, Gunter and Peter Posh, *Credit Risk Modeling Using Excel and VBA*. Hoboken, NJ: John Wiley & Sons, 2007.

Mays, Elizabeth, "The Role of Credit Scores in Consumer Lending Today", *The RMA Journal*, October 2003.

Mester, Loretta, "What's the Point of Credit Scoring", *Business Review*, Federal Reserve Bank of Philadelphia, September/October 1997.

New, Catherine, "Cash Dying As Credit Card Payments Predicted To Grow In Volume: Report", The Huffington Post, June 7, 2012, http://www.huffingtonpost.com/2012/06/07/credit-card-payments-growth_n_1575417.html.

Onufrey, Stephen and Howard Moskowitz, "Rethinking Segmentations", *ABA Banking Journal*, October 2008.

Report to the Congress on the Profitability of Credit Card Operations of Depository Institutions, Board of Governors of the Federal Reserve System, June 2013, http://www.federalreserve.gov/publications/other-reports/files/ccprofit2013.pdf.

Spitter, Tod and Ronald Majursky, "Turbocharging the Debit Card", *Banking Strategies*, May/June 2008.

Sullivan, Richard, "Can Smart Cards Reduce Payments Fraud and Identity Theft", *Economic Review*, Federal Reserve Bank of Kansas City, Third Quarter 2008.

The 2010 Federal Reserve Payments Study, Noncash Payment Trends in the United States: 2006-2009, Federal Reserve System, April 5, 2011, http://www.frbservices.org/files/communications/pdf/research/2010_payments_study.pdf.

U.S. Public Interest Research Group, Oversight Hearing on Abusive Credit Card Practices, Testimony of Edmund Mierzwindski, June 7, 2007.

White, Larry, "Credit Analysis: Two More 'Cs' of Credit", *Journal of Commercial Bank Lending*, October 1990.

Woolsey, Ben and Matt Schulz, "Credit Card Industry Facts, Debt Statistics 2006-2009", available at www.creditcards.com/credit-card-news/credit-card-industry-facts-personal-debt-statistics-1276.php.

Supplements Request Form（教辅材料申请表）

Lecturer's Details(教师信息)			
Name： （姓名）		Title： （职务）	
Department： （系科）		School/University： （学院/大学）	
Official E-mail： （学校邮箱）		Lecturer's Address/ Post Code： （教师通讯地址/ 邮编）	
Tel： （电话）			
Mobile： （手机）			
Adoption Details(教材信息)　　　原版 ☐　　　　翻译版 ☐　　　　影印版 ☐			
Title：（英文书名） Edition：（版次） Author：（作者）			
Local Publisher： （中国出版社）			
Enrolment： （学生人数）		Semester： （学期起止日期时间）	
Contact Person & Phone/E-Mail/Subject： （系科/学院教学负责人电话/邮件/研究方向） （我公司要求在此处标明系科/学院教学负责人的电话和传真号码并在此加盖公章）			
教材购买由　　　我 ☐　　　我作为委员会的一部分 ☐　　　其他人　☐[姓名：　　　　　]　决定。			

申请方式一：填写以上表格，扫描后同时发送至以下邮箱：

asia.infochina@cengage.com

em@pup.cn

申请方式二：扫描下方任一二维码，通过微信公众号线上申请教辅资料

关注"北京大学经管书苑"微信公众号，　　　　关注"圣智教育服务中心"微信公众号，
点击菜单栏的【在线申请】—【教辅申请】，　　点击菜单栏的【教学服务】—【获取教辅】，
选择并填写相关信息后提交即可。　　　　　　选择并填写相关信息后提交即可。

北京大学出版社经济与管理图书事业部　　　　Cengage Learning Beijing
电话：010-62767312　　　　　　　　　　　　电话：010-83435000

VERIFICATION FORM/CENGAGE LEARNING